高等院校管理科学与工程规划教材

# 应用统计学：经济与管理中的数据分析

徐　哲　石晓军　杨继平　王惠文　柏满迎　编　著

清华大学出版社

北　京

## 内 容 简 介

统计学是一门研究如何搜集、整理、描述、显示和分析数据，帮助人们认识和探索系统的主要特征和内在数量规律性的学科。作为数据分析的一种重要工具，统计方法已经成为经济与管理学科领域的研究者和实际工作者的必备知识，是经济与管理类各专业学生必修的核心课程。本书从经济与管理学科对统计分析的要求出发，重点介绍应用统计学中的基础理论方法及其分析技术。与以往同类教材相比，本书增加和强化了经济管理统计分析方法及应用部分的章节，如抽样调查、非参数统计、多元统计分析，并且增加了案例分析和统计软件的应用。希望可以帮助读者更全面地掌握应用统计学的基本原理、方法和应用技巧，使得应用统计学方法真正成为一个实用的工具。

本书可作为高等院校经济管理专业本科生“应用统计学”课程的教材，也可作为MBA的教材和参考书，同时可供广大实际工作者参考。



**图书在版编目(CIP)数据**

应用统计学：经济与管理中的数据分析/徐哲，石晓军，杨继平，王惠文，柏满迎等编著. --北京：清华大学出版社，2011.11(2021.12重印)

(高等院校管理科学与工程规划教材)

ISBN 978-7-302-26816-1

I. ①应… Ⅱ. ①徐… ②石… ③杨… ④王… ⑤柏… Ⅲ. ①统计分析—高等学校—教材 Ⅳ. ①C812

中国版本图书馆 CIP 数据核字(2011)第 186830 号

**责任编辑**：章忆文 杨作梅 郑期彤
**装帧设计**：杨玉兰
**责任校对**：李玉萍
**责任印制**：沈 露

**出版发行**：清华大学出版社
网 址：http://www.tup.com.cn，http://www.wqbook.com
地 址：北京清华大学学研大厦A座 邮 编：100084
社 总 机：010-62770175 邮 购：010-62786544
投稿与读者服务：010-62776969，c-service@tup.tsinghua.edu.cn
质量反馈：010-62772015，zhiliang@tup.tsinghua.edu.cn
**印 装 者**：三河市科茂嘉荣印务有限公司
**经 销**：全国新华书店
**开 本**：185mm×260mm **印 张**：30.5 **字 数**：734千字
**版 次**：2011年11月第1版 **印 次**：2021年12月第7次印刷
**定 价**：69.00元

产品编号：038703-03

# 前　言

本书主要面向经济管理学院的本科生，可作为其基础课程“应用统计学”的教材。对于经济管理学院的本科学生，也许第一个期待了解的问题就是：什么是管理？关于这个问题曾经有过很多细致而又全面的定义。从管理科学的发展历史来看，管理概念的发展主要经历了两个大的阶段。在泰勒、法约尔、梅育或马斯洛等学者的研究时期，关于管理科学的研究主要集中在如何提高工厂的生产效率上。而在第二次世界大战后，由于市场竞争日趋激烈，外部环境对企业发展的影响也越来越突出。因此，西蒙提出一个更加简洁和深刻的定义，即“管理就是决策”。与传统的管理科学相比，这是一个全新理念。它把企业的管理工作从如何正确地做事提升到如何做正确的事。现代的许多管理理论和方法研究都是围绕着如何进行科学有效的决策展开的。而所谓决策就是要在多个可能的方案中进行择优。最典型的譬如运筹学，就是研究如何在资源有限的情况下选择最佳的决策方案的。

在本书中我们要重点思考的问题是：在决策过程中，统计学又扮演什么样的角色。事实上，在做任何决策判断之前，一个最重要的工作就是要对系统及其环境的未来发展有十分准确的判断。古人云：预知三日事，富贵一千年。也就是说，预测在决策过程中往往起着决定性作用。然而，怎样才能够做好预测工作呢？关键是要对系统及其环境的状态、特性以及发展趋势有非常深刻及全面的认识。而这些认识则源于决策者或辅助分析人员能够很好地收集、处理和运用相关的资料与数据。其实，这正是应用统计学要完成的科学任务。换句话说，作为决策分析的前期基础，统计学中关于数据收集、描述、分析和解释的技术在管理科学工作中是不可或缺的。而且读者在亲身体验实际的数据分析工作后一定会感悟到：数据是会说话的！

本书作者长期从事统计教学和以统计为主要方法的科学研究工作，具有丰富的教学经验和科研经历。本书从经济与管理学科对统计分析的要求出发，重点介绍应用统计学中的基础理论方法及其分析技术。与以往同类教材比较，本书增加和强化了经济管理统计分析方法及应用部分的章节，如抽样调查、非参数统计、多元统计分析，并且增加了案例分析和统计软件的应用。在教材写作风格上力求做到对于统计理论和方法的讨论简洁明了、通俗易懂，注意直观描述和逻辑推理，尽量避免复杂烦琐的数学推导与证明，而以方法论为主线，同时注意理论、方法和实用并行。

本书是由北京航空航天大学经济管理学院承担“应用统计学”精品课程建设项目的五位教师协作完成的，他们分别是：徐哲(编写第一章、第二章、第三章、第五章、第七章、附录)，石晓军(编写第六章、第八章)，杨继平(编写第十二章、第十三章、第十四章)，王惠文(编写第十章、第十一章、前言)，柏满迎(编写第四章、第九章)。本书由徐哲、石晓军负责全书的统稿。

本书的习题答案和模板文件可以在网站 www.wenyuan.com.cn 上下载。

本书在相关的研究工作中，受到北京航空航天大学精品课程建设项目的支持，在本书的写作中，曾多次得到北京航空航天大学精品课程建设评估小组专家们的指导和帮助，并承蒙评审委员会对本书的写作计划和部分初稿提出十分重要的建议。作者愿借此机会，向他们表示衷心的感谢。

作者还要特别感谢清华大学出版社的编辑们为本书出版所付出的心血。没有他们的帮助和细致严谨的工作，本书是不会以这样的形式面世的。

由于作者的水平有限，书中难免存在缺点和错误，敬请读者批评指正。

编　者

# 作 者 简 介

**徐　哲**，北京航空航天大学经济管理学院企业管理系教授、博士生导师。现为中国质量协会学术教育工作委员会委员、中国商业统计学会理事。

**石晓军**，北京航空航天大学经济管理学院保险与风险管理系教授、博士生导师。

**杨继平**，北京航空航天大学经济管理学院金融系副教授，硕士生导师。现为全国统计方法应用标准化技术委员会委员、西方金融学会会员。

**王惠文**，北京航空航天大学经济管理学院管理科学与工程系教授、博士生导师，经济管理学院院长，北航复杂数据分析研究中心主任，并兼任北京市政协第十一届委员会常委以及市政协提案委员会副主任。现为国际统计学学会(ISI)会员、国际统计计算学会(IASC)会员、全国统计教育委员会常务理事、中国市场学会常务理事、中国商业统计学会常务理事、全国商业自动化标准技术委员会委员、中科院虚拟经济与数据科学研究中心客座研究员、《北京航空航天大学学报(社科版)》副主任、《数理统计与管理》编委、《中国非公经济统计年鉴》编委、*Journal of Symbolic Data Analysis* 编委。

**柏满迎**，北京航空航天大学经济管理学院保险与风险管理系教授、系主任、硕士生导师。现为中国企业运筹学会理事，中国保险学会理事。

# 目 录

第一章 绪论 1
第一节 统计与统计学 1
一、统计的含义 1
二、学习统计学的意义 2
三、统计学研究对象的特点 2
四、客观现象内在数量规律性 3
第二节 统计数据的计量与类型 4
一、统计数据的计量尺度 4
二、统计数据的类型 6
第三节 统计分析的基本概念 7
一、总体与样本 7
二、总体参数与样本统计量 8
三、变量 8
第四节 统计学分科 9
一、描述统计学与推断统计学 9
二、理论统计学与应用统计学 10
第五节 统计学的产生和发展 11
一、古典统计学时期 11
二、近代统计学时期 12
三、现代统计学时期 12
第六节 统计学在经济管理中的应用举例 13
本章小结 14
思考题 14
第二章 统计数据的收集、整理与展示 16
第一节 统计资料的收集 16
一、统计数据的来源 16
二、统计资料的收集方法 17
三、统计资料收集的技术工具 18
四、统计调查的组织方式 21
五、统计资料收集方案设计 23
第二节 统计数据的整理 24
一、统计数据的审核 24
二、统计分组 25
三、频数分布 27
第三节 统计表与统计图 32
一、统计表 32
二、统计图 33
第四节 品质数据的图形展示 34
一、条形图 34
二、饼图 35
三、累积频数(频率)分布图 35
第五节 数量数据的图形展示 36
一、直方图 36
二、折线图 37
三、累积折线图 38
四、茎叶图 39
五、频数(频率)分布曲线 40
第六节 统计软件的应用 42
一、品质数据的图形展示 42
二、数量数据的图形展示 46
本章小结 56
思考与练习题 56
第三章 统计数据分布特征的描述 59
第一节 数据分布的集中趋势 59
一、集中趋势与平均指标 59
二、数值平均数 60
三、位置平均数 63
四、众数、中位数和平均数的比较 67
五、相对位置：百分位数 68
第二节 数据分布的离散程度 70
一、测定离散程度的意义 70
二、品质数据离散程度的度量 70
三、数量数据离散程度的度量 70

第三节　集中趋势与离散程度的综合运用 ........ 74
一、$z$ 分数 ........ 74
二、经验规则与切比雪夫定理 ........ 75
三、异常值检测 ........ 77
第四节　数据分布形状的测度 ........ 77
一、测定分布形状的意义 ........ 77
二、数据分布的偏态 ........ 77
三、数据分布的峰度 ........ 78
第五节　统计软件应用 ........ 80
本章小结 ........ 81
思考与练习题 ........ 82
案例分析 ........ 84

**第四章　正态总体的抽样分布 ........ 86**

第一节　抽样分布的概念 ........ 86
一、样本均值的抽样分布 ........ 86
二、样本比例的抽样分布 ........ 88
第二节　正态分布及其三大抽样统计量分布 ........ 88
一、正态分布 ........ 88
二、$\chi^2$ 分布 ........ 91
三、$t$ 分布 ........ 92
四、$F$ 分布 ........ 94
本章小结 ........ 96
思考与练习题 ........ 96
案例分析 ........ 99

**第五章　参数估计 ........ 101**

第一节　参数估计概述 ........ 101
一、参数估计的基本概念 ........ 101
二、点估计的基本概念 ........ 101
三、区间估计的基本概念 ........ 102
四、置信区间的性质 ........ 102
第二节　点估计 ........ 103
一、矩估计法 ........ 103
二、极大似然估计法 ........ 105
三、点估计的优良性准则 ........ 106
第三节　一个总体参数的区间估计 ........ 109
一、总体均值的区间估计 ........ 109
二、总体比例的区间估计 ........ 113
三、正态总体方差的区间估计 ........ 114
第四节　两个总体参数的区间估计 ........ 115
一、两个总体均值之差的区间估计：独立样本 ........ 115
二、两个总体均值之差的区间估计：配对样本 ........ 118
三、两个总体比例之差的区间估计：独立样本 ........ 119
四、两个总体方差之比的区间估计：独立样本 ........ 120
第五节　样本容量的确定 ........ 122
一、估计总体均值时样本容量的确定 ........ 122
二、估计总体比例时样本容量的确定 ........ 123
三、估计两个总体均值之差时样本容量的确定 ........ 124
四、估计两个总体比例之差时样本容量的确定 ........ 124
第六节　统计软件应用 ........ 125
一、一个正态总体均值的区间估计(大样本) ........ 125
二、一个正态总体均值的区间估计(小样本) ........ 125
三、一个总体比例的区间估计 ........ 126
四、一个正态总体方差的区间估计 ........ 126
五、两个正态总体均值之差的区间估计(独立样本、大样本) ........ 127
六、两个正态总体均值之差的区间估计(独立样本、小样本、等方差) ........ 127
七、两个正态总体均值之差的区间估计(独立样本，小样本，异方差) ........ 128
八、两个正态总体均值之差的区间估计(配对样本、大样本) ........ 129
九、两个正态总体均值之差的区间估计(配对样本、小样本) ........ 129

十、两个总体比例之差的区间估计 ......130
十一、两个正态总体方差之比的区间估计 ......130
本章小结 ......131
思考与练习题 ......132
案例分析 ......134

**第六章 抽样调查基础** ......135

第一节 基本概念 ......135
一、抽样单元和抽样框 ......135
二、误差 ......136
三、精度、信度与效度 ......136
第二节 简单随机抽样 ......137
一、样本容量的确定 ......137
二、估计方法 ......138
三、方差与区间估计 ......141
第三节 分层随机抽样 ......142
一、层数确定与样本量分配 ......143
二、估计量及其性质 ......145
第四节 多阶段抽样 ......147
一、多阶段抽样概述 ......147
二、估计量及其性质 ......148
第五节 整群随机抽样 ......151
一、整群随机抽样概述 ......151
二、群划分的原则 ......152
三、群规模大小相等时的估计量及其性质 ......152
第六节 系统抽样 ......154
一、系统抽样的实施方法 ......155
二、估计量及其性质 ......156
第七节 统计软件应用与案例研究 ......159
一、统计软件应用 ......159
二、案例研究 ......161
本章小结 ......165
思考与练习题 ......166
案例分析 ......169

**第七章 假设检验** ......170

第一节 假设检验基本原理 ......170
一、假设的陈述 ......170
二、假设检验中的两类错误 ......171
三、检验统计量与拒绝域 ......173
四、假设检验的基本思想 ......175
五、假设检验的基本步骤 ......176
第二节 一个总体参数的假设检验 ......177
一、总体均值的检验 ......177
二、总体比例的检验 ......179
三、总体方差的检验 ......180
第三节 两个总体参数的假设检验 ......181
一、两个总体均值之差的检验：独立样本 ......181
二、两个总体均值之差的检验：配对样本 ......184
三、两个总体比例之差的检验：独立样本 ......186
四、两个总体方差之比的检验：独立样本 ......188
第四节 假设检验中的其他问题 ......189
一、*P* 值(*P-value*) ......189
二、检验功效曲线 ......190
第五节 统计软件应用 ......194
一、一个正态总体均值的检验(大样本) ......194
二、一个正态总体均值的检验(小样本) ......195
三、一个总体比例的检验 ......195
四、一个正态总体方差的检验 ......196
五、两个正态总体均值比较的检验(独立样本，大样本) ......197
六、两个正态总体均值比较的检验(独立样本，小样本，等方差) ......197
七、两个正态总体均值比较的检验(独立样本，小样本，异方差) ......198
八、两个正态总体均值比较的检验(配对样本，大样本) ......199
九、两个正态总体均值比较的检验(配对样本，小样本) ......199
十、两个总体比例比较的检验 ......200

十一、两个正态总体方差比较的检验 ......201
本章小结 ......201
思考与练习题 ......202
案例分析 ......205

第八章　试验设计与方差分析初步 ......208

第一节　试验设计与方差分析概述 ......208
一、基本术语 ......208
二、方差分析的基本思想 ......209
第二节　单因素试验设计与方差分析 ......210
一、单因素设计的方差分析 ......211
二、多重比较 ......212
三、影响最大的处理 ......212
第三节　配对比较试验设计与方差分析 ......213
一、配对比较试验设计 ......213
二、配对比较的方差分析 ......214
第四节　随机化区组设计与方差分析 ......214
一、随机化区组试验设计 ......214
二、随机化区组设计的方差分析 ......215
三、随机化区组设计的多重比较 ......216
第五节　二因素无交互作用试验设计与方差分析 ......217
一、二因素无交互试验设计 ......217
二、二因素无交互试验方差分析 ......217
第六节　二因素且有交互作用的试验设计与方差分析 ......218
一、二因素且有交互试验设计 ......218
二、二因素有交互试验的方差分析 ......220
第七节　统计软件应用 ......221
一、单因素方差分析 ......222
二、无交互作用的双因素方差分析 ......223
三、有交互作用的双因素方差分析 ......225
本章小结 ......227
思考与练习题 ......227
案例分析 ......233

第九章　非参数统计初步 ......236

第一节　卡方检验 ......236
一、多项总体拟合优度检验 ......237
二、泊松分布拟合优度检验 ......239
三、正态分布拟合优度检验 ......239
四、列联表独立性检验 ......241
第二节　单个总体的位置检验：符号检验 ......244
第三节　两个总体的比较 ......246
一、两个总体的比较：独立随机样本 ......246
二、两个总体的比较：配对样本 ......248
第四节　多个总体的比较 ......251
一、多个总体的比较：独立样本 ......251
二、多个总体的比较：配对样本 ......252
第五节　其他非参数统计方法 ......253
一、Spearman 秩相关检验 ......253
二、Kendall 一致性检验 ......255
三、随机性游程检验 ......257
本章小结 ......258
思考与练习题 ......258
案例分析 ......265

第十章　线性回归分析 ......267

第一节　相关系数的概念 ......267
一、函数关系与随机关系 ......267
二、Pearson 相关系数 ......269
三、相关关系与因果关系之间的联系 ......270
第二节　线性回归模型 ......270
一、回归分析所研究的问题 ......270
二、线性回归的总体模型 ......272
第三节　最小二乘估计方法 ......274
一、最小二乘估计方法的推导 ......274
二、总体参数估计量的性质 ......276
第四节　模型效果分析 ......276
一、为什么要进行模型效果分析 ......276

二、残差的样本标准差........................277
三、测定系数........................278
第五节 显著性检验........................281
一、回归模型的线性关系检验：
$F$ 检验........................281
二、回归参数的检验：$t$ 检验........................282
第六节 变量筛选方法........................283
一、向后删除变量法........................283
二、向前选择变量法........................284
三、逐步回归法........................284
第七节 残差分析........................285
一、残差分析的基本原理........................285
二、残差分析的几个主要内容........................285
第八节 案例分析与统计软件应用........................286
一、一元线性回归建模与 Excel 软件
应用........................286
二、多元线性回归建模与 SPSS 软件
应用........................289
第九节 虚拟自变量的回归........................292
第十节 拟线性回归模型........................293
一、非线性回归问题........................293
二、拟线性回归模型的一般形式........................294
第十一节 异常值的问题........................295
一、离群点........................295
二、高杠杆率点........................296
第十二节 多重相关性问题........................297
一、多重相关性的含义........................297
二、多重相关性的危害........................299
三、多重相关性的经验诊断与处理
方法........................302
四、多重相关性的补救方法简介........................302
本章小结........................304
思考与练习题........................305
案例分析........................309

## 第十一章 主成分分析........................311

第一节 工作目标和基本思路........................311
一、主成分分析的工作目的........................311
二、主成分分析的基本原理........................312
第二节 主成分分析的计算方法........................313
一、算法推导........................313
二、主成分分析的计算步骤........................315
三、主成分的基本性质........................315
第三节 辅助分析技术........................316
一、精度分析........................316
二、解释主成分........................317
三、特异点的发现........................318
四、样本点在主超平面上的表现
质量........................319
五、数据重构........................320
第四节 因子分析方法........................321
一、因子分析模型........................321
二、因子分析的基本原理........................322
第五节 统计软件应用与案例研究........................322
一、SPSS 软件应用........................322
二、案例研究........................327
本章小结........................333
思考与练习题........................334
案例分析........................336

## 第十二章 聚类分析和判别分析........................338

第一节 聚类分析........................338
一、聚类分析概述........................338
二、距离和相似系数........................339
三、系统聚类法........................342
四、动态聚类法........................350
第二节 判别分析........................353
一、判别分析概述........................353
二、距离判别法........................353
三、Bayes 判别法........................357
四、Fisher 判别法........................360
第三节 统计软件应用........................362
一、聚类分析........................362
二、判别分析........................369
本章小结........................373
思考与练习题........................373
案例分析........................374

第十三章　时间序列分析和预测 375

第一节　时间序列的概念和种类 375
一、时间序列的概念 375
二、时间序列的种类 376
第二节　时间序列的水平与速度分析 377
一、时间序列的水平分析 378
二、时间序列的速度分析 381
第三节　时间序列的构成和预测模型 383
一、时间序列的构成 383
二、时间序列预测模型 385
第四节　长期趋势的测定 386
一、移动平均法 386
二、指数平滑法 390
三、模型拟合法 393
第五节　季节变动的测定 396
一、季节指数 396
二、测定季节变动 396
三、季节调整 399
第六节　循环波动的测定 400
第七节　统计软件应用 403
一、时间序列数据格式的产生 403
二、时间序列序列图的绘制 403
三、时间序列的分解 404
本章小结 411
思考与练习题 412
案例分析 414

第十四章　指数 416

第一节　指数概述 416
一、指数的概念 416
二、指数的作用 417
三、指数的分类 417
第二节　总指数的编制方法 419
一、综合指数 419
二、平均指数 423
第三节　指数体系和因素分析 427
一、指数体系 428
二、因素分析 429
三、总量指标因素分析 429
第四节　几种常用的价格指数 431
一、商品零售价格指数 431
二、居民消费价格指数 435
三、工业品出厂价格指数 442
四、股票价格指数 443
本章小结 445
思考与练习题 446
案例分析 448

附录　常用统计表 450

中英文专业术语对照 464

参考文献 469

# 第一章　绪　　论

【本章导读及学习目标】

统计学是一门收集、分析、表现和解释数据的学科(大英百科全书，Encyclopaedia Britannica，2009)。在日常的工作和生活中，人们经常会接触各种各样的统计数据，如报刊、电视和广播中经常报道的国内生产总值、物价指数和证券指数等数据；球类比赛得分、进攻次数和成功次数等数据；企业的财务和销售部门定期统计的生产和销售情况数据；学生的考试分数和平均分等数据；等等，这些都是统计数据。对这些数据进行整理和分析的工作，以作出种种结论和预测，所依赖的主要方法之一就是统计方法。统计学在自然科学和社会科学领域发挥着日益重要的作用。通过本章的学习，要求了解统计学的一些基本问题，包括统计的含义、统计数据计量与类型、统计分析的基本概念、统计学的基本分科等。

## 第一节　统计与统计学

### 一、统计的含义

“统计”的英文是“Statistics”，这个词在英文字典中有两个含义：① 当它以单数名词出现时，表示作为一门学科的“统计学”；② 当它以复数名词出现时，表示“统计数据”。

人们常说的“统计”，一般可以从三个角度来理解：一是统计工作，二是统计数据，三是统计学。

#### (一)统计工作

统计工作是指人们运用科学方法对调查研究的对象进行数据收集、整理和分析的全部工作，其结果形成一系列的统计数据资料。统计工作一般包括统计设计、统计资料的收集、统计整理和统计分析这四个不同的环节。

#### (二)统计数据

统计数据是指通过统计工作取得的各种数据，是统计工作的结果。统计数据必须具有客观性、准确性、及时性、系统性和连续性等特点，它是进行科学管理和决策的基本依据。

#### (三)统计学

统计学是一门收集、分析、表现和解释数据的学科(大英百科全书，Encyclopaedia

Britannica，2009)[①]。统计学是对统计实践加以总结升华而产生的理论，是关于统计方法如何建立，及其正确性和有效性的数学论证。

统计工作、统计数据和统计学三者之间有着密切的联系：统计数据是统计工作的成果，是对客观现象进行统计研究的基础；统计学是统计工作经验的理论概括和总结，又是指导统计工作的原理和方法。

## 二、学习统计学的意义

从现代管理的观点来看，决策是一项至关重要的工作。美国管理学家、诺贝尔奖获得者西蒙(H.A.Simon)曾对“管理”一词给过最著名和简洁的定义，即“管理就是决策”。在他看来，企业是一个与社会相关联的开放系统，始终处于复杂的、时刻变化的内外部环境之中。企业经营的成败，不仅取决于其内部的作业效率，更取决于它在投资、计划和销售等方面的决策。一个关键性的创意、决策，可以使企业迅速走向发展的高潮；而一项重大决策的失误，也可以导致企业经营的失败。而决策成败的关键就在于决策者能否对系统的状况、规律有充分的认识和准确的判断。

广义地说，系统分析和决策的进程可以划分为四个阶段：首先，是对系统的描述性分析，它是运用所掌握的信息，对系统进行尽可能充分和全面的认识；其次，是对系统的解析性分析，它往往通过数学模型，识辨和刻画系统的解析结构，确定系统中各要素之间的内在联系；第三，是有关系统的预测性研究，其目的是掌握系统运行和动态变化规律，对系统的未来做出准确的预见。准确的预见是正确决策的先决条件；第四，是决策阶段，所谓决策，就是指对系统状况进行充分的观察和认识，对系统构造及其要素的内在联系进行识辨和深入的分析，并且，在对未来做出正确判断的基础上，在多种可行的方案中进行优选。显而易见，这四个阶段是递进的，而作为决策基础的系统认识、分析和预测性研究，均属于数据分析的范畴。基于以上分析，可以认为：统计数据分析是决策的基础和前导工作，是经济管理工作中一个十分重要的实用分析工具。

## 三、统计学研究对象的特点

统计学的研究对象是统计研究要认识的客体，它决定着统计学的研究领域以及相应的研究方法。一般地说，统计学的研究对象是客观事物的数量特征和数量关系，其研究目的是认识现象的发展规律。人们要认识客观事物，认识现象的数量关系和变动规律，就必须从观测个别现象入手，去收集、加工、整理这些观测值，对大量的个别现象的数量表现进行归纳，概括出它们的共同特征，即现象总体的数量特征，从而从数量上对现象总体的变动规律进行解释。统计学的研究对象具有以下明显的特点。



① Statistics is the science of collecting, analyzing, presenting, and interpreting data. 参见 Encyclopaedia Britannica 的“statistics”条目. Encyclopaedia Britannica 2009 Student and Home Edition. Chicago: Encyclopaedia Britannica.

### (一)数量性

数量性是统计学研究对象的基本特点。对客观现象的认识，无论是社会现象还是自然现象，既有“质”的方面又有“量”的方面。而统计则侧重于对客观现象数量的研究。统计学研究对象的数量包括：数量多少；客观现象数量之间的关系；质量互变的数量界限；客观现象量变的趋势及其规律等。

应当注意的是，统计学作为一种工具和方法，侧重于现象的“量”，它并不解决科学研究的许多“为什么”的问题。但并不意味着它和现象的“质”的方面没有关系。任何事物都是“质”与“量”的统一体，统计学上的量往往都是具体的、有一定的质的规定性的量，统计学如果脱离现象的质的规定性，不重视或不了解现象的质的方面，就不可能正确反映客观现象和揭示其规律性。

### (二)总体性

统计学研究的客观现象的数量方面，不是个别现象的数量方面，而是现象总体的数量方面。所以，统计学是研究总体的数量特征及其分布规律性。总体是由具有某种共同性质的许多个体组成的，但个体在数量上存在着差异，需要通过这些个体的差异来描述或推断总体的数量特征和分布规律，这时就产生了统计的推断问题。例如，人口统计不是要了解和研究个别的人，而是要反映一个国家或地区的人口多少、男女比例、年龄结构、出生率、死亡率及其变化的规律性。个别现象的表现是复杂多样的，甚至是杂乱无章的，但现象总体却会表现出某种共同的趋势，从而有规律可循。

### (三)变异性

统计学研究同类现象总体的数量特征，它的前提是总体各单位的特征表现存在着差异，而且这些差异不是由某些特定的原因事先确定的。统计上把总体各单位由于随机因素引起的某一标志表现的差异称为变异。例如，某企业的职工，其年龄、文化水平、技术能力、工资报酬等存在着差异。这就需要我们研究该企业职工的平均年龄、文化结构、技术等级分布、平均工资水平等统计指标。试想，如果总体各单位不存在差异，就不需要收集大量的统计数据，也就不需要进行统计了。

## 四、客观现象内在数量规律性

从统计学研究对象的特点可知，统计研究是从总体各单位的变异中归纳概括出总体的共同特征，各总体单位的变异表现出个别现象的特殊性和偶然性，而它们的共同特征则表现出现象的普遍性、规律性和必然性。

### (一)客观现象内在数量规律性举例

#### 1. 男女性别比例的数量规律性

从表面看，新生儿的性别比例似乎没有什么规律可循。但如果对新生儿的性别进行大量观察，就会发现男孩与女孩的比例为 107∶100，即大致为每生育 100 个女孩，就会生育 107 个男孩，这就是新生儿性别的规律性。虽然，新生儿时男多于女不平衡，但男孩的死亡率高于女孩，到了中青年时，男女比例就大致相同了。进入中老年后，男性的死亡率仍然高于女性，导致男性的平均预期寿命比女性短，老年男性反而少于女性。所以，从一个国家乃至全人类来看，婴幼儿时男多于女，中青年时大致平衡，老年时女多于男，总人口上性别是大致平衡的，保证了人类社会的进化和发展。对人类性别比例的规律性研究是统计学方法探索的最早的数量规律性之一。

#### 2. 赌博游戏

掷硬币和掷骰子是大家最为熟悉的游戏，随机地掷一次硬币或骰子不能事先确定出现正面、反面或某个点数，也就是说个别的游戏或试验充满了不确定性或偶然性。赌徒们正是利用了这种偶然性进行赌博。但当我们进行大量观察，即不断做重复试验时，就会发现掷一枚均匀的硬币出现正面或反面的次数接近相等，即比值为 1/2，试验次数越多，就越接近 1/2 这一稳定的数值。同样，在掷骰子(六面体)时，出现 1～6 每个点的比率也逐渐接近 1/6。这里的 1/2 和 1/6 就是掷硬币和掷骰子时出现某一特定结果的概率，也就是我们探索的数量规律性。

#### 3. 医学研究

为探索吸烟与患肺癌之间是否有关联，采取随机调查的方法，调查了一大批人，按是否吸烟和是否患肺癌分成四类：不吸烟也不患肺癌、吸烟患肺癌、不吸烟患肺癌和吸烟不患肺癌。在抽选的这批被调查者中，统计不吸烟患肺癌和吸烟患肺癌的比率，比方说分别为十万分之三和十万分之十二，用一定的统计方法可以推断：吸烟患肺癌的危险性是不吸烟患肺癌的四倍。这个结论是否可信，取决于我们如何设计这个调查方案、如何进行调查的以及采用的统计整理和推断方法是否可靠。

### (二)为什么统计学能够探索客观现象内在数量规律性

客观现象内在数量规律性是由客观事物本身的特点和统计方法的特性共同决定的。

从客观事物方面来看，根据辩证法的基本原理，任何客观事物都是必然性与偶然性的对立统一。必然性反映了事物本质的特征和联系，是比较稳定的，它决定了事物的内在本质是有规律可循的。偶然性反映了该事物每个表现形式的差异，使事物的表现形式与必然性和规律性发生偏移，形成了数据的千差万别。这样，必然性的数量规律性就被掩盖在表面的差异之中。应用统计方法就可以从表面的偶然性中探索到内在的、本质的数量规律。

从统计方法来看，统计学提供了一系列的方法：实验设计法、大量观察法、综合分析法、归纳推断法，这些方法专门用来收集数据、整理数据、显示数据的特征进而分析和探索(或推断)出事物总体的数量规律性。

# 第二节　统计数据的计量与类型

## 一、统计数据的计量尺度

统计数据是对客观现象进行计量的结果，在收集数据之前，我们总是要对现象进行计量或测度。但不同事物的特性决定了其可计量或测度的程度是不同的，比如有些事物只能对它的属性进行分类，有些则可以用比较精确的数据加以计量。按照我们对客观事物测度的程度或精确水平来看，可将所采用的计量尺度由低级到高级、由粗略到精确分为四个层次，即定类尺度、定序尺度、定距尺度和定比尺度，采用不同的计量尺度可以得到不同类型的统计数据。表 1-1 为某社区 5 位居民的基本情况的统计数据。

表 1-1 某社区 5 位居民的基本情况统计

| 样本号 | 身高/cm | 体重/kg | 年龄 | 性别 | 工作性质 | 颜色喜好 | 体质 |
|---|---|---|---|---|---|---|---|
| No.1 | 166 | 56 | 31 | 女 | 工人 | 红 | 好 |
| No.2 | 168 | 60 | 45 | 女 | 干部 | 蓝 | 中 |
| No.3 | 173 | 67 | 38 | 男 | 教师 | 绿 | 差 |
| No.4 | 175 | 62 | 42 | 男 | 军人 | 黄 | 好 |
| No.5 | 169 | 59 | 50 | 男 | 技术人员 | 蓝 | 中 |

### (一)定类尺度

定类尺度(nominal scale)也称为列名尺度，是最粗略、计量层次最低的计量尺度。它是对客观事物依据某种属性进行平行的分类或分组，使用该尺度对事物所作的分类之间既没有数量关系，也没有等级关系。即该计量尺度的不同表现之间没有高低、大小和优劣之分。如表 1-1 中性别、工作性质、颜色喜好等的分类就是一种定类尺度。一般来说各类之间是互相排斥的，也就是说只能属于其中的一类。

### (二)定序尺度

定序尺度(ordinal scale)也称顺序尺度，它是对客观现象类别之间的等级差或顺序差的一种测度。定序尺度不仅可以将研究对象分成不同的类别，而且还反映各类的优劣、量的大小或顺序。如表 1-1 中统计体质状态时可以分为好、中、差三个等级。又如学生考试的成绩划分为优、良、中、及格、不及格就是一种顺序的计量，即优比良高一级，良比中高一级，以此类推。又如产品等级就是对产品质量好坏的一种顺序测度，它可以把产品分为一等品、二等品、三等品、次品等。很显然，定序尺度较定类尺度要精细一些，但是它只能测度类别之间的顺序，但是不能测度类别之间的准确差异大小。因此不能进行代数运算和其他数学运算，只可以比较大小，也就是说，各类之间只有“大于”或“优于”的概念。

### (三)定距尺度

定距尺度(interval scale)也称间隔尺度，它不仅能将事物区分为不同类型并确定顺序，而且可以准确地计量它们之间的差距是多少，定距尺度数据值进行加、减运算是有意义的。例如，“智商”是定距尺度，假设，甲某智商为 110，乙某智商为 90，从这两个智商值可知：① 甲乙两人智商不同(定类尺度的性质)；② 甲比乙智商高(定序尺度的性质)；③ 甲智商比乙智商高 20(定距尺度的性质)。但定距尺度的数据值不能进行乘除运算，因为定距尺度的数据值表现为“0”时，“0”在这里并不是“无”的含义，智商为 0 的人并不是说他没有智力。当然，我们也不能说智商为 120 的人比智商为 80 的人的智力高 1.5 倍。

### (四)定比尺度

定比尺度(rational scale)也称比率尺度，它的数学性质比定距尺度高一层次，它不仅可以区别类别，确定顺序，进行加减运算，而且可以进行乘除运算。因为定比尺度的数据值为“0”是“无”的含义。如表 1-1 中的身高、体重。例如，老张的工龄是 20 年，大李的工龄是 10 年，小王的工龄是 5 年，可以计算老张的工龄比大李长 10 年，而大李的工龄比小王长 5 年，还可以说，老张的工龄是大李的 2 倍，是小王的 4 倍。

形象地说，定距尺度好象是从桌面开始测量高度，定比尺度是从地面开始测量高度。因此只有当数据为定比尺度时，两个变量的比值才是有意义的。

## 二、统计数据的类型

### (一)按照计量尺度分类

#### 1. 品质数据

品质数据(qualitative data)，也称定性数据，是用以说明事物的品质特征的数据，一般为非数值型数据，只能用文字表述。这类数据是由定类尺度和定序尺度计量形成的，又可细分为分类数据和顺序数据。

(1) 分类数据(categorical data)是只能归于某一类别的非数值型数据，为定类尺度计量数据，它是对对象进行分类的结果，数据表现为类别。例如，人口可按照性别分为男、女两类。

(2) 顺序数据(rank data)是只能归于某一有序类别的非数值型数据，为定序尺度计量数据。顺序尺度的数据既可以划分为类别，也可以进行排序。例如，考试成绩可以分为优、良、中、及格和不及格等。

#### 2. 数量数据

数量数据(quantitative data)，也称定量数据，是用以说明现象的数量特征的数据，具体表现为数值。这类数据是由定距尺度和定比尺度计量形成的。例如，人的身高、体重、年龄等均为数量数据。

### (二)按照统计数据的收集方法分类

#### 1. 观测数据

观测数据(observational data)是指通过调查或观测而收集到的数据。这类数据是在没有对对象实施人为控制的条件下得到的，有关社会经济现象的统计数据几乎都是观测数据。例如，消费者对产品偏好研究的调查数据、居民人均收入数据等。本书第六章讨论的抽样调查主要是针对这类数据的。

#### 2. 实验数据

实验数据(experimental data)是指在实验中控制实验对象而收集到的数据。自然科学和工程领域的多数数据都为实验数据。例如，对一种新药疗效的实验数据、对一种新的农作物品种的实验数据。本书第八章讨论的就是这类数据。

### (三)按照被描述的现象与时间的关系分类

#### 1. 截面数据

截面数据(cross-sectional data)是在相同或相近的时间点上收集的数据，这类数据通常是在不同空间上获得的，用于描述现象在某一个时间的变化情况。例如，2008 年我国各省市 GDP 数据就是截面数据。

#### 2. 时间序列数据

时间序列数据(time series data)是在不同时间上收集到的数据，这类数据是按时间顺序收集到的，用于描述现象随时间变化的情况。例如，2000—2008 年北京市 GDP 数据就是时间序列数据。

区分数据的类型是非常重要的，因为对于不同类型的数据，需要采用不同的统计方法来进行处理和分析。例如，对于分类数据通常计算各类的频数或频率、计算其众数、进行列联分析和拟合优度检验等；对于顺序数据，除了可以采用以上分类数据的统计分析方法外，还可以计算其中位数、等级相关系数等；对数量数据可以运用更多的统计方法进行分析，如计算各种统计量，进行参数估计、假设检验和方差分析等。

# 第三节 统计分析的基本概念

统计学中的概念有很多，其中有几个概念是经常要用到的，也是最重要和基本的概念，我们单独加以介绍。这些概念包括总体与样本、总体参数与样本统计量、变量等。

## 一、总体与样本

### (一)总体

总体(population)是指研究对象的全体。在统计学中，总体是研究对象全体在某个方面特征的一组观测值。我们之所以考察一组数据，是因为这些数据反映了我们感兴趣的某种现象的特征。组成总体的每一个单位称为总体单位，也称为个体。总体中所包含的总体单位的数量称为总体容量(population size)，常用符号 $N$ 表示。

例如，在质量管理中，研究的对象是产品质量，而质量的状况是通过对质量特性值(质量数据)的研究而得到的。因此，从统计学的角度看，总体是其中每个个体质量数据的全体。例如，为了研究分析一道工序或一批产品质量的好坏，被研究的“该道工序或该批产品的某个质量特性值”全体就是一个总体。

### (二)样本

样本(sample)是由从总体抽取的部分个体组成的。样本中所包含的个体数量称为样本容量(sample size)或样本大小，常用符号 $n$ 表示。一般我们用 $X_1, X_2, \cdots, X_n$ 表示总体的一个样本，样本数据的取值记为 $x_1, x_2, \cdots, x_n$，称为样本观测值。

显然，样本来自于总体，总体是抽取样本的基础。从理论上讲，样本容量$1 \leqslant n \leqslant N$。但是，总体可以是有限的，也可以是无限的。当总体的个体数量有限可数时，我们称其为有限总体。当总体的个体数量无法数清时，我们称其为无限总体。

## 二、总体参数与样本统计量

### (一)总体参数

总体参数(population parameter)是用来描述总体特征的概括性数字度量。通常我们关心的总体参数有总体均值$\mu$、总体方差$\sigma^2$、总体比例 $p$ 等。由于总体参数通常是不知道的，所以总体参数是一个未知的常数。

### (二)样本统计量

样本统计量(sample statistic)是用来描述样本特征的概括性数字度量，简称统计量。通常我们关心的统计量有样本均值$\bar{x}$、样本方差$s^2$、样本比例$\hat{p}$等。由于统计量是根据抽取的样本数据计算出来的值，它是样本的函数；又由于从同一总体中可以抽取不同的样本，所以统计量是一个可计算的随机变量，而且它的可能取值是可计算的。

有关总体、样本、总体参数、样本统计量的概念可以用图 1-1 来表示。

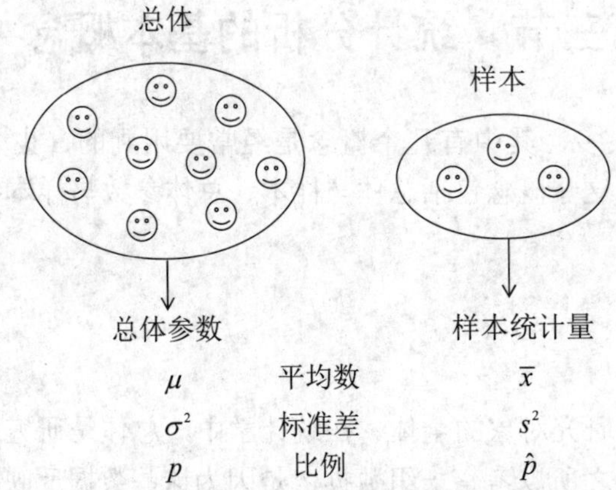


图 1-1　总体、样本、总体参数、样本统计量概念的示意图

## 三、变量

变量(variable)是说明现象某种特征的概念，变量的具体表现称为变量值。统计数据就是统计变量的具体表现。变量可以分为以下几种类型：

(1) 分类变量(categorical variable)。分类变量的取值就是分类数据。例如，性别就是一个分类变量，其变量值为“男、女”两个分类数据。

(2) 顺序变量(rank variable)。顺序变量的取值就是顺序数据。例如，顾客满意度就是一个顺序变量，其变量值可以为“很满意、较满意、一般满意、较不满意、很不满意”这五个顺序数据。

(3) 数值型变量(metric variable)。数值型变量的取值是数量数据。数值型变量根据其取值的不同，又可分为离散型变量和连续型变量。

① 离散型变量(discrete variable)只能取有限个或可列无限多个，并且其取值都以整位数断开。例如，合格品数、企业数等就是离散型变量。

② 连续型变量(continuous variable)是可以在一个或多个区间中取任何值的变量，其取值是连续不断的，不能一一列举。例如，年龄、灯泡的寿命等就是连续型变量。

## 第四节　统计学分科

统计理论和方法的应用已经渗透到社会经济的各个层面，统计学也已发展成为由若干分支学科组成的学科体系。根据统计方法的构成，统计学可分为描述统计学和推断统计学；根据统计方法的研究和应用，统计学可分为理论统计学和应用统计学。

### 一、描述统计学与推断统计学

#### (一)描述统计学

描述统计学(descriptive statistics)是研究如何取得反映客观现象的数据资料，对所收集的数据进行加工整理并通过统计图表等形式显示出来，进而通过综合、概括与分析得出反映客观现象的规律性数量特征。描述统计学包括统计数据的收集与整理、数据的显示方法、数据分布特征的描述与分析方法等。描述统计学的主要作用是通过对现象进行调查和观察，然后将所得到的大量数据加以整理、简缩、制成统计图表，并得到数据的分布特征(如集中趋势、离散趋势等)和一些概括性的数字(如平均数、标准差、相关系数等)。借助于这些概括性的数字，我们可以从杂乱无章的数据中获得有意义的信息，便于对不同的总体进行比较，从而得到结论。总之，描述统计的工作目的是使反映客观现象的统计数据可以一目了然，条理清晰，使用方便。

#### (二)推断统计学

推断统计学(inferential statistics)是研究如何根据样本数据去推断总体数量特征的方法，它是在对样本数据进行描述的基础上，对统计总体未知的数量特征做出推断和估计。推断统计学包括参数估计、假设检验、方差分析等。

描述统计学和推断统计学是现代统计学的两个组成部分。图 1-2 给出了一个完整的统计研究过程。首先，统计研究的起点是数据，终点是探索到客观事物总体内在的数量规律性。对于自然科学和工程技术研究领域的统计分析，一般采用实验设计法，通过控制实验条件，反复进行科学和工程实验获取大量的统计数据。而对于社会经济现象，只能采用大量观察的方法就总体中的全部或足够多数单位进行调查观察，并加以综合研究。如果我们收集到的是总体数据(如普查)，则经过描述统计之后就可以达到探索内在数量规律性的目的了；但如果我们所获得的数据只是总体的一部分数据，就必须应用概率论的理论并根据样本整理出的信息对总体做出科学的推断。因此，描述统计学是整个统计学的基础和统计研究工作的第一步。由于在统计研究中获取的一般都是样本数据，仅靠描述统计无法得到总体的数量特征，因此，推断统计是现代统计学的核心和统计工作的关键，因为统计研究最终能否科学准确地探索到总体内在的数量规律性与选用何种统计量、选用什么推断方法、如何进行推断有直接的联系。但另一方面，若没有客观、准确、可靠的数据资料，再科学的推断方法也难以得出可靠的结论。可见描述统计和推断统计相辅相成、缺一不可。

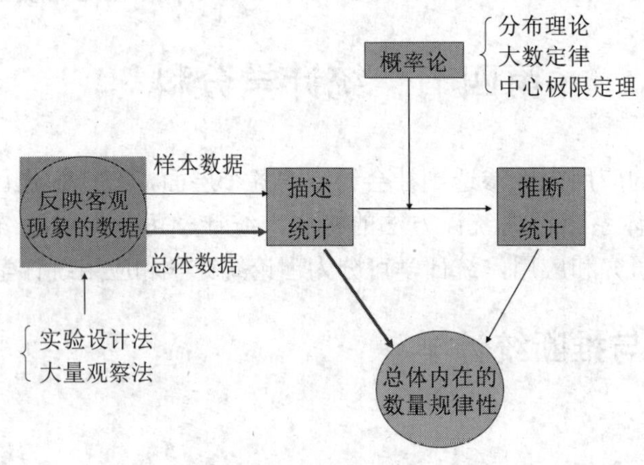


图 1-2 统计研究过程示意图

## 二、理论统计学与应用统计学

### (一)理论统计学

理论统计学(theoretical statistics)是统计学的基本原理，主要研究统计学的一般理论问题，尤其是各种统计方法的数学理论问题。理论统计学是以方法为中心，建立统计方法论体系，并在各种方法下阐述所能解决的问题。理论统计学包括的主要内容有：抽样理论、实验设计、估计理论、假设检验理论、决策理论、非参数统计理论、时间序列分析理论等。理论统计学是统计方法的理论基础，没有理论统计学的发展，就没有统计学的科学知识体系。在统计实践中常常会遇到一些新的问题，使原有的统计方法不适应，需要建立一个与新问题相适应的统计模型，这就需要理论统计学来指导。

### (二)应用统计学

应用统计学(applied statistics)用于研究如何运用统计方法去解决实际问题，以问题为中心，在各种问题下阐述可能解决问题的方法。

统计学是一门收集和分析数据的学科，由于自然科学与社会科学领域都需要通过数据分析来解决实际问题，因此，统计学被广泛地应用于解决自然科学和社会科学各个领域中的问题，形成了应用于解决各学科问题的统计学，即应用统计学。在自然科学方面，诸如在空间科学试验、气象观察与预测、生物试验、药理试验、工程机械试验、环境保护等问题的研究中，都广泛地应用了统计理论与方法；在社会科学方面，国民经济计划与预测、市场调查和商情分析、产品抽样调查和质量控制、财务管理和投资决策、人类心理与行为分析、民意测验、历史和教育研究等，也常常应用统计学作为分析问题和解决问题的工具。可以说，统计学已经渗透到自然科学和社会经济生活的各个方面，形成了不同的统计学分支，如生物统计学、医药卫生统计学、农业统计学、天文统计学、人口统计学、管理统计学、社会统计学，等等。尽管应用领域不同，但基本原理相同，采用的基本方法都是描述统计和推断统计。

20 世纪 50 年代以来，由于计算机的发展和统计软件包的社会化，人们摆脱了复杂烦琐的统计运算，使统计学的应用更加广泛。统计学加计算机，帮助科学工作者在许多学科的研究中取得了重大的或突破性的进展。

## 第五节　统计学的产生和发展

任何一门学科的产生都是与一定的社会背景和其他学科的相互影响分不开的。在英文中，“statistics”一词就是从“国家”(state)一词演变而来，意指一种收集和整理国情资料的活动。随着近代科学技术和工农业生产方面的飞速发展，统计方法得到愈来愈深入和广泛的应用，对人类认识和改造世界发生了重大的影响。统计学作为一门学科始于 17 世纪德国的国势派、英国的政治算术学派和法国的数理统计学派。在几百年的发展过程中，经历了古典统计学、近代统计学、现代统计学的发展历程，形成了各种流派的统计学，它们在不同的时期发挥了应有的作用，共同促进和推动了统计学科的发展。

### 一、古典统计学时期

从 17 世纪中叶到 18 世纪中叶是古典统计学时期，在当时并存的主要有政治算术学派和国势学派。

#### (一)政治算术学派

政治算术产生于英国，后人称其为统计学中的政治算术学派。主要代表人物为威廉·配第(W.Petty，1623—1687)和约翰·格朗特(J.Graunt，1620—1674)。他们主张用数字计量和比较的方法研究社会经济现象。1661 年，格朗特在《对死亡表的自然观察和政治观察》一书中对当时英国情况的分析揭示出一系列的数量关系。如男婴出生多于女婴(14：13)，男性死亡多于女性，一切疾病和事故在全部死亡原因中占有稳定的百分比等。虽然他没有提到“统计学”一词，他的方法也不完善，但他在实践中却已应用了现代统计中的大量观察方法去发现规律性的问题，其独特和新颖的方法给人以启示。接着配第在其代表作《政治算术》一书中，采用了一种在当时看来比较特殊的方法，将英国、法国和荷兰三个国家的“财富和力量”进行了数量比较和分析，并最后概括出政治结论。马克思对配第的评价很高，认为他“在某种程度上可以说是统计学的创始人”。但是在政治算术学派的著作中只是应用了数据，而并没有专门论述如何收集数据，如何利用数据进行统计分析等，所以还不是现代意义上的统计学。

#### (二)国势学派

国势学是与政治算术差不多同时产生的，它产生于德国，后人称其为国势学派或记述学派。其代表人物为海尔·康令(H.Conring，1606—1681)和高特弗里德·阿亨瓦尔(G.

Achenwall，1719—1772)。阿亨瓦尔在其代表作《近代欧洲各国国势学纲要》一书的绪论中首次提出了“统计学”这一名词，并主张用形式逻辑比较法和文字记述法来比较和说明国家的形势。由于阿亨瓦尔最早提出“统计学”一词，所以有人称他为统计学之父，但是他所称的统计学的内容只是文字的记载，只有统计学之名而无统计学之实。

## 二、近代统计学时期

从 18 世纪末到 19 世纪末是统计学的近代时期。该时期的主要贡献是建立和完善了统计学理论体系，并逐步形成了以随机现象的推断统计为主要内容的数理统计学，以及以传统的政治经济现象为主要内容的社会统计学两大学派。

### (一)数理统计学派

19 世纪中叶，产生了数理统计学派，其创始人为比利时的阿道夫·凯特勒(A.Quetelet，1796—1874)，他综合了国势学派和政治算术学派的成果，并把概率论的原理和大量观察法引进统计学的研究领域，开辟了统计学的新阶段。其代表作为《论人类》、《概率论书简》，他认为概率论是适于政治及道德科学中以观察和计数为基础的方法，以此方法对自然现象和社会现象的规律性进行观察，论证了社会生活现象纷繁复杂变化不定的偶然中存在的规律性，提出了误差理论，用来解决统计学上的准确性问题，被称为近代统计学之父。

### (二)社会统计学

社会统计学派产生于 19 世纪后半叶的德国。由于当时的数理统计学派尚未充分发展，社会统计学便在欧洲大陆占有优势地位。社会统计学派由德国教授克尼斯(K.G.A.Knies，1841—1898)首创，他认为统计学是一门独立的具有政治算术内容的社会科学，主要代表人物有恩格尔(C.L.E.Engel，1821—1896)以及梅尔(G.V.Mayr，1841—1925)等人。恩格尔通过工人家庭生活费用调查提出了著名的“恩格尔法则”，1857 年，恩格尔根据“家庭收入越多，则饮食费支出在家庭收入中所占百分比越小；家庭收入越小，则饮食费支出在家庭收入中所占百分比越大”这一规律，引申出恩格尔系数，以此作为衡量生活水平标准。梅尔把统计学作为实质性研究的社会科学，以社会集团的规律性为其独立的研究对象，以大量观察法为其特殊的研究方法，初步建立了社会统计学的科学体系。

## 三、现代统计学时期

19 世纪末以来，出现了许多有影响的统计学家，1907 年，英国的戈塞特(W.S.Gosset)提出了小样本 $t$ 统计量；费雪(R.A.Fisher)给出了 $F$ 统计量、极大似然估计、方差分析等方法；爱根·皮尔逊(E.S.Pearson)、奈曼(J.Neyman)提出了置信区间估计和假设检验；瓦尔德(A.Wald)提出了序贯抽样和统计决策等。他们在实践中发展了统计学的理论，使统计学逐步形成为一门比较成熟的学科。

20 世纪中期至今的几十年中，统计理论、方法和应用进入了一个全面发展的新阶段。一方面，统计学受计算机科学、信息论、控制理论、混沌理论等现代科学技术的影响，新的研究领域层出不穷，例如多元统计分析、时间序列分析、贝叶斯统计、非参数统计、线性统计决策等。另一方面，统计方法的应用领域不断扩展，几乎所有的科学研究都离不开统计方法。因为无论自然科学、工程技术、农学、医学、军事科学还是社会科学都离不开数据，要对数据进行研究和分析就必然要用到统计方法。因而可以说统计学与数学、哲学一样成为所有学科的基础。

## 第六节　统计学在经济管理中的应用举例

经济与管理统计学是一门以统计学为研究方法，以社会经济现象的数量方面为研究对象，研究社会经济管理问题的应用科学。1917 年美国开始参加“一战”，由于时间仓促，要求在极短的时间内提供数量庞大的军需品，其中军衣、军鞋的规格成了问题的焦点。通过小量的抽样发现军衣、军鞋尺寸分布符合正态分布，按此统计规律赶制的军衣、军鞋完全适合大量军人的体型要求。这一实践既显示了统计管理的职能，也引起并促进了经济与管理统计的产生。1924 年美国贝尔电话实验室休哈特(W.A.Shewhart)运用统计方法创立了工业产品质量管理中的质量控制图，有效地解决了产品生产过程中的质量控制问题。此后，统计学被广泛地应用于解决经济与管理问题，形成了经济与管理统计学。统计学在经济与管理中的应用主要包括以下几个方面。

### 1. 企业发展战略

发展战略是一个企业的长远发展方向。制定发展战略必须详细分析企业的内外环境，包括政策、经济、技术、市场、竞争对手、供应商、顾客等多方面的情况，收集相关统计数据，经过整理、分析和推断为企业进行计划、财务、生产、销售等决策提供有价值的依据。所有这些都离不开统计，需要统计提供可靠的数据，利用统计方法对数据进行科学的分析和预测，等等。

### 2. 产品质量管理

质量是企业的生命，是企业持续发展的基础。质量管理离不开统计的应用。在生产过程中进行监测的质量控制图、检验过程的抽样检验方案、产品的可靠性分析、6$\sigma$管理均是统计学在产品质量管理中的重要应用。

### 3. 市场研究

企业要在激烈的市场竞争中取得优势，首先必须了解市场，需要做广泛的市场调查，包括市场的供需调查、消费者偏好调查等，根据这些信息进行市场细分分析和定位分析，以便做出生产和营销决策，这些都需要统计的支持。

### 4. 财务分析

上市公司的财务数据是股民投资选择的重要参考依据。一些投资咨询公司主要是根据上市公司提供的财务数据进行统计分析，为股民提供投资参考。企业自身的投资决策，也离不开对财务数据的分析，这些都需要统计的支持。

5. 经济预测

经济学家经常被要求对未来的经济提供预测，他们在进行预测时要使用各种统计方法。例如，经济学家在预测通货膨胀时，要利用有关的生产价格指数、失业率、生产能力等统计数据，通过统计模型进行预测。

6. 人力资源管理

企业利用统计方法对员工的年龄、性别、受教育程度、技术技能水平、工资等进行分析，作为企业制订薪酬计划的依据。

# 本 章 小 结

(1) “统计”这个词有统计工作、统计数据和统计学三个不同的解释。统计学是一门收集、分析、表现和解释数据的学科。

(2) 统计学的研究对象是客观事物的数量特征和数量关系，它具有数量性、总体性和变异性的特点。

(3) 统计数据有定类尺度、定序尺度、定距尺度和定比尺度四种计量尺度。统计数据按照计量尺度分类，可分为品质数据和数量数据；按照统计数据的收集方法分类，可分为观测数据和实验数据；按照被描述的现象与时间的关系分类，可分为截面数据和时间序列数据。

(4) 总体是指研究对象的全体。在统计学中，总体是研究对象全体在某个方面特征的一组观测值。样本是由从总体抽取的部分个体组成的。

(5) 总体参数是用来描述总体特征的概括性数字度量，总体参数通常是一个未知的常数；样本统计量是用来描述样本特征的概括性数字度量，简称统计量，统计量是一个可计算的随机变量。

(6) 标志是用来说明总体单位具有的属性或特征；统计指标是反映调查对象即调查总体数量特征的名称，每个统计指标对应的数值称为指标值。

(7) 根据统计方法的构成，统计学可分为描述统计学和推断统计学；根据统计方法研究和应用，又可分为理论统计学和应用统计学。

(8) 统计学的产生和发展经历了古典统计学、近代统计学和现代统计学三个时期。

# 思 考 题

1. 什么是统计学？简要说明统计学的研究对象及其特点。
2. 为什么统计学能够探索客观现象内在的数量规律性？
3. 为什么说统计学是一门方法论的学科？
4. 统计数据按计量尺度的不同可分为哪几种类型？各有什么特点？
5. 统计数据可分为哪几种类型？不同类型的数据各有什么特点？

6. 举例说明总体与样本、总体参数与样本统计量、变量这几个概念。

7. 什么是描述性统计？什么是推断性统计？两者之间的联系是什么？

8. 统计学的产生与发展过程中曾经出现过哪几个重要的学派？它们的历史贡献各是什么？

# 第二章　统计数据的收集、整理与展示

【本章导读及学习目标】

统计数据是统计研究的基础。为了保证统计数据的客观、准确、可靠，统计数据的收集和整理就成为统计分析中尤其重要的环节。统计数据的收集和整理是依据统计分析的目的和要求，有组织、有计划地收集资料，并对这些资料进行科学的处理，并用统计图表将整理后的数据加以展示的过程。通过本章的学习，应掌握统计数据收集、整理和图表展示的方法，为进一步进行统计分析奠定基础。

## 第一节　统计资料的收集

统计数据的收集是根据统计研究预定的目的要求和任务，运用抽样调查或实验的方法，有计划、有组织地收集数据资料的过程。统计数据的收集，在整个统计研究过程中，担负着提供基础数据的任务，是统计研究中的一个关键环节。

### 一、统计数据的来源

统计数据的来源渠道很多，不同的统计数据可通过不同渠道获得。我们把来源于直接的调查和科学实验的统计数据称为原始资料(raw data)，也称为第一手资料；把已经存在的经他人整理分析过的资料称为次级资料(secondary data)，也称为第二手资料。

#### (一)统计数据的直接来源

统计数据的直接来源主要有两个渠道：一是来源于管理和研究需要而专门组织的统计调查，统计调查是取得社会经济数据的重要手段，其中有统计部门进行的统计调查，也有其他部门或机构为特定目的而进行的调查。二是通过科学实验得到的数据称为试验数据，科学实验是取得自然科学数据的主要手段。

#### (二)统计数据的间接来源

统计数据的间接来源主要是公开出版或公开报道的数据，来源的渠道很多。我国公开出版或报道的社会经济数据主要来自国家和地方的统计部门及各种报刊媒介，如公开出版的各种统计年鉴、定期发布的统计公告、统计部门和各级政府部门公布的有关资料、各类经济信息中心和信息咨询机构等提供的市场信息和行业发展信息，等等。另外，广泛发布在互联网、各种报刊、杂志、图书、广播、电视传媒中的各类数据资料也属于间接数据。在使用次级资料时应注意统计数据指标的含义、计算口径和计算方法，以避免误用或滥用。同时，在应用次级资料时，一定要注明数据的来源，以尊重别人的劳动成果。由于次级资料一般都是从原始资料过渡而来的，所以统计调查所收集的资料主要是原始资料。

统计数据的收集是统计分析、统计预测和统计决策的前提，因此，所收集的资料必须满足以下几点要求。

(1) 准确性。即统计调查所提供的资料必须符合客观实际，真实可靠。因为只有这样，才能对事物作出正确的判断，得出科学的结论。

(2) 及时性。即在统计调查规定的时间内，尽快提供规定的调查资料，完成规定的各项调查任务。统计资料是进行管理、决策、制定政策不可缺少的依据，而客观社会经济现象又是不断发展变化的，因而统计数据具有很强的时效性，如果统计资料不及时，就难以发挥它的作用。

(3) 全面性。指统计调查的资料的完整性，即对所要调查的项目的资料，毫无遗漏地进行收集。只有齐全的统计资料，才能比较正确地反映所研究的社会经济现象的全貌，获得正确的认识。

(4) 系统性。即综合资料中的各项统计数据应该配套，要能从不同侧面，不同层次上对调查对象，从整体上进行研究，能够从事物的内部结构和外部联系上进行对比分析。

## 二、统计资料的收集方法

### (一)原始资料的收集方法

#### 1. 直接观察法

直接观察法是指调查者带有明确的目的到调查现场，对调查对象进行直接观察、计数、计量和记录，以取得资料的方法。观察法的特点就是从侧面观察被观察者的言行和反应，一般不直接向被调查者提出问题，所以，被调查者往往是在不知情的状况下被调查的。这种方法的优点在于能够直接取得第一手资料，并能够保证资料的准确性。其缺点是需要大量人力、物力和财力及较长的时间，并且受一定条件的限制，如对居民手持现金等就无法直接计量和观察。

#### 2. 报告法

报告法是指统计调查机构将设计的调查表格分发或电传给被调查者，被调查者则根据调查表的要求，按照隶属关系，逐级向有关部门上报统计资料的一种调查方法。这种方法必须有统一要求，要以原始资料为依据，建立逐级报告系统，需要同时进行大量的调查。我国现行的统计报表就属于这种方法。

#### 3. 登记法

登记法是由统计机构规定当事人在某种事件发生后到该机构进行有关事项的申报和登记，如人口的出生和死亡的统计以及流动人口的统计，就是采用到指定的公安派出所进行登记的方法。

#### 4. 访问法

访问法是指调查者以个别采访、集体座谈、电话询问、留置问卷询问、邮寄问卷询问

等形式向被调查者收集统计资料的方法。访问法要求调查者根据调查的目的和任务，通过询问的方式向被调查者收集资料的一种统计调查方法。采用访问法进行调查，调查者可以将所要了解的问题直接向被调查者提出，以其回答作为资料的依据，也可以把所要收集的资料事先设计成问卷，利用问卷向被调查者询问。访问法是经常使用的一种统计调查方法，尤其在市场调查、广告调查、公共关系调查中应用最为突出。按照调查者与被调查者之间接触方式的不同，访问法可分为面谈调查、邮寄调查和电话调查三种方式。

5. 实验法

实验法是指通过实验对比来取得资料的方法。在工商企业管理中，实验法的应用范围很广，如产品在改变品质、包装、价格和广告等营销策划时，都可以用实验对比的方法对其效果进行小规模的实验性测试，以根据市场的反映采取相应的对策。对实验法获得的资料，一般都要进行统计推断和检验，它是进行因果关系研究的最适宜、最科学的方法。实验法起源于自然科学的实验求证法，从理论上讲，采取实验法所获得的调查应该同自然科学实验一样精确，但实际上由于社会经济领域的不可控因素太多，往往都会影响到实验效果。

### (二)次级资料收集的方法

1. 直接引用法

直接引用法就是直接从统计年鉴、经济年鉴、各种公开刊物和电子读物等中抄录有关统计数据，以满足统计研究的需要。

2. 参考文献查找法

参考文献查找法主要是利用有关研究报告、论文、著作等文献资料及末尾开列的参考文献资料，以此为线索追踪查找有关文献资料的方法。这种方法获得的资料系统，可以直接利用，但需要调查者有较强的分析问题的能力和相关的专业知识。

3. 检索工具查找法

检索工具是人文积累和查找次级资料线索的重要方法，主要有手工检索和计算机检索两种。手工检索主要是利用目录、索引、文摘等检索工具查找所需的出版资料，计算机检索主要利用计算机从有关数据库和网络中检索次级资料。

## 三、统计资料收集的技术工具

调查表和问卷是收集统计资料的重要技术工具，无论采用何种方法收集统计资料，都必须借助调查表或问卷作为口头询问和书面登记的依据。因此，统计资料的收集应重视调查表和问卷的设计。

### (一)调查表

调查表是根据统计调查目的所确定的调查项目，按照一定的顺序排列而成的表格形式。调查表一般由表头、表体和表外附加三部分组成。表头是用来表示调查表的名称、性质和各种基本情况的部分；表体是调查表的主体部分，包括调查标志的名称和标志的具体表现、栏号与计量单位等；表外附加主要包括调查者或填表人的签名或调查日期，以及有关调查项目的解释说明。

调查表的设计要点如下。

(1) 根据调查目的和要求，先拟订需要调查的项目(标志或指标)。一般应包括被调查者的基本情况，调查的主体内容和相关项目三个层面。

(2) 根据调查项目的多少和使用要求，确定调查表的设计形式。调查表的形式有单一表和一览表两种。单一表是指一张表登记一个调查单位情况的统计表，每张表可容纳较多的调查项目，便于将各单位的调查表进行分类汇总，适用于较详细的调查。一览表是在一张表上登记若干个调查单位资料的表格，每个调查单位只占一行。当调查项目不多时，可采用一览表收集资料，以利于资料的加工整理。

(3) 列入调查表的项目，要求含义明确，能取得客观的资料。

(4) 列入调查表的项目应注意相互衔接和排列的逻辑性。

(5) 应编制必要的填表说明，其中包括对各个项目含义的解释、有关数字的计算方法，以及填写时应注意的事项等。

### (二)问卷

问卷是调查者根据调查的目的和要求，预先设计的有详细问题及备选答案的调查测试和记录清单。问卷既可作为调查者口头询问及记录的提纲，也可发给被调查者填写，因而是收集原始资料的重要技术和工具。

问卷将确定的调查项目以有问有答的形式来排列和表示，也可以说是采用问答式的调查表格。一般来说，问卷由标题、引言和注释、问题和答案、统计编码、被调查者的基本情况和结束语等部分组成。

问卷形式有三种：开放式问卷、封闭式问卷和半封闭式问卷。开放式问卷是可以自由回答问题的问卷，被调查者可以利用自己的语言自由回答问题、发表意见，在问卷上没有事先拟好的答案可供选择。封闭式问卷是调查者在问卷上提出问题后，列出所有可能的答案，被调查者只需从中选择一个或数个答案。半封闭式问卷是封闭式问卷与开放式问卷相结合的问卷，即在整个问卷中，一部分是封闭性问题，一部分是开放性问题。

问卷设计应注意以下几点：

(1) 标题要概括，突出调查的主题。

(2) 引言和注释应交代调查的目的，以求得被调查者的合作。

(3) 问题项要精练明确，体现调查的内容。

(4) 答案设计要注意准确，力求全面。

(5) 要避免诱导性提问，对个人隐私问题不要涉及，问题的排列要合理。一般先基本问题，后具体问题；先封闭性问题，后开放性问题；先一般性问题，后敏感性问题。

**【例 2-1】**某高等院校经济管理学院硕士研究生课程教学情况调查问卷。

亲爱的同学：你好！

本次问卷调查的目的是对××经济管理学院硕士研究生课程教学服务体系的现状进行调查和分析，以进一步改善和提高研究生课程教学服务质量水平。你的回答将为本院研究生课程教学服务质量体系的构建提供重要的信息，真诚地感谢你对这项调查工作的支持与配合！希望你能真实、认真地填写本问卷。

请你根据每个问题的具体要求在选项上打“√”或直接填写在“________”上。没有特别说明的为单选题。

(1) 你的个人基本情况：

| 性别 | 年级 | 生源类别(往届/应届) | 本科毕业院校 | 本科专业 | 现学专业 |
|---|---|---|---|---|---|
| | | | | | |

(2) 你认为本经管学院硕士研究生课程设置的情况是：

| | | | | |
|---|---|---|---|---|
| 基础理论课程 | A．很合理 | B．比较合理 | C．一般 | D．不合理，体现在________ |
| 方法论课程 | A．很合理 | B．比较合理 | C．一般 | D．不合理，体现在________ |
| 专业课程 | A．很合理 | B．比较合理 | C．一般 | D．不合理，体现在________ |
| 选修课程 | A．很合理 | B．比较合理 | C．一般 | D．不合理，体现在________ |

(3) 你认为经管学院硕士研究生阶段的同名同类型课程与本科阶段比较，在课程深度和内容上：

A．有很大提升；B．稍有提升；C．差别不大；D．不清楚。

你认为差别不大的课程有________________。(可填多项)

(4) 你对经管学院硕士研究生教材建设(自编和选用情况)的看法是：

A．教材与课堂讲授十分贴切，十分有助于理解；

B．教材与课堂讲授内容基本相符，大体可以理解课程；

C．教材与课堂讲授内容差别较大，对课程学习帮助不大；

D．其他。________________

(5) 你认为经管学院资料室教学辅助资料情况是：

A．可以找到大量参考书目、文献或资料；B．能够找到一些参考书目或文献；

C．几乎没有什么参考书目可以看；D．其他。________

(6) 你认为经管学院教师在课程教学方式上：

A．能采用启发式教学，经常跟学生互动；B．偶尔跟学生有互动；

C．教学方式一般，跟学生很少交流；D．其他。________

(7) 你认为经管学院教师在课程教学过程中，对学生分析问题解决问题能力的培养上：

A．经常引入学科前沿问题，并结合教师自身的科研成果；

B．有时介绍学科前沿问题；

C．只讲授教材上内容；D．其他。________

(8) 你认为经管学院教师在课程教学手段上：

A．各种教学手段应用合理、效果好；

B．使用多种手段教学，能够帮助学生理解课程；

C．手段单一，感觉枯燥；D．其他。________

(9) 请你选择影响硕士研究生课程教学质量的前 5 个最重要的因素，并按重要程度

①→⑤排序：

重要①——————→不重要⑤

教学态度____；教学水平____；课程设置____；教学资源____；教学手段____；教学方式______；教材建设______；教学管理______；教学深度______；其他__________________。(请填写)

问题结束，谢谢你的合作！

## 四、统计调查的组织方式

统计调查按组织方式可分为统计报表和专门调查两种，其中专门调查又包括普查、重点调查、抽样调查、典型调查和网上调查。其中统计报表、普查和抽样调查是目前最常用的统计调查方式。

### (一)统计报表

统计报表(statistical report forms)是依据国家有关法规的规定，自上而下地统一布置，以一定的原始记录为依据，按照统一的表式、统一的指标项目、统一的报送时间和报送程序，自下而上地逐级提供统计资料的一种统计调查方式。统计报表一般具有统一性、全面性、周期性、可靠性等特点。目前我国的统计报表，是由国家统计报表、业务部门统计报表和地方统计报表组成的。通过报表掌握系统、全面的统计资料，可以进行动态比较，分析社会和经济发展变化规律。

### (二)普查

普查(census)是为了某一特定目的而专门组织的一次性全面调查。主要用于收集某些不能或不宜用定期报表收集的统计资料，如人口普查、工业普查、农业普查等。普查的组织方式一般有两种：一是组织专门的普查机构，配备一定的普查人员，对调查单位进行直接登记，如我国的人口普查等；二是利用调查单位的原始记录、统计和核算资料，颁发一定的普查表格，由调查单位填报，如企业的库存物资普查等。

由于普查地域广阔，调查对象多，参加调查人员多，且时间短，因此工作十分复杂，同时普查作为一种一次性的全面调查，对资料的准确性和时效性要求较高。必须注意以下几点。

(1) 规定统一的标准时点，标准时点是指对被调查对象登记时所依据的统一时点。

(2) 确定统一的普查期限。

(3) 规定普查的项目和指标。

### (三)重点调查

重点调查(key point survey)是指在调查对象中，选择一部分重点单位进行调查，借以了解基本情况的一种非全面调查。所谓重点单位，通常是指在调查总体中具有举足轻重的地位，能够代表总体的情况、特征和主要发展变化趋势的那些总体单位。通过对少数单位的调查，就能取得反映总体的基本情况。例如，鞍钢、武钢、太钢、宝钢等几个钢铁企业，虽然在全国钢铁企业中只占少数，但它们的产量却占有绝对的比重。对这些重点企业进行调查，比全面调查省时省力，且能及时了解全国钢铁生产的基本情况。

选取重点单位时，应遵循以下两个原则。

(1) 要根据调查任务的要求和调查对象的基本情况确定选取的重点单位及数量。一般来讲，要求重点单位应尽可能少，而这些单位又能反映总体的一般情况，以保证有足够的代表性。

(2) 要注意选取那些管理比较健全、业务力量较强、统计工作基础较好的单位作为重点单位。

### (四)典型调查

典型调查(model survey)是根据调查的目的和要求，在对所研究对象进行全面分析的基础上，有意识地选择部分有代表性的单位，进行深入周密的调查研究的一种非全面调查。进行典型调查的主要目的不在于取得社会经济现象的总体数值，而在于了解与有关数字相关的具体情况。

典型调查有两个显著的特点：一是调查单位是有意选择出来的，具有代表性；二是调查范围小，调查单位少，可对某些专门问题作深入细致的调查。

典型调查有两种选点方式：一是如果在调查单位之间，情况差异较少时，可选择一、二个典型单位进行“解剖麻雀”式的调查；二是如果作为调查对象的各个单位之间差异较大，可采取“划类选典”的办法，把总体分成若干类型，然后在每个类型中选择典型进行调查，可以从数量上对总体进行推断估计。

### (五)抽样调查

抽样调查(sampling survey)是从调查对象的总体中，按照一定的抽样原则抽取一部分单位作为样本，并根据对样本进行调查的结果来推断总体的一种调查方法。抽样调查虽然是一种非全面调查，但是，其目的却在于取得反映全面情况的统计资料。根据抽样方法是否随机，可将抽样调查分为随机抽样和非随机抽样两大类，一般我们提到“抽样调查”主要指随机抽样。本书第六章对常用的抽样调查进行了讨论。

### (六)网上调查

网上调查(internet survey)是互联网发展带来的新生事物。随着互联网的普及，通过网络进行调查已成为一种趋势，网上调查与传统方法相比具有很多优势。

(1) 网上调查只需要具备能上网的计算机就可以实现调查，通过站点发布电子调查问卷，然后通过统计分析软件进行信息整理和分析，节省了大量的人力和物力。

(2) 网上调查由调查对象自愿填写，任何人都可以通过网络进行投票，因此具有较高的可靠性和客观性；投票信息经过统计软件处理后，可以马上查看阶段性的调查结果，与传统方法相比具有较高的时效性。

(3) 与传统调查方式相比较，网上调查可以不受时空和地域的限制。

网上调查可以分为两种形式：一种是利用网络直接进行问卷调查收集第一手资料；另一种是利用网络的媒体功能，从网络上收集第二手资料。

总而言之，上述各种统计调查方式分别具有不同的特点、作用及局限性。在统计调查中，应根据调查的目的和调查对象的特点，灵活地选择不同的调查方式，以便及时、准确地获得各种不同的信息。

## 五、统计资料收集方案设计

统计资料收集方案即统计调查方案，是指在实施调查之前，根据统计研究的目的和要求，对统计资料收集的各个方面和各个阶段进行的通盘考虑和安排，以便在调查过程中统一认识、统一内容、统一步骤，顺利完成调查任务。调查方案设计是收集原始资料的第一步，它直接关系到统计研究工作的成果。为此，设计一个完整的统计调查方案，应该包括以下几个方面的内容。

### (一)确定调查的目的和内容

确定调查的目的和内容是制定统计调查方案的首要问题。首先，要明确所收集的资料要用来解决什么问题，它决定着调查对象、内容和方法；其次，要考虑到可能性，以便做到必要性和可能性相一致。

### (二)确定调查对象、调查单位和填报单位

(1) 调查对象的确定。调查对象是指需要调查和研究的由性质相同的许多调查单位组成的现象总体或调查范围。

(2) 调查单位的确定。调查单位是指构成调查对象的每一个单位，是调查项目和指标的承担者或载体，是收集数据和分析数据的基本单位。例如，我们要调查某地区城镇居民的家庭收入状况，调查对象就是该地区所有的城镇居民家庭，而调查单位是构成该地区城镇居民这个总体的每一个城镇居民家庭。

(3) 填报单位的确定。填报单位亦称报告单位，是负责上报调查资料的单位。根据不同的调查目的，调查单位与填报单位有时一致，有时则不一致。例如，调查的目的是了解某地区工业企业的生产情况，该地区每个工业企业既是调查单位，也是填报单位。再例如，调查的目的是了解某企业设备的拥有和使用的状况，那么该厂全部设备就是调查对象，每个单台设备就是调查单位，而填报单位是设备的使用与管理部门。这时，调查单位与填报单位并不一致。

### (三)确定调查项目，拟定调查表和问卷

调查项目即调查的具体内容，是指调查中所要登记的调查单位的特征，由一系列品质标志和数量标志所构成。如要调查企业的所属行业类别、性质或者企业职工人数、各年产值等。在调查项目确定之后，还应设计调查表和问卷，详细介绍见本节的“统计资料收集的技术工具”部分。

### (四)确定调查的方式和方法

(1) 调查方式的确定。根据调查的目的和要求及调查所需的人力、物力和财力决定是采用全面调查方式，还是非全面调查方式，而非全面调查方式是采用概率抽样，还是非概率抽样，而概率抽样又具体采用何种方式抽取总体单位组成随机样本，等等。如产品质量

抽样检测一般可采用系统抽样或整群抽样等方式(参见第六章)。

(2) 调查单位数目的确定。全面调查应对构成统计总体的所有个体进行调查，非全面调查应确定必要的调查单位数目(样本容量)。概率抽样的样本容量可根据样本统计量的概率分布和估计精度要求进行计算获得(参见第六章)。

(3) 调查方法的确定。根据调查对象和调查目的要求而决定采用何种方法收集原始资料和次级资料。如产品质量抽样检测一般可采用直接观察法、登记法和实验法等收集原始资料。

### (五)确定调查的时间和期限

(1) 确定调查时间。调查时间是指调查资料所属的时间，为了保证统计资料收集的统一性和可比性，防止统计的重复和遗漏，需要明确调查时间。如果所要调查的是时期现象，就要明确规定调查资料所属的起止时间，如某工业企业 2007 年的产值是指从 2007 年 1 月 1 日～2007 年 12 月 31 日的产值之和。如果所要调查的是时点现象，就要明确规定统一的标准调查时点，如人口普查必须规定普查的标准调查时点。

(2) 确定调查期限。调查期限是指进行调查工作的起止时间。一般来说，任何调查都应在保证准确性的前提下，尽可能缩短调查工作时间，以保证统计资料的及时性。

### (六)制订调查的组织实施计划

为了保证统计调查的顺利进行，还要制订调查的组织实施计划。组织实施计划的主要内容包括：调查工作的组织领导、组织机构的设置、调查人员选择与培训、调查经费和物资的具体安排，调查进度与数据质量控制。

# 第二节　统计数据的整理

统计整理是根据统计研究的需要，对统计调查获得的原始资料进行分类、汇总列表，或对次级资料进行再加工的工作过程。一般来说，收集得到的统计资料反映的是个体的信息，不能反映总体的综合数量特征。统计数据整理的任务就在于把调查收集到的、大量的、反映总体单位特征的个体资料，进行科学的加工和综合汇总，使之系统化、条理化，得出能够反映现象总体特征及其发展规律的综合性资料并以简明的方式加以表达。一般来说，统计数据整理的内容主要包括统计资料的审核、统计资料的分组和汇总、编制统计表或绘制统计图。

## 一、统计数据的审核

统计数据收集以后，首先需要进行审核，以保证统计数据的质量，为进一步的数据整理打下基础。从不同渠道取得的统计数据，在审核内容和方法上都有所不同。

对于通过直接调查取得的原始数据主要应从完整性和准确性两个方面去审核。完整性的审核主要是检查被调查的对象是否有遗漏，所有的调查项目或指标是否填写齐全。准确性审查的内容主要包括两个方面：一是检查数据资料是否真实地反映了调查对象的客观实际情况，内容是否符合实际；二是检查数据是否有错误，计算是否正确。准确性审查方法主要有逻辑检查(定性)和计算检查(定量)。

对于通过其他途径取得的二手资料，除了对其完整性和准确性进行审核外，应着重审核数据的适应性和时效性。作为使用者来说，首先应清楚数据的来源、数据的口径以及有关的背景资料，弄清楚收集得到的数据是否适合自己的研究需要，是否需要重新进行加工整理等。此外，还要对数据的时效性进行审核，尽可能使用最新的统计数据，否则可能失去研究的意义

## 二、统计分组

### (一)统计分组的概念

统计分组(statistical classification)是根据现象的内在特点和统计研究的要求，将收集到的数据资料按照一定的标志划分为若干组的一种统计方法。通过统计分组，使同一组的各单位在分组标志的性质相同，不同组之间的性质相异。统计分组兼有“分”和“合”两方面的含义：对总体而言是“分”，即将总体分为不同类型或不同性质的若干部分；对个体或总体单位而言则是“合”，即性质相同或相近的许多单位结合为一组。所以，统计分组的基本要求是：必须保持各组内的“同质性”和组间的“差异性”。

社会经济现象具有复杂性和多样性，为了区别现象的数量特征，揭示现象的本质特征及其发展变化的规律，进行科学分组是十分重要的。确定统计调查的范围，必须首先对现象的类型进行分组。对统计资料进行加工整理，也必须以统计分组为基础。所以，统计分组贯穿于整个统计工作，是统计研究的基本方法之一。

### (二)统计分组的种类

统计分组的关键在于分组标志的选择，分组标志是指分组时作为划分数据资料的标准。分组标志选择得正确与否，关系到能否正确地反映总体的性质特征，实现统计研究的目的和任务。分组标志一旦确定，必将突出总体单位在此标志下的差异，而掩盖了总体单位在其他标志下的差异。例如，要分析学生的学习成绩，将学习成绩作为分组标志，而将性别、年龄等其他标志下的差异掩盖起来了。

根据不同的分组标志进行分组，主要可以得到以下两种类型划分的统计分组。

#### 1. 按分组标志的多少，可分为简单分组与分组体系

(1) 简单分组：只选择一个标志进行分组，只能从某一个方面反映现象的分布状况和内部结构。例如，企业按生产规模分为大、中、小型企业三组；人口按性别分为男、女两组。

(2) 分组体系：为了更全面、系统和深入地认识总体，满足各方面的要求，只按一个标志分组不能满足统计研究的需要，必须从不同角度，运用多个分组标志进行多方面的分组，形成一个分组体系。分组体系有平行分组体系和复合分组体系两种。

① 平行分组体系：对同一总体选择两个或两个以上标志进行简单分组所形成的体系，它由两个或两个以上互不交叉、从属的简单分组构成。例如，某企业的工人分别按工

龄、技术等级和操作形式三个标志进行单独分组。

② 复合分组体系：对同一总体选择两个或两个以上的分组标志层叠起来进行分组，即将总体先按一个标志分组，然后在此基础上再按另一个标志进行第二次分组，在第二次分组的基础上再进行第三次分组，以此类推。

### 2. 按分组标志的性质不同，可分为品质标志分组和数量标志分组

(1) 品质标志分组：选择反映研究对象属性差异的品质标志作为分组标志，并在品质标志变异范围内划分各组界限，将总体划分为若干性质不同的组成部分。品质标志分组的目的在于揭示总体内部的性质和属性差异，适用于定类尺度和定序尺度标志的数据。例如，人口按性别、民族分组；播种面积按土地自然条件分组；商品按类别分组等。

(2) 数量标志分组：选择反映研究对象数量差异的数量标志进行分组，并在数量标志的变异范围内划定各组界限，通过各组的数量差异也可反映出质的不同。数量标志分组的目的在于揭示总体内部的数量差异，适用于定距尺度和定比尺度标志的数据。

按数量标志分组主要有单变量值分组和变量组距分组两种分组形式，为避免重复，具体的详细介绍见本节的统计分组方法部分的内容。图 2-1 给出了统计分组按两种不同分类标准划分的分组种类。

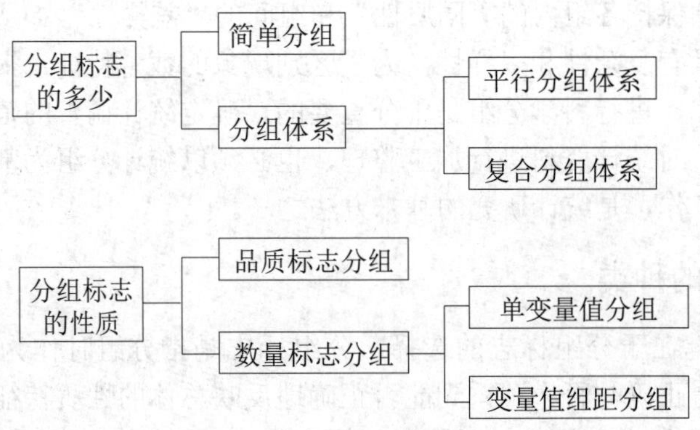


**图 2-1 统计分组的种类**

## (三)统计分组的方法

在进行统计分组时，要遵循两个原则：穷尽原则和互斥原则。穷尽原则，就是使总体中的每个总体单位都有组可归属。互斥原则，就是在特定的分组标志下，每个总体单位只能属于某一组，而不能同时或可能属于一个以上的组。

### 1. 品质标志分组方法

有些品质分组比较简单，分组标志一经确定，组的名称和组数也随之确定，例如，人口按性别分为男、女两组。而有些品质分组还取决于统计分析对分组层次的不同要求，例如，我国把社会经济各部门划分为第一产业、第二产业和第三产业，第一产业还可细分为农业、林业、畜牧业和渔业等。对于这类问题，统计工作采用统一的分类标准或分类目录，这样的具体规定分类(组)标准，为统计整理提供了统一的依据。

2. 数量标志分组方法

按数量标志分组，应注意两个问题：一是分组时各组数量界限的确定必须能反映事物“质”的差异；二是根据被研究的现象总体的数量特征，采用适当的分组形式。

(1) 单变量值分组。把每一个变量值作为一组，称为单变量值分组，也称为单项式分组。单变量值分组适用于离散型变量且变量值较少的情况。

(2) 变量值组距分组。将全部变量值依次划分为若干区间，并将这一区间的变量值作为一组，称为变量值组距分组，也称组距式分组。组距分组适用于连续型变量或者变量变动范围较大的离散型变量。在组距式分组中，一个组的上限和下限的差值，称为组距(class width)；一个组的最小值称为该组的下限(lower limit)，一个组的最大值称为该组的上限(upper limit)。

① 间断组距式分组和连续组距式分组。在组距式分组中，凡是组限不相连的，称为间断组距式分组。对于离散型变量通常采用间断组距分组，例如，企业按工人人数的间断组距式分组：[200，499]，[500，999]，[1000，1999]，2000 以上(单位：人)。在组距式分组中，凡是组限相连(或相重叠的)，即以同一数值作为相邻两组的共同界限，称为连续组距式分组。对于连续型变量只能采用连续组距式分组，但为了保证统计分组的“互斥原则”，通常规定“上限不在内”原则。例如，灯泡的寿命的组距式分组：[800，900)，[900，1000)，[1000，1100)，1100 及以上(单位：小时)。依此惯例，对于离散型变量的组距式分组也可采用连续组距式分组，例如，企业按工人人数的连续组距式分组：[200，500)，[500，1000)，[1000，2000)，2000 以上(单位：人)。

② 等距组距式分组和异距组距式分组。等距组距式分组就是变量值在各组保持相等的组距，即各组的变量值变动都限于相同的范围。凡是在变量值变动比较均匀的情况下，都可采用等距组距式分组，等距组距式分组有很多好处，它便于计算和绘制统计图。异距组距式分组的组距不相等。一般地，异距分组适用于以下几种场合：一是变量值分组很不均匀的场合；二是相同的变量值具有不同意义的场合，例如，生命中的每一个月对于婴儿和成年人是不同的，此时若按年龄分组进行人口疾病研究，应采用异距式分组；三是变量值按一定比例发展变化的场合，这时可按等比的组距间隔来分组。例如，大型企业的产值差别很大，年产值从 100 万元～10 亿元，就可以采用公比为 10 的分组：[100，1000)，[1000，10000)，[10000，100000](单位：万元)。

关于组距式分组中组数、组限、组距的确定方法，将在本节频数分布部分结合算例详细介绍。

## 三、频数分布

### (一)频数分布的基本概念

在统计分组的基础上，将总体(或样本)中每个单位按组进行归类排列，形成总体(或样本)各个单位在各组间的分布，称为频数分布(frequency distribution)，或次数分布。频数分布是表现统计分组的一种重要形式，通过对零乱的、分散的数据资料进行有次序的整理，形成一系列反映总体(或样本)各组之间单位分布状况的数列，所以又称为分布数列。分布数列由两个要素构成：一个是总体(或样本)按标志所分的组；另一个是各组所出现的单位数，即频数(frequency)。各组频数与总频数之比称为比例(proportion)，又称为比率(ratio)。将比例乘以 100 得到的数值称为百分比(percentage)，又称为频率。

### (二)频数分布数列的编制

根据分组标志的不同，分布数列可分为品质变量分布数列和数量变量分布数列。

#### 1. 品质变量分布数列

品质变量分布数列是按品质标志分组所形成的分布数列，简称品质数列。

**【例 2-2】**某公司开发了一种新型香水，为了测试目标消费群对该香水的接受程度，设计了 5 种香型的香水，随机选取 200 名消费者进行测试，其中的一个问题是“五种香水中你最喜欢哪一种？

(1)A　(2)B　(3)C　(4)D　(5)E

**解** 调查的结果进行分类汇总后形成属性分布数列，如表 2-1 所示。从该表可以看出，消费者偏好“香型 A”的人最多，偏好“香型 B”的人其次多。

表 2-1　消费者对不同香型香水偏好的频数分布表

| 香水类型 | 青　年 | 中　年 | 老　年 | 总 人 数 | 比例/% |
|---|---|---|---|---|---|
| A | 64 | 40 | 20 | 124 | 62.0 |
| B | 9 | 25 | 8 | 42 | 21.0 |
| C | 2 | 3 | 1 | 6 | 3.0 |
| D | 4 | 8 | 2 | 14 | 7.0 |
| E | 8 | 5 | 1 | 14 | 7.0 |
| 合计 | 87 | 81 | 32 | 200 | 100.0 |

#### 2. 数量变量分布数列

数量变量分布数列是指按数量标志形成的分布数列，简称变量数列。变量数列又分为单项式变量分布数列和组距式变量分布数列。

下面结合例 2-3 说明单项式变量分布数列的编制。

**【例 2-3】**某企业生产某种型号的三极管，以 100 个为一批进行质量检查，记录每批产品中的不合格品数，其一切可能取值为 0, 1, 2, …, 100。共检查了 500 批，将其结果列于频数(频率)分布表 2-2 中。

表 2-2　批不合格品频数分布表

| 不合格数 | 频数/批 | 频率/% |
|---|---|---|
| 0 | 71 | 14.2 |
| 1 | 139 | 27.8 |
| 2 | 130 | 26.0 |
| 3 | 90 | 18.0 |
| 4 | 45 | 9.0 |
| 5 | 18 | 3.6 |

续表

| 不合格数 | 频数/批 | 频率/% |
|---|---|---|
| 6 | 6 | 1.2 |
| 7 | 0 | 0.0 |
| 8 | 1 | 0.2 |
| 合计 | 500 | 100.0 |

组距式变量分布数列的编制过程较为复杂，下面结合例 2-4 说明等距组距式变量分布数列的编制过程。

**【例 2-4】**某电子公司的产品设计小组开发了一种新型灯泡灯丝，要测试新灯泡的平均寿命。选择一个包含 50 个新灯丝灯泡的样本，表 2-3 给出了 50 个灯泡的耐用时数样本数据：(单位：小时)。这些样本数据是直接按照测量顺序排列的，称之为原始数据。

表 2-3　50 个灯泡的耐用时数数据

小时

| | | | | | | | | | |
|---|---|---|---|---|---|---|---|---|---|
| 886 | 928 | 999 | 946 | 950 | 864 | 1050 | 927 | 949 | 852 |
| 1027 | 928 | 978 | 816 | 1000 | 918 | 1040 | 854 | 1100 | 900 |
| 866 | 905 | 954 | 890 | 1006 | 926 | 900 | 999 | 886 | 1120 |
| 893 | 900 | 800 | 938 | 864 | 919 | 853 | 981 | 916 | 818 |
| 946 | 926 | 895 | 967 | 920 | 978 | 821 | 924 | 798 | 850 |

**解**　观察这些样本数据，发现它们往往是大小不一，杂乱无章的。为了找出这些样本数据的内在规律，必须对数据进行分组整理。具体步骤如下：

① 从样本数据中找出其最大值 $x_{\max}$ 与最小值 $x_{\min}$，并计算极差 $R$，即

$$R = x_{\max} - x_{\min} \tag{2-1}$$

本例中，$x_{\max} = 1120$，$x_{\min} = 798$，因此 $R = 1120 - 798 = 322$。

② 根据样本数据个数 $n$ 决定分组数 $k$ 和每一组的组距 $h$。分组的原则是要能显示数据的内在规律，因此组数不能太多，也不能太少。

关于组数 $k$ 的确定有一个经验公式，见式(2-2)，通常也可以利用表 2-4 进行选择。

$$k = 1 + 3.322\lg(n) \tag{2-2}$$

表 2-4　分组数选用表

| 数据个数 $n$ | 推荐组数 $k$ |
|---|---|
| 50～100 | 7～8 |
| 101～200 | 8～9 |
| 201～500 | 9～10 |
| 501～1000 | 10～11 |

一般等距分组比较常见，我们讨论等距分组时组距 $h$ 的确定如下：

$$h = R / k \tag{2-3}$$

通常取最小测量单位的整数倍。本例中，$n = 50$，取 $k$=6～10，组距 $h = 322 / k = 32$～

53。为了方便起见，取 $h = 50$，即可满足分组的要求。

③ 决定各组组限和组中值。

$$[a_0, a_1), [a_1, a_2), \cdots, [a_{k-1}, a_k] \tag{2-4}$$

通常要求 $a_0 < x_{\min}$，$a_k > x_{\max}$，为了使每个数据落在某个组具有唯一性，要求各组组限的确定满足“上组限不在内”原则，例如，$x = a_1$，统计在 $[a_1, a_2)$ 组，而不是在 $[a_0, a_1)$ 组。在等距分组时，有

$$a_1 = a_0 + h, a_2 = a_1 + h, \cdots, a_k = a_{k-1} + h \tag{2-5}$$

本例中，各组的组限计算结果如表 2-5 中的第(2)栏所示。

**表 2-5　50 个灯泡的耐用时数的频数(频率)分布表**

| 组号<br>(1) | 组限区间/小时<br>(2) | 组中值/小时<br>(3) | 频数<br>(4) | 频率/%<br>(5) |
|---|---|---|---|---|
| 1 | 750～800 | 775 | 1 | 2.0 |
| 2 | 800～850 | 825 | 4 | 8.0 |
| 3 | 850～900 | 875 | 12 | 24.0 |
| 4 | 900～950 | 925 | 18 | 36.0 |
| 5 | 950～1000 | 975 | 8 | 16.0 |
| 6 | 1000～1050 | 1025 | 4 | 8.0 |
| 7 | 1050～1100 | 1075 | 1 | 2.0 |
| 8 | 1100～1150 | 1125 | 2 | 4.0 |
| 合计 | — | — | 50 | 100.0 |

从表 2-5 中可以看出，组距分组掩盖了各组内的数据分布状况，为了反映各组数据的一般水平，我们通常用组中值(class midpoint)作为该组数据的一个代表值，当各组标志值均匀分布时，组中值作为各组标志值平均水平的代表性高，否则，其代表性差。

组中值 $y_i$ 为组的上下限之间的中点数值，有

$$y_i = (a_{i-1} + a_i)/2 \tag{2-6}$$

本例中，各组的组中值计算结果如表 2-5 中的第(3)栏所示。

特别指出，若数据中最大值或最小值与其他数据相差悬殊，为避免出现空白组，第一组和第末组可以采取“××以下”及“××以上”这样的开口组。开口组通常以相邻组的组距作为其组距计算组中值。

④ 采用计数的方法统计数据落在各个组限区间的个数(称为频数)，记为 $n_i$，并计算每个区间对应的频率 $f_i = n_i / n$，列出频数(频率)分布表和累积频数(频率)分布表。

本例中，频数(频率)分布表如表 2-5 中第(4)和(5)栏所示。

对于等距分组，各组频数的分布不受组距大小的影响，可以直接根据频数来观察数据分布的特征和规律；而对于异距分组，各组频数的分布受到组距大小的影响，因此各组频数不能直接反映数据分布的实际状况。为了消除各组距不同对频数分布的影响，需要计算频数密度，即频数密度=频数/组距；或计算频率密度，即频率密度=频率/组距。通过频数(频率密度)来观察数据分布的特征和规律。

## (三)累积频数(频率)分布

为了统计分析的需要，有时还要关心高于某一数值或低于某一数值的频数或频率，即进一步编制频数或频率分布表

### 1. 品质变量累积频数(频率)分布

对于定序尺度计量的品质数据，其累积频数(频率)可以反映各顺序排序类别的频数(频率)逐级累加的结果，具有明显的统计意义。

**【例 2-5】**某调查公司开展了消费者对某个品牌洗发水的信任度的调查，共随机调查了 300 名消费者，在问题“你对该品牌洗发水的信任度怎样？”中，有以下选项：

(1)非常不信任　(2)不信任　(3)一般　(4)信任　(5)非常信任

调查结果的汇总数据如表 2-6 中的第(2)人数和第(3)比率两栏所示。

表 2-6　对某品牌洗发水信任度调查结果统计表

| 信任度变量值<br>(1) | 人数/人<br>(2) | 比率/%<br>(3) | 向上累积比率/%<br>(4) | 向下累积比率/%<br>(5) |
|---|---|---|---|---|
| 非常不信任 | 21 | 7.00 | 7.00 | 100.00 |
| 不信任 | 64 | 21.33 | **28.33** | 93.00 |
| 一般 | 78 | **26.00** | 54.33 | 71.67 |
| 信任 | 99 | 33.00 | 87.33 | **45.67** |
| 非常信任 | 38 | 12.67 | 100.00 | 12.67 |
| 合计 | 300 | 100.00 | — | — |

如果我们想知道样本中对该品牌信任度低于一般程度的人数或比率、或高于一般程度的人数和比率，等等，就需要进行累积频数(cumulative frequencies)和累积频率(cumulative percentages)的统计。对于定序计量尺度的品质变量，首先，其类别要按照从低到高的顺序进行排序统计其频数，然后，从低到高进行频数或频率的累加，得到向上累积频数或频率分布数列，表示的是低于某类别的频数或频率；从高到低进行频数或频率的累加，得到向下累积频数或频率分布数列，表示的是高于某类别的频数或频率。累积频率统计结果如表 2-6 中的第(4)和第(5)栏所示。从表 2-6 可以看出，对于该洗发水品牌的信任度低于一般程度占样本总数的 28.33%；信任度高于一般程度的占 45.67%；信任度等于一般程度的占 26.00%。

### 2. 数量变量累积频数(频率)分布

在例 2-3 中，如果我们想知道 50 个样本数据中，灯泡的耐用时数低于 900 小时的比例有多大、或灯泡的耐用时数超过 1000 小时的比例有多大，等等，就需要进行累积频数和累积频率的统计。对于数量变量的向上累积是从变量值小的一方向变量值大的一方累加频数或频率，表示的是低于某一变量值的频数或频率；向下累积是从变量值大的一方向变量值小的一方累加频数或频率，表示的是高于某一变量值的频数或频率。

例 2-3 中，向上累积频数(频率)和向下累积频数(频率)分布统计表如表 2-7 所示。从表 2-7 可以看出，50 个样本数据中，灯泡的耐用时数低于 900 小时有 17 个，占样本总数的 34%；灯泡的耐用时数超过 1000 小时的有 7 个，占样本总数的 14%。

表 2-7　50 个灯泡的耐用时数的累积频数(频率)分布表

| 组号 | 组限区间/小时 | 频　数 | 频率/% | 向上累积频率/% | 向下累积频率/% |
|---|---|---|---|---|---|
| 1 | 750～800 | 1 | 2.0 | 2.00 | 100.00 |
| 2 | 800～850 | 4 | 8.0 | 10.00 | 98.00 |
| 3 | 850～**900** | 12 | 24.0 | **34.00** | 90.00 |
| 4 | 900～950 | 18 | 36.0 | 70.00 | 66.00 |
| 5 | 950～1000 | 8 | 16.0 | 86.00 | 30.00 |
| 6 | **1000**～1050 | 4 | 8.0 | 94.00 | **14.00** |
| 7 | 1050～1100 | 1 | 2.0 | 96.00 | 6.00 |
| 8 | 1100～1150 | 2 | 4.0 | 100.00 | 4.00 |
| 合　计 | | 50 | 100.0 | — | — |

# 第三节　统计表与统计图

统计数据经过收集和整理后，可以用直观的形式展示出来，常用的形式有统计表和统计图两种。

## 一、统计表

统计表(statistical table)是线条行列纵横交叉所组成的一种表格，表格内所列的是整理后的统计资料。统计表一般采用开口式，即表的左右两条线不画。统计表是用于展示统计数据的基本工具，具有条理清晰、简明扼要的特点，便于从各个方面进行比较、分析所表现的现象，因而在实际工作中被广泛采用。

### (一)统计表的构成

从形式上看，统计表是由表头、横行标题、纵行标题、数据资料和纵横格线构成几个部分组成的。统计表的一般结构如表 2-8 所示。

表头是统计表的名称，置于表的正上方，用以概括说明统计表中全部资料的内容。横行标题是横行的名称，置于表的左端，用以表示统计研究的对象。纵行标题是纵行的名称，置于表的上端。数据资料位于横行和纵行的交叉处，用来说明研究对象及其组成部分的数量特征，是统计表的核心部分。此外，必要时可以在统计表的下方加上注解、资料来源、指标的计算方法、填表单位、填表人员及填表日期等，这些内容称为表外附加。

从内容上看，统计表由主词栏和宾词栏两部分组成。主词栏是统计表所要说明的研究对象及其组成部分，主词一般列在表的左端；宾词栏是统计表用来说明研究对象数量特征的各个统计指标，宾词一般列在表的右方。

### (二)统计表的设计原则

由于使用者的目的及统计数据的特点不同，统计表的设计在形式和结构上会有较大的差异，但设计上的基本要求则是一致的。统计表应遵循科学、实用、简洁、美观的原则进行设计。

表 2-8　2004—2005 年我国税收收入基本情况表

表头

纵栏标题

| 税收按税种分组 | 2004年 | 2005年 | 增长速度/% |
|---|---|---|---|
| 工商税 | 8885.44 | 10366.09 | 116.7 |
| 关税 | 526.23 | 750.48 | 133.5 |
| 农业税 | 423.50 | 465.31 | 109.9 |
| 国有企业所得税 | 639.00 | 827.41 | 129.5 |
| 集体企业所得税 | 172.41 | 172.22 | 99.9 |
| 合 计 | 10682.58 | 12581.51 | 117.8 |

横栏标题　数据资料　主词栏　宾词栏

附注　本表按当年价格计算

(资料来源：2006 年中国统计年鉴. 中国统计出版社，2006)

(1) 合理安排统计表的结构。例如，横栏标题、纵栏标题、数据资料的位置安排应合理。根据强调的问题不同，横栏标题和纵栏标题可以互换，但应使统计表的横竖长度比例适当，避免出现过高或过长的表格形式。

(2) 表头一般包括表号、总标题和表中数据的单位。总标题要简明确切地概括出统计表的内容，一般应表明该数据是何时(When)、何地(Where)及何种数据(What)。如果表中的所有数据都是统一计量单位，可放在表的右上角标明，若计量单位不同，应标在每个指标后。

(3) 表中的上下两道横线一般用粗线，中间的其他线应用细线，使人看来清楚、醒目。需要注意的是，统计表的左、右两边不要封口，纵栏标题一般用竖线分开，而横栏标题之间不必用横线隔开。总之表中尽量少用横竖线，并且尽量不用斜线。表中的数值一般是右对齐，有小数时应以小数点对齐，而且小数位应统一。

(4) 在使用统计表时，可在表的下方加上必要的注释，要特别注意应注明资料来源。

## 二、统计图

统计图(statistical chart)是在统计表的基础上，用几何图形或具体形象来表述统计资料的一种方法。统计图可以直观地展示统计表中枯燥的数据，使数据资料形象化，帮助我们从众多的数据中发现规律，更迅速、更有效地传递信息。因而，绘制统计图是统计整理的重要内容之一。

统计图一般由图标题、坐标轴、绘图区、图例等几个部分组成。

统计图的种类，按其形式大体上可分为以下三类。

(1) 几何图。它是利用几何的形和线来展示统计资料的图形，主要有圆形图、条形图、线形图、平面图等。

(2) 象形图。它是利用图示现象本身的形象画来展示统计资料的图形，主要有单位象形图、长度象形图、平面象形图等。

(3) 统计地图。它是在地图上利用线、色、点、形等展示统计资料在地区上分布状况的图形，主要有线级统计地图、密度统计地图、象形统计地图等。

不同类型的数据可以用不同的图示来表示。品质数据可以用条形图、饼图和累积频数分布图等图形来展示数据分布的特征。数量数据可以用直方图、折线图和茎叶图等图形来展示数据分布的特征。关于这两类数据的图示方法将在本章的第四节和第五节详细介绍。

# 第四节　品质数据的图形展示

## 一、条形图

条形图(bar chart)或柱形图(column chart)是以一簇宽度相等、相互分离的条状图形的长度(或高度)来表示频数分布的统计图。绘制时，将各类别放在纵轴时，称为条形图；将各类别放在横轴时，称为柱形图。条形图适用于定类尺度和定序尺度计量的数据。

条形图可根据表现资料的内容不同，分为单式条形图和复式条形图。以例 2-2 中的表 2-1 数据为例，绘制的单式条形图、复式条形图分别如图 2-2 和图 2-3 所示。

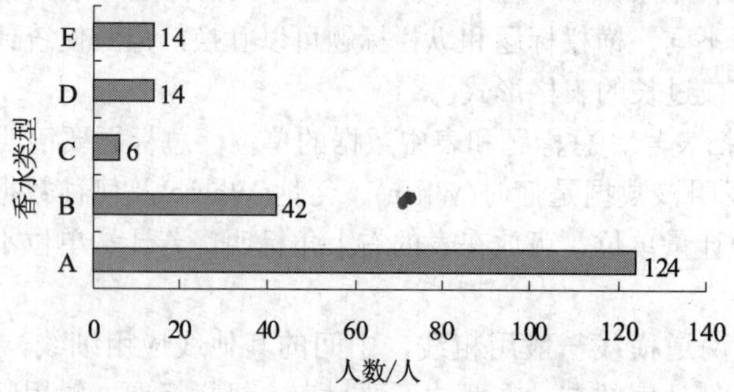


图 2-2　消费者对不同香型香水偏好分布单式条形图

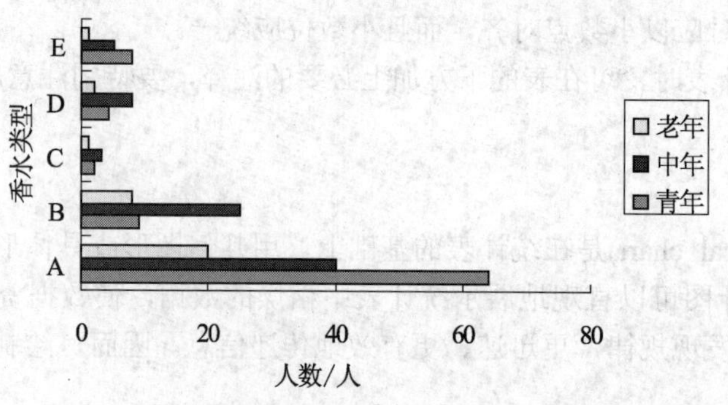


图 2-3　各年龄段消费者对不同香型香水偏好分布复式条形图

从图 2-2 中可以看出，样本中对 A 香型香水的偏好人数最多，有 124 人；从图 2-3 可以看出，3 个年龄组对 A 香型香水的偏好高于其他 4 种香型；5 种香型按不同的年龄组进行同类型比较，其中对 A 和 E 香型的香水，青年人的偏好要高于老年人和中年人，而对 B 和 D 香型的香水，中年人的偏好要高于老年人和青年人。

条形图或柱形图还可用于单变量数据分组数列的图示，可以将每个变量的取值定义为一个类。例 2-3 中某种型号的三极管批不合格品数分布数列绘制的柱形图如图 2-4 所示。

从图 2-4 可以看出，该种型号的三极管检查的 500 批中不合格品数为 1、2 的居多。

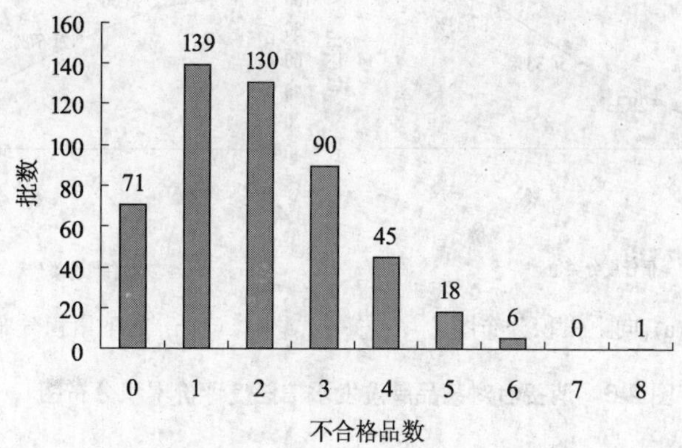


图 2-4　某三极管批不合格品数分布柱形图

## 二、饼图

饼图(pie chart)也称为圆形图，是以圆形以及圆内扇形的面积来描述数值大小的图形。饼图通常用来描述在各个类中的测量值分别在总数中所占的比率，对于研究结构性问题相当有用，适用于定类尺度和定序尺度计量的数据。

在绘制饼图时，各个类别所占的比率用圆内的各个扇形面积描述，其中心角按各扇形百分比占 360° 的相应比例来确定。

在例 2-2 中，偏好香型 A 的消费者占总调查人数的 62%，那么其扇形面积的中心角应该为 360° ×62%=223.2° ，其余各项以此类推。根据表 2-1 中的数据绘制的饼图如图 2-5 所示。

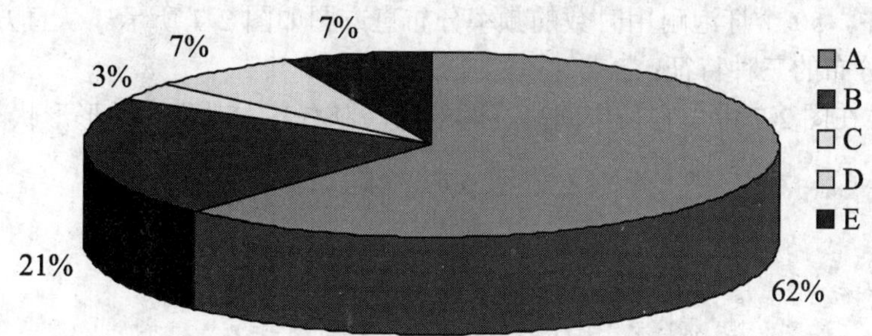


图 2-5　消费者对不同香型香水偏好分布饼图

## 三、累积频数(频率)分布图

对于定序尺度计量的品质数据除了可以用条形图和饼图进行展示外，还可以用累积频数(频率)分布图进行展示。累积频数(频率)分布图是根据累积频数或累积频率绘制的，可以反映各顺序排序的类别的频数逐级累加的结果，具有明显的统计意义。

我们将例 2-5 中表 2-6 的累积统计结果绘制成累积频率折线图，如图 2-6 所示。

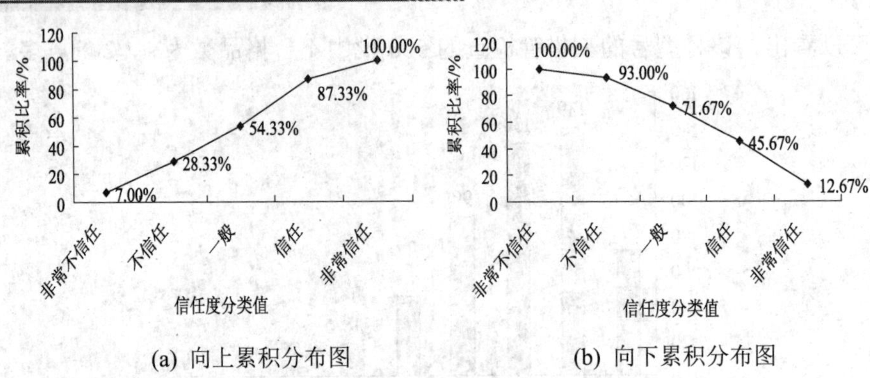


(a) 向上累积分布图　　(b) 向下累积分布图

图 2-6　消费者对某品牌洗发水信任度评价累积分布图

# 第五节　数量数据的图形展示

## 一、直方图

直方图(histogram)，是用一系列宽度相等、高度不等的矩形表示数据分布的图。矩形的宽度表示数据范围的间隔，矩形的高度表示在给定间隔内数据出现的次数(频数)。对于等距分组数列可以直接根据频数或频率作出直方图；而对于异距分组数列，要计算出频数密度或频率密度，并将其作为纵轴，即可作出直方图，这样便于观察比较。

直方图与柱形图不同。首先，柱形图用宽度表示类别，且宽度都相等，而直方图用宽度表示组距，宽度可以不相等。其次，柱形图是分开排列的，而由于分组数据具有连续性，直方图是连续排列的。最后，柱形图主要用于表示品质变量分组数列和单变量数量分组数列，而直方图主要用于表示组距数量分组数列。

在例 2-4 中，50 个灯泡耐用时数的频率分布直方图如图 2-7 所示。从直方图可以直观地看出，数据分布的三种特征：

(1) 形状。在图 2-7 中，它是中间高、两端低，左右基本对称的钟形形状。

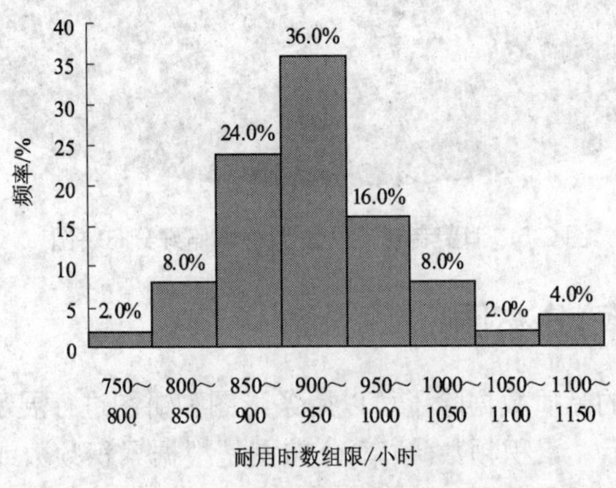


图 2-7　50 个灯泡的耐用时数频率分布直方图

(2) 位置或中心倾向。在图 2-7 中，中心倾向接近 925 小时，灯泡耐用时数在 900～950 小时的出现的频数最多，占全部观察总数的 36%。

(3) 分散或变异程度。在图 2-7 中，展示灯泡耐用时数的变异程度较大。

这样，从直方图就可以看出一些比较深入的内在数量规律，而这些从表 2-3 的原始数据是无法直接观察到的。

## 二、折线图

折线图(polygon)也称为频数多边形图，它是在直方图的基础上，用线段顺次连接各个矩形顶部的中点，并延伸到在直方图左右两侧的位于横轴的假想组中值，使线段与横轴相交所形成的图形。

以例 2-3 为例说明折线图的绘制方法。首先，在表 2-5 的基础上，计算延伸到在直方图左右两侧的位于横轴的 2 个假想点的坐标数据，得到表 2-9 的数据。然后，根据表 2-9 中的第(3)和(5)列数据绘制 50 个灯泡耐用时数的频数分布直方图和折线图，如图 2-8 所示。

表 2-9　50 个灯泡的耐用时数的频率分布表

| 组号<br>(1) | 组限区间/小时<br>(2) | 组中值/小时<br>(3) | 频数<br>(4) | 频率/%<br>(5) |
|---|---|---|---|---|
| 1 | 700～750 | 725 | 0 | 0.0 |
| 2 | 750～800 | 775 | 1 | 2.0 |
| 3 | 800～850 | 825 | 4 | 8.0 |
| 4 | 850～900 | 875 | 12 | 24.0 |
| 5 | 900～950 | 925 | 18 | 36.0 |
| 6 | 950～1000 | 975 | 8 | 16.0 |
| 7 | 1000～1050 | 1025 | 4 | 8.0 |
| 8 | 1050～1100 | 1075 | 1 | 2.0 |
| 9 | 1100～1150 | 1125 | 2 | 4.0 |
| 10 | 1150～1200 | 1175 | 0 | 0.0 |
| 合计 | — | — | 50 | 100.0 |

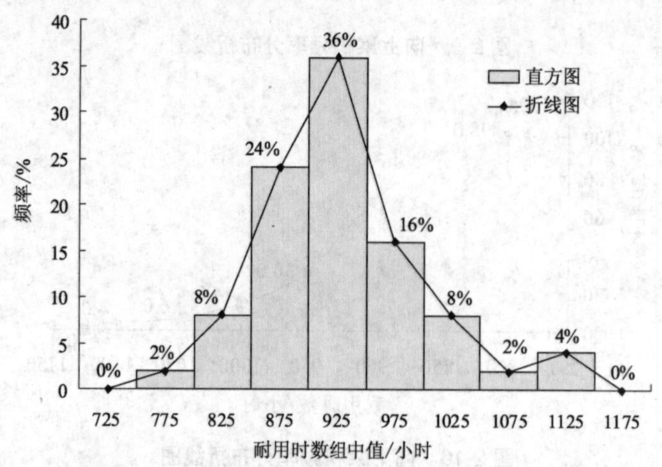


图 2-8　50 个灯泡的耐用时数频数直方图与折线图

从图 2-8 可以看出，折线图与横轴围成的面积与直方图的面积相等，因为在折线图里面同时又在直方图外面的小三角形与另一个属于直方图而在折线图之外的小三角形相等。因此，折线图是与直方图类似的表示频数分布的图形。

## 三、累积折线图

折线图也可用于表示累积频数(频率)分布，称为累积频数(频率)分布折线图，它是根据累积频数(频率)绘制而成的，有向上累积和向下累积两种图形。例如，根据表 2-7 的累积频率分布表绘制的累积频率分布折线图。绘制累积折线图的关键是确定累积折线上的各个点的坐标值$(x,y)$，然后，采用 Excel 中的绘制散点图的方法绘制，而不是采用折线图绘制方法，这要特别注意。例如，在绘制向上累积频率分布折线图 2-9 时，折线图上的第一个点的坐标的 $x_1 = x_{\min} - 1 = 797$，$y_1 = 0.0\%$，最后一个点的坐标 $x_9 = x_{\max} = 1120$，$y_9 = 100.0\%$；而在绘制向下累积频率分布折线图 2-10 时，折线图上的第一个点的坐标的 $x_1 = x_{\min} = 798$，$y_1 = 100.0\%$，最后一个点的坐标 $x_9 = x_{\max} + 1 = 1121$，$y_9 = 0.0\%$。其余点的坐标分别如表 2-10 和表 2-11 所示的累积频率分布表。这样，将 50 个样本的所有数据均包含其中进行频率统计。观察图 2-9 可以知道，50 个样本数据中，灯泡的耐用时数低于 900 小时的数量占样本总数的 34%；观察图 2-10 可以知道，灯泡的耐用时数超过 1000 小时的数量占样本总数的 14%。

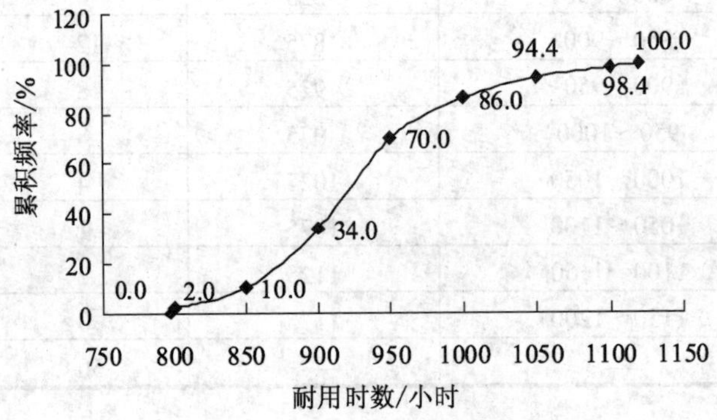


图 2-9　向上累积频率分布折线图

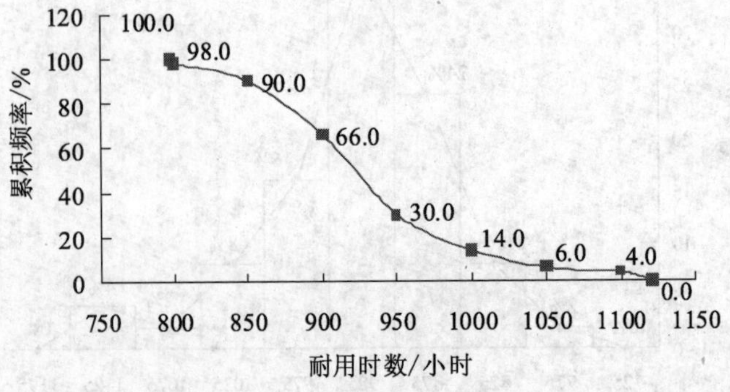


图 2-10　向下累积频率分布折线图

表 2-10　向上累积频率分布表

| 坐标点($j$) | 组限($x_i$)/小时 | 向上累积频率($y_i$)/% |
|---|---|---|
| 1 | 797 | 0.0 |
| 2 | 800 | 2.0 |
| 3 | 850 | 10.0 |
| 4 | **900** | **34.0** |
| 5 | 950 | 70.0 |
| 6 | 1000 | 86.0 |
| 7 | 1050 | 94.4 |
| 8 | 1100 | 98.4 |
| 9 | 1120 | 100.0 |

表 2-11　向下累积频率分布表

| 坐标点($j$) | 组限($x_i$)/小时 | 向上累积频率($y_i$)/% |
|---|---|---|
| 1 | 798 | 100.0 |
| 2 | 800 | 98.0 |
| 3 | 850 | 90.0 |
| 4 | 900 | 66.0 |
| 5 | 950 | 30.0 |
| 6 | **1000** | **14.0** |
| 7 | 1050 | 6.0 |
| 8 | 1100 | 4.0 |
| 9 | 1121 | 0.0 |

## 四、茎叶图

前面讨论的直方图和折线图都是根据分组数据或频数分布绘制的，对于未分组的原始数据可以用茎叶图来观察频数分布。茎叶图(stem-and-leaf display)又称枝叶图，顾名思义，是由“茎”和“叶”组成的，它把每个数据分解成“茎”和“叶”两个部分，高位数字为茎，低位数字为叶；茎数字按列排列，叶数字按行排列。

绘制茎叶图的步骤：①决定茎和叶如何规定；②将茎按由小到大的顺序排成一列；③将数据集中每个观察值置于相应的茎内。

茎叶图的优点：①将统计分组和频数分布两项工作一次完成，图形直观且保留了原始数据的全部信息，均值、中位数和众数均可依据原始信息方便地计算出来；②从茎叶图可以看出数据的分布形状以及数据的离散状况，比如，分布是否对称，数据是否集中，是否有极端值等。茎叶图的缺点：茎叶图在茎的选择上有时灵活性不够。

【**例 2-6**】某公司最近应聘生产职位的 50 人的 150 个能力测验问题的结果如表 2-12 所示，数据表示回答正确的问题数(已排序)。

表 2-12　50 个应聘者回答正确的问题数

| | | | | |
|---|---|---|---|---|
| 68 | 69 | 72 | 73 | 73 |
| 75 | 76 | 76 | 80 | 81 |
| 81 | 82 | 83 | 84 | 85 |
| 86 | 91 | 92 | 92 | 92 |
| 94 | 95 | 95 | 96 | 97 |
| 98 | 98 | 100 | 100 | 102 |
| 104 | 106 | 106 | 106 | 107 |
| 108 | 112 | 113 | 115 | 115 |
| 118 | 119 | 119 | 124 | 126 |
| 127 | 128 | 132 | 134 | 141 |

**解**　根据表 2-12 中的数据，采用 SPSS 软件绘制的茎叶图如图 2-11 所示。

```
正确个数 Stem-and-Leaf Plot

Frequency    Stem &  Leaf

   2.00        6 . 89
   6.00        7 . 233566
   8.00        8 . 01123456
  11.00        9 . 12224556788
   9.00       10 . 002466678
   7.00       11 . 2355899
   4.00       12 . 4678
   2.00       13 . 24
   1.00       14 . 1

Stem width:       10
Each leaf:     1 case(s)
```

图 2-11　回答正确的问题数的茎叶图

从图 2-11 可以看出，将茎叶图逆时针旋转 90°，则得到一个以 60～69, 70～79, …, 140～149 为组限的等距直方图。每一个茎上的叶片数即数据落入该组的频数，由此可以得到频数分布，同时，该茎叶图上保留了所有原始数据信息。另外，从茎叶图可以观察到：50 个应聘者中，回答正确数最多的是 141 题，最少的是 68 题；频数分布为一个右偏分布，其中：回答正确数集中在 90～99 题，有 3 人回答正确数均为 106 题(众数)，出现次数最多，有 23 人回答正确数大于等于 100 题，有一半的人回答正确数在 97 题以下，另一半的人回答正确数在 98 题以上。

## 五、频数(频率)分布曲线

在组距分组时，如果我们所分的组数越来越多，组距会越来越小，这时所绘制的折线图就会越来越光滑，逐渐形成一条平滑的曲线，这就是频数(频率)分布曲线。频数(频率)分布曲线在统计分析中具有广泛的应用。各种不同性质的社会经济现象的分布曲线的类型，概括起来大致有三种类型：钟形分布、U 形分布和 J 形分布。

### (一)钟形分布

钟形分布的特征是“两头小，中间大”，即中间的变量值分布的频数(频率)多，靠近两边的变量值分布的频数(频率)少，其图形宛如一口古钟，故而得名“钟形”分布。

钟形分布可分为对称分布和非对称分布两种，如图 2-12 所示。

(1) 对称分布(symmetric distribution)。如图 2-12(a)所示是以变量值分布的均值为中心，左右对称分布的，这种分布称为对称分布。在客观实际中，许多经济现象统计总体的分布都趋于对称分布中的正态分布，正态分布在社会经济分析中具有重要的意义，如人的身高、体重、智力、钢的含碳量、粮食作物产量等。

(2) 偏斜分布(skewed distribution)。偏斜分布分为左偏(leftward skewed)分布和右偏(rightward skewed)分布。图 2-12(b)中的“长尾巴”在左侧，为左偏分布，也称为负偏分布；相反，图 2-12(c)中的“长尾巴”在右侧，为右偏分布，也称为正偏分布。如人均收入分配曲线就是一个右偏分布，即低收入的人数多，而高收入的人数少，两者的收入水平差距较大。

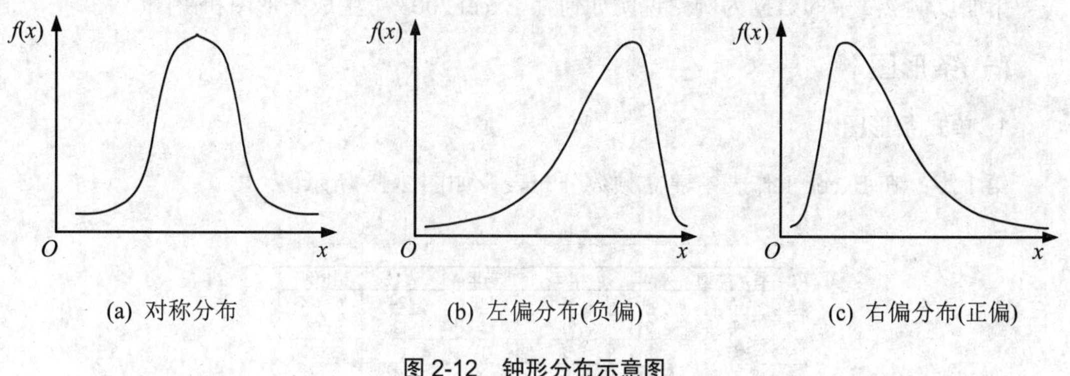


(a) 对称分布　(b) 左偏分布(负偏)　(c) 右偏分布(正偏)

图 2-12　钟形分布示意图

### (二)U 形分布

U 形分布的形状与钟形分布相反，最大特征是“两头大，中间小”，其分布曲线图形像英文字母 U，故而得名。例如，人口按年龄死亡率的分布，幼儿和老年人的死亡率高，而中青年的死亡率低。产品故障率随时间的分布也是 U 形分布，如图 2-13 所示。

### (三)J 形分布

J 形分布呈现“一边小，另一边大”的特征，主要有两种类型：一种是正 J 形分布，即频数(频率)随变量值的增大而增加，如随价格变化而变化的供给曲线，如图 2-14(a)所示；另一种是反 J 形分布，即频数(频数)随变量值的增大而减少，如随价格变化而变化的需求曲线，如图 2-14(b)所示。

由于各种类型频数(频率)分布特征反映了不同的社会经济现象，因此，可以利用它们检验统计整理资料的准确性，也可以利用各种分布类型的特征，分析现象变化的原因。如果现象总体发生了异常变化，可通过分布特征的变化发现问题。

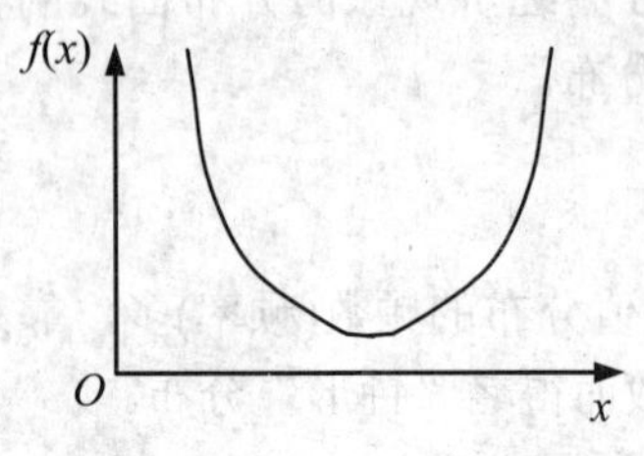


图 2-13　U 形分布

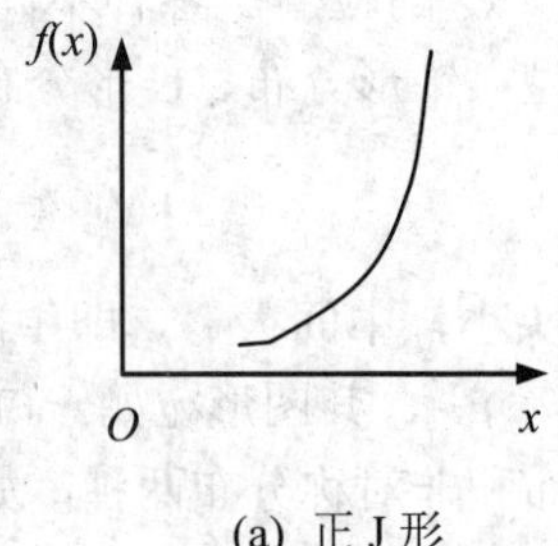


(a) 正 J 形

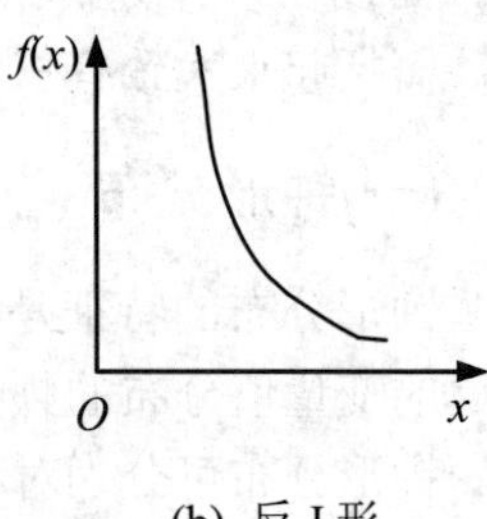


(b) 反 J 形

图 2-14　J 形分布

# 第六节　统计软件的应用

## 一、品质数据的图形展示

品质数据一般用条形图(或柱形图)及饼图来进行展示。对于顺序尺度计量的品质数据，除了用条形图(或柱形图)和饼图外，还可以用累积频数(频率)分布图进行展示。

下面以例 2-2 中的数据为例，说明如何在 Excel 2003 中生成条形图和饼图。

### (一)条形图

#### 1. 单式条形图

第 1 步：在 Excel 工作表中建立频数分布表，如图 2-15 所示。

| | A | B | C | D | E | F |
|---|---|---|---|---|---|---|
| 1 | | | | | | |
| 2 | 香水类型 | 青年 | 中年 | 老年 | 人数 | 比例 |
| 3 | A | 64 | 40 | 20 | 124 | 62.0% |
| 4 | B | 9 | 25 | 8 | 42 | 21.0% |
| 5 | C | 2 | 3 | 1 | 6 | 3.0% |
| 6 | D | 4 | 8 | 2 | 14 | 7.0% |
| 7 | E | 8 | 5 | 1 | 14 | 7.0% |
| 8 | 合计 | 87 | 81 | 32 | 200 | 100.0% |
| 9 | | | | | | |

图 2-15　频数分布表

第 2 步：单击【插入】下拉菜单，选择【图表】命令，如图 2-16 所示。

第 3 步：在弹出窗口的【标准类型】选项卡中，选择【条形图】，并在【子图表类型(T)】中选择条形图的类型，如图 2-17 所示。

第 4 步：单击【下一步】按钮，在弹出的窗口中，切换到【系列】选项卡，单击【添加】按钮，在【名称】、【值】、【分类(X)轴标志】文本框中，分别用鼠标选中相应的单元格或数据区域，最终效果如图 2-18 所示。单击【下一步】按钮。

第 5 步：本步骤主要对将要生成的条形图进行格式修饰。在弹出的窗口中，在【标题】选项卡中输入“图表标题”、“分类(X)轴”和“分类(Y)轴”名称，在【网格线】、【图例】、【数据标志】3 个选项卡中分别进行选择，如图 2-19 所示。修饰完成后，单击

【完成】按钮，最终生成的条形图如图 2-20 所示。

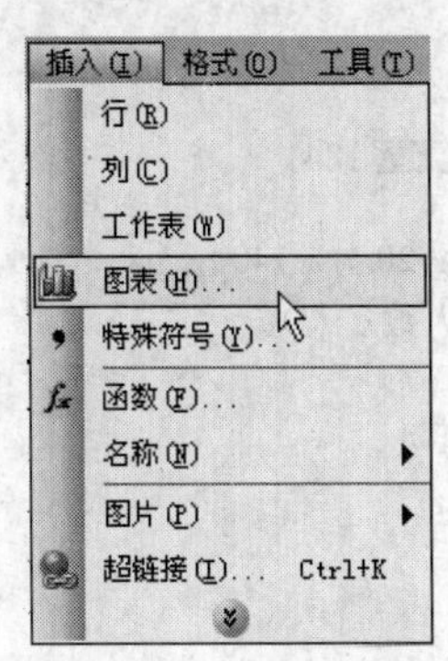


图 2-16 【插入】菜单

图 2-17 选择“条形图”图表类型

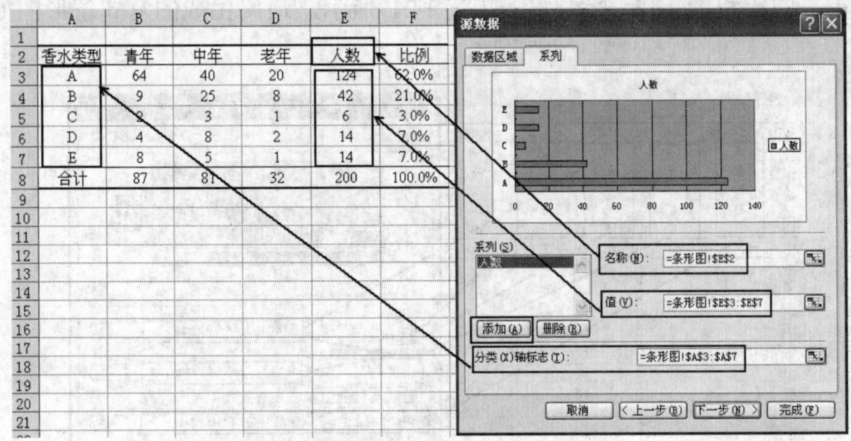

| | A | B | C | D | E | F |
|---|---|---|---|---|---|---|
| 1 | | | | | | |
| 2 | 香水类型 | 青年 | 中年 | 老年 | 人数 | 比例 |
| 3 | A | 64 | 40 | 20 | 124 | 62.0% |
| 4 | B | 9 | 25 | 8 | 42 | 21.0% |
| 5 | C | 2 | 3 | 1 | 6 | 3.0% |
| 6 | D | 4 | 8 | 2 | 14 | 7.0% |
| 7 | E | 8 | 5 | 1 | 14 | 7.0% |
| 8 | 合计 | 87 | 81 | 32 | 200 | 100.0% |



图 2-18 选择数据区域(单式条形图)

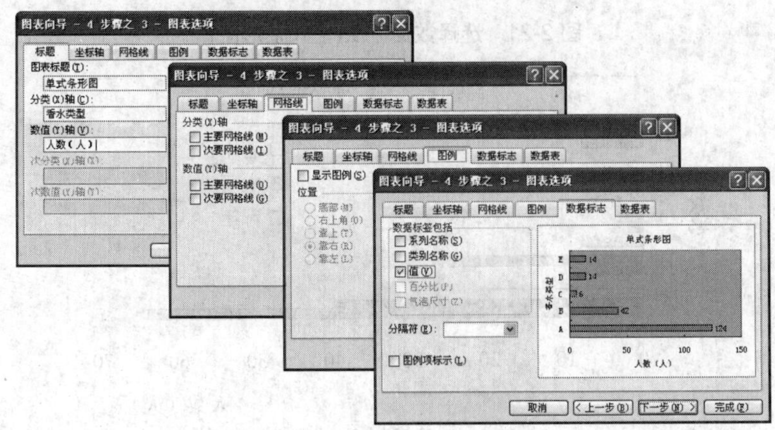


图 2-19 设置单式条形图

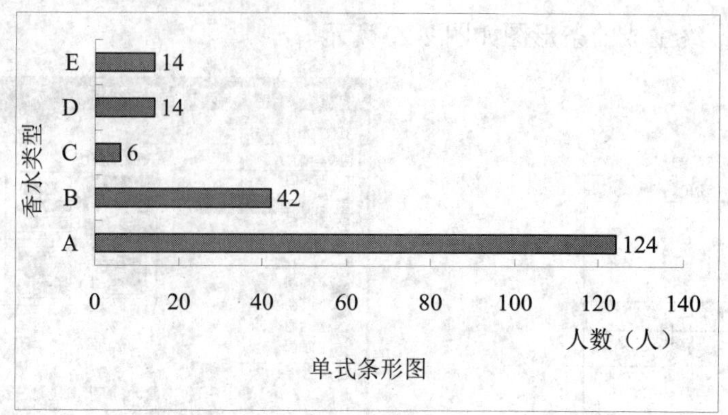


图 2-20　单式条形图完成图

## 2. 复式条形图

复式条形图的生成步骤与单式基本相同，区别在于绘制单式条形图的第 4 步中，需分别添加青年、中年和老年 3 个系列，如图 2-21 所示。最终生成的复式条形图如图 2-22 所示。

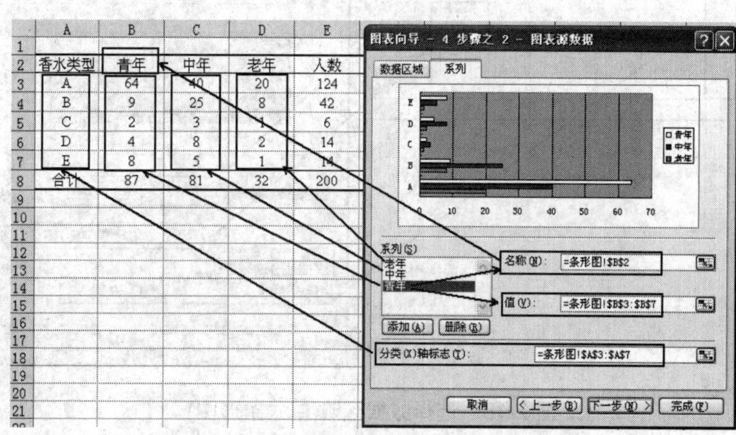

| | A | B | C | D | E |
|---|---|---|---|---|---|
| 1 | | | | | |
| 2 | 香水类型 | 青年 | 中年 | 老年 | 人数 |
| 3 | A | 64 | 40 | 20 | 124 |
| 4 | B | 9 | 25 | 8 | 42 |
| 5 | C | 2 | 3 | 1 | 6 |
| 6 | D | 4 | 8 | 2 | 14 |
| 7 | E | 8 | 5 | 1 | 14 |
| 8 | 合计 | 87 | 81 | 32 | 200 |



图 2-21　选择数据区域(复式条形图)

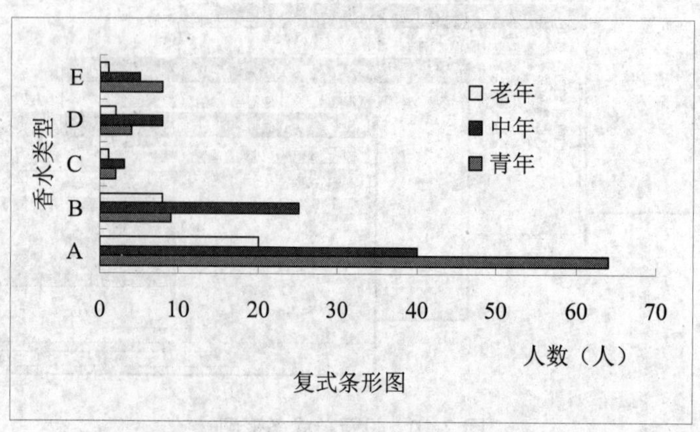


图 2-22　复式条形图完成图

## (二)饼图

第 1 步：单击【插入】下拉菜单，选择【图表】命令。在弹出的对话框中，选择【饼图】，在【子图表类型】选项组中选择饼图的类型，如图 2-23 所示。

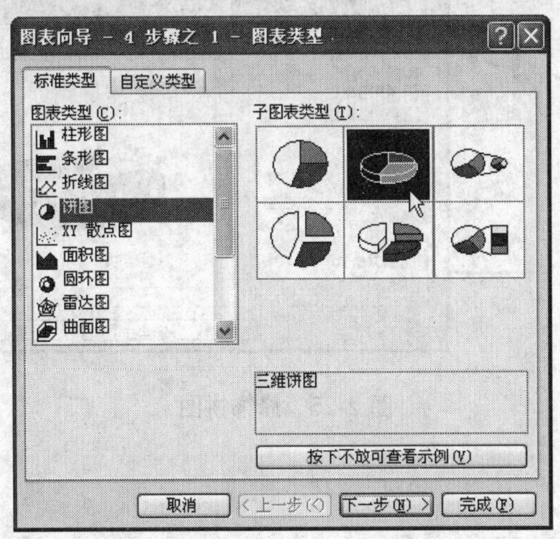


图 2-23　选择“饼图”图表类型

第 2 步：单击【下一步】按钮在弹出的窗口中，切换到【系列】选项卡，单击【添加】按钮，在【名称】、【值】、【分类标志】文本框中，分别用鼠标选中相应的单元格或数据区域，最终效果如图 2-24 所示。单击【下一步】按钮。

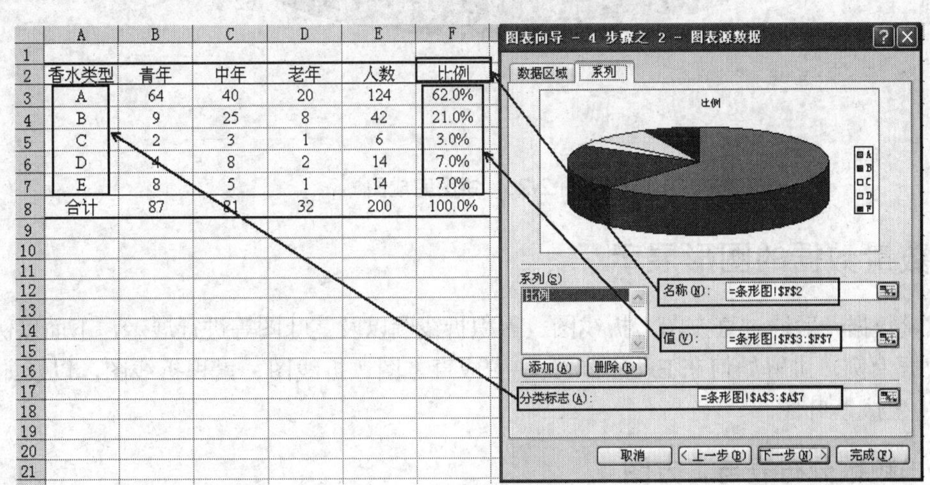

| 香水类型 | 青年 | 中年 | 老年 | 人数 | 比例 |
| --- | --- | --- | --- | --- | --- |
| A | 64 | 40 | 20 | 124 | 62.0% |
| B | 9 | 25 | 8 | 42 | 21.0% |
| C | 2 | 3 | 1 | 6 | 3.0% |
| D | 4 | 8 | 2 | 14 | 7.0% |
| E | 8 | 5 | 1 | 14 | 7.0% |
| 合计 | 87 | 81 | 32 | 200 | 100.0% |



图 2-24　选择数据区域

第 3 步：本步骤主要对将要生成的饼图进行修饰。在弹出的窗口中，在【标题】选项卡中输入图表标题名称，在【图例】和【数据标志】选项卡中进行选择，如图 2-25 所示。修饰完成后，单击【完成】按钮，最终生成的饼图如图 2-26 所示。

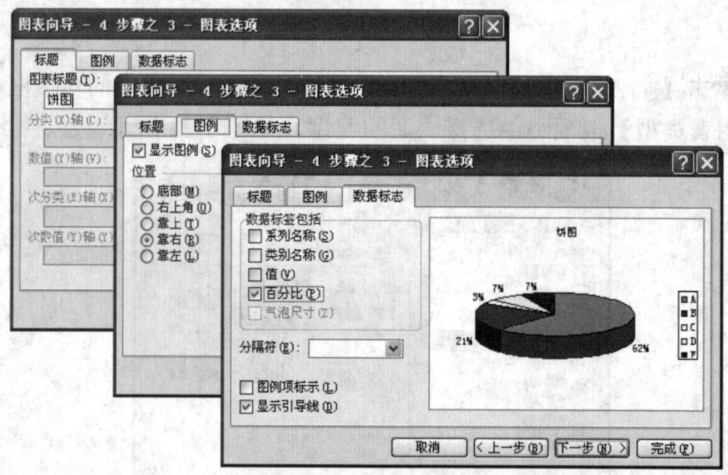

图 2-25　修饰饼图

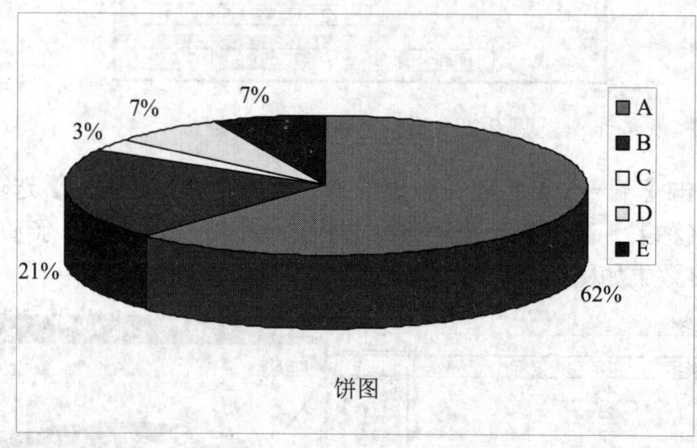


图 2-26　饼图完成图

## 二、数量数据的图形展示

数量数据一般通过直方图、折线图、累积折线图以及茎叶图等进行展示，下面以例 2-4 中的数据为例，讲解如何在 Excel 2003 中生成直方图、折线图、累积折线图，以及如何在 SPSS 中生成茎叶图。

### (一)频数分布表与直方图

绘制直方图前，首先要编制频数分布表。Excel 可以将编制频数分布表和绘制直方图一起完成。以例 2-4 中的数据为例，详细步骤如下。

第 1 步：单击【工具】下拉菜单，选择【数据分析】命令(如果【工具】菜单中没有【数据分析】命令，请选择【工具】下拉菜单、选择【加载宏】命令、选中【分析工具库】复选框，单击【确定】按钮。这时再打开选择【工具】下拉菜单，就会出现【数据分析】功能模块，该过程如图 2-27 所示)。

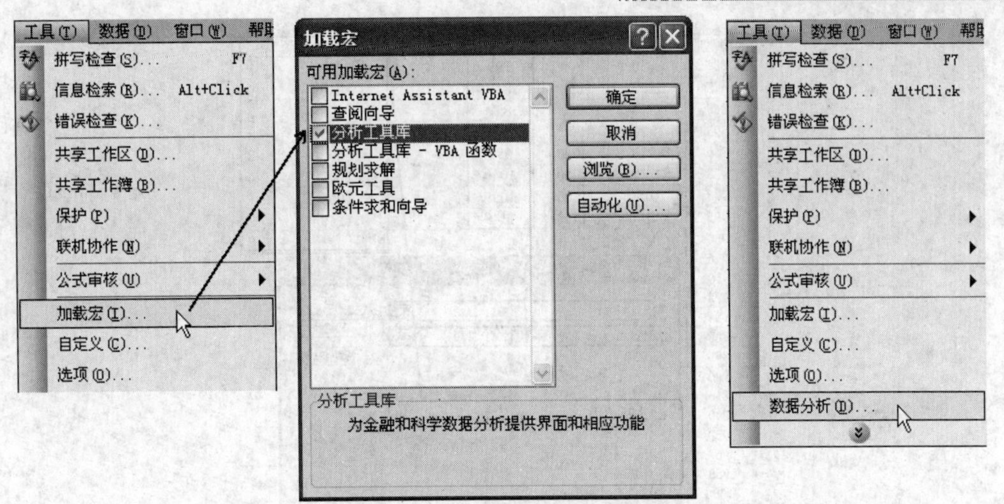


图 2-27 添加【数据分析】功能模块

第 2 步：由例 2-4 中分析得到分组数和组距，确定各组的下限和上限。由于本书规定以“上组限不在内”原则进行分组，因此，在新建立的组界系列中确定每个分组组界=上限-1。在【数据分析】对话框中选择【直方图】，并单击【确定】按钮，如图 2-28 所示。

| | A | B | C | D | E | F | G |
|---|---|---|---|---|---|---|---|
| 1 | 寿命数据 | 下限 | 上限 | 组界 | | | |
| 2 | 886 | 750 | 800 | 799 | | | |
| 3 | 1027 | 800 | 850 | 849 | | | |
| 4 | 866 | 850 | 900 | 899 | | | |
| 5 | 893 | 900 | 950 | 949 | | | |
| 6 | 946 | 950 | 1000 | 999 | | | |
| 7 | 928 | 1000 | 1050 | 1049 | | | |
| 8 | 928 | 1050 | 1100 | 1099 | | | |
| 9 | 905 | 1100 | 1150 | 1149 | | | |
| 10 | 900 | | | | | | |
| 11 | 926 | | | | | | |
| 12 | 999 | | | | | | |
| 13 | 978 | | | | | | |
| 14 | 954 | | | | | | |
| 15 | 800 | | | | | | |
| 16 | 895 | | | | | | |
| 17 | 946 | | | | | | |
| 18 | 816 | | | | | | |
| 19 | 890 | | | | | | |

数据分析
分析工具(A)
方差分析：单因素方差分析
方差分析：可重复双因素分析
方差分析：无重复双因素分析
相关系数
协方差
描述统计
指数平滑
F-检验 双样本方差
傅利叶分析
直方图
确定
取消
帮助(H)

图 2-28 选择“直方图”分析工具

第 3 步：在弹出的【直方图】对话框中，在【输入区域】内输入数据区域，在【接收区域】内输入组界范围区域，在【输出区域】选择输出位置，并选中【图表输出】复选框，选择完成后，单击【确定】按钮，便会输出各组数据的频数，如图 2-29 所示。

第 4 步：对图 2-29 所示频数统计的结果进行适当编辑，得到如图 2-30 所示的频数分布表。

第 5 步：本步骤对直方图进行格式修饰。在弹出的窗口中，在【标题】选项卡中输入“图表标题”、“分类(X)轴”和“数值(Y)轴”名称，在【网格线】、【图例】、【数据标志】3 个选项卡中进行选择，如图 2-31 所示。修饰完成后，单击【完成】按钮。

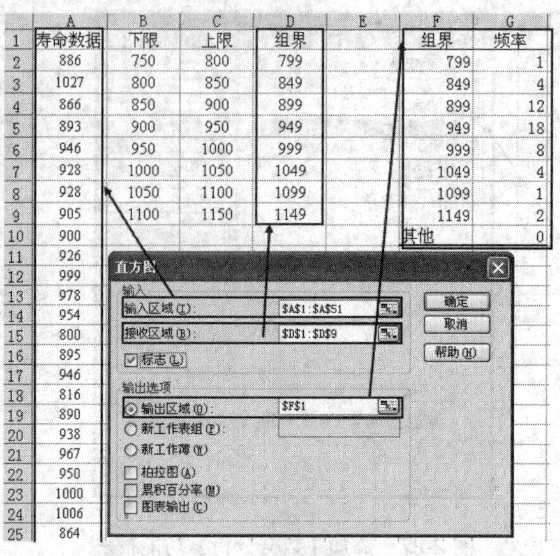


图 2-29　选择数据区域

| | A | B | C | D | E |
|---|---|---|---|---|---|
| 1 | 组号 | 组限区间 | 组中值 | 频数 | 频率 |
| 2 | 1 | 750—800 | 775 | 1 | 2.00% |
| 3 | 2 | 800—850 | 825 | 4 | 8.00% |
| 4 | 3 | 850—900 | 875 | 12 | 24.00% |
| 5 | 4 | 900—950 | 925 | 18 | 36.00% |
| 6 | 5 | 950—1000 | 975 | 8 | 16.00% |
| 7 | 6 | 1000—1050 | 1025 | 4 | 8.00% |
| 8 | 7 | 1050—1100 | 1075 | 1 | 2.00% |
| 9 | 8 | 1100—1150 | 1125 | 2 | 4.00% |
| 10 | 合计 | — | — | 50 | 100.00% |

图 2-30　频数分布表

第 6 步：对图形格式进一步修饰。选中图形并右击，在弹出的快捷菜单中选择【数据系列格式】命令，在对话框中切换到【选项】选择卡，如图 2-32 所示。在【分类间距】微调框中，将“150”调为“0”。最终生成的直方图如图 2-33 所示。

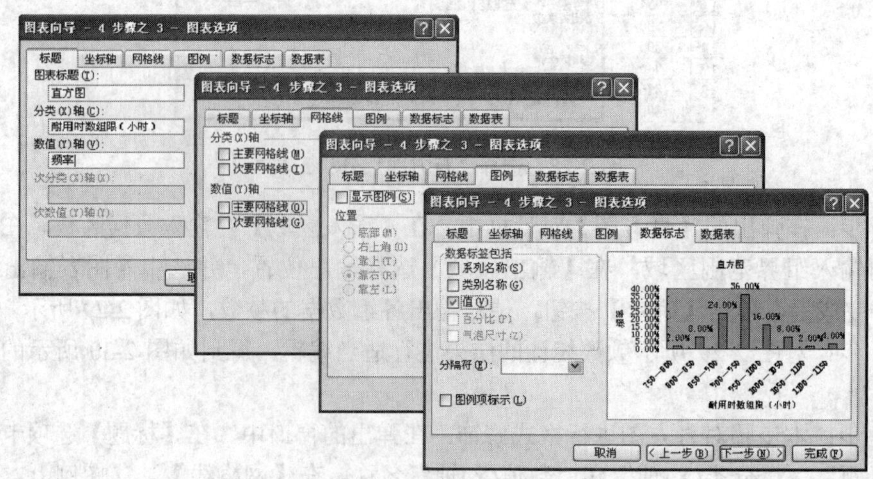


图 2-31　修饰直方图(1)

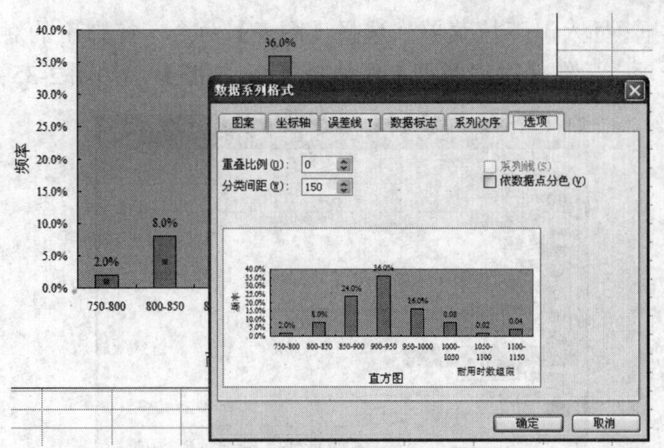


图 2-32　修饰直方图(2)

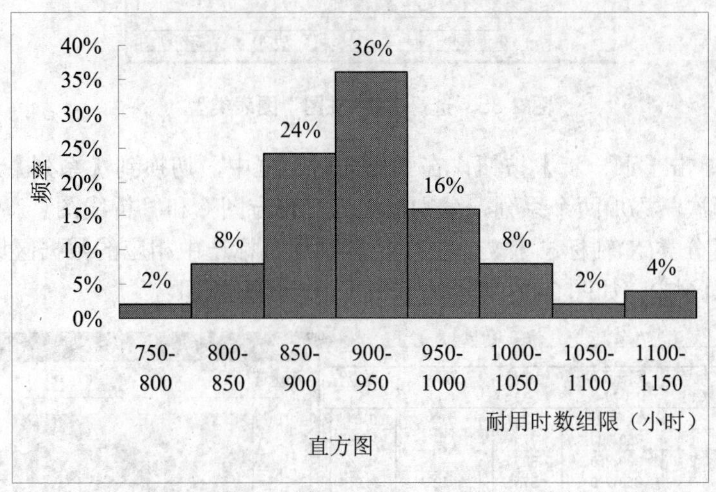


图 2-33　直方图完成图

## (二)折线图

第 1 步：将本章第五节表 2-9 的数据录入 Excel 工作表，如图 2-34 所示。

|  | A | B | C | D | E | F |
|---|---|---|---|---|---|---|
| 1 |  |  |  |  |  |  |
| 2 |  | 组号 | 组限区间 | 组中值 | 频数 | 频率 |
| 3 |  | (1) | (2) | (3) | (4) | (5) |
| 4 |  |  |  | 725 | 0 | 0.0% |
| 5 |  | 1 | 750-800 | 775 | 1 | 2.0% |
| 6 |  | 2 | 800-850 | 825 | 4 | 8.0% |
| 7 |  | 3 | 850-900 | 875 | 12 | 24.0% |
| 8 |  | 4 | 900-950 | 925 | 18 | 36.0% |
| 9 |  | 5 | 950-1000 | 975 | 8 | 16.0% |
| 10 |  | 6 | 1000-1050 | 1025 | 4 | 8.0% |
| 11 |  | 7 | 1050-1100 | 1075 | 1 | 2.0% |
| 12 |  | 8 | 1100-1150 | 1125 | 2 | 4.0% |
| 13 |  |  |  | 1175 | 0 | 0.0% |
| 14 |  | 合计 | — | — | 50 | 100.0% |

图 2-34　“折线图”数据表

第 2 步：单击【插入】下拉菜单，选择【图表】命令。在弹出的对话框中，切换到【自定义类型】选项卡，在【图表类型】中选择【线-柱图】，如图 2-35 所示。

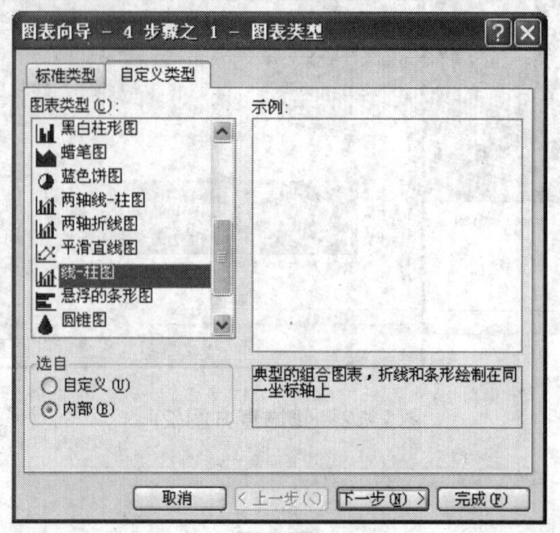


图 2-35　选择“线-柱图”图表类型

第 3 步：单击【下一步】按钮，在弹出的对话框中，切换到【系列】选项卡，单击【添加】按钮两次，添加两个系列，分别命名为“直方图”和“折线图”。在两个系列对应的【值】、【分类(X)轴标志】文本框中，分别用鼠标选中相应的数据区域(两个系列都选择相同的数据区域)，如图 2-36 所示。单击【下一步】按钮。

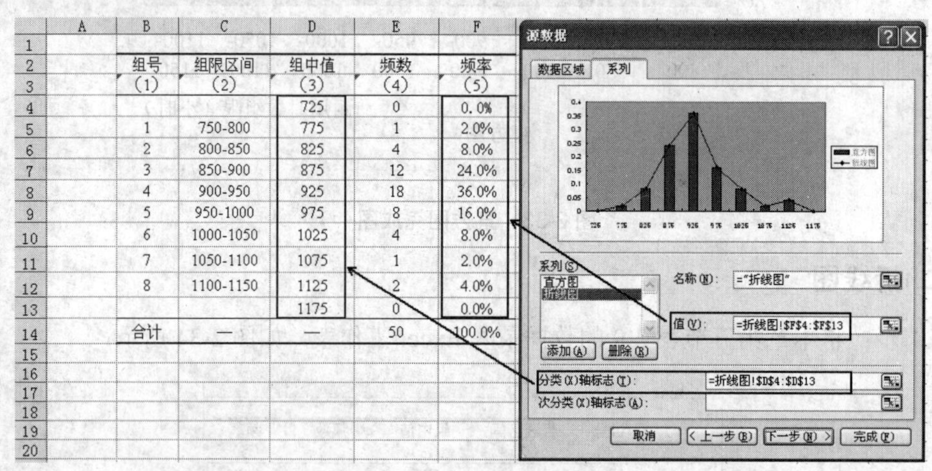

|  | A | B | C | D | E | F |
|---|---|---|---|---|---|---|
| 1 | | | | | | |
| 2 | | 组号 | 组限区间 | 组中值 | 频数 | 频率 |
| 3 | | (1) | (2) | (3) | (4) | (5) |
| 4 | | | | 725 | 0 | 0.0% |
| 5 | | 1 | 750-800 | 775 | 1 | 2.0% |
| 6 | | 2 | 800-850 | 825 | 4 | 8.0% |
| 7 | | 3 | 850-900 | 875 | 12 | 24.0% |
| 8 | | 4 | 900-950 | 925 | 18 | 36.0% |
| 9 | | 5 | 950-1000 | 975 | 8 | 16.0% |
| 10 | | 6 | 1000-1050 | 1025 | 4 | 8.0% |
| 11 | | 7 | 1050-1100 | 1075 | 1 | 2.0% |
| 12 | | 8 | 1100-1150 | 1125 | 2 | 4.0% |
| 13 | | | | 1175 | 0 | 0.0% |
| 14 | | 合计 | — | — | 50 | 100.0% |
| 15 | | | | | | |
| 16 | | | | | | |
| 17 | | | | | | |
| 18 | | | | | | |
| 19 | | | | | | |
| 20 | | | | | | |



图 2-36　选择数据区域

第 4 步：本步骤主要对图形进行格式修饰。在弹出的对话框中，在【标题】选项卡中输入“图表标题”、“分类(X)轴”和“数值(Y)轴”名称，在【数据标志】选项卡中进行选择，如图 2-37 所示。修饰完成后，单击【完成】按钮，最终生成的直方图和折线图组合图如图 2-38 所示。

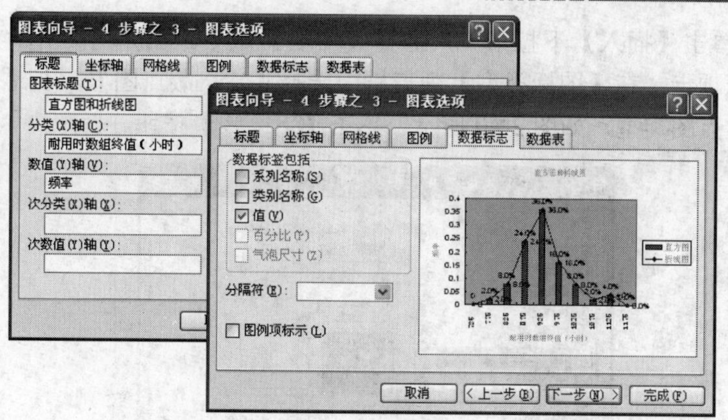


图 2-37 修饰图形

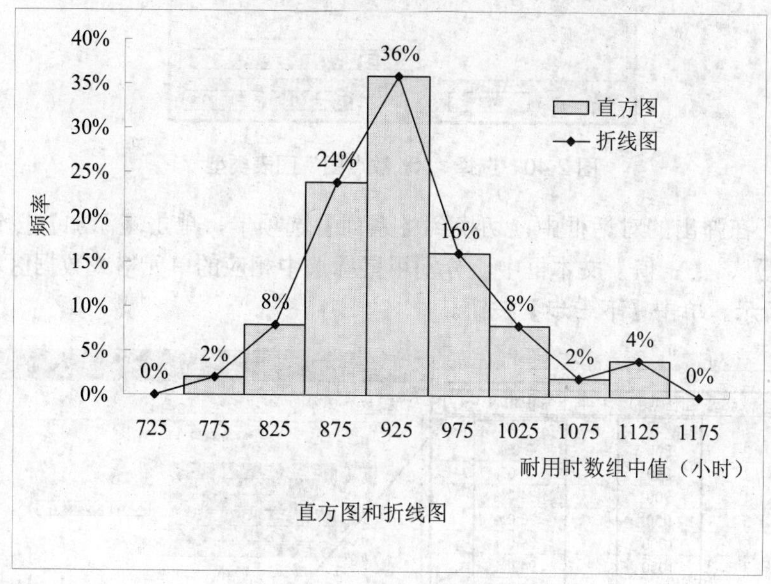


图 2-38 最终完成图形

## (三)累积折线图

以向上累积折线图的绘制为例进行说明，向下累积折线图的绘制步骤与此类似。

第 1 步：将本章第五节表 2-10 的数据录入 Excel 工作表，如图 2-39 所示。

| | A | B | C |
|---|---|---|---|
| 1 | | | |
| 2 | 坐标点 | 组限（$x$） | 向上累积频率（$y$） |
| 3 | 1 | 797 | 0.0% |
| 4 | 2 | 800 | 2.0% |
| 5 | 3 | 850 | 10.0% |
| 6 | 4 | 900 | 34.0% |
| 7 | 5 | 950 | 70.0% |
| 8 | 6 | 1000 | 86.0% |
| 9 | 7 | 1050 | 94.4% |
| 10 | 8 | 1100 | 98.4% |
| 11 | 9 | 1120 | 100.0% |

图 2-39 “向上累积频率”数据表

第 2 步：单击【插入】下拉菜单，选择【图表】命令。在弹出的对话框中，切换到【标准类型】选项卡，在【图标类型】列表框中选择【XY 散点图】，在【子图表类型】选项组中选择散点图类型，如图 2-40 所示。单击【下一步】按钮。

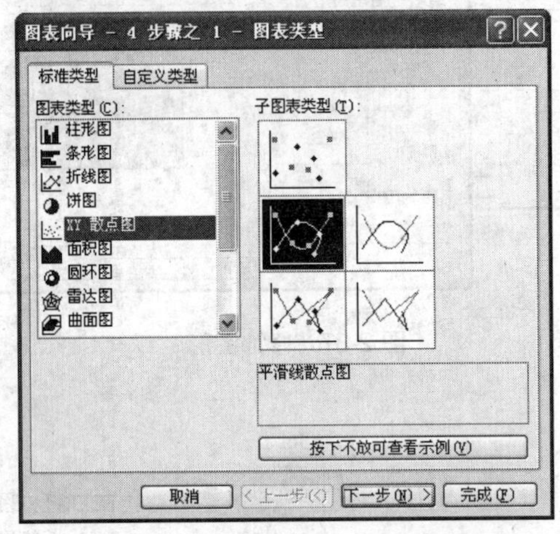


图 2-40　选择“XY 散点图”图表类型

第 3 步：在弹出的对话框中，切换到【系列】选项卡，单击【添加】按钮，在【名称】、【X 值】、【Y 值】文本框中，分别用鼠标选中相应的单元格或数据区域，最终效果如图 2-41 所示。单击【下一步】按钮。

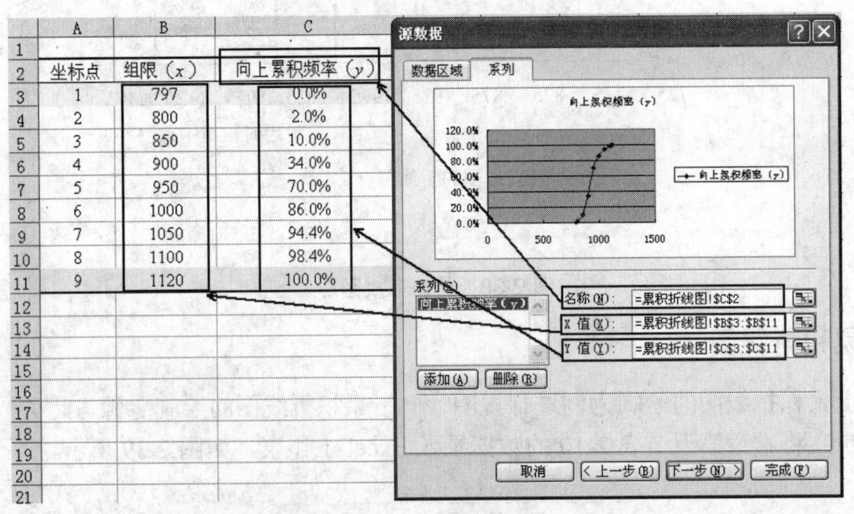


图 2-41　选择数据区域

第 4 步：本步骤主要对图形进行格式修饰。在弹出的对话框中，在【标题】选项卡中输入“图表标题”、“数值(X)轴”和“数值(Y)轴”名称，在【网格线】、【图例】、【数据标志】3 个选项卡中进行选择，如图 2-42 所示。修饰完成后，单击【完成】按钮。

第 5 步：对图形进一步修饰，使之更加美观。在生成图形的横坐标区域右击，选择【坐标轴格式】命令。在弹出的对话框中，切换到【刻度】选项卡，根据数据集的最小值和最大值，选择合适的刻度数值，如图 2-43 所示。修饰完成后，单击【确定】按钮。最终生成的累积折线图如图 2-44 所示。

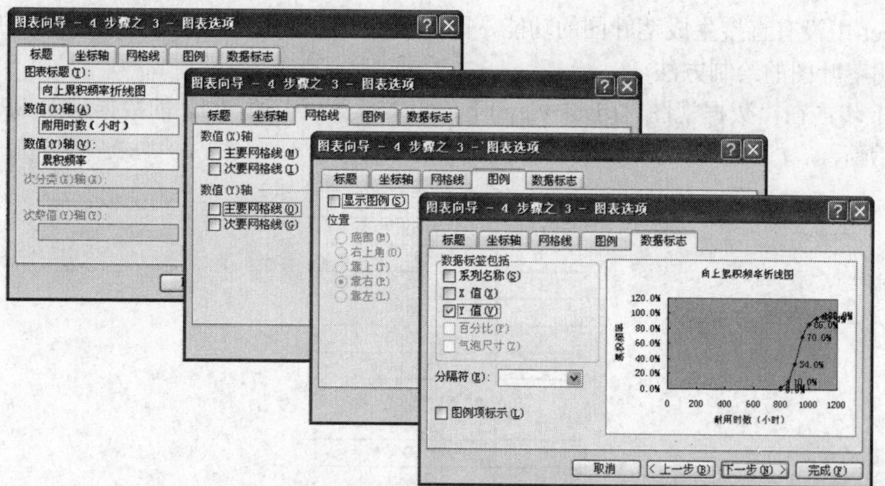


图 2-42 修饰图形(1)

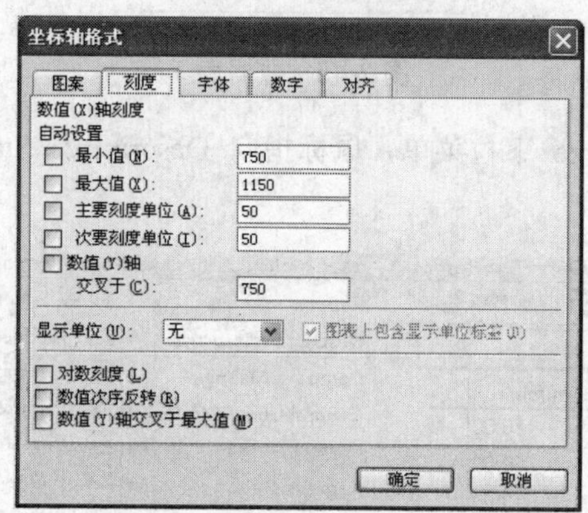


图 2-43 修饰图形(2)

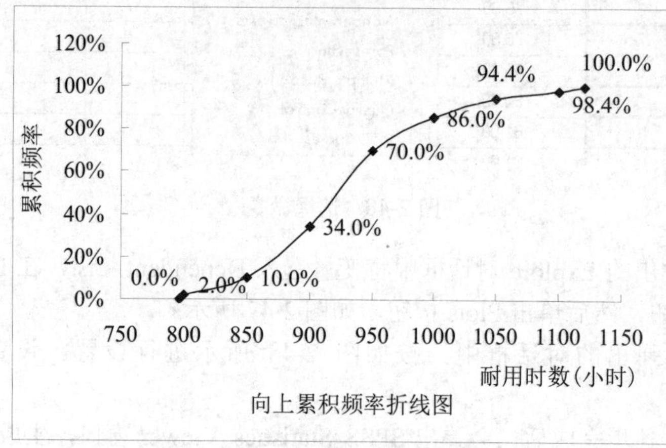


图 2-44 向上累积折线图完成图

### (四)茎叶图

Excel 中没有直接生成茎叶图的功能，因此本部分将使用 SPSS，以例 2-6 中的数据为例，说明茎叶图的绘制方法。

第 1 步：在“数据视图”(data view)下，将本章第五节表 2-12 的数据录入 SPSS，如图 2-45 所示。

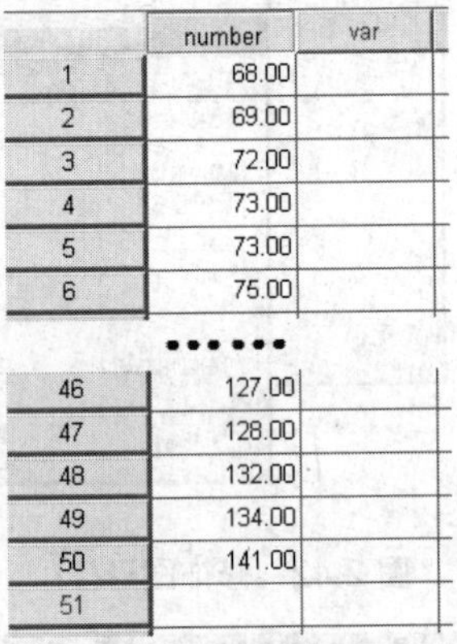

| | number | var |
|---|---|---|
| 1 | 68.00 | |
| 2 | 69.00 | |
| 3 | 72.00 | |
| 4 | 73.00 | |
| 5 | 73.00 | |
| 6 | 75.00 | |
| …… | | |
| 46 | 127.00 | |
| 47 | 128.00 | |
| 48 | 132.00 | |
| 49 | 134.00 | |
| 50 | 141.00 | |
| 51 | | |

图 2-45　数据表

第 2 步：单击 Analyze 下拉菜单，鼠标指向 Descriptive Statistics，选择 Explore 命令，如图 2-46 所示。

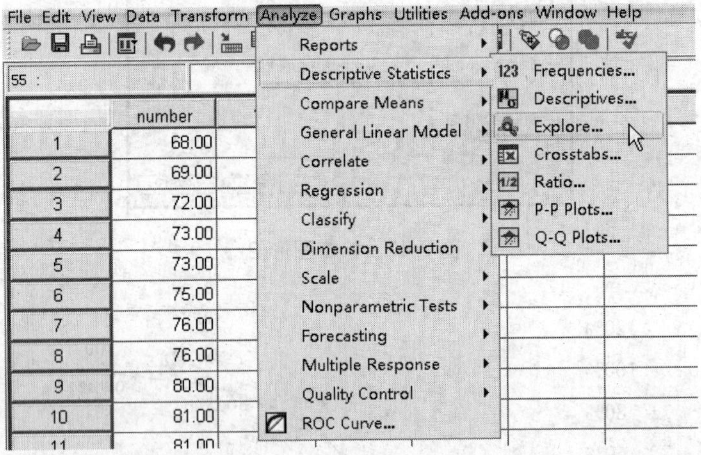

图 2-46　选择命令

第 3 步：在弹出的 Explore 对话框中将变量选入 Dependent List，在 Display 选项组中选择 Plots 单选按钮，然后单击 Plots 按钮，如图 2-47 所示。

第 4 步：在弹出的对话框中，按如图 2-48 所示进行设置。设置完成后，单击 Continue 按钮。

第 5 步：以上各步完成后，会弹出 SPSS Statistics Viewer 窗口，生成的茎叶图便出现在这里面，如图 2-49 所示。

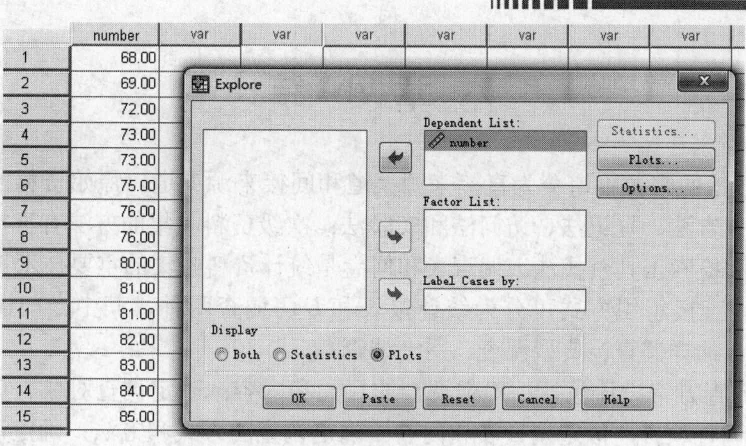


图 2-47　Explore 对话框

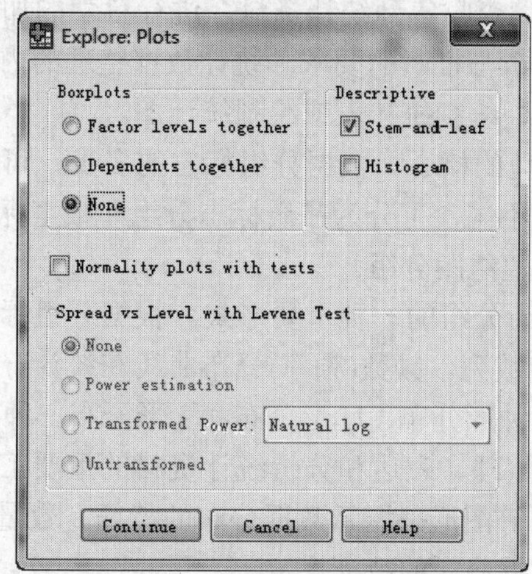


图 2-48　Explore：Plots 对话框

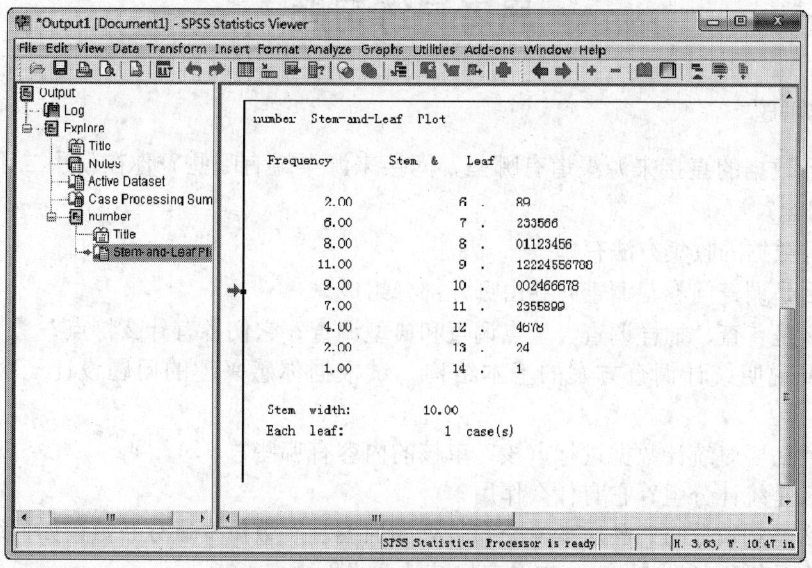


图 2-49　SPSS Statistics Viewer 窗口

# 本章小结

(1) 统计数据的来源渠道分为直接来源渠道和间接来源渠道。原始资料的收集方法有直接观察法、报告法、登记法、访问法和实验法；次级资料收集的方法有直接引用法、参考文献查找法和检索工具查找法。调查表和问卷是统计资料收集的重要技术工具。

(2) 统计调查按组织方式可分为统计报表和专门调查两种，其中专门调查又包括普查、重点调查、抽样调查、典型调查、网上调查。

(3) 统计调查方案设计包括：确定调查的目的和内容；确定调查对象、调查单位和填报单位；确定调查项目，拟定调查表和问卷；确定调查的方式和方法；确定调查的时间和期限；制定调查的组织实施计划。

(4) 统计数据整理是将调查收集到统计资料，进行科学的加工和综合汇总，使之系统化、条理化，以符合统计分析与推断的要求。统计数据整理的内容主要包括统计资料的审核、统计资料的分组和汇总、编制统计表或绘制统计图。

(5) 统计分组是统计整理的核心。根据分组标志的多少，可分为简单分组和分组体系分组；按照分组标志的性质不同，可分为品质标志分组和数量标志分组，数量标志分组又可分为单变量值分组和变量值组距分组。

(6) 频数分布是表现统计分组的一种重要形式。根据分组标志的不同，可形成品质变量分布数列和数量变量分布数列。频数(频率)分布曲线在统计分析中具有广泛的应用。根据曲线形状的特点，大致有钟形分布、U 形分布和 J 形分布三种类型。

(7) 统计表和统计图是整理、表达和分析统计资料的重要工具。品质数据可以用条形图、饼图和累积频数分布图等图形来展示数据分布的特征。数量数据可以用直方图、折线图和茎叶图等图形来展示数据分布的特征。

# 思考与练习题



## 一、思考题

1. 统计数据的直接来源渠道有哪些？间接来源渠道有哪些？你在使用二手资料时应注意哪些问题？

2. 统计数据的收集方法有哪些？

3. 什么是调查问卷？调查问卷由哪几部分组成？

4. 什么是普查、抽样调查、重点调查和典型调查？它们各有什么特点？

5. 简要说明统计调查方案的基本结构。试根据你感兴趣的问题设计一个统计调查方案。

6. 为什么要对统计数据进行审核？审核的内容有哪些？

7. 什么是统计分组？它有什么作用？

8. 什么是频数分布？品质变量分布数列如何编制？数量变量分布数列如何编制？

9. 什么是累积频数(频率)分布？有何统计意义？

10. 分类数据和顺序数据的整理和图示方法有哪些？

11. 数值型数据的分组方法有哪些？简述等距组距分组的步骤。

12. 直方图和条形图有何区别？

13. 茎叶图和直方图相比有什么优点？

## 二、练习题

1. 某专业协会的雇员实行弹性上班制度，雇员可选择在 7:00、7:30、8:00、8:30、9:00 去上班，相应的下班时间为 4:30、5:00、5:30、6:00。表 2-13 是雇员上班时间的样本资料。

表 2-13 雇员上班时间的样本数据

| | | | | | | | | |
|---|---|---|---|---|---|---|---|---|
| 7:00 | 8:30 | 9:00 | 7:30 | 7:30 | 8:30 | 8:30 | 7:30 | 7:00 |
| 8:30 | 8:30 | 8:00 | 7:30 | 8:30 | 7:00 | 9:00 | 8:30 | 8:00 |

要求：(1) 进行数据整理，绘制频数分布表；

(2) 绘制条形图和饼图；

(3) 回答雇员一般喜欢在什么时间上班。

2. 某公司 2000 年和 2005 年底共有职工 820 人和 1200 人，根据职业分类的劳动力分布数据如表 2-14 所示。

表 2-14 某公司根据职业分类的劳动力数据

%

| 职业分类 | 2000 年 | 2005 年 |
|---|---|---|
| 管理人员 | 10 | 15 |
| 专业和技术人员 | 12 | 12 |
| 熟练工人 | 24 | 24 |
| 非熟练工人 | 40 | 24 |
| 秘书 | 14 | 25 |
| 合计 | 100 | 100 |

要求：(1) 绘制饼图、条形图和对比条形图；

(2) 分析从 2000 年到 2005 年公司劳动力规模和结构的变化。

3. 某公司 9 月份 50 个销售人员获得的订单金额(单位：1000 美元)如表 2-15 所示。

表 2-15 50 个销售人员获得的订单金额

| | | | | | | | | | |
|---|---|---|---|---|---|---|---|---|---|
| 60 | 59 | 35 | 29 | 87 | 79 | 71 | 50 | 52 | 39 |
| 37 | 61 | 58 | 41 | 58 | 64 | 38 | 49 | 57 | 55 |
| 69 | 40 | 48 | 51 | 43 | 54 | 68 | 59 | 69 | 54 |
| 24 | 49 | 72 | 42 | 62 | 58 | 38 | 62 | 57 | 68 |
| 34 | 50 | 52 | 53 | 30 | 36 | 38 | 58 | 49 | 37 |

要求：(1) 整理数据，作一个频数分布表；

(2) 绘制茎叶图、直方图和折线图；

(3) 编制累积分布表，绘制累积频率折线图，并回答销售人员获得订单金额在40000美元以下所占的比例，以及订单金额在60000美元以上所占的比例。

4. 在工作满意度研究中，调查了某企业 200 名员工，要求回答的满意度类别依次为：①非常不满意，②不满意，③一般满意，④满意，⑤非常满意。获得的满意度分布数据如表2-16所示。

表2-16　某企业员工满意度分布数据

| 类别 | 非常不满意 | 不满意 | 一般满意 | 满意 | 非常满意 | 合计 |
|---|---|---|---|---|---|---|
| 人数/人 | 16 | 72 | 62 | 30 | 20 | 200 |

要求：(1) 绘制条形图和饼图；

(2) 编制累积频率分布表，绘制累积频率分布图。

5. 表2-17和表2-18分别是甲、乙两个班的统计学考试成绩数据。

表2-17　甲班统计学考试成绩

| | | | | | | | | | |
|---|---|---|---|---|---|---|---|---|---|
| 44 | 66 | 73 | 76 | 85 | 57 | 66 | 74 | 77 | 85 |
| 59 | 67 | 74 | 77 | 86 | 60 | 69 | 74 | 77 | 86 |
| 61 | 70 | 75 | 78 | 90 | 61 | 70 | 75 | 78 | 92 |
| 62 | 71 | 75 | 79 | 92 | 63 | 72 | 75 | 80 | 92 |
| 63 | 73 | 75 | 80 | 93 | 65 | 73 | 76 | 82 | 96 |

表2-18　乙班统计学考试成绩

| | | | | | | | | | |
|---|---|---|---|---|---|---|---|---|---|
| 35 | 55 | 61 | 71 | 85 | 39 | 56 | 62 | 73 | 90 |
| 40 | 56 | 63 | 74 | 91 | 44 | 57 | 64 | 74 | 91 |
| 44 | 57 | 66 | 79 | 94 | 48 | 57 | 68 | 81 | 95 |
| 51 | 58 | 68 | 82 | 96 | 52 | 59 | 70 | 83 | 100 |
| 52 | 60 | 70 | 83 | 100 | 54 | 61 | 71 | 84 | 100 |

要求：(1) 将两个班的考试成绩用一个公共的茎制成茎叶图；

(2) 比较两个班考试成绩分布的特点。

# 第三章　统计数据分布特征的描述

【本章导读及学习目标】

原始数据经过统计分组整理所形成的频数分布，直观和概略地反映了数据分布的基本特征。数量数据的频数分布是对数据分布特征的初步描述，缺乏对数据分布的具体特征和内在联系的综合度量。数据分布特征的综合度量包括三个方面的内容：一是数据分布的集中趋势，反映数据的聚集程度；二是数据分布的离散趋势，反映数据的变异程度；三是数据分布的偏态和峰度，反映数据分布的形状。这三个方面从不同的角度描述了数据分布特征的不同侧面，三者之间相互联系、互为补充。通过本章的学习，要求理解数据分布特征的集中趋势、离散程度、偏态和峰度的统计内涵和计算方法。

## 第一节　数据分布的集中趋势

### 一、集中趋势与平均指标

集中趋势(central tendency)是指变量数列中数据分布的中心值。对于绝大多数的统计变量来说，总是接近中心值的变量值居多，远离中心值的变量值较少，使变量值分布呈现出向中心值靠拢或聚集的态势。对集中趋势的描述，就是要寻找变量分布的中心值或代表值，以反映变量取值的一般水平。变量数列一般是以平均数为中心上下波动，故平均数反映了变量分布的集中趋势，是变量分布的重要特征之一。

变量数列分布的集中趋势通常用平均指标来描述。平均指标的具体表现称为平均数。根据计算方法的不同，平均数可以分为数值平均数和位置平均数两类。数值平均数是根据变量的所有数据计算得到的平均数，主要有算术平均数、调和平均数和几何平均数。位置平均数是根据变量分布特征直接观察或根据变量数列部分处于特殊位置的变量值来确定的平均数，主要有众数、中位数和四分位数。

平均指标经常被作为评价事物和决策的数量标准或参考，在统计研究中的应用很广，其作用主要表现为以下几个方面：

(1) 可以反映总体各单位某一标志变量分布的集中趋势和一般水平。大多数社会现象的数量特征，其变量值较多地聚集在平均数的周围，即变量值围绕平均数周围的单位数在总体单位数中占有最大的比重，呈现钟形分布，显示了总体各单位向平均数集中的趋势，也表明了总体的一般水平。因此，平均指标可以帮助人们对研究现象的一般数量特征有一个客观的认识。例如，只要计算居民收入的平均值就可以了解该城市居民收入的一般水平。

(2) 可以用于比较同类现象在不同空间的发展水平的差距。利用平均指标可以对某一现象总体在不同空间的发展水平进行比较，消除因总体规模不同而不能直接比较的因素，以反映不同总体水平存在的差距，进而分析差距产生的原因。

(3) 可以比较同类现象在不同时期的发展变化趋势或规律。社会经济现象的变化受偶然因素和现象规模的影响。用平均指标来分析，既可以消除偶然因素的作用，又能避免受现象规模的影响，能比较确切地反映总体现象变化的基本趋势。

(4) 可以分析现象之间的依存关系。分析现象之间的依存关系，常借助于平均指标。例如，将某城市样本居民按收入分组，计算出各组居民的平均收入和平均消费支出，就可以观察该城市居民消费支出与收入之间的依存关系并建立它们之间的回归模型。

## 二、数值平均数

### (一)算术平均数

算术平均数(arithmetic mean)，也称为均值(mean)，是一组数据进行平均计算的结果。根据掌握数据资料的不同，有两种计算形式和计算公式。

#### 1. 简单算术平均数

如果数据是未经分组的原始数据，可直接根据 $n$ 个测定值 $x_1,x_2,\cdots,x_n$ 计算简单算术平均数 $\overline{x}$，其计算公式为

$$\overline{x}=\frac{1}{n}\sum_{i=1}^{n}x_i \tag{3-1}$$

均值表示了一组数据的“质量中心”，是数据高低相抵，误差正负相抵后客观事物必然性数量特征的一种反映。在数学性质上，均值有两个非常重要的数学性质：

(1) 各个样本数据与均值的离差之和为零，即

$$\sum_{i=1}^{n}(x_i-\overline{x})=0 \tag{3-2}$$

(2) 各个样本数据与均值的离差平方和最小，即

$$\sum_{i=1}^{n}(x_i-\overline{x})^2=\text{最小值} \tag{3-3}$$

**【例 3-1】**某居民楼里 20 户居民三月份的电费数据(已排序)如下：25，33，35，39，46，47，48，50，54，56，58，60，62，65，67，67，68，70，70，75(单位：元)，试求这 20 户居民三月份的平均电费。

解　根据式(3-1)，这 20 户居民三月份的平均电费为

$$\overline{x}=\frac{\sum_{i=1}^{20}x_i}{20}=54.75\ (\text{元})$$

#### 2. 加权算术平均数

当数据资料分组整理形成频数分布数列时，可使用加权算术平均数(weighted arithmetic mean)来计算算术平均数，其计算公式为

$$\overline{x}=\frac{\sum_{i=1}^{k}x_if_i}{\sum_{i=1}^{k}f_i} \tag{3-4}$$

式中，$x_i$ 为第 $i$ 组的变量值(单项式变量分布数列)或组中值(组距式变量分布数列)；$f_i$ 为变量值落入第 $i$ 组的频数；$k$ 为分组的组数。

**【例 3-2】**将例 2-3 中某企业生产的 500 批某种型号三极管的质量检查结果整理列于表 3-1 中，试求这 500 批产品的批平均不合格品数。

表 3-1 批不合格品频数分布表

| 组号($i$) | 1 | 2 | 3 | 4 | 5 | 6 | 7 | 8 | 9 | 合计 |
|---|---|---|---|---|---|---|---|---|---|---|
| 不合格数 $x_i$/个 | 0 | 1 | 2 | 3 | 4 | 5 | 6 | 7 | 8 | — |
| 频数 $f_i$/批 | 71 | 139 | 130 | 90 | 45 | 18 | 6 | 0 | 1 | 500 |

解 根据式(3-4)进行计算，这 500 批产品的批平均不合格品数为

$$\overline{x}=\frac{\sum_{i=1}^{9}x_if_i}{\sum_{i=1}^{9}f_i}=\frac{0\times 71+1\times 139+\cdots+8\times 1}{500}=1.95\,(\text{个/批})$$

**【例 3-3】**在例 3-1 中假如我们获得的资料是 20 户居民电费的频数分布，如表 3-2 所示。试求这 20 户居民三月份的平均电费。

表 3-2 某居民楼 20 户居民三月份电费数据频数分布表

| 组号($i$) | 电费组限/元 | 组中值($x_i$)/元 | 频数($f_i$) |
|---|---|---|---|
| 1 | 30～40 | 35 | 3 |
| 2 | 40～50 | 45 | 3 |
| 3 | 50～60 | 55 | 4 |
| 4 | 60～70 | 65 | 6 |
| 5 | 70～80 | 75 | 3 |

解 根据式(3-4)进行计算，则这 20 户居民三月份的平均电费为

$$\overline{x}=\frac{\sum_{i=1}^{6}x_if_i}{\sum_{i=1}^{6}f_i}=\frac{1\times 25+3\times 35+3\times 45+4\times 55+6\times 65+3\times 75}{1+3+3+4+6+3}=55\,(\text{元})$$

## (二)调和平均数

调和平均数(harmonic mean)是各个变量值倒数的算术平均数的倒数，也称倒数平均数，是均值的另一种表现形式。在实际工作中，由于所获得的数据资料不同，有时不能直接采用算术平均数的计算公式计算均值，只能用调和平均数的形式进行计算。计算公式为

$$\overline{x}_H = \frac{\sum_{i=1}^{n} m_i}{\sum_{i=1}^{n} \frac{m_i}{x_i}} = \frac{\sum_{i=1}^{n} x_i f_i}{\sum_{i=1}^{n} \frac{x_i f_i}{x_i}} = \frac{\sum_{i=1}^{n} x_i f_i}{\sum_{i=1}^{n} f_i} = \overline{x} \tag{3-5}$$

式中，$m_i = x_i f_i$为调和平均数的权数。

**【例 3-4】**假如某天我们从三个西瓜批发市场得到的销售数据如表 3-3 所示，试计算这三个市场的西瓜平均批发价格。

表 3-3　三个批发市场的西瓜销售数据

| 市　场 | 批发价格/(元/公斤)<br>$x_i$ | 成交额/元<br>$m_i=x_if_i$ |
|---|---|---|
| 甲 | 1.40 | 14000.0 |
| 乙 | 1.36 | 20400.0 |
| 丙 | 1.48 | 7400.0 |
| 合计 | — | 41800.0 |

**解**　根据式(3-5)进行计算，则这三个市场的西瓜平均批发价格为

$$\overline{x}_H = \frac{\sum m_i}{\sum \frac{m_i}{x_i}} = \frac{14000+20400+7400}{\frac{14000}{1.40}+\frac{20400}{1.36}+\frac{7400}{1.48}} = 1.394\,(\text{元/公斤})$$

## (三)几何平均数

几何平均数(geometric mean)是对 $n$ 个观测值的乘积的 $n$ 次方根，一般用于计算时间上相互衔接的比率或速度的平均数。计算公式为

$$\overline{x}_G = \sqrt[n]{x_1 \times x_2 \times \cdots \times x_n} = \sqrt[n]{\prod_{i=1}^{n} x_i} \tag{3-6}$$

对式(3-6)两边取对数，得到

$$\lg \overline{x}_G = \frac{1}{n}(\lg x_1 + \lg x_2 + \cdots + \lg x_n) \tag{3-7}$$

观察式(3-7)，几何平均数的对数等于 $n$ 的观察值对数的算术平均数，因此，几何平均数可以认为是算术平均数的一种变形。

**【例 3-5】**某钢厂 2004 年的钢产量为 100 万吨，2005 年的钢产量为 110 万吨，2006 年为 132 吨，2007 年为 165 吨。试求该钢厂 2005—2007 年钢产量的年平均发展速度。

**解**　根据题意，该钢厂 2005 年的发展速度为(110/100)×100%=110%；2006 年的发展速度为(132/110)×100%=120%；2007 年的发展速度为(165/132)×100%=125%。根据式(3-6)可以计算得到这三年的年平均发展速度为

$$\overline{x}_G = \sqrt[3]{x_1 \times x_2 \times x_3} = \sqrt[3]{110\% \times 120\% \times 125\%} = 118.17\%$$

**【例 3-6】**某产品要经过三道工序才能加工完成，每道工序均经过工序检验。已知在第一道工序上的加工合格率为 95%，在第二道工序上的加工合格率为 90%，在第三道工序上的加工合格率为 98%，求三道工序的平均合格率。

**解** 由于产品在三个工序上是连续加工完成的，第二道工序加工的是第一道工序完成的合格品，第三道工序加工的是第二道工序的合格品。因此，三道工序的总合格率是三道工序合格率连乘的积，根据式(3-6)，计算平均合格率为

$$\bar{x}_G = \sqrt[3]{x_1 \times x_2 \times x_3} = \sqrt[3]{95\% \times 90\% \times 98\%} = 94.275\%$$

## 三、位置平均数

### (一)众数

众数(mode)是一组观测值中出现次数最多的观测值，常记为 $M_o$。众数是一个位置代表值，当数据呈钟形分布时，它不受数据集中极端数据的影响。从数据分布的角度观察，众数是具有明显的集中趋势点的数值，一组数据分布的最高峰点所对应的数值即为众数。当然，如果数据的分布没有明显的集中趋势或最高峰点，众数有可能不存在。

众数具有非常直观的统计意义和实际意义。例如，服装、鞋帽的生产和销售工厂和商店的供销部门为了掌握消费者的需要和偏好，所关心的不是这些商品的款式、尺码、规格、颜色的均值，而是它们的众数。销售最多的款式和颜色，也即所谓的“流行款式”和“流行色”。

一般情况下，只有在数据量较大的情况下，众数才有意义。众数主要用于测度品质数据的集中趋势，也可用于测度数量数据的集中趋势。

#### 1. 未分组数据的众数

对于未分组整理的品质数据和数量数据，众数都是出现次数最多的变量值。若有两个变量值出现的次数相同且为最多，则这两个变量值均为众数。若有三个及三个以上的变量值出现的次数相同且最多，则认为众数不存在。

例如，在例 3-1 中 20 户居民三月份电费的众数有两个：67 元和 70 元，均出现了 2 次。

#### 2. 已分组数据的众数

1) 品质数据和单项式分组数量数据的众数

对于已经过分组整理的品质数据和单项式分组的数量数据，频数最多的组对应的标志值或变量值即为众数。

例如，在例 2-2 中，消费者偏好的香水香型众数为“香型 A”，在被调查者中偏好的人数最多；例如，在例 2-3 中 500 批三极管不合格品数的频数分布统计的结果显示，每批中出现 1 个不合格的情况出现的次数最多，则 $M_o = 1$(件)。

2) 组距式分组数量数据的众数

对于已经过组距式分组整理形成频数分布的数量数据，频数最大的组为众数组，众数按下限计算公式(3-8)和上限计算公式(3-9)近似计算。

$$M_o = L_m + \frac{f_m - f_{m-1}}{(f_m - f_{m-1}) + (f_m - f_{m+1})} \times h_m \tag{3-8}$$

或

$$M_o = U_m - \frac{f_m - f_{m+1}}{(f_m - f_{m-1}) + (f_m - f_{m+1})} \times h_m \tag{3-9}$$

式中：$L_m$、$U_m$、$f_m$、$h_m$ 分别代表众数组的下限、上限、频数、组距；$f_{m-1}$、$f_{m+1}$ 分别代表众数组前面一组、后面一组的频数。公式(3-8)和(3-9)的几何解释如图 3-1 所示。

应该注意的是，上面给出的计算公式通常只适用于等距组距式分组或者至少频数分布数列中中间频数最多的几个组是等距分组的，否则计算结果存在较大误差并失去众数的客观意义。

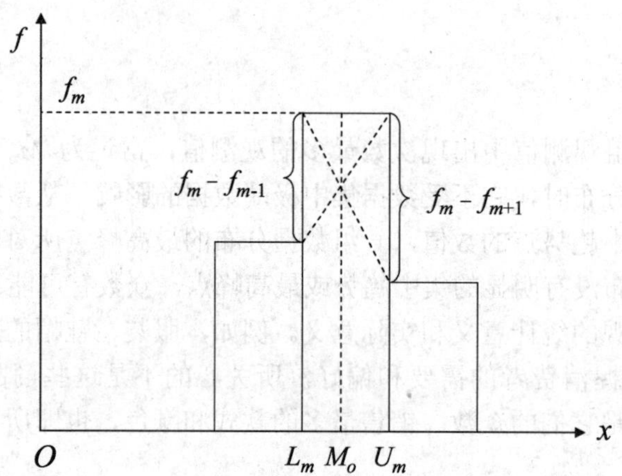


图 3-1 组距式分组分布数列众数计算公式的几何解释

【例 3-7】在例 2-4 中 50 个灯泡耐用时数的频数分布结果如表 3-4 所示，试计算众数。

表 3-4 50 个灯泡的耐用时数的频数分布表

| 组号 | 组限区间/小时 | 频数 | 向上累积频数 | 向下累积频数 |
|---|---|---|---|---|
| 1 | 750～800 | 1 | 1 | 50 |
| 2 | 800～850 | 4 | 5 | 49 |
| 3 | 850～900 | 12 | 17 | 45 |
| 4 | 900～950 | 18 | 35 | 33 |
| 5 | 950～1000 | 8 | 43 | 15 |
| 6 | 1000～1050 | 4 | 47 | 7 |
| 7 | 1050～1100 | 1 | 48 | 3 |
| 8 | 1100～1150 | 2 | 50 | 2 |
| 合计 | | 50 | — | — |

**解** 观察已经过组距式分组形成的频数分布表，第 4 组的频数最大，因此众数组为第 4 组。$L_m$=900、$U_m$=950、$f_m$=18、$h_m$=50、$f_{m-1}$=12、$f_{m+1}$=8。

根据公式(3-8)计算众数，得到

$$M_o = L_m + \frac{f_m - f_{m-1}}{(f_m - f_{m-1}) + (f_m - f_{m+1})} \times h_m = 900 + \frac{18-12}{(18-12)+(18-8)} \times 50 = 918.75\ (\text{小时})$$

根据公式(3-9)计算众数，得到

$$M_o = U_m - \frac{f_m - f_{m+1}}{(f_m - f_{m-1}) + (f_m - f_{m+1})} \times h_m = 950 - \frac{18-8}{(18-12)+(18-8)} \times 50 = 918.75\,(\text{小时})$$

两个公式计算的结果一致。

## (二)中位数

中位数(median)是指将一组数据从小到大排序后处在中间位置上的数据，常记为 *Me*。中位数是一个位置代表值，它不受数据集中极端数据的影响。中位数主要用于测度品质数据中的定序尺度数据的集中趋势，也适用于测度数量数据的集中趋势。从变量分布数列观察，中位数将全部数据等分成两部分，每个部分包含了 50%的数据，一部分数据比中位数小，另一部分数据比中位数大，因此用这样一个中等水平的标志值或变量值来表征分布数列的集中趋势，具有非常直观的统计意义。

### 1. 未分组数据的中位数

对于未分组整理的定序尺度数据和数量数据，按以下步骤计算中位数。

第一步：将原始数据按递增(或递减)顺序进行排列，排序后的观测值为 $x_1, x_2, \cdots, x_n$；

第二步：确定中位数的位置，当数据个数 $n$ 为奇数时，中位数恰好处于中间位置 $\frac{n+1}{2}$，当 $n$ 为偶数时，中位数由处于中间位置 $\frac{n}{2}$、$\frac{n}{2}+1$ 的两个数据决定；

第三步：计算中位数，计算方法见式(3-10)。

$$M_e = \begin{cases} x_{\frac{n+1}{2}}, & n\text{为奇数} \\ \frac{1}{2}\left[x_{\frac{n}{2}} + x_{\frac{n}{2}+1}\right], & n\text{为偶数} \end{cases} \tag{3-10}$$

**【例 3-8】**在某城市中随机抽取 9 个家庭，调查得到每个家庭的人均月收入数据如下：1500，750，789，1080，850，960，2000，1250，1630(单位：元)，计算人均月收入的中位数。

**解** 首先，将上面的数据按升序排列，结果如下：

750，789，850，960，**1080**，1250，1500，1630，2000

$n = 9$ 为奇数，中位数的位置 $= (9+1)/2 = 5$，$M_e = 1080\,(\text{元})$

如果抽取了 10 个家庭，每个家庭的人均月收入数据排序后为

660，750，789，850，**960**，**1080**，1250，1500，1630，2000

$n = 10$ 为偶数，处于中间位置的两个数为 960，1080，$M_e = (960+1080)/2 = 1020\,(\text{元})$

### 2. 已分组数据的中位数

1) 定序尺度变量和单项式分组变量分布数列的中位数

对于已经过分组整理的品质数据中的定序尺度计量数据和单项式分组的数量数据，按以下步骤计算中位数。

第一步：确定中位数的位置，中位数处于 $\sum f/2$ 的位置($\sum f$ 为各组频数之和)；

第二步：确定中位数所在组，向上累积频数中首次大于或等于 $\sum f/2$ 的组；

第三步：确定中位数，中位数即为中位数组对应的标志值或变量值。

**【例 3-9】**在例 2-5 中消费者对某个品牌洗发水的信任度的调查结果的频数分布如表 3-5 所示，试计算中位数。

表 3-5 消费者对某品牌洗发水信任度调查结果频数分布表

人

| 信任度分类值 | 非常不信任 | 不信任 | 一般 | 信任 | 非常信任 | 合计 |
|---|---|---|---|---|---|---|
| 频数/人 | 21 | 64 | 78 | 99 | 38 | 300 |
| 向上累积频数 | 21 | 85 | 163 | 262 | 300 | — |

**解** 观察表 3-5，我们发现向上累积频数首次超过 300/2=150 的是第 3 组，该组的信任度分类值为“一般”。因此，在被调查的 300 位消费者中，对该品牌洗发水的信任度中位数水平值为“一般”，信任度评价为一般。

**【例 3-10】**在例 2-3 中某企业生产的 500 批某种型号三极管的质量检查结果整理列于表 3-6 中，试求中位数。

表 3-6 批不合格品频数分布表

| 不合格数($x_i$)/个 | 0 | 1 | 2 | 3 | 4 | 5 | 6 | 7 | 8 |
|---|---|---|---|---|---|---|---|---|---|
| 频数($f_i$)/批 | 71 | 139 | 130 | 90 | 45 | 18 | 6 | 0 | 1 |
| 向上累积频数($\sum f$)/批 | 71 | 210 | 340 | 430 | 475 | 493 | 499 | 499 | 500 |

**解** 观察表 3-6，我们发现向上累积频数首次超过 500/2=250 的是批不合格品数为 2 的第 3 组，因此，$M_e = 2$ (件)。

2) 组距式分组变量分布数列的中位数

对于已经过组距式分组整理形成频数分布的数量数据，按以下步骤计算中位数。

第一步：确定中位数的位置，中位数处于 $\sum f/2$ 的位置；

第二步：确定中位数所在组，向上累积频数中首次大于或等于 $\sum f/2$ 的组；

第三步：按下限计算公式(3-11)或上限计算公式(3-12)近似计算中位数值。

$$M_e = L_m + \frac{\sum f/2 - S_{m-1}}{f_m} \times h_m \tag{3-11}$$

或

$$M_e = U_m - \frac{\sum f/2 - S_{m+1}}{f_m} \times h_m \tag{3-12}$$

式中，$L_m$、$U_m$、$h_m$ 分别代表中位数组的下限、上限、组距；$S_{m-1}$ 代表中位数组以前各组的累积频数、$S_{m+1}$ 代表中位数组以后各组的累积频数。

应该注意的是，上面给出的计算公式通常只适用于等距组距式分组或者至少频数分布数列中中位数所在组及前后组是等距分组的，否则计算结果存在较大误差并失去中位数的客观意义。图 3-2 给出了组距式分组分布数列中位数计算公式的几何解释。

**【例 3-11】**在例 2-4 中 50 个灯泡耐用时数的频数分布结果如表 3-4 所示，试计算中位数。

**解** 观察已经过组距式分组形成的频数分布表，第 4 组的向上累计频数首次大于等于 $\sum f/2$ =25，因此中位数组为第 4 组。$L_m$=900、$U_m$=950、$f_m$=18、$h_m$=50、$S_{m-1}$=17、

$S_{m+1}$=15。

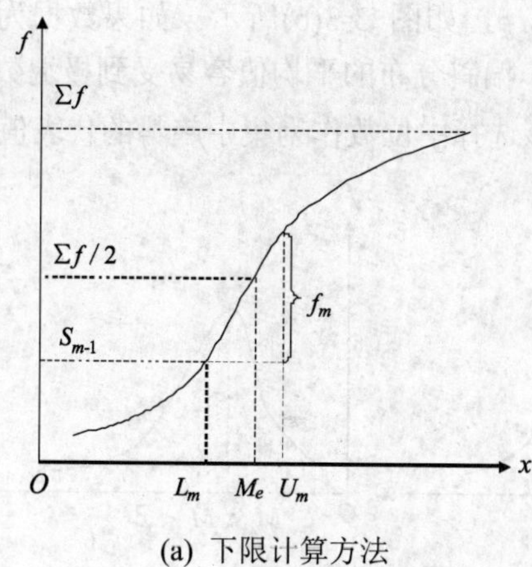


(a) 下限计算方法

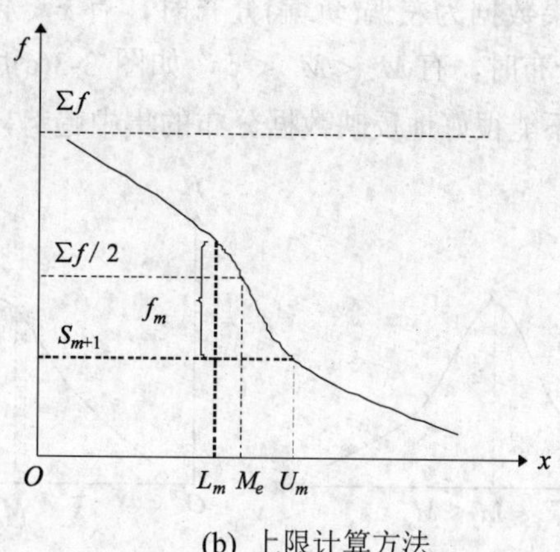


(b) 上限计算方法

**图 3-2 组距式分组分布数列中位数计算公式的几何解释**

根据公式(3-11)计算中位数，得到

$$M_e = L_m + \frac{\sum f/2 - S_{m-1}}{f_m} \times h_m = 900 + \frac{50/2-17}{18} \times 50 = 922.22$$

根据公式(3-12)计算中位数，得到

$$M_e = U_m - \frac{\sum f/2 - S_{m+1}}{f_m} \times h_m = 950 - \frac{50/2-15}{18} \times 50 = 922.22$$

两个公式计算的结果一致。

## 四、众数、中位数和平均数的比较

众数、中位数和平均数是描述数据分布集中趋势的三个主要特征值，它们具有不同的特点和应用场合。下面我们以数据分布最常见的钟形分布为基础进行讨论。

首先，从适用的数据类型考察，众数适用于所有的数据类型，中位数适用于品质数据中的定序尺度数据和数量数据，而平均数只适用于数量数据。因此，众数和中位数在描述品质数据分布的集中趋势时具有其优越性。

其次，从数量数据分布的角度考察，众数对应于数据分布频数最大的变量值，中位数对应于累积频数 50%的变量值，而平均数是全部数据的求和平均。因此，在实际应用中，要根据不同的研究目的和不同的数据分布特征来选择均值或中位数作为集中趋势的代表值。

(1) 对于品质数据而言，众数主要适用于描述定类尺度数据的集中趋势，中位数适用于描述定序尺度数据的集中趋势。

(2) 对于数量数据而言，当数据呈现对称的钟形或近似钟形分布时，众数、中位数和平均数三者近似相等，即 $M_o = M_e = \overline{x}$ ，如图 3-3(a)所示。这时应当选择平均数作为数据集中趋势的代表值，因为平均数综合了数据集中每个数据所提供的信息，同时，平均数具有良好的数学性质，这就使得其计算结果具有较高的代表性。

(3) 对于数量数据而言，当数据呈现偏态分布时，众数、中位数和平均数三者不相等。如果数据为左偏(负偏)分布时，有 $\bar{x} < M_e < M_o$，如图 3-3(b)所示。如果数据为右偏(正偏)分布时，有 $M_o < M_e < \bar{x}$，如图 3-3(c)所示。偏斜分布的平均值容易受到极端数据的影响，不能很好地反映数据分布的集中趋势，应该选择中位数作为集中趋势的代表值。

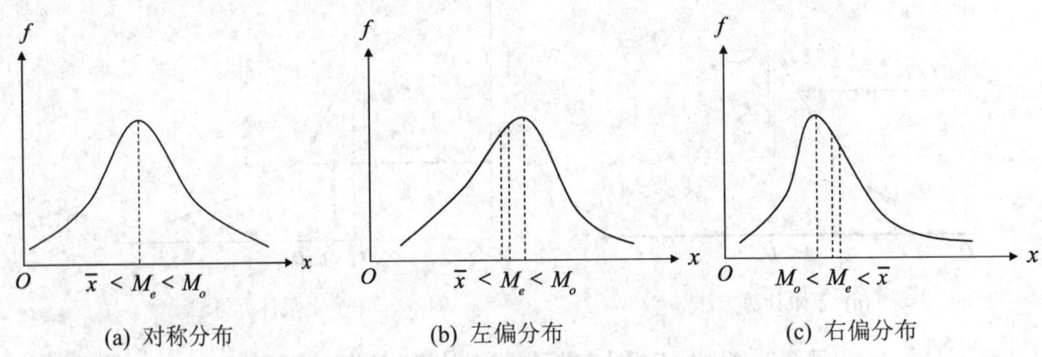


**图 3-3 钟形分布时均值、中位数和众数三者之间的关系**

## 五、相对位置：百分位数

在某些情况下，我们也许想描述某个特定的观测值在数据集中的相对位置。例如，例 3-8 中在某城市中随机抽取 9 个家庭，调查得到每个家庭的人均月收入数据如下：1500，750，789，1080，850，960，2000，1250，1630(单位：元)，我们想知道人均月收入为 850 元处于收入的什么水平？即在 9 个家庭中该收入水平相对来说是高还是低？有多大比例的家庭低于 850 元/人？有多大比例的家庭高于 850 元/人？确定某个观测值的相对位置的描述性量度，称为相对位置的量度。有一种量度以百分率来表达上述相对位置，称为百分位数(percentile)。

设 $x_1, x_2, \cdots, x_n$ 为按递增(或递减)顺序排列的 $n$ 个观测值的集合。假设有某个观测值 $x$，数据集中有 $p$%个观测值小于 $x$，有(100−$p$)%个观测值大于 $x$，则 $x$ 称为第 $p$ 个百分位数。

根据以上定义，中位数是第 50 个百分位数。人们常用第 25 个百分位数、第 50 个百分位数(中位数)、第 75 个百分位数来刻画数据集，因为，这三个四分位数将数据集等分成了四个部分，每个部分包含 25%的观测值。这三个四分位数还将数据集的相对频数分布分割成了面积相等的四个部分，每个部分的面积等于 0.25，如图 3-4 所示。因此，第 25 个百分位数、中位数和第 75 个百分位数也分别称为数据集的下四分位、中四分位和上四分位，分别记为 $Q_1$、$Q_2$ 和 $Q_3$。类似地，我们还可以定义出其他的百分位数。

一个数据集中第 $p$ 个百分位数的确定步骤如下：

第一步：以递增顺序排列原始数据，排序后的观测值为 $x_1, x_2, \cdots, x_n$；

第二步：计算第 $p$ 个百分位数的位置 $i$，见式(3-13)；

$$i = \left(\frac{p}{100}\right) \times n \tag{3-13}$$

例如，计算 $Q_1$，取 $p$=25；计算 $Q_2$，取 $p$=50；计算 $Q_3$，取 $p$=75。

第三步：确定第 $p$ 个百分位数的数值。若 $i$ 为整数，第 $p$ 个百分位数 $=\frac{1}{2}(x_i + x_{i+1})$；

高等院校管理科学与工程规划教材

若 $i$ 为非整数，取其整部 $i'$，则第 $p$ 个百分位数 $=x_{i'+1}$。

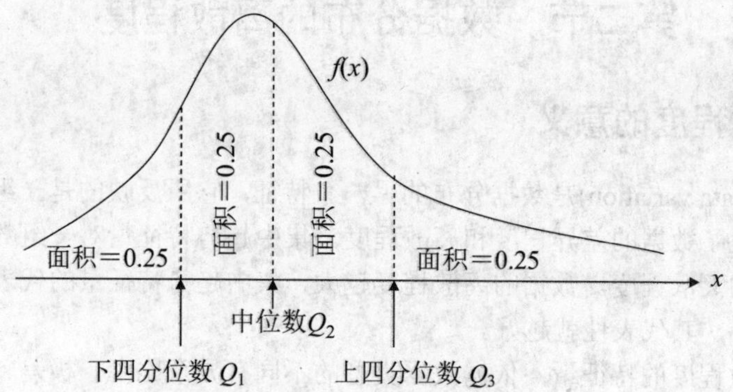


**图 3-4　四分位数相对位置示意图**

【**例 3-12**】例 3-8 中，在某城市中随机抽取 9 个家庭，调查得到每个家庭的人均月收入数据如下：1500，750，789，1080，850，960，2000，1250，1630(单位：元)，求人均月收入的四分位数。

**解**　$n$=9，首先，将上面的数据按升序排列，结果如下：

750，789，850，960，1080，1250，1500，1630，2000

求 $Q_1$：取 $p$=25，$i=\dfrac{p}{100}\times n=\dfrac{25}{100}\times 9=2.25$，因此，$Q_1=x_3=850$；

求 $Q_2$：取 $p$=50，$i=\dfrac{p}{100}\times n=\dfrac{50}{100}\times 9=4.5$，因此，$Q_2=x_5=1080$；

求 $Q_3$：取 $p$=75，$i=\dfrac{p}{100}\times n=\dfrac{75}{100}\times 9=6.75$，因此，$Q_3=x_7=1500$。

750，789，850，960，1080，1250，1500，1630，2000

↑ $Q_1$　↑ $Q_2$　↑ $Q_3$

如果抽取了 10 个家庭，$n$=10，每个家庭的人均月收入数据排序后为

660，750，789，850，960，1080，1250，1500，1630，2000

求 $Q_1$：取 $p$=25，$i=\dfrac{p}{100}\times n=\dfrac{25}{100}\times 10=2.5$，因此，$Q_1=x_3=789$；

求 $Q_2$：取 $p$=50，$i=\dfrac{p}{100}\times n=\dfrac{50}{100}\times 10=5$，因此，$Q_2=\dfrac{1}{2}(x_5+x_6)=\dfrac{1}{2}\times(960+1080)$ $=1020$；

求 $Q_3$：取 $p$=75，$i=\dfrac{p}{100}\times n=\dfrac{75}{100}\times 10=7.5$，因此，$Q_3=x_8=1500$。

660，750，789，850，960，1080，1250，1500，1630，2000

↑ $Q_1$　↑ $Q_2$　↑ $Q_3$

# 第二节　数据分布的离散程度

## 一、测定离散程度的意义

数据变异性(data variation)是数据分布的另一个特征，它所反映的是一组数据远离其中心值的程度，反映了数据的差异程度和离散程度。集中趋势特征量对一组数据的代表性，取决于这组数据的离散程度。数据的离散程度越大，集中趋势特征量的代表性就越差，反之，离散程度越小，其代表性就越好。

描述数据离散程度的特征量，依据数据类型的不同有异众比率、极差、四分位差、方差、标准差、变异系数等。

## 二、品质数据离散程度的度量

异众比率(variation ratio)是指非众数组的频数占总频数的比例，用 $V_r$ 表示。其计算公式为

$$V_r = \frac{\sum f_i - f_m}{\sum f_i} = 1 - \frac{f_m}{\sum f_i} \tag{3-14}$$

式中，$\sum f_i$ 为变量值的总频数；$f_m$ 为众数组的频数。

异众比率主要用于测度众数对一组数据的代表程度。异众比率越大，说明非众数组的频数占总频数的比重越大，众数的代表性越差；反之，异众比率越小，众数的代表性越好。异众比率主要适用于测度定类尺度数据的离散程度，当然，异众比率也适用于测度定序尺度和数量数据的离散程度。

**【例 3-13】**例 2-2 中，关于消费者对某种新型香型的偏好调查结果显示，在被调查者的 200 名消费者中偏好“香型 A”的有 124 人、偏好“香型 B”的有 42 人、偏好“香型 C”的有 6 人、偏好“香型 D”的有 14 人、偏好“香型 E”的有 14 人。计算异众比率。

**解**　调查结果显示，偏好“香型 A”的人数最多，根据式(3-14)计算得到

$$V_r = 1 - \frac{f_m}{\sum f_i} = 1 - \frac{124}{200} = 38\%$$

计算结果说明，在 200 名被调查者中，偏好其他香型的人数占 38%，异众比率比较小。因此，“香型 A”可以代表消费者的偏好状况，其代表性较好。

## 三、数量数据离散程度的度量

### (一)极差

极差(range)，也称为全距，它是一组数据中最大值 $\max(x_i)$ 与最小值 $\min(x_i)$ 的差，用 $R$ 表示。

$$R = \max(x_i) - \min(x_i) \tag{3-15}$$

例如，在例 3-8 中，9 个家庭人均月收入中 $\max(x_i) = 2000$， $\min(x_i) = 750$，因此

$R = 2000 - 750 = 1250$(元)。

极差是描述数据分布离散程度的最简单的测量值，计算简单，易于理解。但它容易受到极端数据的影响，同时它只利用了一组数据两端的信息，不能反映出中间数据的分散程度，因而不能全面描述数据分布的离散程度，一般在数据量不大的场合使用。

## (二)四分位差

四分位差(quartile deviation)，也称为内距或四分间距，它是上四分位数 $Q_3$ 与下四分位数 $Q_1$ 之差，用 $Q_d$ 表示。其计算公式为

$$Q_d = Q_3 - Q_1 \tag{3-16}$$

四分位差反映了数据分布中处于中间 50%的数据的离散程度，其数值越小，说明中间的数据越集中；反之，说明中间数据越分散。四分位差不受极端数据的影响，而中位数也处于四分位差的中间位置，因此，对于钟形偏态分布的数量数据，四分位差在一定程度上也说明了中位数对数据分布集中趋势的代表程度。

**【例 3-14】**例 3-8 中，在某城市中随机抽取 9 个家庭，调查得到每个家庭的人均月收入数据如下：1500，750，789，1080，850，960，2000，1250，1630(单位：元)，求人均月收入的四分位差。

**解** 例 3-8 中对本题四分位数的计算结果为$Q_1 = 850$，$Q_2 = M_e = 1080$，$Q_3 = 1500$，根据式(3-16)，计算得到

$$Q_d = Q_3 - Q_1 = 1500 - 850 = 650\text{(元)}$$

这说明 9 个家庭的人均月收入水平处于中间 50%的差异程度为 650 元，差异较小，说明用中位数 1080 元反映平均收入水平具有一定的代表性。四分位差比极差 $R = 2000 - 750 = 1250$ 更为客观地反映了收入的差异性。

## (三)方差

方差(variance)是一组数据的所有观测值与其平均数的离差平方和的“平均值”，总体方差用 $\sigma^2$ 表示，样本方差用 $s^2$ 表示。根据掌握的数据资料的不同，总体方差和样本方差各有两种计算方法。

### 1. 未分组数据的方差

$$\sigma^2 = \frac{1}{N}\sum_{i=1}^{N}(x_i - \mu)^2 \tag{3-17}$$

$$s^2 = \frac{1}{n-1}\sum_{i=1}^{n}(x_i - \overline{x})^2 \tag{3-18}$$

式中，$N$ 为总体容量，$n$ 为样本容量，$\mu$ 是总体均值。

### 2. 已分组数据的方差

当数据资料分组整理形成频数分布数列时，可使用加权方法来计算方差，计算公式为

$$\sigma^2=\frac{\sum_{i=1}^{k}f_i(x_i-\mu)^2}{\sum_{i=1}^{k}f_i} \tag{3-19}$$

$$s^2=\frac{\sum_{i=1}^{k}f_i(x_i-\overline{x})^2}{\sum_{i=1}^{k}f_i-1} \tag{3-20}$$

式中，$x_i$为第 $i$ 组的变量值(单项式变量分布数列)或组中值(组距式变量分布数列)；$f_i$为变量值落入第$i$组的频数；$k$为分组的组数。

式(3-18)和(3-20)中，样本方差的计算公式中的分母为“$n$−1”或“$\sum f_i-1$”，而非“$n$”或“$\sum f_i$”，这是为了得到总体方差的无偏估计量，“$n$−1 或$\sum f_i-1$”也称为自由度(degree of freedom)，因为计算$\overline{x}$时已经用掉了“一条”信息，则样本中原有的$n$或$\sum_{i=1}^{i=k}f_i$条信息只剩下$n-1$或$\sum_{i=1}^{i=k}f_i-1$条信息。细心的读者会发现，总体方差的分母没有减去 1，这是因为总体的均值是一个常数。

方差以均值为中心，提取了全部数据的离差信息，这就使得它在反映离散程度方面更加全面，而且均值具有各个样本数据与其离差平方和为最小的性质，也保证了方差在说明均值代表性方面的良好性质。同样，方差与均值一样也会受到极端数据的影响。

方差数值越大，则表示数据的分散程度越大，均值反映数据集中趋势的代表性越差；反之，表示数据的分散程度越小，均值反映数据集中趋势的代表性越好。

## (四)标准差

方差的量纲与数据的原始量纲不同，它是原始量纲的平方，所以在实际应用时常常计算其算术根，称为标准差(standard deviation)。总体标准差用$\sigma$表示，样本标准差用 $s$ 表示。计算公式为

$$\sigma=\sqrt{\sigma^2} \tag{3-21}$$

$$s=\sqrt{s^2} \tag{3-22}$$

式中，根据掌握的数据资料不同，总体方差$\sigma^2$和样本方差$s^2$各有两种计算方法，总体标准差$\sigma$和样本标准差$s$也各有两种方法，在此不再重复阐述。

**【例 3-15】** 根据在例 2-4 的表 2-4 中的 50 个新灯丝灯泡寿命的样本数据和分组整理后形成的频数分布表 2-7 中的数据，分别计算样本方差和样本标准差。

**解** 根据表 2-4 中的原始数据，计算样本数据分布的均值、方差和标准差分别为

$$\overline{x}=\frac{\sum_{i=1}^{50}x_i}{50}=925.42\,(\text{小时})$$

$$s^2=\frac{1}{n-1}\sum_{i=1}^{n}(x_i-\overline{x})^2=\frac{1}{50-1}\sum_{i=1}^{50}(x_i-925.42)^2=5129.15$$

$$s=\sqrt{s^2}=\sqrt{5129.15}=71.62\,(\text{小时})$$

由表 2-7 的分组数据计算样本数据分布的均值和方差的过程如表 3-7 所示。

表 3-7　分组数据的均值和方差计算过程

| 组号($i$) | 寿命组限/小时 | 组中值($x_i$)/小时 | 频数($f_i$) | $x_if_i$ | $(x_i-929)^2f_i$ |
| --- | --- | --- | --- | --- | --- |
| 1 | 750～800 | 775 | 1 | 775 | 23716 |
| 2 | 800～850 | 825 | 4 | 3300 | 43264 |
| 3 | 850～900 | 875 | 12 | 10500 | 34992 |
| 4 | 900～950 | 925 | 18 | 16650 | 288 |
| 5 | 950～1000 | 975 | 8 | 7800 | 16928 |
| 6 | 1000～1050 | 1025 | 4 | 4100 | 36864 |
| 7 | 1050～1100 | 1075 | 1 | 1075 | 21316 |
| 8 | 1100～1150 | 1125 | 2 | 2250 | 76832 |
| 合　计 | | — | 50 | 46450 | 254200 |

$$\overline{x}=\frac{\sum_{i=1}^{8}x_i f}{\sum_{i=1}^{8}f_i}=\frac{45675}{50}=929.00\,(\text{小时})$$

$$s^2=\frac{\sum_{i=1}^{k}f_i(x_i-\overline{x})^2}{\sum_{i=1}^{k}f_i-1}=\frac{\sum_{i=1}^{8}f_i(x_i-929)^2}{50-1}=\frac{254200}{49}=5187.75$$

$$s=\sqrt{s^2}=\sqrt{5187.75}=72.03\,(\text{小时})$$

## (五)变异系数

方差和标准差是以均值为中心计算出来的，当两组数据的均值一致或接近时，可直接通过方差和标准差的比较来评判两组数据的差异程度。但是，当两组数据的均值不同时，就不能直接使用方差和标准差来进行比较。此外，如果两组数据的计量单位不同，也不能用方差和标准差直接进行比较。为了消除变量值水平高低和计量单位不同给离散程度测定带来的影响，需要构造一个新的统计指标——变异系数。

变异系数(coefficient of variation)也称为离散系数，它是一组数据的标准差 $s$ 与其均值 $\overline{x}$ 之比。其计算公式为

$$V_s=\frac{s}{\overline{x}}\times 100\% \tag{3-23}$$

变异系数 $V_s$ 可用来对两组数据的变异程度进行比较，变异系数 $V_s$ 越小，说明样本数据的变异性越小；反之，变异性越大。

**【例 3-16】**现有内地和沿海两个城市的居民人均年收入资料如表 3-8 所示。

表 3-8　两个城市的居民人均年收入统计数据

| 城　市 | 人均年收入/元 | 标准差/元 |
|---|---|---|
| 甲城市(内地) | 6000 | 150 |
| 乙城市(沿海) | 12000 | 180 |

试比较这两个城市的居民人均年收入的差异性。

**解**　从上述资料看，乙城市的人均年收入水平两倍于甲城市。如果根据标准差分析，$s_{甲} < s_{乙}$，乙城市的人均年收入的标准差大于甲城市，但是，能否认为乙城市的人均年收入的差距大于甲城市呢？结论是不能。因为，$\overline{x}_{乙} > \overline{x}_{甲}$，均值不同，不能用标准差直接比较来说明两组数据的变异性。计算变异系数：

$$V_s^{甲} = \frac{s_{甲}}{\overline{x}_{甲}} = \frac{150}{6000} = 2.5\%\text{；}\quad V_s^{乙} = \frac{s_{乙}}{\overline{x}_{乙}} = \frac{180}{12000} = 1.5\%$$

因此，从变异系数分析，甲城市的人均年收入的标准差是其均值的 2.5%，而乙城市的人均年收入的标准差是其均值的 1.5%，$V_s^{甲} > V_s^{乙}$。因此，可以认为甲城市的实际人均收入差异相对于它的平均收入水平而言高于乙城市的人均收入差异。用变异系数来衡量和比较两个城市收入分配状况更具有实际意义。

# 第三节　集中趋势与离散程度的综合运用

前面两节介绍了几种集中趋势和离散程度的度量。其中平均数是最为广泛使用的集中趋势度量指标，方差和标准差是最为广泛使用的衡量数据变异程度的度量指标。利用平均数和标准差，我们还可以获得各个观测值在整个数据集中的相对位置，并且可以用来判断一组数据中是否存在离群数据。

## 一、z 分数

*z* 分数(*z* score)通常被称为标准化的数值，它是测定值与其平均数的离差除以标准差后的值，也称为标准分数(standard score)。

设有 $n$ 个观测值 $x_1, x_2, \cdots, x_n$，计算得到其平均数 $\overline{x}$ 和标准差 $s$，则 $z$ 分数的计算公式为

$$z_i = \frac{x_i - \overline{x}}{s} \tag{3-24}$$

*z* 分数给出了一组数据中的各个测定值的相对位置。由式(3-24)得知，*z* 分数大于零，则表示测定值比平均数大；*z* 分数小于零，则表示测定值比平均数小；*z* 分数等于零，则表示测定值等于平均数。式(3-24)也是常用的统计标准化公式，*z* 分数具有平均数为 0、标准差为 1 的统计特性，即

$$\mu_z = \frac{\sum z_i}{n} = \frac{1}{n} \times \sum \frac{(x_i - \overline{x})}{s} = 0 \tag{3-25}$$

$$\sigma_z^2 = \frac{\sum (z_i - \mu_z)^2}{n} = \frac{\sum z_i^2}{n} = \frac{1}{n} \times \sum \left( \frac{x_i - \overline{x}}{s} \right)^2 = \frac{\sum (x_i - \overline{x})^2}{n \times s^2} = \frac{s^2}{s^2} = 1 \tag{3-26}$$

实际上，$z$ 分数只是将原始数据进行了线性变换，它并没有改变一个观测值在该组数据中的位置，也没有改变该组数据分布的形状，而只是将该组数据变为平均数为 1，标准差为 0 的分布。

**【例 3-17】** 例 3-8 中，在某城市中随机抽取 9 个家庭，调查得到每个家庭的人均月收入数据如下：1500，750，789，1080，850，960，2000，1250，1630(单位：元)，计算每个家庭人均月收入数据的 $z$ 分数。

**解** 根据 9 个家庭的人均月收入数据，计算得到平均数 $\overline{x} = 1201$ (元)、标准差 $s = 430.60$ (元)。利用式(3-24)计算每个家庭人均月收入数据的 $z$ 分数如表 3-9 所示。

**表 3-9 每个家庭人均月收入数据的 z 分数**

| 家庭编号($i$) | 1 | 2 | 3 | 4 | 5 | 6 | 7 | 8 | 9 |
|---|---|---|---|---|---|---|---|---|---|
| 人均月收入($x_i$)/元 | 1500 | 750 | 789 | 1080 | 850 | 960 | 2000 | 1250 | 1630 |
| $x_i$ 与平均数的离差/元 | 299 | −451 | −412 | −121 | −351 | −241 | 799 | 49 | 429 |
| $z$ 分数 | 0.694 | −1.047 | −0.957 | −0.281 | −0.815 | −0.560 | 1.856 | 0.114 | 0.996 |

$z_i$ 可以解释为 $x_i$ 与平均数 $\overline{x}$ 的距离是标准差的多少倍。例如，第 7 个家庭为收入最高的家庭，其 $z_i = 1.856$，表示该家庭的人均月收入水平 $x_i$ 比平均数 $\overline{x}$ 大 1.856 倍的标准差；而第 2 个家庭为收入最低的家庭，其 $z_i = -1.047$，表示该家庭的人均月收入水平 $x_i$ 比平均数 $\overline{x}$ 小 1.047 倍的标准差。

## 二、经验规则与切比雪夫定理

### (一)经验规则

当一组数据具有平均数为 $\overline{x}$，标准差为 $s$ 的接近正态的对称钟形分布，则约有 70%的观测值在 $\overline{x} \pm s$ 的区间范围内，约有 95%的观测值在 $\overline{x} \pm 2s$ 的区间范围内，接近 100%的观测值在 $\overline{x} \pm 3s$ 的区间范围内。这一性质称为经验规则(empirical rule)，如图 3-5 所示。

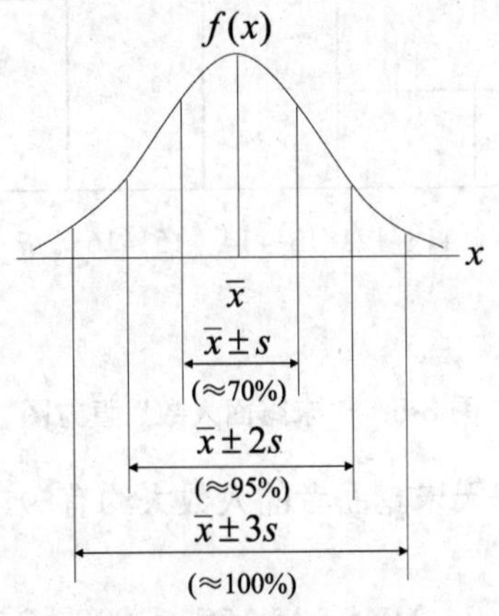


图 3-5 经验规则示意图

## (二)切比雪夫定理

经验规则适用于对称或适度偏斜的钟形分布。如果一组数据不是钟形分布，则经验规则不再适用，这时可利用一条更为保守的规则——切比雪夫定理(Chebyshev's theorem)，该定理对任何分布形状的数据都适用。

切比雪夫定理说明，在一组数据中，至少有$(1-1/k^2)\times 100\%$的观测值落在区间$\bar{x}\pm ks$之内，这里$k$为常数。我们将这条定理对常用的$k=2,3,4$的情况表述如下：至少有75%的观测值落入区间$\bar{x}\pm 2s$之内；至少有89%的观测值落入区间$\bar{x}\pm 3s$之内；至少有94%的观测值落入区间$\bar{x}\pm 4s$之内。

**【例3-18】**有些预订了旅馆客房而没有住店的旅客，往往未能及时取消预订，称这样的旅客为“未露面者”。为了防止未露面者和取消预订太晚者给酒店带来损失，酒店一般采取超员预订客房的方法。表3-10来自于一家有500个客房的大型酒店的30天样本数据，分析酒店每天至少可以超员预订多少客房？

**表3-10　酒店30天中每天的“未露面者”人数**

| | | | | | | | | | |
|---|---|---|---|---|---|---|---|---|---|
| 18 | 16 | 16 | 16 | 14 | 18 | 16 | 18 | 14 | 19 |
| 15 | 19 | 9 | 20 | 10 | 10 | 12 | 14 | 18 | 12 |
| 14 | 14 | 17 | 12 | 18 | 13 | 15 | 13 | 15 | 19 |

解　① 计算样本数据的平均数和标准差，计算结果如下：

$$\bar{x}=15.133，\quad s=2.945$$

② 整理数据得到频数分布表3-11，绘制直方图如3-6所示，考察数据分布形状。可以看出，近似符合对称钟形分布的条件。

**表3-11　“未露面人数”频数分布表**

| 组距 | 9～10 | 11～12 | 13～14 | 15～16 | 17～18 | 19～20 | 合计 |
|---|---|---|---|---|---|---|---|
| 人数 | 3 | 3 | 7 | 7 | 6 | 4 | 30 |

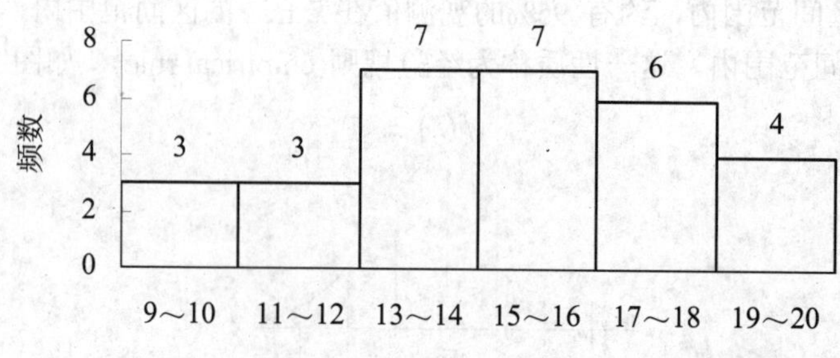


**图3-6　“未露面人数”直方图**

③ 根据经验规则，可知每天未露面者的人数大约有95%落在平均值附近2个标准差范围之内。

$$\bar{x}\pm 2s=15.133\pm 2\times 2.945=15.155\pm 5.890=9.234\sim 21.023(\text{人})$$

根据这一结果，可以认为有 95%的情形下每天的未露面者人数在 9.234～21.023 人之间，因此，这家酒店每天至少可以超额订出 10 个客房仍能高度自信(95%的把握)地说，所有预订都能兑现。

## 三、异常值检测

有时在一个数据集中会有一个或几个数据与数据集中的其他数据相比，特别地大或特别地小，这样的极端值称为离群数据(outlier data)，也就是异常值。标准分数($z$ 分数)可用于确认异常值。经验规则告诉我们，对于钟形分布的数据集，几乎所有的数据与其平均数的距离都在 3 个标准差之内。因此，可以利用 $z$ 分数对数据集中是否存在异常值进行检测，即当 $z>3$ 或 $z<-3$ 时，可以认为这个数据很有可能是异常值。

当一个数据被检测为异常值时，我们对这个数据还要进一步进行仔细鉴别，可能有以下几种情况。

(1) 该异常值可能是被错误地观测、记录或输入了计算机，则在进一步分析之前要将其改正；

(2) 该异常值可能来自于另一个数据总体，则应该将这个数据删除；

(3) 该异常值就是该数据集的一个极端值，它被正确地观测和记录了，的确属于这个数据集，应该保留。

# 第四节　数据分布形状的测度

## 一、测定分布形状的意义

集中趋势和离散程度是数据分布的两个重要的特征量，但要全面地了解数据分布的特点，还需要知道数据分布的形状是否对称以及分布的扁平程度等。偏态和峰度是从分布形状上对分布特征的进一步描述，同时偏态和峰度在一定程度上也能反映出均值作为集中趋势指标的代表性和数据分布的离散程度。

## 二、数据分布的偏态

偏态(skewness)是对数据分布以均值为中心的分布对称性的测度。描述偏态的特征量是偏态系数(coefficient of skewness)，通常用 $S_k$ 表示。

根据掌握的数据资料的不同，样本的偏态系数通常采用以下两种计算方法。请注意，用 $g=m_3/(m_2)^{\frac{3}{2}}$ 的方法对样本的偏态系数做估计是有偏的，其中，$m_2$ 和 $m_3$ 是样本的二阶和三阶中心矩，即：$m_2=\frac{1}{n}\sum_{i=1}^{n}(x_i-\overline{x})^2$，$m_3=\frac{1}{n}\sum_{i=1}^{n}(x_i-\overline{x})^3$。下面的计算方法是对 $g$ 估计量校正后偏度系数的无偏估计量。矩的概念请参考本书第五章第一节的内容。有偏和无偏估计的概念请参考本书第五章的内容。

1. 未分组数据的偏态系数

$$S_k = \frac{n\sum_{i=1}^{n}(x_i - \overline{x})^3}{(n-1)(n-2)s^3} \tag{3-27}$$

2. 已分组数据的偏态系数

$$S_k = \frac{\sum_{i=1}^{k} f_i (x_i - \overline{x})^3}{ns^3} \tag{3-28}$$

以上两式中，$s^3$ 是样本标准差的 3 次方。

从式(3-27)和式(3-28)可以看出，当数据分布为对称分布时，离差 $(x_i - \overline{x})$ 的三次方为零，则 $S_k = 0$；当数据分布不对称时，离差 $(x_i - \overline{x})$ 的三次方就形成了正值或负值。当 $S_k > 0$，可以判定为正偏或右偏；当 $S_k < 0$，可以判定为负偏或左偏。$|S_k|$ 越大，数据分布的不对称程度越高；反之，不对称程度越小。

具体的判定可以依据以下情况：若 $S_k > 1$，则表示数据分布为高度右偏；若 $0.5 < S_k \leqslant 1$，则表示数据分布为中度右偏；若 $0 < S_k \leqslant 0.5$，则表示数据分布为低度右偏；若 $S_k = 0$，则表示数据分布为对称的；若 $-0.5 \leqslant S_k < 0$，则表示数据分布为低度左偏；若 $-1 \leqslant S_k < -0.5$，则表示数据分布为中度左偏；若 $S_k < -1$，则表示数据分布为高度左偏。

## 三、数据分布的峰度

峰度(kurtosis)是对数据分布尖峰和扁平程度的测度。描述峰度的特征量是峰度系数(coefficient of kurtosis)，通常用 $K_u$ 表示。峰度通常是与正态分布相比较而言的，是某一数据分布与正态分布相比的尖峰度或平坦度，如图 3-7 所示。

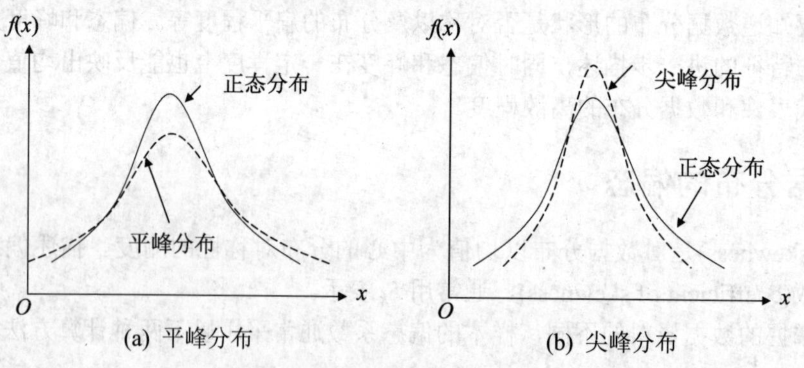


图 3-7　两种峰度分布示意图

根据掌握的数据资料的不同，峰度系数通常采用以下两种计算方法。

1. 未分组数据的峰度系数

$$K_u = \frac{n(n+1)\sum_{i=1}^{n}(x_i - \overline{x})^4 - 3(n-1)\left[\sum_{i=1}^{n}(x_i - \overline{x})^2\right]^2}{(n-1)(n-2)(n-3)s^4} \tag{3-29}$$

2. 已分组数据的峰度系数

$$K_u = \frac{\sum_{i=1}^{k} f_i (x_i - \overline{x})^4}{ns^4} - 3 \tag{3-30}$$

以上两式中，$s^4$ 是样本标准差的四次方。

从式(3-29)和式(3-30)可以看出，当数据分布为正态分布时，$K_u = 0$；当数据分布为尖峰时，数据的分布越集中，这时 $K_u > 0$；当数据分布为扁平时，数据的分布越分散，这时 $K_u < 0$。

【例 3-19】根据在例 2-4 的表 2-4 中的 50 个新灯丝灯泡寿命的样本数据和分组整理后形成的频数分布表 2-7 中的数据，分别计算偏态系数和峰度系数。

解　根据表 2-4 中的原始数据计算可得样本数据分布的均值和标准差为

$$\overline{x} = \frac{\sum_{i=1}^{50} x_i}{50} = 925.42\,(小时)，\quad s = 71.62\,(小时)$$

采用公式(3-27)和(3-29)，计算数据分布的偏态系数和峰度系数分别为

$$S_k = \frac{n\sum_{i=1}^{n}(x_i - \overline{x})^3}{(n-1)(n-2)s^3} = 0.5355，中度右偏分布$$

$$K_u = \frac{n(n+1)\sum_{i=1}^{n}(x_i - \overline{x})^4 - 3(n-1)\left[\sum_{i=1}^{n}(x_i - \overline{x})^2\right]^2}{(n-1)(n-2)(n-3)s^4} = 0.4157，尖峰分布$$

由表 2-7 的分组数据计算样本数据分布的均值和标准差为

$$\overline{x} = 929.00\,(小时)，\quad s = 72.03\,(小时)$$

由表 2-7 的分组数据，采用式(3-27)和式(3-29)，计算样本数据分布的偏态系数和峰度系数过程，如表 3-12 所示。

表 3-12　分组数据的偏态系数和峰度系数计算过程

| 组号($i$) | 寿命组限/小时 | 组中值($x_i$)/小时 | 频数($f_i$) | $(x_i-929)^3 f_i$ | $(x_i-929)^4 f_i$ |
|---|---|---|---|---|---|
| 1 | 750～800 | 775 | 1 | −3652264 | 562448656 |
| 2 | 800～850 | 825 | 4 | −4499456 | 467943424 |
| 3 | 850～900 | 875 | 12 | −1889568 | 102036672 |
| 4 | 900～950 | 925 | 18 | −1152 | 4608 |
| 5 | 950～1000 | 975 | 8 | 778688 | 35819648 |
| 6 | 1000～1050 | 1025 | 4 | 3538944 | 339738624 |
| 7 | 1050～1100 | 1075 | 1 | 3112136 | 454371856 |
| 8 | 1100～1150 | 1125 | 2 | 15059072 | 2951578112 |
| 合　计 | | — | 50 | 12446400 | 4913941600 |

$$S_k=\frac{\sum_{i=1}^{k}f_i(x_i-\overline{x})^3}{ns^3}=\frac{\sum_{i=1}^{8}f_i(x_i-929)^3}{50\times72.03^3}=\frac{12446400}{50\times72.03^3}=0.6661\text{，中度右偏分布}$$

$$K_u=\frac{\sum_{i=1}^{k}f_i(x_i-\overline{x})^4}{ns^4}-3=\frac{\sum_{i=1}^{8}f_i(x_i-929)^4}{50\times72.03^4}-3=\frac{4913941600}{50\times72.03^4}-3=0.6509\text{，尖峰分布}$$

## 第五节　统计软件应用

本节以例 2-4 中的数据为例，说明如何在 Excel 2003 中对样本数据集进行描述性统计分析。

第 1 步：将第二章表 2-3 中的数据录入 Excel 工作表，如图 3-8 所示。

| | A |
|---|---|
| 1 | 寿命数据 |
| 2 | 886 |
| 3 | 1027 |
| 4 | 866 |
| 5 | 893 |
| 6 | 946 |
| 7 | 928 |
| 8 | 928 |
| ⋮ | ⋮ |
| 46 | 798 |
| 47 | 852 |
| 48 | 900 |
| 49 | 1120 |
| 50 | 818 |
| 51 | 850 |

图 3-8　数据表

第 2 步：单击【工具】下拉菜单，选择【数据分析】命令，在弹出的对话框中选中【描述统计】，单击【确定】按钮，如图 3-9 所示。

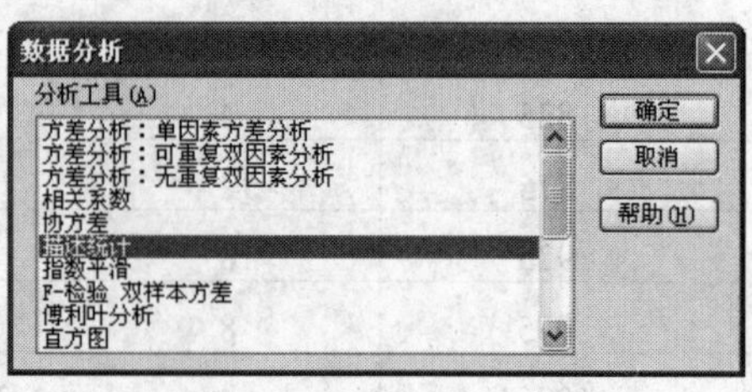


图 3-9　【数据分析】对话框

第 4 步：在弹出的对话框中，进行有关参数的设置，如图 3-10 所示。其中【标志位于第一行】被选中，是因为【输入区域】中所选的范围包含数据的标题“寿命数据”。设置完成后，单击【确定】按钮。最终输出的描述统计量汇总结果如图 3-11 所示。

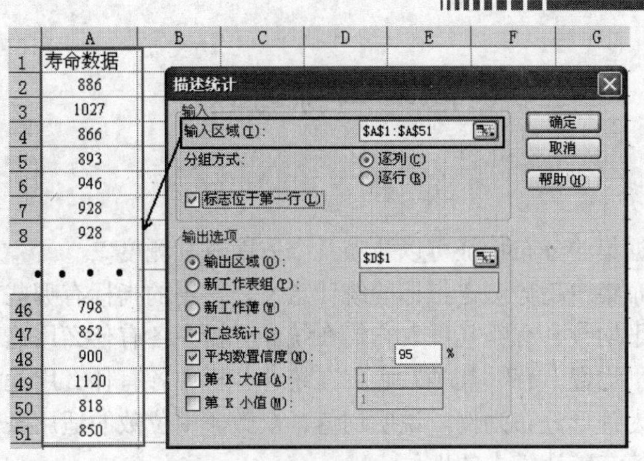


图 3-10 【描述统计】对话框

| D | E |
|---|---|
| 寿命数据 | |
| | |
| 平均 | 925.42 |
| 标准误差 | 10.12832 |
| 中位数 | 922 |
| 众数 | 900 |
| 标准差 | 71.61806 |
| 方差 | 5129.147 |
| 峰度 | 0.415744 |
| 偏度 | 0.535498 |
| 区域 | 322 |
| 最小值 | 798 |
| 最大值 | 1120 |
| 求和 | 46271 |
| 观测数 | 50 |
| 置信度(95.0%) | 20.35363 |

图 3-11 汇总统计结果

# 本 章 小 结

(1) 数据分布特征的综合度量包括三个方面的内容：一是数据分布的集中趋势，反映数据的聚集程度；二是数据分布的离散趋势，反映数据的变异程度；三是数据分布的偏态和峰度，反映数据分布的形状。

(2) 描述集中趋势的特征量为平均数，平均数因为计算方法的不同可以分为数值平均数和位置平均数两类。数值平均数主要有算术平均数、调和平均数和几何平均数。位置平均数主要有众数、中位数和四分位数。

(3) 描述数据离散程度的特征量，主要有异众比率、极差、四分位差、方差、标准差、变异系数等。

(4) 平均数和标准差的综合运用方法，如 $z$ 分数、经验规则和切比雪夫定理，可以获得各个观测值在整个数据集中的相对位置，并可以用来检测一组数据中是否存在离群数据。

(5) 偏态是对数据分布以均值为中心的分布对称性的测度。描述偏态的特征量是偏态系数；峰度是对数据分布尖峰和扁平程度的测度，描述峰度的特征量是峰度系数。

# 思考与练习题

## 一、思考题

1. 考察一个数据集的分布特征可以从哪几个方面进行测度？

2. 简述数据分布集中趋势测定指标的统计意义。常用的指标有哪些？

3. 什么是数值平均数？有哪几种？它们在统计分析中各有什么用途？

4. 什么是位置平均数？有哪几种？它们在统计分析中各有什么用途？

5. 以数据分布为钟形分布为例，说明均值、众数、中位数的适用条件。

6. 如何理解均值在统计学中的地位。

7. 简述数据分布离散趋势测定指标的统计意义。常用的指标有哪些？说明各种指标的统计特点和适用条件。

8. 在统计分析中，为什么需要运用分位数？

9. 为什么需要计算变异系数？什么条件时应用？

10. 简述经验法则和切比雪夫定理。

11. 什么是 $z$ 分数？如何计算？有何统计意义？如何检测一组数据中是否存在离群数据？

12. 测度数据分布形状的指标有哪些？有何统计意义？

## 二、练习题

1. 某商场某品牌某月女式羊绒衫的销售情况如表 3-13 所示，试确定销售羊绒衫尺码的众数、异众比率和四分位数。

表 3-13　某品牌女式羊绒衫的销售情况

| 按尺码分组/公分 | 销售数量/件 |
|---|---|
| 80 | 6 |
| 85 | 12 |
| 90 | 18 |
| 95 | 48 |
| 100 | 24 |
| 105 | 12 |
| 合计 | 120 |

2. 某公司 9 月份 50 个销售人员获得的订单金额(单位：1000 美元)如表 3-14 所示。

要求：(1) 描述该组数据的集中趋势；

(2) 描述该组数据的离散趋势；

(3) 描述该组数据的分布形状。

表 3-14　某公司 9 月份 50 个销售人员获得的订单金额

1000 美元

| | | | | | | | | | |
|---|---|---|---|---|---|---|---|---|---|
| 60 | 59 | 35 | 29 | 87 | 79 | 71 | 50 | 52 | 39 |
| 37 | 61 | 58 | 41 | 58 | 64 | 38 | 49 | 57 | 55 |
| 69 | 40 | 48 | 51 | 43 | 54 | 68 | 59 | 69 | 54 |
| 24 | 49 | 72 | 42 | 62 | 58 | 38 | 62 | 57 | 68 |
| 34 | 50 | 52 | 53 | 30 | 36 | 38 | 58 | 49 | 37 |

3. 两批轮胎按每只轮胎寿命(用最大行驶里程)分组资料如表 3-15 所示。试比较两批轮胎的质量，并说明哪一批的质量比较稳定。

表 3-15　两批轮胎的轮胎寿命数据

| 最大行驶里程/km | 第一批/个 | 第二批/个 |
|---|---|---|
| 150～200 | 12 | 15 |
| 200～250 | 6 | 21 |
| 250～300 | 44 | 30 |
| 300～350 | 33 | 24 |
| 350～400 | 5 | 10 |
| 合计 | 100 | 100 |

4. 设每笔为期 20 年的投资按复利计算收益，前 10 年的年利率为 10%，中间 5 年的年利率为 8%，最后 5 年的年利率为 6%。试问整个投资期的年平均利率。

5. 某天 A、B、C 三个农贸市场西红柿的价格和成交量数据如表 3-16 所示。请问三个市场西红柿的平均价格为多少？

表 3-16　三个市场西红柿的平均价格

| 市场 | 价格/(元/kg) | 市场成交额/万元 |
|---|---|---|
| A | 2.2 | 4.4 |
| B | 2.8 | 5.6 |
| C | 3.0 | 3.0 |
| 合计 | — | 13.0 |

6. 某商场 4 月份逐日销售额如表 3-17 所示(单位：万元)。

表 3-17　某商场 4 月份逐日销售额

万元

| | | | | | | | | | |
|---|---|---|---|---|---|---|---|---|---|
| 257 | 276 | 272 | 252 | 238 | 310 | 240 | 230 | 265 | 278 |
| 271 | 292 | 261 | 281 | 301 | 272 | 267 | 280 | 291 | 258 |
| 272 | 284 | 268 | 303 | 273 | 282 | 263 | 322 | 249 | 269 |

试：(1) 计算4月份销售额的均值、中位数、众数；

(2) 计算4月份销售额的极差、四分位差、方差、标准差、变异系数；

(3) 计算4月份销售额的偏度和峰度；

(4) 计算$z$分数，是否存在异常数据，并说明4月8日、4月28日这两天$z$分数的统计含义。

7. 某班学生共50人，其中男生30人，统计学平均成绩为75分，标准差为10分；女生20人，统计学平均成绩为85分，标准差为11分。

试求：(1) 全班50名学生的平均成绩和标准差；

(2) 比较男、女两组学生的统计学成绩分布。

8. 甲、乙两个品种的水稻分别在5块试验田上试种，假定每个地块上两个品种的生产条件相同，它们的产量数据如表3-18所示。

表3-18　甲、乙两个品种水稻产量数据

| 地块编号 | 甲品种 | | 乙品种 | |
|---|---|---|---|---|
| | 地块面积/亩 | 产量/kg | 地块面积/亩 | 产量/kg |
| 1 | 1.2 | 600 | 1.5 | 840 |
| 2 | 1.1 | 523 | 1.3 | 650 |
| 3 | 1 | 550 | 1.3 | 585 |
| 4 | 0.9 | 405 | 1 | 604 |
| 5 | 0.8 | 420 | 0.9 | 315 |
| 合计 | 5 | 2498 | 6 | 2994 |

试求这两个品种的平均亩产量和标准差，并讨论哪一个品种的产量有较大的稳定性和推广价值。

9. 一家公司在招收职员时，首先要通过两项能力测试。在A项测试中，其平均分数为200分，标准差为30分；在B项测试中，其平均分数为400分，标准差为50分。一位应试者在A项测试中的成绩为230分，在B项测试中的成绩为430分。试问该应试者在哪项测试中的成绩更为理想？



# 案例分析

### 美国国家医护协会关于护士对工作、工资和升职机会满意度的调查研究

美国国家医护协会(National HealthCare Association)对于医护专业未来护士的缺乏十分关注。为了了解现阶段护士们对工作的满意程度，该协会发起了一项对全国医院护士的调查研究。一个由50名护士组成的随机样本，要求她们写出对工作、工资和升职机会的满意程度。这三方面的评分都是从0～100，分值越大表明满意程度越高。表3-19显示了根据护士所在医院的分类：私人医院、军人下属医院、大学医院收集到的数据。

表 3-19 来自 3 种类型医院共 50 名护士对工作、工资和升职机会满意程度的评分样本数据

| 私人医院 | | | 军队附属医院 | | | 大学附属医院 | | |
|---|---|---|---|---|---|---|---|---|
| 工 作 | 工 资 | 升职机会 | 工 作 | 工 资 | 升职机会 | 工 作 | 工 资 | 升职机会 |
| 72 | 57 | 40 | 71 | 49 | 58 | 84 | 53 | 63 |
| 90 | 62 | 66 | 84 | 74 | 37 | 87 | 66 | 49 |
| 84 | 42 | 66 | 72 | 37 | 86 | 72 | 59 | 79 |
| 85 | 56 | 64 | 63 | 48 | 78 | 88 | 55 | 52 |
| 71 | 45 | 68 | 84 | 60 | 29 | 74 | 70 | 51 |
| 88 | 49 | 42 | 73 | 56 | 55 | 85 | 89 | 46 |
| 72 | 60 | 45 | 94 | 60 | 52 | 79 | 59 | 41 |
| 88 | 36 | 47 | 90 | 27 | 67 | 69 | 47 | 16 |
| 77 | 60 | 75 | 72 | 76 | 37 | 90 | 56 | 23 |
| 64 | 43 | 61 | 86 | 37 | 59 | 77 | 90 | 51 |
| 71 | 25 | 74 | 86 | 72 | 72 | 71 | 36 | 55 |
| 84 | 28 | 62 | 95 | 66 | 52 | 75 | 53 | 92 |
| 70 | 38 | 54 | 65 | 42 | 68 | 76 | 51 | 54 |
| 87 | 51 | 57 | 82 | 37 | 54 | 89 | 80 | 64 |
| 74 | 59 | 82 | 82 | 60 | 56 | | | |
| 89 | 66 | 62 | 90 | 76 | 70 | | | |
| 85 | 57 | 67 | 78 | 52 | 72 | | | |
| 74 | 47 | 63 | | | | | | |
| 82 | 49 | 91 | | | | | | |

管理报告：

利用描述统计量概括数据。对你的结论进行讨论，特别应对以下问题作出评论。

(1) 根据整个数据集和三个方面的满意程度的变量，判断哪一方面是护士最满意的？哪一方面最不满意？你认为应在哪些方面作出改进？

(2) 护士们对哪一方面的满意程度差别最大？试解释原因。

(3) 从医院类型的数据中可以了解什么？是否有某一类型的医院在满意程度上优于其他的医院？能否根据你的结论提出了解并改进其工作满意程度的建议？试讨论。

(4) 还可以根据哪些描述统计量来分析工作满意程度的情况，并作出改进？

(案例来源：(美)Anderson D R，Sweeney D J，Williams T A. 商务与经济统计[M]. 张建华，王健，冯燕奇，等译，北京：机械工业出版社，2000.)

**分析与提示：**请根据第二章介绍的统计数据整理和显示的方法，建立频数分布表、绘制统计图(例如：直方图、对比条形图等)对收集的数据进行整理归纳。根据第三章介绍的描述统计量，选择合适的统计量对数据进行概括，完成本案例的管理报告。

# 第四章　正态总体的抽样分布

【本章导读及学习目标】

正态分布是统计学中最重要的分布之一。很多现象的分布都可以用正态分布表示或近似。本章主要讨论正态总体的几种最常见的抽样分布——$z$ 分布、$\chi^2$ 分布、$t$ 分布和 $F$ 分布。这一章是后面学习统计估计和统计检验的基础。须理解以上常见分布的概念，理解它们与正态分布的关系；熟悉它们的概率密度函数图形，会查概率分位点。

## 第一节　抽样分布的概念

在一般情况下，从同一总体中抽取出的不同样本，其统计量的值是不同的。全部可能样本的统计量的概率分布叫做抽样分布。抽样分布是一种理论分布，其目的在于揭示统计量的分布规律，测量抽样推断误差和不确定程度的大小。

### 一、样本均值的抽样分布

样本均值的抽样分布是指从总体中抽取所有可能的样本均值构成的概率分布。例如某高校应届毕业生参加公务员考试的人数为 300 人，为了研究这 300 人的平均考分，欲从中抽取 50 人组成样本进行观察。若把全部可能样本逐一抽取，并计算出每个样本的平均考分，将会得出很多不完全相同的样本均值，全部可能的样本均值有一个相应的概率分布，即为样本均值的抽样分布。

**【例 4-1】**设一个总体含有 4 个个体(元素)，即 $N=4$，取值分别为：$x_1=1$，$x_2=3$，$x_3=5$，$x_4=7$。假设总体分布为均匀分布。现随机从总体中有放回地抽取 2 个个体组成样本($n=2$)，试问样本均值具有哪些简单的分布特征？

**解**　总体均值为

$$\mu=\frac{\sum x}{N}=\frac{16}{4}=4$$

总体方差为

$$\sigma^2=\frac{\sum(x-\mu)^2}{N}=5$$

因为是重复抽样且样本容量为 $n=2$，则共有 $4^2=16$ 个可能样本，如表 4-1 所示。

表 4-1 可能的样本及其均值

| 样本序号 | 样本元素 | 样本均值 | 样本序号 | 样本元素 | 样本均值 |
|---|---|---|---|---|---|
| 1 | 1，1 | 1 | 9 | 5，1 | 3 |
| 2 | 1，3 | 2 | 10 | 5，3 | 4 |
| 3 | 1，5 | 3 | 11 | 5，5 | 5 |
| 4 | 1，7 | 4 | 12 | 5，7 | 6 |
| 5 | 3，1 | 2 | 13 | 7，1 | 4 |
| 6 | 3，3 | 3 | 14 | 7，3 | 5 |
| 7 | 3，5 | 4 | 15 | 7，5 | 6 |
| 8 | 3，7 | 5 | 16 | 7，7 | 7 |

这样，我们可以得到样本均值(这个随机变量记为$\bar{X}$)的总体(容量$N_S=16$)均值和方差。

样本均值的总体均值为

$$\mu_{\bar{X}}=\frac{\sum\bar{x}_i}{N_S}=\frac{1+2+\cdots+6+7}{16}=\frac{64}{16}=4=\mu$$

样本均值的方差为

$$\sigma_{\bar{X}}^2=\frac{\sum(\bar{x}_i-\mu)^2}{N_S}=\frac{40}{16}=2.5=\frac{\sigma^2}{n}$$

其中，$n$是抽样样本中的个体数，为2。

显然，样本均值的均值和方差与总体均值和方差有关，这一结论可以推广到一般情况。

在理论上可以证明，若总体服从均值为$\mu$，方差为$\sigma^2$的正态分布，则从总体中抽取出的样本的均值仍然服从正态分布。

下面我们研究样本均值的抽样分布特征。假设我们从均值为$\mu$，方差为$\sigma^2$的总体中抽取一组样本$X_1,X_2,\cdots,X_n$。它们相互独立，且具有相同的分布函数。利用期望值的运算性质，我们研究样本均值$\bar{X}$的数字特征，就有

$$E(\bar{X})=\frac{1}{n}E(X_1+X_2+\cdots+X_n)=\frac{1}{n}[E(X_1)+E(X_2)+\cdots+E(X_n)] \tag{4-1}$$

由于每一个$X_i$都具有相同的分布函数，故它们都具有相同的期望值$\mu$，所以

$$E(\bar{X})=\mu \tag{4-2}$$

对于$\bar{X}$的方差$D(\bar{X})$，根据方差的运算性质，有

$$D(\bar{X})=\frac{1}{n^2}D(X_1+X_2+\cdots+X_n) \tag{4-3}$$

因为，$X_1,X_2,\cdots,X_n$相互独立，有

$$D(\bar{X})=\frac{1}{n^2}[D(X_1)+D(X_2)+\cdots+D(X_n)] \tag{4-4}$$

又因为$X_1,X_2,\cdots,X_n$具有相同的分布，方差都为$\sigma^2$，故

$$D(\bar{X})=\frac{1}{n^2}(\sigma^2+\sigma^2+\cdots+\sigma^2)=\frac{\sigma^2}{n} \tag{4-5}$$

## 二、样本比例的抽样分布

实践中有时还需要研究总体或样本中具有某种属性的个体占全体单位数的百分比，也就是需要研究样本的比例分布问题。样本比例的抽样分布就是所有样本比例的可能取值形成的概率分布。例如某高校应届毕业生参加公务员考试的人数为 300 人，为了研究这 300 人中女生所占的比例，欲从中抽取 50 人组成样本进行观察。若把全部可能样本逐一抽取，并计算出每个样本中女生所占的比例，则全部可能的样本比例的概率分布，即为样本比例的抽样分布。

总体中具有某种属性的单位数与总体全部单位数之比称为总体的比例，也称总体的成数，记作 $\pi$ 。而样本中具有某种属性的单位数与样本总数之比称为样本比例，或称样本成数，记作 $p$ 。

若从总体中随机抽取出容量为 $n$ 的样本，发现其中具有某种属性的单位数为 $m$，则样本中具有某种属性的单位的比例就为

$$p=\frac{m}{n} \tag{4-6}$$

样本比例是一个随机变量，当样本容量 $n$ 很大时，近似地服从正态分布。其分布的数学期望为总体的成数 $\pi$ ，方差等于 $\pi(1-\pi)/n$ ，即

$$p \sim N\left(\pi, \frac{\pi(1-\pi)}{n}\right) \tag{4-7}$$

请注意，要使样本成数的抽样分布近似于正态分布，样本容量 $n$ 必须很大，并且要满足 $np$ 和 $n(1-p)$ 都大于或等于 5，即 $np \geqslant 5$ 并且 $n(1-p) \geqslant 5$ 。

# 第二节　正态分布及其三大抽样统计量分布

## 一、正态分布

如果随机变量 $X$ 的概率密度函数为

$$f(x)=\frac{1}{\sqrt{2\pi}\sigma}\mathrm{e}^{-\frac{(x-\mu)^2}{2\sigma^2}} \tag{4-8}$$

则称随机变量 $X$ 服从正态分布，记作 $X \sim N(\mu,\sigma^2)$ ，其中 $\mu$ 是分布的数学期望，$\sigma^2$ 是分布的方差。

正态分布的分布函数为

$$F(x)=\frac{1}{\sqrt{2\pi}\sigma}\int_{-\infty}^{x}\mathrm{e}^{-\frac{(x-\mu)^2}{2\sigma^2}}\mathrm{d}x \tag{4-9}$$

一般地说，若某一变量受到多个随机因素的影响，而每个因素所起的作用都不特别突出时，这个变量就服从正态分布。

如果正态分布的参数 $\mu=0$ ，$\sigma^2=1$ 的正态分布称为标准正态分布。图 4-1 是标准正

态分布的概率密度曲线图。当随机变量 $X$ 服从标准正态分布时，就记作 $z \sim N(0,1)$，此时其概率密度函数和概率分布函数分别为

$$f(z)=\frac{1}{\sqrt{2\pi}}\mathrm{e}^{-\frac{z^2}{2}} \tag{4-10}$$

$$\varphi(z)=\frac{1}{\sqrt{2\pi}}\int_{-\infty}^{z}\mathrm{e}^{-\frac{z^2}{2}}\mathrm{d}z \tag{4-11}$$

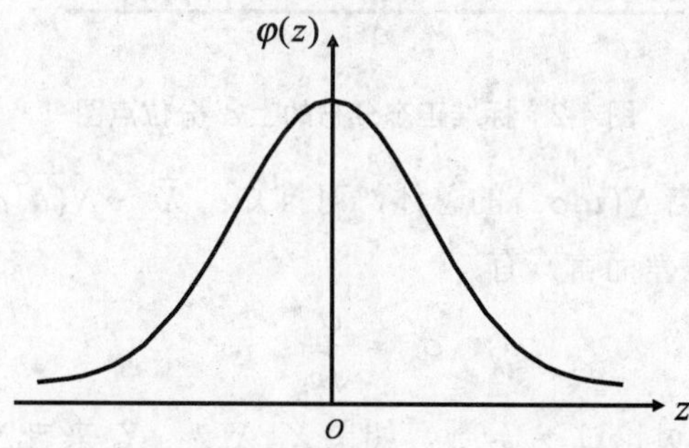


图 4-1 标准正态分布图

对于任何一个服从于一般的正态分布的随机变量，我们都可以通过线性变换把它变换为标准正态分布。例如，设随机变量 $X \sim N(\mu,\sigma^2)$，只要令 $z=(X-\mu)/\sigma$。通过这个线性变换，就可以得到随机变量 $z$ 的数学期望和方差分别为 $E(z)=0$，$D(z)=1$。因此，新的随机变量 $z$ 就服从标准正态分布了，即 $z \sim N(0,1)$。

无论原先 $X$ 的计量单位如何，$z$ 都是以 $\sigma$ 为计量单位的。$z$ 的物理意义就是任意一条正态曲线上从 $x_0$ 的一点到正态曲线中心点 $\mu$ 的长度，该长度以标准差 $\sigma$ 来计算。例如，$z=2$ 表示该点在横轴上处于曲线中心(即均值)的右端，而且与中心的距离正好等于标准差 $\sigma$ 长度的 2 倍。如果 $z=-3$ 则表示该点在横轴上处于曲线中心(即均值)的左端，而且与中心的距离正好等于标准差 $\sigma$ 长度的 3 倍。由于任何一个正态分布实际上都可以通过简单的线性变换转化为标准正态分布，因此对于任何一个正态分布而言，凡是从均值起包括相同的标准差倍数的区间所包括的面积占正态曲线下全部面积的比例都是相同的。

对于正态分布的情形，可以精确地计算出随机变量落在某个特定范围内的概率大小。

(1) 总体中的单位落在平均数加减 1 个标准差的范围内的概率是 68.26%;

(2) 总体中的单位落在平均数加减 2 个标准差的范围内的概率是 95.45%;

(3) 总体中的单位落在平均数加减 3 个标准差的范围内的概率是 99.73%。

为方便今后的应用，对于标准正态随机变量，引入上 $\alpha$ 分位点的定义。

设 $z \sim N(0,1)$，若 $z_\alpha$ 满足条件

$$P(z>z_\alpha)=\alpha \tag{4-12}$$

式中，$0<\alpha<1$，则称点 $z_\alpha$ 为标准正态分布的上 $\alpha$ 分位点，如图 4-2 所示。

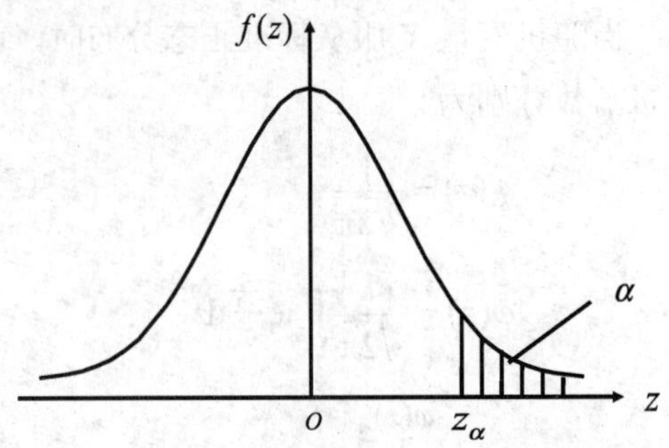


图 4-2　标准正态分布的上 $\alpha$ 分位点图

如果 $X_1, X_2, \cdots, X_n$ 来自 $N(\mu, \sigma^2)$ 的总体，可推知：$\bar{X} \sim N(\mu, \sigma^2/n)$。

类似地，对 $\bar{X}$ 的标准差而言，有

$$\sigma_{\bar{X}} = \frac{\sigma}{\sqrt{n}} \tag{4-13}$$

在本书第三章第三节讨论过 $z$ 分数，如果 $X_1, X_2, \cdots, X_n$ 来自 $N(\mu, \sigma^2)$ 的总体，那么，可以证明其样本均值 $\bar{X}$ 的 $z$ 分数服从标准正态分布：

$$z = \frac{\bar{X} - \mu}{\sigma / \sqrt{n}} \sim N(0,1) \tag{4-14}$$

称这个分布为 $z$ 分布。

统计学中还经常遇到分别来自两个正态总体的样本均值差的分布问题。如果有两个正态分布的总体 $X_1$ 和 $X_2$，其均值分别为 $\mu_1$ 和 $\mu_2$，方差分别为 $\sigma_1^2$ 和 $\sigma_2^2$，若从这两个正态总体中分别抽取容量为 $n_1$ 和 $n_2$ 的两个独立样本，则两个样本平均数之差也服从正态分布，其期望为 $(\mu_1 - \mu_2)$，方差为 $\left(\frac{\sigma_1^2}{n_1} + \frac{\sigma_2^2}{n_2}\right)$，即

$$(\bar{X}_1 - \bar{X}_2) \sim N\left(\mu_1 - \mu_2, \frac{\sigma_1^2}{n_1} + \frac{\sigma_2^2}{n_2}\right) \tag{4-15}$$

**【例 4-2】**某高校学生的入学考试成绩均值 $\mu$ 为 550 分，标准差 $\sigma = 250$ 分，若从中随机抽取 100 名，求：①样本平均成绩的数学期望和标准差值；②分析样本均值的抽样分布；③样本平均成绩在 520 分到 580 分之间的概率有多大？④样本平均成绩小于 580 分的概率有多大？

解　① $\mu_{\bar{X}} = \mu = 550$；$\sigma_{\bar{X}} = \sigma / \sqrt{n} = 25$

② 虽然未知总体成绩的分布状态，但是 $\sigma$ 已知，且 $n = 100$ 为大样本，根据中心极限定理，样本均值近似服从正态分布。

③ $P(520 \leqslant \bar{x} \leqslant 580) = P\left(\frac{520-550}{25} \leqslant z \leqslant \frac{580-550}{25}\right) = P(-1.2 \leqslant z \leqslant 1.2) = 0.7698$

④ $P(\bar{x} < 580) = P\left(z < \frac{580-550}{25}\right) = P(z < 1.2) = 0.8849$

## 二、$\chi^2$ 分布

设总体服从于标准正态分布，即 $X \sim N(0,1)$，又 $X_1, X_2, \cdots, X_n$ 为取自该总体的一个样本，它们的平方和记作 $\chi^2$，即

$$\chi^2 = X_1^2 + X_2^2 + \cdots + X_n^2 \tag{4-16}$$

则称统计量 $\chi^2$ 服从自由度为 $n$ 的 $\chi^2$ 分布，记作

$$\chi^2 \sim \chi^2(n) \tag{4-17}$$

$\chi^2$ 的分布曲线与下面的 $t$ 分布一样与自由度有关。图 4-3 是自由度分别为 1，2，4，6 和 11 的五种 $\chi^2$ 的分布曲线。从图上可以看出，当自由度很小时，$\chi^2$ 的分布曲线向右伸展。随着自由度的增加，$\chi^2$ 的分布曲线变得越来越对称，当自由度足够大时，$\chi^2$ 的分布曲线接近正态分布。

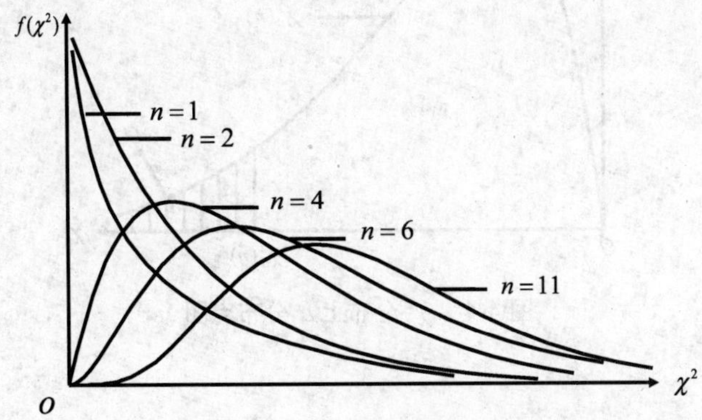


图 4-3 $\chi^2$ 分布曲线图

$\chi^2$ 分布具有可加性，设 $\chi_1^2 \sim \chi^2(n_1)$、$\chi_2^2 \sim \chi^2(n_2)$，且它们相互独立，则

$$\chi_1^2 + \chi_2^2 \sim \chi^2(n_1 + n_2) \tag{4-18}$$

在统计推断中经常要用到下面几个关于 $\chi^2$ 分布的结果。

(1) 若 $X_1, X_2, \cdots, X_n$ 是取自正态总体 $N(\mu, \sigma^2)$ 的一个样本，其中均值 $\mu$ 已知，则

$$\chi^2 = \frac{\sum_{i=1}^{n}(x_i - \mu)^2}{\sigma^2} \sim \chi^2(n) \tag{4-19}$$

(2) 若 $X_1, X_2, \cdots, X_n$ 是取自某一正态总体的一个样本，$\overline{x}$ 为样本均值，$s^2 = \dfrac{1}{n-1}\sum_{i=1}^{n}(x_i - \overline{x})^2$ 为样本方差，则

$$\frac{(n-1)s^2}{\sigma^2} \sim \chi^2(n-1) \tag{4-20}$$

且 $\overline{x}$ 与 $s^2$ 相互独立。

用 $\chi^2$ 分布还可以检验实际的观察次数和理论上的分布次数是否足够接近。实际的观察次数和理论上的分布次数越接近，$\chi^2$ 值就越小；反之，统计量 $\chi^2$ 的值就越大。此时，

$\chi^2$的计算公式为

$$\chi^2=\sum\frac{(f_o-f_e)^2}{f_e} \tag{4-21}$$

式中，$f_o$为观察值，$f_e$为期望值。

对于给定的正数$\alpha$，$0<\alpha<1$，称满足以下条件的点$\chi_\alpha^2(n)$为$\chi^2(n)$分布的上$\alpha$分位点，如图4-4所示。

$$P\left\{\chi^2>\chi_\alpha^2(n)\right\}=\int_{\chi_\alpha^2(n)}^{\infty}f(y)\mathrm{d}y=\alpha \tag{4-22}$$

对于不同的$\alpha$与$n$，上$\alpha$分位点的值可以通过查$\chi^2$表获得。例如，对于$\alpha=0.1$，$n=25$，查表得$\chi_{0.1}^2(25)=34.382$。

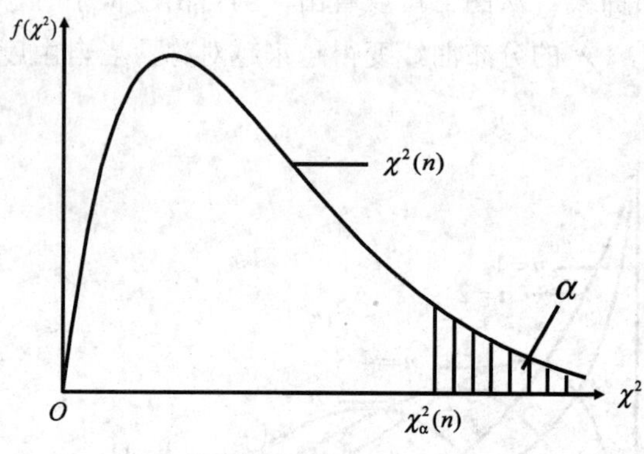


图4-4 $\chi^2$分布上$\alpha$分布点图

## 三、$t$分布

关于$t$分布的早期理论工作，是英国统计学家戈塞特(W. S. Gosset)在1900年进行的。

$t$分布是小样本分布，小样本分布一般是指样本容量$n<30$。在使用$t$分布时，当总体标准差$\sigma$未知，可以用样本标准差$s$推断总体标准差$\sigma$，用样本平均数推断总体平均数。$t$分布可用于两个小样本之间差异的显著性检验等。

$t$分布与正态分布一样也是对称的。一般地，$t$分布比正态分布更平坦一些。对于不同的样本大小都有一个相应的$t$分布。随着样本数的增加，$t$分布的形状由平坦逐渐变得接近于正态分布。当样本容量大于30时，$t$分布就非常接近于正态分布，可以用正态分布来近似代替了。

不同大小的样本对应于不同的$t$分布，这是因为$t$分布与自由度有关。所谓自由度就是可以“自由”决定数值的数据信息的个数。假如样本的大小是$n$，在样本的均值$\bar{x}$确定的条件下，样本中的数据能够自由决定数值的就只有$n-1$个了。也就是，当把$n-1$个数值选定以后，第$n$个数据的值也就自动确定了。图4-5是自由度分别为2、9和∞的$t$分布曲线。

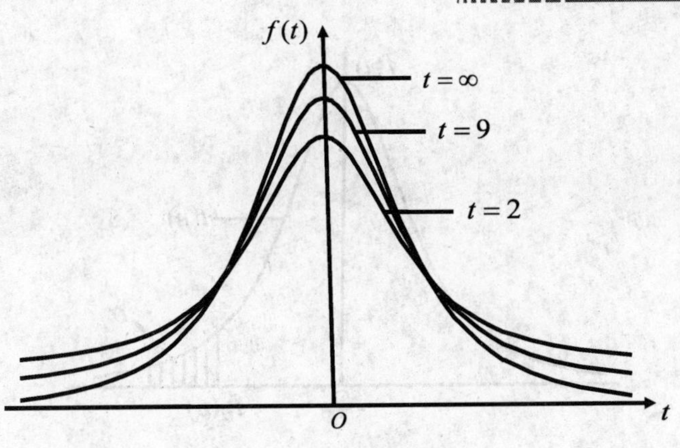


图 4-5 t 分布曲线图

下面是统计中经常要用到的服从 $t$ 分布的几个统计量。

(1) 设 $X_1,X_2,\cdots,X_n$ 为一组取自正态分布总体 $N(\mu,\sigma^2)$ 的样本，若 $\overline{x}$ 是样本均值，$s^2$ 为样本方差，则随机变量

$$t=\frac{\overline{x}-\mu}{s/\sqrt{n}}\sim t(n-1) \tag{4-23}$$

前面已讨论过，对于一组取自正态分布总体 $N(\mu,\sigma^2)$ 的样本，若 $\overline{x}$ 是样本均值，则随机变量

$$z=\frac{\overline{x}-\mu}{\sigma/\sqrt{n}}\sim N(0,1) \tag{4-24}$$

当总体方差未知时，用样本方差 $s^2$ 来代替上式中的总体方差 $\sigma^2$，所得的随机变量不再服从正态分布而是服从于 $t$ 分布了。

(2) 设 $X_1,X_2,\cdots,X_{n_1}$ 和 $Y_1,Y_2,\cdots,Y_{n_2}$ 分别为取自具有相同方差的正态分布总体 $N(\mu_1,\sigma^2)$ 和 $N(\mu_2,\sigma^2)$ 的两组样本，则统计量

$$t=\frac{\overline{x}-\overline{y}-(\mu_1-\mu_2)}{s_w\sqrt{\dfrac{1}{n_1}+\dfrac{1}{n_2}}}\sim t(n_1+n_2-2) \tag{4-25}$$

式中，$s_w=\sqrt{\dfrac{(n_1-1)s_1^2+(n_2-1)s_2^2}{n_1+n_2-2}}$，$\overline{x}=\dfrac{1}{n_1}\sum x_i$，$\overline{y}=\dfrac{1}{n_2}\sum y_i$，$s_1^2=\dfrac{1}{n_1-1}\sum(x_i-\overline{x})^2$，$s_2^2=\dfrac{1}{n_2-1}\sum(y_i-\overline{y})^2$。这一结果可用来对两个总体的差进行区间估计和假设检验。

给定正数 $\alpha$，$0<\alpha<1$，称满足以下条件的点 $t_\alpha(n)$ 为 $t(n)$ 分布的上 $\alpha$ 分位点，如图 4-6 所示。

$$P\{t>t_\alpha(n)\}=\int_{t_\alpha(n)}^{\infty}h(t)\mathrm{d}t=\alpha \tag{4-26}$$

式中，$h(t)$是 $t(n)$分布的密度函数。

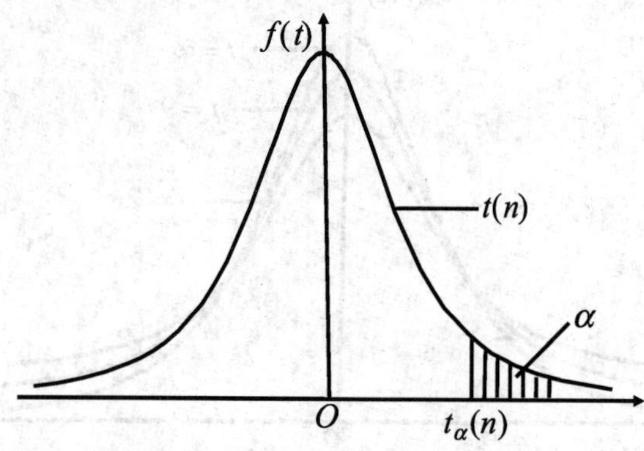


图 4-6　$t$ 分布的上 $\alpha$ 分布点图

**【例 4-3】** 设总体 $X$ 与 $Y$ 都服从 $N(0,16)$，$x_1, x_2, \cdots, x_{16}$ 和 $y_1, y_2, \cdots, y_{16}$ 分别是来自 $X$ 与 $Y$ 的互相独立的样本，试求：① 统计量 $U = \sum_{i=1}^{16} x_i \Big/ \sqrt{\sum_{i=1}^{16} y_i^2}$ 服从什么分布？② 计算概率 $P(|U| \leqslant 0.69)$。

解　① 由题设每个 $x_i \sim N(0,16)$ 互相独立，于是

$$\bar{x} = \frac{1}{16}\sum_{i=1}^{16} x_i \sim N\left(0, \frac{16}{16}\right) = N(0,1)$$

又由于每个 $y_i \sim N(0,16)$，则

$$Y_s = \frac{1}{16}\sum_{i=1}^{16} y_i^2 = \sum_{i=1}^{16}\left(\frac{y_i}{4}\right)^2 \sim \chi^2(16)$$

而由样本的独立性知 $\bar{x}$ 与 $Y_s$ 独立，从而

$$U = \sum_{i=1}^{16} x_i \Big/ \sqrt{\sum_{i=1}^{16} y_i^2} = \frac{1}{16}\sum_{i=1}^{16} x_i \Big/ \sqrt{\frac{1}{16\times 16}\sum_{i=1}^{16} y_i^2} = \frac{\bar{x}}{\sqrt{Y_s/16}} \sim t(16)$$

② $P(|U| \leqslant 0.69) = P(-0.69 \leqslant U \leqslant 0.69) = P(U \leqslant 0.69) - P(U \leqslant -0.69)$

而 $U \sim t(16)$，查表知 $t_{0.75}(16) = 0.69$，$t_{0.25}(16) = -0.69$。

故 $P(|U| \leqslant 0.69) = 0.75 - 0.25 = 0.5$。

## 四、$F$ 分布

$F$ 分布是以统计学家 R.A.Fisher 姓氏的第一个字母命名的。它被广泛应用于方差分析、协方差分析和回归分析等领域。

设 $X$ 和 $Y$ 分别服从自由度为 $n_1$ 和 $n_2$ 的 $\chi^2$ 分布，即 $X \sim \chi^2(n_1)$，$Y \sim \chi^2(n_2)$ 且相互独立，则称统计量 $F = \dfrac{X/n_1}{Y/n_2} \sim F(n_1, n_2)$ 服从分子自由度为 $n_1$ 和分母自由度为 $n_2$ 的 $F$ 分布。

图 4-7 是自由度分别为(11, 3)和(10, 40)的 $F$ 分布的密度曲线图。图中的曲线随自由度的取值不同而不同。$F$ 分布的密度曲线是一个单峰的偏态曲线。它的具体形状取决于 $F$ 比

值中分子和分母的自由度。一般地，$F$ 分布向右方倾斜，随着分子分母自由度的增加，分布越来越趋向于对称，但它不以正态分布为其极限。为使用方便，统计学中已编制了常用的 $F$ 分布表供查阅。

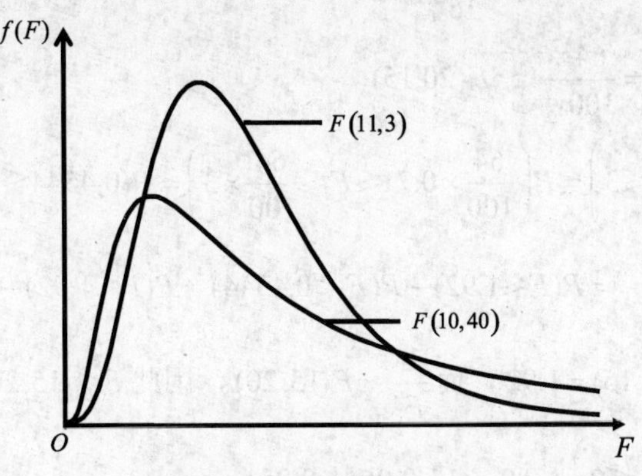


图 4-7　F 分布曲线图

给定正数 $\alpha$，$0<\alpha<1$，称满足以下条件的点 $F_\alpha(n_1,n_2)$ 为 $F(n_1,n_2)$ 分布的上 $\alpha$ 分位点，如图 4-8 所示。

$$P\{F>F_\alpha(n_1,n_2)\}=\int_{F_\alpha(n_1,n_2)}^{\infty}\varphi(y)\mathrm{d}y=\alpha \tag{4-27}$$

式中，$\varphi(y)$ 是 $F$ 分布的密度函数，如利用上分位数查表有 $F_{0.95}(9,12)=0.357$，其中：$n_1=9,n_2=12,\alpha=0.95$。

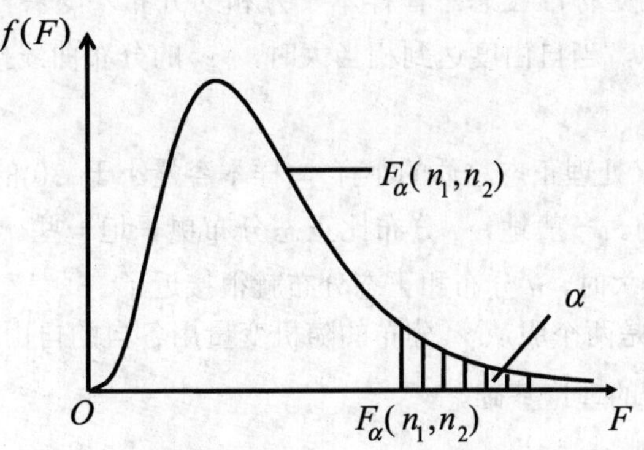


图 4-8　F 分布上 α 分布点图

$F$ 分布的最重要的应用来自于统计学中下面的结论：

当两个正态分布的总体的方差相等，即 $\sigma_1^2=\sigma_2^2$ 时，若两个样本的大小分别为 $n_1$ 和 $n_2$，则两个样本的方差之比服从于自由度为 $n_1-1$，$n_2-1$ 的 $F$ 分布，即

$$F=\frac{s_1^2}{s_2^2}\sim F(n_1-1,n_2-1) \tag{4-28}$$

**【例 4-4】** 设两总体 $X\sim N(\mu_1,100)$，$Y\sim N(\mu_2,64)$，其中 $\mu_1$，$\mu_2$ 未知。$X_1,X_2,\cdots,X_{21}$ 和 $Y_1,Y_2,\cdots,Y_{16}$ 分别是来自 $X$ 及 $Y$ 的互相独立的样本，求两样本方差之比落

入区间[0.71, 3]的概率。

**解** 由题设知，$\sigma_1=10,\sigma_2=8,n_1=21,n_2=16$

有 $s_1^2=\dfrac{1}{20}\sum_{i=1}^{21}(x_i-\overline{x})^2$，$s_2^2=\dfrac{1}{15}\sum_{i=1}^{16}(y_i-\overline{y})^2$

从而 $F=\dfrac{s_1^2/\sigma_1^2}{s_2^2/\sigma_2^2}=\dfrac{64s_1^2}{100s_2^2}\sim F(20,15)$

$$P\left(0.71\leqslant\frac{s_1^2}{s_2^2}\leqslant 3\right)=P\left(\frac{64}{100}\times 0.71\leqslant F\leqslant\frac{64}{100}\times 3\right)=P(0.4544\leqslant F\leqslant 1.92)$$

$$=P(F\leqslant 1.92)-P(F<0.4544)=P(F\leqslant 1.92)-P\left(\frac{1}{F}\geqslant 2.2\right)$$

查表可知：$F_{0.1}(20,15)=1.92$，而 $\dfrac{1}{F}\sim F(15,20)$，因此 $F_{0.05}(15,20)=2.2$。

故得 $P\left(0.71\leqslant\dfrac{s_1^2}{s_2^2}\leqslant 3\right)=0.9-(1-0.95)=0.85$

## 本章小结

(1) 抽样分布指全部可能样本的统计量的概率分布。

(2) 来自正态总体的几种常用的抽样分布包括：$z$ 分布、$\chi^2$ 分布、$t$ 分布和 $F$ 分布。

(3) $\chi^2$ 分布描述的是标准正态总体样本平方和的分布。随着自由度的增加，$\chi^2$ 的分布曲线变得越来越对称，当自由度达到相当大时，$\chi^2$ 的分布曲线接近正态分布。$\chi^2$ 的分布还具有可加性的性质。

(4) $t$ 分布可是用来处理正态总体的小样本(样本容量小于 30)的均值分布。$t$ 分布与正态分布一样也是对称的。一般地，$t$ 分布比正态分布更平坦一些。$t$ 分布的自由度取决于样本容量，当自由度较大时，$t$ 分布和正态分布就很接近了。

(5) $F$ 分布描述的是两个服从 $\chi^2$ 分布的随机变量用各自的自由度标准化之后的比的分布。它是后面方差分析的理论基础。

## 思考与练习题

### 一、思考题

1. 什么是抽样分布？
2. 为什么说 $\chi^2$ 分布、$t$ 分布、$F$ 分布是正态总体的三大抽样分布？
3. $\chi^2$ 分布的主要性质是什么？
4. $t$ 分布的主要性质是什么？
5. $F$ 分布的主要性质是什么？

## 二、练习题

1. 在总体 $X \sim N(52, 6.3^2)$ 中随机地抽取一个容量为 36 的样本，求样本均值 $\bar{x}$ 落在 50.8 与 53.8 之间的概率。

2. 设在总体 $N(\mu, \sigma^2)$ 中抽取一容量为 16 的样本，这里 $\mu$、$\sigma^2$ 均为未知。①求 $P(s^2/\sigma^2 \leqslant 2.041)$，其中 $s^2$ 为样本方差；②求 $D(s^2)$。

3. 设 $X_1, \cdots, X_4$ 是来自正态总体 $N(0,4)$ 的样本，证明：统计量 $Y$ 服从 $\chi^2(2)$ 分布，这里 $Y = 0.05(X_1 - 2X_2)^2 + 0.01(3X_3 - 4X_4)^2$。

4. 设 $X_1, X_2, \cdots, X_{10}$ 为 $N(0, 0.03^2)$ 的一个样本，求 $P\left(\sum_{i=1}^{10} X_i^2 > 1.44\right)$。

5. 设 $X_1, X_2, \cdots, X_9$ 是来自正态总体 $X$ 的样本，$Y_1 = \frac{1}{6}\sum_{i=1}^{6} X_i$，$Y_2 = \frac{1}{3}\sum_{i=7}^{9} X_i$，$S^2 = \frac{1}{2}\sum_{i=7}^{9}(X_i - Y_2)^2$，$Z = \frac{\sqrt{2}(Y_1 - Y_2)}{S}$，证明：统计量 $Z$ 服从自由度为 2 的 $t$ 分布。

6. 已知 $X \sim t(n)$，求证：$X^2 \sim F(1,n)$。

7. 设 $X \sim N(\mu, \sigma^2)$，$X_1, X_2 \cdots, X_{2n}$ 是总体 $X$ 的容量为 $2n$ 的样本，其样本均值为 $\bar{x} = \frac{1}{2n}\sum_{i=1}^{2n} X_i$，试求统计量 $Z = \sum_{i=1}^{n}(X_i + X_{n+i} - 2\bar{x})^2$ 的数学期望及方差。

8. 某公司在甲、乙、丙、丁四个地区分别有 150 个、120 个、180 个、150 个销售点，公司为了调查产品的销售情况，需从这 600 个销售点中抽取一个容量为 100 的样本，记这项调查为一；在丙地区中有 20 个特大型销售点，要从中抽取 7 个调查其销售收入和售后服务等情况，记这项调查为二，完成这两项调查宜分别采用什么方法？

9. 据以往经验，某种电器元件的寿命服从均值为 100 小时的指数分布，现随机选取 16 只，设它们的寿命是相互独立的。求这 16 只元件寿命的总和大于 1920 小时的概率。

10. 有一批建筑房屋用的木柱，其中有 80%的木柱长度不小于 3m，先从这批木柱中随机地抽取 100 根，问其中至少有 30 根短于 3m 的概率是多少？

11. 假设北京市雇员的平均年薪为 41979 元，以该数据作为总体均值，并假设总体标准差 $\sigma = 5000$ 元。假定从总体中选取 50 名雇员组成一个随机样本。试问：

(1) 均值的标准误差的值是多少？

(2) 样本均值大于 41979 的概率是多少？

(3) 样本均值在总体均值 $\mu$ 左右±1000 元以内的概率为多少？

(4) 当样本容量增加到 100 时，(3)中的概率如何变化？

12. 某研究表明，中国的个人投资者中有 30.5%对短期股票市场持消极态度。假设选取 200 名个人投资者组成一个样本，回答下面的问题：

(1) 用 $p$ 表示个人投资者中对短期股票市场持消极态度的人的样本比例，求 $p$ 的抽样分布。

(2) 样本比例落在总体比例$\pi$左右±0.04的概率为多大？

(3) 样本比例落在总体比例$\pi$左右±0.02的概率为多大？

13. 汽车保险费平均为每年 687 元，假定总体均值是 687 元，总体标准差为$\sigma = 230$，选取45项汽车险保单组成一个简单随机样本。

(1) 求$\bar{x}$的抽样分布，其中$\bar{x}$是汽车险保费每年的样本均值。

(2) 样本均值落在总体均值±100元以内的概率是多少？

(3) 样本均值落在总体均值±25元以内的概率是多少？

(4) 如果保险代理人希望样本均值对总体均值的估计偏差在±25 元以内，你建议怎么做？

14. 对一些研发合伙公司的资产负债对照表进行分析，发现由全部研究和开发合伙公司的现值组成的总体其均值和标准差估计为$\mu = 28.5$百万元和$\sigma = 51.8$百万元，考虑从总体中选取$n = 75$个研究和开发合伙公司所组成的一个随机样本。

(1) 试描述样本平均现值$\bar{x}$的抽样分布。

(2) $\bar{x}$落在25.2百万元和36.6百万元之间的概率有多大？

(3) $\bar{x}$小于30百万元的概率有多大？

15. 许多管理人员认为，采用灵活的工时制可以减少工人的迟到和旷工现象，还可以减少在特定时间内雇佣的补缺工人数，同时能增加工人的工作满意度，提高成绩。在一项研究中表明，由某公司$n = 27$名按灵活工时制工作的工人所组成的一个样本给出平均工作满意分数$\bar{x} = 35.33$。假定所有灵活工时制的工人的工作满意度分数的总体均值$\mu = 35$和标准差$\sigma = 10$。

(1) 求$P(\bar{x} \geqslant 35.33)$；

(2) 求$P(\bar{x} \leqslant 28.71)$；

(3) 样本均值$\bar{x} = 35.33$是否代表了一个稀有事件？

(4) 样本均值$\bar{x} = 28.71$是否代表了一个稀有事件？

(5) $\bar{x} = 28.71$这个值实际上代表了按固定工时制工作的工人们的样本平均工作满意度分数，试用你对问题(4)的回答推断固定工时制工人的总体工作满意度分数。

16. 一家复印机制造商从正在清理自己的库存的一些商号购回本厂生产的许多复印机。这样一来，复印机的折旧时间对这家公司来说就很重要。假定该公司并不知道复印机折旧时间有一个真正均值为45个月和标准差为10个月的相对频数分布。

(1) 由不同商号售出的 25 台复印机所组成的样本的平均折旧时间在 40～44 个月之间的概率是多少？

(2) 样本均值将小于42个月的概率是多少？

(3) 假定这个样本所代表的是衰退时期各商号售出的 25 台复印机的折旧时间，为什么这个样本的信息有可能是偏倚的?

17. 假设今年有一家大保险公司启动了一项为推销员们未利用的病休日提供补偿的计划。该公司决定对每一个未利用的病休日向每一名推销员支付一份津贴。在以前的若干年中，每名推销员每年的病休日数目具有均值为 9.2 和标准差为 1.8 的相对频数分布，为了确定这项补偿计划是否有效地减少了被利用的平均病休日数目，该公司随机抽选了 81 名推销员，并在年终的时候将每个人的病休日数目记录下来。

(1) 假定这项补偿计划对减少被利用的平均病休日数无效，试求 81 名被随机选出的推销员所产生的样本均值小于 8.76 天的概率。(提示：如果补偿计划无效，那么这一年每名推销员利用的病休日数目的相对频数分布就具有与前些年相同的平均值和标准差，即平均值为 9.2，标准差为 1.8。)

(2) 如果被利用的病休日的样本平均数算出是 $\bar{x}=8.76$天，有无充分证据说明补偿计划是有效的(或这一年每名推销员所用病休日的真正平均数小于前些年的平均数 9.2)?

# 案 例 分 析

## 1936 年美国大选预测

在 1936 年的美国总统选举中有两位候选人，即民主党候选人罗斯福(F.D.Roosevelt)和共和党候选人兰登(G.A.London)。有一家文摘杂志通过从电话号码簿和一些俱乐部成员的名单中选取 1000 万人，以发出询问信的方式进行民意调查，共有 240 万人做出了回答。据此资料，此文摘杂志预测兰登将以 57%的选票获胜，而罗斯福的得票率将是 43%。而选举结果罗斯福的得票率为 62%，兰登仅得到 38%的选票。为此，这家杂志社很快就倒闭了。

自 1916 年以来，此家杂志社每次所作的预测都是正确的，因而影响很大。这次它的预测是基于巨大数字的 240 万答卷所作的，却预测错误。

当时有电话的家庭有 1100 万户，失业者有 900 万人。

有一个叫乔治·盖洛普(George Gallup)的人建立的一个调查组织从 1000 万人中随机抽取了 3000 人，就提前知道了文摘将要得出的结论：兰登将以 56%的选票获胜，这与文摘公布结果仅差 1%，而这个结论来自于 3000 人而非 240 万人。盖洛普从更大的范围内随机抽取了 5000 人，据此预测罗斯福将以 56%的得票率获胜，而兰登的得票率为 44%。与实际结果差 6%。

**讨论:**

(1) 此文摘杂志社此次预测错误的根本原因是什么?

(2) 为什么盖洛普预测成功?

(3) 预测的误差是否随着抽样数量的增加而减少?

(4) 从这个案例中你能得到什么启发?

分析与提示：

随机性是民意调查的基础，只有真正随机地选择被提问的人，才能确保每个人都有机会被提问，也就确保了提问结果能真正反映公众的民意。在任何一个特殊场所，如商店、体育馆、火车站等地找到的人都不能完全代表所有的人。从随机抽样的条件来比较杂志社与盖洛普调查的不同之处。俱乐部成员是否具有随机性？能否代表整体民众？如果不能，这样所导致的后果又将是怎么样的？抽样的数量是不是越大越好呢？

(案例来源：刘思峰，应用统计学网站：http://gc.nuaa.edu.cn/statistics/yytj)

# 第五章　参 数 估 计

【本章导读及学习目标】

在生产实践和科学研究中，人们在作出某种决策之前总是要对许多情况进行估计。关于总体的推断通常是在信息不完全、结果不确定的情况下作出的。所谓统计推断即用样本推知总体，实质上就是凭借概率理论用观察到的部分随机变量资料来推断总体随机变量的概率分布或数据特征，如期望值和方差等，并且做出具有一定可靠程度的估计和判断。统计推断的核心内容包括参数估计和假设检验，它们的共同点是利用样本提供的数据对总体的数量特征作出估计和判断，但两者所要解决问题的重点和所用的方法有所不同。通过本章的学习，应掌握参数估计的基本方法、参数估计量的评价标准、几种重要总体参数的点估计和区间估计、样本容量的确定等内容。

## 第一节　参数估计概述

### 一、参数估计的基本概念

总体参数是总体分布数量规律性的特征值，本书用小写希腊字母表示，记为$\theta$。例如，正态分布总体$N(\mu,\sigma^2)$中的均值$\mu$和方差$\sigma^2$就是总体参数，该总体分布的位置和形状的数量特征就由$\mu$和$\sigma^2$决定。在实际问题中，总体参数$\theta$通常都是未知的，这就需要通过样本数据所提供的总体的部分信息对参数加以推断。通过对样本数据的加工和信息提取，形成了对样本数据具有代表性的统计量。在进一步的统计推断中，应用样本统计量作为估计量$\hat{\theta}(x_1,x_2,\cdots,x_n)$去估计总体参数$\theta$。

参数估计(parameter estimation)是以样本统计量作为未知总体参数的估计量，并通过对样本各单位的实际观察值取得样本数据，计算样本统计量的取值作为被估计参数的估计值。如果在估计中直接用估计量$\hat{\theta}$作为一个数值对参数$\theta$做出估计，就是参数的点估计(point estimate)；如果在估计中要对参数$\theta$做出带有某种可靠性的估计，就需要给出对应于这一可靠性或置信度的区间，即区间估计。

### 二、点估计的基本概念

设$\theta$是总体分布的一个未知参数，记与总体对应的随机变量为 $X$，从中抽取样本容量为 $n$ 的随机样本$X_1,X_2,\cdots,X_n$。根据这个样本，构造一个统计量$\hat{\theta}(x_1,x_2,\cdots,x_n)$，用$\hat{\theta}$来对$\theta$进行估计，称$\hat{\theta}$为$\theta$的点估计量。例如，用样本均值$\bar{x}$直接作为总体均值$\mu$的估计值；用样本比例 $p$ 直接作为总体比例$\pi$的估计值；用样本方差$s^2$直接作为总体方差$\sigma^2$的估计值，等等。

## 三、区间估计的基本概念

点估计方法是用一个确定的值去估计未知的参数，看起来似乎很精确，实际上把握并不大。因为估计量是来自一个随机抽取的样本，总是带有随机性或偶然性，样本估计量$\hat{\theta}$可能很靠近未知参数$\theta$，但与它完全相等的可能性很小。一般说来，如果样本容量越大和抽样越严谨，点估计方法越可信。但无论如何，抽样误差是难免的，点估计的可信程度是多少无法知道。若$\theta$在$\hat{\theta}$附近，即估计$\theta$在某一个小区间内，这就有把握多了。这种用一个数值的区间范围去估计参数的方法就称为区间估计(interval estimate)。如果人们要回答估计的可信度有多大，就可以构造一个包含总体参数的数值范围(区间)，并指出该区间包含总体参数的可能性(概率)有多大？这个概率就是置信水平$1-\alpha$，这个区间就是该置信水平的总体参数的置信区间。

区间估计是根据给定的可靠度(置信度)要求，在点估计的基础上，给出总体参数估计的一个区间范围。对于总体待估参数$\theta$，由样本观察值$x_1,x_2,\cdots,x_n$确定两个统计量$\hat{\theta}_1(x_1,x_2,\cdots,x_n)$和$\hat{\theta}_2(x_1,x_2,\cdots,x_n)$(其中$\hat{\theta}_2>\hat{\theta}_1$)，被估计总体参数$\theta$落在$[\hat{\theta}_1,\hat{\theta}_2]$之间的概率为$1-\alpha$，其中，$0<\alpha<1$。有

$$P(\hat{\theta}_1\leqslant\theta\leqslant\hat{\theta}_2)=1-\alpha \tag{5-1}$$

在区间估计中，由样本统计量所构造的总体参数$\theta$的估计区间$[\hat{\theta}_1,\hat{\theta}_2]$称为置信区间(confidence interval)，$\hat{\theta}_1$和$\hat{\theta}_2$分别为置信下限和置信上限；$1-\alpha$称为置信水平(confidence level)或置信概率，表示区间估计的可靠程度，通常取 90%、95%和 99%；$\alpha$称为显著性水平，表示区间估计的不可靠程度，通常取 10%、5%和 1%。

上述置信区间$[\hat{\theta}_1,\hat{\theta}_2]$称为双侧置信区间，因为它规定了$\theta$的上限与下限要求。在实际问题中还经常需要估计单侧置信区间。例如设备、元件的寿命的估计，我们一般只关心它们平均寿命的“下限”；而对于产品的不合格品率来说，我们一般只关心它的“上限”。因此有必要讨论单侧置信区间。

给定显著性水平$\alpha$，由样本观测值$x_1,x_2,\cdots,x_n$确定的统计量$\hat{\theta}_1(x_1,x_2,\cdots,x_n)$满足

$$P(\theta\geqslant\hat{\theta}_1)=1-\alpha \tag{5-2}$$

则称置信区间$[\hat{\theta}_1,\infty)$为$\theta$的置信度为$1-\alpha$的单侧置信区间，$\hat{\theta}_1$称为单侧置信下限。

若统计量$\hat{\theta}_2(x_1,x_2,\cdots,x_n)$满足

$$P(\theta\leqslant\hat{\theta}_2)=1-\alpha \tag{5-3}$$

则称置信区间$(-\infty,\hat{\theta}_2]$为$\theta$的置信度为$1-\alpha$的单侧置信区间，$\hat{\theta}_2$称为单侧置信上限。

## 四、置信区间的性质

总体参数的真值$\theta$是未知的常数，而用样本统计量构造的区间$[\hat{\theta}_1,\hat{\theta}_2]$是不固定的，其中置信下限$\hat{\theta}_1$和置信上限$\hat{\theta}_2$均为由样本观测值确定的随机变量，因此，置信区间$[\hat{\theta}_1,\hat{\theta}_2]$是一个随机区间，它会因样本的不同而不同，而且不是所有的区间都包含总体参数的真值。置信概率$1-\alpha$表达了区间估计的可靠性，它是区间估计的可靠概率，而显著性水平$\alpha$表

达了区间估计的不可靠的概率。

例如，如果重复抽取多个样本，比如说抽取 100 个样本，根据每个样本构造一个置信区间，这样，由 100 个样本构造的总体参数的 100 个置信区间中，大约有 95%的区间包含了总体参数真值$\theta$，而 5%的区间则没有包含总体参数真值$\theta$，则 95%被称为置信水平，5%被称为显著性水平，而所构造的区间称为置信水平为 95%的置信区间。

然而，在实际问题中，对总体参数的估计往往只抽取一个样本，因此构造了一个特定区间，而不是随机区间。总体参数是一个常数，而不是一个随机变量，总体参数真值要么在这个区间，要么不在这个区间。由于总体参数真值是未知的，故无法知道这个样本所构造的区间是否包含总体参数真值。但是，有了置信水平 95%的保证，如果不太严格的话，我们可以说，这个特定的区间有 95%的可能性包含总体参数真值，有 5%的可能性不包含总体参数的真值。

区间估计总是与一定的置信概率保证相对应。一般地，在样本容量一定的情况下，估计的区间越长，总体参数$\theta$被包含在该区间的概率就越大，估计的可靠性也就越大，但区间越长，估计的精度就越低；在相同的置信水平要求下，样本容量越大，样本包含的总体信息越多，构造的置信区间越短，估计的精度越高。在进行区间估计时，必须同时考虑置信概率与置信区间两个方面，在实际应用中，可靠性与准确性要结合具体问题、具体要求来全面考虑。

## 第二节　点　估　计

点估计的方法有矩估计法、极大似然估计法、顺序统计量估计法，此外还有贝叶斯估计法和最小二乘估计法等。这里我们主要介绍矩估计法和极大似然估计法。

### 一、矩估计法

在统计学中，矩(moment)是指以期望值为基础定义的数学特征，例如数学期望、方差、协方差等。矩可以分为原点矩和中心矩两种。

设$X$为随机变量，对任意正整数$k$，称$E(X^k)$为随机变量$X$的$k$阶原点矩，记为

$$\mu_k = E(X^k) \tag{5-4}$$

当$k=1$时，$\mu_1 = E(X) = \mu$，可见一阶原点矩为随机变量$X$的数学期望。

当$k=2$时，

$$\begin{aligned}\mu_2 = E(X^2) &= E[(X-\mu+\mu)^2] = E[(X-\mu)^2 + 2\mu(X-\mu) + \mu^2] \\ &= E[(X-\mu)^2] + \mu^2 = \sigma^2 + \mu^2\end{aligned}$$

设$X$为随机变量，对任意正整数$k$，称$E[X-E(X)]^k$为以$E(X)$为中心的$k$阶中心矩，记为

$$C_k = E[X-E(X)]^k \tag{5-5}$$

当$k=2$时，$C_2 = E[X-E(X)]^2 = \sigma^2$，可见二阶中心矩为随机变量$X$的方差。

矩估计法(moment estimation)是英国统计学家 K. Pearson 提出的。其基本思想是：由于样本来源于总体，样本矩在一定程度上反映了总体矩。因此，只要总体的$k$阶原点矩

存在，就可以用相应的样本矩作为总体矩的估计量，用样本矩的函数作为总体矩函数的估计量。

一般矩估计可按以下步骤进行。

(1) 确定要估计的总体参数；

$$g(\theta)=g(\theta_1,\theta_2,\cdots,\theta_m) \tag{5-6}$$

(2) 列出总体矩与参数的关系式，用 $\mu_k$ 表示总体的 $k$ 阶原点矩；

对离散型随机变量，有

$$\mu_k=\sum x^k p(x;\theta_1,\theta_2,\cdots,\theta_m) \tag{5-7}$$

对连续型随机变量，有

$$\mu_k=\int_{-\infty}^{+\infty} x^k f(x,\theta)\mathrm{d}x\,,\quad k=1,2,\cdots,s \tag{5-8}$$

若 $\theta$ 有 $m$ 个参数，即 $s=m$，有

$$\mu_k=\int_{-\infty}^{+\infty} x^k f(x;\theta_1,\theta_2,\cdots,\theta_m)\mathrm{d}x=h(\theta_1,\theta_2,\cdots,\theta_m)\,,\quad k=1,2,\cdots,m \tag{5-9}$$

利用式(5-9)可获得 $m$ 个关于 $\mu_1,\mu_2,\cdots,\mu_m$ 的等式，就可以将 $\theta_1,\theta_2,\cdots,\theta_m$ 用 $\mu_1,\mu_2,\cdots,\mu_m$ 表示出来，解关于 $\theta_1,\theta_2,\cdots,\theta_m$ 的方程，得到 $\mu_1,\mu_2,\cdots,\mu_m$ 的函数 $\theta_i$，有

$$\theta_i=f_i(\mu_1,\mu_2,\cdots,\mu_m)\,,\quad i=1,2,\cdots,m \tag{5-10}$$

(3) 用样本的 $k$ 阶原点矩 $\frac{1}{n}\sum_{i=1}^{n}x_i^k$ 替代上式中的 $\mu_k$，得到 $\theta_i$ 的估计值 $\hat{\theta}_i$；

(4) 将 $\hat{\theta}_i$ 代入要估计的参数 $g(\theta)=g(\theta_1,\theta_2,\cdots,\theta_m)$，就得到 $g(\theta)$ 的估计值。

$$g(\hat{\theta})=g(\hat{\theta}_1,\hat{\theta}_2,\cdots,\hat{\theta}_m) \tag{5-11}$$

**【例 5-1】** 设 $X_1,X_2,\cdots,X_n$ 是抽自 $N(\mu,\sigma^2)$ 的随机样本，试估计参数的变异系数 $c=\frac{\sigma}{|\mu|}$。

**解** ① 确定分布的参数 $\mu$ 和 $\sigma^2$，要估计的参数 $c=\frac{\sigma}{|\mu|}$；

② 总体的一阶原点矩为 $\mu_1$，二阶原点矩为 $\mu_2$；

$$\mu_1=\mu\,,\quad \mu_2=\mu^2+\sigma^2$$

则有

$$\mu=\mu_1\,,\quad \sigma^2=\mu_2-\mu^2$$

③ 用样本原点矩代入求参数的估计式；

$$\mu_1=\frac{1}{n}\sum_{i=1}^{n}x_i\;;\;\mu_2=\frac{1}{n}\sum_{i=1}^{n}x_i^2$$

$$\hat{\mu}=\frac{1}{n}\sum_{i=1}^{n}x_i=\overline{x}\,,\quad \hat{\sigma}^2=\frac{1}{n}\sum_{i=1}^{n}x_i^2-\overline{x}^2=\frac{1}{n}\sum_{i=1}^{n}\left(x_i-\overline{x}\right)^2$$

④ 令 $\mu=\hat{\mu}$ 和 $\sigma=\hat{\sigma}$，代入 $c=\frac{\sigma}{|\mu|}$ 中，得到 $\hat{c}=\frac{\sqrt{\frac{1}{n}\sum_{i=1}^{n}(x_i-\overline{x})^2}}{|\overline{x}|}$。

矩估计法简便、直观，而且不必知道总体的分布类型，所以矩估计法得到了广泛应用。但矩估计法也有其局限性，它要求总体的 $k$ 阶原点矩存在，否则无法估计。另外，它不考虑总体分布的类型，因此也没有充分利用总体分布函数提供的信息。

## 二、极大似然估计法

极大似然估计法(maximum likelihood estimation)最早是由高斯(C. F. Gauss)提出的，后来费歇(R. A. Fisher)在 1912 年重新提出，并且证明了这个方法的一些性质，这是一种目前仍然得到广泛应用的方法。它是建立在极大似然原理基础上的一种统计方法。

极大似然原理的直观思想是：一个随机试验如有若干个可能的结果 $A,B,C,\cdots$ ，若在一次试验中，结果 $A$ 出现，则一般认为试验条件对 $A$ 有利，也即 $A$ 出现的概率最大。

**【例 5-2】**某企业收到供应商提供的一批货物，根据以往的经验，该供应商产品的不合格品率为 10%，而该供应商声称这批产品的不合格品率为 5%。若从这批产品中随机抽取 10 件进行检验，发现有 4 件为不合格产品，试问这批产品能否接受？

**解** 记 $X$ 为批中的不合格品数，则 $X$ 服从二项分布。有

$P(d)=C_n^d p^d(1-p)^{n-d}$ ， $n=10$

当 $p=5\%$ 时， $P(d=4)=C_{10}^4 0.05^4(1-0.05)^{10-4}=0.001$

当 $p=10\%$ 时， $P(d=4)=C_{10}^4 0.1^4(1-0.1)^{10-4}=0.0112$

显然，当不合格品率为 10%，样本值出现的可能性大，因此，供应商声称这批产品的不合格品率为 5%是不真实的，这批产品不能接受。

设 $X_1,X_2,\cdots,X_n$ 是抽自概率密度为 $f(x,\theta)$ 的一个样本，则 $X_1,X_2,\cdots,X_n$ 的联合密度为 $f(x_1,\theta)\times f(x_2,\theta)\times\cdots\times f(x_n,\theta)$ ，将一组样本观测值 $x_1,x_2,\cdots,x_n$ 视为常量，$\theta$ 视为变量。

$$L(\theta;x_1,x_2,\cdots,x_n)=f(x_1,\theta)\times f(x_2,\theta)\times\cdots\times f(x_n,\theta)=\prod_{i=1}^{n}f(x_i,\theta) \tag{5-12}$$

被称为关于 $\theta$ 的似然函数。极大似然估计法就是求似然函数的最大值点 $\hat{\theta}$ 来作为 $\theta$ 的估计量。

用微分原理求极大似然函数(或极大似然函数的对数)的最大值点，有

$$\frac{\partial}{\partial\theta}L(\theta;x_1,x_2,\cdots,x_n)=0 \text{ 或 } \frac{\partial}{\partial\theta}\ln L(\theta;x_1,x_2,\cdots,x_n)=0 \tag{5-13}$$

**【例 5-3】**设有一批产品，其废品率为 $p\,(0<p<1)$，现从中随机抽出 100 个，其中有 10 个废品，试估计 $p$ 的数值。

**解** 设正品用“0”表示。废品用“1”表示，则总体 $X$ 的分布为

$$P(X=x)=\begin{cases}p^x(1-p)^{1-x}, x=0,1\\ 0, \quad\quad\quad\quad \text{其他}\end{cases}$$

则样本观察值 $x_1,x_2,\cdots,x_n$ 的联合分布为

$$L(p;x_1,x_2,\cdots,x_n)=p^{x_1}(1-p)^{1-x_1}p^{x_2}\times(1-p)^{1-x_2}\times\cdots\times p^{x_{100}}(1-p)^{1-x_{100}}$$

$$=p^{\sum_{i=1}^{100}x_i}(1-p)^{100-\sum_{i=1}^{100}x_i}=p^{10}(1-p)^{90}$$

$$\frac{\mathrm{d}}{\mathrm{d}p}L(p;x_1,x_2,\cdots,x_n)=10p^9(1-p)^{90}-90p^{10}(1-p)^{89}=0$$

化简计算得到： $\hat{p}=\dfrac{1}{n}\sum_{i=1}^{n}x_i=\dfrac{10}{100}=0.1$，称作参数 $p$ 的极大似然估计量。

**【例 5-4】**设 $X_1,X_2,\cdots,X_n$ 是抽自 $N(\mu,\sigma^2)$ 的随机样本，求 $\mu$、$\sigma^2$ 的极大似然估计。

**解** 正态函数的似然函数为

$$L(\mu,\sigma^2;x_1,x_2,\cdots,x_n)=\prod_{i=1}^{n}\left(\frac{1}{\sigma\sqrt{2\pi}}\mathrm{e}^{-\frac{1}{2\sigma^2}(x_i-\mu)^2}\right)=\left(\frac{1}{\sigma\sqrt{2\pi}}\right)^n\mathrm{e}^{-\frac{1}{2\sigma^2}\sum_{i=1}^{n}(x_i-\mu)^2}$$

$$\ln L=-\frac{n}{2}\ln(2\pi)-\frac{n}{2}\ln\sigma^2-\frac{1}{2\sigma^2}\sum_{i=1}^{n}(x_i-\mu)^2$$

分别求关于 $\mu$ 、$\sigma^2$ 的偏导数，得到似然方程组，有

$$\frac{\partial\ln L}{\partial\mu}=\frac{1}{\sigma^2}\sum_{i=1}^{n}(x_i-\mu)$$

$$\frac{\partial\ln L}{\partial\sigma^2}=-\frac{n}{2\sigma^2}+\frac{1}{2\sigma^4}\sum_{i=1}^{n}(x_i-\mu^2)$$

解方程组得　$\hat{\mu}=\frac{1}{n}\sum_{i=1}^{n}x_i$ ，$\hat{\sigma}^2=\frac{1}{n}\sum_{i=1}^{n}(x_i-\mu)^2$

以上几例用极大似然估计与矩估计法得到的结果相同，但不能由此得出两种方法结果均相同的一般性结论。比如，在均匀分布中，两种方法的估计结果就不同。

均匀分布的概率密度函数为 $f(x;a,b)=\begin{cases}\dfrac{1}{b-a},a\leqslant x\leqslant b\\0,\quad x>b,x<a\end{cases}$

用矩估计法得到的总体参数的估计式为$\begin{cases}\hat{a}=\overline{x}-\sqrt{\dfrac{3}{n}\sum_{i=1}^{n}(x_i-\overline{x})^2}\\\hat{b}=\overline{x}+\sqrt{\dfrac{3}{n}\sum_{i=1}^{n}(x_i-\overline{x})^2}\end{cases}$

用极大似然估计法得到的总体参数的估计式为$\begin{cases}\hat{a}=\min\limits_{1\leqslant i\leqslant n}\{x_i\}\\\hat{b}=\max\limits_{1\leqslant i\leqslant n}\{x_i\}\end{cases}$

请读者自己推导以上两种方法获得的结论。

## 三、点估计的优良性准则

对于同一个总体参数，用不同的估计方法得出的估计量有时是相同的，有时是不相同的。例如，均匀分布用矩估计法和极大似然估计法得到的估计量是不同的。原则上，任何统计量都可以作为未知参数的估计量，那么采用哪一个估计量合适呢？这就涉及用什么标准来评价一个估计量的好坏的问题？通常，用估计量 $\hat{\theta}$ 与参数实际值 $\theta$ 偏差平方的期望值来衡量估计量偏差的大小，称之为均方误差(mean square error, MSE)，记为

$$\mathrm{MSE}=E(\hat{\theta}-\theta)^2 \tag{5-14}$$

对均方误差 MSE 进行分解，有

$$\begin{aligned}E(\hat{\theta}-\theta)^2&=E[\hat{\theta}-E(\hat{\theta})+E(\hat{\theta})-\theta]^2\\&=E[\hat{\theta}-E(\hat{\theta})]^2+E[E(\hat{\theta})-\theta]^2\\&=D(\hat{\theta})+[E(\hat{\theta})-\theta]^2\end{aligned} \tag{5-15}$$

从公式(5-15)可以看出均方误差主要受两个因素的影响：① $D(\hat{\theta})$ 是估计量 $\hat{\theta}$ 本身的方差，表示该估计量的精度，称为最小方差性或有效性；② $[E(\hat{\theta})-\theta]^2$ 是估计量期望值与

其参数之间的偏差的平方，表示估计量估计的准确程度，称为无偏性。这两个因素是反映估计量好坏的主要标准，此外，一个好的估计量还应考虑一致性、稳健性、完全性、充分性等。

一般来说，一个好的估计量应该是 UMVU(Uniformly，Minimum Variance，Unbiased)统计量，此时 $\hat{\theta}$ 称为 $\theta$ 的一致最小方差无偏估计量。

### (一)无偏性(unbiasedness)

若参数 $\theta$ 的估计量 $\hat{\theta}$ 满足

$$E(\hat{\theta}) = \theta \tag{5-16}$$

则称 $\hat{\theta}$ 是 $\theta$ 的满足无偏性准则的估计量。显然，如果一个估计量是无偏的，则 $[E(\hat{\theta}) - \theta]^2 = 0$。

无偏性实际上是指对于一个估计量，屡次变更样本数据反复求估计值时，估计值的平均值与真值相一致，即尽管 $\hat{\theta}$ 有时比 $\theta$ 大，有时比 $\theta$ 小，总的看来，它的“平均值”就是 $\theta$。

图 5-1 给出了点估计量无偏和有偏的两种情形。

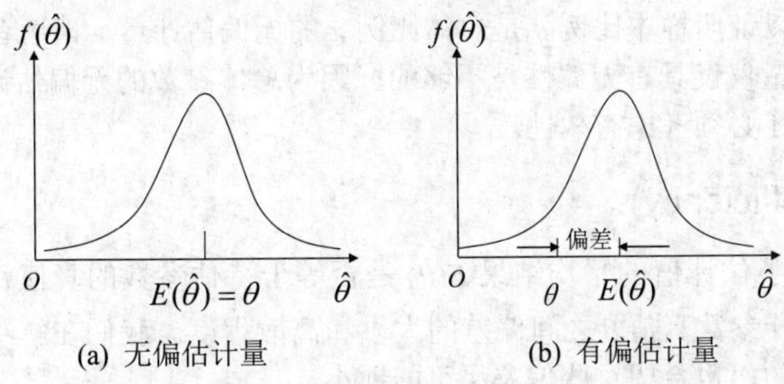


**图 5-1　无偏估计量与有偏估计量抽样分布示意图**

**【例 5-5】**试证明：样本均值 $\bar{x} = \frac{1}{n}\sum_{i=1}^{n} x_i$ 是总体均值 $\mu$ 的一个无偏估计量，但样本方差 $s_n^2 = \frac{1}{n}\sum_{i=1}^{n}(x_i - \bar{x})^2$ 不是总体方差 $\sigma^2$ 的无偏估计量。

**证明**　因为 $x_1, x_2, \cdots, x_n$ 表示 $n$ 次观察结果的 $n$ 个独立随机变量，且这 $n$ 个独立随机变量是来自同一总体，因而有相同的分布规律，从而有相同的期望值和方差。故

$$E(x_1) = E(x_2) = \cdots = E(x_n) = \mu;\quad D(x_1) = D(x_2) = \cdots = D(x_n) = \sigma^2$$

因此

$$E(\bar{x}) = E\left[\frac{1}{n}(x_1 + x_2 + \cdots + x_n)\right] = \frac{1}{n}[E(x_1) + E(x_2) + \cdots + E(x_n)]$$
$$= \frac{1}{n}[n \times E(x)] = E(x) = \mu$$

所以，样本均值 $\bar{x}$ 是总体均值 $\mu$ 的一个无偏估计量。

$$E(s_n^2)=E\left[\frac{1}{n}\sum_{i=1}^{n}(x_i-\overline{x})^2\right]=\frac{1}{n}E\left\{\sum_{i=1}^{n}[(x_i-\mu)-(\overline{x}-\mu)^2]^2\right\}$$
$$=\frac{1}{n}E\left[\sum_{i=1}^{n}(x_i-\mu)^2-2\sum_{i=1}^{n}(x_i-\mu)(\overline{x}-\mu)+n(\overline{x}-\mu)^2\right]$$
$$=\frac{1}{n}\left\{\sum_{i=1}^{n}E\left(x_i-\mu\right)^2-2nE\left(\overline{x}-\mu\right)^2+nE\left(\overline{x}-\mu\right)^2\right\}$$
$$=\frac{1}{n}\left[\sum_{i=1}^{n}E(x_i-\mu)^2-nE(\overline{x}-\mu)^2\right]=\frac{1}{n}\left(n\sigma^2-n\times\frac{\sigma^2}{n}\right)=\frac{n-1}{n}\sigma^2$$

所以，方差 $s_n^2$ 不是总体方差 $\sigma^2$ 的无偏估计量。

因此，通常采用 $s^2=s_{n-1}^2=\frac{1}{n-1}\sum_{i=1}^{n}(x_i-\overline{x})^2$ 来计算样本方差，这是因为 $s_{n-1}^2$ 是 $\sigma^2$ 的无偏估计。因此有

$$E(s^2)=E\left[\frac{1}{n-1}\sum_{i=1}^{n}(x_i-\overline{x})^2\right]=\frac{1}{n-1}E\left[\sum_{i=1}^{n}(x_i-\overline{x})^2\right]$$
$$=\frac{1}{n-1}E\left(\sum_{i=1}^{n}x_i^2-2x_i\overline{x}+\overline{x}^2\right)=\frac{1}{n-1}\left(n\sigma^2-n\times\frac{\sigma^2}{n}\right)=\sigma^2$$

同样，我们可以证明样本比例 $p$ 是总体比例 $\pi$ 的无偏估计量。请读者自己推导。

总体参数估计量仅仅具有无偏性是不够的。因为总体参数的无偏估计量不止一个，可能有很多个，所以还必须考虑有效性。

### (二)有效性(efficiency)

无偏性只考虑了估计值的平均结果 $E(\hat{\theta})$ 是否等于待估参数的真值 $\theta$，而没有考虑每个估计值 $\hat{\theta}$ 与待估计参数真值 $\theta$ 之间偏差的大小和离散程度。我们在解决实际问题时，不仅希望估计是无偏的，也希望这些偏差尽可能地小。

若 $\hat{\theta}$ 是 $\theta$ 的无偏估计量，即 $E(\hat{\theta})=\theta$，则其均方误差 MSE 等于其方差，因为有

$$\text{MSE}=E[(\hat{\theta}-\theta)^2]=E[\hat{\theta}-E(\hat{\theta})]^2=D(\hat{\theta}) \tag{5-17}$$

设 $\hat{\theta}_1$ 和 $\hat{\theta}_2$ 为 $\theta$ 的两个无偏估计量，若

$$D(\hat{\theta}_1)<D(\hat{\theta}_2) \tag{5-18}$$

则称 $\hat{\theta}_1$ 是较 $\hat{\theta}_2$ 有效的估计量。

图 5-2 说明了两个无偏估计量 $\hat{\theta}_1$ 和 $\hat{\theta}_2$ 的抽样分布，可以看到，$\hat{\theta}_1$ 的方差比 $\hat{\theta}_2$ 的方差小，因此 $\hat{\theta}_1$ 的值比 $\hat{\theta}_2$ 的值更接近总体参数，即 $\hat{\theta}_1$ 比 $\hat{\theta}_2$ 更有效，是一个更好的估计量。

### (三)一致性(consistency)

无偏性和有效性都是在样本容量 $n$ 固定的前提下提出的。我们自然也希望随着样本容量的增大，一个估计量值 $\hat{\theta}$ 稳定于待估参数的真值 $\theta$，这样对估计量又有一致性的要求。即随着样本容量的增大，估计量的值越来越接近被估总体的参数。换言之，一个大样本给出的估计量要比一个小样本给出的估计量更接近总体的参数。当样本容量充分大时，估计量的值就充分接近总体参数，换句话说，当样本容量无限增大时，样本统计量和总体参数之间的绝对离差为任意小的可能性也趋于必然性。

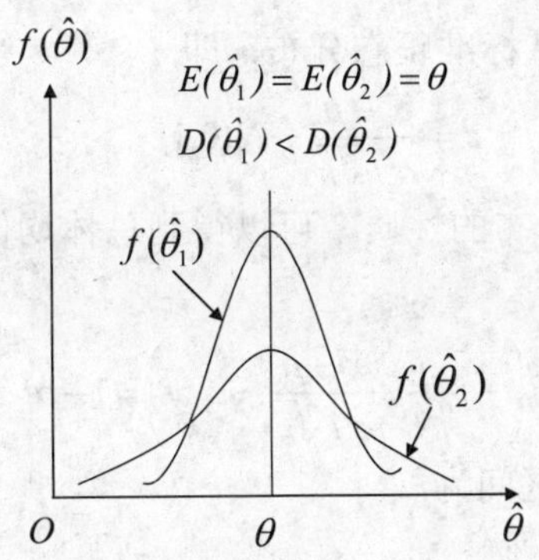


图 5-2 两个无偏估计量的抽样分布

设$\hat{\theta}(x_1,x_2,\cdots,x_n)$为未知参数$\theta$的估计量，当$n\to\infty$时，要求$\hat{\theta}$以概率 1 收敛于$\theta$。

$$\lim_{n\to\infty}P(|\hat{\theta}-\theta|<\varepsilon)=1 \quad (\varepsilon\text{为任意小正数}) \tag{5-19}$$

则称$\hat{\theta}$是$\theta$的满足一致性要求的估计量。

根据样本平均数的抽样分布的标准差为$\sigma_{\bar{x}}=\sigma/\sqrt{n}$，因此，样本容量越大，样本标准差越小，样本平均数越来越接近被估总体均值$\mu$。从这个意义上说，样本平均数是总体均值的一个一致估计量。

**【例 5-6】**试证明：样本平均数作为总体平均数的估计量具有一致性。即

$$\lim_{n\to\infty}P(|\bar{x}-\mu|<a)=1$$

证明 设$a$为任意正整数，根据大数定理有

$$\lim_{n\to\infty}P(|\bar{x}-E(\bar{x})|<a)=1，\ E(\bar{x})=\mu$$

所以 $\lim\limits_{n\to\infty}P(|\bar{x}-\mu|<a)=1$

也就是说，当样本容量无限增大时，样本平均数和总体平均数的绝对离差小于任意$a>0$的概率趋近于 1。点估计量的一致性是大样本所呈现的性质，当样本容量不大时，估计的这种性质就不存在。

# 第三节 一个总体参数的区间估计

研究一个总体时，我们所关心的主要有总体均值$\mu$、总体比例$\pi$和总体方差$\sigma^2$等。本节将分别介绍如何用样本统计量来构造总体参数的置信区间。

## 一、总体均值的区间估计

在对总体均值进行区间估计时，根据总体是否为正态分布、总体方差是否已知、用于构造估计量的样本是大样本($n\geqslant30$)还是小样本($n<30$)，可以分为以下几种情况。

### (一)正态总体且总体方差$\sigma^2$已知(或非正态总体且大样本$n\geqslant30$)

当总体服从正态分布$N(\mu,\sigma^2)$，且总体方差$\sigma^2$已知时；或者总体非正态分布但为大样本($n\geqslant30$)时，根据中心极限定理，样本均值$\bar{x}$的抽样分布均为正态分布$N(\mu,\sigma^2/n)$，

经过标准化后的随机变量 $z$ 服从标准正态分布，即

$$z=\frac{\bar{x}-\mu}{\sigma/\sqrt{n}}\sim N(0,1) \tag{5-20}$$

根据式(5-20)和标准正态分布的性质，可以得到总体均值 $\mu$ 在置信水平为 $1-\alpha$ 下的置信区间估计的概率表达式为

$$P\left(-z_{\alpha/2}\leqslant\frac{\bar{x}-\mu}{\sigma/\sqrt{n}}\leqslant z_{\alpha/2}\right)=1-\alpha \tag{5-21}$$

则总体均值 $\mu$ 的双侧置信区间为

$$\left[\bar{x}-z_{\alpha/2}\frac{\sigma}{\sqrt{n}},\bar{x}+z_{\alpha/2}\frac{\sigma}{\sqrt{n}}\right] \tag{5-22}$$

若总体方差 $\sigma^2$ 未知，但为大样本，式(5-20)中总体方差 $\sigma^2$ 可以用样本方差 $s^2$ 近似代替，统计量 $\frac{\bar{x}-\mu}{s/\sqrt{n}}$ 仍服从标准正态分布，即

$$z=\frac{\bar{x}-\mu}{s/\sqrt{n}}\sim N(0,1) \tag{5-23}$$

则总体均值 $\mu$ 在置信水平为 $1-\alpha$ 下的双侧置信区间为

$$\left[\bar{x}-z_{\alpha/2}\frac{s}{\sqrt{n}},\bar{x}+z_{\alpha/2}\frac{s}{\sqrt{n}}\right] \tag{5-24}$$

标准正态分布右上侧面积为 $\alpha/2$ 的 $z$ 值，称为 $z$ 分布的临界值。$z$ 分布置信区间示意图如图 5-3 所示。若 $\alpha=10\%$，即置信水平为 90%，$z_{\alpha/2}=1.645$；若 $\alpha=5\%$，即置信水平为 95%，$z_{\alpha/2}=1.96$；若 $\alpha=1\%$，即置信水平为 99%，$z_{\alpha/2}=2.58$。

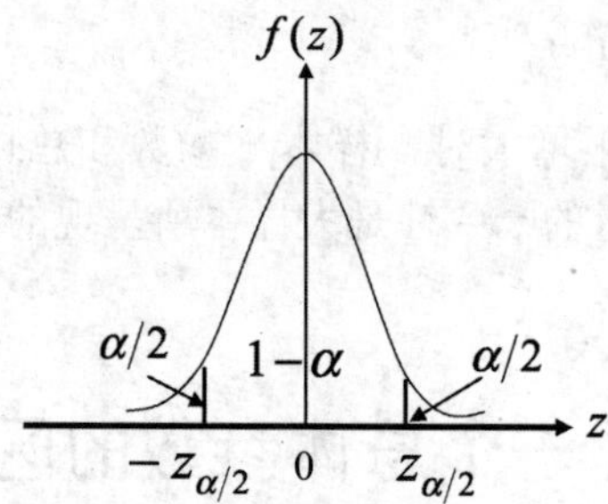


图 5-3　z 分布置信区间估计示意图

$\bar{x}$ 为总体均值的点估计值，且为总体均值 $\mu$ 的无偏估计；$\frac{\sigma}{\sqrt{n}}$ 或 $\frac{s}{\sqrt{n}}$ 为样本均值 $\bar{x}$ 抽样分布的标准差，也即估计总体均值的抽样平均误差；$z_{\alpha/2}\frac{\sigma}{\sqrt{n}}$ 或 $z_{\alpha/2}\frac{s}{\sqrt{n}}$ 为估计总体均值的极限误差，也称为允许误差或边际误差，也称为置信半径。在其他条件不变的情况下，选取的置信水平越高，相应的置信区间越长。通常，总体参数的置信区间由样本统计量加减估计误差得到，即“点估计值±概率度×估计量的标准差”。

因此，总体均值 $\mu$ 的置信度为 $1-\alpha$ 的上单侧置信区间为

$$\left(-\infty, \bar{x}+z_{\alpha}\frac{\sigma}{\sqrt{n}}\right] \tag{5-25}$$

而总体均值 $\mu$ 的置信度为 $1-\alpha$ 的下单侧置信区间为

$$\left[\bar{x}-z_{\alpha}\frac{\sigma}{\sqrt{n}}, \infty\right) \tag{5-26}$$

式中，$z_{\alpha}$ 为标准正态分布的上 $\alpha$ 分位点。

**【例 5-7】**一家食品生产企业以生产袋装食品为主，每天的产量大约为 80000 袋左右。按规定每袋的重量应为 100g。为了对产品质量进行监测，企业质检部门经常要进行抽检，以分析重量是否符合要求。现从某天生产的一批食品中随机抽取 25 袋，测量每袋的重量，计算得到 25 袋的平均重量为 $\bar{x}=105.36$。已知该食品重量的分布服从正态分布，且总体标准差为 10g。试估计该批产品每袋的平均重量的双侧置信区间，置信水平为 95%。

解　$1-\alpha=95\%$，则 $\alpha=5\%$。查“标准正态分布表”，得到 $z_{\alpha/2}=z_{0.025}=1.96$。

每袋的食品重量服从正态总体，总体方差 $\sigma^2=10^2=100$ 已知，根据式(5-22)得到

$$\bar{x}\pm z_{\alpha/2}\frac{\sigma}{\sqrt{n}}=105.36\pm1.96\times\frac{10}{\sqrt{25}}=105.36\pm3.92$$

因此，该批食品平均重量的 95%的置信区间为 101.44～109.28g。

## (二)正态总体，但总体方差 $\sigma^2$ 未知且小样本($n<30$)

若总体服从正态分布 $N(\mu,\sigma^2)$，则无论样本大小如何，样本均值的抽样分布 $\bar{x}$ 的抽样分布为正态分布 $N\left(\mu,\frac{\sigma^2}{n}\right)$。这时，只要总体方差 $\sigma^2$ 已知，即使在小样本的情况下，也可以依式(5-22)建立总体均值 $\mu$ 的置信区间。但是，如果总体方差 $\sigma^2$ 未知，而且在小样本的情况下，用样本方差 $s^2$ 近似代替总体方差 $\sigma^2$，这时，统计量 $\frac{\bar{x}-\mu}{s/\sqrt{n}}$ 不服从标准正态分布，而是服从自由度(degrees of freedom)为 $n-1$ 的 $t$ 分布，引入随机变量 $t=\frac{\bar{x}-\mu}{s/\sqrt{n}}$，有

$$t=\frac{\bar{x}-\mu}{s/\sqrt{n}}\sim t(n-1) \tag{5-27}$$

若置信水平为 $1-\alpha$，则总体均值 $\mu$ 的置信区间估计的概率表述为

$$P\left(-t_{\alpha/2}(n-1)\leqslant\frac{\bar{x}-\mu}{s/\sqrt{n}}\leqslant t_{\alpha/2}(n-1)\right)=1-\alpha \tag{5-28}$$

则总体均值 $\mu$ 的双侧置信区间为

$$\left[\bar{x}-t_{\alpha/2}(n-1)\times\frac{s}{\sqrt{n}}, \bar{x}+t_{\alpha/2}(n-1)\times\frac{s}{\sqrt{n}}\right] \tag{5-29}$$

同样，总体均值 $\mu$ 的置信度为 $1-\alpha$ 的上单侧置信区间为

$$\left(-\infty, \bar{x}+t_{\alpha}(n-1)\frac{s}{\sqrt{n}}\right] \tag{5-30}$$

总体均值 $\mu$ 的置信度为 $1-\alpha$ 的下单侧置信区间为

$$\left[\bar{x}-t_{\alpha}(n-1)\frac{s}{\sqrt{n}},\infty\right) \tag{5-31}$$

上面各式中，$s=\sqrt{\frac{1}{n-1}\sum_{i=1}^{n}(x_i-\bar{x})^2}$；$t_{\alpha/2}(n-1)$是自由度为 $n-1$ 的 $t$ 分布的上$\alpha/2$ 分位点；$t_{\alpha}(n-1)$是自由度$\mathrm{df}=n-1$的 $t$ 分布的$\alpha$ 分位点。可根据自由度$n-1$和$\alpha/2$ 值，通过查 $t$ 分布表获得。$t$ 分布置信区间示意图如图 5-4 所示。

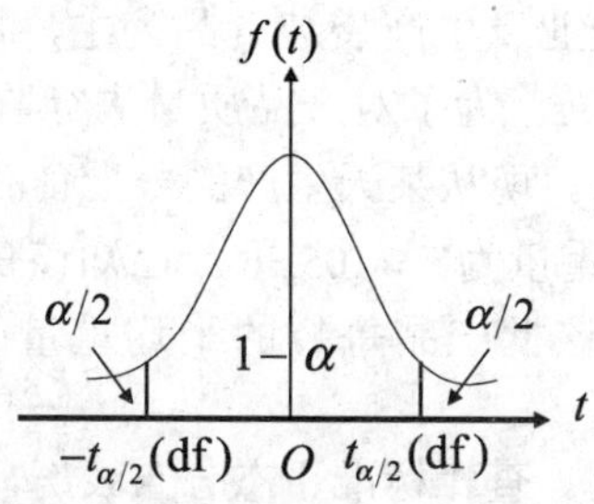


图 5-4　$t$ 分布置信区间估计示意图

这时，总体均值$\mu$的置信区间的一般公式仍满足，即“点估计值±概率度×估计量的标准差”。

**【例 5-8】**为了估计一分钟一次广告的平均费用，抽出了 15 个电视台的随机样本。样本均值$\bar{x}=2000$元，其样本标准差$s=1000$元。假定所有被抽样的这类电视台的广告费用近似服从正态分布，试构造广告平均费用的 95%的置信区间。

解　已知正态总体$X\sim N(\mu,\sigma^2)$，总体方差$\sigma^2$未知，小样本$n=15$，$s=1000$，$\bar{x}=2000$

在$\alpha=0.05$时，查“$t$ 分布表”，得到$t_{\alpha/2}(n-1)=t_{0.025}(14)=2.14$

总体均值$\mu$的置信区间为

$$\left[2000-2.14\times\frac{1000}{\sqrt{15}},2000+2.14\times\frac{1000}{\sqrt{15}}\right]\quad 即[1447.5,2552.5]$$

即有 95%的把握认为一次广告的平均费用在 1447.5 元和 2552.5 元之间。

**【例 5-9】**对某型号飞机的最大飞行速度进行了 15 次试验，测得样本的平均最大飞行速度$\bar{x}=425.0$ m/s，样本方差$s^2=72.049$。根据长期经验可以认为最大飞行速度服从正态分布，试问飞机平均最大飞行速度不低于多少？($\alpha=0.05$)

解　已知$n=15$，小样本，$t_{\alpha}(n-1)=t_{0.05}(14)=1.7613$，应用 $t$ 统计量

$$t=\frac{\bar{x}-\mu}{s/\sqrt{n}}\sim t(n-1)$$

设$\mu$的 95%的置信下限为$\mu_1$，利用式(5-31)进行单侧置信区间估计，有

$$\mu_1=\bar{x}-t_{\alpha}(n-1)\sqrt{\frac{s^2}{n}}=425-1.7613\times\sqrt{\frac{72.049}{15}}=421.1\,(\mathrm{m/s})$$

因此，有 95%的把握认为飞机的平均最大飞行速度不低于 421.1m/s。

下面将总体均值$\mu$的区间估计作一个总结，如表 5-1 所示。

表 5-1　不同情况下总体均值的置信区间

| 总体方差 | 总体分布 | 样本容量 | 双侧置信区间 | 上单侧置信区间 | 下单侧置信区间 |
|---|---|---|---|---|---|
| $\sigma^2$ 已知 | 正态总体 | 大样本($n\geqslant30$) | $\bar{x}\pm z_{\alpha/2}\dfrac{\sigma}{\sqrt{n}}$ | $\left(-\infty,\bar{x}+z_\alpha\dfrac{\sigma}{\sqrt{n}}\right]$ | $\left[\bar{x}-z_\alpha\dfrac{\sigma}{\sqrt{n}},\infty\right)$ |
| | | 小样本($n<30$) | | | |
| | 非正态总体 | 大样本($n\geqslant30$) | | | |
| $\sigma^2$ 未知 | 正态总体 | 大样本($n\geqslant30$) | $\bar{x}\pm z_{\alpha/2}\dfrac{s}{\sqrt{n}}$ | $\left(-\infty,\bar{x}+z_\alpha\dfrac{s}{\sqrt{n}}\right]$ | $\left[\bar{x}-z_\alpha\dfrac{s}{\sqrt{n}},\infty\right)$ |
| | | 小样本($n<30$) | $\bar{x}\pm t_{\alpha/2}(n-1)\dfrac{\sigma}{\sqrt{n}}$ | $\left(-\infty,\bar{x}+t_\alpha(n-1)\dfrac{s}{\sqrt{n}}\right]$ | $\left[\bar{x}-t_\alpha(n-1)\dfrac{s}{\sqrt{n}},\infty\right)$ |
| | 非正态总体 | 大样本($n\geqslant30$) | $\bar{x}\pm z_{\alpha/2}\dfrac{s}{\sqrt{n}}$ | $\left(-\infty,\bar{x}+z_\alpha\dfrac{s}{\sqrt{n}}\right]$ | $\left[\bar{x}-z_\alpha\dfrac{s}{\sqrt{n}},\infty\right)$ |

## 二、总体比例的区间估计

在实际工作中，经常需要估计具有某种特征的单位数占总体全部单位数的比例，即对总体比例进行推断。例如，在产品质量的抽样中，要通过样本的不合格品率估计整批产品的不合格品率，并作出整批产品是否合格的判断。一般来说，先从总体中抽取容量为$n$的样本，然后计算样本比例$p$作为总体比例$\pi$的点估计值。

若随机变量$X$代表在$n$次二项试验中具有某种特征的单位数，则统计量$x$服从二项分布，其期望值为$E(x)=n\pi$，方差为$D(x)=n\pi(1-\pi)$，因而随机变量$p=\dfrac{x}{n}$，有

$$E(p)=E\left(\frac{x}{n}\right)=\frac{1}{n}E(x)=\pi \tag{5-32}$$

$$D(p)=D\left(\frac{x}{n}\right)=\frac{1}{n^2}D(x)=\frac{\pi(1-\pi)}{n} \tag{5-33}$$

由式(5-32)可知，样本比例 $p$ 是总体比例$\pi$的无偏估计。根据中心极限定理，在大样本条件$np>5$，$n(1-p)>5$满足的情形下，可以把二项分布问题变换为正态分布问题近似地求解，因而有

$$p\sim N\left(\pi,\frac{\pi(1-\pi)}{n}\right) \tag{5-34}$$

经过标准化后的随机变量$z$服从标准正态分布，即

$$z=\frac{p-\pi}{\sqrt{\dfrac{\pi(1-\pi)}{n}}}\sim N(0,1) \tag{5-35}$$

在$\pi$未知的情况下，可用 $p$ 来代替$\pi$计算式(5-35)的分母：$D(p)=\dfrac{\pi(1-\pi)}{n}\approx\dfrac{p(1-p)}{n}$。

因此，置信水平为$1-\alpha$的$\pi$的双侧置信区间为

$$\left[p-z_{\alpha/2}\sqrt{\frac{p(1-p)}{n}},p+z_{\alpha/2}\sqrt{\frac{p(1-p)}{n}}\right] \tag{5-36}$$

【**例 5-10**】某工厂要估计一批总数 5000 件的产品的废品率，于是随机抽取 400 件产品进行检测，发现有 32 件废品。试求该批产品的废品率的 90%的置信区间。

**解** 记正品为“$x=0$”，废品为“$x=1$”，整批产品废品率为$\pi$。

已知$n=400$，$N=5000$，样本废品率$p=32/400=8\%$。$np=32>5$，$(1-n)p=188>5$，大样本条件满足。

置信水平$1-\alpha=90\%$，$\alpha=10\%$，查“标准正态分布表”，得到：$z_{\alpha/2}=z_{0.05}=1.645$。这批产品废品率$\pi$的置信区间为

$$p\pm z_{\alpha/2}\sqrt{\frac{p(1-p)}{n}}=0.08\pm1.645\times\sqrt{\frac{0.08\times0.92}{400}}=0.08\pm0.02231$$

因此，有 90%的把握认为这批产品的废品率的置信区间为 5.77%～10.23%。

## 三、正态总体方差的区间估计

上面讨论了对总体平均数和比例的区间估计问题。然而在现实问题中，时常还需对作为衡量偏离程度的方差进行估计。例如，一批电池的平均寿命虽然合乎要求，但若各电池的寿命可能相差很大，即方差很大，那么这些电池的质量还是有问题的。

若$X_1,X_2,\cdots,X_n$是从总体$N(\mu,\sigma^2)$抽取的随机变量且相互独立，每个随机变量服从正态分布$N(\mu,\sigma^2)$，则随机变量$\frac{(n-1)s^2}{\sigma^2}$服从自由度为$n-1$的$\chi^2$分布。即

$$\frac{(n-1)s^2}{\sigma^2}\sim\chi^2(n-1) \tag{5-37}$$

在给定置信度$1-\alpha$时，总体方差$\sigma^2$的置信区间估计的概率表述为

$$p\left(\chi^2_{1-\alpha/2}(n-1)\leqslant\frac{(n-1)s^2}{\sigma^2}\leqslant\chi^2_{,\alpha/2}(n-1)\right)=1-\alpha \tag{5-38}$$

总体方差$\sigma^2$的双侧置信区间为

$$\left[\frac{(n-1)s^2}{\chi^2_{\alpha/2}(n-1)},\frac{(n-1)s^2}{\chi^2_{1-\alpha/2}(n-1)}\right] \tag{5-39}$$

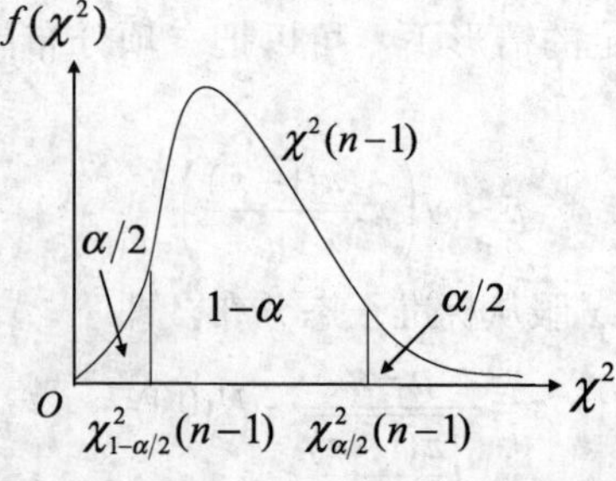


图 5-5　$\chi^2$分布置信区间估计示意图

式中，$\chi^2_{\alpha/2}(n-1)$是自由度为$n-1$的$\chi^2$分布的上$\alpha/2$分位点，而$\chi^2_{1-\alpha/2}(n-1)$为$\chi^2$分布的下$\alpha/2$分位点。可根据自由度$\mathrm{df}=n-1$和$\alpha/2$值，通过查$\chi^2$分布表获得。$\chi^2$分布置信区间示意图见图5-5所示。

【**例5-11**】一个向容器中灌装液体洗涤剂产品的生产过程。该过程的灌装机制严格地校正至平均每个容器中灌装量为16盎司。但灌装量的方差也是很关键的。抽取一个样本，得到每个容器灌装量的样本方差作为对整个生产过程总体方差的一个估计。如果总体方差是适度的，生产过程可以继续；如果总体方差过大，即使均值可能恰好是16盎司，过度灌装或灌装不足仍可能会发生，灌装机制将被调整以减少容器的灌装方差。设抽取了20个容器组成一个样本并且求得灌装量的样本方差$s^2=0.0025$，试求罐装总体方差的95%的置信区间。

解　显著性水平$\alpha=5\%$，自由度$n-1=19$，查"$\chi^2$分布表"，得到$\chi^2_{0.025}(19)=32.8523$，$\chi^2_{0.975}(19)=8.9065$，$s^2=0.0025$。将它们代入式(5-39)，因此，总体方差$\sigma^2$的置信度为$1-\alpha$的双侧置信区间为

$$\frac{19\times0.0025}{32.8523}\leqslant\sigma^2\leqslant\frac{19\times0.0025}{8.9065}，即0.00144\leqslant\sigma^2\leqslant0.00533$$

所以，有95%的把握确定罐装总体方差的置信区间为0.00144～0.00533。

## 第四节　两个总体参数的区间估计

在生产实践和科学研究中，经常要对两个总体进行比较，有时是要比较两个总体的均值，有时要比较两个总体的比例，有时要比较两个总体的方差，等等。可以通过两个总体均值之差$(\mu_1-\mu_2)$、两个总体比例之差$(\pi_1-\pi_2)$、两个总体方差之比$(\sigma_1^2/\sigma_2^2)$的区间估计来进行比较。

### 一、两个总体均值之差的区间估计：独立样本

在实际中，经常需要比较两个总体的均值。例如，比较由两个供应商提供的原材料的质量水平；某百货商店想在两个可供选择的地区设一分店，为了确定设在何处，应根据两个地区居民的平均收入的比较来确定，等等。这些通常都需要对两个总体均值之差$(\mu_1-\mu_2)$进行区间估计。

设两个总体的均值分别为$\mu_1$和$\mu_2$，从两个总体中分别抽取样本容量为$n_1$和$n_2$的两个随机样本，其样本均值分别为$\bar{x}_1$和$\bar{x}_2$。

#### (一)大样本情形

如果两个样本是从两个总体中独立抽取的，则这两个样本称为独立样本(independent sample)。如果两个总体都为正态分布，或两个总体不服从正态分布但两个样本均为大样本($n_1\geqslant30$和$n_2\geqslant30$)时，则$\bar{x}_1$、$\bar{x}_2$分别近似服从$N(\mu_1,\sigma_1^2/n_1)$和$N(\mu_2,\sigma_2^2/n_2)$。由样本的独立性可知$\bar{x}_1$和$\bar{x}_2$是独立的，有$E(\bar{x}_1-\bar{x}_2)=\mu_1-\mu_2$和$D(\bar{x}_1-\bar{x}_2)=\dfrac{\sigma_1^2}{n_1}+\dfrac{\sigma_2^2}{n_2}$。且随机变量

$(\overline{x}_1-\overline{x}_2)$ 服从正态分布，有

$$(\overline{x}_1-\overline{x}_2)\sim N\left(\mu_1-\mu_2,\frac{\sigma_1^2}{n_1}+\frac{\sigma_2^2}{n_2}\right) \tag{5-40}$$

经标准化，服从标准正态分布。即

$$z=\frac{(\overline{x}_1-\overline{x}_2)-(\mu_1-\mu_2)}{\sqrt{\frac{\sigma_1^2}{n_1}+\frac{\sigma_2^2}{n_2}}}\sim N(0,1) \tag{5-41}$$

当两个总体的方差 $\sigma_1^2$ 和 $\sigma_2^2$ 已知时，两个总体均值之差 $(\mu_1-\mu_2)$ 在 $1-\alpha$ 置信水平下的置信区间为

$$\left[(\overline{x}_1-\overline{x}_2)-z_{\alpha/2}\sqrt{\frac{\sigma_1^2}{n_1}+\frac{\sigma_2^2}{n_2}},(\overline{x}_1-\overline{x}_2)+z_{\alpha/2}\sqrt{\frac{\sigma_1^2}{n_1}+\frac{\sigma_2^2}{n_2}}\right] \tag{5-42}$$

当两个总体的方差 $\sigma_1^2$ 和 $\sigma_2^2$ 未知，可用样本方差 $s_1^2$ 和 $s_2^2$ 代替 $\sigma_1^2$ 和 $\sigma_2^2$，则两个总体均值之差 $(\mu_1-\mu_2)$ 在 $1-\alpha$ 置信水平下的置信区间为

$$\left[(\overline{x}_1-\overline{x}_2)-z_{\alpha/2}\sqrt{\frac{s_1^2}{n_1}+\frac{s_2^2}{n_2}},(\overline{x}_1-\overline{x}_2)+z_{\alpha/2}\sqrt{\frac{s_1^2}{n_1}+\frac{s_2^2}{n_2}}\right] \tag{5-43}$$

### (二)小样本情形

当两个总体均为正态分布，总体方差 $\sigma_1^2$ 和 $\sigma_2^2$ 未知，两个样本都为小样本时，有以下几种情况。

**1. 总体方差 $\sigma_1^2$ 和 $\sigma_2^2$ 未知，但 $\sigma_1^2=\sigma_2^2$**

这时可以用两个样本的方差 $s_1^2$ 和 $s_2^2$ 来估计，首先要求出方差的联合估计量(pooled estimate of variance) $s_p^2$，计算公式为

$$s_p^2=\frac{(n_1-1)s_1^2+(n_2-1)s_2^2}{n_1+n_2-2} \tag{5-44}$$

这时，两个样本均值之差 $(\overline{x}_1-\overline{x}_2)$ 经标准化后服从自由度为 $n_1+n_2-2$ 的 $t$ 分布，即

$$t=\frac{(\overline{x}_1-\overline{x}_2)-(\mu_1-\mu_2)}{s_p\sqrt{\frac{1}{n_1}+\frac{1}{n_2}}}\sim t(n_1+n_2-2) \tag{5-45}$$

因此，两个总体均值之差 $(\mu_1-\mu_2)$ 在 $1-\alpha$ 置信水平下的置信区间为

$$\left[(\overline{x}_1-\overline{x}_2)-t_{\alpha/2}(n_1+n_2-2)\times s_p\sqrt{\frac{1}{n_1}+\frac{1}{n_2}},(\overline{x}_1-\overline{x}_2)+t_{\alpha/2}(n_1+n_2-2)\times s_p\sqrt{\frac{1}{n_1}+\frac{1}{n_2}}\right] \tag{5-46}$$

**2. 总体方差 $\sigma_1^2$ 和 $\sigma_2^2$ 未知，但 $\sigma_1^2\neq\sigma_2^2$**

当两个总体方差不等时，统计量不服从自由度为 $n_1+n_2-2$ 的 $t$ 分布。解决这一问题的方法是对自由度进行修正。狄克逊(Dixon)和马赛(Massey)于 1969 年提出了一种方法，用来修正 $t$ 分布的自由度。其公式为

$$\nu = \frac{(s_1^2/n_1 + s_2^2/n_2)^2}{\dfrac{(s_1^2/n_1)^2}{n_1-1} + \dfrac{(s_2^2/n_2)^2}{n_2-1}} \tag{5-47}$$

可以认为，统计量近似服从自由度为$\nu$的$t$分布，因此，两个总体均值之差$(\mu_1-\mu_2)$在$1-\alpha$置信水平下的置信区间为

$$\left[(\bar{x}_1-\bar{x}_2)-t_{\alpha/2}(\nu)\times\sqrt{\frac{s_1^2}{n_1}+\frac{s_2^2}{n_2}},(\bar{x}_1-\bar{x}_2)+t_{\alpha/2}(\nu)\times\sqrt{\frac{s_1^2}{n_1}+\frac{s_2^2}{n_2}}\right] \tag{5-48}$$

### (三)两个总体均值之差$(\mu_1-\mu_2)$置信区间的讨论

(1) 若$(\mu_1-\mu_2)$估计的置信区间下限大于零，在实际中就可认为$\mu_1>\mu_2$；

(2) 若$(\mu_1-\mu_2)$估计的置信区间上限小于零，在实际中就可认为$\mu_1<\mu_2$；

(3) 若$(\mu_1-\mu_2)$估计的置信区间包含零，则存在两种情况：

① 若实际上$\mu_1$和$\mu_2$差异不显著，则样本均值$\bar{x}_1$和$\bar{x}_2$的差异完全是由样本的随机性引起的，它们不能提供$\mu_1$和$\mu_2$存在差异的证据；

② 若实际上$\mu_1$和$\mu_2$存在显著差异，而我们没有测量出来，则应增加两个样本的样本容量$n_1$和$n_2$，可以减少抽样误差，缩小置信区间的长度，为统计推断提供更多的信息。

**【例 5-12】**某工厂有两台生产金属棒的机器。一个随机样本由机器 A 生产的 11 根金属棒组成，另一个随机样本由机器 B 生产的 21 根金属棒组成。两个样本分别给出两台机器所生产金属棒的长度数据如下：$\bar{x}_1=6.10$英寸，$\bar{x}_2=5.95$英寸；$s_1^2=0.018$，$s_2^2=0.020$。假定两个总体近似服从正态分布，且总体方差相等，试构造$(\mu_A-\mu_B)$的 95%的置信区间。如果两个总体方差不等，试重新构造置信区间。

**解**　已知$\bar{x}_1=6.10$，$\bar{x}_2=5.95$；$s_1^2=0.018$，$s_2^2=0.020$；$n_1=11$，$n_2=21$

根据总体方差相等的假设，可以求出共同方差$\sigma^2$的一个估计量$s_p^2$：

$$s_p^2=\frac{(n_1-1)s_1^2+(n_2-1)s_2^2}{n_1+n_2-2}=0.019$$

自由度为 df=11+21−2=30，显著性水平$\alpha=0.05$，查表得$t_{0.025}(30)=2.042$，代入式(5-46)，有

$$(\bar{x}_1-\bar{x}_2)\pm t_{\alpha/2}(n_1+n_2-2)\times s_p\sqrt{\frac{1}{n_1}+\frac{1}{n_2}}$$

$$=(6.10-5.95)\pm 2.042\times\sqrt{0.019\times\left(\frac{1}{11}+\frac{1}{21}\right)}=0.15\pm 0.1047$$

所以，$(\mu_A-\mu_B)$的 95%的置信区间为[0.0452,0.2547]，即两台机器所生产金属的平均长度差别在 0.0452 英寸和 0.2547 英寸之间，这种估计的可靠性为 95%。

假设两个总体方差不等，则修正的自由度为

$$\nu=\frac{(s_1^2/n_1+s_2^2/n_2)^2}{\dfrac{(s_1^2/n_1)^2}{n_1-1}+\dfrac{(s_2^2/n_2)^2}{n_2-1}}=\frac{(0.018/11+0.020/21)^2}{\dfrac{(0.018/11)^2}{11-1}+\dfrac{(0.020/21)^2}{21-1}}=21.40\approx 21$$

查“$t$分布表”，得到$t_{0.025}(21)=2.0796$，代入式(5-48)得到

$$(\overline{x}_1-\overline{x}_2)\pm t_{\alpha/2}(\nu)\times\sqrt{\frac{s_1^2}{n_1}+\frac{s_2^2}{n_2}}$$

$$=(6.10-5.95)\pm 2.0796\times\sqrt{\frac{0.018}{11}+\frac{0.020}{21}}=0.15\pm 0.1055$$

因此，$(\mu_A-\mu_B)$的 95%的置信区间为[0.0445,0.2555]，即两台机器所生产金属的平均长度差别在 0.0445 英寸和 0.2555 英寸之间，这种估计的可靠性为 95%。

## 二、两个总体均值之差的区间估计：配对样本

实际生活中，常常需要解决这样的问题：某种药物对治疗某种疾病是否有效；某种训练方法是否能提高被培训者的能力；用某种材料制造产品能否提高产品的性能，等等。当我们需要知道两种处理结果是否相同，或哪种处理更好时，为了避免或尽量减少由于其他因素影响引起的两种处理结果的差异性，通常采用配对样本(matched sample)，即一个样本中的数据与另一个样本中的数据相对应。例如，对两种方法组装产品所需时间的差异性的研究：①若使用独立样本方法，对每种方法均随机指派 $n$ 名员工，两组样本相互独立，偶尔可能会发生使用方法一的 $n$ 名员工的技术比使用方法二的 $n$ 名员工的技术好，这种不公平的指派会掩盖两种方法组装产品所需时间差异的真正原因。②若使用配对样本方法，指定 $n$ 名员工均采用两种方法组装产品，每个员工先用哪种方法组装是随机安排的，这样每个员工均提供了两种方法组装产品所需时间的数据，形成配对样本数据。配对样本可以消除由于样本指定的不公平造成的两种方法组装时间上的差异性，突显两种组装方法造成的组装时间上的差异性。

使用配对样本进行估计时，在大样本条件下，两个总体均值之差 $\mu_d=\mu_1-\mu_2$ 在$1-\alpha$置信水平下的置信区间为

$$\overline{d}\pm z_{\alpha/2}\frac{\sigma_d}{\sqrt{n}} \tag{5-49}$$

式中，$d$ 表示两个配对样本对应数据的差值；$\overline{d}$ 表示各差值的均值；$\sigma_d$ 表示各差值的标准差。当总体的$\sigma_d$未知时，可用样本差值的标准差$s_d$来代替。

在小样本条件下，假设两个总体观察值的配对差服从正态分布。两个总体均值之差 $\mu_d=\mu_1-\mu_2$ 在$1-\alpha$置信水平下的置信区间为

$$\overline{d}\pm t_{\alpha/2}(n-1)\frac{s_d}{\sqrt{n}} \tag{5-50}$$

**【例 5-13】**由 10 名学生组成的一个随机样本，让他们分别采用 A 和 B 两套试卷进行《统计学》课程考试，结果如表 5-2 所示。假定两套试卷分数之差服从正态分布，试建立两套试卷平均分数之差 $\mu_d=\mu_1-\mu_2$ 的 95%的置信区间。

表 5-2　10 名学生 A 和 B 试卷的得分

| 学生编号 | 试卷 A | 试卷 B | 差值 $d$ |
|---|---|---|---|
| 1 | 78 | 71 | 7 |
| 2 | 63 | 44 | 19 |

高等院校管理科学与工程规划教材

续表

| 学生编号 | 试卷 A | 试卷 B | 差值 $d$ |
|---|---|---|---|
| 3 | 72 | 61 | 11 |
| 4 | 89 | 84 | 5 |
| 5 | 91 | 74 | 17 |
| 6 | 49 | 51 | −2 |
| 7 | 68 | 55 | 13 |
| 8 | 76 | 60 | 16 |
| 9 | 85 | 77 | 8 |
| 10 | 55 | 39 | 16 |

**解** 表 5-2 中的数据为配对样本数据。首先计算两个配对样本对应数据的差值 $d = x_A - x_B$，计算结果列于表 5-2 的最后一列。则根据表中的数据计算得到

$$\overline{d} = \frac{\sum_{i=1}^{n} d_i}{n} = \frac{110}{10} = 11$$

$$s_d = \sqrt{\frac{\sum_{i=1}^{n}(d_i - \overline{d})}{n-1}} = 6.53$$

查“$t$ 分布表”，得到 $t_{\alpha/2}(n-1) = t_{0.025}(9) = 2.2622$。根据式(5-50)得到两套试卷平均分数之差 $\mu_d = \mu_1 - \mu_2$ 的 95%的置信区间为

$$\overline{d} \pm t_{\alpha/2}(n-1)\frac{s_d}{\sqrt{n}} = 11 \pm 2.2622 \times \frac{6.53}{\sqrt{10}} = 11 \pm 4.67$$

因此，$\mu_d = \mu_1 - \mu_2$ 的 95%的置信区间为[6.33,15.67]，可以有足够的把握认为，用 A 试卷进行测试，学生的平均考试成绩会高于用 B 试卷进行测试的平均考试成绩。

## 三、两个总体比例之差的区间估计：独立样本

在社会经济问题的研究中，我们常常需要对两个总体比例之差作一个了解。例如，对两个大企业、两个社会经济团体的某个经济指标的比例进行比较，等等。

### (一)两个总体比例之差 $(\pi_1 - \pi_2)$ 的区间估计

设两个总体比例分别为 $\pi_1$ 和 $\pi_2$，为了估计 $(\pi_1 - \pi_2)$，分别从两个总体中各随机抽取容量为 $n_1$ 和 $n_2$ 的两个随机样本，并计算两个样本比例 $p_1$ 和 $p_2$。可以证明：当 $n_1$ 和 $n_2$ 两者都很大(大样本)，而且总体比例不太接近 0 或 1 时，$(p_1 - p_2)$ 的抽样分布近似服从正态分布，且 $E(p_1 - p_2) = \pi_1 - \pi_2$，$D(p_1 - p_2) = \frac{\pi_1(1-\pi_1)}{n_1} + \frac{\pi_2(1-\pi_2)}{n_2}$。有

$$z = \frac{(p_1 - p_2) - (\pi_1 - \pi_2)}{\sqrt{\frac{\pi_1(1-\pi_1)}{n_1} + \frac{\pi_2(1-\pi_2)}{n_2}}} \sim N(0,1) \tag{5-51}$$

由于 $p_1$ 和 $p_2$ 均未知，故上述方差公式中的总体比例 $\pi_1$ 和 $\pi_2$ 需要用样本比例 $p_1$ 和 $p_2$

代替，此时，总体比例之差$(\pi_1-\pi_2)$的置信度为$1-\alpha$的近似置信区间为

$$(p_1-p_2)\pm z_{\alpha/2}\sqrt{\frac{p_1(1-p_1)}{n_1}+\frac{p_2(1-p_2)}{n_2}} \tag{5-52}$$

### (二)两个总体比例之差$(\pi_1-\pi_2)$置信区间的讨论

(1) 若$(\pi_1-\pi_2)$估计的置信区间下限大于零，在实际中就可认为$\pi_1>\pi_2$；

(2) 若$(\pi_1-\pi_2)$估计的置信区间上限小于零，在实际中就可认为$\pi_1<\pi_2$；

(3) 若$(\pi_1-\pi_2)$估计的置信区间包含零，则存在两种情况：

① 若实际上$\pi_1$和$\pi_2$差异不显著，则样本比例$p_1$和$p_2$的差异完全是由样本的随机性引起的，它们不能提供$\pi_1$和$\pi_2$存在差异的证据；

② 若实际上$\pi_1$和$\pi_2$存在显著差异，而我们没有测量出来，则应增加两个样本的样本容量$n_1$和$n_2$，可以减少抽样误差，缩小置信区间的长度，为统计推断提供更多的信息。

**【例 5-14】**某企业下属有两个车间，分别用 A 和 B 表示。为了降低不合格率，该企业对车间 B 的工人首先进行业务培训。3 个月后，该企业负责人对两个车间的产品质量进行了检验。从车间 A 抽取了 200 件产品，从车间 B 抽取了 220 件产品，查得不合格品率 A 车间为$p_{\text{A}}=15\%$，B 车间为$p_{\text{B}}=3\%$。试在 95%的把握程度下，构造两个不合格品率之差的置信区间。

**解**　已知$p_{\text{A}}=15\%$、$p_{\text{B}}=3\%$；$n_{\text{A}}=200$、$n_{\text{B}}=220$

计算得到$\sqrt{\frac{p_{\text{A}}(1-p_{\text{A}})}{n_{\text{A}}}+\frac{p_{\text{B}}(1-p_{\text{B}})}{n_{\text{B}}}}=0.0277$

当置信度为 95%时，$z_{\alpha/2}=1.96$，代入式(5-52)，有

$$\begin{aligned}&(p_{\text{A}}-p_{\text{B}})\pm z_{\alpha/2}\sqrt{\frac{p_{\text{A}}(1-p_{\text{A}})}{n_{\text{A}}}+\frac{p_{\text{B}}(1-p_{\text{B}})}{n_{\text{B}}}}\\&=(0.15-0.03)\pm1.96\times0.027=0.12\pm0.0529\end{aligned}$$

因此，$(\pi_{\text{A}}-\pi_{\text{B}})$置信区间估计为$[0.067,0.173]$。根据这一结果，我们有 95%的把握说，车间 A 的不合格品率比车间 B 高 6.7%～17.3%，估计的误差为 5.29%。

## 四、两个总体方差之比的区间估计：独立样本

在实际工作中，常常需要比较两个总体的方差。例如，在选择产品时，我们通常需要进行产品的质量检验，质量数据分布方差较小的产品质量分布均匀。比较两个方差的大小，通过求两个方差之比进行分析，当方差相等时其比值为 1。因此当两个总体方差$\sigma_1^2$和$\sigma_2^2$都是未知时，所以需要通过两个样本方差之比来加以比较推断。

### (一)两个正态总体方差之比$(\sigma_1^2/\sigma_2^2)$的区间估计

两个正态总体$N(\mu_1,\sigma_1^2)$和$N(\mu_2,\sigma_2^2)$中，$\mu_1$和$\mu_2$、$\sigma_1^2$和$\sigma_2^2$均未知，从两个总体中独立地各取一个样本，其样本方差分别为$s_1^2$和$s_2^2$，且相互独立。我们要对总体方差之比$(\sigma_1^2/\sigma_2^2)$作出区间估计。

$$\frac{(n_1-1)s_1^2}{\sigma_1^2}\sim\chi^2(n_1-1)\ ;\ \ \frac{(n_2-1)s_2^2}{\sigma_2^2}\sim\chi^2(n_2-1) \tag{5-53}$$

由 $F$ 分布的定义有

$$\frac{\dfrac{(n_2-1)s_2^2}{\sigma_2^2}/n_2-1}{\dfrac{(n_1-1)s_1^2}{\sigma_1^2}/n_1-1}=\frac{\sigma_1^2/\sigma_2^2}{s_1^2/s_2^2}\sim F(n_2-1,n_1-1) \tag{5-54}$$

因此，总体方差之比 $(\sigma_1^2/\sigma_2^2)$ 在给定的置信度 $1-\alpha$ 时的置信区间为

$$p\left(F_{1-\sigma/2}(n_2-1,n_1-1)\times\frac{s_1^2}{s_2^2}\leqslant\frac{\sigma_1^2}{\sigma_2^2}\leqslant F_{1-\sigma/2}(n_2-1,n_1-1)\times\frac{s_1^2}{s_2^2}\right)=1-\alpha \tag{5-55}$$

式中，$F_{\alpha/2}^2(n_1-1,n_2-1)$ 是分子自由度为 $(n_1-1)$、分母自由度为 $(n_2-1)$ 的 $F$ 分布的上 $\alpha/2$ 分位点，而 $F_{1-\alpha/2}^2(n_1-1,n_2-1)$ 为 $F$ 分布的下 $\alpha/2$ 分位点，可根据自由度 $(n_1-1)$、$(n_2-1)$ 和 $\alpha/2$ 值，通过查 $F$ 分布表获得。$F$ 分布置信区间示意图如图 5-6 所示。

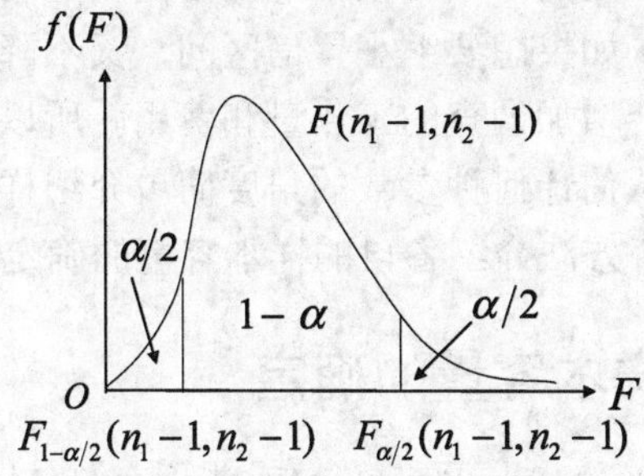


图 5-6 $F$ 分布置信区间示意图

## (二)两个总体方差之比 $(\sigma_1^2/\sigma_2^2)$ 置信区间的讨论

(1) 若 $(\sigma_1^2/\sigma_2^2)$ 估计的置信区间下限大于 1，在实际中就可认为 $\sigma_1^2>\sigma_2^2$；

(2) 若 $(\sigma_1^2/\sigma_2^2)$ 估计的置信区间上限小于 1，在实际中就可认为 $\sigma_1^2<\sigma_2^2$；

(3) 若 $(\sigma_1^2/\sigma_2^2)$ 估计的置信区间包含 1，则存在两种情况：

① 若实际上 $\sigma_1^2$ 和 $\sigma_2^2$ 差异不显著，则样本方差 $s_1^2$ 和 $s_2^2$ 的差异完全是由样本的随机性引起的，它们不能提供 $\sigma_1^2$ 和 $\sigma_2^2$ 存在差异的证据；

② 若实际上 $\sigma_1^2$ 和 $\sigma_2^2$ 存在显著差异，而我们没有测量出来，则应增加两个样本的样本容量 $n_1$ 和 $n_2$，可以减少抽样误差，缩小置信区间的长度，为统计推断提供更多的信息。

**【例 5-15】** 两种不同型号的电阻分别服从 $N(\mu_1,\sigma_1^2)$ 和 $N(\mu_2,\sigma_2^2)$ 的正态总体，参数未知。依次抽取容量为 $n_1=25$ 和 $n_2=15$ 的两个独立的样本，测得阻值样本方差为 $s_1^2=6.38$ 和 $s_2^2=5.15$，求两个总体方差之比 $(\sigma_1^2/\sigma_2^2)$ 的 90%的置信区间。

**解** 已知 $n_1=25$，$n_2=15$；$s_1^2=6.38$，$s_2^2=5.15$；$1-\alpha=90\%$

查“$F$ 分布表”，得 $F_{\alpha/2}(n_2-1,n_1-1)=F_{0.05}(14,24)=2.13$，有

$$F_{1-\alpha/2}(n_2-1,n_1-1)=F_{0.95}(14,24)=\frac{1}{F_{0.05}(24,14)}=\frac{1}{2.35}$$

则，总体方差之比$(\sigma_1^2/\sigma_2^2)$的95%的置信区间为

$$\frac{1}{2.35}\times\frac{6.38}{5.15}\leqslant\frac{\sigma_1^2}{\sigma_2^2}\leqslant 2.13\times\frac{6.38}{5.15}，即\ 0.528\leqslant\frac{\sigma_1^2}{\sigma_2^2}\leqslant 2.64$$

因此，$(\sigma_1^2/\sigma_2^2)$的 95%的置信区间估计为$[0.528, 2.64]$，置信区间包含了 1。根据这一结果，我们没有足够的把握认为两种型号电阻的波动性存在显著差异。

# 第五节　样本容量的确定

在前面的讨论中，我们都是假设样本容量 $n$ 是已知的，但是在实际问题中，需要自己动手设计调查方案。这时，确定一个适当的样本容量 $n$ 是一个关键问题。在进行估计时，总是希望提高估计的可靠程度(置信水平)，从前面得到的总体参数的置信区间的估计式不难看出，在一定的样本容量下，要提高估计的可靠程度，这时置信区间就会变宽，估计的准确性就会下降。相反，在一定的样本容量下，要提高估计的准确性，即缩小置信区间，这时估计的可靠性就会降低。如果想要缩小置信区间，又不降低可靠程度，就需要增加样本容量。但样本容量的增加会增加调查的工作量和费用。所以，应权衡考虑，确定一个合适的样本容量。本小节主要从估计何种参数的角度简单介绍样本容量的确定方法。在第六章中，还会就不同的抽样调查方法介绍各自的样本容量的确定方法。

## 一、估计总体均值时样本容量的确定

在前面的分析中我们知道，对于正态总体(或非正态总体，大样本时)，总体均值$\mu$的置信区间的一般公式为

$$\bar{x}\pm z_{\alpha/2}\frac{\sigma}{\sqrt{n}} \tag{5-56}$$

式中，$\bar{x}$为总体均值的点估计值，为总体均值$\mu$的无偏估计；$\frac{\sigma}{\sqrt{n}}$为样本均值$\bar{x}$抽样分布的标准差，也即估计总体均值的抽样平均误差。在重复抽样或无限总体抽样条件下，$z_{\alpha/2}\frac{\sigma}{\sqrt{n}}$为估计总体均值的极限误差，也称为允许误差或边际误差，也称为置信半径。显然，边际误差可以表示为

$$E=|\bar{x}-\mu|=z_{\alpha/2}\frac{\sigma}{\sqrt{n}} \tag{5-57}$$

边际误差 $E$ 越小，区间估计越准确；反之，区间估计越不准确。因此，可以用 $E$ 来表示区间估计的准确程度。式(5-57)反映了边际误差 $E$、概率度(可靠性系数)$z_{\alpha/2}$、平均抽样误差$\frac{\sigma}{\sqrt{n}}$之间的关系。因此，必要的样本容量$n$可由下式确定

$$n=\frac{z_{\alpha/2}^2\sigma^2}{E^2} \tag{5-58}$$

式(5-58)中，$E$ 是由研究者在给定的置信水平$1-\alpha$下可以接受的边际误差，可靠性系数$z_{\alpha/2}$可以由置信水平$1-\alpha$查表获得。如果能获得总体方差$\sigma^2$的数值，就可以直接应用

式(5-58)求出必要的样本容量。在实际应用中，总体方差$\sigma^2$往往是未知的，解决这个问题的方法有两个：① 用以前调查获得的相同或相似的样本的方差代替，即$\hat{\sigma}^2 = s^2$；② 用试验调查的方法，选择一个初始样本，以该样本的样本方差作为总体方差的估计值，即$\hat{\sigma}^2 = s^2$。

由式(5-58)可以看出：① 样本容量$n$与置信水平$1-\alpha$成正比，在给定边际误差$E$的条件下，置信水平$1-\alpha$越大，即要求的估计的可靠性越高，所需的样本容量$n$也越大；② 样本容量$n$与边际误差$E$成反比，即在给定的置信水平$1-\alpha$的条件下，可以接受的边际误差$E$越大，所需的样本容量$n$就越小；③ 样本容量$n$与总体方差$\sigma^2$成反比，总体内部数据的差异越大，即总体方差$\sigma^2$越大，所需的样本容量$n$就越大。

**【例 5-16】**某批产品重量的总体标准差$\sigma = 5\,\text{kg}$。现准备对这批产品采用重复抽样方式进行简单随机抽样检验，要求可靠程度达到 95%，允许误差不超过 0.9kg，试问需要抽取多少样本容量？

**解** 已知$\sigma = 5$，$\bar{x} = 70$，$1-\alpha = 5\%$，$z_{\alpha/2} = 1.96$，$E = 0.9$

$$n = \frac{z_{\alpha/2}^2 \sigma^2}{E^2} = \frac{1.96^2 \times 5^2}{0.9^2} = 118.6 \approx 119\,(\text{件})$$

即至少应抽取样本容量 119 件。

## 二、估计总体比例时样本容量的确定

估计总体比例时与估计总体均值时样本容量的确定方法类似，在重复抽样或无限总体抽样条件下，估计总体比例置信区间的边际误差为

$$E = z_{\alpha/2}\sqrt{\frac{\pi(1-\pi)}{n}} \tag{5-59}$$

由此可以推导出必要的样本容量的计算公式为

$$n = \frac{z_{\alpha/2}^2 \pi(1-\pi)}{E^2} \tag{5-60}$$

由于总体比例$\pi$是未知的，在实际应用中，一般可选择以下三种方法来确定总体比例的估计值：① 用以前调查获得的相同或相似的样本比例来代替，即$\hat{\pi} = p$；② 用试验调查的方法，选择一个初始样本，以该样本的样本比例作为总体比例的估计值，即$\hat{\pi} = p$；③ 如果①和②的方法均不可行，则选取$\hat{\pi} = 0.5$，这样获得的样本容量是最大的，可以保证达到希望的边际误差。

**【例 5-17】**某企业对一批产品进行质量检验，这批产品的总数为 5000，过去几次同类调查所得的产品合格率为 93%、95%和 96%，为了使合格率的允许误差不超过 3%，在 99.73%的概率下应抽取多少件产品？

**解** 已知$E = 3\%$，$1-\alpha = 99.73\%$，则$\alpha = 0.27\%$，查表得到$z_{\alpha/2} = 3$。过去的几次同类调查所得的产品合格率为 93%、95%和 96%，选择最接近 50%的样本比例作为总体比例的估计值，将$\hat{\pi} = p = 99.73\%$代入式(5-60)中，计算得到所需的样本容量为

$$n = \frac{z_{\alpha/2}^2 \pi(1-\pi)}{E^2} = \frac{3^2 \times 0.93 \times 0.07}{0.03^2} = 651\,(\text{件})$$

即应抽取 651 件产品进行质量检验才能满足要求。

## 三、估计两个总体均值之差时样本容量的确定

在估计两个总体均值之差时，样本容量的确定方法与上述类似。对于给定的边际误差 $E$ 和置信水平 $1-\alpha$，在重复抽样或无限总体抽样条件下，估计两个总体均值之差所需的样本容量为

$$n_1 = n_2 = \frac{z_{\alpha/2}^2(\sigma_1^2 + \sigma_2^2)}{E^2} \tag{5-61}$$

式中，$n_1$ 和 $n_2$ 分别为来自两个总体的样本所需的样本容量，假定两个样本容量相等；$\sigma_1^2$ 和 $\sigma_2^2$ 分别为两个正态总体的方差。

**【例 5-18】**一所中学想要估计试验班和普通班平均考试分数之差的置信区间。要求置信水平为 95%，预先估计两个班考试分数的方差分别为：试验班 $\sigma_1^2=90$，普通班 $\sigma_2^2=120$。如果要求估计的边际误差不超过 5 分，在两个班应分别抽取多少名学生进行调查(假定两个样本容量相等)？

**解**　已知 $\sigma_1^2=90$，$\sigma_2^2=120$；$E=5$，$1-\alpha=95\%$，$z_{\alpha/2}=1.96$。

根据式(5-61)，得到

$$n_1 = n_2 = \frac{z_{\alpha/2}^2(\sigma_1^2 + \sigma_2^2)}{E^2} = \frac{1.96^2 \times (90+120)}{5^2} = 32.269 \approx 33(\text{人})$$

即应各抽取 33 人作为样本大小。

## 四、估计两个总体比例之差时样本容量的确定

在估计两个总体比例之差时，样本容量的确定方法与上述类似。对于给定的边际误差 $E$ 和置信水平 $1-\alpha$，在重复抽样或无限总体抽样条件下，估计两个总体比例之差所需的样本容量为

$$n_1 = n_2 = \frac{z_{\alpha/2}^2[\pi_1(1-\pi_1) + \pi_2(1-\pi_2)]}{E^2} \tag{5-62}$$

式中，$n_1$ 和 $n_2$ 分别为来自两个总体的样本所需的样本容量，假定两个样本容量相等；$\pi_1$ 和 $\pi_2$ 分别为两个总体的比例。

**【例 5-19】**一家瓶装饮料制造商想要估计消费者对一种新型饮料认知的广告效果。于是在广告宣传前和广告宣传后在某个市场销售区各抽取一个消费者随机样本，并询问这些消费者是否知道这种新型饮料。若这位饮料制造商想以 10%的边际误差和 95%的置信水平估计广告宣传前后该新型饮料消费者的比例之差，应各抽取多少名消费者进行调查(假定两个样本容量相等)？

**解**　已知 $E=10\%$，$1-\alpha=95\%$，查表得到 $z_{\alpha/2}=z_{0.025}=1.96$。由于没有提供总体比例 $\pi_1$ 和 $\pi_2$ 的信息，因此，假定 $\pi_1=\pi_2=50\%$。

根据式(5-62)，得到

$$n_1 = n_2 = \frac{z_{\alpha/2}^2[\pi_1(1-\pi_1) + \pi_2(1-\pi_2)]}{E^2} = \frac{1.96^2 \times (0.5\times0.5 + 0.5\times0.5)}{0.1^2} = 192.08 \approx 193\,(\text{人})$$

即在广告宣传前后，应各抽取 193 名消费者进行调查。

# 第六节　统计软件应用

本书下载资源[①]中包含有进行参数估计的 Excel 2003 模板文件，文件名为“参数估计.xls”，该文件包含 11 个工作表，分别对应 11 种不同的参数估计类型。在实际操作时，读者只需确定所要进行的参数估计属于哪种类型，然后在相应的模板中输入样本数据，并对模板进行相应的参数设置，便可以自动生成参数估计的结果。

下面分别介绍这些模板的使用方法。

## 一、一个正态总体均值的区间估计(大样本)

第 1 步：选择工作表“一个正态总体均值(大样本)”。

第 2 步：将样本数据输入工作表，形成“样本数据区域”。

第 3 步：在图 5-7 中有底色区域的计算公式参数中选中样本数据区域，计算“样本容量”、“样本均值”和“样本方差”统计量值。输入“显著性水平”自定义参数值。

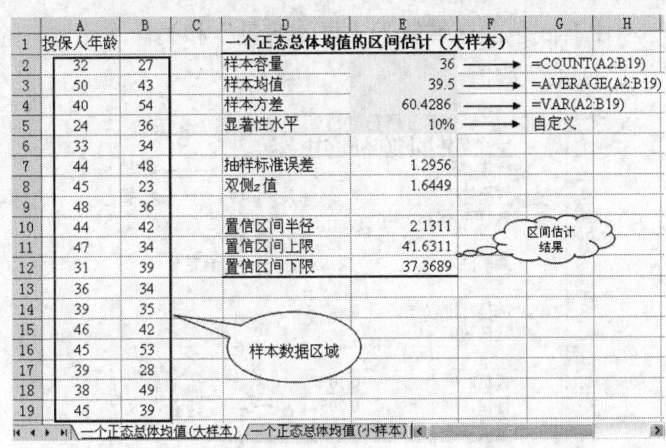

| | A | B | C | D | E | F | G | H |
|---|---|---|---|---|---|---|---|---|
| 1 | 投保人年龄 | | | 一个正态总体均值的区间估计（大样本） | | | | |
| 2 | 32 | 27 | | 样本容量 | 36 | | =COUNT(A2:B19) | |
| 3 | 50 | 43 | | 样本均值 | 39.5 | | =AVERAGE(A2:B19) | |
| 4 | 40 | 54 | | 样本方差 | 60.4286 | | =VAR(A2:B19) | |
| 5 | 24 | 36 | | 显著性水平 | 10% | | 自定义 | |
| 6 | 33 | 34 | | | | | | |
| 7 | 44 | 48 | | 抽样标准误差 | 1.2956 | | | |
| 8 | 45 | 23 | | 双侧z值 | 1.6449 | | | |
| 9 | 48 | 36 | | | | | | |
| 10 | 44 | 42 | | 置信区间半径 | 2.1311 | | | |
| 11 | 47 | 34 | | 置信区间上限 | 41.6311 | | | |
| 12 | 31 | 39 | | 置信区间下限 | 37.3689 | | | |
| 13 | 36 | 34 | | | | | | |
| 14 | 39 | 35 | | | | | | |
| 15 | 46 | 42 | | | | | | |
| 16 | 45 | 53 | | | | | | |
| 17 | 39 | 28 | | | | | | |
| 18 | 38 | 49 | | | | | | |
| 19 | 45 | 39 | | | | | | |



图 5-7　一个正态总体均值的区间估计(大样本)示例

第 4 步：第 3 步完成后，表中其他统计量的值就会自动生成，区间估计的结果也在表中自动显示出来。

## 二、一个正态总体均值的区间估计(小样本)

第 1 步：选择工作表“一个正态总体均值(小样本)”。

第 2 步：将样本数据输入工作表，形成“样本数据区域”。

第 3 步：在图 5-8 中有底色区域的计算公式参数中选中样本数据区域，计算“样本容量”、“样本均值”和“样本方差”统计量值。输入“显著性水平”自定义参数值。

第 4 步：第 3 步完成后，表中其他统计量的值就会自动生成，区间估计的结果也在表中自动显示出来。

① 网址：http://sem.buaa.edu.cn/Sem2010/Teacher/Templet/NewDetail_PL.aspx?cwid=1433&tid=118

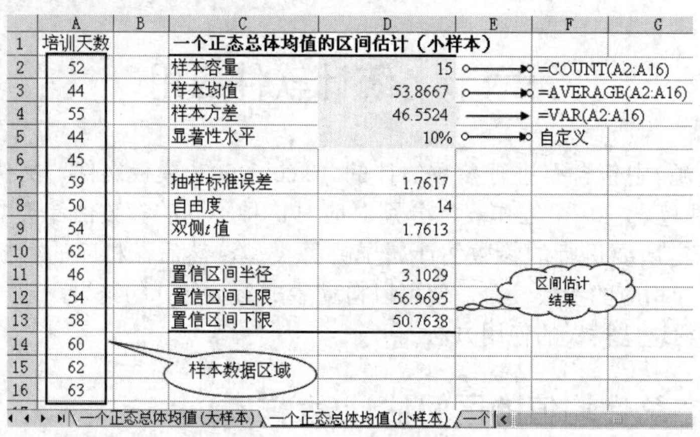

| | A | B | C | D | E | F | G |
|---|---|---|---|---|---|---|---|
| 1 | 培训天数 | | 一个正态总体均值的区间估计（小样本） | | | | |
| 2 | 52 | | 样本容量 | 15 | → | =COUNT(A2:A16) | |
| 3 | 44 | | 样本均值 | 53.8667 | → | =AVERAGE(A2:A16) | |
| 4 | 55 | | 样本方差 | 46.5524 | → | =VAR(A2:A16) | |
| 5 | 44 | | 显著性水平 | 10% | → | 自定义 | |
| 6 | 45 | | | | | | |
| 7 | 59 | | 抽样标准误差 | 1.7617 | | | |
| 8 | 50 | | 自由度 | 14 | | | |
| 9 | 54 | | 双侧$t$值 | 1.7613 | | | |
| 10 | 62 | | | | | | |
| 11 | 46 | | 置信区间半径 | 3.1029 | | | |
| 12 | 54 | | 置信区间上限 | 56.9695 | | | |
| 13 | 58 | | 置信区间下限 | 50.7638 | | | |
| 14 | 60 | | | | | | |
| 15 | 62 | | | | | | |
| 16 | 63 | | | | | | |



图 5-8　一个正态总体均值的区间估计(小样本)示例

## 三、一个总体比例的区间估计

第 1 步：选择工作表“一个总体比例”。

第 2 步：在图 5-9 中有底色的区域输入“样本容量”和“样本比例”的统计计算结果，输入“显著性水平”自定义参数值。

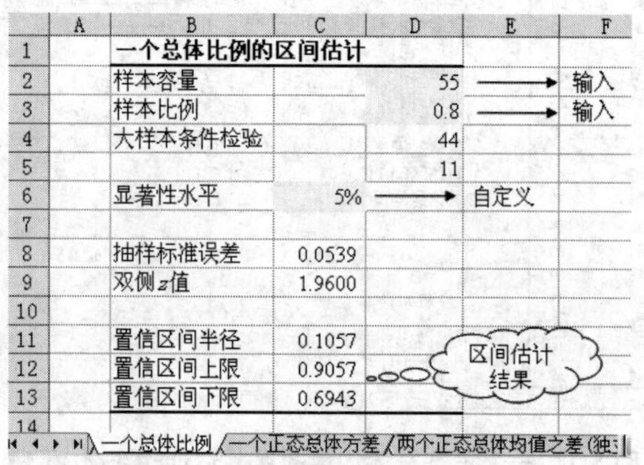

| | A | B | C | D | E | F |
|---|---|---|---|---|---|---|
| 1 | | 一个总体比例的区间估计 | | | | |
| 2 | | 样本容量 | | 55 | → | 输入 |
| 3 | | 样本比例 | | 0.8 | → | 输入 |
| 4 | | 大样本条件检验 | | 44 | | |
| 5 | | | | 11 | | |
| 6 | | 显著性水平 | 5% | → | 自定义 | |
| 7 | | | | | | |
| 8 | | 抽样标准误差 | 0.0539 | | | |
| 9 | | 双侧$z$值 | 1.9600 | | | |
| 10 | | | | | | |
| 11 | | 置信区间半径 | 0.1057 | | | |
| 12 | | 置信区间上限 | 0.9057 | | | |
| 13 | | 置信区间下限 | 0.6943 | | | |
| 14 | | | | | | |



图 5-9　一个总体比例的区间估计示例

第 3 步：第 2 步完成后，表中其他统计量的值就会自动生成，区间估计的结果也在表中自动显示出来。

## 四、一个正态总体方差的区间估计

第 1 步：选择工作表“一个正态总体方差”。

第 2 步：将样本数据输入工作表，形成“样本数据区域”。

第 3 步：在图 5-10 中有底色区域的计算公式参数中选中样本数据区域，计算“样本容量”、“样本均值”和“样本方差”统计量值。输入“显著性水平”自定义参数值。

第 4 步：第 3 步完成后，表中其他统计量的值就会自动生成，区间估计的结果也在表中自动显示出来。

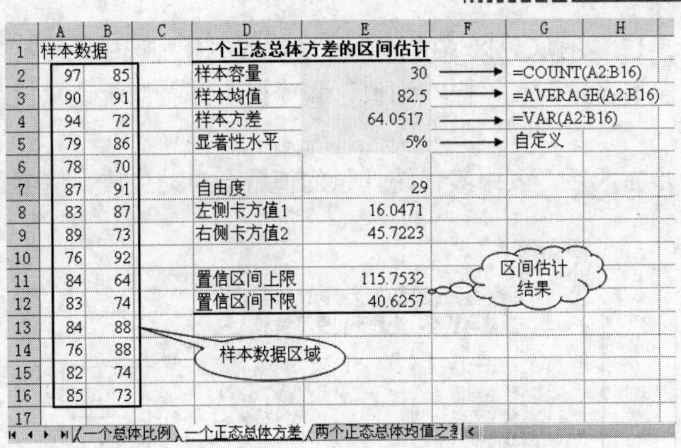

| | A | B | C | D | E | F | G | H |
|---|---|---|---|---|---|---|---|---|
| 1 | 样本数据 | | | 一个正态总体方差的区间估计 | | | | |
| 2 | 97 | 85 | | 样本容量 | 30 | → | =COUNT(A2:B16) | |
| 3 | 90 | 91 | | 样本均值 | 82.5 | → | =AVERAGE(A2:B16) | |
| 4 | 94 | 72 | | 样本方差 | 64.0517 | → | =VAR(A2:B16) | |
| 5 | 79 | 86 | | 显著性水平 | 5% | → | 自定义 | |
| 6 | 78 | 70 | | | | | | |
| 7 | 87 | 91 | | 自由度 | 29 | | | |
| 8 | 83 | 87 | | 左侧卡方值1 | 16.0471 | | | |
| 9 | 89 | 73 | | 右侧卡方值2 | 45.7223 | | | |
| 10 | 76 | 92 | | | | | | |
| 11 | 84 | 64 | | 置信区间上限 | 115.7532 | | | |
| 12 | 83 | 74 | | 置信区间下限 | 40.6257 | | | |
| 13 | 84 | 88 | | | | | | |
| 14 | 76 | 88 | | | | | | |
| 15 | 82 | 74 | | | | | | |
| 16 | 85 | 73 | | | | | | |
| 17 | | | | | | | | |



图 5-10　一个正态总体方差的区间估计示例

## 五、两个正态总体均值之差的区间估计(独立样本、大样本)

第 1 步：选择工作表“两个正态总体均值之差(独立样本，大样本)”。

第 2 步：将两组样本数据输入工作表，形成“样本 A”和“样本 B”数据区域。

第 3 步：在图 5-11 中有底色区域的计算公式参数中分别选中两个样本数据区域，计算两个样本的“样本容量”、“样本均值”和“样本方差”统计量值。输入“显著性水平”自定义参数值。

第 4 步：第 3 步完成后，表中其他统计量的值就会自动生成，区间估计的结果也在表中自动显示出来。

| | A | B | C | D | E | F | G | H | I | J | K | L |
|---|---|---|---|---|---|---|---|---|---|---|---|---|
| 1 | A | | B | | | 两个正态总体均值之差的区间估计 | | | | | | |
| 2 | 97 | 85 | 64 | 91 | | （独立样本，大样本） | | | | | | |
| 3 | 90 | 91 | 85 | 78 | | | | A | B | | | |
| 4 | 94 | 72 | 72 | 87 | | 样本容量 | | 30 | 40 | → | =COUNT(C2:D21) | |
| 5 | 79 | 86 | 64 | 93 | | 样本均值 | | 82.5 | 78 | → | =AVERAGE(C2:D21) | |
| 6 | 78 | 70 | 74 | 89 | | 样本方差 | | 64.0517 | 100 | → | =VAR(C2:D21) | |
| 7 | 87 | 91 | 93 | 79 | | 显著性水平 | 5% | →自定义 | | | | |
| 8 | 样本A | | 样本B | | | | | | | | =COUNT(A2:B16) | |
| 9 | 89 | 73 | 79 | 65 | | 样本均值之差 | 4.5 | | | | =AVERAGE(A2:B16) | |
| 10 | 76 | 92 | 79 | 78 | | 抽样标准误差 | 2.1529 | | | | =VAR(A2:B16) | |
| 11 | 84 | 64 | 75 | 66 | | 双侧 $z$ 值 | 1.9600 | | | | | |
| 12 | 83 | 74 | 66 | 84 | | | | | | | | |
| 13 | 84 | 88 | 83 | 85 | | 置信区间半径 | 4.2196 | | | | | |
| 14 | 76 | 88 | 74 | 85 | | 置信区间上限 | 8.7196 | | | | | |
| 15 | 82 | 74 | 70 | 84 | | 置信区间下限 | 0.2804 | | | | | |
| 16 | 85 | 73 | 82 | 59 | | | | | | | | |
| 17 | | | 82 | 62 | | | | | | | | |
| 18 | | | 75 | 91 | | | | | | | | |
| 19 | | | 78 | 83 | | | | | | | | |
| 20 | | | 99 | 80 | | | | | | | | |
| 21 | | | 57 | 76 | | | | | | | | |

区间估计结果　样本数据区域　两个正态总体均值之差(独立样本，大样本)　两个正态总体均值之差(

图 5-11　两个正态总体均值之差的区间估计(独立样本，大样本)示例

## 六、两个正态总体均值之差的区间估计(独立样本、小样本、等方差)

第 1 步：选择工作表“两个正态总体均值之差(独立样本，小样本，等方差)”。

第 2 步：将两组样本数据输入工作表，形成“样本 A”和“样本 B”数据区域。

第 3 步：在图 5-12 中有底色区域的计算公式参数中分别选中两个样本数据区域，分别计算两个样本的“样本容量”、“样本均值”和“样本方差”统计量值。输入“显著性水平”自定义参数值。

第 4 步：第 3 步完成后，表中其他统计量的值就会自动生成，区间估计的结果也在表中自动显示出来。

| | A | B | C | D | E | F | G | H | I | J |
|---|---|---|---|---|---|---|---|---|---|---|
| 1 | 旧软件 | 新软件 | | 两个正态总体均值之差的区间估计 | | | | | | |
| 2 | 300 | 276 | | （独立样本，小样本，等方差） | | | | | | |
| 3 | 280 | 222 | | | | 旧软件 | 新软件 | | | |
| 4 | 344 | 310 | | 样本容量 | | 12 | 12 | → | =COUNT(B2:D13) | |
| 5 | 385 | 338 | | 样本均值 | | 325 | 288 | → | =AVERAGE(B2:B13) | |
| 6 | 372 | 200 | | 样本方差 | | 1599.6364 | 1935.8182 | → | =VAR(B2:B13) | |
| 7 | 360 | 302 | | 显著性水平 | 5% | → 自定义 | | | | |
| 8 | 288 | 317 | | | | | | | =COUNT(A2:A13) | |
| 9 | 321 | 260 | | 样本均值之差 | 37 | | | | =AVERAGE(A2:A13) | |
| 10 | 376 | 320 | | 自由度 | 22 | 11 | 11 | | =VAR(A2:A13) | |
| 11 | 290 | 312 | | 合并方差 | 1767.7273 | | | | | |
| 12 | 301 | 334 | | 抽样标准误差 | 17.1645 | | | | | |
| 13 | 283 | 265 | | 双侧$t$值 | 2.0739 | | | | | |
| 14 | 样本A | 样本B | | | | | | | | |
| 15 | | | | 置信区间半径 | 35.5971 | | | | | |
| 16 | | | | 置信区间上限 | 72.5971 | 区间估计结果 | | | | |
| 17 | 样本数据区域 | | | 置信区间下限 | 1.4029 | | | | | |

两个正态总体均值之差(独立样本，小样本，等方差) / 两个正态总体均

图 5-12　两个正态总体均值之差的区间估计(独立样本，小样本，等方差)示例

## 七、两个正态总体均值之差的区间估计(独立样本，小样本，异方差)

第 1 步：选择工作表“两个正态总体均值之差(独立样本，小样本，异方差)”。

第 2 步：将两组样本数据输入工作表，形成“样本 A”和“样本 B”数据区域。

第 3 步：在图 5-13 中有底色区域的计算公式参数中分别选中两个样本数据区域，分别计算两个样本的“样本容量”、“样本均值”和“样本方差”统计量值。输入“显著性水平”自定义参数值。

| | A | B | C | D | E | F | G | H | I | J |
|---|---|---|---|---|---|---|---|---|---|---|
| 1 | 旧软件 | 新软件 | | 两个正态总体均值之差的区间估计 | | | | | | |
| 2 | 300 | 276 | | （独立样本，小样本，异方差） | | | | | | |
| 3 | 280 | 222 | | | | 旧软件 | 新软件 | | | |
| 4 | 344 | 310 | | 样本容量 | | 12 | 12 | → | =COUNT(B2:D13) | |
| 5 | 385 | 338 | | 样本均值 | | 325 | 288 | → | =AVERAGE(B2:B13) | |
| 6 | 372 | 200 | | 样本方差 | | 1599.6364 | 1935.8182 | → | =VAR(B2:B13) | |
| 7 | 360 | 302 | | 显著性水平 | 5% | → 自定义 | | | | |
| 8 | 288 | 317 | | | | | | | =COUNT(A2:A13) | |
| 9 | 321 | 260 | | 样本均值之差 | 37 | | | | =AVERAGE(A2:A13) | |
| 10 | 376 | 320 | | 修正自由度 | 21.8029 | | | | =VAR(A2:A13) | |
| 11 | 290 | 312 | | 双侧$t$值 | 2.0796 | | | | | |
| 12 | 301 | 334 | | 抽样标准误差 | 17.1645 | | | | | |
| 13 | 283 | 265 | | | | | | | | |
| 14 | 样本A | 样本B | | 置信区间半径 | 35.6956 | | | | | |
| 15 | | | | 置信区间上限 | 72.6956 | 区间估计结果 | | | | |
| 16 | | | | 置信区间下限 | 1.3044 | | | | | |
| 17 | 样本数据区域 | | | | | | | | | |

两个正态总体均值之差(独立样本，小样本，异方差) / 两个正态总体

图 5-13　两个正态总体均值之差的区间估计(独立样本，小样本，异方差)示例

第 4 步：第 3 步完成后，表中其他统计量的值就会自动生成，区间估计的结果也在表中自动显示出来。

## 八、两个正态总体均值之差的区间估计(配对样本、大样本)

第 1 步：选择工作表“两个正态总体均值之差(配对样本，大样本)”。

第 2 步：将两组样本数据输入工作表，形成“样本 A”和“样本 B”数据区域。

第 3 步：根据两组配对样本数据，计算“差值”，形成新的“样本数据区域”，即“差值样本数据区域”。

第 4 步：在图 5-14 中有底色区域的计算公式参数中选中“样本数据区域”，计算差值样本的“样本容量”、“样本均值”和“样本方差”统计量值。输入“显著性水平”自定义参数值。

| | A | B | C | D | E | F | G | H | I | J |
|---|---|---|---|---|---|---|---|---|---|---|
| 1 | A | B | 差值 | | 两个正态总体均值之差的区间估计 | | | | | |
| 2 | 97 | 64 | 33 | | （配对样本，大样本） | | | | | |
| 3 | 90 | 85 | 5 | | 样本容量 | | 30 | | =COUNT(C2:C31) | |
| 4 | 94 | 72 | 22 | | 样本均值 | | 4.8 | | =AVERAGE(C2:C31) | |
| 5 | 79 | 64 | 15 | | 样本方差 | | 143.6828 | | =VAR(C2:C31) | |
| 6 | 78 | 74 | 4 | | 显著性水平 | | 10% | | 自定义 | |
| 7 | 87 | 93 | -6 | | | | | | | |
| 8 | 83 | 70 | 13 | | 抽样标准误差 | | 2.1885 | | | |
| 9 | 89 | 79 | 10 | | 双侧z值 | | 1.6449 | | | |
| 10 | 76 | 79 | -3 | | | | | | | |
| 11 | 84 | 75 | 9 | | 置信区间半径 | | 3.5997 | | | |
| 12 | 83 | 66 | 17 | | 置信区间上限 | | 8.3997 | | | |
| 13 | 84 | 83 | 1 | | 置信区间下限 | | 1.2003 | | | |
| 14 | 76 | 74 | 2 | | | | | | | |
| 15 | 82 | 70 | 12 | | | | | | | |
| 16 | 85 | 82 | 3 | | | | | | | |
| 17 | 85 | 82 | 3 | | | | | | | |
| | | | .... | | | | | | | |
| 28 | 88 | 84 | 4 | | | | | | | |
| 29 | 88 | 65 | 23 | | | | | | | |
| 30 | 74 | 78 | -4 | | | | | | | |
| 31 | 73 | 66 | 7 | | | | | | | |



图 5-14　两个正态总体均值之差的区间估计(配对样本、大样本)示例

第 5 步：第 4 步完成后，表中其他统计量的值就会自动生成，区间估计的结果也在表中自动显示出来。

## 九、两个正态总体均值之差的区间估计(配对样本、小样本)

第 1 步：选择工作表“两个正态总体均值之差(配对样本，小样本)”。

第 2 步：将两组样本数据输入工作表，形成“样本 A”和“样本 B”数据区域。

第 3 步：根据两组配对样本数据，计算“差值”，形成新的“样本数据区域”，即“差值样本数据区域”。

第 4 步：在图 5-15 中有底色区域的计算公式参数中选中“样本数据区域”，计算差值样本的“样本容量”、“样本均值”和“样本方差”统计量值。输入“显著性水平”自定义参数值。

第 5 步：第 4 步完成后，表中其他统计量的值就会自动生成，区间估计的结果也在表中自动显示出来。

| | A | B | C | D | E | F | G | H | I | J | K |
|---|---|---|---|---|---|---|---|---|---|---|---|
| 1 | 学生 | 试卷A | 试卷B | 差值 | | 两个正态总体均值之差的区间估计 | | | | | |
| 2 | 1 | 78 | 71 | 7 | | （配对样本，小样本） | | | | | |
| 3 | 2 | 63 | 44 | 19 | | 样本容量 | | 10 | ——→ | =COUNT(D2:D11) | |
| 4 | 3 | 72 | 61 | 11 | | 样本均值 | | 11 | ——→ | =AVERAGE(D2:D11) | |
| 5 | 4 | 89 | 84 | 5 | | 样本方差 | | 42.6667 | ——→ | =VAR(D2:D11) | |
| 6 | 5 | 91 | 74 | 17 | | 显著性水平 | | 5% | ——→ | 自定义 | |
| 7 | 6 | 49 | 51 | -2 | | | | | | | |
| 8 | 7 | 68 | 55 | 13 | | 抽样标准误差 | | 2.0656 | | | |
| 9 | 8 | 76 | 60 | 16 | | 自由度 | | 9 | | | |
| 10 | 9 | 85 | 77 | 8 | | 双侧$t$值 | | 2.2622 | | | |
| 11 | 10 | 55 | 39 | 16 | | | | | | | |
| 12 | | | | | | 置信区间半径 | | 4.6727 | | | |
| 13 | | | | 样本数据区域 | | 置信区间上限 | | 15.6727 | 区间估计结果 | | |
| 14 | | | | | | 置信区间下限 | | 6.3273 | | | |
| 15 | | | | | | | | | | | |
| 16 | | | | | | | | | | | |
| 17 | | | | | | | | | | | |

两个正态总体均值之差(配对样本，小样本) / 两个正态总体值

图 5-15　两个正态总体均值之差的区间估计(配对样本，小样本)示例

## 十、两个总体比例之差的区间估计

第 1 步：选择工作表“两个总体比例之差”。

第 2 步：在图 5-16 中有底色的区域分别输入两个样本的“样本容量”和“样本比例”的统计计算结果，输入“显著性水平”自定义参数值。

第 3 步：第 2 步完成后，表中其他统计量的值就会自动生成，区间估计的结果也在表中自动显示出来。

| | A | B | C | D | E | F |
|---|---|---|---|---|---|---|
| 1 | 两个总体比例之差的区间估计 | | | | | |
| 2 | | | A | B | | |
| 3 | 样本容量 | | 200 | 300 | ——→ | 输入 |
| 4 | 样本比例 | | 0.22 | 0.16 | ——→ | 输入 |
| 5 | 大样本条件检验 | | 44 | 48 | | |
| 6 | | | 156 | 252 | | |
| 7 | 显著性水平 | 5% | ——→ | 自定义 | | |
| 8 | | | | | | |
| 9 | 样本比例之差 | 0.06 | | | | |
| 10 | 抽样标准误差 | 0.0361 | | | | |
| 11 | 双侧$z$值 | 1.9600 | | | | |
| 12 | | | | | | |
| 13 | 置信区间半径 | 0.0708 | | | | |
| 14 | 置信区间上限 | 0.1308 | 区间估计结果 | | | |
| 15 | 置信区间下限 | -0.0108 | | | | |

两个总体比例之差 / 两个正态总体方差之比 /

图 5-16　两个总体比例之差的区间估计示例

## 十一、两个正态总体方差之比的区间估计

第 1 步：选择工作表“两个正态总体方差之比”。

第 2 步：将两组样本数据输入工作表，“形成样本 A”和“样本 B”数据区域。

第 3 步：在图 5-17 中有底色区域的计算公式参数中分别选中两个样本数据区域，分别计算两个样本的“样本容量”、“样本均值”和“样本方差”统计量值。输入“显著性水

平”自定义参数值。

第 4 步：第 3 步完成后，表中其他统计量的值就会自动生成，区间估计的结果也在表中自动显示出来。

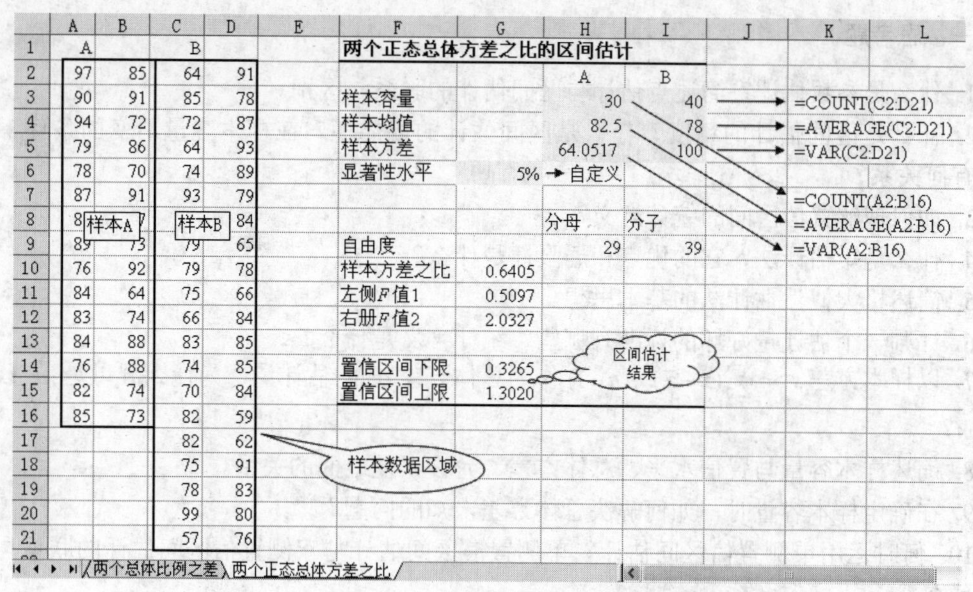

| | A | B | C | D | E | F | G | H | I | J | K | L |
|---|---|---|---|---|---|---|---|---|---|---|---|---|
| 1 | A | | B | | | 两个正态总体方差之比的区间估计 | | | | | | |
| 2 | 97 | 85 | 64 | 91 | | | | A | B | | | |
| 3 | 90 | 91 | 85 | 78 | | 样本容量 | | 30 | 40 | | =COUNT(C2:D21) | |
| 4 | 94 | 72 | 72 | 87 | | 样本均值 | | 82.5 | 78 | | =AVERAGE(C2:D21) | |
| 5 | 79 | 86 | 64 | 93 | | 样本方差 | | 64.0517 | 100 | | =VAR(C2:D21) | |
| 6 | 78 | 70 | 74 | 89 | | 显著性水平 | 5% | 自定义 | | | | |
| 7 | 87 | 91 | 93 | 79 | | | | | | | =COUNT(A2:B16) | |
| 8 | 8 | | | 84 | | | | 分母 | 分子 | | =AVERAGE(A2:B16) | |
| 9 | 89 | 73 | 79 | 65 | | 自由度 | | 29 | 39 | | =VAR(A2:B16) | |
| 10 | 76 | 92 | 79 | 78 | | 样本方差之比 | 0.6405 | | | | | |
| 11 | 84 | 64 | 75 | 66 | | 左侧F值1 | 0.5097 | | | | | |
| 12 | 83 | 74 | 66 | 84 | | 右册F值2 | 2.0327 | | | | | |
| 13 | 84 | 88 | 83 | 85 | | | | | | | | |
| 14 | 76 | 88 | 74 | 85 | | 置信区间下限 | 0.3265 | | | | | |
| 15 | 82 | 74 | 70 | 84 | | 置信区间上限 | 1.3020 | | | | | |
| 16 | 85 | 73 | 82 | 59 | | | | | | | | |
| 17 | | | 82 | 62 | | | | | | | | |
| 18 | | | 75 | 91 | | | | | | | | |
| 19 | | | 78 | 83 | | | | | | | | |
| 20 | | | 99 | 80 | | | | | | | | |
| 21 | | | 57 | 76 | | | | | | | | |



图 5-17　两个正态总体方差之比的区间估计示例

# 本 章 小 结

(1) 参数估计是用样本统计量去估计未知的总体参数。参数估计有点估计和区间估计两种方法。点估计是用样本统计量值直接作为总体参数的估计值；区间估计是根据给定的可靠程度的要求，指出总体参数被估计的上限和下限。

(2) 在进行区间估计时，应考虑置信概率、置信区间与样本容量三者之间的关系。在样本容量一定的情况下，估计的置信区间越长，总体参数被包含在该区间的概率就越大，估计的可靠性也就越大；在相同的置信水平要求下，样本容量越大，样本包含的总体信息越多，构造的置信区间越短，估计的精度越高。

(3) 点估计的方法有矩估计法、极大似然估计法等。点估计的优良性准则有无偏性、有效性和一致性。

(4) 一个总体参数的区间估计有总体均值 $\mu$ 、总体比例 $\pi$ 和总体方差 $\sigma^2$ 。估计的条件不同，如总体分布是否已知、总体方差是否已知或相等、大样本还是小样本决定了总体参数区间估计表达式的不同。

(5) 两个总体参数的比较，即比较两个总体的均值、两个总体的比例和两个总体的方差是否存在显著差异，一般可以通过两个总体均值之差 $(\mu_1-\mu_2)$ 、两个总体比例之差 $(\pi_1-\pi_2)$ 、两个总体方差之比 $(\sigma_1^2/\sigma_2^2)$ 的区间估计来进行比较。

(6) 决定样本容量大小的因素有三个：边际误差 $E$ 的大小、估计的可靠程度 $1-\alpha$ 的高低、总体方差 $\sigma^2$ 的大小。

# 思考与练习题

## 一、思考题

1. 什么是参数估计？简述点估计与区间估计的联系与区别。

2. 什么是区间估计的精度？什么是区间估计的可靠性？在样本容量不变的条件下，两者有何关系？

3. 如何理解置信区间的统计意义？

4. 什么是矩估计法？它的优点和局限性是什么？

5. 简述极大似然估计法的基本思想。

6. 评判一个估计量好坏的标准有哪些？统计含义是什么？

7. 以样本方差 $s^2=\sum(x-\overline{x})^2/(n-1)$ 作为总体方差 $\sigma^2$ 的估计量，为什么分母是 $n-1$ 而不是 $n$？

8. 简述样本容量与置信水平、总体方差、允许误差之间的关系。

9. 在确定样本容量时，如何解决总体方差未知的问题？

10. 何时运用单侧置信区间估计？单侧置信区间估计与双侧置信区间估计的联系与区别是什么？

11. 解释在两个总体均值之差的参数估计中独立样本和配对样本的统计意义。

## 二、练习题

1. 已知一批灯泡的寿命服从正态分布 $N(\mu,\sigma^2)$，现从中随机抽取 4 只，测得其使用寿命分别为 1502，1453，1367，1650。试用矩估计法估计这批灯泡使用寿命的均值 $\mu$ 和方差 $\sigma^2$。

2. 设总体 $X$ 在 $[a,b]$ 上服从均匀分布，其概率密度函数为

$$f(x)=\begin{cases}\dfrac{1}{b-a},a\leqslant x\leqslant b\\ 0,\quad 其他\end{cases}$$

$X_1,X_2,\cdots,X_n$ 为一个随机样本，试用矩估计法和极大似然估计法分别估计均匀分布的两个参数 $a$，$b$。

3. 某高校在校大学生人数约 10000 人，抽取 200 名学生组成一个简单随机样本，调查得到人均月生活费支出为 800 元，标准差为 300 元，月生活费支出在 1000 元以上的学生占 20%。要求：

(1) 以 95%的概率估计该校大学生平均月生活费支出的区间范围；

(2) 以 95%的概率估计月生活费支出在 1000 元以上的学生的比例；

(3) 在估计的可靠度不变的条件下，若以上估计要求的估计误差缩小一半，则各需要调查多少学生？

4. 某地区从 10000 亩水稻田中，以不重复抽样方法随机抽取 100 亩水稻田进行产量调查，实测计算平均亩产 600 公斤，标准差为 72.6 公斤。试求：

(1) 以 99.73%的可靠程度估计平均亩产量；

(2) 若要求估计的极限误差不超过 14.4 亩，则其估计的概率可靠程度为多少？

(3) 若要求估计的极限误差不超过 14.4 亩，估计的概率可靠度不变，则至少需要抽取多少亩水稻田？

5. 某公司为了研究其职员上班从家到单位的距离，抽取了由 16 人组成的一个随机样本，他们到单位的距离(单位：km)分别为

10，3，14，8，6，9，12，11，7，5，10，15，9，16，13，2

试求该公司职员上班从家到单位的平均距离的 90%的置信区间。

6. 生产隐性眼镜的某公司生产的一种新的型号，据说其寿命比旧型号的寿命长。请 6 名顾客对该新型眼镜做测试，得出平均寿命为 4.6 年，标准差为 0.49 年。构造该新型眼镜的平均寿命 90%的置信区间，该估计的误差为多少？

7. 顾客到银行办理业务时往往需要等待，某银行共有 3 个业务窗口，可采取两种排队方式：第一种排队方式，所有顾客进入一个排队等待队列；第二种排队方式，顾客可随机挑选 3 个窗口前的一个队列进行排队等待。该银行分别采用两种方式试验了一段时间，得到以下顾客等待时间的数据：

第一种排队方式：$n_1 = 10$，$\bar{x}_1 = 7.15$，$s_1^2 = 0.2272$

第二种排队方式：$n_2 = 10$，$\bar{x}_2 = 7.15$，$s_2^2 = 0.9850$

试估计两种排队方式顾客平均等待时间，你认为哪种排队方式更好？($\alpha = 0.05$)

8. 某车间研究用两种不同的工艺组装某种产品所用时间是否相同。让一个组的 10 名工人用第一种工艺组装该种产品，平均所需时间为 26.1 分钟，样本标准差为 12 分钟。另一组 8 名工人用第二种工艺组装，平均所需时间为 17.6 分钟，样本标准差为 10.5 分钟。已知用两种工艺组装产品所用时间服从正态分布，且 $\sigma_1^2 = \sigma_2^2$，试问能否认为用第二方法组装比第一种方法更好？($\alpha = 0.05$)

9. 在一项舆论调查中，就获得新闻的来源问题，调查人员随机访问了 200 人，其中有 110 人认为，他们获得新闻的主要渠道是电视。试求：

(1) 对总人群中认为电视是获得新闻来源主要渠道的比例进行点估计，并在 95%的置信水平下进行区间估计；

(2) 若要求置信水平为 90%，抽样允许误差不超过 5%，问样本规模应该多大才能满足要求。

10. 在 14 对条件相同的地块上分别播下种籽 *A* 和种籽 *B*，其收获量(单位：kg)记录如表 5-3 所示。试比较两种种籽的平均收获量是否存在显著差异($\alpha = 0.05$)。

**表 5-3　两种种籽的平均收获量**

kg

| *A* 种籽 | 33 | 18 | 40 | 50 | 54 | 30 | 39 | 44 | 25 | 46 | 36 | 53 | 35 | 42 |
|---|---|---|---|---|---|---|---|---|---|---|---|---|---|---|
| *B* 种籽 | 48 | 17 | 24 | 22 | 38 | 41 | 20 | 43 | 37 | 47 | 13 | 27 | 30 | 25 |

11. 某研究所对 10 对双胞胎儿童的智力进行调查，结果如表 5-4 所示，试比较双胞胎智力是否存在差异性。($\alpha = 0.05$)

表 5-4　10 对双胞胎儿童的智力

| 双胞胎编号 | 1 | 2 | 3 | 4 | 5 | 6 | 7 | 8 | 9 | 10 |
|---|---|---|---|---|---|---|---|---|---|---|
| 先出生儿童(X) | 9.0 | 16.6 | 16.2 | 11.3 | 16.3 | 7.1 | 7.8 | 4.0 | 11.2 | 1.3 |
| 后出生儿童(Y) | 7.8 | 19.3 | 20.1 | 7.1 | 13.0 | 4.8 | 8.9 | 7.4 | 10.0 | 1.5 |

# 案 例 分 析

## 汽车传动系统故障的调查分析

Metroplitan Research有限公司是一家消费者研究组织，它设计调查，对消费者所使用的大量的产品和服务进行评估。在某一项研究中，Metroplitan Research调查消费者对底特律某个主要制造商所生产的汽车的性能的满意程度。分发给该制造商所生产的一种最大型号小汽车用户的调查表表明，许多人抱怨该车早期传动系统不佳。为了更好地了解传动系统的问题，Metroplitan Research采用底特律地区一个修理企业所提供的实际传动系统的维修记录为样本。表 5-5 中的数据为 50 辆汽车传动系统出现故障时所行驶的实际里程(单位：英里)的数据。

表 5-5　50 辆汽车传动系统出现故障时所行驶的实际里程的数据

英里

| | | | | | | | | | |
|---|---|---|---|---|---|---|---|---|---|
| 85092 | 32609 | 59465 | 77437 | 32534 | 64090 | 32464 | 59902 | 39323 | 89641 |
| 94219 | 116803 | 92857 | 63436 | 65605 | 85861 | 64342 | 61978 | 67998 | 59817 |
| 101769 | 95774 | 121352 | 69598 | 74276 | 66998 | 40001 | 72069 | 25066 | 77098 |
| 69922 | 35662 | 74425 | 67202 | 118444 | 53500 | 79294 | 64544 | 86813 | 116269 |
| 37831 | 89341 | 73341 | 85288 | 138114 | 53402 | 85586 | 82256 | 77539 | 88798 |

管理报告：

(1) 用适当的描述统计量汇总传动系统数据。

(2) 求曾经出现过传动系统问题的汽车总体中在出现传动系统问题时所行驶里程的均值的 95%置信区间，并对该区间估计做出管理上的解释。

(3) 按照一些汽车用户曾经经历过的早期传动系统失灵的说法，你的统计结果说明了什么？

(4) 如果 Metroplitan Research 想在 5000 英里的允许误差下，估计出现传动系统问题时所行驶里程的均值，则应选取多大的样本容量？取置信度为 95%。

(5) 为了更全面地对该传动系统问题作出评价，还需要收集一些什么样的信息？

(案例来源：(美)Anderson D R，Sweeney D J，Williams T A．商务与经济统计[M]．张建华，王健，冯燕奇，等译．北京：机械工业出版社，2000.)

**分析与提示：** 采用描述统计方法对数据进行整理、归纳。从汽车生产商提供售后服务保证的角度对置信区间进行管理上的解释。通过对数据分布形态的分析说明早期故障是否存在。

# 第六章　抽样调查基础

**【本章导读及学习目标】**

抽样调查是统计学中两个具体研究样本获得方法的分支之一(另外一个是本书第八章讨论的试验设计)，它按一定的程序从所研究的对象的全体(总体)中抽取一部分(样本)进行调查或者观测，再根据获得的样本数据对总体的未知参数做推断(本章主要是估计)。抽样调查有较深的数学处理，本章只介绍一些基础。本章的主要目的是掌握几类重要的随机抽样以及系统抽样的基本思想，掌握简单随机抽样的样本容量确定方法，了解其他几类随机抽样的样本配置方法，掌握各类抽样的总体参数的简单估计方法，了解估计量的方差性质，知道比估计的概念。

## 第一节　基 本 概 念

抽样调查涉及的概念比较多。首先对抽样(sampling)做一个大的分类：概率抽样(probability sampling)和非概率抽样(non-probability sampling)，其中概率抽样又可以称为随机抽样(random sampling)。概率抽样具有以下几个基本特点：①能够确切地定义(或区分)不同的样本，即能够明确表明一个确定的样本包含哪些个体；②对每个可能的样本，都赋予一个被抽到的概率；③通过某种随机形式从总体中抽取一个样本，使这个样本被抽中的概率等于所赋予的概率；④从样本估计总体参数时需要与抽样概率相联系。概率抽样的优点在于可以估计抽样误差，可获得估计的精度。非概率抽样主要依赖主观判断，或根据操作方便的原则进行。非概率抽样一般不能估计其抽样误差。本章的重点是概率抽样，对非概率抽样只讨论系统抽样。

抽样可以逐个进行，即每次只从总体中抽取一个个体(或单元)，也可以整个样本一次同时抽取。在逐个抽取时，每次被抽到的个体可以不放回也可以重新放回整体中去，前者称为不放回抽样(sampling without replacement)，后者称为放回抽样(sampling with replacement)。如果整个样本一次同时抽取也是一种不放回抽样。另外，当抽取总体中的每个个体时，个体被抽中的概率可以是相等的，也可以是不等的。前者称为等概率抽样(sampling with equal probabilities)，后者称为不等概率抽样(sampling with unequal probabilities)。

### 一、抽样单元和抽样框

为使抽样能够实施，同时也为了具体抽样的便利，通常将总体划分成互不重叠且有穷尽的若干部分，每个部分称为一个抽样单元(sampling unit)。

抽样单元不一定就是组成整体的最小单位。如在电视剧收视率抽样调查中，可以将每个电视观众作为抽样单元，也可以将每个拥有电视机的家庭作为抽样单元；在人口变动量抽样调查中可以将县、乡(街道)或居委会(村)都作为抽样单元。抽样单元可以是自然形成的，例如各级行政单位、机关、学校、工厂以至个人；也可以是人为划分的，例如在田地调查中，将整块田地划分为边长一米的方形小块作为抽样单元。

抽样单元有大小之分。一个大的抽样单元(例如省)可以分成若干个小的抽样单元(例如县)，前者称为初级单元或一级单元(primary sampling unit)，后者称为次级单元或二级单元(secondary sampling unit)。这些概念对于理解较复杂的抽样方法，例如多阶抽样与整群抽样，非常重要。

样本中包含的抽样单元数$n$称为样本量(size of the sample)，样本量与总体单元总数$N$之比$f = n/N$称为抽样比(sampling fraction)。须强调，在复杂抽样中$n$是指该抽样中的最基本的单元的数量。

在总体中按抽样单元进行概率抽样时，需要一份有关抽样单元的名册、清单或地图。记录或表明总体所含全部(初级)抽样单元或一个较大的抽样单元所包含的全部次一级抽样单元的这种名册、清单或地图称为抽样框(sampling frame)。在抽样框中，每个抽样单元都被编上号。抽样框是设计并实施一个抽样方案所必须具备的基础资料。一旦某个单元被选中，也需要根据抽样框找到这个单元，从而能够实施调查。

## 二、误差

误差一般理解为估计值与真实值之间的差异。误差越小，估计量的精度越高。

抽样调查中的误差来源主要有两个，一种是非抽样误差(non-sampling error)，它是指由于调查中获得的原始数据不准确(例如测量误差)、抽样框有缺陷(抽样框中的抽样单元有重复或遗漏)、或在调查中由于种种原因无法得到符合抽样设计方案的全部样本数据(例如部分调查对象拒绝回答问题)等原因引起的。

抽样调查误差的另一来源是抽样误差(sampling error)，它是由于我们用局部的样本数据对整体的总体参数进行估计所引起的误差。

## 三、精度、信度与效度

精度(precision)可以用误差平方的均值(mean square error，MSE)来定义。MSE 在中文书籍中也常常简称为均方误(差)。均方误差越小，精度就越高。令$\hat{\theta}$为总体的某个特征参数$\theta$的样本估计量，则$\text{MSE}(\hat{\theta}) = E(\hat{\theta}-\theta)^2$。均方误差可以分解成$\hat{\theta}$的方差以及$\hat{\theta}$的均值对$\theta$真值的偏倚(bias)的平方：

$$\text{MSE}(\hat{\theta}) = E[\hat{\theta}-E(\hat{\theta})]^2 + [E(\hat{\theta})-\theta]^2 = \text{var}(\hat{\theta}) + (\text{bias})^2$$

除了均方误差外，估计量的精度还可以用相对均方误差(relative mean square error)表示，定义为$\dfrac{\text{MSE}(\hat{\theta})}{\theta^2}$。

图 6-1 描述了 ABC 三种抽样调查对各自的总体均值参数的估计情况，图中的空心圆圈表示均值参数真值的位置，而散点表示了抽样样本。从图中可以直观地看到，A 偏倚小

(可以理解成样本“重心”和均值参数真值位置之间的系统性误差)而样本的方差(可以理解为调查中的随机误差)大，称这样的抽样调查效度(validity)高而信度(reliability)低；B 的系统性误差大而随机误差小，称这样的抽样调查效度差而信度高；相比之下，C 的系统误差与随机误差都小，即均方误差小，精度高。

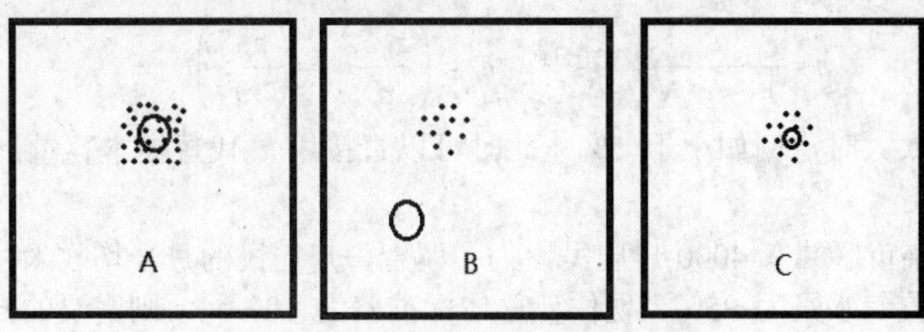


图 6-1 精度、效度、信度的概念图

## 第二节 简单随机抽样

简单随机抽样(simple random sampling)有两种等价的定义：第一，从总体 $N$ 个单元中，一次抽取 $n$ 个单元，使全部可能的 $C_N^n$ 种不同的结果每种被抽到的概率都等于 $1/C_N^n$，通过这种抽样得到的样本叫做简单随机样本，样本容量为 $n$；第二，从总体 $N$ 个单元中，逐个不放回地抽取单元，每次抽取到尚未入样中的任何一个单元的概率都相等，直到抽足 $n$ 个单元为止，这样所得的 $n$ 个单元也组成一个简单随机样本。图 6-2 形象地表示了简单随机抽样。

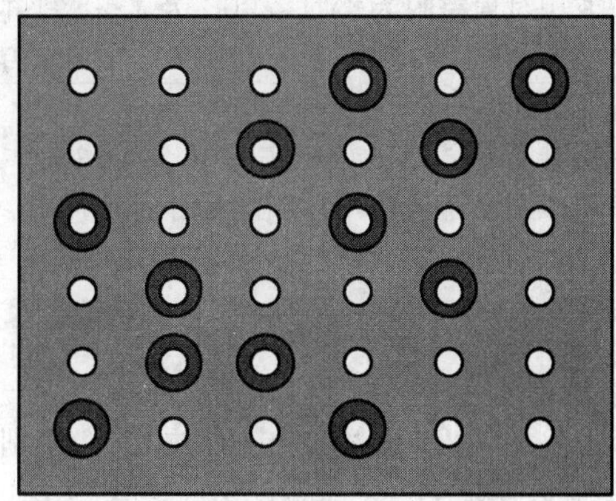

图 6-2 简单随机抽样示意图

(资料来源：杜子芳. 抽样技术及其应用. 北京：清华大学出版社，2005，P47)

### 一、样本容量的确定

抽样调查样本容量 $n$ 的确定非常重要，因为样本容量大小的选取直接关系到调查结果的精度。在给定最大可容忍的绝对误差限和相对误差限的条件下，可以求出所需要的最小样本容量。

### (一)参数为总体总和或总体均值的情形

当需要估计的总体参数是总体总和$Y$或总体均值$\overline{Y}$时，所用的基本估计量是样本均值$\overline{y}$，总体标准差为$S$。给定允许的最大绝对误差限为$d$(或给定相对误差限为$r$)。此时，确定样本容量的公式如下：

$$n=\frac{n_0}{1+n_0/N}\text{，其中：}n_0=\left(\frac{z_\alpha S}{d}\right)^2=\left(\frac{z_\alpha S}{r\overline{Y}}\right)^2 \tag{6-1}$$

当$n_0/N$不太大时，例如小于 5%，此时可以直接用$n_0$代替样本容量，否则要对$n_0$进行修正。

【**例 6-1**】某市区共有 4000 户居民，为了调查每户居民的月平均收入，要求绝对误差在 10 元以内，置信水平为 95%，现估计总体标准差为 100 元，则需要的样本容量最小为多少？

解　根据题意$S=100$，$N=4000$，$d=10$

① 根据公式有

$$n_0=\left(\frac{1.96\times100}{10}\right)^2\approx384$$

② 由于$n_0/N=8.925\%$，因而不能忽略，通过修正获得样本容量应为

$$n=\frac{384}{1+384/4000}\approx352$$

### (二)参数为总体比例的情形

若待估计的是总体所具有的某种特征单元的比例$P$时其估计量是样本中相应比例$p$，同样给定绝对误差限为$d$(或相对误差限为$r$)时，以$\alpha$为显著水平的样本容量为

$$n=\frac{n_0}{1+(n_0-1)/N}\text{，其中：}n_0=\frac{z_\alpha^2P(1-P)}{d^2}=\frac{z_\alpha^2(1-P)}{r^2P} \tag{6-2}$$

由于$P$是未知的，因而要首先予以估计。实际中，当$0.3\leqslant P\leqslant0.7$时，$P(1-P)$很接近$P=0.5$时的最大值 0.25，所以在实际应用中，粗略估计时往往用$P=0.5$计算$n_0$。

## 二、估计方法

抽样调查的主要目的是通过对样本的观测把握总体特征。一般主要关注的是总体总值、总体均值、总体比例和总体比率。它们的定义分别是：① 总体总和：$Y=\sum_{i=1}^{N}Y_i=N\overline{Y}$，比如，全国生产总值、全球贸易总量。② 总体均值：$\overline{Y}=\frac{Y}{N}=\frac{1}{N}\sum_{i=1}^{N}Y_i$，比如，人均消费、城乡家庭人均储蓄。③ 总体比例，即总体中具有某种特征的单元总数$A$在全体$N$中的比例：$P=\frac{A}{N}$，比如，女性博士研究生在所有研究生中的比例，每年新生儿中早产儿的比例。④ 总体比率，即总体中两个指标的总和的比或者均值的比：$R=\frac{Y}{X}=\frac{\overline{Y}}{\overline{X}}$，比如，家庭生活必需品支出在可支配收入中的比例，企业的红利发放占税后利润的比例。

## (一)估计方法

对总体特征的估计有两种思路，一种是不借助任何辅助变量直接估计，另一种是借助相关辅助变量间接估计。若用样本特征的线性组合表示总体特征则统称为线性估计；若用样本特征的非线性组合表示总体特征则统称为非线性估计。

### 1. 简单估计

对于简单随机抽样，在没有总体其他相关辅助变量信息可以利用的情况下，用样本特征直接估计总体特征，此时称为简单线性估计(simple linear estimate)，或简单估计。简单估计得到的估计量如下：

总体均值的估计值$\hat{\overline{Y}}$由样本均值$\overline{y}$直接推断：$\hat{\overline{Y}}=\overline{y}$；总体总值的估计值$\hat{Y}$可以由样本均值$\overline{y}$乘以$N$直接推断：$\hat{Y}=N\overline{y}$；总体比例的估计值$\hat{P}$可以由样本中相应的比例$p$直接推断：$\hat{P}=p$；总体比率的估计值$\hat{R}$可以由样本中相应的比率$r$直接推断：$\hat{R}=r$。

### 2. 比估计

比估计(ratio estimate)是一种间接估计。如果在调查中，除了调查指标$y$之外，还有一个指标$x$的信息可以利用(比如它的总体均值$\overline{X}$或者总值$X$已知；也可以直接利用$x$的样本信息)，而且$y$与$x$之间存在着比例关系，则可以利用辅助变量$x$的信息构造比估计量，以提高估计的精度。利用非线性组合$\hat{R}=r=\dfrac{\overline{y}}{\overline{x}}$；或$\hat{R}=r=\dfrac{1}{n}\sum_{i=1}^{n}\dfrac{y_i}{x_i}$，比估计量如下：①指标$y$总体均值：$\hat{\overline{Y}}_R=\overline{y}_R=\hat{R}\overline{x}=\overline{X}\dfrac{\overline{y}}{\overline{x}}=\dfrac{1}{N}X\hat{R}$；②指标$y$总体总值：$\hat{Y}_R=N\hat{\overline{Y}}_R=X\dfrac{\overline{y}}{\overline{x}}=X\hat{R}$。这里的公式中的下标$R$表示采用的是比估计方法。

**【例 6-2】**某市共有 20000 户居民，为调查该市居民的收入情况，用简单随机抽样方法从中抽取 50 户，登记每户的家庭月收入$y_i$，具体数据如表 6-1 所示。试用简单估计与比估计方法分别估计该市居民每户的平均月收入$\overline{Y}$。

表 6-1　50 户居民的月收入调查

元

| 序　号 | 户 收 入 | 户主收入 | 序　号 | 户 收 入 | 户主收入 |
|---|---|---|---|---|---|
| 1 | 108000 | 68800 | 10 | 187000 | 138000 |
| 2 | 131000 | 73400 | 11 | 118000 | 65700 |
| 3 | 207000 | 129000 | 12 | 127000 | 67400 |
| 4 | 71000 | 45000 | 13 | 106000 | 78900 |
| 5 | 193000 | 119000 | 14 | 137000 | 81900 |
| 6 | 146000 | 133000 | 15 | 151000 | 112000 |
| 7 | 156000 | 78300 | 16 | 156000 | 139000 |
| 8 | 171000 | 125000 | 17 | 74000 | 47000 |
| 9 | 158000 | 99800 | 18 | 53000 | 37500 |

续表

| 序号 | 户收入 | 户主收入 | 序号 | 户收入 | 户主收入 |
|---|---|---|---|---|---|
| 19 | 146000 | 108000 | 35 | 39000 | 19000 |
| 20 | 153000 | 111000 | 36 | 38000 | 31000 |
| 21 | 44000 | 29000 | 37 | 216000 | 177000 |
| 22 | 26000 | 18000 | 38 | 215000 | 168000 |
| 23 | 138000 | 97800 | 39 | 188000 | 157000 |
| 24 | 203000 | 136000 | 40 | 185000 | 154000 |
| 25 | 176000 | 117000 | 41 | 159000 | 120000 |
| 26 | 89000 | 50000 | 42 | 28000 | 17000 |
| 27 | 33000 | 20000 | 43 | 48000 | 37700 |
| 28 | 72000 | 60000 | 44 | 60000 | 40000 |
| 29 | 126000 | 90000 | 45 | 167000 | 114200 |
| 30 | 142000 | 102000 | 46 | 155000 | 100000 |
| 31 | 39000 | 24000 | 47 | 83000 | 69000 |
| 32 | 176000 | 155000 | 48 | 191000 | 141000 |
| 33 | 174000 | 126000 | 49 | 150000 | 131000 |
| 34 | 117000 | 56000 | 50 | 144000 | 121000 |

解 ① 简单估计：$\bar{y}=\frac{1}{50}\sum_{i=1}^{50}y_i=\frac{1}{50}\times 6370000=127400$ (元)

② 比估计：$r=\frac{1}{50}\sum_{i=1}^{50}\frac{y_i}{x_i}=1.465805543$，$\bar{x}=\frac{1}{50}\sum_{i=1}^{50}x_i=90708$

$$\bar{y}_R=r\bar{x}=132690.29\ (元)$$

## (二)估计量的无偏性

(1) 总体均值$\bar{Y}$

简单估计：$\hat{\bar{Y}}=\bar{y}$ 是无偏的：$E(\bar{y})=\bar{Y}$。

比估计：$n$ 较大时，$\hat{\bar{Y}}_R=\bar{y}_R$ 是有偏的：$E(\bar{y}_R)\approx\bar{X}R=\bar{Y}$。

(2) 总体总值 $Y$

简单估计：$\hat{Y}=N\bar{y}$ 是无偏的：$E(N\bar{y})=N\bar{Y}=Y$。

比估计：$n$ 较大时，$\hat{Y}_R=N\bar{Y}_R$ 是有偏的：$E(\hat{Y}_{lr})\approx N\bar{X}R=N\bar{Y}=Y$。

(3) 总体比例 $P$

简单估计：$\hat{P}=p$ 是无偏的：$E(\hat{P})=E(p)=p$。

(4) 总体比率 $R$

简单估计：$n$ 较大时，$\hat{R}=r$ 是有偏的，$E(\hat{R})=E(r)\approx R$。

比估计：$n$ 较大时，$\hat{R}=r$ 是有偏的，$E(\hat{R})=E(r)\approx R$。

## 三、方差与区间估计

已知简单随机样本的方差为$s^2=\frac{1}{n-1}\sum_{i=1}^{n}(y_i-\overline{y})^2$，由本书前面的内容知道，它是总体方差$S^2$的无偏估计。定义有限总体校正系数(finite population correction factor)为$1-f=\frac{N-n}{N}$，其中$f$为抽样比。

### 1. 总体特征的方差的简单估计

总体均值的方差估计值$\widehat{\mathrm{var}}(\overline{Y})$用样本均值的方差$v(\overline{y})$直接推断，且有$v(\overline{y})=\frac{1-f}{n}s^2$；总体总值的方差估计值$\widehat{\mathrm{var}}(Y)$用样本总值的方差$v(N\overline{y})$直接推断，且有$v(N\overline{y})=\frac{1-f}{n}s^2N^2$；总体比例的方差估计值$\widehat{\mathrm{var}}(P)$用样本比例的方差$v(p)$直接推断，且有$v(p)=\frac{1-f}{n-1}p(1-p)$；$n$较大时，总体比率的方差估计值$\widehat{\mathrm{var}}(R)$用样本比率的方差$v(r)$直接推断，且有$\widehat{\mathrm{var}}(\hat{R})\approx\frac{1-f}{n}\frac{1}{n-1}\sum_{i=1}^{n}(y_i-r_ix_i)^2$ (这是一个有偏估计)。

利用第五章区间估计的知识，可以知道简单估计情形下总体均值$\overline{Y}$的置信区间为$\left[\overline{y}-z_{\frac{\alpha}{2}}\sqrt{\frac{1-f}{n}}s,\overline{y}+z_{\frac{\alpha}{2}}\sqrt{\frac{1-f}{n}}s\right]$。

### 2. 比估计量的方差估计

采用简单的办法，直接应用$X$与$Y$的样本方差、样本协方差和样本比率代替相应的比估计量方差公式中的总体方差、总体协方差和总体比率，得到样本均值的方差估计为$\widehat{\mathrm{var}}(\overline{y}_R)\approx\frac{1-f}{n}(s^2-2\hat{R}s_{xy}+\hat{R}^2s_x^2)$，以此推断总体均值的方差；同时，也可以得到样本总值的方差估计为$\widehat{\mathrm{var}}(\hat{Y}_R)\approx N^2\frac{1-f}{n}(s^2-2\hat{R}s_{xy}+\hat{R}^2s_x^2)$；以此推断总体总值的方差。

利用第五章区间估计的知识，可以知道比估计情形下总体均值$\overline{Y}$的置信区间为$\left[\overline{y}-z_{\frac{\alpha}{2}}\sqrt{\frac{1-f}{n}}\sqrt{s^2-2\hat{R}s_{xy}+\hat{R}^2s_x^2},\overline{y}+z_{\frac{\alpha}{2}}\sqrt{\frac{1-f}{n}}\sqrt{s^2-2\hat{R}s_{xy}+\hat{R}^2s_x^2}\right]$。

**【例 6-3】**根据例 6-2 的数据和结果，比较简单估计与比估计的精度。

解 ① $s^2=\frac{1}{50-1}\sum_{i=1}^{50}(y_i-\overline{y})^2=\frac{1}{49}\left[\sum_{i=1}^{50}y_i^2-n\overline{y}^2\right]=3140775510$

$$s_{xy}=\frac{1}{50-1}\sum_{i=1}^{50}(y_i-\overline{y})(x_i-\overline{x})=2390286531$$

$$s_x^2=\frac{1}{50-1}\sum_{i=1}^{50}(x_i-\overline{x})^2=\frac{1}{49}\left[\sum_{i=1}^{50}x_i^2-n\overline{x}^2\right]=2024999118$$

② 简单估计：$v(\overline{y})=\frac{1}{50}\left(1-\frac{50}{20000}\right)\times3140775510=62658471.43$

$$\sqrt{v(\overline{y})} = 7915.71$$

因而该市居民每户月平均收入为95%的近似置信区间为

$$\left[\overline{y} - z_{\alpha/2}\sqrt{v(\overline{y})}, \overline{y} + z_{\alpha/2}\sqrt{v(\overline{y})}\right] = [127400 \pm 1.96 \times 7915.71] = [111885.21, 142914.79]$$

③ 比估计的近似置信区间为

$$\left[\overline{y}_R - z_{\alpha/2}\sqrt{\frac{1-f}{n}(s^2 - 2\hat{R}s_{xy} + \hat{R}^2 s_x^2)}, \overline{y}_R + z_{\alpha/2}\sqrt{\frac{1-f}{n}(s^2 - 2\hat{R}s_{xy} + \hat{R}^2 s_x^2)}\right]$$

$$= [132960.29 \pm 1.96 \times 5935.351691] = [121327.00, 144593.58]$$

而每户月平均收入为143580元，比估计比简单估计更为精确。

计算相关系数得到 $p = \frac{s_{yx}}{ss_x} = 0.9478 > \frac{1}{2}$，本例提示我们：当 $p > \frac{1}{2}$ 时比估计比简单估计更为精确。

## 第三节　分层随机抽样

如果大小为 $N$ 的总体分成 $L$ 个互不重叠的子总体，其大小分别为 $N_1, N_2, \ldots, N_L$（$N_h$ 皆已知，$\sum_{h=1}^{L} N_h = N$），每个子总体称为层(stratum)；从每层中独立抽样，这种方法称为分层抽样。若每层抽样都是简单随机的，则称为分层随机抽样(stratified random sampling)。分层抽样的估计先对各层进行，然后再综合对总体参数进行估计。

分层抽样适用于既需要对总体进行估计，也需要对局部(层)进行估计的情况。分层抽样的实施和组织都比较方便，当层内单元指标差异较小，而层间单元指标差异较大时，采用分层抽样可以大大提高估计的精度。图6-3给出了分层简单随机抽样的示意图。

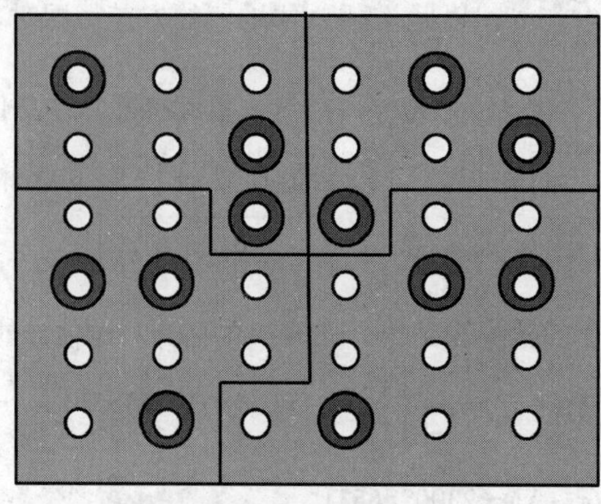

图6-3　分层简单随机抽样示意图

(资料来源：杜子芳. 抽样技术及其应用. 北京：清华大学出版社，2005，P47)

## 一、层数确定与样本量分配

### (一)确定层数的基本思想

对一个未知总体进行分层随机抽样时，首先要确定划分多少层，即确定层数 $L$ 。对于一些总体是由自然的子总体或不同类别的单元组成的，层数确定相对较为简单。例如调查酒店接待客人数时，可以根据酒店星级分层。

但是如果情况不是这样，可以采用以下思想确定层数：

考虑费用模型：$C = LC_s + nC_n$，其中 $C$ 为总费用，$C_s$ 为每增加一层所需要增加的费用，$C_n$ 为每增加一个样本所需要增加的费用。故而，在总费用一定的情况下，层数增加必然导致样本总量减小。增加层数的目的是为了提高精度，但费用给定时它导致的样本容量减少却会降低精度，当增加一个层数带来的边际精度增加与之导致的样本容量减少带来的边际精度减小正好相等时，确定最优层数。一些理论和实际研究表明，一般层数不超过 6。

### (二)每层样本量的分配

#### 1. 比例分配

比例分配(proportional allocation)就是要求在每一层次中所抽取的样本数在样本总数中所占的比例与这一层次的单位数在总体中所占的比例相一致，即

$$\frac{n_h}{N_h} = \frac{n}{N}，或记为 f_h = f, h = 1,2,\cdots,L \tag{6-3}$$

**【例 6-4】**某保险公司在北京、上海、广州三地共有 3000 家客户，为了全面提高公司的服务质量，于年底拟定对客户进行服务满意度抽样调查。假设 3000 家客户的构成是车险 450 家、航空险 150 家、电力险 450 家、石油险 300 家、船舶险 150 家、货运险 600 家、企财险 900 家，欲调查 100 家客户作为样本，若按等比例分层抽样情况下，各险种调查的客户数量为：车险 15 家、航空险 5 家、电力险 15 家、石油险 10 家、船舶险 5 家、货运险 20 家、企财险 30 家。

#### 2. 最优分配

最优分配(optimum allocation)是总费用给定，使估计量的方差达到最小，或者当给定估计量的方差，使得总费用达到最小的各层样本量的分配方法。

对于分层随机抽样，若总费用函数为 $C_T = c_0 + \sum_{h=1}^{L} c_h n_h$，其中 $C_T$ 为总费用，$c_0$ 为与样本量无关的固定费用(如组织宣传的费用)，$c_h$ 为在第 $h$ 层中抽取一个单元的平均费用，那么此时的最优分配为

$$\frac{n_h}{n} = \frac{W_h S_h / \sqrt{c_h}}{\sum_{h=1}^{L} W_h S_h / \sqrt{c_h}} = \frac{N_h S_h / \sqrt{c_h}}{\sum_{h=1}^{L} N_h S_h / \sqrt{c_h}} \tag{6-4}$$

这里的 $W_h$ 为第 $h$ 层在总体中的权重($W_h = N_h / N$)；$S_h$ 表示第 $h$ 层的总体标准差；而样本容量 $n$ 根据给定的条件确定。

若给定方差 $\mathrm{var}(\overline{y}_{st})$，则此时总体的样本容量为

$$n=\frac{\left(\sum_{h=1}^{L}W_hS_h\sqrt{c_h}\right)\left(\sum_{h=1}^{L}W_hS_h/\sqrt{c_h}\right)}{\mathrm{var}(\overline{y}_{st})+\sum_{h=1}^{L}W_hS_h^2/N} \tag{6-5}$$

若给定总费用 $C_T$，此时的总体样本容量为

$$n=\frac{(C_T-c_0)\left(\sum_{h=1}^{L}W_hS_h/\sqrt{c_h}\right)}{\sum_{h=1}^{L}W_hS_h\sqrt{c_h}} \tag{6-6}$$

3. 奈曼最优分配(Neyman optimum allocation)

若假定各层的单位抽样费用相等，即 $c_h=c$，此时当样本容量 $n$ 固定时，上述最优分配简化成奈曼最优分配：

$$\frac{n_h}{n}=\frac{W_hS_h}{\sum_{h=1}^{L}W_hS_h}=\frac{N_hS_h}{\sum_{h=1}^{L}N_hS_h} \tag{6-7}$$

此时方差达到最小值：

$$\mathrm{var}_{\min}(\overline{y}_{st})=\frac{1}{n}\left(\sum_{h=1}^{L}W_hS_h\right)^2-\frac{1}{N}\sum_{h=1}^{L}W_hS_h^2$$

**【例 6-5】**某市共有甲、乙两个地区，现在要进行家庭收入的调查，令 $n=400$，已知甲地共有居民 15000 户，乙地共有居民 40000 户，甲地居民和乙地居民年收入标准差分别为 2500 元和 2200 元，同时对甲地和乙地抽样的平均每户费用之比为 3:5，请分别计算出在甲地和乙地进行比例分配、最优分配(考虑费用因素)以及奈曼分配(不考虑费用因素)的样本量。

**解** ① 根据已知数据，通过计算得到表 6-2。

表 6-2 家庭收入调查样本量分配

| $h$ | $N_h$ | $W_h$ | $S_h$ | $c_h$ | $W_hS_h$ | $W_hS_h/\sqrt{c_h}$ |
|---|---|---|---|---|---|---|
| 1 | 15000 | 0.2727 | 2500 | 3 | 681.8182 | 393.6479 |
| 2 | 40000 | 0.7273 | 2200 | 5 | 1600.0000 | 715.5418 |
| 合计 | 55000 | 1 | — | — | 2281.8182 | 1109.1897 |

② 比例分配：

$$n_1=400\times0.2727\approx109，n_2=400\times0.7273\approx291$$

③ 最优分配：

$$n_1=400\times\frac{393.6479}{1109.1897}\approx142，n_2=400\times\frac{715.5418}{1109.1897}\approx258$$

④ 奈曼分配：

$$n_1=400\times\frac{681.8182}{2281.8182}\approx120，n_2=400\times\frac{1600}{2281.8182}\approx280$$

## 二、估计量及其性质

### (一)估计量

#### 1. 简单估计

总体均值的分层估计值$\hat{\bar{Y}}_{st}$采用各层的均值$\bar{Y}_h$的估计值$\hat{\bar{Y}}_h$按各层的权重的加权平均值：$\hat{\bar{Y}}_{st}=\sum_{h=1}^{L}W_h\hat{\bar{Y}}_h$。$\hat{\bar{Y}}_{st}$的简单估计为$\bar{y}_{st}=\sum_{h=1}^{L}W_h\bar{y}_h=\frac{1}{N}\sum_{h=1}^{L}N_h\bar{y}_h$，其中：$\bar{y}_h=\frac{1}{n_h}\sum_{i=1}^{n_h}y_{hi}$。

总体总值：$\hat{Y}_{st}=N\hat{\bar{Y}}_{st}$

总体比例$P$的随机简单估计量为$p_{st}=\sum_{h=1}^{L}W_hp_h$。

#### 2. 比估计

比估计在进行分层抽样时有两种方法，一种是对每层样本分别计算比估计量，然后对各层加权平均，此时称为分别比估计(separate ratio estimator)；另一种则是先对总体均值或总体总值进行估计，然后用它们的分层估计构造比估计量，这种方法称为联合比估计(combined ratio estimator)。

(1) 分别比估计：

总体均值估计值$\hat{\bar{Y}}_{RS}$的分别比估计量$\bar{y}_{RS}$：$\hat{\bar{Y}}_{RS}=\bar{y}_{RS}=\sum_{h=1}^{L}W_h\bar{y}_{Rh}=\sum_{h=1}^{L}W_h\frac{\bar{y}_h}{\bar{x}_h}\bar{X}_h$

总体总值估计量$\hat{Y}_{RS}$的分别比估计量：$\hat{Y}_{RS}=N\bar{y}_{RS}=\sum_{h=1}^{L}N_h\frac{\bar{y}_h}{\bar{x}_h}\bar{X}_h=\sum_{h=1}^{L}\frac{\bar{y}_h}{\bar{x}_h}X_h=\sum_{h=1}^{L}\hat{Y}_{Rh}$

式中，下标“$RS$”表示分别比；$\bar{y}_h$和$\bar{x}_h$是第$h$层的$\bar{Y}_h$和$\bar{X}_h$的简单估计量；$\bar{y}_{Rh}$和$\hat{Y}_{Rh}$是第$h$层的$\bar{Y}_h$和$Y_h$的比估计量；$\bar{X}_h$和$X_h$分别为第$h$层辅助变量$X$的均值和总和，$W_h$为层权。

(2) 联合比估计：

总体均值$\hat{\bar{Y}}$可以采用：$\bar{y}_{RC}=\frac{\bar{y}_{st}}{\bar{x}_{st}}\bar{X}\triangleq\hat{R}_c\bar{X}$估计；总体总值：$\hat{Y}_{RC}=N\bar{y}_{RC}=\frac{\bar{y}_{st}}{\bar{x}_{st}}X\triangleq\hat{R}_cX$

式中，下标“RC”表示联合比估计；$\bar{y}_{st}=\sum_{h=1}^{L}W_h\bar{y}_h$和$\bar{x}_{st}=\sum_{h=1}^{L}W_h\bar{x}_h$分别表示$\bar{Y}$和$\bar{X}$的分层简单估计量。

### (二)估计量的性质

#### 1. 简单估计

在分层抽样中，$\hat{\bar{Y}}_{st}$是$\bar{Y}$的无偏估计：$E(\hat{\bar{Y}}_{st})=E(\bar{y}_{st})=\bar{Y}$；若$\bar{Y}_h$是$Y_h$的无偏估计，则$\hat{Y}_{st}$是$Y$的无偏估计：$E(\hat{Y}_h)=Y_h\Rightarrow E(\hat{Y}_{st})=Y$；总体比例$P$的随机简单估计是无偏的：$E(p_{st})=P$。

对于分成随机抽样，总体均值$\bar{Y}$的估计量$\bar{y}_{st}$的方差为

$$\mathrm{var}(\overline{y}_{st}) = \sum_{h=1}^{L} W_h^2 \frac{1-f_h}{n_h} S_h^2 = \sum_{h=1}^{L} \left( \frac{1}{n_h} - \frac{1}{N_h} \right) W_h^2 S_h^2$$

用每层的样本方差 $s_h^2$ 估计每层的总体方差 $S_h^2$，得到总体均值的方差的无偏估计量为

$$\widehat{\mathrm{var}}(\overline{y}_{st}) = \sum_{h=1}^{L} W_h^2 \frac{1-f_h}{n_h} s_h^2 = \sum_{h=1}^{L} \left( \frac{1}{n_h} - \frac{1}{N_h} \right) W_h^2 s_h^2 \tag{6-8}$$

类似地，总体总值和总体比例的方差的无偏估计量为

$$\widehat{\mathrm{var}}(\hat{Y}_{st}) = \sum_{h=1}^{L} N_h (N_h - n_h) s_h^2 / n_h \tag{6-9}$$

$$\widehat{\mathrm{var}}(p_{st}) = \sum_{h=1}^{L} \frac{N_h (N_h - n_h)}{(n_h - 1)} p_h (1 - p_h) \tag{6-10}$$

**【例 6-6】**假设某大学经济管理学院对今年的毕业生进行一次调查，以便了解他们开始工作时的年薪。该学院有 5 个专业：会计、金融、信息系统、市场营销和企业管理。今年有 1500 名毕业生，其中会计专业 500 名，金融专业 350 名，信息系统专业 200 名，市场营销 300 名，企业管理 150 名。根据以往年薪资料的分析表明，开始工作的年薪的专业间差距比专业内大。因此，选择 180 名学生的一个分层简单随机抽样，其中会计专业 45 名，金融专业 40 名，信息系统专业 30 名，市场营销专业 35 名，企业管理专业 30 名。

假设表 6-3 中为该大学经济管理学院的 180 名毕业生的样本调查结果。

**表 6-3　某大学经济管理学院毕业生开始工作的年薪抽样调查**

| 专业($h$) | $\overline{y}_h$/元 | $s_h$ | $N_h$ | $n_h$ |
|---|---|---|---|---|
| 会计 | 30000 | 2000 | 500 | 45 |
| 金融 | 28500 | 1700 | 350 | 40 |
| 信息系统 | 31500 | 2300 | 200 | 30 |
| 市场营销 | 27000 | 1600 | 300 | 35 |
| 企业管理 | 31000 | 2250 | 150 | 30 |

解　①根据公式(6-18)，总体均值的点估计为

$$\overline{y}_{st} = 29350$$

② 表 6-4 中给出了估计标准误差所需要的部分计算结果，其中

$$\sum_{h=1}^{5} N_h (N_h - n_h) \frac{s_h^2}{n_h} = 42909037698$$

因此，总体均值标准差 $s_{\overline{y}_{st}} = \sqrt{\frac{1}{1500^2} \times 42909037698} = 138$

③ 总体均值的近似 95%的置信区间为 $(29350 \pm 2 \times 138) = (29350 \pm 276)$

即(29074, 29626)。

表 6-4 某大学抽样调查中估计均值的标准误差所需要的部分计算结果

| 专 业 | $h$ | $N_h(N_h-n_h)s_h^{\ 2}/n_h$ |
|---|---|---|
| 会计 | 1 | 20222222222 |
| 金融 | 2 | 7839125000 |
| 信息系统 | 3 | 5995333333 |
| 市场营销 | 4 | 5814857143 |
| 企业管理 | 5 | 3037500000 |
| 总计 | | 42909037698 |

2. 比估计

只有在大样本的情况下，比估计的偏倚才会趋于 0，所以无论是分别比估计还是联合比估计都是有偏的。当$n$较大时，才有$E(\bar{y}_{RS})\approx\bar{Y}$，$E(\bar{y}_{RC})\approx\bar{Y}$。

对于分层随机抽样的分别比估计，若各层的样本量$n_h$都较大，则有

$$\mathrm{MSE}(\bar{y}_{RS})\approx\mathrm{var}(\bar{y}_{RS})\approx\sum_{h=1}^{L}W_h^2\frac{1-f_h}{n_h}(S_{yh}^2-2R_h\rho_hS_{yh}S_{xh}+R_h^2S_{xh}^2) \tag{6-11}$$

式中，$f_h$为第$h$层抽样比；$S_{yh}^2$、$S_{xh}^2$、$\rho_h$分别为第$h$层$Y$和$X$的方差以及它们的相关系数；$R_h=\bar{Y}_h/\bar{X}_h$，$\rho_h=\dfrac{S_{yxh}}{S_{yh}S_{xh}}$。

联合比估计的方差估计与式(6-11)类似，只是比率不同

$$\mathrm{MSE}(\bar{y}_{RC})\approx\mathrm{var}(\bar{y}_{RC})\approx\sum_{h=1}^{L}W_h^2\frac{1-f_h}{n_h}(S_{yh}^2-2R\rho_hS_{yh}S_{xh}+R^2S_{xh}^2) \tag{6-12}$$

当各层的样本容量$n_h$都比较大时，各层内采用比估计的比较有效，此时分别比估计要优于联合比估计；当某些层的样本量$n_h$不够大时，分别比估计的偏倚可能较大，从而导致了均方误差增大，此时采用联合比估计更为有效。

# 第四节 多阶段抽样

## 一、多阶段抽样概述

多阶段抽样(multi-stage sampling)是将整个抽样过程分成若干个阶段，每个阶段抽出一个级别的单位，最终抽出被调查者。多阶段抽样可以是两阶段、三阶段或者更多阶段抽样。这里主要介绍两阶段抽样。

假设总体由$N$个初级单元组成，每个初级单元又由若干个二级(次级)单元组成，若在总体中按一定的方法抽取$n$个初级单元，对每个被抽中的初级单元再抽取若干二阶单元进行调查，这种抽样被称为二阶段抽样(two-stage sampling)。

二阶段抽样的实施，首先按一定的方法从总体中随机抽取$n$个初级单元，再对每个被抽中的初级单元抽取若干个二级单元，因此在求二阶段抽样估计量的均值与方差时，就必须把这个二阶段抽样过程中产生的所有样本加以平均。

首先把第一阶段抽样所得的样本量为$n$的一个样本中可能抽出的所有二级样本的估计值加以平均。也就是说，第一阶段从$N$个单元中抽取$n$个单元，有很多可能的抽取结果，每种抽取结果形成一个样本，这样可以形成$C_N^n$个样本，每一个样本的样本量都是$n$。现在考虑其中的一个样本，其他的样本暂不考虑，从这个确定的样本的$n$个单元中进行第二阶段抽样，此时又有很多种可能的结果，从而可能有很多估计值。现在首先是把这些从一个确定的第一阶段样本中可能抽到的所有二阶段样本的估计值加以平均，然后再把第一阶段抽样所能抽到的所有可能的样本估计值加以平均，这样就把所有可能的一阶段的样本的估计值加以平均了。

因而在二阶段抽样中，一个估计量$\hat{\theta}$的均值可以表示为

$$E(\hat{\theta})=E_1[E_2(\hat{\theta})]$$

式中，$E$表示对所有样本求期望或者均值，$E_2$表示对固定的一个一阶段样本中所有可能抽出的第二阶段样本求平均，$E_1$则表示对所有可能抽出的第一阶段样本求平均。其方差可以表示为

$$\text{var}(\hat{\theta})=\text{var}_1[E_2(\hat{\theta})]+E_1[\text{var}_2(\hat{\theta})]$$

式中，$\text{var}_2(\hat{\theta})$是一个一阶样本所有可能抽出的二阶段样本的方差；$\text{var}_1(\hat{\theta})$是对所有可能抽出的一阶段样本求方差。

## 二、估计量及其性质

### (一)估计量

在多阶段抽样中，每一阶段的具体方式可以是多种多样的。一般比较常用的是，初级单元大小相等时，多采用简单随机抽样；初级单元大小不等时，多采用放回或不放回的与单元大小成比例的不等概率抽样，一些情况下还可以在某些阶段中进行分层抽样。初级单元大小不等的情况较为复杂，本书不展开讨论。

#### 1. 总体均值

如果采用简单随机抽样的方法，第一阶段抽出$n$个初级单元，第二阶段从每个抽中的单元中抽出$m$个次级单元，其中每个初级单元都含有$M$个次级单元，且对每个初级单元，第二阶段抽样是相互独立的，则样本次级单元的均值$\bar{\bar{y}}$是总体均值$\bar{\bar{Y}}$的无偏估计(用两个杠为了强调是二阶段抽样)，即

$$E(\bar{\bar{y}})=\bar{\bar{Y}} \tag{6-13}$$

类似的，总体总值的简单估计为

$$\hat{Y}=NM\bar{\bar{y}} \tag{6-14}$$

这个简单估计也是总体总值$Y$的无偏估计：$E\left(NM\bar{\bar{y}}\right)=Y$

#### 2. 总体比例

总体中具有某种特征的次级单元对总体中所有次级单元数的比例$P$的无偏估计量$p$为

$$p = \frac{1}{n}\sum_{i=1}^{n} p_i = \frac{1}{mn}\sum_{i=1}^{n} a_i \tag{6-15}$$

## (二)估计量的性质

### 1. 总体均值的方差

$$\mathrm{var}(\bar{\bar{y}}) = \frac{1-f_1}{n}S_1^2 + \frac{1-f_2}{mn}S_2^2$$

式中，$f_1 = \frac{n}{N}$ 是第一阶段抽样的抽样比，$f_2 = \frac{m}{M}$ 是第二阶段抽样的抽样比，$S_1^2$ 表示总体初级单间的方差，$S_2^2$ 表示总体中同一初级单元中次级单元间的方差。

$$S_1^2 = \frac{1}{N-1}\sum_{i=1}^{N}(\bar{Y}_i - \bar{\bar{Y}})^2\text{，}\quad S_2^2 = \frac{1}{N(M-1)}\sum_{i=1}^{N}\sum_{j=1}^{M}(Y_{ij} - \bar{Y}_i)^2$$

估计量方差的无偏估计为

$$\widehat{\mathrm{var}}(\bar{\bar{y}}) = \frac{1-f_1}{n}s_1^2 + \frac{f_1(1-f_2)}{mn}s_2^2 \tag{6-16}$$

由 $E(s_1^2) = S_1^2 + \frac{1-f_2}{m}S_2^2 = S_1^2 + \frac{S_2^2}{m} - \frac{S_2^2}{M}$ 可以导出：$s_1^2 - \frac{s_2^2(1-f_2)}{m}$ 是 $S_1^2$ 的无偏估计量。

若 $m = M$，即 $f_2 = 1$，则方差 $\mathrm{var}(\bar{\bar{y}})$ 的无偏估计与简单随机抽样相同；若 $n = N$，即 $f_1 = 1$，则与按比例分层随机抽样相同，因为此时可以将初级单元看作是层，对所有的层都进行抽样。

### 2. 总体总值方差

总体总值的无偏估计量为

$$\widehat{\mathrm{var}}(y) = N^2M^2\,\widehat{\mathrm{var}}(\bar{\bar{y}}) \tag{6-17}$$

**【例 6-7】**在一次某城市小区居民月电费调查中，使用二阶段抽样：以每个楼栋为初级单元，用简单随机抽样从 $N = 400$ 个楼栋中抽取 $n = 12$ 个楼栋，再从每个被抽中楼栋中用简单随机抽样抽取 $m = 4$ 户进行调查，其中每个楼层的住户为 $M = 8$ 户，总样本量为 48 户，具体资料如表 6-5 所示。试估计该小区居民月电费的平均值 $\bar{Y}$。

解　根据题意，该小区居民月电费的平均值 $\bar{\bar{Y}}$ 的估计值为

$$\bar{\bar{y}} = \frac{1}{10}\sum_{i=1}^{10}\bar{y}_i = 79.775\,(\text{元})$$

另外，由数据可知，$s_1^2 = \frac{1}{10-1}\sum_{i=1}^{10}(\bar{y}_i - \bar{\bar{y}})^2 = 87.3929$，$s_2^2 = \frac{1}{10}\sum_{i=1}^{10}s_{2i}^2 = 200.0567$

$$f_1 = \frac{12}{400} = 0.03,\ f_2 = \frac{4}{8} = 0.5$$

$$\widehat{\mathrm{var}}(\bar{\bar{y}}) = \frac{1-0.03}{12}\times 87.39295 + \frac{1-0.5}{4\times 12}\times 200.0567 = 7.1268$$

所以，$\bar{\bar{Y}}$ 的置信度为 95%的置信区间为 $(79.775 \pm 1.96\times\sqrt{7.1268}) = (74.54, 85.01)$。

表 6-5　用二阶段抽样抽取 10 个楼栋 50 户居民月电费资料

元

| $i$ | $y_{ij}$ | | | | $\overline{y}_i$ | $s_{2i}^2$ |
|---|---|---|---|---|---|---|
| 1 | 80.8 | 76.8 | 60 | 72.8 | 72.6 | 81.2267 |
| 2 | 107.2 | 76.8 | 54.8 | 81.6 | 80.1 | 462.5467 |
| 3 | 71.2 | 56.8 | 62.4 | 82.4 | 68.2 | 124.7467 |
| 4 | 79.2 | 58 | 65.2 | 78.8 | 70.3 | 109.5867 |
| 5 | 92.8 | 91.2 | 84.8 | 77.6 | 86.6 | 47.9467 |
| 6 | 70 | 80.8 | 78.4 | 65.6 | 73.7 | 50.6000 |
| 7 | 123.2 | 74 | 77.2 | 74.8 | 87.3 | 574.6533 |
| 8 | 110 | 103.2 | 108.8 | 78 | 100 | 223.8933 |
| 9 | 58.8 | 71.6 | 87.2 | 89.6 | 76.8 | 207.6800 |
| 10 | 104.8 | 92.4 | 71.2 | 72.8 | 85.3 | 261.9067 |
| 11 | 67.6 | 103.2 | 79.6 | 89.6 | 85 | 228.1067 |
| 12 | 72.4 | 77.6 | 70.8 | 64.8 | 71.4 | 27.7867 |

### 3. 总体比例的方差

总体中具有某种特定特征的次级单元对总体中所有次级单元数的比例 $P$ 的无偏估计量 $p$ 的方差 $\text{var}(p)$ 为

$$\text{var}(p)=\frac{1-f_1}{n}\frac{1}{N-1}\sum_{i=1}^{N}(P_i-P)^2+\frac{1-f_2}{mn}\frac{M}{N(M-1)}\sum_{i=1}^{N}P_i(1-P_i)$$

估计量的方差的一个无偏估计为

$$\widehat{\text{var}}(p)=\frac{1-f_1}{n(n-1)}\sum_{i=1}^{n}(p_i-p)^2+\frac{f_1(1-f_2)}{n^2(m-1)}\sum_{i=1}^{n}p_i(1-p_i) \tag{6-18}$$

【例 6-8】在某省小学教师中调查，是否赞成小学生上网，回答只有“赞成”与“不赞成”两种，并且“赞成”记为 1，“不赞成”记为 0。调查第一阶段从 500 所学校中抽取 100 所学校，第二阶段在抽中的学校中抽取 5 名教师，每个阶段都采取简单随机抽样，每个学校所包含的教师数目差异不大，平均抽样比 $f_2=0.125$。在这 100 所学校中，赞成小学生上网的教师数 $k$ 的频数 $n_k$ 分布如表 6-6 所示，试估计赞成小学生上网的教师比例。

表 6-6　赞成上网的教师数 $k$ 的频数 $n_k$ 分布

| $k$ | 0 | 1 | 2 | 3 | 4 | 5 |
|---|---|---|---|---|---|---|
| $n_k$ | 2 | 8 | 13 | 22 | 46 | 9 |
| $p_k$ | 0 | 0.2 | 0.4 | 0.6 | 0.8 | 1 |

**解**　根据题意：$n=100$，$N=500$，$m=5$，$k=5$，$f_1=\frac{100}{500}=0.2$，$f_2=0.125$

总体比例为 $p=\frac{1}{n}\sum_{i=1}^{n}p_i=\frac{1}{100}\sum_{k=1}^{5}p_kn_k=0.658$

$$\sum_{i=1}^{n}(p_i-p)^2=\sum_{k=0}^{5}n_kp_k-np^2=48.76-43.2964=5.4636$$

$$\sum_{i=1}^{n} p_i(1-p_i)=\sum_{k=0}^{5} n_k p_k(1-p_k)=17.04$$

因而方差为 $\widehat{\text{var}}(p)=\dfrac{1-0.2}{100\times(100-1)}\times 5.4636+\dfrac{0.2\times(1-0.125)}{100^2(5-1)}\times 17.04=0.000516$

于是，总体比例 95%的置信区间为 $(0.658\pm 1.96\times\sqrt{0.000516})=(0.6135, 0.7025)$

# 第五节 整群随机抽样

## 一、整群随机抽样概述

一些调查中，尽管调查对象是次级单元，但不易得到包含所有这些单元的抽样框。例如，一个城市就很难找到一份现成的包含其所有居民或房屋的名册，但有可能较容易地得到一个包括所有社区居委会的名册。在这种情况下采取整群抽样，简单易行，并可以节约费用。

设总体由一些大单元，即初级单元(primary unit)组成，每个初级单元又由若干个较小的次级单元(secondary unit)组成。从总体中按某种方式抽取某些初级单元，观测其中包含的所有次级单元，这样的抽样称为整群抽样(cluster sampling)，或者称为单阶整群抽样(single-stage cluster sampling)。如果总体中的单元可以分为多级，则可以对前几级单元采用多阶段抽样，而在最后一阶段中对该级抽样单元中所包含的全部最低级单元进行观测，此即多阶段整群抽样(multi-stage cluster sampling)。

图 6-4 给出了一个从 124 个班中随机抽取 5 个班的整群抽样的例子。

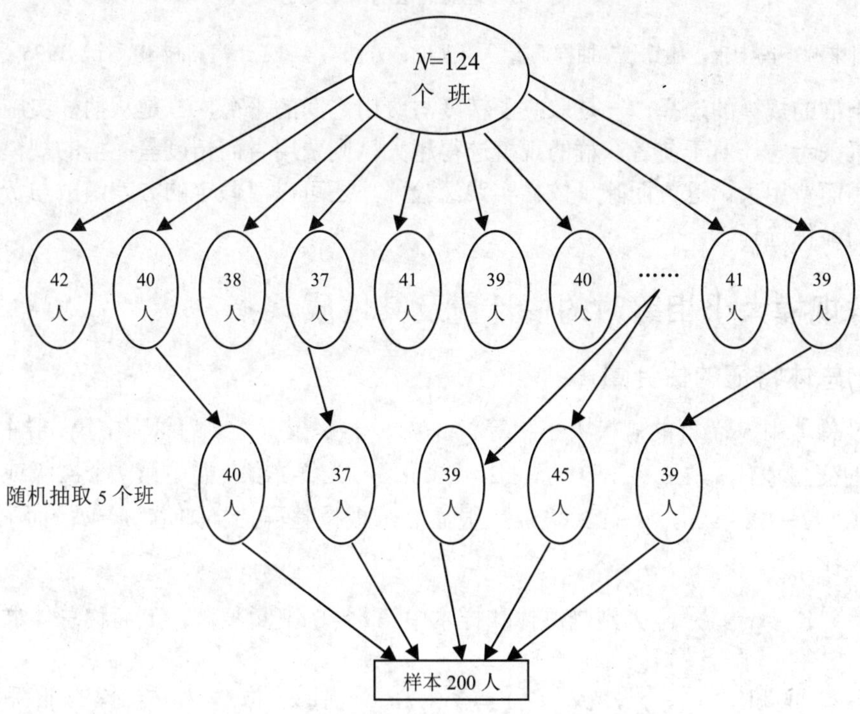


**图 6-4 从 124 个班中随机抽取 5 个班**

(资料来源：杜子芳. 抽样技术及其应用. 北京：清华大学出版社，2005，P330)

## 二、群划分的原则

关于群的划分，有两个问题：一是如何定义群，即当群并非是一个自然形成的单位时，如何确定每个群的组成；二是如何确定群的规模，即群的大小。

对于第一个问题，群的划分应尽可能使群与群之间的差异小，而群内的差异越大越好。这样，每个群才有足够好的代表性。如果所有的群都相似，那么只抽取少数群就可获得相当好的精度；反之，若群内的单元比较相似，而群与群之间的差别较大，则整群抽样的效率就会很低，所以分群的原则与分层的原则是相反的。图 6-5 直观地表明了理想的分层与整群抽样的思想，其中相同字母表示有相近的观测值的单元，左图表示分层抽样，实线，图 6-5 是层内的单元，右图表示整群抽样，虚线是群内的单元。

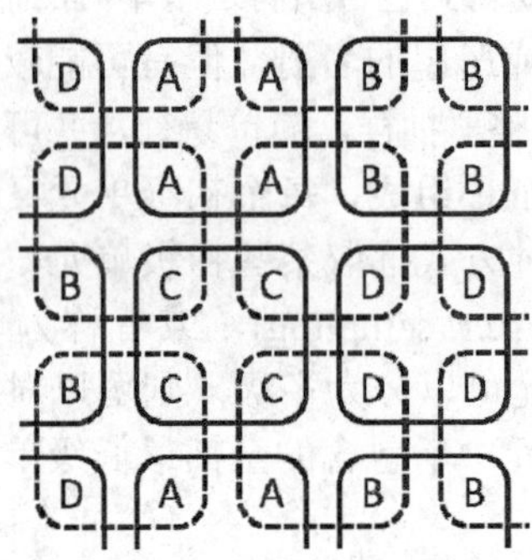


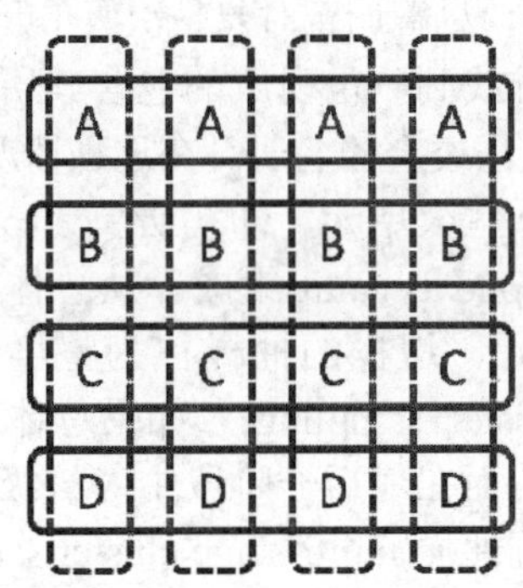


图 6-5 理想的层与群的划分

(资料来源：冯士雍，施锡铨. 抽样调查——理论、方法与实践. 上海科技出版社，1996，P181)

至于群的规模的选择，一是取决于精度与费用之间的平衡，二是从抽样实施的组织管理等因素来考虑。对于前者，群的规模选得越大，则费用省而精度差；群的规模选得小，则精度高而费用大。这方面除了依靠实践经验外，还可以对假定的方差函数与费用函数作理论上的最优选择。

## 三、群规模大小相等时的估计量及其性质

### (一)总体特征的估计量

假设总体中 $N$ 个群的规模大小相等 $M_1 = M_2 = \cdots = M_N$，$Y_{ij}$ 为总体中第 $i$ 群中第 $j$ 个次级单元的变量值，$i = 1,2,\cdots,N$，$j = 1,2,\cdots,M$；$y_{ij}$ 为样本第 $i$ 群中第 $j$ 个次级或基本单元的变量值，$i = 1,2,\cdots,n$，$j = 1,2,\cdots,m$，很显然，根据整群抽样知道 $m$=$M$；而 $f = n/N$ 是整群抽样比。

$Y_i = \sum_{j=1}^{M} Y_{ij}$，$y_i = \sum_{j=1}^{M} y_{ij}$ 分别是总体和样本中第 $i$ 群的变量值和，$Y_i$ 简称总体群和，$y_i$ 简称为样本群和；$\overline{Y} = \sum_{i=1}^{N} Y_i / N$，$\overline{Y} = \sum_{i=1}^{n} y_i / n$ 分别是总体和样本的群和平均；$\overline{\overline{Y}} = \sum_{i=1}^{N}\sum_{j=1}^{M} Y_{ij} /(MN) = \overline{Y} / M$，$\overline{\overline{y}} = \sum_{i=1}^{n}\sum_{j=1}^{M} y_{ij} /(Mn) = \overline{y} / M$ 分别是总体均值和样本均值。

利用简单估计的方法可以估计：

总体均值 $\hat{\bar{\bar{Y}}} = \bar{\bar{y}} = \frac{1}{nM}\sum_{i=1}^{n}\sum_{j=1}^{M} y_{ij}$ 是无偏的：$E(\bar{\bar{y}}) = \bar{\bar{Y}}$

总体总值 $\hat{Y} = NM\bar{\bar{y}} = \frac{N}{n}\sum_{i=1}^{n}\sum_{j=1}^{M} y_{ij}$ 是无偏的：$E(NM\bar{\bar{y}}) = Y$

总体比例 $\hat{P} = p$ 是无偏的：$E(p) = P$

## (二)方差的估计

考虑总体的与样本的总方差分别为

$$S^2 = \frac{1}{NM-1}\sum_{i=1}^{N}\sum_{j=1}^{M}(Y_{ij} - \bar{\bar{Y}})^2,\quad s^2 = \frac{1}{nM-1}\sum_{i=1}^{n}\sum_{j=1}^{M}(y_{ij} - \bar{\bar{y}})^2$$

总体群间方差和样本群间方差分别为

$$S_b^2 = \frac{1}{N-1}\sum_{i=1}^{N}\sum_{j=1}^{M}(\bar{Y}_i - \bar{\bar{Y}})^2 = \frac{M}{N-1}\sum_{i=1}^{N}(\bar{Y}_i - \bar{\bar{Y}})^2$$

$$s_b^2 = \frac{1}{n-1}\sum_{i=1}^{n}\sum_{j=1}^{M}(\bar{Y}_i - \bar{\bar{Y}})^2 = \frac{M}{n-1}\sum_{i=1}^{n}(\bar{y}_i - \bar{\bar{y}})^2$$

总体群内方差和样本群内方差分别为

$$S_w^2 = \frac{1}{N(M-1)}\sum_{i=1}^{N}\sum_{j=1}^{M}(Y_{ij} - \bar{Y}_i)^2$$

$$s_w^2 = \frac{1}{n(M-1)}\sum_{i=1}^{n}\sum_{j=1}^{M}(y_{ij} - \bar{y}_i)^2$$

### 1. 总体方差的估计

在整群抽样中，总体方差可以分解为

$$S^2 = \frac{1}{N(M-1)}[(N-1)S_b^2 + N(M-1)S_w^2]$$

由于 $s_b^2$ 是 $S_b^2$ 的无偏估计，且整群抽样的误差只取决于总体群间方差 $S_b^2$，而与总体群内方差 $S_w^2$ 无关，所以 $\hat{S}^2$ 是 $S^2$ 的无偏估计：

$$\hat{S}^2 = \frac{1}{N(M-1)}[(N-1)s_b^2 + N(M-1)s_w^2] \tag{6-19}$$

### 2. 总体特征的方差

总体均值的估计量的方差为

$$\text{var}(\bar{\bar{y}}) = \frac{1-f}{nM}S_b^2$$

$\text{var}(\bar{\bar{y}})$ 的无偏估计为

$$\widehat{\text{var}}(\bar{\bar{y}}) = \frac{1-f}{nM}S_b^2 \tag{6-20}$$

总体比例的估计量的方差为

$$\mathrm{var}(p)=\frac{1-f}{n(N-1)}\sum_{i=1}^{N}(p_i-p)^2$$

进而 $\mathrm{var}(p)$ 的无偏估计为

$$\widehat{\mathrm{var}}(p)=\frac{1-f}{n(n-1)}\sum_{i=1}^{n}(p_i-p)^2 \tag{6-21}$$

【例 6-9】在一次对居民月收入的调查中，按简单随机抽样抽得 $n=10$ 个居民小组，抽样比为 0.05，各居民小组的平均每户月收入数据如表 6-7 所示，平均每个居民小组包含 16 户，求居民的月平均收入。

表 6-7　10 个居民小组的户平均收入及标准差

| 编　号 | 平均月薪/元 | 标 准 差 | 编　号 | 平均月薪/元 | 标 准 差 |
|---|---|---|---|---|---|
| 1 | 7589 | 782 | 6 | 7961 | 1024 |
| 2 | 7960 | 1027 | 7 | 7205 | 933 |
| 3 | 9213 | 1846 | 8 | 8124 | 1455 |
| 4 | 8255 | 1215 | 9 | 7338 | 720 |
| 5 | 6894 | 709 | 10 | 7737 | 891 |

**解**　根据表 6-7 的资料，我们可以得到每户居民平均月收入的点估计为

$$\bar{\bar{y}}=\frac{1}{10}\sum_{i=1}^{10}\bar{y}_i=7827.6$$

因而每户居民月收入为 7827.6 元。

$$s_b^2=\frac{16}{10-1}\sum_{i=1}^{10}(\bar{y}_i-\bar{\bar{y}})^2=6736477$$

$$\mathrm{var}(\bar{\bar{y}})=\frac{1-0.05}{10\times16}\times6736477=39997.83$$

所以每户居民月收入的 95% 的置信区间为 $(7827.6\pm1.96\times\sqrt{39997.83})$ $=(7435.61,8219.59)$。

## 第六节　系统抽样

系统抽样(systematic sampling)又称为机械抽样，首先将总体的全部单元按照某一已知变量排队，接着依简单随机抽样方法从总体中抽取第一个样本点，然后按某种固定顺序和规律一次抽取其余样本点，最终构成样本。

系统抽样有两个特点：第一是抽样之前必须将 $N$ 个单元进行排序；第二是第一个或第一组样本点之外的其他样本点的选取规则既不同于第一个或第一组样本点，也不是随机的。

这里之所以称这种方法为系统抽样，是由于第一个样本点一经抽出，整个样本就完全确定了，这种整体性可以被看作是系统的。

在实际操作中，系统抽样有比较广泛的应用。比如，工厂生产线上进行产品质量检查时就常常采用这个抽样方法。系统抽样的优点是抽样方式简单，对抽样框的要求不高，在

某些情况下甚至可以不需要抽样框，因而容易实施。而且，系统抽样能使样本在总体中均匀分布，系统样本一般具有较好的代表性。

系统抽样调查的精确度一般要高于简单随机抽样。但由于系统抽样中第一个样本单位的位置确定以后，其余的样本单位的位置也就自动确定，因此要避免由于所采用的样本间距和所研究对象本身的周期循环性(如果存在的话)相重合而引起系统性的偏差。另外，由于系统抽样不是严格的概率抽样，因此系统抽样的方差估计比较困难。

## 一、系统抽样的实施方法

设总体中 $N$ 个单元按某种顺序(通常是按某种规律排列，但也可以是随机排列的)编号为$1,2,\cdots,N$。如果抽样程序是先按简单随机抽样方式抽取一个起始单元的编号，然后按照固定的间隔 $k$ 选取其他单元编号，直到满 $n$ 个为止，则这种抽样称为等距系统抽样，简称等距抽样。其中固定间隔 $k$ 称为抽样间隔(sampling interval)。

由于总体 $N$ 不一定是样本量 $n$ 的整数倍，因而最终抽取的样本点数可能是$\left[\dfrac{N}{k}\right]$，也可能是$\left[\dfrac{N}{k}\right]+1$，即样本量 $n$ 不确定。因而在理论分析中我们通常将样本量分成两类：一类是$n=\left[\dfrac{N}{k}\right]$，相当于 $N=nk$；另一类是$n=\left[\dfrac{N}{k}\right]+1$，相当于 $N\neq nk$。

### (一)直线等距抽样

当 $N=nk$ 时，通常采用直线等距抽样，步骤如下：

(1) 首先计算抽样间距 $k=N/n$；

(2) 将 $N$ 个单元按某种顺序一次编号为$1,2,...,N$；

(3) 从 1～$k$ 个单元编号中随机抽出一个单元编号，假设为 $r$；

(4) 每隔 $k$ 个单元编号抽出一个单元编号，直到抽出 $n$ 个单元。

这样最终抽出的单元编号为$r+(j-1)k, j=1,2,\cdots,n$。

直线等距抽样如图 6-6 所示。

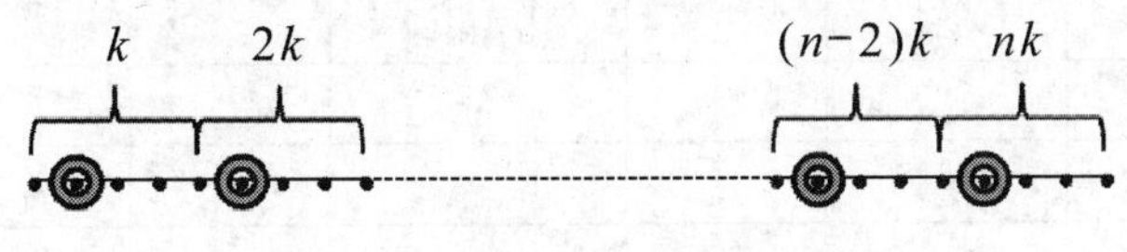


图 6-6 直线等距抽样

### (二)圆形等距抽样

当 $N\neq nk$ 时，通常采用圆形等距抽样，步骤如下：

(1) 首先将总体中$1,2,\cdots,N$ 的编号连成一个首尾相接的环；

(2) 从 1～$N$ 中按照简单随机抽样方式抽取一个单元编号 $r$ 作为随机起点；

(3) 每隔 $k$ 抽取一个单元编号，直到抽出 $n$ 个单元。

这样抽出的圆形等距抽样编号为

$$i=\begin{cases} r+(j-1)k, & \text{当} r+(j-1)k-N\leqslant 0 \\ \min\{r+(j-1)k, r+(j-1)k-N\}, & \text{当} r+(j-1)k-N\geqslant 0 \end{cases}$$

式中：$j=1,2,\cdots,n$。

例如 $N=53$，抽取的样本量为 $n=10$，则抽样间距为 $k=5.3$，将间距调整为最接近的整数 $k=5$，样本量定为 $n=11$，从 1~53 中随机抽取一个编号，假定为 12，因而抽中的样本编号为 12、17、22、27、32、37、42、47、52、4、9。

圆形等距抽样如图 6-7 所示。

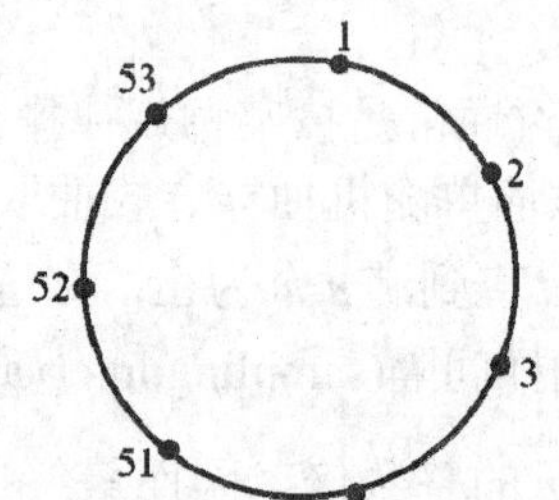


图 6-7　圆形等距抽样示意图

## 二、估计量及其性质

下面只讨论等距抽样的估计量及其性质。假定 $N=nk$，此时直线等距抽样和圆形等距抽样的抽样结果是一致的，而且各个单元的入样概率是相等的。

### (一)总体特征的估计

在等距系统抽样中，总体共有 $N$ 个抽样单元，因为抽样间距为 $k$，所以可以将总体抽样单元排列成 $k$ 行 $n$ 列，如表 6-8 所示。

表 6-8　等距系统抽样的总体单元排列表

| 行 | 1 | 2 | … | $j$ | … | $n$ | 行平均 |
|---|---|---|---|---|---|---|---|
| 1 | $Y_1$ | $Y_{k+1}$ | … | $Y_{(j-1)k+1}$ | … | $Y_{(n-1)k+1}$ | $\overline{Y}_{1\cdot}$ |
| 2 | $Y_2$ | $Y_{k+2}$ | … | $Y_{(j-1)k+1}$ | … | $Y_{(n-1)k+2}$ | $\overline{Y}_{2\cdot}$ |
| ⋮ | ⋮ | ⋮ |  | ⋮ |  | ⋮ | ⋮ |
| $r$ | $Y_r$ | $Y_{k+r}$ | … | $Y_{(j-1)k+r}$ | … | $Y_{(n-1)k+r}$ | $\overline{Y}_{r\cdot}$ |
| ⋮ | ⋮ | ⋮ |  | ⋮ |  | ⋮ | ⋮ |
| $k$ | $Y_k$ | $Y_{2k}$ | … | $Y_{jk}$ | … | $Y_{nk}$ | $\overline{Y}_{k\cdot}$ |
| 列平均 | $\overline{Y}_{\cdot 1}$ | $\overline{Y}_{\cdot 2}$ | … | $\overline{Y}_{\cdot j}$ | … | $\overline{Y}_{\cdot n}$ | $\overline{Y}$ |

第 $r$ 行第 $j$ 列的单元变量值可以改记为 $Y_{rj}$，即 $Y_{rj}=Y_{(j-1)k+r}$，其中 $r=1,2,\cdots,k$，$j=1,2,\cdots,n$。系统抽样的总体均值和样本均值可以分别表示为

$$\overline{Y}=\frac{1}{N}\sum_{r=1}^{k}\sum_{j=1}^{n}Y_{rj}=\frac{1}{nk}\sum_{r=1}^{k}\sum_{j=1}^{n}Y_{rj},\quad \overline{y}_{sy}=\frac{1}{n}\sum_{i=1}^{n}y_{rj}$$

总体特征的简单估计如下：

① 总体均值：$\hat{\bar{Y}} = \bar{y}_{sy}$ 是无偏的，$E(\bar{y}_{sy}) = \bar{Y}$；

② 总体总值：$\hat{Y} = N\bar{y}_{sy} = nk\bar{y}_{sy}$ 是无偏的，$E(nk\bar{y}_{sy}) = Y$；

③ 总体比例：$\hat{P} = \frac{a}{n} = p$ 是无偏的，$E(p) = p$；

④ 总体比率：$\hat{R} = r = \frac{\bar{y}_{sy}}{\bar{x}_{sy}}$ 是有偏的。

## (二)方差及其性质

### 1. 估计量的方差

根据等距系统抽样的定义，可以将其总体单元重新以“层”或“群”的方式排列，如表 6-9 所示。

表 6-9 等距系统抽样的总体单元以“层”或“群”排列表

| 行 | 1 | 2 | … | $j$ | … | $n$ | 行平均 |
|---|---|---|---|---|---|---|---|
| 1 | $Y_{11}$ | $Y_{12}$ | … | $Y_{1j}$ | … | $Y_{1n}$ | $\bar{Y}_{1\cdot}$ |
| 2 | $Y_{21}$ | $Y_{22}$ | … | $Y_{2j}$ | … | $Y_{2n}$ | $\bar{Y}_{2\cdot}$ |
| ⋮ | ⋮ | ⋮ | | ⋮ | | ⋮ | ⋮ |
| $r$ | $Y_{r1}$ | $Y_{r2}$ | … | $Y_{rj}$ | … | $Y_{rn}$ | $\bar{Y}_{r\cdot}$ |
| ⋮ | ⋮ | ⋮ | | ⋮ | | ⋮ | ⋮ |
| $k$ | $Y_{k1}$ | $Y_{k2}$ | … | $Y_{kj}$ | … | $Y_{kn}$ | $\bar{Y}_{k\cdot}$ |
| 列平均 | $\bar{Y}_{\cdot 1}$ | $\bar{Y}_{\cdot 2}$ | … | $\bar{Y}_{\cdot j}$ | … | $\bar{Y}_{\cdot n}$ | $\bar{Y}$ |

(1) 系统抽样与整群抽样之间的关系

如果将表 6-9 中的每一行的单元视为群，总体由 $k$ 个群组成，每个群的大小都是 $n$，则系统抽样可以看作是从 $n$ 个群中随机抽取一个群的特殊整群抽样。

系统抽样的总体方差为

$$S^2 = \frac{1}{N-1}\sum_{r=1}^{k}\sum_{j=1}^{n}(y_{rj} - \bar{Y})^2$$

其样本均值的方差为

$$\text{var}(\bar{y}_{sy}) = E(\bar{y}_{sy} - \bar{Y})^2 = \frac{1}{k}\sum_{r=1}^{k}(\bar{y}_r - \bar{Y})^2$$

式中，$\bar{y}_r$ 为样本“群”平均，$\bar{y}_r = \frac{1}{n}\sum_{j=1}^{n} y_{rj}$，$r = 1,2,\cdots,k$。

系统样本的群内方差可以表示为

$$S_{wsy}^2 = \frac{1}{k(n-1)}\sum_{r=1}^{k}\sum_{j=1}^{n}(y_{rj} - \bar{y}_r)^2$$

对于系统抽样，作为 $\bar{Y}$ 的简单估计，$\bar{y}_{sy}$ 的方差为

$$\text{var}(\bar{y}_{sy}) = \frac{N-1}{N}S^2 - \frac{k(n-1)}{N}S_{wsy}^2 = \frac{N-1}{N}\cdot\frac{S^2}{n}[1+(n-1)\rho_{wsy}] \qquad (6\text{-}22)$$

式中，$\rho_{wsy}$ 表示系统样本群内相关系数：$\rho_{wsy}=\dfrac{E(y_{rj}-\overline{Y})(y_{ru}-\overline{Y})}{E(y_{rj}-\overline{Y})^2}$。

(2) 系统抽样与分层抽样之间的关系

如果将表 6-9 中的每一列视为一层，则总体由 $n$ 个层组成，每个层的大小都是 $k$，则系统抽样可以看成是从 $n$ 个层中各抽取一个单元的特殊分层抽样。

此时总体层内方差可以用 $S_{wst}^2$ 表示为

$$S_{wst}^2=\frac{1}{n(k-1)}\sum_{j=1}^{n}\sum_{r=1}^{k}(y_{rj}-\overline{y}_{\cdot j})^2$$

总体层内相关系数为

$$\rho_{wst}=\frac{E(y_{rj}-\overline{y}_{\cdot j})(y_{ru}-\overline{y}_{\cdot u})}{E(y_{rj}-\overline{y}_{\cdot j})^2}$$

因而对于系统抽样，看作是一种分层抽样时，方差的简单估计可表示为

$$\operatorname{var}(\overline{y}_{sy})=\frac{1-f}{n}S_{wst}^2[1+(n-1)\rho_{wst}] \tag{6-23}$$

**2. 估计量的方差的性质**

对固定的有限总体 $Y_1,\ldots,Y_N$，以 $\operatorname{var}(\overline{y})$ 表示简单随机抽样的样本均值方差，以 $\operatorname{var}(\overline{y}_{sy})$ 表示对同一总体的某个确定单元排列顺序进行系统抽样的样本均值方差，如果样本量 $n$ 相等，则对应于 $N$ 个单元的所有可能排列顺序的 $\operatorname{var}(\overline{y}_{sy})$，有 $E\left[\operatorname{var}(\overline{y}_{sy})\right]=\operatorname{var}(\overline{y})$。

**【例 6-10】**某个等距系统抽样构成如表 6-10 所示，试与其他抽样方法的结果进行比较。

**表 6-10　某等距系统抽样以“层”或“群”排列表**

| 行＼群 | 1 | 2 | 3 | 4 | 5 | 群平均 | 群内方差 |
|---|---|---|---|---|---|---|---|
| 1 | 55 | 60 | 65 | 70 | 75 | 65.00 | 62.5 |
| 2 | 55 | 60 | 65 | 70 | 75 | 65.00 | 62.5 |
| 3 | 55 | 60 | 65 | 70 | 75 | 65.00 | 62.5 |
| 4 | 55 | 60 | 65 | 70 | 75 | 65.00 | 62.5 |
| 5 | 55 | 60 | 65 | 70 | 75 | 65.00 | 62.5 |
| 6 | 55 | 60 | 65 | 70 | 75 | 65.00 | 62.5 |
| 层平均 | 55.00 | 60.00 | 65.00 | 70.00 | 75.00 | 65.00 | 62.5 |
| 层内方差 | 0.00 | 0.00 | 0.00 | 0.00 | 0.00 | 0.00 | 51.7 |

**解**　根据表 6-10，有总体方差

$$S^2=51.7$$

平均群(行)内方差

$$\overline{S}_r^2=\frac{1}{6}\times(62.5+62.5+\cdots+62.5)=62.5$$

平均层(列)内方差

$$\overline{S\cdot}_j^2 = \frac{1}{5} \times (0+0+\cdots+0) = 0$$

下面计算每种抽样的总体均值估计量的方差。

① 以“行”为群的整群抽样或以“行”为“系统样本”的系统抽样

$k=6, n=5$

$$\text{var}(\overline{y}_{sy}) = \frac{N-1}{N}S^2 - \frac{k(n-1)}{N}S_{wsy}^2 = \frac{N-1}{N}S^2 - \frac{k(n-1)}{N}\overline{S}_r^2 \approx 0$$

② 以列为群(系统样本)的整群抽样或以列为“系统样本”的系统抽样

$k=5, n=6$

$$\text{var}(\overline{y}_{sy}) = \frac{N-1}{N}S^2 - \frac{k(n-1)}{N}S_{wsy}^2 = \frac{N-1}{N}S^2 - \frac{k(n-1)}{N}\overline{S\cdot}_j^2 \approx 49.98$$

③ 以“行”为群的分层随机抽样(每层抽 1 个单元)

$L=6, n=6, f=\frac{6}{30}$

$$\text{var}(\overline{y}_{st}) = \frac{1-f}{n}\sum_{h=1}^{L} W_h S_h^2 = \frac{1-f}{n}\overline{S}_r^2 \approx 1.67$$

④ 以“列”为群的分层随机抽样(每层抽 1 个单元)

$L=5, n=5, f=\frac{5}{30}$

$$\text{var}\left(\overline{y}_{st}\right) = \frac{1-f}{n}\sum_{h=1}^{L} W_h S_h^2 = \frac{1-f}{n}\overline{S\cdot}_j^2 \approx 0$$

⑤ 简单随机抽样方法Ⅰ

$n=5, f=\frac{5}{30}$

$$\text{var}(\overline{y}) = \frac{1-f}{n}S^2 \approx 8.617$$

⑥ 简单随机抽样方法Ⅱ

$n=6, f=\frac{6}{30}$

$$\text{var}(\overline{y}) = \frac{1-f}{n}S^2 \approx 6.893$$

从上述结果可以看出：① 象整群抽样一样，系统抽样的估计精度几乎完全取决于其“系统样本”(群)内的差异与总体差异的对比。② 系统抽样与其他抽样方法相比的优劣没有定性，可能好也可能差，也完全取决于其“系统样本”群内的差异与总体差异的对比，而这个对比则取决于系统抽样中的总体单元排列顺序。

## 第七节　统计软件应用与案例研究

### 一、统计软件应用

利用随机数表、随机数骰子、计算器或计算机产生的随机数进行抽样，若代表同一单元的随机数出现两次或两次以上，则从第二次开始就弃去不用，再抽下一个，直到抽足 $n$

个不同的单元为止。

第 1 步：打开一个空白 Excel 表，选择任意一列(图中显示的是 A 列)，选中单元格 A1，单击【插入】菜单，如图 6-8 所示。

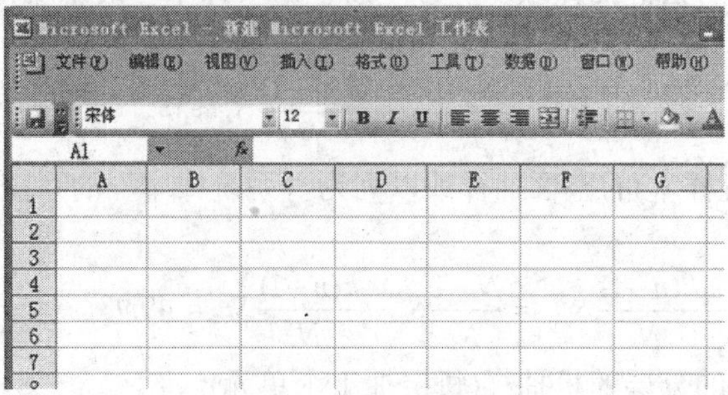

图 6-8　选择单元格

第 2 步：从弹出框中选中【函数】选项，这时会出现【插入函数】弹出框，在【选择函数】列表框中选择 RAND 函数，单击“确定”按钮，如图 6-9 所示。

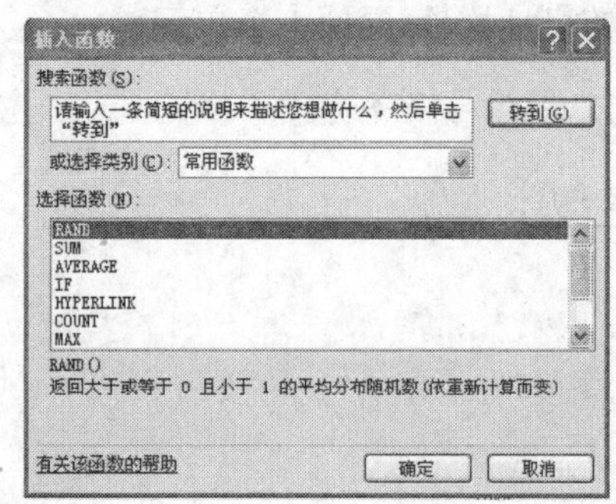


图 6-9　【插入函数】对话框

第 3 步：在弹出的“函数参数”对话框中单击【确定】按钮，如图 6-10 所示。

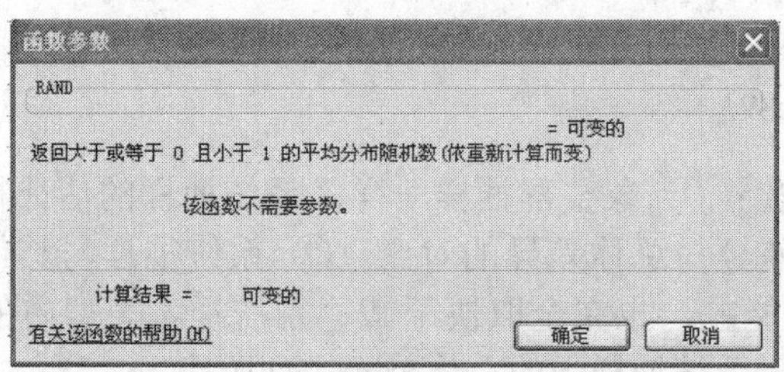


图 6-10　【函数参数】对话框

此时会出现如图 6-11 所示的界面。

按要求修改函数，比如，使随机数在 0～3038 之间取整数，如图 6-12 所示。

单击单元格 A1 的右下角往下拖动，一直到出现 400 个随机数，即取完样本随机数，如图 6-13 所示。

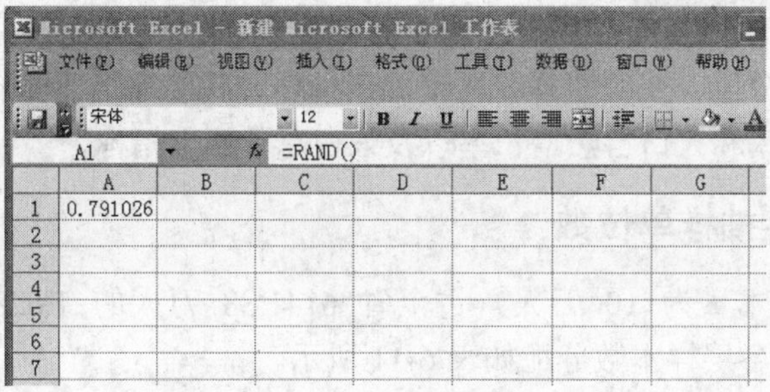

图 6-11　Excel 界面

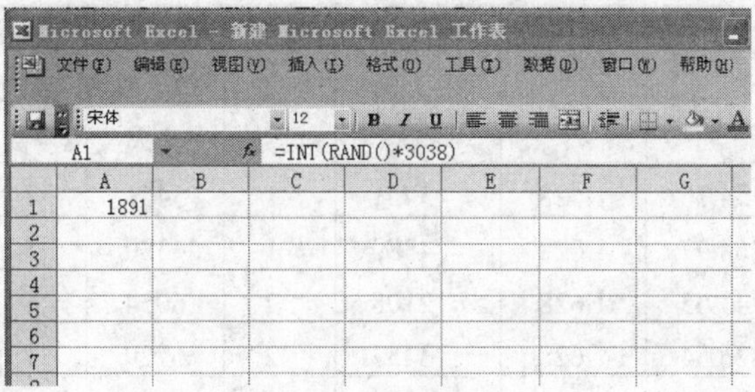

图 6-12　修改函数

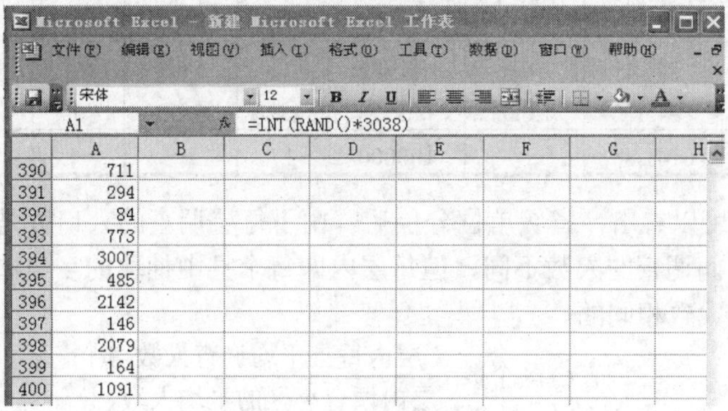

图 6-13　取得的样本随机数

由以上例子容易看出，使用随机数法抽取样本不仅简单易行，而且可以适应 $N$ 很大的情况，实用性要大大强于抽签法。

但是，用随机数法选取样本时，可能会遇到这样一个问题：例如，号码为 0139 的学生，选取随机数时中选，但不能排除这个数在后面仍会出现中选的情况。出现此类问题，可以有两种解决办法：第一种是只将每个个体的第一次中选计入样本，再遇到相同的号码就跳过去，使样本中的数量始终为 400，这种方法称为不重复抽样；另一种是将个体的每次中选都计入样本，这种方法叫做重复抽样。两种方法相比较，不重复抽样误差要小，精度稍高。实际进行简单抽样时，一般使用不重复抽样。

## 二、案例研究

湖北省共有 6 个地区，8 个地级市，1 个自治州；共辖 62 个县、2 个自治县、1 个林区、6 个县级市、23 个市辖区；共有 15 个地级单位和 94 个县级单位。根据全国人口调查的原则，湖北省采用分层、三级整群、概率比例抽样、底层等距抽样的方法。主要调查人口出生率、人口死亡率和人口自然增长率以及人口总数四个指标。

### (一)分层并确定抽样单位数

分配给湖北省样本量为 10 万人，占全省 6141.88 万人的 1.628‰，因而抽样比为 1.628‰，分层结果和各层样本数分配如表 6-11 所示。

表 6-11　湖北省人口调查分层和样本配置结果

| 地　区 | 各层人口数/万人 | 抽样比/‰ | 每层调查人数/人 | 每层抽取县数 | 每县调查人数/人 | 每县抽取乡数 | 每层调查小区数 | 调查小区平均人数/人 |
|---|---|---|---|---|---|---|---|---|
| 鄂东北山区 6 县 | 334.76 | 1.628 | 5451 | 1 | 5451 | 7 | 2 | 400 |
| 鄂东南山区 6 县 | 268.97 | 1.628 | 4380 | 1 | 4380 | 5 | 2 | 400 |
| 鄂西北山区 11 县 | 743.65 | 1.628 | 12108 | 2 | 6054 | 6 | 2 | 450 |
| 鄂西南山区 14 县 | 826.54 | 1.628 | 13457 | 2 | 6729 | 7 | 2 | 450 |
| 荆州平原 8 县 | 769.58 | 1.628 | 12530 | 2 | 6265 | 6 | 2 | 500 |
| 分散平原 12 县 | 831.04 | 1.628 | 13530 | 2 | 6765 | 7 | 2 | 500 |
| 丘陵 10 县 | 697.77 | 1.628 | 11361 | 2 | 5680 | 6 | 2 | 500 |
| 半丘陵半平原 7 县 | 723.81 | 1.628 | 11785 | 2 | 5892 | 6 | 2 | 500 |
| 城市(市辖区)15 县 | 945.76 | 1.628 | 15398 | 3 | 5133 | 5 | 2 | 500 |
| 合计 89 个 | 6141.88 | — | 100000 | 17 | — | — | — | — |

从表 6-11 中可以看出，省级单位分层后，由于每层调查的人口数是按人口比例分配的，因此层与层之间调查的人数不同，但每层内即每个县中抽取的乡级单位和每个乡抽取的小区个数都应是大致相同的。

$$调查小区个数=\frac{层内每县平均调查人数}{层内调查小区的平均人数}$$

### (二)层内的整群抽样

(1) 第一级，从湖北省抽取县、市、市辖区。在每层内按照县级单位人口出生率的高低排队，按排队顺序将人口数进行累计，在人口累计数中，采用与县级单位人口估计规模成比例的概率比例抽样。

首先，计算组距：

$$组距=\frac{层内县级单位人口累计数}{层内抽取的县级单位个数}$$

然后，在 1 至组距单元中随机选择一个点；最后，等距抽取样本单位。若随机点小于人口累计栏中的第一个单位，则第一个单位被抽中；若随机点落在两个单位的人口累计数中间，则区间上限所对应的地址码就是被抽中的单位。之后用随机点加上组距确定下一个被抽中的单位，以此类推直至抽取所需要的样本数。

例如荆州平原共 8 个县，需要抽出两个县，层内各县人口总数如表 6-12 所示，根据出生率由高到低排列，层内累计数为 7695842，因而抽样组距为 3847921，随机起点为 2043954，因而监利县被第一个抽出，加上组距后为 5891875，第二个抽中的是江陵县。

表 6-12 层内整群抽样结果

| 序　号 | 地　名 | 人口出生率‰ | 人口数/人 | 人口累计数/人 | 随机起点 |
|---|---|---|---|---|---|
| 1 | 公安 | 13.4 | 993489 | 993489 | |
| 2 | 石首 | 12.6 | 793454 | 1786943 | |
| 3 | 监利* | 10.9 | 1034489 | 2821432 | 2043954 |
| 4 | 钱江 | 10.3 | 860834 | 3682266 | |
| 5 | 天门 | 10.2 | 1634864 | 5317130 | |
| 6 | 江陵* | 9.9 | 824455 | 6141585 | 5891875 |
| 7 | 洪湖 | 9.7 | 83456 | 6225041 | |
| 8 | 仙桃 | 9.6 | 1470801 | 7695842 | |

注：“*”表示被选中的县

(2) 第二级，在被抽中的县(市、区)中抽选 5～7 个乡、镇、街道。抽选方法与第一级的方法相同。

(3) 第三级，在被抽中的乡(镇、街道)将调查小区按地址码顺序排列，不需要进行人口累计，选择随机起点后，等距抽选两个调查小区。

## (三)估计省级人口变动情况

(1) 计算总人口出生率

$$\widehat{\text{CBR}} = \frac{Y(\text{调查年出生的人数})}{X(\text{省平均调查人数})}$$

(2) 计算抽样误差的公式

$$\text{var}(\widehat{\text{CBR}}) = \frac{\text{var}(Y) + \widehat{\text{CBR}}^2 - 2\widehat{\text{CBR}}\text{cov}(X,Y)}{X^2}$$

$$\text{var}(Y) = \sum_h a_h S_{yh}^2,\quad S_{yh}^2 = \frac{\sum_h (Y_{ha} - \overline{Y}_h)^2}{a_h - 1}$$

$$\text{var}(X) = \sum_h a_h S_{xh}^2,\quad S_{xh}^2 = \frac{\sum_h (X_{ha} - \overline{X}_h)^2}{a_h - 1}$$

$$\text{cov}(X,Y) = \sum_h a_h S_{xyh},\quad S_{xyh} = \frac{\sum_a X_{ha} Y_{ha} - a_h \overline{X}_h \overline{Y}_h}{a_h - 1}$$

式中，$X$ 表示全省调查的总平均人数：(年初人数+年末人数)/2；$Y$ 表示全省调查的出生人数；$h$ 表示层的序号；$a_h$ 表示第 $h$ 层的第一级抽样单位(县级单位)的个数；$\overline{X}_h, S_{xh}^2$ 表示第 $h$ 层第一级抽样单位平均人数和方差；$\overline{Y}_h, S_{yh}^2$ 表示第 $h$ 层第一级抽样单位平均出生人数和方差；$S_{xyh}$ 表示第 $h$ 层第一级抽样单位的出生人数和总体人数的协方差；$X_{ha}$ 表示第 $h$ 层第 $a$ 个第一级抽样单位平均人数：(该单位年初人数+年末人数)/2；$Y_{ha}$ 表示第 $h$ 层第 $a$ 个第一级抽样单位出生人数。

抽样误差 $S=\sqrt{\mathrm{var}(\widehat{\mathrm{CBR}})}$

允许误差 $d=19.6\times\sqrt{\mathrm{var}(\widehat{\mathrm{CBR}})}$

相对误差 $r=\dfrac{d}{\mathrm{CBR}}\times 100\%$

总体人口出生率的区间估计为 $\widehat{\mathrm{CBR}}\pm d$。

(3) 假设省级的人口统计表如表 6-13 所示。

表 6-13 人口统计表

| 层序号($h$) | 县(市)名 | 各层第一级抽样单位平均人口数($X_{ha}$) | 各层第一级抽样单位出生人口数($Y_{ha}$) |
|---|---|---|---|
| 1 | ××市($a$=1) | 1195 | 12 |
|  | ××市($a$=2) | 1233 | 16 |
| 2 | ××县($a$=1) | 3884 | 55 |
|  | ××县($a$=2) | 3926 | 60 |
| 3 | ××县($a$=1) | 3384 | 49 |
|  | ××县($a$=2) | 3412 | 58 |

根据所给数据，可以得到表 6-14 所示的计算过程。

表 6-14 计算表

| $h$ | $a_h$ | $\bar{X}_h$ | $S_{xh}$ | $S_{xh}^2$ | $a_h S_{xh}^2$ |
|---|---|---|---|---|---|
| 1 | 2 | 1214 | 26.87 | 722 | 1444 |
| 2 | 2 | 3905 | 29.70 | 882 | 1764 |
| 3 | 2 | 3398 | 19.80 | 392 | 784 |
| 合计 | 6 | — | — | — | $\mathrm{var}(X)=3992$ |
| $h$ | $a_h$ | $\bar{Y}_h$ | $S_{yh}$ | $S_{yh}^2$ | $a_h S_{yh}^2$ |
| 1 | 2 | 14 | 2.83 | 8 | 16 |
| 2 | 2 | 58 | 3.54 | 12.5 | 25 |
| 3 | 2 | 54 | 6.36 | 40.5 | 81 |
| 合计 | 6 | — | — | — | $\mathrm{var}(Y)=122$ |
| $h$ | $a_h$ | $\sum\bar{X}_h\bar{Y}_h$ | $a_h\bar{X}_h\bar{Y}_h$ | $S_{xyh}$ | $a_h S_{xyh}$ |
| 1 | 2 | 34068 | 33992 | 76 | 152 |
| 2 | 2 | 449180 | 449075 | 105 | 210 |
| 3 | 2 | 363712 | 363586 | 126 | 252 |
| 合计 | 6 | — | — | — | $\mathrm{cov}(X,Y)=614$ |

计算得到：

该省的人口出生率为

$$\widehat{\text{CBR}} = \frac{Y}{X} = \frac{250}{17034} \times 1000‰ = 14.68‰$$

抽样方差为

$$\text{var}\left(\widehat{\text{CBR}}\right) = (122 + 0.01468^2 \times 3992 - 2 \times 0.01468 \times 614) / 17034^2 = 0.0000003613$$

抽样误差为

$$\sqrt{\text{var}(\widehat{\text{CBR}})} = 0.0006011$$

允许误差为

$$d = 1.96 \times 0.0006011 = 0.001178$$

相对误差为

$$r = (0.001178 / 0.01468) \times 100\% = 8.0245\%$$

综上所述，估计全省人口出生率为14.68‰，置信度为95%的允许误差为1.2‰，相对误差为8%。

## 本章小结

(1) 误差一般理解为估计值与真实值之间的差异。误差越小，估计量的精度越高。精度可以用误差平方的均值来定义。均方误差可以分解成估计量的方差以及估计量的均值对总体参数真值的偏倚的平方。偏倚小而方差大，称这样的抽样调查效度高而信度小；偏倚大而方差小，称这样的抽样调查效度差而信度高。

(2) 估计有两种思路，一种是不借助任何辅助变量直接估计，另一种是借助相关辅助变量间接估计。在没有总体其他相关辅助变量信息可以利用的情况下，用样本特征直接估计总体特征，是简单估计。比估计是一种间接估计。如果在调查中，除了调查指标 $y$ 之外，还有一个指标 $x$ 的信息可以利用(比如它的总体均值 $\bar{X}$ 或者总值 $X$ 已知；也可以直接利用 $x$ 的样本信息)，而且 $y$ 与 $x$ 之间存在着比例关系，则可以利用辅助变量 $x$ 的信息构造比估计量，以提高估计的精度。

(3) 简单随机抽样的简单估计：总体均值的估计值 $\hat{\bar{Y}}$ 由样本均值 $\bar{y}$ 直接推断：$\hat{\bar{Y}} = \bar{y}$；总体总值的估计值 $\hat{Y}$ 可以由样本均值 $\bar{y}$ 乘以 $N$ 加以推断：$\hat{Y} = N\bar{y}$；总体比例的估计值 $\hat{P}$ 可以由样本中相应的比例 $p$ 加以推断：$\hat{P} = p$；总体比率的估计值 $\hat{R}$ 可以由样本中相应的比率 $r$ 加以推断：$\hat{R} = r$。

(4) 如果大小为 $N$ 的总体分成 $L$ 个互不重叠的子总体，其大小分别为 $N_1, N_2, \cdots, N_L$ ($N_h$ 皆已知，$\sum_{h=1}^{L} N_h = N$)，每个子总体称为层，从每层中独立抽样，这种方法称为分层抽样。若每层抽样都是简单随机的，则称为分层随机抽样。分层抽样的估计是先对各层进行，然后再综合对总体参数进行估计。

(5) 多阶段抽样是将整个抽样过程分成若干个阶段，每个阶段分别抽出一个级别的单位，最终抽出被调查者。

(6) 整群随机抽样就是将总体中的单位按一定的标志或要求分成 $N$ 群，然后以群为单位，随机地抽取几个群，对已抽中的群进行全面调查或抽样调查的一种抽样方式。群的划分应尽可能使群与群之间的差异小，而群内的差异越大越好。这样，每个群才有足够好的代表性。分群的原则与分层的原则是相反的。对分层抽样而言，当层内单元指标差异较小，而层间单元指标差异较大时，采用分层抽样可以大大提高估计的精度。

(7) 系统抽样又称为机械抽样，首先将总体的全部单元按照某一已知变量排队，接着依简单随机抽样方法从总体中抽取第一个样本点，然后按某种固定顺序和规律一次抽取其余样本点，最终构成样本。

## 思考与练习题

### 一、思考题

1. 什么是抽样调查？抽样调查有哪几方面的特点？
2. 抽样调查中的随机原则是指什么?
3. 抽样调查有哪些主要作用?
4. 抽样调查时为什么必须遵循随机原则抽取样本?
5. 什么是抽样误差？影响抽样误差大小的主要因素有哪些？
6. 在实际中，抽样调查多采用不重复抽样方法抽取样本，但在计算抽样平均误差时也可以采用重复抽样条件下的公式，原因何在?

### 二、练习题

1. 对某区 30 户家庭的月收支情况进行抽样调查，发现平均每户每月用于书报费支出为 45 元，抽样平均误差为 2 元，试问应以多少概率才能保证每户每月书报费支出在 41.08 元至 48.92 元之间。

2. 简单随机重复抽样中，若抽样单位数增加 3 倍，则抽样平均误差如何变化？若抽样允许误差扩大为原来的 2 倍，则抽样单位数如何变化？若抽样允许误差缩小为原来的 1/2 倍时，抽样单位数如何变化?

3. 试分析以下结论正确与否。

(1) 抽样调查就是凭主观意识，从总体中抽取部分单位进行调查。 (　　)

(2) 所有可能的样本平均数的平均数，等于总体平均数。 (　　)

(3) 抽样误差是不可避免的，但人们可以通过调整总体方差的大小来控制抽样误差的大小。 (　　)

(4) 样本单位数的多少可以影响抽样误差的大小，而总体标志变异程度的大小和抽样误差无关。 (　　)

(5) 抽样估计中的点估计就是被估计的总体指标直接等于样本指标。 (　　)

(6) 不重复抽样的抽样误差一定小于重复抽样的抽样误差。 (　　)

(7) 在不重复抽样的情况下，若调查的单位数为全部总体的 10%，则所计算的抽样平均误差比重复抽样计算的抽样误差少 10%。 (　　)

4. 工商部门对某超市经销的小包装休闲食品进行重量合格抽查，规定每包重量不低于 30g，在 1000 包食品中抽 1%进行检验，结果如表 6-15 所示。

表 6-15 某超市经销的小包装休闲食品重量合格抽查结果

| 按重量分组/g | 包数/包 |
|---|---|
| 26～27 | 1 |
| 27～28 | 3 |
| 28～29 | 3 |
| 29～30 | 2 |
| 30～31 | 1 |
| 合　计 | 10 |

试以 95.45%概率推算：

(1) 这批食品的平均每包重量是否符合规定要求；

(2) 若每包食品重量低于 30g 为不合格，求合格率的范围。

5. 由于外部审计的费用可能很高，许多公司创建了一些内部审计部门以减少审计费用。某公司曾对 32 家公司的审计部门进行过一项研究，旨在确定内部审计部门对外部审计费的影响，这 32 家公司一年内所支付的外部审计费平均为 779030 元，标准差为 1083162 元。假定这 32 家公司是通过简单随机抽样法从中国西南部的 95 家类似的公司中选取，试计算中国西南部所有公司一年内支付的平均外部审计费用的近似 95%置信区间。

6. 一家银行对拖欠应偿贷款的客户(即逾期一个月未偿还贷款者)进行一项研究。该公司从 272 个逾期账户中随机抽取了 40 个账户，记录下每个账户的逾期款数量。这些账户产生的样本统计数字如下：$\bar{x}=371$元；$s=66$元。

要求：(1) 求所有逾期账户中平均每个账户拖欠额的近似 95%置信区间；

(2) 求所有拖欠账户总欠款额的近似 95%置信区间。

7. 一名为某大城市 4 家连锁店服务的批发食品经销商考虑在他的库存中增添一种新产品。为了确定对这种新产品的需求是否足够大，他将在 4 家连锁店中对这种新产品进行试验推销，以估计平均月销售额。为了管理方便，该经销商采用分层随机抽样，将每家连锁店看成一个层(但是无法得到有关层方差的任何信息)。4 家连锁店(即这四个层)中每家连锁店的商店数分别为 $N_1=24$，$N_2=36$，$N_3=30$，$N_4=30$。这名经销商有足够的经费在 $n=20$ 家商店中获取月销售额数据。按照按比例分配方案，他从 4 个层中随机抽取了 $n_1=4$，$n_2=6$，$n_3=5$，$n_4=5$ 家商店作样本。一个月之后，新产品在样本商店中的销售额如表 6-16 所示。

试回答以下问题：

(1) 表 6-17 给出了与 4 家连锁店月销售额有关的汇总统计数字(如 $\bar{x}$，$s$)，试利用这些统计数字构造新产品平均月销售额真值的近似 95%置信区间；

(2) 假定这个经销商决定从总数为 $N=120$ 个商店的 4 家连锁店抽取 1 个由 20 家商店组成的简单随机样本。将表中的 20 个观察值(月销售额)当做这个简单随机样本，并构造新产品的平均月销售额真值的 95%置信区间；

表 6-16　一个月后新产品在样本商店中的销售额

| 连锁店 | | | |
|---|---|---|---|
| 1 | 2 | 3 | 4 |
| 9.4 | 9.1 | 10.8 | 9.2 |
| 9.0 | 9.9 | 9.6 | 11.0 |
| 10.2 | 9.3 | 10.0 | 9.4 |
| 11.0 | 10.5 | 9.3 | 9.1 |
| | 11.1 | 9.3 | 11.3 |
| | 10.1 | | |

表 6-17　与 4 家连锁店月销售额有关的汇总统计数字结果

| 编号 | 样本数 | 平均值 | 中值 | 调整平均值 | 标准差 | 样本均值的标准差 |
|---|---|---|---|---|---|---|
| 连锁 1 | 4 | 9.900 | 9.800 | 9.900 | 0.887 | 0.443 |
| 连锁 2 | 6 | 10.000 | 10.000 | 10.000 | 0.746 | 0.304 |
| 连锁 3 | 5 | 9.800 | 9.600 | 9.800 | 0.628 | 0.281 |
| 连锁 4 | 5 | 10.000 | 9.400 | 10.000 | 1.061 | 0.474 |
| 总计 | 20 | 9.930 | 9.750 | 9.906 | 0.773 | 0.173 |

(3) 将(1)和(2)得到的结果进行比较。哪种抽样方案得到的关于平均月销售额的估计值比较准确？

(4) 试提出某种理由，说明为什么会出现(3)中的结果。(提示：将一个层的样本方差与总的样本方差进行比较)

(5) 你能否想出一种分层方法，使得 $n=20$ 个月销售额观察值产生的平均月销售额的估计值的方差较小？

8. 新鲜水果种植者所遇到的问题之一是水果在运往市场过程中发生的耗损。假设每到收获的季节，某地的种植者们每天都用一个由 75 辆卡车组成的车队将鲜桔运往 15 个市场出售(这些卡车被按照规定路线发往离他们最近的市场)。为了估计每天的总耗损量，随机抽取了 5 个市场并记下每辆卡车将水果运往这些市场时的日损耗量(以斤计)。试利用表 6-18 的数据构造每天运往 15 个市场的水果耗损量(按斤计)的近似 95%置信区间。

表 6-18　每辆卡车将水果运往 5 个市场时的日损耗量统计结果

| 市　场 | 卡 车 数 | 每辆卡车的水果耗损量/斤 |
|---|---|---|
| 1 | 6 | 16.2 |
| 2 | 2 | 3.4 |
| 3 | 8 | 5.0 |
| 4 | 3 | 10.7 |
| 5 | 2 | 12.8 |

# 案例分析

**泊美公司女性健美沙龙活动促销调研**

泊美公司是一家专门从事减肥的女性健美沙龙。为了吸引更多顾客参加，泊美公司市场推广部门张经理收集了一个历时 18 周的引导性减肥项目之前与之后的 30 个客户样本体重，如表 6-19 所示。

表 6-19　引导性减肥项目之前与之后的 30 个客户样本体重数据表

| 客户编号 | 体　重 | | 客户编号 | 体　重 | |
|---|---|---|---|---|---|
| | 之前体重 | 之后体重 | | 之前体重 | 之后体重 |
| 1 | 170 | 190 | 16 | 160 | 172 |
| 2 | 190 | 200 | 17 | 180 | 190 |
| 3 | 148 | 212 | 18 | 152 | 196 |
| 4 | 210 | 183 | 19 | 195 | 181 |
| 5 | 160 | 154 | 20 | 158 | 146 |
| 6 | 140 | 160 | 21 | 132 | 160 |
| 7 | 300 | 158 | 22 | 280 | 155 |
| 8 | 280 | 130 | 23 | 265 | 143 |
| 9 | 161 | 156 | 24 | 156 | 153 |
| 10 | 171 | 142 | 25 | 162 | 141 |
| 11 | 175 | 156 | 26 | 173 | 149 |
| 12 | 185 | 142 | 27 | 183 | 150 |
| 13 | 254 | 153 | 28 | 221 | 182 |
| 14 | 265 | 155 | 29 | 260 | 178 |
| 15 | 214 | 189 | 30 | 202 | 139 |

经理希望能向顾客提供一份报告阐述公司执行引导性减肥项目的有效性，报告包括以下几个问题：

(1) 将客户参加引导性减肥项目之前和之后的样本体重数据进行描述性统计总结；

(2) 客户参加引导性减肥前、后体重的总体均值的 95%置信区间是多少？两总体均值之差的 95%置信区间是多少？

(3) 公司引导性减肥项目是否有效？还可以通过什么检验及数据进一步得出结论？

**分析与提示**：可以通过项目实施前后各种指标的比较来判断是否有效，同时参考简单随机抽样方法以及置信区间计算等部分的内容进行进一步分析。

（资料来源：卫海英. 应用统计学. 广州：暨南大学出版社，2001）

# 第七章 假设检验

【本章导读及学习目标】

参数估计与假设检验都是利用样本对总体进行统计推断，但它们推断的角度不同。例如，在产品质量检验中，通过随机抽取的样本，统计计算样本的不合格品率 $p$，由此推断总体(全部产品)的不合格品率 $\pi$。如果我们要以一定的把握程度(概率)去估计总体的不合格品率 $p$，这就是一个参数估计问题；如果要以一定的概率判断这整批产品是否符合质量要求(即批不合格品率 $\pi$ 在规定的范围内)，这就是一个假设检验问题。通过本章的学习，应掌握假设检验中的基本概念与基本原理、一个总体参数和两个总体参数的检验方法，了解观察到的显著性水平 $P$ 值和检验功效曲线等概念。

## 第一节 假设检验基本原理

### 一、假设的陈述

在现实生活和科学研究中，一个假设的提出总是以一定的理由为基础的，但这些理由通常又是不完全充分的，因而产生了“检验”的需要，也就是要进行判断。例如，在某种新药的开发研究中，研究人员需要判断新药的疗效是否比原有的药物更有效；在质量管理中，质检人员需要判断产品的质量特性是否达到合同规定的要求，等等。

在统计研究中，假设(hypothesis)就是对总体参数的具体数值作出的陈述。先对总体参数提出某种假设，然后利用样本信息判断假设是否成立的过程称为假设检验(hypothesis test)。一般地，通常将研究者想收集证据予以反对的假设称为原假设(null hypothesis)，或称为零假设，通常用 $H_0$ 表示；而将研究者想收集证据予以支持的假设称为备择假设(alternative hypothesis)，或称为研究假设，通常用 $H_1$ 表示。原假设 $H_0$ 和备择假设 $H_1$ 是一个完备事件组，而且相互对立。也就是说，在一个假设检验中，原假设 $H_0$ 和备择假设 $H_1$ 必有一个成立，而且只有一个成立。

在假设检验中，研究者感兴趣的备择假设内容，可以是总体参数没有特定方向的变化，也可以是有特定方向的变化，这两类不同的假设分别称为双侧假设和单侧假设。其中，备择假设 $H_1$ 中没有特定的方向性，并含有“≠”的假设检验，称为双侧检验。双侧检验只是关心备择假设 $H_1$ 是否不同于原假设 $H_0$，并不关心是大于还是小于。备择假设 $H_1$ 中具有特定的方向性并含有符号“＞”或“＜”的假设，称为单侧假设。在单侧检验中，由于研究者感兴趣的方向不同，又可以分为左侧检验和右侧检验。如果研究者感兴趣的备择假设 $H_1$ 的方向为“＜”，称为左侧检验；如果研究者感兴趣的备择假设 $H_1$ 的方向为“＞”，称为右侧检验。在建立假设时，通常先确定备择假设 $H_1$，然后再确定原假设

$H_0$。这样做的原因是备择假设 $H_1$ 是研究者所关心的和想予以支持或证实的，因而比较清楚，容易确定。

根据以上的讨论，又依据原假设和备择假设对立的原则，双侧检验的原假设 $H_0$ 含有的符号为“=”；左侧检验的原假设 $H_0$ 含有的符号为“≥”；右侧检验的原假设 $H_0$ 含有的符号为“≤”。但是，假设检验的惯例是在单侧检验的情况下，原假设 $H_0$ 中只写符号“=”。这是因为原假设是将备择假设对立的所有情况概括其中，左侧检验和右侧检验中，如果备择假设不成立，原假设 $H_0$ 中的符号“=”代表了所有可能中的最坏的一种情况。将与备择假设对立的所有可能情况放进只含“=”的原假设中，这样方便假设检验过程的计算。

例如，某产品研究小组欲评估新型设计的汽化器是否可以提高油料的燃烧效率，达到平均效率超过每加仑 24 千米。因此，研究者想收集证据予以支持的假设应该是“新型设计的汽化器提高了油料的燃烧效率”，同时，研究者关心的是有特定方向的假设“平均效率是否超过了每加仑 24 千米”，所以建立的假设是右侧假设，建立的原假设和备择假设为 $H_0: \mu = 24$； $H_1: \mu \geqslant 24$ 。

确定原假设和备择假设在假设检验中十分重要，它直接关系到检验的结论。上面讨论了建立假设的基本原则，关于假设陈述的问题在下面的讨论中还要进一步阐述。

## 二、假设检验中的两类错误

由于做出统计推断的依据是样本信息，即根据部分去推断总体，因而假设检验过程不可避免地会引起两类错误。如前所述，原假设和备择假设不能同时成立，即要么拒绝原假设 $H_0$，要么接受 $H_0$。我们希望的情况是：当原假设 $H_0$ 正确时接受 $H_0$；当原假设 $H_0$ 错误时拒绝 $H_0$。但是，在信息不完全的情况下，我们可能会犯两类错误。

(1) 当原假设 $H_0$ 为真时，我们仍有可能做出拒绝 $H_0$ 的错误推断。这种错误称为第Ⅰ类错误(type Ⅰ error)，又称为“弃真”错误，发生这种错误的概率记为 $\alpha$ 。

$$P\{拒绝 H_0 \mid H_0 为真\} = \alpha \tag{7-1}$$

(2) 当原假设 $H_0$ 为假时，我们仍有可能做出接受 $H_0$ 的错误推断。这种错误称为第Ⅱ类错误(type Ⅱ error)，又称为“取伪”错误，发生这种错误的概率记为 $\beta$ 。

$$P\{接受 H_0 \mid H_0 为假\} = \beta \tag{7-2}$$

假设检验中的判断和后果有以下四种情况，除了以上两种错误判断及后果外，还有两种情况作出了正确的判断。图 7-1 给出了假设检验的判断和后果。

| 统计推断 | 总体真实情况：$H_0$ 为真 | 总体真实情况：$H_0$ 为假 |
|---|---|---|
| 接受 $H_0$ | 判断正确<br>(发生概率 $1-\alpha$ ) | 第Ⅱ类错误<br>(发生概率 $\beta$ ) |
| 拒绝 $H_0$ | 第Ⅰ类错误<br>(发生概率 $\alpha$ ) | 判断正确<br>(发生概率 $1-\beta$ ) |

图 7-1 假设检验中的判断和后果

需要注意的是：只有当原假设 $H_0$ 被拒绝时，才可能犯第Ⅰ类错误；只有当原假设 $H_0$ 未被拒绝时，才有可能犯第Ⅱ类错误。因此，可以不犯第Ⅰ类错误或第Ⅱ类错误，但难以保证两类错误都不犯。

例如，对正态总体均值 $\mu$ 与其假设值 $\mu_0$ 是否有显著差异进行检验，建立的双侧假设为 $H_0:\mu=\mu_0$；$H_1:\mu\neq\mu_0$，用样本均值 $\bar{x}$ 进行统计推断，样本均值服从正态分布，即 $\bar{x}\sim N(\mu,\sigma^2/n)$。在原假设 $H_0:\mu=\mu_0$ 为真时，样本均值 $\bar{x}\sim N(\mu_0,\sigma^2/n)$，犯第Ⅰ类错误的概率为 $\alpha$；当原假设 $H_0:\mu=\mu_0$ 不真时，若有 $\mu=\mu_1\neq\mu_0$ 和 $\mu=\mu_2\neq\mu_0$ 两种情况，犯第Ⅱ类错误的概率为 $\beta$。

图 7-2 为对正态总体均值 $\mu$ 进行检验时两类错误概率的示意图。从图中可以看出，在样本容量 $n$ 一定的情况下，减少犯第Ⅰ类错误的概率 $\alpha$，可靠度系数 $z_{\alpha/2}$ 就会增大，接受域的区域就要扩大，这时犯第Ⅱ类错误的概率 $\beta$ 就会增大；而减少犯第Ⅱ类错误的概率 $\beta$，接受域的区域就要缩小，犯第Ⅰ类错误的概率 $\alpha$ 就会增大，两类错误此消彼长，就像一个跷跷板。我们当然希望 $\alpha$ 与 $\beta$ 同时小，唯一的办法就是增加样本容量 $n$。但样本容量的增加又会受到很多因素的限制，所以人们只能在两类错误概率之间进行权衡。基于这种情况，统计学家提出一个原则，即控制犯第Ⅰ类错误的概率 $\alpha$ 的条件下，尽量使犯第Ⅱ类错误的概率 $\beta$ 小。因此，人们常常把错误地拒绝 $H_0$ 看得比错误地接受 $H_1$ 更重要。所以，在假设检验中，我们规定把最关心的问题作为原假设 $H_0$ 提出，即将较严重的错误定义为第Ⅰ类错误，这样我们就可以对犯第Ⅰ类错误的概率 $\alpha$ 实施有效的控制。因此，也将这种检验称为显著性检验。$\alpha$ 称为显著性水平，$\alpha$ 一般选择为 1%, 5%, 10%的水平。

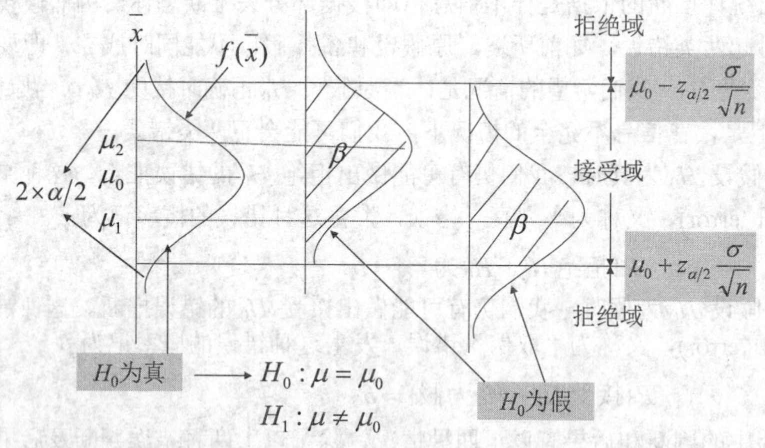


图 7-2　两类错误概率关系示意图

在前面的讨论中，我们强调指出，首先对犯第Ⅰ类错误的概率 $\alpha$ 进行控制。因此在单侧检验中，如何建立备择假设 $H_1$ 的符号方向还有两个原则可供选择：

(1) 原假设 $H_0$ 一般代表一种久已存在的状态，而备择假设 $H_1$ 则反映状态发生变化。例如，某产品研究小组评估新型设计的汽化器是否可以提高油料的燃烧效率，平均效率超过每加仑 24 千米。显然当新型汽化器不能提高油料的燃烧效率时(即 $H_0$ 为真)，而我们检验的结果拒绝 $H_0$，认为该产品有效而投入生产，这个错误较严重，是我们要控制的犯错误的概率 $\alpha$。因此，我们提出假设 $H_0:\mu=24$；$H_1:\mu>24$。

(2) 将不能轻易否定的事件作为原假设 $H_0$。例如，某饮料制造商声称，其容量为 2 升的产品中内容物的含量平均至少为 68 盎司。如果该制造商的产品质量一贯比较稳定，一旦错误地拒绝制造商，会损坏生产者的利益，因此我们将其声明为真作为原假设，即 $H_0: \mu = 68$；$H_1: \mu < 68$。如果该制造商的质量不稳定，一旦错误地接受该产品，会损害消费者的利益，我们将其声明为不真作为原假设，即 $H_0: \mu = 68$；$H_1: \mu > 68$。

确定了显著性水平 $\alpha$ 就是对犯第 I 类错误的概率进行了控制，但犯第 II 类错误的概率 $\beta$ 却是不确定的。因此，在假设检验中采用“不能拒绝 $H_0$”而不采用“接受 $H_0$”的表述方法，由此避免了犯第 II 类错误的风险。关于第 II 错误概率 $\beta$ 的进一步讨论将在本章第四节介绍。

## 三、检验统计量与拒绝域

### (一)检验统计量

在提出具体假设之后，研究者需要依据样本观测值提供的信息来作出拒绝 $H_0$ 还是不拒绝 $H_0$ 的判断和决策。在一般的假设检验过程中，研究者倾向于通过样本信息提供对备择假设的支持，并倾向于作出“拒绝原假设”的结论。通常，我们根据实际检验问题，利用样本信息计算获得的样本统计量作为对原假设和备择假设的检验统计量(test statistic)。检验统计量一般是总体参数的点估计，但是一般不用点估计量直接对总体参数进行比较和判断，而是将点估计量进行标准化后，用标准化的检验统计量进行判断。对点估计量进行标准化的依据是：① 原假设 $H_0$ 为真；② 点估计量的抽样分布；③ 其他条件，如总体的分布形式、总体其他参数是否已知、抽取的是大样本还是小样本，等等。检验统计量是根据样本数据计算出来的，是一个随机变量，称为检验统计量的抽样分布。而标准化的检验统计量通常为 $z$ 分布、$t$ 分布、$\chi^2$ 分布和 $F$ 分布。

例如，以正态总体 $X \sim N(\mu,\sigma^2)$，对总体均值 $\mu$ 的双侧检验为例，假设形式为 $H_0: \mu = \mu_0$；$H_1: \mu \neq \mu_0$。则有：① 原假设 $H_0$ 为真时，正态总体分布的中心 $\mu = \mu_0$，样本均值 $\bar{x}$ 为总体均值 $\mu$ 的点估计量，且为无偏估计量，则样本均值 $\bar{x}$ 的分布中心为 $\mu_0$；② 在正态总体 $X \sim N(\mu,\sigma^2)$，原假设 $H_0: \mu = \mu_0$ 为真的情况下，$\bar{x}$ 的抽样分布为 $\bar{x} \sim N(\mu_0, \sigma^2/n)$。③ 当方差 $\sigma^2$ 已知时，对 $\bar{x}$ 进行标准化得到的检验统计量为 $z = \dfrac{\bar{x}-\mu_0}{\sigma/\sqrt{n}} \sim N(0,1)$；当方差 $\sigma^2$ 未知且大样本时，对 $\bar{x}$ 进行标准化得到的检验统计量为 $z = \dfrac{\bar{x}-\mu_0}{s/\sqrt{n}} \sim N(0,1)$；当方差 $\sigma^2$ 未知且小样本时，对 $\bar{x}$ 进行标准化得到的检验统计量为 $t = \dfrac{\bar{x}-\mu_0}{s/\sqrt{n}} \sim t(n-1)$。根据样本观测值 $x_1, x_2, \cdots, x_n$，可以计算得到样本均值 $\bar{x}$ 和样本标准差 $s$，由此可以计算得到标准化的检验统计量的值。

### (二)拒绝域

假设检验的基本原理是根据检验统计量建立一个准则，依据这个准则和计算得到的检验统计量值，由此决定是否拒绝原假设。但检验统计量取何值将导致拒绝原假设而倾向于备择假设？这就需要确定能够拒绝原假设的检验统计量所有可能值的集合，这就是拒绝域(rejection region)。拒绝域就是在检验统计量分布中由显著性水平$\alpha$围成的区域，检验统计量分布的其他区域称为接受域。因此，拒绝域的大小与显著性水平$\alpha$相关，拒绝域与接受域的边界值称为临界值(critical value)，在给定显著性水平$\alpha$后，查相应的统计量分布表即可得到临界值。如果利用样本数据计算得到的检验统计量值落入拒绝域，则拒绝 $H_0$；否则不能拒绝 $H_0$。

1. 双侧检验

双侧检验问题关心的是总体参数$\theta$与其假设值$\theta_0$是否有显著差异，假设形式为$H_0:\theta=\theta_0$；$H_1:\theta\neq\theta_0$，它有两个拒绝域，两个临界值，每个拒绝域的面积为$\alpha/2$。由于在双侧检验中，拒绝域位于统计量分布两侧的尾部，所以有时也称为双尾检验(two-tailed test)，如图 7-3 所示。因此，在双侧检验中，当检验统计量值从任一方向显著地远离假设的总体参数时，才拒绝 $H_0$。

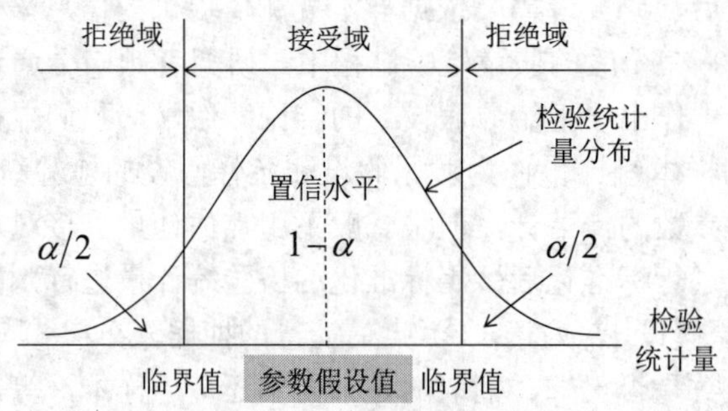


图 7-3　双侧检验示意图

例如，一个灯泡厂需要生产平均使用寿命$\mu=1000$小时的灯泡。如果寿命短，产品就会缺少竞争能力；如果寿命长，灯丝就要加粗，从而提高产品成本。这就意味着如果样本中灯泡的平均使用寿命大于或小于 1000 小时太多，都拒绝原假设，必须用双侧假设：$H_0:\mu=1000$；$H_1:\mu\neq1000$。

2. 单侧检验

在实际问题中我们会遇到另一种情况，如我们关心的是某种新材料、新工艺、新技术或新设备是否会提高产品质量。也就是说，所关心的是总体分布的均值(或方差)是否更优于原来的状况，因此产生了单侧检验的问题。单侧检验只有一个拒绝域，一个临界值，拒绝域的面积为$\alpha$，也称为单尾检验(one-tailed test)。

(1) 左侧检验。假设形式为$H_0:\theta=\theta_0$；$H_1:\theta<\theta_0$，拒绝域在统计量分布的左侧，称为左侧检验，如图 7-4 所示。左侧检验适用于担心检验统计量会显著地低于假设的总体参数的情况。因此，当检验统计量值显著地小于假设的总体参数很多时，才拒绝 $H_0$。

例如，某批发商欲从厂家购进一批灯泡，根据合同规定灯泡的使用寿命平均不能低于 1000 小时，应如何建立假设？因为，这时批发商关注的是寿命的下限，即灯泡寿命低于什么水平拒绝原假设 $H_0$。因此，应该选择左侧检验：$H_0:\mu=1000$；$H_1:\mu<1000$。

(2) 右侧检验。假设形式为$H_0:\theta=\theta_0$；$H_1:\theta>\theta_0$，拒绝域在统计量分布的右侧，称为

右侧检验，如图 7-5 所示。右侧检验适用于担心检验统计量会显著地超过假设的总体参数的情况。因此，当检验统计量值显著地超过假设的总体参数时，就拒绝原假设 $H_0$。

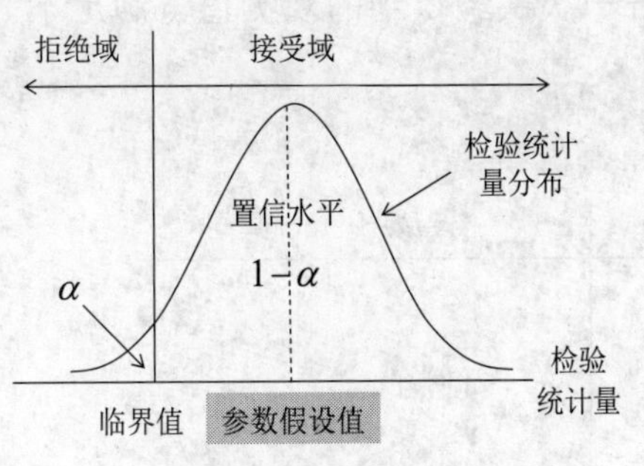


图 7-4　左侧检验示意图

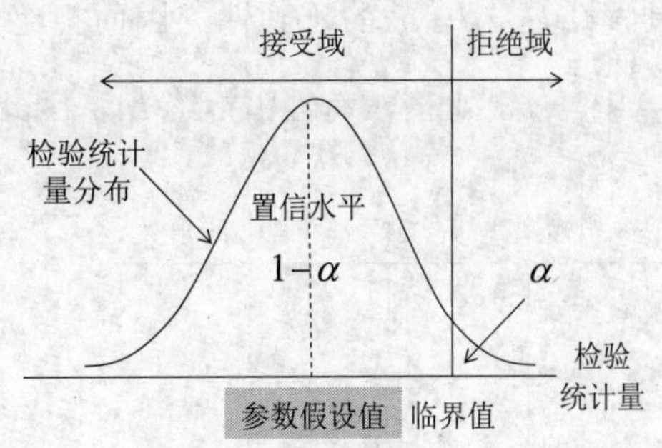


图 7-5　右侧检验示意图

例如，一种机床加工零件尺寸绝对平均误差为 1.35mm。生产厂家现采用一种新的机床进行加工以期进一步降低误差，应如何建立假设？厂家关注的是新机床加工的零件平均误差与旧车床相比是否有显著降低，如果新车床加工零件的平均误差显著地超过原有的平均误差 1.35mm，则说明改进无效，应拒绝原假设 $H_0$。这时，应选择右侧检验：$H_0:\mu=1.35$；$H_1:\mu>1.35$。

## 四、假设检验的基本思想

假设检验的基本思想是：首先假定 $H_0$ 为真，考虑在 $H_0$ 成立的条件下，已经观测到的样本信息出现的概率。如果这个概率很小，说明一个小概率事件在一次观测中发生了。而小概率原理认为，概率很小的事件在一次观测中几乎是不可能发生的，也就是说导致了一个违背小概率原理的不合理现象。说明事先假定 $H_0$ 为真是不正确的，因此拒绝原假设 $H_0$；否则不能拒绝 $H_0$。

由此，可以看出假设检验具有以下两个特点：

(1) 假设检验所采用的逻辑推理方法是反证法。为了检验某个假设是否成立，先假设它是正确的，然后根据抽样理论和样本信息，观察假设导致的结果是否合理，从而判断是否拒绝原假设 $H_0$。

(2) 根据样本信息判断结果是否合理，所依据的是小概率原理。

例如，对总体均值 $\mu$ 是否为某一确定值 $\mu_0$ 的双侧检验的原假设为 $H_0:\mu=\mu_0$；备择假设为 $H_1:\mu\neq\mu_0$。我们知道 $\bar{x}$ 是 $\mu$ 的无偏估计，因此想到可借助样本均值 $\bar{x}$ 这一检验统计量来进行判断。如果假设 $H_0:\mu=\mu_0$ 为真，则观测值 $\bar{x}$ 与 $\mu_0$ 的偏差 $|\bar{x}-\mu_0|$ 就不应太大，否则就怀疑假设 $H_0$ 的正确性而拒绝 $H_0$，检验统计量 $\bar{x}$ 分布的拒绝域如图 7-6(a)所示。

同时考虑到当 $H_0$ 为真时，标准化的检验统计量 $z=\dfrac{\bar{x}-\mu_0}{\sigma/\sqrt{n}}\sim N(0,1)$，因此，衡量 $|\bar{x}-\mu_0|$ 的大小可归结为衡量 $z=\dfrac{\bar{x}-\mu_0}{\sigma/\sqrt{n}}$ 的大小。给出显著性水平 $\alpha$ 取 0.01、0.05、0.10 的水平。若假设 $H_0:\mu=\mu_0$ 为真，则 $P\left\{\left|\dfrac{\bar{x}-\mu_0}{\sigma/\sqrt{n}}\right| H_0为真\right\}=\alpha\geqslant z_{\alpha/2}$ 是一个小概率事件，如图 7-6(b)所示。根据推断原理，就可以认为如果 $H_0$ 为真，则由一次试验得到的观测值 $\bar{x}$

满足不等式$\left|\frac{\bar{x}-\mu_0}{\sigma/\sqrt{n}}\right| \geqslant z_{\alpha/2}$几乎是不会发生的，如果在一次试验中发生了，则我们有理由怀疑原假设$H_0:\mu=\mu_0$的正确性，因而拒绝 $H_0$。若一次试验得到的观测值$\bar{x}$满足不等式$\left|\frac{\bar{x}-\mu_0}{\sigma/\sqrt{n}}\right| < z_{\alpha/2}$，此时没有理由拒绝$H_0$，因此不能拒绝$H_0$。

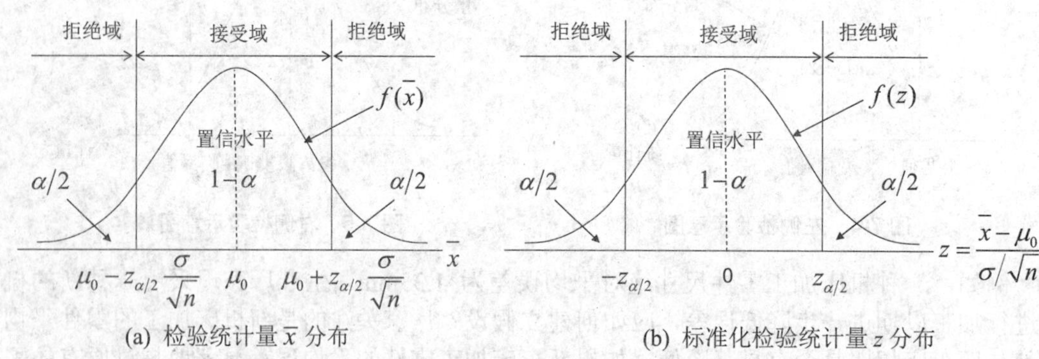

(a) 检验统计量$\bar{x}$分布　　(b) 标准化检验统计量$z$分布

**图 7-6　总体均值$\mu$的双侧检验拒绝域示意图**

参数估计与假设检验具有对偶性，区间估计问题与参数假设问题可以互相转换，对同一实际问题区间估计和假设检验可以用同一个样本、同一个统计量、同一种抽样分布去推断总体，假设检验中采用的统计量与区间估计时构造的统计量一致。

## 五、假设检验的基本步骤

一个完整的假设检验过程，通常包括五个步骤。下面结合正态分布总体，总体方差$\sigma^2$已知时，总体均值$\mu$的检验来说明假设检验的基本步骤。

设$X_1,X_2,\cdots,X_n$为来自正态总体$X\sim N(\mu,\sigma^2)$的一个简单随机样本，总体方差$\sigma^2$已知。欲检验假设：总体均值$\mu$与某个标准值$\mu_0$之间是否存在显著差异。

步骤 1：根据实际问题的要求，明确提出原假设$H_0$和备择假设$H_1$。

$H_0:\mu=\mu_0$；$H_1:\mu\neq\mu_0$

步骤 2：选择适当的检验 $H_0$ 的统计量。由于样本均值$\bar{x}$是$\mu$的点估计量，且样本均值$\bar{x}$服从正态分布$N(\mu,\sigma^2/n)$，总体方差$\sigma^2$已知，故选择标准化的检验统计量$z=\frac{\bar{x}-\mu}{\sigma/\sqrt{n}}$。

步骤 3：规定显著性水平$\alpha$，根据显著性水平$\alpha$和统计量的分布，确定接受域和拒绝域的临界值。

若$H_0:\mu=\mu_0$为真，则检验统计量$z=\frac{\bar{x}-\mu}{\sigma/\sqrt{n}}=\frac{\bar{x}-\mu_0}{\sigma/\sqrt{n}}\sim N(0,1)$，$-z_{\alpha/2}$和$+z_{\alpha/2}$为拒绝域的临界值，$[-z_{\alpha/2},+z_{\alpha/2}]$为检验的接受域，区间$(-\infty,-z_{\alpha/2})$和$(z_{\alpha/2},+\infty)$为检验的拒绝域，如图 7-6(b)所示。

步骤 4：收集一组样本数据 $x_1, x_2, \cdots, x_n$，计算检验统计量值 $z = \dfrac{\overline{x} - \mu_0}{\sigma / \sqrt{n}}$。

步骤 5：做出统计决策，判断 $H_0$ 是否成立。当检验统计量落入接受域时，则不能拒绝 $H_0$，反之拒绝 $H_0$。

## 第二节　一个总体参数的假设检验

与参数估计类似，当研究一个总体时，要检验的参数主要是总体均值 $\mu$、总体比例 $\pi$ 和总体方差 $\sigma^2$。

### 一、总体均值的检验

在对总体均值 $\mu$ 进行假设检验时，总体均值的假设值为 $\mu_0$，一般有以下三种基本形式。

(1) 双侧检验　$H_0: \mu = \mu_0$；$H_1: \mu \neq \mu_0$；

(2) 左侧检验　$H_0: \mu = \mu_0$；$H_1: \mu < \mu_0$；

(3) 右侧检验　$H_0: \mu = \mu_0$；$H_1: \mu > \mu_0$。

在对总体均值 $\mu$ 进行假设时，检验统计量的选择取决于所抽取的样本是大样本($n \geqslant 30$)还是小样本($n < 30$)，此外还要结合考虑总体是否服从正态分布，以及总体方差 $\sigma^2$ 是否已知等条件，分为以下两种情况。

#### (一)正态总体且总体方差 $\sigma^2$ 已知(或非正态总体且大样本 $n \geqslant 30$)

当总体服从正态分布 $N(\mu, \sigma^2)$，且总体方差 $\sigma^2$ 已知时；或者总体非正态分布但为大样本($n \geqslant 30$)时，根据中心极限定理，样本均值 $\overline{X}$ 的抽样分布均为正态分布 $N\left(\mu, \dfrac{\sigma^2}{n}\right)$。当 $H_0: \mu = \mu_0$ 为真时，经过标准化后的检验统计量服从标准正态分布，即

$$z = \frac{\overline{x} - \mu_0}{\sigma / \sqrt{n}} \sim N(0,1) \tag{7-3}$$

若总体方差 $\sigma^2$ 未知，但为大样本条件，式(7-3)中总体方差 $\sigma^2$ 可以用样本方差 $s^2$ 近似代替，检验统计量仍服从标准正态分布，即

$$z = \frac{\overline{x} - \mu_0}{s / \sqrt{n}} \sim N(0,1) \tag{7-4}$$

根据样本观测值 $x_1, x_2, \cdots, x_n$、样本容量 $n$、总体标准差 $\sigma$、计算检验统计量值 $z_c = \dfrac{\overline{x} - \mu_0}{s / \sqrt{n}}$。给定显著性水平 $\alpha$，查标准正态分布表，得到临界值 $z_{\alpha/2}$、$-z_\alpha$ 或 $+z_\alpha$，将检验统计量值 $z_c$ 与临界值进行比较，在三种基本假设形式下的检验结论为

(1) 双侧检验：若 $|z_c| \geqslant z_{\alpha/2}$，拒绝 $H_0$；反之，不能拒绝 $H_0$；

(2) 左侧检验：若 $z_c \leqslant -z_\alpha$，拒绝 $H_0$；反之，不能拒绝 $H_0$；

(3) 右侧检验：若 $z_c \geqslant z_\alpha$，拒绝 $H_0$；反之，不能拒绝 $H_0$。

**【例 7-1】**某机床厂加工一种零件，根据经验知道，该厂加工零件的椭圆度渐进服从正态分布，其总体均值为 0.081mm，总体标准差为 0.025mm。今另换一种新机床进行加

工，取 200 个零件进行检验，得到椭圆度均值为 0.076mm。试问新机床加工零件的椭圆度总体均值与以前有无显著差别？(显著性水平 $\alpha = 0.05$)

**解** 本例题关心的是新机床加工零件的椭圆度总体均值 $\mu$ 与老机床加工零件的椭圆度均值 $\mu_0 = 0.081\text{mm}$ 是否有显著差异。因此，应建立双侧检验。

① 建立双侧假设：$H_0: \mu = 0.081\text{mm}$；$H_1: \mu \neq 0.081\text{mm}$；

② 总体为正态分布 $X \sim N(\mu, \sigma^2)$，总体方差 $\sigma^2$ 已知。当 $H_0$ 为真时，选择公式(7-3)作为检验统计量及其分布，即

$$z = \frac{\overline{x} - \mu_0}{\sigma / \sqrt{n}} \sim N(0,1)$$

③ 显著性水平 $\alpha = 0.05$，查正态分布表可以得到临界值 $z_{0.025} = 1.96$；

④ 根据样本数据计算检验统计量的值：

$$z_c = \frac{\overline{x} - \mu_0}{\sigma / \sqrt{n}} = \frac{0.076 - 0.081}{0.025 / \sqrt{200}} = -2.83$$

⑤ 作出统计决策。因为 $|z_c| > z_{\alpha/2}$，根据决策准则，拒绝 $H_0$。即有 95%的把握认为新机床加工零件的椭圆度总体均值与老机床有显著差别。

### (二)正态总体，但总体方差 $\sigma^2$ 未知且小样本( $n < 30$ )

当小样本情况下，总体方差 $\sigma^2$ 未知时，需要用样本方差 $s^2$ 代替总体方差 $\sigma^2$，检验统计量服从自由度为 $n-1$ 的 $t$ 分布，即

$$t = \frac{\overline{x} - \mu_0}{s / \sqrt{n}} \sim t(n-1) \tag{7-5}$$

根据样本观测值 $x_1, x_2, \cdots, x_n$、样本容量 $n$ 和参数假设值 $\mu_0$，计算检验统计量值 $t_c = \dfrac{\overline{x} - \mu_0}{s / \sqrt{n}}$。给定显著性水平 $\alpha$，查 $t$ 分布表，得到临界值 $t_{\alpha/2}(n-1)$、$-t_\alpha(n-1)$ 或 $+t_\alpha(n-1)$，将检验统计量值 $t_c$ 与临界值进行比较，在三种基本假设形式下的检验结论为

(1) 双侧检验：若 $|t_c| \geqslant t_{\alpha/2}(n-1)$，拒绝 $H_0$；否则，不能拒绝 $H_0$；

(2) 左侧检验：若 $t_c \leqslant -t_\alpha(n-1)$，拒绝 $H_0$；否则，不能拒绝 $H_0$；

(3) 右侧检验：若 $t_c \geqslant t_\alpha(n-1)$，拒绝 $H_0$；否则，不能拒绝 $H_0$。

**【例 7-2】**国际航空运输联合会通过调查商务旅行者，来评定跨太平洋通道的机场级别，最大可能的级别为 10。一本商务旅行方面的杂志决定按照他们所收集的级别数据来对机场进行划分。级别的总体均值超过 7 的机场将被命名为提供了高级服务的机场。假定选取 12 名商务旅行者组成一个简单随机样本，要求他们对伦敦的 Heathrow 机场评定等级，所得到的 12 个级别数据为：7、8、10、8、6、9、6、7、7、8、9 和 8。假定总体级别近似服从正态分布，试检验伦敦的 Heathrow 机场是否可以被评定为提供了高级服务的机场。(显著性水平 $\alpha = 0.05$)

**解** 本例题所关心的问题是伦敦的 Heathrow 机场是否能评定为提供了高级服务的机场，即评定等级是否显著地超过了 7。或者说想收集证据予以反对的假设是 $H_1: \mu > 7$，如果不能拒绝该假设，则伦敦的 Heathrow 机场可以评定为提供了高级服务的机场。因此，应选择右侧检验。

① 建立右侧假设：$H_0: \mu = 7$；$H_1: \mu > 7$；

② $n = 12$，小样本，总体方差 $\sigma^2$ 未知，用样本方差 $s^2$ 代替总体方差 $\sigma^2$。当 $H_0$ 为真时，选择公式(7-5)作为检验统计量及其分布，即

$$t = \frac{\overline{x} - \mu_0}{s / \sqrt{n}} \sim t(n-1)$$

③ 显著性水平 $\alpha = 0.05$，查 $t$ 分布表可以得到临界值 $t_{0.05}(11) = 1.796$；

④ 根据样本数据计算得到：$\overline{x} = 7.75$，$s = 1.215$，计算检验统计量的值；

$$t_c = \frac{\overline{x} - \mu_0}{s / \sqrt{n}} = \frac{7.75 - 7}{1.215 / \sqrt{12}} = 2.14$$

⑤ 因为 $t_c > t_{0.05}(11)$，拒绝 $H_0$。即有 95%的把握认为伦敦的 Heathrow 机场是一个能提供高级服务的机场。

## 二、总体比例的检验

检验总体单位中具有某种特征的单位数所占的比例 $\pi$ 是否为某个假设值 $\pi_0$，这种客观现象也很多。如一批产品中的合格品率；在一次民意测验中表示赞同的比例等。

对总体比例 $\pi$ 是否为某个假设值 $\pi_0$ 进行的假设检验，一般有以下三种基本假设形式：

(1) 双侧检验：$H_0: \pi = \pi_0$；$H_1: \pi \neq \pi_0$；

(2) 左侧检验：$H_0: \pi = \pi_0$；$H_1: \pi < \pi_0$；

(3) 右侧检验：$H_0: \pi = \pi_0$；$H_1: \pi > \pi_0$。

根据抽样分布理论，样本比例 $p$ 是总体比例 $\pi$ 的无偏估计。又根据中心极限定理，在大样本条件 $np > 5$，$n(1-p) > 5$ 满足的情形下，二项分布问题可以变换为正态分布问题近似地求解，因而有 $p \sim N\left(\pi, \frac{\pi(1-\pi)}{n}\right)$。当 $H_0: \pi = \pi_0$ 为真时，经过标准化后的检验统计量服从标准正态分布，即

$$z = \frac{p - \pi_0}{\sqrt{\frac{\pi_0(1-\pi_0)}{n}}} \sim N(0,1) \tag{7-6}$$

根据样本比例 $p$、样本容量 $n$、参数假设值 $\pi_0$ 计算检验统计量值 $z_c = \frac{p - \pi_0}{\sqrt{\pi_0(1-\pi_0)/n}}$。给定显著性水平 $\alpha$，查标准正态分布表，得到临界值 $z_{\alpha/2}$、$-z_\alpha$ 或 $+z_\alpha$，将检验统计量值 $z_c$ 与临界值进行比较，在三种基本假设形式下的检验结论为

(1) 双侧检验：若 $|z_c| \geqslant z_{\alpha/2}$，拒绝 $H_0$；否则，不能拒绝 $H_0$；

(2) 左侧检验：若 $z_c \leqslant -z_\alpha$，拒绝 $H_0$；否则，不能拒绝 $H_0$；

(3) 右侧检验：若 $z_c \geqslant z_\alpha$，拒绝 $H_0$；否则，不能拒绝 $H_0$。

**【例 7-3】**在过去的几个月中，某俱乐部高尔夫运动者中 20%为女性，为了增加女性运动者的比例，俱乐部以特价方式吸引更多的女性参加高尔夫运动。一周以后，由 400 名高尔夫运动者组成的一个随机样本表明，其中有 300 人为男性，100 人为女性。俱乐部管理者想根据这些数据来确定能否得出女性运动者比例上升的结论。(显著性水平 $\alpha = 0.05$)

**解** 俱乐部管理者收集证据予以反对的假设是$H_1:\pi>20\%$，若不能拒绝该假设，则说明女性运动者比例上升了；否则，就没有足够的证据支持女性运动者比例上升的结论，促销活动的目的没有达到。因此，应该选择右侧检验。

根据题意：样本比例$p=100/400=25\%$，总体比例的假设值$\pi_0=20\%$。

① 建立右侧假设：$H_0:\pi=20\%$；$H_1:\pi>20\%$；

② 因为，$np=100>5$，$n(1-p)=300>5$，大样本条件满足。当$H_0:\pi=\pi_0$为真时，选择公式(7-6)作为检验统计量及其分布，即

$$z=\frac{p-\pi_0}{\sqrt{\dfrac{\pi_0(1-\pi_0)}{n}}}\sim N(0,1)$$

③ 显著性水平$\alpha=0.05$，查正态分布表可以得到临界值$z_{0.05}=1.645$；

④ 根据样本数据计算检验统计量的值；

$$z_c=\frac{p-\pi_0}{\sqrt{\dfrac{\pi_0(1-\pi_0)}{n}}}=\frac{0.25-0.20}{\sqrt{\dfrac{0.20\times0.80}{400}}}=2.5$$

⑤ 因为$z_c>z_{0.05}$，拒绝 $H_0$。即俱乐部管理者有 95%的把握确信女性运动者比例上升了，达到了预期的促销效果。

## 三、总体方差的检验

方差是衡量变量离散程度，研究生产活动的均衡性、产品质量的稳定性等最常用的参数。所以，对总体方差的检验也是一类常见的假设检验问题。本书主要讨论正态总体$X\sim N(\mu,\sigma^2)$的方差$\sigma^2$的检验。

对总体方差$\sigma^2$是否为某个假设值$\sigma_0^2$进行的假设检验，一般有以下三种基本假设形式：

(1) 双侧检验：$H_0:\sigma^2=\sigma_0^2$；$H_1:\sigma^2\neq\sigma_0^2$；

(2) 左侧检验：$H_0:\sigma^2=\sigma_0^2$；$H_1:\sigma^2<\sigma_0^2$；

(3) 右侧检验：$H_0:\sigma^2=\sigma_0^2$；$H_1:\sigma^2>\sigma_0^2$。

根据前面的讨论，我们知道，样本方差$s^2$是总体方差$\sigma^2$的无偏估计量，当$H_0:\sigma^2=\sigma_0^2$为真时，检验统计量服从自由度为$n-1$的$\chi^2$分布，即

$$\chi_c^2=(n-1)\frac{s^2}{\sigma_0^2}\sim\chi(n-1) \tag{7-7}$$

根据样本观测值$x_1,x_2,\cdots,x_n$、样本容量$n$和参数假设值$\sigma_0^2$，计算检验统计量值$\chi_c^2=(n-1)\dfrac{s^2}{\sigma_0^2}$。给定显著性水平$\alpha$，查$\chi^2$分布表得到临界值$\chi_{\alpha/2}^2(n-1)$、$\chi_{1-\alpha/2}^2(n-1)$或$\chi_\sigma^2(n-1)$、$\chi_{1-\alpha}^2(n-1)$，将检验统计量值$\chi_c^2$与临界值进行比较，在三种基本假设形式下的检验结论为

(1) 双侧检验：若$\chi_c^2\geqslant\chi_{\alpha/2}^2(n-1)$或$\chi^2\leqslant\chi_{1-\alpha/2}^2(n-1)$，拒绝$H_0$；否则，不能拒绝$H_0$；

(2) 左侧检验：若$\chi_c^2\leqslant\chi_{1-\alpha}^2(n-1)$，拒绝$H_0$；否则，不能拒绝$H_0$；

(3) 右侧检验：若$\chi_c^2\geqslant\chi_\alpha^2(n-1)$，拒绝$H_0$；否则，不能拒绝$H_0$。

【例 7-4】某纺纱车间纺出细纱的支数服从正态分布，其总体标准差为 1.2 支。从某日纺出的一批细纱中，随机抽出 16 缕进行支数测量，得到样本标准差为 2.1 支，问该日纱的均匀度与平时有无显著差异(取 $\alpha=0.05$)。

解　根据题意 $\sigma_0=1.2$，$s=2.1$，$n=16$

① 建立双侧假设 $H_0:\sigma^2=(1.2)^2$；$H_1:\sigma^2\neq(1.2)^2$；

② 当 $H_0:\sigma^2=\sigma_0^2$ 为真时，选择公式(7-7)作为检验统计量及其分布，即

$$\chi^2=(n-1)\frac{s^2}{\sigma_0^2}\sim\chi^2(n-1)$$

③ 显著性水平 $\alpha=0.05$，查表得到 $\chi^2_{0.975}(15)=6.262$，$\chi^2_{0.025}(15)=27.488$；

④ 根据样本数据计算检验统计量值；

$$\chi_c^2=(n-1)\frac{s^2}{\sigma_0^2}=45.94$$

⑤ 由于 $\chi_c^2>\chi^2_{0.025}(15)$，$\chi^2$ 检验统计量值落入拒绝域中，拒绝 $H_0$，说明这一天细纱均匀度与往日相比有显著差别。

## 第三节　两个总体参数的假设检验

与区间估计类似，两个总体参数的检验主要包括两个总体均值之差 $(\mu_1-\mu_2)$ 的检验、两个总体比例之差 $(\pi_1-\pi_2)$ 的检验、两个总体方差之比 $(\sigma_1^2/\sigma_2^2)$ 的检验。

### 一、两个总体均值之差的检验：独立样本

两个总体均值是否存在显著差异常常是研究人员和管理人员感兴趣的。例如，某建筑单位欲购进混凝土砖。计划书规定，砖的平均抗压强度至少是每平方英寸 450kg。两家工厂提供砖的样本其平均抗压强度都超过规定的最低值。这时建筑单位希望了解两家工厂提供砖的抗压强度是否有显著差异。如果没有差异，那么买砖的合同可以平均分配给两家工厂；如果有显著差异，就与提供的砖具有较高抗压强度的工厂签订合同。这就需要对两个总体均值之差进行检验。

两个总体均值 $(\mu_1-\mu_2)$ 之差检验的三种基本假设形式如下：

(1) 双侧假设：$H_0:\mu_1-\mu_2=0$；$H_1:\mu_1-\mu_2\neq0$ 或 $H_0:\mu_1=\mu_2$；$H_1:\mu_1\neq\mu_2$

(2) 左侧假设：$H_0:\mu_1-\mu_2=0$；$H_1:\mu_1-\mu_2<0$ 或 $H_0:\mu_1=\mu_2$；$H_1:\mu_1<\mu_2$

(3) 右侧假设：$H_0:\mu_1-\mu_2=0$；$H_1:\mu_1-\mu_2>0$ 或 $H_0:\mu_1=\mu_2$；$H_1:\mu_1>\mu_2$

设两个总体的均值分别为 $\mu_1$ 和 $\mu_2$，从两个总体中分别抽取样本容量为 $n_1$ 和 $n_2$ 的两个随机样本，其样本均值分别为 $\bar{x}_1$ 和 $\bar{x}_2$。

#### (一)大样本情形

在大样本情形下，根据抽样分布理论和中心极限定理，有 $\bar{x}_1$ 和 $\bar{x}_2$ 分别近似服从 $N(\mu_1,\sigma_1^2/n_1)$ 和 $N(\mu_2,\sigma_2^2/n_2)$，$\bar{x}_1$ 和 $\bar{x}_2$ 相互独立，两个样本均值之差 $(\bar{x}_1-\bar{x}_2)$ 服从正态分布，即

$$(\overline{x}_1-\overline{x}_2)\sim N\left(\mu_1-\mu_2,\frac{\sigma_1^2}{n_1}+\frac{\sigma_2^2}{n_2}\right) \tag{7-8}$$

若两个总体的方差$\sigma_1^2$和$\sigma_2^2$已知，当$H_0:\mu_1-\mu_2=0$为真时，经标准化后的检验统计量服从标准正态分布。即

$$z=\frac{(\overline{x}_1-\overline{x}_2)-(\mu_1-\mu_2)}{\sqrt{\sigma_1^2/n_1+\sigma_2^2/n_2}}=\frac{\overline{x}_1-\overline{x}_2}{\sqrt{\sigma_1^2/n_1+\sigma_2^2/n_2}}\sim N(0,1) \tag{7-9}$$

若两个总体的方差$\sigma_1^2$和$\sigma_2^2$未知，在大样本情形下，用样本方差$s_1^2$和$s_2^2$代替$\sigma_1^2$和$\sigma_2^2$，检验统计量仍服从标准正态分布。即

$$z=\frac{(\overline{x}_1-\overline{x}_2)-(\mu_1-\mu_2)}{\sqrt{\sigma_1^2/n_1+\sigma_2^2/n_2}}=\frac{\overline{x}_1-\overline{x}_2}{\sqrt{s_1^2/n_1+s_2^2/n_2}}\sim N(0,1) \tag{7-10}$$

根据两个样本观测数据及总体标准差，计算两个样本均值$\overline{x}_1$和$\overline{x}_2$和样本方差$s_1^2$和$s_2^2$，代入式(7-9)或式(7-10)计算检验统计量值$z_c$。当给定显著性水平$\alpha$，查标准正态分布表，得到临界值$z_{\alpha/2}$、$-z_\alpha$或$+z_\alpha$，将检验统计量值$z_c$与临界值进行比较，在三种基本假设形式下的检验结论为

(1) 双侧检验：若$|z_c|\geqslant z_{\alpha/2}$，拒绝$H_0$；否则，不能拒绝$H_0$；

(2) 左侧检验：若$z_c\leqslant -z_\alpha$，拒绝$H_0$；否则，不能拒绝$H_0$；

(3) 右侧检验：若$z_c\geqslant z_\alpha$，拒绝$H_0$；否则，不能拒绝$H_0$。

**【例 7-5】**为了考察在商业环境中业绩与流动性之间是否有负相关关系。一名研究人员考察了一家大型国家石油公司的人事记录。样本以 15 年中 174 名“留下者”和 355 名“离去者”雇员在最初几年的年度成绩评估记录作为他们最初几年的工作成绩评分。试以$\alpha=0.025$的显著性水平对这个理论进行检验。

**解**　设该公司“留下者”职员在最初几年平均工作成绩为$\mu_1$、“离去者”职员在最初几年平均工作成绩为$\mu_2$。是为了考察在商业环境中业绩与流动性之间是否存在负相关关系。因此，本题想证实的假设是$\mu_1>\mu_2$，采用右侧检验。

“留下者”：$n_1=174$，$\overline{x}_1=3.51$，$s_1=0.51$

“离去者”：$n_2=355$，$\overline{x}_2=3.24$，$s_2=0.52$

① 建立假设：$H_0:\mu_1-\mu_2=0$；$H_1:\mu_1-\mu_2>0$；

② 两个均为大样本，总体方差$\sigma_1^2$和$\sigma_2^2$未知，当$H_0:\mu_1-\mu_2=0$为真时，选择式(7-10)作为检验统计量及其分布，即

$$z=\frac{\overline{x}_1-\overline{x}_2}{\sqrt{s_1^2/n_1+s_2^2/n_2}}\sim N(0,1)$$

③ 显著性水平$\alpha=0.05$，查表可知$z_{0.025}=1.96$；

④ 根据样本数据计算检验统计量值；

$$z_c=\frac{\overline{x}_1-\overline{x}_2}{\sqrt{s_1^2/n_1+s_2^2/n_2}}=\frac{3.51-3.24}{\sqrt{0.51^2/174+0.52^2/355}}=5.68$$

⑤ 因为$z_c>z_{0.025}$，拒绝 $H_0$，说明“留下者”在最初几年平均工作成绩好于“离去者”。因此，在商业环境中业绩与流动性之间存在负相关性的说法是有根据的。

## (二)小样本情形

第一种情况：在小样本情形下，两个总体均为正态分布，总体方差$\sigma_1^2$和$\sigma_2^2$未知且相等时，即$\sigma_1^2=\sigma_2^2$。这时，两个样本均值之差$(\bar{x}_1-\bar{x}_2)$经标准化后不再服从正态分布，而是服从自由度为$(n_1-1)+(n_2-1)=n_1+n_2-2$的$t$分布。当$H_0:\mu_1-\mu_2=0$为真时，有检验统计量及其分布为

$$t=\frac{(\bar{x}_1-\bar{x}_2)-(\mu_1-\mu_2)}{s_p\sqrt{\dfrac{1}{n_1}+\dfrac{1}{n_2}}}=\frac{\bar{x}_1-\bar{x}_2}{s_p\sqrt{\dfrac{1}{n_1}+\dfrac{1}{n_2}}}\sim t(\mathrm{df}) \tag{7-11}$$

其中，因为$\sigma_1^2=\sigma_2^2$，用样本数据估计它们共同的方差$s_p^2$，有

$$s_p^2=\frac{(n_1-1)s_1^2+(n_2-1)s_2^2}{n_1+n_2-2} \tag{7-12}$$

第二种情况：在小样本情形下，两个总体均为正态分布，总体方差$\sigma_1^2$和$\sigma_2^2$未知且不相等，即$\sigma_1^2\neq\sigma_2^2$时，两个样本均值之差$(\bar{x}_1-\bar{x}_2)$经标准化后服从自由度为df的$t$分布。

这时，自由度df的计算公式为

$$\mathrm{df}=\frac{(s_1^2/n_1+s_2^2/n_2)^2}{\dfrac{(s_1^2/n_1)^2}{n_1-1}+\dfrac{(s_2^2/n_2)^2}{n_2-1}} \tag{7-13}$$

当$H_0:\mu_1-\mu_2=0$为真时，这时的检验统计量及其分布为

$$t=\frac{(\bar{x}_1-\bar{x}_2)-(\mu_1-\mu_2)}{\sqrt{s_1^2/n_1+s_2^2/n_2}}=\frac{\bar{x}_1-\bar{x}_2}{\sqrt{s_1^2/n_1+s_2^2/n_2}}\sim t(\mathrm{df}) \tag{7-14}$$

在以上两种情况下，根据两个样本观测数据，计算两个样本均值$\bar{x}_1$和$\bar{x}_2$，样本方差$s_1^2$和$s_2^2$，分别代入相应的公式(7-12)和(7-14)，计算自由度 dp 和检验统计量值$t_c$。当给定显著性水平$\alpha$时，查$t$分布表，得到临界值$t_{\alpha/2}(\mathrm{df})$、$-t_\alpha(\mathrm{df})$或$t_\alpha(\mathrm{df})$，将检验统计量值$t_c$与临界值进行比较，在三种基本假设形式下的检验结论为

(1) 双侧检验：若$|t_c|\geqslant t_{\alpha/2}(\mathrm{df})$，拒绝$H_0$；否则，不能拒绝$H_0$；

(2) 左侧检验：若$t_c\leqslant -t_\alpha(\mathrm{df})$，拒绝$H_0$；否则，不能拒绝$H_0$；

(3) 右侧检验：若$t_c\geqslant t_\alpha(\mathrm{df})$，拒绝$H_0$；否则，不能拒绝$H_0$。

**【例 7-6】**现有两种不同热处理方法对金属材料做抗拉强度试验，得到试验数据如下：(单位：$\mathrm{kg/cm^2}$)

甲：31，34，29，26，32，35，38，34，30，29，32，31

乙：26，24，28，29，30，29，32，26，31，29，32，28

设两个总体均为正态分布。在给定显著性水平$\alpha=0.05$时，问两种方法得到的抗拉强度有无显著差异。

**解** 将两种热处理加工的金属材料抗拉强度分别视为总体 1 和总体 2。

根据样本数据，计算得到：$\bar{x}_1=31.75$和$\bar{x}_2=28.67$；$s_1^2=10.205$和$s_2^2=6.061$；$n_1=n_2=12$。题目没有给出两个总体方差，也没有指出两个总体方差是否相等。从样本方差的差异性可以判断总体方差不相等的可能性比较大。因此，假设$\sigma_1^2\neq\sigma_2^2$。

① 根据题意，建立双侧假设：$H_0:\mu_1=\mu_2$，$H_1:\mu_1\neq\mu_2$；

② 两个正态总体，方差未知且不相等，两个均为小样本，属于第二种情况。当

$H_0: \mu_1 - \mu_2 = 0$为真时，选择公式(7-14)作为检验统计量及其分布，即

$$t = \frac{\bar{x}_1 - \bar{x}_2}{\sqrt{s_1^2/n_1 + s_2^2/n_2}} \sim t(\mathrm{df})$$

③ 显著性水平$\alpha = 0.05$，计算自由度df；

$$\mathrm{df} = \frac{(s_1^2/n_1 + s_2^2/n_2)^2}{\dfrac{(s_1^2/n_1)^2}{n_1 - 1} + \dfrac{(s_2^2/n_2)^2}{n_2 - 1}} = \frac{(10.205/12 + 6.061/12)^2}{\dfrac{(10.205/12)^2}{12-1} + \dfrac{(6.061/12)^2}{12-1}} = 20.659 \approx 21$$

查表得$t_{0.025}(21) = 2.086$。

④ 根据样本数据计算检验统计量值；

$$t_c = \frac{\bar{x}_1 - \bar{x}_2}{\sqrt{s_1^2/n_1 + s_2^2/n_2}} = \frac{37.75 - 28.67}{\sqrt{10.205/12 + 6.061/12}} = 7.799$$

⑤ 由于$|t_c| > t_{\alpha/2}(\mathrm{df})$，统计量落入拒绝域中，拒绝$H_0$。故两种热处理方法得到的抗拉强度存在显著差异。

## 二、两个总体均值之差的检验：配对样本

在前面对两个总体均值之差进行检验的讨论中，我们都假定样本是独立的。然而在对有些问题的分析中采用配对样本能够获得关于两个总体均值比较的更多的信息。例如，比较消费者对A型和B型两类跑鞋耐用性评价的实验。实验中随机抽选10名每天坚持慢跑运动者，每人给A型和B型跑鞋各一双，并对使用方法给予这样的指导：先用一双鞋，一直到根据他或她的评价已不能再用时为止。然后再用另一双鞋重复上述实验，两双鞋的使用顺序对每名慢跑者均随机指定。最后用这些慢跑者提供的配对数据检验关于两类跑鞋平均使用寿命之差的假设。

配对样本情况下，设两个总体的均值分别为$\mu_1$和$\mu_2$，两个总体均值$(\mu_1 - \mu_2)$之差的三种基本假设形式如下：

(1) 双侧假设：$H_0: \mu_1 - \mu_2 = 0$；$H_1: \mu_1 - \mu_2 \neq 0$；

(2) 左侧假设：$H_0: \mu_1 - \mu_2 = 0$；$H_1: \mu_1 - \mu_2 < 0$；

(3) 右侧假设：$H_0: \mu_1 - \mu_2 = 0$；$H_1: \mu_1 - \mu_2 > 0$。

### (一)大样本情形

若总体的$\sigma_d$未知，用样本差值的标准差$s_d$来代替，当$H_0: \mu_1 - \mu_2 = 0$为真时，这时的检验统计量及其分布为

$$z = \frac{\bar{d} - (\mu_1 - \mu_2)}{\sigma_d/\sqrt{n}} = \frac{\bar{d}}{s_d/\sqrt{n}} \sim N(0,1) \tag{7-15}$$

计算两个配对样本对应数据的差值$d$、各差值的均值$\bar{d}$、各差值的标准差$\sigma_d$和检验统计量值$z_c = \dfrac{\bar{d}}{s_d/\sqrt{n}}$。当给定显著性水平$\alpha$时，查标准正态分布表，得到临界值$z_{\alpha/2}$、$-z_\alpha$或$+z_\alpha$，将检验统计量值$z_c$与临界值进行比较，在三种基本假设形式下的检验结论为

(1) 双侧检验：若$|z_c| \geqslant z_{\alpha/2}$，拒绝$H_0$；否则，不能拒绝$H_0$；

(2) 左侧检验：若$z_c \leqslant -z_\alpha$，拒绝$H_0$；否则，不能拒绝$H_0$；

(3) 右侧检验：若$z_c \geqslant z_\alpha$，拒绝$H_0$；否则，不能拒绝$H_0$。

## (二)小样本情形

若总体的$\sigma_d$未知，用样本差值的标准差$s_d$来代替，当$H_0: \mu_1 - \mu_2 = 0$为真时，检验统计量及其分布为

$$t = \frac{\overline{d} - (\mu_1 - \mu_2)}{\sigma_d / \sqrt{n}} = \frac{\overline{d}}{s_d / \sqrt{n}} \sim t(n-1) \tag{7-16}$$

计算两个配对样本对应数据的差值 $d$、各差值的均值$\overline{d}$、各差值的标准差$\sigma_d$和检验统计量值$t_c = \dfrac{\overline{d}}{s_d / \sqrt{n}}$。当给定显著性水平$\alpha$时，自由度为$n-1$，查$t$分布表，得到临界值$t_{\alpha/2}(\mathrm{df})$、$-t_\alpha(\mathrm{df})$或$t_\alpha(\mathrm{df})$，将检验统计量值$t_c$与临界值进行比较，在三种基本假设形式下的检验结论为

(1) 双侧检验：若$|t_c| \geqslant t_{\alpha/2}(\mathrm{df})$，拒绝$H_0$；否则，不能拒绝$H_0$；

(2) 左侧检验：若$t_c \leqslant -t_\alpha(\mathrm{df})$，拒绝$H_0$；否则，不能拒绝$H_0$；

(3) 右侧检验：若$t_c \geqslant t_\alpha(\mathrm{df})$，拒绝$H_0$；否则，不能拒绝$H_0$。

**【例 7-7】**表 7-1 中的数据是 10 名消费者对两类跑鞋耐用性的评价实验数据，能否提供证据说明 A 型鞋的平均使用寿命比 B 型鞋长？($\alpha = 0.05$)

**表 7-1　消费者对 A、B 两类鞋型耐用性评价实验数据**

| 鞋型 | 慢跑者编号 | | | | | | | | | |
|---|---|---|---|---|---|---|---|---|---|---|
| | 1 | 2 | 3 | 4 | 5 | 6 | 7 | 8 | 9 | 10 |
| 鞋型 A | 27 | 35 | 19 | 39 | 34 | 32 | 15 | 26 | 18 | 17 |
| 鞋型 B | 23 | 28 | 16 | 31 | 38 | 30 | 17 | 22 | 15 | 16 |
| 差值 $d$ | 4 | 7 | 3 | 8 | −4 | 2 | −2 | 4 | 3 | 1 |

**解**　令$\mu_1$和$\mu_2$分别为 A 鞋型和 B 鞋型平均使用寿命的周数。

根据样本数据，计算每对配对样本的差值，列于表 7-1 的最后一行中，并可进一步计算得到$\overline{d} = 2.6$，$s_d = 3.66$。

① 为了确定 A 鞋型的平均使用寿命比 B 鞋型长，提出右侧假设：$H_0: \mu_1 - \mu_2 = 0$；$H_1: \mu_1 - \mu_2 > 0$；

② $n = 10$为小样本，总体的$\sigma_d$未知，用样本差值的标准差$s_d$来代替，当$H_0: \mu_1 - \mu_2 = 0$为真时，选择公式(7-16)作为检验统计量及其分布，即

$$t_c = \frac{\overline{d} - (\mu_1 - \mu_2)}{\sigma_d / \sqrt{n}} = \frac{\overline{d}}{s_d / \sqrt{n}} \sim t(n-1)$$

③ 显著性水平$\alpha = 0.05$，自由度$\mathrm{df} = n - 1 = 9$，查表得到$t_{0.05}(9) = 1.833$；

④ 根据样本数据计算检验统计量值；

$$t_c = \frac{\overline{d}}{s_d / \sqrt{n}} = \frac{2.6}{3.66 / \sqrt{10}} = 2.25$$

⑤ 由于$t_c > t_{0.05}(9)$，统计量值落入拒绝域中，拒绝$H_0$。样本提供了充分的证据说明

A 鞋型的平均使用寿命比 B 鞋型长。

关于配对检验的试验设计以及方差分析的方法，请参考本书第八章第三节。

## 三、两个总体比例之差的检验：独立样本

设两个总体服从二项分布，这两个总体中具有某种特征单位数的比例分别为 $\pi_1$ 和 $\pi_2$，分别从两个总体中各随机抽取容量为 $n_1$ 和 $n_2$ 的两个随机样本，并计算两个样本比例 $p_1$ 和 $p_2$。从应用的角度，有以下两种情况。

### (一)检验两个总体比例是否相等的假设

检验两个总体比例是否相等的假设，可以表述为三种基本假设形式：

(1) 双侧假设：$H_0:\pi_1-\pi_2=0$；$H_1:\pi_1-\pi_2\neq 0$ 或 $H_0:\pi_1=\pi_2$；$H_1:\pi_1\neq\pi_2$

(2) 左侧假设：$H_0:\pi_1-\pi_2=0$；$H_1:\pi_1-\pi_2<0$ 或 $H_0:\pi_1=\pi_2$；$H_1:\pi_1<\pi_2$

(3) 右侧假设：$H_0:\pi_1-\pi_2=0$；$H_1:\pi_1-\pi_2>0$ 或 $H_0:\pi_1=\pi_2$；$H_1:\pi_1>\pi_2$

可以证明：当 $n_1$ 和 $n_2$ 两者都很大，而且样本比例 $p_1$ 和 $p_2$ 不太接近 0 或 1 时，大样本条件满足。与两个总体比例之差的区间估计类似，两个样本比例之差 $(p_1-p_2)$ 近似服从以 $(\pi_1-\pi_2)$ 为数学期望，以 $\frac{\pi_1(1-\pi_1)}{n_1}+\frac{\pi_2(1-\pi_2)}{n_2}$ 为方差的正态分布，即

$$(p_1-p_2)\sim N\left[\pi_1-\pi_2,\frac{\pi_1(1-\pi_1)}{n_1}+\frac{\pi_2(1-\pi_2)}{n_2}\right] \tag{7-17}$$

但由于总体比例 $\pi_1$ 和 $\pi_2$ 均未知，当 $H_0:\pi_1-\pi_2=0$ 为真时，即 $H_0:\pi_1=\pi_2$ 成立，因此，将两个样本合并后得到一个共同的比例 $p$，即

$$p=\frac{x_1+x_2}{n_1+n_2}=\frac{p_1n_1+p_2n_2}{n_1+n_2} \tag{7-18}$$

则有标准化后的检验统计量及其分布为

$$z=\frac{(p_1-p_2)-(\pi_1-\pi_2)}{\sqrt{\frac{\pi_1(1-\pi_1)}{n_1}+\frac{\pi_2(1-\pi_2)}{n_2}}}=\frac{p_1-p_2}{\sqrt{p(1-p)\left(\frac{1}{n_1}+\frac{1}{n_2}\right)}}\sim N(0,1) \tag{7-19}$$

### (二)检验两个总体比例之差不为零的假设

有时我们需要比较两个总体比例的差异性的大小，就需要检验两个总体比例之差不为零的假设，即检验 $H_0:\pi_1-\pi_2=d_0$（$d_0\neq 0$），这种情况的假设可以表述为以下三种基本形式：

(1) 双侧假设：$H_0:\pi_1-\pi_2=d_0$；$H_1:\pi_1-\pi_2\neq d_0$；

(2) 左侧假设：$H_0:\pi_1-\pi_2=d_0$；$H_1:\pi_1-\pi_2<d_0$；

(3) 右侧假设：$H_0:\pi_1-\pi_2=d_0$；$H_1:\pi_1-\pi_2>d_0$。

在这种情况下，两个样本比例之差 $p_1-p_2$ 还是近似服从以 $\pi_1-\pi_2$ 为数学期望，以 $\frac{\pi_1(1-\pi_1)}{n_1}+\frac{\pi_2(1-\pi_2)}{n_2}$ 为方差的正态分布。但是，总体比例 $\pi_1$ 和 $\pi_2$ 未知，分别用样本比例 $p_1$、$p_2$ 代替。当 $H_0:\pi_1-\pi_2=d_0$ 为真时，有检验统计量及其分布为

$$z=\frac{(p_1-p_2)-(\pi_1-\pi_2)}{\sqrt{\frac{\pi_1(1-\pi_1)}{n_1}+\frac{\pi_2(1-\pi_2)}{n_2}}}=\frac{(p_1-p_2)-d_0}{\sqrt{\frac{p_1(1-p_1)}{n_1}+\frac{p_2(1-p_2)}{n_2}}}\sim N(0,1) \tag{7-20}$$

在以上两种情况下，根据样本比例 $p_1$ 和 $p_2$，样本容量 $n_1$ 和 $n_2$，用公式(7-19)和式(7-20)计算检验统计量值 $z_c$。当给定显著性水平 $\alpha$ 时，查标准正态分布表，得到临界值 $z_{\alpha/2}$、$-z_\alpha$ 或 $+z_\alpha$，将检验统计量值 $z_c$ 与临界值进行比较，在三种基本假设形式下的检验结论为

(1) 双侧检验：若 $|z_c|\geqslant z_{\alpha/2}$，拒绝 $H_0$；否则，不能拒绝 $H_0$；

(2) 左侧检验：若 $z_c\leqslant -z_\alpha$，拒绝 $H_0$；否则，不能拒绝 $H_0$；

(3) 右侧检验：若 $z_c\geqslant z_\alpha$，拒绝 $H_0$；否则，不能拒绝 $H_0$。

**【例 7-8】**家庭中夫妇两人都工作的现象十分普遍。那些职业母亲是否承受着与他的丈夫一样的生活负担和家庭压力？一种流行的信念是，感到自己尚有足够多空闲时间的职业母亲的比例明显小于职业父亲的相应比例。为了检验这种说法，随机抽选了两个分别由 100 名职业母亲和 100 名职业父亲组成的独立样本，假定两个样本中所有人的配偶都在工作，并记录下他们对空闲时间的看法，样本中有 27 名职业母亲感到尚有足够多的空闲时间，而有 56 名职业父亲有这样的看法。试以 $\alpha=0.01$ 的显著性水平对这个问题进行检验。

**解** 设职业母亲为总体 1；职业父亲为总体 2。根据题意，两个样本容量和样本比例分别为

$$n_1=n_2=100;\quad p_1=\frac{27}{100}=0.27,\quad p_2=\frac{56}{100}=0.56$$

① 建立左侧假设：$H_0:\pi_1-\pi_2=0$；$H_1:\pi_1-\pi_2<0$；

② 大样本条件满足，当 $H_0:\pi_1-\pi_2=0$ 为真时，将两个样本合并后得到一个共同的比例 $p$，采用式(7-18)，有

$$p=\frac{x_1+x_2}{n_1+n_2}=\frac{27+56}{100+100}=0.415$$

$$z=\frac{p_1-p_2}{\sqrt{p(1-p)\left(\frac{1}{n_1}+\frac{1}{n_2}\right)}}\sim N(0,1)$$

③ 显著性水平 $\alpha=0.01$，查表得到临界值 $-z_{0.01}=-2.58$；

④ 根据样本数据计算检验统计量值

$$z_c=\frac{p_1-p_2}{\sqrt{p(1-p)\left(\frac{1}{n_1}+\frac{1}{n_2}\right)}}=\frac{0.27-0.56}{\sqrt{0.415\times0.585\times\left(\frac{1}{100}+\frac{1}{100}\right)}}=-4.16$$

⑤ $z_c<-z_{0.01}$，拒绝 $H_0$。因此有足够的证据支持“感到自己尚有足够多空闲时间的职业母亲的比例明显小于职业父亲相应比例”的说法。

**【例 7-9】**有两种方法生产同一种产品，方法 1 的生产成本较高而次品率较低，方法 2 的生产成本较低但次品率较高。管理人员在选择生产方法时，决定对两种方法的次品率进行比较。如方法 1 比方法 2 的次品率低 8%以上，则决定采用方法 1，否则采用方法 2。管理人员从方法 1 和方法 2 生产的产品中各随机抽取 300 件进行质量检查，结果在方法 1 生产的产品中发现有 33 件次品，在产品 2 生产的产品中发现有 84 件次品。以显著性水平

$\alpha = 0.01$ 进行检验，说明管理人员应决定采用哪种方法进行生产？

解 设方法 1 生产的产品为总体 1；方法 2 生产的产品为总体 2。两个样本相互独立。

根据题意，两个样本容量和样本比例分别为

$n_1 = n_2 = 300$；$p_1 = \dfrac{33}{300} = 0.11$，$p_2 = \dfrac{84}{300} = 0.28$

① 根据题意，需要检验总体 1 比例比总体 2 的比例至少低 8%的假设。因此，建立左侧假设：$H_0: \pi_1 - \pi_2 = 8\%$；$H_1: \pi_1 - \pi_2 < 8\%$；

② 大样本条件满足，当 $H_0: \pi_1 - \pi_2 = 8\%$ 为真时，选择公式(7-20)作为检验统计量及其分布

$$z = \frac{(p_1 - p_2) - d_0}{\sqrt{\dfrac{p_1(1-p_1)}{n_1} + \dfrac{p_2(1-p_2)}{n_2}}} \sim N(0,1)$$

③ 显著性水平 $\alpha = 0.01$，查表得到临界值 $-z_{0.01} = -2.58$；

④ 根据样本数据计算检验统计量值；

$$z_c = \frac{(p_1 - p_2) - d_0}{\sqrt{\dfrac{p_1(1-p_1)}{n_1} + \dfrac{p_2(1-p_2)}{n_2}}} = \frac{(0.11 - 0.28) - 0.08}{\sqrt{\dfrac{0.11 \times 0.89}{300} + \dfrac{0.28 \times 0.72}{300}}} = -7.912$$

⑤ $z_c < -z_{0.01}$，拒绝 $H_0$。表明方法 1 生产的产品的次品率显著地低于方法 2 达 8%，所以应采用方法 1 进行生产。

## 四、两个总体方差之比的检验：独立样本

在实际应用中，经常要检验两个方差是否相等，例如，比较两个生产过程的稳定性，比较两种设备的加工精度，比较两种投资方案的风险等。前面讨论两个总体均值之差的检验时，假定两个总体方差相等或不相等。事实上，在许多情况下总体方差是否相等事先往往并不知道，因此在进行均值之差检验之前，也可以先进行两个总体方差是否相等的检验，由此获得所需的信息。

为了比较两个未知的总体是否相等，我们通过检验方差比 $(\sigma_1^2 / \sigma_2^2)$ 是否等于 1 进行。两个总体方差之比 $(\sigma_1^2 / \sigma_2^2)$ 的三种基本假设形式如下：

(1) 双侧假设：$H_0: \sigma_1^2 = \sigma_2^2$；$H_1: \sigma_1^2 \neq \sigma_2^2$；

(2) 左侧假设：$H_0: \sigma_1^2 = \sigma_2^2$；$H_1: \sigma_1^2 < \sigma_2^2$；

(3) 右侧假设：$H_0: \sigma_1^2 = \sigma_2^2$；$H_1: \sigma_1^2 > \sigma_2^2$。

设两个正态总体 $X_1 \sim N(\mu_1, \sigma_1^2)$ 和 $X_2 \sim N(\mu_2, \sigma_2^2)$，当 $H_0: \sigma_1^2 = \sigma_2^2$ 为真时，有检验统计量及其分布

$$F = \frac{s_1^2 / \sigma_1^2}{s_1^2 / \sigma_1^2} = \frac{s_1^2}{s_2^2} \sim F(n_1 - 1, n_2 - 1) \tag{7-21}$$

根据两个样本观测数据，计算两个样本方差 $s_1^2$ 和 $s_2^2$，并代入公式(7-21)，计算检验统计量值 $F_c = s_1^2 / s_2^2$。当给定显著性水平 $\alpha$ 时，查 $F$ 分布表，得到临界值 $F_{1-\alpha/2}(n_1 - 1, n_2 - 1)$、$F_{\alpha/2}(n_1 - 1, n_2 - 1)$ 或 $F_{1-\alpha}(n_1 - 1, n_2 - 1)$、$F_{\sigma}(n_1 - 1, n_2 - 1)$，将检验统计量值 $F_c$ 与临界值进行比

高等院校管理科学与工程规划教材

较，在三种基本假设形式下的检验结论为

(1) 双侧检验：若 $F_c \geqslant F_{\alpha/2}(n_1-1,n_2-1)$ 或 $F \leqslant F_{1-\alpha/2}(n_1-1,n_2-1)$，拒绝 $H_0$；否则，不能拒绝 $H_0$；

(2) 左侧检验：若 $F_c \leqslant F_{1-\alpha}(n_1-1,n_2-1)$，拒绝 $H_0$；否则，不能拒绝 $H_0$；

(3) 右侧检验：若 $F_c \geqslant F_{\alpha}(n_1-1,n_2-1)$，拒绝 $H_0$；否则，不能拒绝 $H_0$。

**【例 7-10】**现用两台机床加工同一种轴。从这两台机床的产品中随机地抽取若干根，测得直径(单位：毫米)如下：

机床甲：20.5，19.8，19.7，20.4，20.1，20.0，19.0，19.9

机床乙：19.7，20.8，20.5，19.8，19.4，20.6，19.2

假定两台机床加工轴的直径均服从正态总体，试比较这两台机床加工的精度间有无显著差异。(取 $\alpha$ =0.05)

解　设机床甲加工的产品为总体 1，机床乙加工的产品为总体 2，两个样本相互独立。根据题意，得到：$n_1=8$ 和 $n_2=7$；$\bar{x}_1=19.93$ 和 $\bar{x}_2=20.00$；$s_1^2=0.216$ 和 $s_2^2=0.397$。

① 建立双侧假设　$H_0:\sigma_1^2=\sigma_2^2$；$H_1:\sigma_1^2 \neq \sigma_2^2$；

② 两台机床加工轴的直径均服从正态总体，当 $H_0:\sigma_1^2=\sigma_2^2$ 为真时，根据公式(7-21)有

$$F=\frac{s_1^2/\sigma_1^2}{s_2^2/\sigma_1^2}=\frac{s_1^2}{s_2^2}\sim F(n_1-1,n_2-1)$$

③ 显著性水平由 $\alpha=0.05$，查表得到：$F_{0.025}(7,6)=5.70$ 和 $F_{0.025}(6,7)=5.12$，推算得 $F_{0.975}(7,6)=\dfrac{1}{F_{0.025}(6,7)}=\dfrac{1}{5.12}=0.185$；

④ 根据样本数据计算检验统计量值；

$$F_c=\frac{s_1^2}{s_2^2}=\frac{0.216}{0.397}=0.544$$

⑤ 由于 $F_{0.975}(7,6) \leqslant F_c \leqslant F_{0.025}(7,6)$，不能拒绝 $H_0$。因此，没有足够的证据说明这两台机床加工的精度间存在显著差异。

## 第四节　假设检验中的其他问题

### 一、*P* 值(*P-value*)

前面介绍的假设检验方法中，要求我们在获取数据和计算检验统计量之前先选择显著性水平 $\alpha$ (即我们愿意承担的第 I 类错误的概率)。通过事先选择 $\alpha$，我们实际上固定了检验的拒绝域。这样，检验统计量的观察值只要落入拒绝域，不论其取值多么大或多么小，都拒绝 $H_0$(即作出检验结果统计上显著的结论)，否则不能拒绝 $H_0$(即作出检验结果统计上不显著的结论)。这种“固定的”显著性水平 $\alpha$ 对我们的推断来说起到一种可靠性度量的作用。不过按这种方式进行检验有一个弊端，即不容易获得检验结果显著程度的度量。也就是说，如果检验统计量的值落入拒绝域，我们无法度量该数值反映出的样本数据与原假设之间的不一致程度。

例如，在规定显著性水平 $\alpha=0.05$ 时，用一个大样本对 $H_0:\mu=72$；$H_1:\mu>72$ 进行检验。若有两个可能的检验统计量计算值：$z=1.82$、$z=5.66$。试问这两个值哪个值为拒绝

$H_0$ 提供了较强的证据？分析如下：在 $\alpha = 0.05$ 的显著性水平下，该右侧检验的拒绝域为 $z > z_{0.05} = 1.645$，如图 7-7 所示。因此，两个可能的检验统计量计算值：$z = 1.82$、$z = 5.66$ 均落入拒绝域，检验结果在统计上都是显著的。然而，检验统计量值 $z_c = \dfrac{\overline{x} - \mu_0}{\sigma / \sqrt{n}}$，即有 $(\overline{x} - \mu_0) = z_c \times \dfrac{\sigma}{\sqrt{n}}$，$z_c$ 表示了样本均值 $\overline{x}$ 与假设值 $\mu = \mu_0 = 72$ 之间的距离为样本统计量 $\overline{x}$ 分布标准差的倍数。因此，$z_c$ 值越大，样本均值 $\overline{x}$ 与假设值 $\mu = \mu_0 = 72$ 之间的距离越大，提供的拒绝 $H_0$ 的证据也越充分。也就是说，如果 $H_0: \mu = 72$ 为真，我们观察到的样本均值 $\overline{x}$ 就不应该偏离 $\mu = \mu_0 = 72$ 太远，否则，提供的拒绝 $H_0$ 的证据也就越充分。

测量观察到的样本数据与 $H_0$ 中的假设值偏离程度的方法之一，就是计算在 $H_0$ 为真的条件下样本观察值或更极端结果出现的概率，我们把这个概率称为 $P$ 值(*P-value*)。$P$ 值常被称为相应检验的“观察到的显著性水平(observed significance level)”。如果 $P$ 值小于选择的固定显著性水平 $\alpha$，则拒绝零假设 $H_0$，如图 7-7(a)所示；如果 $P$ 值大于选择的固定显著性水平 $\alpha$，则不能拒绝零假设 $H_0$，如图 7-7(b)所示。

关于 $P$ 值的计算，在上述例子中，三种基本假设情况下的计算方法不同：

(1) 左侧检验：$P\text{-}value = P(z \leqslant z_c)$

(2) 右侧检验：$P\text{-}value = P(z \leqslant z_c)$

(3) 双侧检验：$P\text{-}value = 2 \times \min\{P(z > z_c), P(z < z_c)\}$

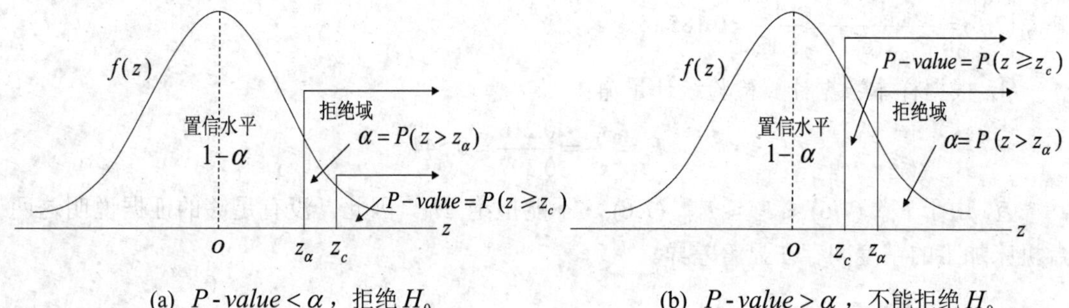


(a) $P\text{-}value < \alpha$，拒绝 $H_0$　　(b) $P\text{-}value > \alpha$，不能拒绝 $H_0$

**图 7-7　利用 $P$ 值作决策**

$P$ 值的大小取决于三个因素：一是样本统计量与原假设之间的差异；二是样本容量的大小；三是检验统计量的分布。为了将计算得到的 $P$ 值统一与显著性水平 $\alpha$ 进行比较，在双侧检验 $P$ 值的计算中，令 $P\text{-}value = 2 \times \min\{P(z > z_c), P(z < z_c)\}$。这样，给定显著性水平 $\alpha$，若 $P - value < \alpha$，则检验统计量落入拒绝域，拒绝 $H_0$；反之，不能拒绝 $H_0$。

用 $P$ 值进行统计决策有两点好处：① 可以选择你愿意承担的最大显著性水平 $\alpha$ 值；② 大多数的统计软件包都能完成检验中的各项计算，并给出检验统计量值和观察到的显著性水平 $P$ 值，使我们很容易与一个给定的显著性水平 $\alpha$ 值进行比较，决定是否拒绝 $H_0$。

## 二、检验功效曲线

在假设检验中，$H_0$ 为假时，错误地接受 $H_0$ 的概率 $\beta$ 就是犯第Ⅱ类错误的概率，而

$1-\beta$ 是作出正确判断的概率(拒绝 $H_0$)。因此对“接受 $H_0$”这类决策问题，$1-\beta$ 起着可靠性度量的作用。$\beta$ 值不同于 $\alpha$ 的特点是不可能被研究者控制，因而在大多数检验中很难计算。然而在某些情形下，也有可能对 $H_1$ 中的某个特定参数值 $\theta^*$ 计算 $\beta$。因此函数 $1-\beta(\theta^*)$ 称为检验功效函数(test power function)，$\beta(\theta^*)$ 称为检验的操作特性函数或OC(operating characteristic)函数。

由于 $\beta$ 是取伪错误的概率，$1-\beta$ 体现了检验的功效。则功效函数(即检出力)有

$$1-\beta = P\{\text{拒绝 } H_0 \mid H_0 \text{ 为假}\} \tag{7-22}$$

以正态总体 $X \sim N(\mu, \sigma^2)$，总体方差 $\sigma^2$ 已知，对总体均值 $\mu$ 的假设检验为例，说明OC 函数和功效函数。

## (一)双侧检验

$H_0: \mu = \mu_0$；$H_1: \mu \neq \mu_0$

检验统计量及其分布为 $\quad z = \dfrac{\bar{x} - \mu_0}{\sigma / \sqrt{n}} \sim N(0,1)$

假定原假设 $H_0: \mu = \mu_0$ 为假，假定分布的均值实际上为 $\mu_1 = \mu_0 - \delta$ ($\delta > 0$)，于是，备择假设 $H_1: \mu = \mu_1 \neq \mu_0$ 为真，在此假设下计算犯第Ⅱ类错误的概率 $\beta$，如图 7-8 所示。

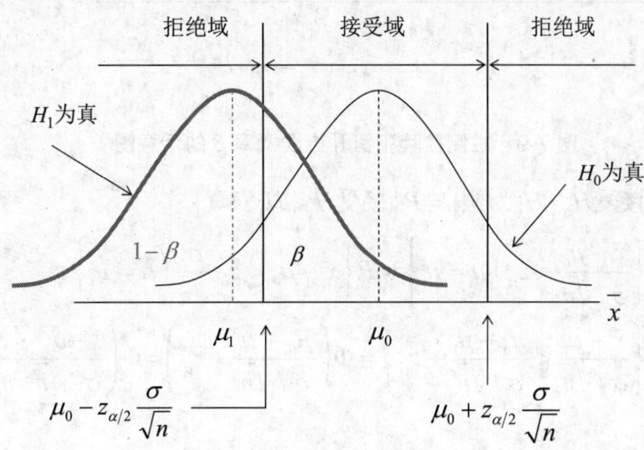


图 7-8 双侧检验犯第Ⅱ错误概率 $\beta$ 的示意图

$$\begin{aligned}
\beta &= P\{\text{接受}H_0 \mid H_0\text{为假}\} = P\{\text{接受}H_0 \mid H_1\text{为真}\} \\
&= P\left\{\left|\frac{\bar{x}-\mu_0}{\sigma/\sqrt{n}}\right| < z_{\alpha/2} \,\middle|\, \mu = \mu_1\right\} = P\left\{-z_{\alpha/2}\frac{\sigma}{\sqrt{n}} < \bar{x} - \mu_0 < z_{\alpha/2}\frac{\sigma}{\sqrt{n}} \,\middle|\, \mu = \mu_1\right\} \\
&= P\left\{\frac{\mu_0-\mu_1}{\sigma/\sqrt{n}} - z_{\alpha/2} < \frac{\bar{x}-\mu_1}{\sigma/\sqrt{n}} < \frac{\mu_0-\mu_1}{\sigma/\sqrt{n}} + z_{\alpha/2}\right\} \\
&= \Phi\left(\frac{\mu_0-\mu_1}{\sigma/\sqrt{n}} + z_{\alpha/2}\right) - \Phi\left(\frac{\mu_0-\mu_1}{\sigma/\sqrt{n}} - z_{\alpha/2}\right) \\
&= \Phi\left(\frac{\delta}{\sigma/\sqrt{n}} + z_{\alpha/2}\right) - \Phi\left(\frac{\delta}{\sigma/\sqrt{n}} - z_{\alpha/2}\right)
\end{aligned} \tag{7-23}$$

式中，函数$\Phi$为标准正态分布$N(0,1)$的累积分布函数，可查“标准正态分布表”获得。从式(7-23)可以看出，OC函数是$n$，$\delta$与$\alpha$的函数。

### (二)右侧检验

$H_0:\mu=\mu_0$；$H_1:\mu=\mu_1>\mu_0$

检验统计量及其分布为 $z=\dfrac{\bar{x}-\mu_0}{\sigma/\sqrt{n}}\sim N(0,1)$

假定原假设$H_0:\mu=\mu_0$为假，假定分布的均值实际上为$\mu_1=\mu_0+\delta(\delta>0)$，于是，备择假设$H_1:\mu=\mu_1>\mu_0$为真，在此假设下计算犯第Ⅱ类错误的概率$\beta$，如图7-9所示。

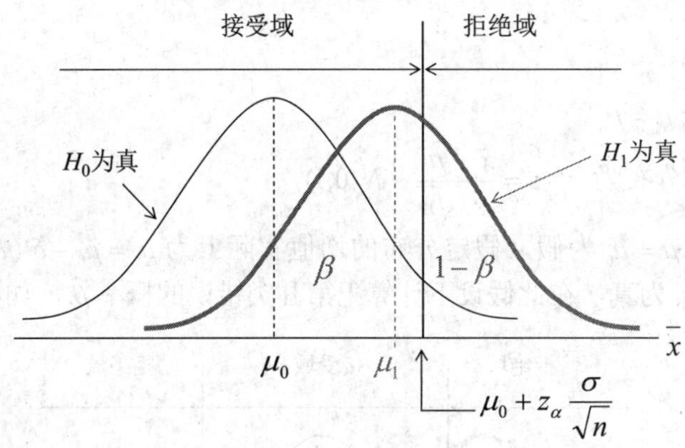


图7-9　右侧检验犯第Ⅱ错误概率$\beta$的示意图

$$\begin{aligned}\beta&=P\{接受H_0\mid H_0为假\}=P\{接受H_0\mid H_1为真\}\\&=P\left\{\frac{\bar{x}-\mu_0}{\sigma/\sqrt{n}}<z_\alpha\mid\mu=\mu_1\right\}=P\left\{\bar{x}-\mu_0<z_\alpha\frac{\sigma}{\sqrt{n}}\mid\mu=\mu_1\right\}\\&=P\left\{\frac{\bar{x}-\mu_1}{\sigma/\sqrt{n}}<\frac{\mu_0-\mu_1}{\sigma/\sqrt{n}}+z_\alpha\right\}=\Phi\left(\frac{\mu_0-\mu_1}{\sigma/\sqrt{n}}+z_\alpha\right)=\Phi\left(\frac{-\delta}{\sigma/\sqrt{n}}+z_\alpha\right)\end{aligned}\tag{7-24}$$

### (三)左侧检验

$H_0:\mu=\mu_0$；$H_1:\mu<\mu_0$

检验统计量及其分布为 $z=\dfrac{\bar{x}-\mu_0}{\sigma/\sqrt{n}}\sim N(0,1)$

假定原假设$H_0:\mu=\mu_0$为假，假定分布的均值实际上为$\mu_1=\mu_0-\delta$（$\delta>0$），于是，备择假设$H_1:\mu=\mu_1<\mu_0$为真，在此假设下计算犯第Ⅱ类错误的概率$\beta$，如图7-10所示。

$$\begin{aligned}\beta&=P\{接受H_0\mid H_0为假\}=P\{接受H_0\mid H_1为真\}\\&=P\left\{\frac{\bar{x}-\mu_0}{\sigma/\sqrt{n}}>-z_\alpha\middle|\mu=\mu_1\right\}=P\left\{\bar{x}-\mu_0>-z_\alpha\frac{\sigma}{\sqrt{n}}\middle|\mu=\mu_1\right\}\\&=P\left\{\bar{x}-\mu_1>\mu_0-\mu_1-z_\alpha\frac{\sigma}{\sqrt{n}}\middle|\mu=\mu_1\right\}=1-\Phi\left(\frac{\delta}{\sigma/\sqrt{n}}-z_\alpha\right)=\Phi\left(z_\alpha-\frac{\delta}{\sigma/\sqrt{n}}\right)\end{aligned}\tag{7-25}$$

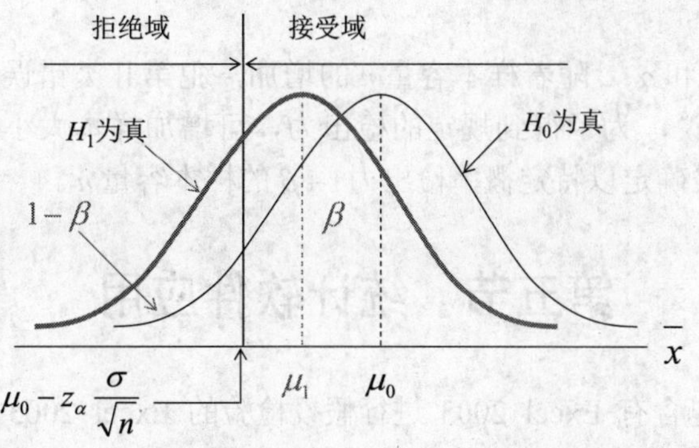


图 7-10 左侧检验犯第Ⅱ错误概率 $\beta$ 的示意图

**【例 7-11】**某电视机厂宣称，他们生产的显像管，其质量大大超过规定标准 1200 小时。随机抽取 100 件样品，测得平均寿命为 $\bar{x}=1245$ 小时。已知 $\sigma=300$ 小时，问该厂产品质量是否显著高于规定的标准？在这里我们讨论 $1-\beta$ 概率值的计算。

**解** 根据题意，提出右侧假设：$H_0:\mu=1200$；$H_1:\mu>1200$

现假设总体参数的真值为 $\mu=\mu_1=1280$，则 $\delta=\mu_1-\mu_0=1280-1200=80$

显著性水平 $\alpha=0.05$，$z_\alpha=z_{0.05}=1.645$，功效函数为

$$\beta(\mu=\mu_1)=\Phi\left(\frac{\mu_0-\mu_1}{\sigma/\sqrt{n}}+z_\alpha\right)=\Phi\left(\frac{1200-\mu_1}{300/\sqrt{100}}+1.645\right)$$

当 $\mu=\mu_1=1280$ 时，$\beta(1280)=\Phi(-1.0217)=0.154$，$1-\beta(\mu=1280)=1-0.154=0.846$ 时，可以计算出一系列总体参数真值 $\mu=\mu_1$ 的取值条件下的 $\beta$ 概率值和 $1-\beta$ 概率值。将所有的 $\beta$ 概率值和 $1-\beta$ 概率值连成光滑的曲线，就得到图 7-11 的 OC 曲线和功效曲线。

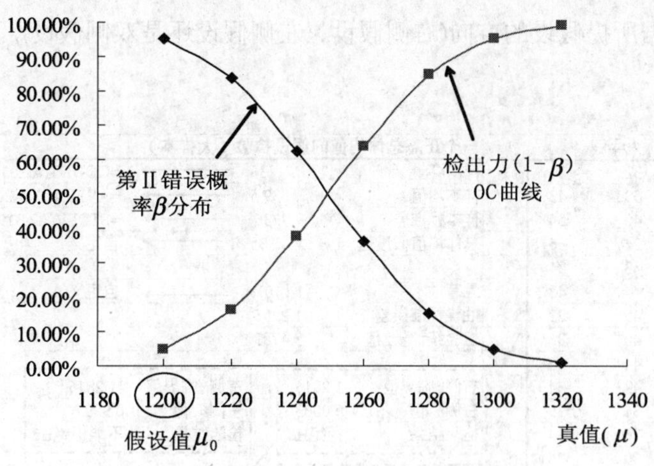


图 7-11 例 7-10 右侧检验的功效曲线

根据图 7-11 和公式(7-24)，可以归纳检出力($1-\beta$)的特征：

(1) $\beta$ 是参数真值 $\mu$ 的函数，$\mu$ 的可能值越接近假设值 $\mu_0$，即 $\delta$ 值越小，亦即对于给定的 $n$ 和 $\alpha$，犯第Ⅱ类错误的概率 $\beta$ 越大，检出力 $1-\beta$ 就越小。也就是说，对于规定的样本大小 $n$ 和 $\alpha$，若 $\mu_1$ 与 $\mu_0$ 差别越大，则越容易被检出。

(2) 当样本容量 $n$ 固定时，犯第Ⅰ类错误的概率 $\alpha$ 增大，则犯第Ⅱ类错误的概率 $\beta$ 减

小，检出力$1-\beta$增大。

(3) 对于规定的$n$和$\alpha$，随着样本容量$n$的增加，犯第Ⅱ类错误的概率$\beta$减小，检出力$1-\beta$增大。也就是说，为了得到规定的检出力，可增加样本大小从而使检验更有效。我们可以应用 OC 曲线确定以特定概率检出力$1-\beta$的样本容量$n$。

# 第五节　统计软件应用

本书下载资源中包含有 Excel 2003 进行假设检验的 Excel 2003 模板文件，文件名为“假设检验.xls”，该文件包含 11 个工作表，分别对应 11 种不同的假设检验类型。在实际操作时，读者只需确定所要进行的假设检验属于哪种类型，然后在相应的模板中输入样本数据，并对模板进行相应的参数设置，便可以自动生成假设检验的结果。

下面分别介绍这些模板的使用方法。

## 一、一个正态总体均值的检验(大样本)

第 1 步：选择工作表“一个正态总体均值(大样本)”。

第 2 步：将样本数据输入工作表，形成“样本数据区域”。

第 3 步：在图 7-12 中有底色区域的计算公式参数中选中样本数据区域，计算“样本容量”、“样本均值”和“样本方差”统计量值。输入“总体均值假设值”和“显著性水平”两个自定义参数值。

第 4 步：第 3 步完成后，表中其他统计量值就会自动生成。假设检验的结果也会在表中自动显示出来。

第 5 步：根据所提假设的方向(右侧假设、左侧假设还是双侧假设)，选择相应的假设检验输出区域。

| | A | B | C | D | E | F | G | H |
|---|---|---|---|---|---|---|---|---|
| 1 | 投保人年龄 | | | 一个正态总体均值的假设检验（大样本） | | | | |
| 2 | 32 | 27 | | 样本容量 | 36 | → | =COUNT(A2:B19) | |
| 3 | 50 | 43 | | 样本均值 | 39.5 | → | =AVERAGE(A2:B19) | |
| 4 | 40 | 54 | | 样本标准差 | 7.7736 | → | =STDEV(A2:B19) | |
| 5 | 24 | 36 | | 总体均值假设值 | 35 | → | 自定义 | |
| 6 | 33 | 34 | | | | | | |
| 7 | 44 | 48 | | 显著性水平 | 10% | → | 自定义 | |
| 8 | 45 | 23 | | 抽样标准误差 | 1.2956 | | | |
| 9 | 48 | 36 | | 检验统计量Z值 | 3.4733 | | | |
| 10 | 44 | 42 | | | | | | |
| 11 | 47 | 34 | | 右侧z临界值 | 1.2816 | 左侧z临界值 | -1.2816 | |
| 12 | 31 | 39 | | 右侧p-值 | 0.0003 | 左侧p-值 | 0.9997 | |
| 13 | 36 | 34 | | 检验结果 | 拒绝H0 | 检验结果 | 不能拒绝H0 | |
| 14 | 39 | 35 | | | | | | |
| 15 | 46 | 42 | | 双侧z临界值 | 1.6449 | | | |
| 16 | 45 | 53 | | 双侧p-值 | 0.0005 | | | |
| 17 | 39 | 28 | | 检验结果 | 拒绝H0 | | | |
| 18 | 38 | 49 | | | | | | |
| 19 | 45 | 39 | | | | | | |
| 20 | | | | | | | | |
| 21 | | | | | | | | |

依据假设的方向做出相应的结论

样本数据区域

一个正态总体均值(大样本)　一个正态总体均值(小样本)

图 7-12　一个正态总体均值的检验(大样本)示例

## 二、一个正态总体均值的检验(小样本)

第 1 步：选择工作表“一个正态总体均值(小样本)”。

第 2 步：将样本数据输入工作表，形成“样本数据区域”。

第 3 步：在图 7-13 中有底色区域的计算公式参数中选中样本数据区域，计算“样本容量”、“样本均值”和“样本方差”统计量值。输入“总体均值假设值”和“显著性水平”两个自定义参数值。

| | A | B | C | D | E | F | G |
|---|---|---|---|---|---|---|---|
| 1 | 培训天数 | | 一个正态总体均值的假设检验（小样本） | | | | |
| 2 | 52 | | 样本容量 | 15 | → | =COUNT(A2:A16) | |
| 3 | 44 | | 样本均值 | 53.8667 | → | =AVERAGE(A2:A16) | |
| 4 | 55 | | 样本标准差 | 6.8229 | → | =STDEV(A2:A16) | |
| 5 | 44 | | 总体均值假设值 | 50 | → | 自定义 | |
| 6 | 45 | | 显著性水平 | 10% | → | 自定义 | |
| 7 | 59 | | | | | | |
| 8 | 50 | | 抽样标准误差 | 1.7617 | | | |
| 9 | 54 | | 自由度 | 14 | | | |
| 10 | 62 | | 检验统计量t值 | 2.1949 | | | |
| 11 | 46 | | | | | | |
| 12 | 54 | | 右侧$t$临界值 | 1.3450 | 左侧$t$临界值 | -1.3450 | |
| 13 | 58 | | 右侧$p$-值 | 0.0228 | 左侧$p$-值 | 0.9772 | |
| 14 | 60 | | 检验结果 | 拒绝H0 | 检验结果 | 不能拒绝H0 | |
| 15 | 62 | | | | | | |
| 16 | 63 | | 双侧$t$临界值 | 1.7613 | | | |
| 17 | | | 双侧$p$-值 | 0.0455 | | | |
| 18 | | | 检验结果 | 拒绝H0 | | | |
| 19 | | | | | | | |

样本数据区域

依据假设的方向做出相应的结论

一个正态总体均值(大样本) / 一个正态总体均值(小样本)

图 7-13 一个正态总体均值的检验(小样本)示例

第 4 步：第 3 步完成后，表中其他统计量值就会自动生成。假设检验的结果也会在表中自动显示出来。

第 5 步：根据所提假设的方向(右侧假设、左侧假设还是双侧假设)，选择相应的假设检验输出区域。

## 三、一个总体比例的检验

第 1 步：选择工作表“一个总体比例”。

第 2 步：在图 7-14 中有底色的区域输入“样本容量”和“样本比例”的统计计算结果，输入“总体比例假设值”和“显著性水平”两个自定义参数值。

第 3 步：第 2 步完成后，表中其他统计量值就会自动生成。假设检验的结果也会在表中自动显示出来。

第 4 步：根据所提假设的方向(右侧假设、左侧假设还是双侧假设)，选择相应的假设检验输出区域。

| | A | B | C | D | E |
|---|---|---|---|---|---|
| 1 | | 一个总体比例的假设检验 | | | |
| 2 | | 样本容量 | 300 | | 输入 |
| 3 | | 样本比例 | 75% | | 输入 |
| 4 | | 大样本条件检验 | 225 | | |
| 5 | | | 75 | | |
| 6 | | 总体比例的假设值 | 80% | | 自定义 |
| 7 | | 显著性水平 | 5% | | 自定义 |
| 8 | | | | | |
| 9 | | 抽样标准误差 | 0.0231 | | |
| 10 | | 检验统计量z值 | -2.1651 | | |
| 11 | | | | | |
| 12 | | 右侧z临界值 | 1.6449 | 左侧z临界值 | -1.6449 |
| 13 | | 右侧p-值 | 0.9848 | 左侧p-值 | 0.0152 |
| 14 | | 检验结果 | 不能拒绝H0 | 检验结果 | 拒绝H0 |
| 15 | | | | | |
| 16 | | 双侧z临界值 | 1.960 | | |
| 17 | | 双侧p-值 | 0.030 | | |
| 18 | | 检验结果 | 拒绝H0 | | |
| 19 | | | | | |

依据假设的方向做出相应的结论

一个总体比例 / 一个正态总体方差 / 两个独立正态总体均值的比较(独立样本，

图 7-14　一个总体比例的检验示例

## 四、一个正态总体方差的检验

第 1 步：选择工作表“一个正态总体方差”。

第 2 步：将样本数据输入工作表，形成“样本数据区域”。

第 3 步：在图 7-15 中有底色区域的计算公式参数中选中样本数据区域，计算“样本容量”、“样本均值”和“样本方差”统计量值。输入“总体方差假设值”和“显著性水平”两个自定义参数值。

第 4 步：第 3 步完成后，表中其他统计量值就会自动生成。假设检验的结果也会在表中自动显示出来。

第 5 步：根据所提假设的方向(右侧假设、左侧假设还是双侧假设)，选择相应的假设检验输出区域。

| | A | B | C | D | E | F | G | H |
|---|---|---|---|---|---|---|---|---|
| 1 | 样本数据 | | | 一个正态总体方差的假设检验 | | | | |
| 2 | 97 | 85 | | 样本容量 | 30 | | =COUNT(A2:B16) | |
| 3 | 90 | 91 | | 样本均值 | 82.5 | | =AVERAGE(A2:B16) | |
| 4 | 94 | 72 | | 样本方差 | 64.0517 | | =VAR(A2:B16) | |
| 5 | 79 | 86 | | 总体方差假设值 | 120 | | 自定义 | |
| 6 | 78 | 70 | | 显著性水平 | 5% | | 自定义 | |
| 7 | 87 | 91 | | | | | | |
| 8 | 83 | 87 | | 自由度 | 29 | | | |
| 9 | 89 | 73 | | 卡方检验统计量 | 15.4792 | | | |
| 10 | 76 | 92 | | | | | | |
| 11 | 84 | 64 | | 右侧卡方值 | 42.5570 | 左侧卡方值 | 17.7084 | |
| 12 | 83 | 74 | | 右侧p-值 | 0.9809 | 左侧p-值 | 0.0191 | |
| 13 | 84 | 88 | | 检验结果 | 不能拒绝H0 | 检验结果 | 拒绝H0 | |
| 14 | 76 | 88 | | | | | | |
| 15 | 82 | 74 | | 左侧卡方值1 | 16.0471 | | | |
| 16 | 85 | 73 | | 右侧卡方值2 | 45.7223 | | | |
| 17 | | | | 双侧p-值 | 0.0382 | | | |
| 18 | | | | 检验结果 | 拒绝H0 | | | |
| 19 | | | | | | | | |

样本数据区域

依据假设的方向做出相应的结论

一个正态总体方差 / 两个独立正态总体均值的比较(独立样

图 7-15　一个正态总体方差的检验示例

## 五、两个正态总体均值比较的检验(独立样本，大样本)

第 1 步：选择工作表“两个正态总体均值的比较(独立样本，大样本)”。

第 2 步：将两组样本数据输入工作表，形成“样本 A”和“样本 B”数据区域。

第 3 步：在图 7-16 中有底色区域的计算公式参数中分别选中两个样本数据区域，分别计算两个样本的“样本容量”、“样本均值”和“样本方差”统计量值。输入“总体均值之差假设值”和“显著性水平”两个自定义参数值。

第 4 步：第 3 步完成后，表中其他统计量值就会自动生成。假设检验的结果也会在表中自动显示出来。

第 5 步：根据所提假设的方向(右侧假设、左侧假设还是双侧假设)，选择相应的假设检验输出区域。

| | A | B | C | D | E | F | G | H | I | J | K | L |
|---|---|---|---|---|---|---|---|---|---|---|---|---|
| 1 | A | | B | | | 两个正态总体均值比较的假设检验（独立样本，大样本） | | | | | | |
| 2 | 97 | 85 | 64 | 91 | | z-检验：双样本均值假设 | | | | | | |
| 3 | 90 | 91 | 85 | 78 | | | | A | B | | | |
| 4 | 94 | 72 | 72 | 87 | | 样本均值 | | 82.5 | 78 | → | =AVERAGE(C2:D21) | |
| 5 | 79 | 86 | 64 | 93 | | 样本方差 | | 64.0517 | 100 | → | =VARA(C2:D21) | |
| 6 | 78 | 70 | 74 | 89 | | 样本容量 | | 30 | 40 | → | =COUNT(C2:D21) | |
| 7 | 87 | 91 | 93 | 79 | | 总体均值之差假设值 | 0 | → 自定义 | | | | |
| 8 | 样本A | [illegible] | 样本B | 84 | | 显著性水平 | 5% | → 自定义 | | | =AVERAGE(A2:B16) | |
| 9 | 89 | 73 | 79 | 65 | | | | | | | =VAR(A2:B16) | |
| 10 | 76 | 92 | 79 | 78 | | 样本均值之差 | 4.5 | | | | =COUNT(A2:B16) | |
| 11 | 84 | 64 | 75 | 66 | | 抽样标准误差 | 2.1529 | | | | | |
| 12 | 83 | 74 | 66 | 84 | | 检验统计量Z值 | 2.0902 | | | | | |
| 13 | 84 | 88 | 83 | 85 | | | | | | | | |
| 14 | 76 | 88 | 74 | 85 | | 右侧$z$临界值 | 1.6449 | 左侧$z$临界值 | -1.6449 | | | |
| 15 | 82 | 74 | 70 | 84 | | 右侧$p$-值 | 0.0183 | 左侧$p$-值 | 0.9817 | | | |
| 16 | 85 | 73 | 82 | 59 | | 检验结果 | 拒绝H0 | 检验结果 | 不能拒绝H0 | | | |
| 17 | | | 82 | 62 | | | | | | | | |
| 18 | | | 75 | 91 | | 双侧$z$临界值 | 1.9600 | | | | | |
| 19 | | | 78 | 83 | | 双侧$p$-值 | 0.0366 | | | | | |
| 20 | | | 99 | 80 | | 检验结果 | 拒绝H0 | | | | | |
| 21 | | | 57 | 76 | | | | | | | | |
| 22 | | | | | | | | | | | | |



图 7-16　两个正态总体均值比较的检验(独立样本，大样本)示例

## 六、两个正态总体均值比较的检验(独立样本，小样本，等方差)

第 1 步：选择工作表“两个正态总体均值的比较(独立样本，小样本，等方差)”。

第 2 步：将两组样本数据输入工作表，形成“样本 A”和“样本 B”数据区域。

第 3 步：在图 7-17 中有底色区域的计算公式参数中分别选中两个样本数据区域，计算两个样本的“样本容量”、“样本均值”和“样本方差”统计量值。输入“总体均值之差假设值”和“显著性水平”两个自定义参数值。

第 4 步：第 3 步完成后，表中其他统计量值就会自动生成。假设检验的结果也会在表中自动显示出来。

第 5 步：根据所提假设的方向(右侧假设、左侧假设还是双侧假设)，选择相应的假设检验输出区域。

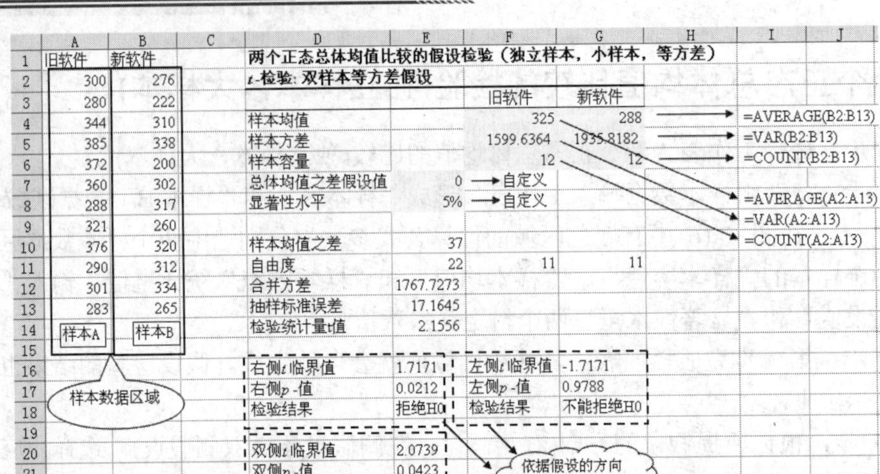

| | A | B | C | D | E | F | G | H | I | J |
|---|---|---|---|---|---|---|---|---|---|---|
| 1 | 旧软件 | 新软件 | | 两个正态总体均值比较的假设检验（独立样本，小样本，等方差） | | | | | | |
| 2 | 300 | 276 | | t-检验: 双样本等方差假设 | | | | | | |
| 3 | 280 | 222 | | | | 旧软件 | 新软件 | | | |
| 4 | 344 | 310 | | 样本均值 | | 325 | 288 | | =AVERAGE(B2:B13) | |
| 5 | 385 | 338 | | 样本方差 | | 1599.6364 | 1935.8182 | | =VAR(B2:B13) | |
| 6 | 372 | 200 | | 样本容量 | | 12 | 12 | | =COUNT(B2:B13) | |
| 7 | 360 | 302 | | 总体均值之差假设值 | 0 | 自定义 | | | | |
| 8 | 288 | 317 | | 显著性水平 | 5% | 自定义 | | | =AVERAGE(A2:A13) | |
| 9 | 321 | 260 | | | | | | | =VAR(A2:A13) | |
| 10 | 376 | 320 | | 样本均值之差 | 37 | | | | =COUNT(A2:A13) | |
| 11 | 290 | 312 | | 自由度 | 22 | 11 | 11 | | | |
| 12 | 301 | 334 | | 合并方差 | 1767.7273 | | | | | |
| 13 | 283 | 265 | | 抽样标准误差 | 17.1645 | | | | | |
| 14 | 样本A | 样本B | | 检验统计量t值 | 2.1556 | | | | | |
| 15 | | | | | | | | | | |
| 16 | | | | 右侧t临界值 | 1.7171 | 左侧t临界值 | -1.7171 | | | |
| 17 | | | | 右侧p-值 | 0.0212 | 左侧p-值 | 0.9788 | | | |
| 18 | | | | 检验结果 | 拒绝H0 | 检验结果 | 不能拒绝H0 | | | |
| 19 | | | | | | | | | | |
| 20 | | | | 双侧t临界值 | 2.0739 | | | | | |
| 21 | | | | 双侧p-值 | 0.0423 | | | | | |
| 22 | | | | 检验结果 | 拒绝H0 | | | | | |



图 7-17　两个正态总体均值比较的检验(独立样本，小样本，等方差)示例

## 七、两个正态总体均值比较的检验(独立样本，小样本，异方差)

第 1 步：选择工作表“两个正态总体均值的比较(独立样本，小样本，异方差)”。

第 2 步：将两组样本数据输入工作表，形成“样本 A”和“样本 B”数据区域。

第 3 步：在图 7-18 中有底色区域的计算公式参数中分别选中两个样本数据区域，分别计算两个样本的“样本容量”、“样本均值”和“样本方差”统计量值。输入“总体均值之差假设值”和“显著性水平”两个自定义参数值。

第 4 步：第 3 步完成后，表中其他统计量值就会自动生成。假设检验的结果也会在表中自动显示出来。

第 5 步：根据所提假设的方向(右侧假设、左侧假设还是双侧假设)，选择相应的假设检验输出区域。

| | A | B | C | D | E | F | G | H | I |
|---|---|---|---|---|---|---|---|---|---|
| 1 | 旧软件 | 新软件 | | 两个正态总体均值比较的假设检验（独立样本，小样本，异方差） | | | | | |
| 2 | 300 | 276 | | t-检验: 双样本异方差假设 | | | | | |
| 3 | 280 | 222 | | | | 旧软件 | 新软件 | | |
| 4 | 344 | 310 | | 样本均值 | | 325 | 288 | | =AVERAGE(B2:B13) |
| 5 | 385 | 338 | | 样本方差 | | 1599.6364 | 1935.8182 | | =VAR(B2:B13) |
| 6 | 372 | 200 | | 样本容量 | | 12 | 12 | | =COUNT(B2:B13) |
| 7 | 360 | 302 | | 总体均值之差假设值 | 0 | 自定义 | | | |
| 8 | 288 | 317 | | 显著性水平 | 5% | 自定义 | | | =AVERAGE(A2:A13) |
| 9 | 321 | 260 | | | | | | | =VAR(A2:A13) |
| 10 | 376 | 320 | | 样本均值之差 | 37 | | | | =COUNT(A2:A13) |
| 11 | 290 | 312 | | 修正自由度 | 21.8029 | | | | |
| 12 | 301 | 334 | | 抽样标准误差 | 17.1645 | | | | |
| 13 | 283 | 265 | | 检验统计量t值 | 2.1556 | | | | |
| 14 | 样本A | 样本B | | | | | | | |
| 15 | | | | 右侧t临界值 | 1.7207 | 左侧t临界值 | -1.7207 | | |
| 16 | | | | 右侧p-值 | 0.0214 | 左侧p-值 | 0.9786 | | |
| 17 | | | | 检验结果 | 拒绝H0 | 检验结果 | 不能拒绝H0 | | |
| 18 | | | | | | | | | |
| 19 | | | | 双侧t临界值 | 2.0796 | | | | |
| 20 | | | | 双侧p-值 | 0.0429 | | | | |
| 21 | | | | 检验结果 | 拒绝H0 | | | | |

样本数据区域

依据假设的方向做出相应的结论

两个正态总体均值的比较(独立样本，小样本，异方差) / 两个正态总体均值的比

图 7-18　两个正态总体均值比较的检验(独立样本，小样本，异方差)示例

## 八、两个正态总体均值比较的检验(配对样本，大样本)

第 1 步：选择工作表“两个正态总体均值的比较(配对样本，大样本)”。

第 2 步：将两组样本数据输入工作表，形成“样本 A”和“样本 B”数据区域。

第 3 步：根据两组配对样本数据，计算“差值”，形成新的“样本数据区域”，即“差值样本数据区域”。

第 4 步：在图 7-19 中有底色区域的计算公式参数中选中“样本数据区域”，计算差值样本的“样本容量”、“样本均值”和“样本方差”统计量值。输入“总体均值之差假设值”和“显著性水平”两个自定义参数值。

| | A | B | C | D | E | F | G | H | I |
|---|---|---|---|---|---|---|---|---|---|
| 1 | A | B | 差值 | | 两个正态总体均值比较的假设检验（配对样本，大样本） | | | | |
| 2 | 97 | 64 | 33 | | 样本容量 | 30 | → | =COUNT(C2:C31) | |
| 3 | 90 | 85 | 5 | | 样本均值 | 4.8 | → | =AVERAGE(C2:C31) | |
| 4 | 94 | 72 | 22 | | 样本标准差 | 11.9868 | → | =STDEV(C2:C31) | |
| 5 | 79 | 64 | 15 | | 总体均值假设值 | 0 | → | 自定义 | |
| 6 | 78 | 74 | 4 | | | | | | |
| 7 | 87 | 93 | -6 | | 显著性水平 | 10% | → | 自定义 | |
| 8 | 83 | 70 | 13 | | 抽样标准误差 | 2.1885 | | | |
| 9 | 89 | 79 | 10 | | 检验统计量Z值 | 2.1933 | | | |
| 10 | 76 | 79 | -3 | | | | | | |
| 11 | 84 | 75 | 9 | | 右侧z临界值 | 1.2816 | 左侧z临界值 | -1.2816 | |
| 12 | 83 | 66 | 17 | | 右侧p-值 | 0.0141 | 左侧p-值 | 0.9859 | |
| 13 | 84 | 83 | 1 | | 检验结果 | 拒绝H0 | 检验结果 | 不能拒绝H0 | |
| 14 | 76 | 74 | 2 | | | | | | |
| 15 | 82 | 70 | 12 | | 双侧z临界值 | 1.6449 | | | |
| 16 | 85 | 82 | 3 | | 双侧p-值 | 0.0283 | | | |
| 17 | 85 | 82 | 3 | | 检验结果 | 拒绝H0 | | | |
| 18 | 91 | 75 | 16 | | | | | | |
| 19 | 72 | 78 | -6 | | | | | | |
| 20 | 86 | 99 | -13 | | | | | | |
| | | | …… | | | | | | |
| 31 | 73 | 66 | 7 | | | | | | |

样本数据区域

依据假设的方向做出相应的结论

两个正态总体均值的比较(配对样本，大样本) / 两个总体比例的比较 / 两个正态总

图 7-19 两个正态总体均值比较的检验(配对样本，大样本)示例

第 5 步：第 4 步完成后，表中其他统计量值就会自动生成。假设检验的结果也会在表中自动显示出来。

第 6 步：根据所提假设的方向(右侧假设、左侧假设还是双侧假设)，选择相应的假设检验输出区域。

## 九、两个正态总体均值比较的检验(配对样本，小样本)

第 1 步：选择工作表“两个正态总体均值的比较(配对样本，小样本)”。

第 2 步：将两组样本数据输入工作表，形成“样本 A”和“样本 B”数据区域。

第 3 步：根据两组配对样本数据，计算“差值”，形成新的“样本数据区域”，即“差值样本数据区域”。

第 4 步：在图 7-20 中有底色区域的计算公式参数中选中“样本数据区域”，计算差值样本的“样本容量”、“样本均值”和“样本方差”统计量值。输入“总体均值之差假设值”和“显著性水平”两个自定义参数值。

第 5 步：第 4 步完成后，表中其他统计量值就会自动生成。假设检验的结果也会在表中自动显示出来。

第 6 步：根据所提假设的方向(右侧假设、左侧假设还是双侧假设)，选择相应的假设

检验输出区域。

| | A | B | C | D | E | F | G | H | I | J |
|---|---|---|---|---|---|---|---|---|---|---|
| 1 | | A | B | 差值 | | 两个正态总体均值比较的假设检验（配对样本，小样本） | | | | |
| 2 | 1 | 27 | 23 | 4 | | 差值均值 | 2.6 | → | =AVERAGE(D2:D11) | |
| 3 | 2 | 35 | 28 | 7 | | 差值方差 | 13.3778 | → | =VAR(D2:D11) | |
| 4 | 3 | 19 | 16 | 3 | | 样本容量 | 10 | → | =COUNT(D2:D11) | |
| 5 | 4 | 39 | 31 | 8 | | 总体均值之差假设值 | 0 | → | 自定义 | |
| 6 | 5 | 34 | 38 | -4 | | 显著性水平 | 5% | → | 自定义 | |
| 7 | 6 | 32 | 30 | 2 | | | | | | |
| 8 | 7 | 15 | 17 | -2 | | 抽样标准误差 | 1.1566 | | | |
| 9 | 8 | 26 | 22 | 4 | | 检验统计量t值 | 2.2479 | | | |
| 10 | 9 | 18 | 15 | 3 | | 自由度 | 9 | | | |
| 11 | 10 | 17 | 16 | 1 | | | | | | |
| 12 | | | | | | 右侧t临界值 | 1.8331 | 左侧t临界值 | -1.8331 | |
| 13 | | | | | | 右侧p-值 | 0.0256 | 左侧p-值 | 0.9744 | |
| 14 | | | | | | 检验结果 | 拒绝H0 | 检验结果 | 不能拒绝H0 | |
| 15 | | | | | | | | | | |
| 16 | | | | | | 双侧t临界值 | 2.2622 | | | |
| 17 | | | | | | 双侧p-值 | 0.0512 | | | |
| 18 | | | | | | 检验结果 | 不能拒绝H0 | | | |

样本数据区域

依据假设的方向做出相应的结论

两个正态总体均值的比较（配对样本，小样本）/两个正态总体均值的比较(配对样

图 7-20 两个正态总体均值比较的检验(配对样本，大样本)示例

## 十、两个总体比例比较的检验

第 1 步：选择工作表“两个总体比例的比较”。

第 2 步：在图 7-21 中有底色的区域分别输入两个样本的“样本容量”和“样本比例”的统计计算结果，输入“总体比例之差的假设值”和“显著性水平”两个自定义参数值。

第 3 步：第 2 步完成后，表中其他统计量值就会自动生成。假设检验的结果也会在表中自动显示出来。

第 4 步：根据所提假设的方向(右侧假设、左侧假设还是双侧假设)，选择相应的假设检验输出区域。

| | A | B | C | D | E | F |
|---|---|---|---|---|---|---|
| 1 | | 两个总体比例比较的假设检验 | | | | |
| 2 | | | | A | B | |
| 3 | | 样本容量 | | 200 | 300 | → 输入 |
| 4 | | 样本比例 | | 0.22 | 0.16 | → 输入 |
| 5 | | 大样本条件检验 | | 44 | 48 | |
| 6 | | | | 156 | 252 | |
| 7 | | 总体比例之差的假设值 | 0 | → | 自定义 | |
| 8 | | 样本比例之差 | 0.0600 | | | |
| 9 | | 共同的样本比例估计值 | 0.1840 | | | |
| 10 | | 显著性水平 | 5% | → | 自定义 | |
| 11 | | | | | | |
| 12 | | 抽样标准误差 | 0.0354 | | | |
| 13 | | 检验统计量Z值 | 1.6962 | | | |
| 14 | | | | | | |
| 15 | | 右侧z临界值 | 1.6449 | 左侧z临界值 | -1.6449 | |
| 16 | | 右侧p-值 | 0.0449 | 左侧p-值 | 0.9551 | |
| 17 | | 检验结果 | 拒绝H0 | 检验结果 | 不能拒绝H0 | |
| 18 | | | | | | |
| 19 | | 双侧z临界值 | 1.9600 | | | |
| 20 | | 双侧p-值 | 0.0898 | | | |
| 21 | | 检验结果 | 不能拒绝H0 | | | |

依据假设的方向做出相应的结论

两个总体比例的比较/两个正态总体方差的比较/

图 7-21 两个总体比例比较的检验示例

## 十一、两个正态总体方差比较的检验

第 1 步：选择工作表“两个正态总体方差的比较”。

第 2 步：将两组样本数据输入工作表，形成“样本 A”和“样本 B”数据区域。

第 3 步：在图 7-22 中有底色区域的计算公式参数中分别选中两个样本数据区域，分别计算两个样本的“样本容量”、“样本均值”和“样本方差”统计量值。输入“总体方差之比假设值”和“显著性水平”两个自定义参数值。

| | A | B | C | D | E | F | G | H | I | J | K | L |
|---|---|---|---|---|---|---|---|---|---|---|---|---|
| 1 | A | | B | | | 两个正态总体方差比较的假设检验 | | | | | | |
| 2 | 97 | 85 | 64 | 91 | | $F$-检验 双样本方差分析 | | | | | | |
| 3 | 90 | 91 | 85 | 78 | | | | A | B | | | |
| 4 | 94 | 72 | 72 | 87 | | 样本容量 | | 30 | 40 | | =COUNT(C2:D21) | |
| 5 | 79 | 86 | 64 | 93 | | 样本均值 | | 82.5 | 78 | | =AVERAGE(C2:D21) | |
| 6 | 78 | 70 | 74 | 89 | | 样本方差 | | 64.0517 | 100 | | =VAR(C2:D21) | |
| 7 | 87 | 91 | 93 | 79 | | 总体方差之比假设值 | 1 | 自定义 | | | | |
| 8 | 样本A | | 样本B | 4 | | 显著性水平 | 5% | 自定义 | | | =COUNT(A2:B16) | |
| 9 | 89 | 73 | 79 | 65 | | | | | | | =AVERAGE(A2:B16) | |
| 10 | 76 | 92 | 79 | 78 | | | | 分子 | 分母 | | =VAR(A2:B16) | |
| 11 | 84 | 64 | 75 | 66 | | 自由度 | | 29 | 39 | | | |
| 12 | 83 | 74 | 66 | 84 | | 样本方差之比 | 0.6405 | | | | | |
| 13 | 84 | 88 | 83 | 85 | | $F$检验统计量值 | 0.6405 | | | | | |
| 14 | 76 | 88 | 74 | 85 | | | | | | | | |
| 15 | 82 | 74 | 70 | 84 | | 右侧$F$值临界值 | 1.7586 | 左侧$F$值临界值 | 0.5527 | | | |
| 16 | 85 | 73 | 82 | 59 | | 右侧$p$-值 | 0.8924 | 左侧$p$-值 | 0.1076 | | | |
| 17 | | | 82 | 62 | | 检验结果 | 不能拒绝H0 | 检验结果 | 不能拒绝H0 | | | |
| 18 | | | 75 | 91 | | | | | | | | |
| 19 | | | 78 | 83 | | 左侧$F$ 1临界值 | 0.4920 | | | | | |
| 20 | | | 99 | 80 | | 右侧$F$ 2临界值 | 1.9619 | | | | | |
| 21 | | | 57 | 76 | | 双侧$p$-值 | 0.2152 | | | | | |
| 22 | | | | | | 检验结果 | 不能拒绝H0 | | | | | |
| 23 | | | | | | | | | | | | |
| 24 | | | | | | | | | | | | |
| 25 | | | | | | | | | | | | |



图 7-22 两个正态总体方差比较的检验示例

第 4 步：第 3 步完成后，表中其他统计量值就会自动生成。假设检验的结果也会在表中自动显示出来。

第 5 步：根据所提假设的方向(右侧假设、左侧假设还是双侧假设)，选择相应的假设检验输出区域。

## 本 章 小 结

(1) 假设检验是先对未知的总体参数提出一个假设，然后利用样本信息去检验这个假设是否成立。如果成立，我们就不能拒绝这个假设，如果不成立，我们就拒绝这个假设。假设检验具有以下两个特点：① 假设检验所采用的逻辑推理方法是反证法；② 根据样本信息判断结果是否合理，所依据的是小概率原理。

(2) 在假设检验中，研究者感兴趣的备择假设 $H_1$ 中没有特定的方向性，并含有“≠”的假设检验，称为双侧检验；研究者感兴趣的备择假设 $H_1$ 的方向为“＜”，称为左侧检验；研究者感兴趣的备择假设 $H_1$ 的方向为“＞”，称为右侧检验。

(3) 在假设检验中，研究者想收集证据予以反对的假设称为原假设，又称为零假设，

通常用 $H_0$ 表示；而研究者想收集证据予以支持的假设称为备择假设，又称为研究假设，通常用 $H_1$ 表示。

(4) 当原假设 $H_0$ 为真时，做出拒绝 $H_0$ 的推断的错误称为弃真错误，发生这种错误的概率记为$\alpha$；当原假设 $H_0$ 为假时，做出接受 $H_0$ 的推断错误称为取伪错误，发生这种错误的概率记为$\beta$，而$1-\beta$是做出正确判断的概率(拒绝 $H_0$)。因此，对“接受 $H_0$”这类决策问题，$1-\beta$起着可靠性度量的作用，称为检验功效或称为检出力。

(5) 假设检验是根据检验统计量建立一个准则，依据这个准则和计算得到的检验统计量值，由此决定是否拒绝原假设。通常根据实际检验问题，利用样本信息计算获得的样本统计量作为检验统计量。检验统计量是总体参数的点估计，一般将点估计量进行标准化后，用标准化的检验统计量进行统计分析。

(6) 拒绝域为拒绝原假设的检验统计量所有可能值的集合，是在检验统计量分布中由显著性水平$\alpha$围成的区域，检验统计量分布的其他区域称为接受域。在给定显著性水平$\alpha$后，查相应的统计量分布表，可获得拒绝域与接受域的边界值称为临界值。若样本数据计算得到的检验统计量值落入拒绝域，则拒绝 $H_0$；否则不能拒绝 $H_0$。

(7) 假设检验通常包括五个步骤：① 根据实际问题的要求，明确提出原假设 $H_0$ 和备择假设 $H_1$；② 选择适当的检验 $H_0$ 的统计量；③ 规定显著性水平$\alpha$，确定检验统计量的临界值和拒绝域；④ 收集样本数据，计算检验统计量的值；⑤ 做出统计决策，判断 $H_0$ 是否成立。

(8) 一个总体参数的检验主要包括总体均值$\mu$、总体比例$\pi$和总体方差$\sigma^2$的检验；两个总体参数的检验主要包括两个总体均值之差$(\mu_1-\mu_2)$的检验、两个总体比例之差$(\pi_1-\pi_2)$的检验、两个总体方差之比$(\sigma_1^2/\sigma_2^2)$的检验。

(9) $P$ 值(*P-value*)为 $H_0$ 为真的条件下样本观察值或更极端结果出现的概率，即为观察到的样本数据与 $H_0$ 中的假设值偏离程度出现的概率，称为相应检验的观察到的显著性水平。若$P$值$<\alpha$，则检验统计量落入拒绝域，拒绝 $H_0$；反之，不能拒绝 $H_0$。

## 思考与练习题

### 一、思考题

1. 参数估计与假设检验有何联系与区别？

2. 说明假设检验中的两类错误？在样本容量一定的情况下，第Ⅰ类错误的概率$\alpha$和第Ⅱ类错误的概率$\beta$之间有何关系？如何解决这一矛盾？

3. 什么是显著性水平$\alpha$？它对于假设检验决策的意义是什么？为什么不能毫无必要地选择太小的显著性水平？

4. 在假设检验中，如何决定什么样的陈述应放在原假设中，什么样的陈述应放在备择假设中？

5. 什么是检验统计量？什么是标准化检验统计量？什么是检验统计量值？选择检验统计量的依据是什么？

6. 什么是假设检验的拒绝域和接受域？双侧检验和单侧检验的拒绝域有何不同？拒

绝域与显著性水平$\alpha$有何关系？

7. 简述假设检验的基本思想。

8. 简述假设检验的基本步骤。

9. 什么是观察到的显著性水平 $P$ 值？如何利用 $P$ 值进行假设检验的决策？

10. 什么是检验功效曲线？检验功效曲线有何特点？

**二、练习题**

1. 某厂采用自动包装机分装产品，假定每包产品的重量服从正态分布，每包的标准重量为 1000g，某日随机抽查 9 包，测得样本平均重量为 986g，样本标准差为 24g。试问在$\alpha = 0.05$显著性水平下，能否认为这天自动包装机工作正常？

2. 电视机显像管批量生产的质量标准为平均寿命 1200 小时，标准差 300 小时。某电视机厂宣称，他们生产的显像管，其质量大大超过规定的标准。为了进行验证，随机抽取了 100 件样品，测得平均寿命为 1245 小时。试问在$\alpha$=0.05 显著性水平下，能否说明该厂的显像管质量显著高于规定的标准？

3. 一项调查结果声称某市老年人口比重为 14.7%，该市老年人口研究机构为了检验该项调查是否可靠，随机抽取了 400 名居民，发现其中有 57 人年龄在 65 岁以上。调查结果是否以显著性水平$\alpha = 0.05$支持该市老年人口比重为 14.7%的看法？

4. 某加油站希望了解驾驶人士的加油情况。在一周内，他随机抽取了 100 名加油记录，统计得到：平均加油量为 13.5 加仑，标准差为 3.2 加仑，其中有 19 人购买无铅汽油。

试问：(1) 能否以$\alpha = 0.05$的显著性水平检验平均加油量超过 12 加仑？

(2) 能否以$\alpha = 0.05$的显著性水平检验购买无铅汽油的比例不超过 20%？

(3) 在(1)和(2)中，若 $H_0$ 为真，计算 $P$ 值。

5. 根据过去的实验，某产品的质量指标服从正态分布，其方差$\sigma^2 = 7.5$。现在，从这批产品中随机抽取 25 件，测得样本方差为$s^2 = 10$，试以显著性水平$\alpha = 0.10$判断产品质量变异程度是否增大了。

6. 某乳制品厂生产的一种盒装鲜奶产品采用自动灌装设备，标准重量为 495g，采用自动灌装调整装置，但在生产过程中不可避免会出现超重或重量不足的情况，要求对灌装精度实施控制，要求每盒重量误差上下不超过 6g。随机抽取 9 盒产品，测得每盒重量数据如下(单位：g)：496，499，481，499，492，491，495，494，502。试以$\alpha = 0.05$显著性水平判断这批产品的重量是否符合要求。

7. 从某锌矿的东西两支矿脉中分别抽样，两个样本容量及含锌量均值(%)和方差如下：

东支：$n_1 = 9$，$\bar{x}_1 = 0.23$，$s_1^2 = 0.1357$

西支：$n_2 = 8$，$\bar{x}_2 = 0.27$，$s_2^2 = 0.1736$

若两支矿脉的含锌量都服从正态分布，则两支矿脉的含锌量是否存在显著差异($\alpha = 0.05$)？

8. 对两个大型企业青年工人参加技术培训的情况进行调查，调查结果如下，甲厂：调查 60 人，18 人参加技术培训；乙厂：调查 40 人，14 人参加技术培训。能否根据以上调查结果认为乙厂青年工人参加技术培训的人数比例高于甲厂？($\alpha = 0.05$)

9. 某节能灯厂质量检验人员认为甲车间生产的节能灯的一级品率比乙车间至少高

5%，现从甲车间和乙车间分别抽取样本容量 $n_1 = 150$，$n_2 = 160$ 的两个随机样本，一级品数量分别为 $y_1 = 113$，$y_2 = 104$。试以 $\alpha = 0.05$ 的显著性水平检验质检员的观点。

10. 一家专门减肥俱乐部承诺，在一个为期 6 周的减肥训练中，至少可以使肥胖者平均减 8.5kg。为了验证该承诺是否可信，调查人员从参加该训练的成员中随机抽取 10 人，得到他们在训练前后的体重数据如表 7-2 所示(单位：kg)。

表 7-2 训练前后的体重数据表

| 编　号 | 1 | 2 | 3 | 4 | 5 | 6 | 7 | 8 | 9 | 10 |
|---|---|---|---|---|---|---|---|---|---|---|
| 训练前 | 114.5 | 101.0 | 110.0 | 103.5 | 120.0 | 116.5 | 112.0 | 101.0 | 114.0 | 125.0 |
| 训练后 | 105.0 | 89.5 | 101.5 | 96.0 | 105.0 | 102.0 | 106.0 | 93.5 | 108.5 | 112.5 |

试在显著性水平 $\alpha = 0.05$ 下检验调查结果是否支持俱乐部的承诺。

7.11 某防晒霜制造者，欲了解一种配方是否有助于防晒黑，对 7 个志愿者进行了试验。在每人的脊椎一侧涂原配方的防晒霜，另一侧涂新配方的防晒霜。背部在太阳下爆晒后，按预先给定的标准测定晒黑的程度，结果如表 7-3 所示(假定数字小表示防晒效果好)。

表 7-3 测定的晒黑程度数据表

| 编　号 | 1 | 2 | 3 | 4 | 5 | 6 | 7 |
|---|---|---|---|---|---|---|---|
| 原配方 | 42 | 51 | 31 | 61 | 44 | 55 | 48 |
| 新配方 | 38 | 53 | 36 | 52 | 33 | 52 | 36 |

试问：能否以 $\alpha = 0.05$ 的显著性水平说明新配方比原配方有效。

12. 普度大学一批研究人员将环境处理中的人员实时调度法同采用电脑化机器人和感应装置的自动化方法进行比较。实验由 8 个模拟的调度问题组成。每一项任务均由一名调度员和一个自动化系统来完成，成绩用生产率来衡量，用产品质量加权计算得到的生产优质产品的批数作为生产率测量指标。所测得的生产率见表 7-4。试对人员调度法和自动化方法的生产率是否存在差异进行比较。($\alpha = 0.05$)

表 7-4 人员调度法和自动化方法生产率数据表

| 任务 | 人员调度法 | 自动化方法 | 任务 | 人员调度法 | 自动化方法 |
|---|---|---|---|---|---|
| 1 | 185.4 | 180.4 | 5 | 240.0 | 269.3 |
| 2 | 146.3 | 248.5 | 6 | 253.8 | 249.6 |
| 3 | 174.4 | 185.5 | 7 | 238.8 | 282.0 |
| 4 | 184.9 | 216.4 | 8 | 263.5 | 315.9 |

13. 两台机床加工同种零件，其直径尺寸服从正态分布。今分别抽样，两样本容量及计算数据如下：

(1) $n_1 = 6$，$\sum x_i = 204.6$，$\sum x_i^2 = 6978.93$

(2) $n_2 = 9$，$\sum y_i = 370.8$，$\sum y_i^2 = 15280.17$

给定 $\alpha = 0.05$，试问这两台机床加工零件的方差有无显著差别？

# 案例分析

## Quality Associates 咨询公司的统计质量控制

Quality Associates 是一家咨询公司，为委托人监控其制造过程提供抽样和统计程序方面的建议。在应用中，一名委托人向 Quality Associates 提供了其程序正常运行时的 800 个观察值，组成一个样本，这些数据的标准差为 0.21，因而我们假定总体的标准差为 0.21。Quality Associates 建议该委托人连续地定期选取样本容量为 30 的随机样本来对该程序进行监测。通过对这些样本的分析，委托人可以迅速知道该程序运行状况是否令人满意。当该程序的运行令人不满意时，应采取纠正措施以避免出现问题。设计规格要求该过程的均值为 12。

Quality Associates 建议该委托人采用如下形式的假设检验：$H_0:\mu=12$；$H_1:\mu\neq 12$。当拒绝 $H_0$，就应采取纠正措施。以下为在头一天运行时，间隔 1 小时这种新型统计控制过程程序所收集的样本数据列于表 7-5 的 Quality 数据集中。

表 7-5 Quality 数据集

| 序 号 | 样本 1 | 样本 2 | 样本 3 | 样本 4 |
|---|---|---|---|---|
| 1 | 11.55 | 11.62 | 11.91 | 12.02 |
| 2 | 11.62 | 11.69 | 11.36 | 12.02 |
| 3 | 11.52 | 11.59 | 11.75 | 12.05 |
| 4 | 11.75 | 11.82 | 11.95 | 12.18 |
| 5 | 11.90 | 11.97 | 12.14 | 12.11 |
| 6 | 11.64 | 11.71 | 11.72 | 12.07 |
| 7 | 11.80 | 11.87 | 11.61 | 12.05 |
| 8 | 12.03 | 12.10 | 11.85 | 11.64 |
| 9 | 11.94 | 12.01 | 12.16 | 12.39 |
| 10 | 11.92 | 11.99 | 11.91 | 11.65 |
| 11 | 12.13 | 12.20 | 12.12 | 12.11 |
| 12 | 12.09 | 12.16 | 11.61 | 11.90 |
| 13 | 11.93 | 12.00 | 12.21 | 12.22 |
| 14 | 12.21 | 12.28 | 11.56 | 11.88 |
| 15 | 12.32 | 12.39 | 11.95 | 12.03 |
| 16 | 11.93 | 12.00 | 12.01 | 12.35 |
| 17 | 11.85 | 11.92 | 12.06 | 12.09 |
| 18 | 11.76 | 11.83 | 11.76 | 11.77 |
| 19 | 12.16 | 12.23 | 11.82 | 12.20 |
| 20 | 11.77 | 11.84 | 12.12 | 11.79 |
| 21 | 12.00 | 12.07 | 11.60 | 12.30 |
| 22 | 12.04 | 12.11 | 11.95 | 12.27 |
| 23 | 11.98 | 12.05 | 11.96 | 12.29 |

续表

| 序　号 | 样本 1 | 样本 2 | 样本 3 | 样本 4 |
|---|---|---|---|---|
| 24 | 12.30 | 12.37 | 12.22 | 12.47 |
| 25 | 12.18 | 12.25 | 11.75 | 12.03 |
| 26 | 11.97 | 12.04 | 11.96 | 12.17 |
| 27 | 12.17 | 12.24 | 11.95 | 11.94 |
| 28 | 11.85 | 11.92 | 11.89 | 11.97 |
| 29 | 12.30 | 12.37 | 11.88 | 12.23 |
| 30 | 12.15 | 12.22 | 11.93 | 12.25 |

管理报告：

(1) 对每个样本在 0.01 的显著性水平下进行假设检验，如果需要采取措施的话，确定应该采取何种措施？给出每次检验的检验统计量和 $P$ 值。

(2) 考虑四个样本中每一个样本的标准差。假设总体标准差为 0.21 是否合理？

(3) 当样本均值 $\bar{x}$ 在 $\mu=12$ 附近多大限度以内时，我们可以认为该过程的运行令人满意？如果 $\bar{x}$ 超过上限或低于下限，则应对其采取纠正措施。在质量控制中，这类上限或下限被称为上控制限或下控制限。

(4) 当显著性水平变大时，暗示着什么？这时，哪种错误或误差将增大？

(案例来源：(美)Anderson D R，Sweeney D J，Williams T A. 商务与经济统计[M]. 张建华，王健，冯燕奇，等译，北京：机械工业出版社，2000.)

**补充知识：**为了在生产过程中实现预防为主的原则，20 世纪 20 年代，美国的休哈特博士(W.A.Shewhart)提出“预防和控制”的观点，设计了监控过程的工具——控制图(control chart)。控制图是对过程质量特性值进行测定、记录、评估和监察过程是否处于统计控制状态(稳态)的一种用统计方法设计的图形。控制图由中心线(central line，CL)、上控制限(upper control limit，UCL)、下控制限(lower control limit，LCL)，并由按时间顺序抽取的样本测量值或统计量的描点序列构成，ULC、CL、LCL 统称为控制线(central lines)。

世界大多数国家都取样本测量值的期望值加减 3 倍其标准偏差来确定控制图界限的幅度，称为 3$\sigma$ 原理，3$\sigma$ 控制图称为休哈特控制图，是应用最广泛的控制图，也称常规控制图。用 3$\sigma$ 原则确定的控制界限的一般表达式为

$$\begin{cases} \mathrm{UCL}_X = \mu_X + 3\sigma_X \\ \mathrm{CL} = \mu_X \\ \mathrm{LCL}_X = \mu_X - 3\sigma_X \end{cases}$$

其中，$X$ 为样本测量值或统计量；$\mu_X$ 为 $X$ 的期望值；$\sigma_X$ 为 $X$ 的标准差。

质量控制图是根据假设检验的基本原理进行设计的，以样本均值 $\bar{x}$ 为例说明。首先，假设生产过程保持稳定($H_0$)，那么，当 $H_0$ 为真时，质量特性值 $X \sim N(\mu,\sigma^2)$，或大样本条件下非正态分布，则样本测量值(样本均值) $\bar{x} \sim N(\mu,\sigma^2/n)$ 。若 $\bar{x}$ 控制图中的描点落在 $\mathrm{UCL}_{\bar{x}}$ 与 $\mathrm{LCL}_{\bar{x}}$ 之外，或描点虽在 $\mathrm{UCL}_{\bar{x}}$ 与 $\mathrm{LCL}_{\bar{x}}$ 之内但点子排列非随机，均为小概率事件，根据小概率原理，则表明生产过程异常。此时应分析原因，采取措施，保持生产过程

高等院校管理科学与工程规划教材

稳定。$UCL_{\bar{x}}$ 与 $LCL_{\bar{x}}$ 对应于假设检验拒绝域与接受域的临界值，$UCL_{\bar{x}}$ 与 $LCL_{\bar{x}}$ 之间的区域为接受域，之外的区域为拒绝域。

**分析与提示：** 请根据补充知识和本章假设检验的原理和方法完成管理报告。

# 第八章　试验设计与方差分析初步

【本章导读及学习目标】

试验设计(experimental design)主要研究如何通过合适的试验安排有效地揭示影响因素的作用、响应的原因，并据此进行优化决策，它同时也是获得实验性统计数据的途径，与抽样调查一起构成获得统计数据的两个主要途径。方差分析(analysis of variance, ANOVA)是分析试验数据最常用的统计方法，它主要解决多均值是否有显著差异的检验问题。在正态总体和方差齐性(homoscedasticity)的假设下，方差分析主要使用 $F$ 检验方法。学习本章的主要目的是掌握单因素试验和二因素试验设计的基本思想，包括随机化、区组、重复、配对；深入理解方差分析恒等式及其在不同试验设计中的变形；会使用 Excel 进行最常见的试验设计的方差分析。

## 第一节　试验设计与方差分析概述

### 一、基本术语

**【例 8-1】**佳美公司为了在三种生产工艺(老工艺、改造工艺和全新工艺)中进行选择，首先将 60 名工人随机分配到 3 个组中，然后将三种工艺又随机地分配给三个组。

表 8-1 给出了三个组中每个工人的产出。现在，要回答的问题是改造工艺或全新工艺相对于老工艺在产出方面有显著的改进吗？

表 8-1　佳美公司不同工艺产出

| 产　出 | 老 工 艺 | 改造工艺 | 全新工艺 |
|---|---|---|---|
| 1 | 63.33 | 72.85 | 82.33 |
| 2 | 68.32 | 88.17 | 89.69 |
| 3 | 86.66 | 80.82 | 81.01 |
| 4 | 52.82 | 71.27 | 85.09 |
| 5 | 75.01 | 81.5 | 74.14 |
| 6 | 57.99 | 47.56 | 75.93 |
| 7 | 69.48 | 81.04 | 74.74 |
| 8 | 32.68 | 81.38 | 81.13 |
| 9 | 60.88 | 82.96 | 76.36 |
| 10 | 58.24 | 75.98 | 81.77 |
| 11 | 45.54 | 77.35 | 83.32 |
| 12 | 44.92 | 69.31 | 81.66 |

续表

| 产 出 | 老 工 艺 | 改造工艺 | 全新工艺 |
|---|---|---|---|
| 13 | 67.04 | 61.69 | 71.77 |
| 14 | 62.99 | 64.87 | 81.04 |
| 15 | 66.63 | 75.43 | 78.67 |
| 16 | 65.53 | 59.83 | 74.86 |
| 17 | 59.58 | 89.65 | 77.45 |
| 18 | 85.65 | 59.1 | 79.37 |
| 19 | 64.55 | 76.14 | 73.89 |
| 20 | 83.74 | 74.46 | 81.38 |

上面的例子就是一个单因素试验设计。从统计的角度来看，这个问题实质上是检验老工艺、改造工艺和全新工艺产出的三个总体的均值是否有显著差异。多总体均值是否有显著差异的检验属于方差分析的范畴。

在试验设计中，响应就是试验的观察或结果。影响响应的要素，称为因素(factor，也称为因子，本书为了和因子分析中的因子区别开来，使用因素一词)。在本例中响应是产出，而因素是工艺。因素可以是数值型的(如投入的广告预算是 1000 万、1250 万、1800 万)，也可以是顺序型的分类的变量(高、中、低)或名义型的分类变量(男、女)。为了研究因素对响应的影响，需要对因素取不同的值。因素的每个取值称为因素的一个水平(level)。在本例中，工艺这个因素有 3 个水平。处理(treatment)是指因素水平的组合。当只有一个因素时，它的水平就是处理。在本例中，三种不同的工艺就是三种不同的处理(为便于理解，可以理解成处理方式)。

这里，还涉及试验设计中的一个重要概念：重复(replication/repetition)。重复是指试验中的每一种处理应施加于多个试验单元(experiment unit)，而不应仅仅施加于一个试验单元。所谓试验单元是指试验的载体。在本例中，试验单元是 60 名工人。对三种处理(老工艺、改造工艺、新工艺)均重复 20 次。增加重复的次数可以减少处理效应估计的方差，可更有效地检测出处理之间的差异。重复又分为不同单元重复(replication)和同单元重复(repetition)。本例中，三种处理各自的 20 名操作工人是由 60 人无重复地随机分配而成的，因此是不同单元重复。如果让相同的一组 20 名工人分别操作三种工艺，就是同单元重复。

## 二、方差分析的基本思想

粗略地讲，方差分析的基本思想就是比较不同处理之间的差异是否比处理内的差异大很多，如果是，可能会倾向于认为处理之间有显著差异。

将所有处理的观察值混合在一起求总均值。求每个观察值与总均值之差的平方和称为总平方和(sum of squares for total，SST)。总平方和描述了不同处理混合在一起的全体差异程度。

很自然地，会想到另外两种差异。首先是处理之间的差异。对每个处理求各自的均值。处理均值与总均值之差称为处理偏差。将每个处理中的观察值用该处理的均值替代，然后求此时的总平方和，即得到处理间平方和(Treatment sum of squares)，英文也称 Factor

A sum of squares，所以简记为 SSA。它描述了处理间的差异程度，须注意的是，它还同时考虑了不同处理的试验单元个数。

最后一种差异是各个处理内部的差异。用每个处理组的观察值与该处理组本身的均值求差，称为处理内误差。所有处理内误差的平方和称为误差平方和(error sum of squares，简记为 SSE)。它描述了处理内部的差异。

基于以上概念，可以证明有下面著名的方差分析恒等式(ANOVA identity)。它由两个式子构成：

$$\mathrm{SST} = \mathrm{SSA} + \mathrm{SSE} \tag{8-1}$$

$$\underset{\text{(总自由度)}}{N-1} = \underset{\text{(处理间自由度)}}{k-1} + \underset{\text{(处理内自由度)}}{N-k} \tag{8-2}$$

式(8-2)中，$N$ 表示总观测值数量，总自由度为 $N$−1；$k$ 表示水平的个数，处理间差异的自由度为 $k$−1；处理内差异的自由度为 $N-k$。

接下来，构造处理间和处理内各自的均方(Mean Square)，就是用 SSA 和 SSE 除以各自的自由度。在正态假设的条件下，容易证明处理间均方与处理内均方的比值服从自由度为 $k-1$ 和 $N-k$ 的 $F$ 分布。获得统计量的构造及其分布后，就可以按照第七章的方法进行检验了。

综合本小节的内容，得到著名的方差分析表 8-2。

**表 8-2 方差分析表**

| 方差来源 | 平方和 | 自由度 | 均 方 | 检验统计量 |
|---|---|---|---|---|
| 处理间 | SSA | $k-1$ | $\mathrm{MSA} = \mathrm{SSA}/(k-1)$ | $F = \mathrm{MSA}/\mathrm{MSE}$ |
| 处理内 | SSE | $N-k$ | $\mathrm{MSE} = \mathrm{SSE}/(N-k)$ | |
| 总计 | SST | $N-1$ | | |

本小节给出的方差分析恒等式和方差分析表实际是单因素试验设计的方差分析恒等式和方差分析表，它们是最基本、最简单的方差分析等式与方差分析表。但是，它们非常重要，因为它们集中体现了方差分析的基本思想。而在后面的更为复杂的试验设计中，对应的方差分析等式与方差分析表也会有变化。尽管有变化，但是总平方和分解的思想并没有变，只不过分解的项目增多了；而且，检验中也还是使用 $F$ 检验。

## 第二节 单因素试验设计与方差分析

所谓单因素试验设计(one-way layout)就是一种 $k$ 个水平的单因素试验设计。本章第一节中佳美公司三种工艺的产出比较就是一个单因素试验。在佳美公司的例子中，处理的个数为 $k=3$；第 $i$ 个处理有 $n_i$ 个观测值，$n_1 = n_2 = n_3 = 20$，总共有 $N = \sum_i n_i = 60$ 个观测值。

对于单因素试验，要遵循的基本原则是随机化(randomization)。这个原则用于如何在单元上分配处理，也用于处理在执行试验中使用的顺序和响应的测试程序。随机化可以保证试验误差估计的合理性，从而为分析试验进行推断提供基础。

## 一、单因素设计的方差分析

单因素设计的方差分析表如表 8-3 所示。其中，$y_{ij}$ 表示第 $i$ 个处理的第 $j$ 次试验的观测值。$\overline{y}_{..}$ 表示全部 $N$ 次观测值的总平均。$\overline{y}_{i.}$ 表示第 $i$ 个处理的观察值的平均。本章后面的内容中都用点下标“.”表示对该点下标位置对应的维度求和。这是方差分析中一个沿袭下来的常用记号，要认真理解它的计算含义。

表 8-3　单因素设计的方差分析表

| 来源 | 平 方 和 | 自由度 | 均　方 | 检验统计量 |
|---|---|---|---|---|
| 处理间 | $\sum_{i=1}^{k} n_i(\overline{y}_{i.}-\overline{y}_{..})^2$ | $k-1$ | $\sum_{i=1}^{k} n_i(\overline{y}_{i.}-\overline{y}_{..})^2/(k-1)$ | $F\sim F(k-1;N-k)$ |
| 处理内 | $\sum_{i=1}^{k}\sum_{j=1}^{n_i}(y_{ij}-\overline{y}_{i.})^2$ | $N-k$ | $\sum_{i=1}^{k}\sum_{j=1}^{n_i}(y_{ij}-\overline{y}_{i.})^2/(N-k)$ | |
| 总计 | $\sum_{i=1}^{k}\sum_{j=1}^{n_i}(y_{ij}-\overline{y}_{..})^2$ | $N-1$ | $\sum_{i=1}^{k}\sum_{j=1}^{n_i}(y_{ij}-\overline{y}_{..})^2/(N-1)$ | |

其中，检验统计量：$F=\dfrac{\sum_{i=1}^{k} n_i(\overline{y}_{i.}-\overline{y}_{..})^2/(k-1)}{\sum_{i=1}^{k}\sum_{j=1}^{n_i}(y_{ij}-\overline{y}_{i.})^2/(N-k)}$。

【**例 8-2**】假设 A 公司拟采用不同推销方式对某品牌电脑的最新款型进行推广，为检验不同方式推销产品的效果，随机选择 5 个市场区块对 4 种不同推销方式下的销售量进行观测，得到如表 8-4 所示的数据。检验四种推销方式对销售量的影响是否无差异。

表 8-4　某公司产品销售方式所对应的销售量　　百台

| 销　售 | 方式一 | 方式二 | 方式三 | 方式四 |
|---|---|---|---|---|
| 1 | 77 | 95 | 71 | 80 |
| 2 | 86 | 92 | 76 | 84 |
| 3 | 81 | 78 | 68 | 79 |
| 4 | 88 | 96 | 81 | 70 |
| 5 | 83 | 89 | 74 | 82 |

根据表 8-3 可以计算本例的方差分析表如表 8-5 所示。可知，本例中 $F=7.3360$，若显著水平 $\alpha$ 取 0.05，则临界值 $F_{0.05}(3,16)=3.24$。由于 $F>F_\alpha$，拒绝原假设，认为不同的推销方式对销售量的影响是有差异的。本章例 8-1 留作练习。

表 8-5　方差分析计算表

| 方差来源 | 平方和 | 自由度 | 均　方 | $F$ |
|---|---|---|---|---|
| 处理间 | 685 | 3 | 228.3333 | 7.3360 |
| 处理内 | 498 | 16 | 31.125 | |
| 总计 | 1183 | 19 | | |

## 二、多重比较

上面的 $F$ 检验用于检验"不同处理之间无差异"这个假设。如果检验的结果是拒绝这个假设，人们可能还会进一步询问：处理 $i$ 和处理 $j$ 之间是否无差异？这样会有很多个成对的处理之间的检验，因此，称为多重比较(multiple comparison)。

多重比较方法中，以 Fisher 提出的最小显著差异方法(Least Significant Difference，LSD)最为常用。LSD 检验通常使用 $t$ 统计量。(请注意，这个统计量和我们在第七章中学习的一般意义上的 $t$ 统计量是有区别的！)

$$t_{ij}=\frac{\overline{y}_{j.}-\overline{y}_{i.}}{\mathrm{RMSE}\cdot\sqrt{1/n_j+1/n_i}}\sim t(N-k) \tag{8-3}$$

式中，RMSE 是 Root of Mean Square Errors 的缩写，亦即表 8-2 中 MSE 的平方根。这样，$\mathrm{RMSE}\sqrt{1/n_j+1/n_i}$ 就是 $\overline{y}_{j.}-\overline{y}_{i.}$ 的标准误差。这个 $t$ 统计量服从自由度为 $N-k$ 的 $t$ 分布。

在例 8-2 中，若假定显著水平选为 0.05，查表得 $t_{0.025}(16)=2.12$，两两比较不同处理(推销方式)之间是否有显著差异。

表 8-6 例 8-2 的多重比较计算表

| $\overline{y}_{j.}$ | $\overline{y}_{i.}$ | $\lvert\overline{y}_{j.}-\overline{y}_{i.}\rvert$ | $\mathrm{RMSE}\sqrt{1/n_j+1/n_i}$ | $t$ 值 | $t$ 临界值 | 结　论 |
|---|---|---|---|---|---|---|
| 83 | 90 | 7 | 3.5285 | 1.98 | 2.12 | 方式一与方式二没有显著差异 |
| 83 | 74 | 9 | 3.5285 | 2.55 | 2.12 | 方式一与方式三有显著差异 |
| 83 | 79 | 4 | 3.5285 | 1.13 | 2.12 | 方式一与方式四没有显著差异 |
| 90 | 74 | 16 | 3.5285 | 4.53 | 2.12 | 方式二与方式三有显著差异 |
| 90 | 79 | 11 | 3.5285 | 3.12 | 2.12 | 方式二与方式四有显著差异 |
| 74 | 79 | 5 | 3.5285 | 1.42 | 2.12 | 方式三与方式四没有显著差异 |

## 三、影响最大的处理

在实践中，出于决策的考虑人们可能还会关心哪种处理的效应最大。解决这个问题的一个简单的方法是比较某个因素不同处理的效应。

在因素 A 影响显著的情况下，因素 A 的第 $i$ 个处理的效应，记作 $\alpha_i$，反映了因素 A 的第 $i$ 个水平对试验指标的影响，其计算公式如下：

$$\alpha_i=\mu_i-\mu \tag{8-4}$$

式中，$\mu_i$ 是指第 $i$ 个处理组的均值参数；$\mu$ 是所有处理组混合在一起的均值参数。效应值最大(或最小)的处理是影响最大的处理。

$\alpha_i$ 可以用下式进行无偏估计：

$$\hat{\alpha}_i=\overline{y}_{i.}-\overline{y}_{..} \tag{8-5}$$

在例 8-2 中，推销方式的各个处理(水平)效应的估计值如下：

$$\hat{\alpha}_1=83-81.5=1.5，\hat{\alpha}_2=90-81.5=8.5$$

$$\hat{\alpha}_1=74-81.5=-7.5，\hat{\alpha}_1=79-81.5=-2.5$$

如果考虑的问题是确定哪种推销方式能带来最多的销量，就应该选取效应值最大的水平。这里应该选择第二种推销方式。

## 第三节　配对比较试验设计与方差分析

一组同质性(homogenous)单元称为一个区组(block)。要使分区组(blocking)有效，需要将试验单元进行合理的安排，使得区组内单元的差异远比区组间单元的差异小。通过在同一区组内比较处理，区组效应在处理效应比较中得以消除，从而使试验更加有效。例如，假设存在一种已知的关于天的影响响应，那么，如果所有的处理都安排在同一天进行，则天与天之间的差异就可消除了。

在试验设计中，如果能够分区组，就优先考虑分区组。这样做，就可以最大限度地消除不同处理组之间因为不可观察的非处理因素而导致的差异，也就能最大限度地保证处理组之间的差异(如果检验表明确实存在)是因为处理的不同而导致的。而对于不能区组化的，则尽量要随即化。这就是试验设计中著名的“Block what you can and randomize what you cannot”(如果能区组化就区组化，否则就随机化)原则。

### 一、配对比较试验设计

配对比较设计(paired comparison design)可看成是区组大小为 2 的随机化区组设计。在每个含有两个同质性单元的区组内，将两种处理随机地分配给两个单元。在经济学、生物和医学的研究中，经常会遇到需要使用配对比较试验的情况，如孪生子、双眼、左右腿、一双鞋等。这些显然都是区组大小为 2 的同质性单元。如果在试验中，没有将这些本该归为一个区组的同质性单元划为一个区组，就可能会导致处理比较中出现较大的偏差。

配对比较试验首先选择(条件允许时最好也能随机选择)若干含有两个同质性单元的区组。然后，在每个区组内将待比较的两个处理随机地分配给两个同质性单元。获取响应的观测数据。

本小节是第七章第三节第二小节的延续，这里着重从试验设计的角度讨论配对比较。

**【例 8-3】**天穹公司欲对两种培训方案进行取舍。为了排除学习效应，采用配对比较的试验方法。首先以学历背景、从业年限、历史业绩、职位、性别、性格类型为筛选指标，确定出 8 对员工，保证每对员工在上述筛选指标上的表现非常接近。然后，在每一对员工中(也就是一个区组中的两个同质性单元)随机分配两种培训方案。表 8-7 给出了每个区组在不同培训方案之后绩效评分的提高值。

表 8-7　不同培训方案对业绩提高的影响

| 区组<br>(1) | 培训方案 1<br>(2) | 培训方案 2<br>(3) | 差值<br>(2)−(3) |
|---|---|---|---|
| 1 | 0.39 | 0.36 | 0.03 |
| 2 | 0.84 | 1.35 | −0.51 |
| 3 | 1.76 | 2.56 | −0.8 |

续表

| 区组<br>(1) | 培训方案 1<br>(2) | 培训方案 2<br>(3) | 差值<br>(2)−(3) |
|---|---|---|---|
| 4 | 3.35 | 3.92 | −0.57 |
| 5 | 4.69 | 5.35 | −0.66 |
| 6 | 7.70 | 8.33 | −0.63 |
| 7 | 10.52 | 10.70 | −0.18 |
| 8 | 10.92 | 10.91 | 0.01 |

## 二、配对比较的方差分析

对于配对试验的检验，当然可以使用本书第七章第三节第二小节给出的小样本 $t$ 检验方法。不过，这里需要注意的是，在例 8-3 的配对试验中，总有 8 个配对或同质性区组，那么，该 $t$ 检验的自由度是 8−1=7，虽然在试验中实际使用了 16 个试验载体。

同时，也可以使用方差分析的方法对配对试验中处理间的差异进行检验。从方差分析的视角来看，配对试验的水平 $k=2$；区组数量为 8。这是一个随机化区组试验设计的特殊情形，利用下一节随机区组设计的方差分析表，可以得到例 8-3 的方差分析表 8-8。

表 8-8　方差分析计算表

| 方差来源 | 平方和 | 自由度 | 均　方 | $F$ |
|---|---|---|---|---|
| 区组 | 243.4042 | 7 | 34.7720 | 674.82 |
| 处理间 | 0.6848 | 1 | 0.6848 | 13.29 |
| 处理内 | 0.3607 | 7 | 0.0515 | |

处理间的 $F$ 统计量是 13.29，远远大于 $F(1,7)$ 在 5%显著水平上的临界值 5.59。因此，拒绝两种培训方案无差异的假设。

可以验证，用表 8-8 计算出的 $F$ 统计量恰好是用本书第七章第三节第二小节给出的小样本 $t$ 统计量的平方。回忆正态总体的三大抽样分布的知识，想想为什么？

# 第四节　随机化区组设计与方差分析

## 一、随机化区组试验设计

由于区组设计的优势在于能最大限度地消除非处理因素造成的差异，从而可以将处理的影响清楚地表达出来。这种设计在实践中经常使用。

随机区组设计(randomized block design)的基本步骤就是选择一系列区组之后，在每个区组中将待比较的处理随机地分配给每个试验单元。一般的，每个区组内的试验单元的个数等于处理的个数或者是处理个数的整数倍。这样，可以保证处理得以随机地分配到相等数量的试验单元上。例如，某随机化区组试验中，每个区组有 8 个单元。要将 8 个处理随机地分配给每个区组中的 8 个单元。先产生 1, …, 8 的随机组合，比如是 1, 8, 7, 5, 4, 6, 2,

3。那么，将处理 1 分配给单元 1；将处理 8 分配给单元 2，如此等等。

随机化区组设计相对于其他设计有许多优点。它能将试验单元归类合并成若干区组，这可以使它比完全随机设计取得更大的精确度。而且，它对区组以及处理的数量也没有限制。如果需要对某些处理多一些重复，可以让它们在每个区组中施加于多个单元。

随机区组化设计的缺点在于：当一个区组内的试验单元之间的差异较大时，就会出现较大的误差。这种情况在处理的数量多，不一定能够保证每个区组内的试验单元的同质性时，也容易出现。此时，就需要采用其他的设计方法了。

## 二、随机化区组设计的方差分析

对于含有 $k$ 个处理、$b$ 个区组(每个区组的大小均为 $k$ )的随机化区组设计，它的方差分析表如表 8-9 所示。

表 8-9 随机区组设计的方差分析表

| 来源 | 平方和 | 自由度 | 均方 | 检验统计量 |
|---|---|---|---|---|
| 区组 | $\sum_{i=1}^{b}k(\overline{y}_{i.}-\overline{y}_{..})^2$ | $b-1$ | $\sum_{i=1}^{b}k(\overline{y}_{i.}-\overline{y}_{..})^2/(b-1)$ | $F_1$ |
| 处理间 | $\sum_{i=1}^{k}b(\overline{y}_{.j}-\overline{y}_{..})^2$ | $k-1$ | $\sum_{i=1}^{k}b(\overline{y}_{.j}-\overline{y}_{..})^2/(k-1)$ | $F_2$ |
| 处理内 | $\sum_{i=1}^{b}\sum_{j=1}^{k}(y_{ij}-\overline{y}_{i.}-\overline{y}_{.j}-\overline{y}_{..})^2$ | $(b-1)(k-1)$ | $\sum_{i=1}^{k}\sum_{j=1}^{n_i}(y_{ij}-\overline{y}_{i.})^2/(b-1)/(k-1)$ | |
| 总计 | $\sum_{i=1}^{k}\sum_{j=1}^{n_i}(y_{ij}-\overline{y}_{..})^2$ | $bk-1$ | $\sum_{i=1}^{k}\sum_{j=1}^{n_i}(y_{ij}-\overline{y}_{..})^2$ | |

表 8-9 中，$F_1=\dfrac{\sum_{i=1}^{b}k(\overline{y}_{i.}-\overline{y}_{..})^2/(b-1)}{\sum_{i=1}^{k}\sum_{j=1}^{n_i}(y_{ij}-\overline{y}_{i.})^2/(b-1)/(k-1)}\sim F(b-1;(b-1)(k-1))$，用于检验区组间差异；$F_2=\dfrac{\sum_{i=1}^{k}b(\overline{y}_{.j}-\overline{y}_{..})^2/(k-1)}{\sum_{i=1}^{k}\sum_{j=1}^{n_i}(y_{ij}-\overline{y}_{i.})^2/(b-1)/(k-1)}\sim F(k-1;(b-1)(k-1))$，用于检验处理间差异。

**【例 8-4】**为了确定某种肥料何时使用效果最好，选择了植物园中的 4 个区组，这四个区组各自的日照、植株、土壤等情况是经过精选的，以保证各个区组中的 6 棵花株是同质的。在同一个生长季中，对每个区组中的 6 棵花株随机分配以下 6 种处理：在苗期施肥、在开花早期施肥、在开花初盛期施肥、在开花全盛期施肥、在成熟期施肥、不施肥。最后观测果实的甜度，得到表 8-10 所示的数据。分析不同时期施肥对果实的甜度是否无差异。

根据表 8-9，可以得到本例的方差分析表 8-11。

检验处理间是否无差异的 $F$ 统计量值为 6.33/1.31=4.83。它的自由度是 5 与 15。所以，在 1%的显著水平上显著。拒绝处理之间无差异的假设。

表 8-10　不同时期施肥对果实甜度的影响

| 区　组 | 施　肥 | | | | | |
|---|---|---|---|---|---|---|
| | 苗　期 | 花 早 期 | 花 初 盛 | 花 全 盛 | 成 熟 期 | 不 施 肥 |
| 1 | 4.4 | 3.3 | 4.4 | 6.8 | 6.3 | 6.4 |
| 2 | 5.9 | 1.9 | 4.0 | 6.6 | 4.9 | 7.3 |
| 3 | 6.0 | 4.9 | 4.5 | 7.0 | 5.9 | 7.7 |
| 4 | 4.1 | 7.1 | 3.1 | 6.4 | 7.1 | 6.7 |

表 8-11　方差分析表

| 来　源 | 平 方 和 | 自 由 度 | 均　方 | 检验统计量 |
|---|---|---|---|---|
| 区组 | 3.14 | 3 | 1.05 | |
| 处理间 | 31.65 | 5 | 6.33 | 4.83 |
| 处理内 | 19.72 | 15 | 1.31 | |
| 总计 | 54.51 | 23 | | |

## 三、随机化区组设计的多重比较

处理间无差异的零假设被拒绝后，应对不同处理做两两多重比较。适用于随机区组设计多重比较的 $t$ 统计量如下：

$$t_{ij}=\frac{\overline{y}_{j.}-\overline{y}_{i.}}{\text{RMSE}\cdot\sqrt{1/b+1/b}}\sim t((b-1)(k-1)) \tag{8-6}$$

式中，RMSE 是标准误差，即表 8-9 中处理内残差平方和与其自由度之比的平方根(也即均方误差的平方根)。

表 8-12 给出了例 8-4 的多重比较结果。

表 8-12　多重比较结果表

| 施肥 | 苗期 | 花早期 | 花初盛 | 花全盛 | 成熟期 | 不施肥 |
|---|---|---|---|---|---|---|
| 苗期 | 0.00 | 0.99 | 1.36 | −1.98 | −1.17 | −2.38* |
| 花早期 | | 0.00 | 0.37 | −2.97* | −2.16* | −3.37* |
| 花初盛 | | | 0.00 | −3.34* | −2.53* | −3.74* |
| 花全盛 | | | | 0.00 | 0.80 | −0.40 |
| 成熟期 | | | | | 0.00 | −1.20 |
| 不施肥 | | | | | | 0.00 |

显著水平为 5%、自由度为 15 的 $t$ 分布的临界值为 2.1315。表中标示*的处理之间有显著的差异。

高等院校管理科学与工程规划教材

# 第五节　二因素无交互作用试验设计与方差分析

前面所讲述的试验设计都是仅受一个因素影响的情形，关心的是因素不同处理(水平)之间是否有显著差异。但在实践中，影响因素常常可能是两个甚至两个以上。例如，产品的合格率可能与所用的设备以及操作人员有关，企业的利润可能与市场的潜力、产品的式样和所投入的广告费用等有关。

对多因素试验，本书主要讨论两个因素的不同处理是否有显著差异。对这类问题需要进行二因素设计(two-way layout)。而对应的双因素方差分析要区分两种情形：两个因素无交互作用和两个因素之间有交互作用。

## 一、二因素无交互试验设计

假设响应受 A 和 B 两个因素的影响，两个因素分别有 $r$ 和 $s$ 个水平。将两个因素的不同水平组合在一起就形成处理，总共有 $r \times s$ 种处理。二因素无交互试验就是给每一种处理随机分配一个试验单元，观测试验结果。因此，两因素无交互作用的试验设计也被称为无重复的二因素试验。无重复的试验没有足够的自由度去估计交互作用。这样，这类试验主要用来回答：因素 A 的 $r$ 个水平均值之间是否存在显著差异，因素 B 的 $s$ 个水平均值之间是否存在显著差异。目的是要检验这两个因素对实验结果所起的作用有多大。

**【例 8-5】**某工厂为了提高锅炉燃烧的效率，想要确定不同用量与不同来源地的煤炭是否对燃烧效率有影响。假设煤炭来源于三个地方：甲、乙、丙。原料的使用有三种方式：现用量、增加 6%、增加 10%，燃烧的效率用有效燃烧的比率来衡量。进行无重复的二因素试验，得到表 8-13 所示的数据。

表 8-13　燃烧效率数据

%

| 产地 | 用量 | | | |
|---|---|---|---|---|
| | $B_1$ (现用量) | $B_2$ (增加 6%) | $B_3$ (增加 10%) | 均值 |
| 甲 $A_1$ | 59 | 70 | 66 | 65 |
| 乙 $A_2$ | 63 | 74 | 70 | 69 |
| 丙 $A_3$ | 61 | 66 | 71 | 66 |
| 均值 | 61 | 70 | 69 | 66.7 |

## 二、二因素无交互试验方差分析

二因素无交叉试验的方差分析的基本思路是将总平方和 SST 分解成因素 A 的水平间差异 SSA、因素 B 的水平间差异 SSB 以及处理内的误差项 SSE 。它们的计算公式如下：

$$\mathrm{SST} = \sum_{i=1}^{r}\sum_{j=1}^{s}(y_{ij} - \overline{y}_{..})^2 \tag{8-7}$$

$$SSA=\sum_{i=1}^{r}s(\overline{y}_{i.}-\overline{y}_{..})^2 \tag{8-8}$$

$$SSB=\sum_{j=1}^{s}r(\overline{y}_{.j}-\overline{y}_{..})^2 \tag{8-9}$$

$$SSE=SST-SSA-SSB \tag{8-10}$$

根据上述公式，可以得到二因素无交互试验的方差分析表，如表 8-14 所示。

表 8-14　无交互作用时的双因素方差分析表

| 方差来源 | 平方和 | 自由度 | 均方 | 统计检验量 $F$ |
|---|---|---|---|---|
| 因素 A | SSA | $r-1$ | $MSA=\dfrac{SSA}{r-1}$ | $F_A=\dfrac{MSA}{MSE}$ |
| 因素 B | SSB | $s-1$ | $MSB=\dfrac{SSB}{s-1}$ | $F_B=\dfrac{MSB}{MSE}$ |
| 误差 E | SSE | $(r-1)(s-1)$ | $MSE=\dfrac{SSE}{(r-1)(s-1)}$ | |
| 总方差 | SST | $N-1$ | | |

其中检验统计量的构造和及其分布如下：

$$F_A=\frac{MSA}{MSE}\sim F_\alpha(r-1,(r-1)(s-1))$$

为检验因素 B 的影响是否显著，采用下面的统计量：

$$F_B=\frac{MSB}{MSE}\sim F_\alpha(s-1,(r-1)(s-1))$$

利用表 8-12 可以对例 8-5 进行方差分析，得到的分析结果如表 8-15 所示。

表 8-15　例 8-5 的方差分析计算表

| 方差来源 | 离差平方和 SS | 自由度 df | 均方差 MS | 统计检验量 $F$ |
|---|---|---|---|---|
| 产地 | 26 | 2 | 13 | 1.86 |
| 用量 | 146 | 2 | 73 | 10.43 |
| 误差 E | 28 | 4 | 7 | |
| 总方差 | 200 | 8 | | |

给定显著性水平 0.05，查表得到 $F_{0.05}(2,4)=6.94$。因为 $F_A=1.86<F_{0.05}(2,4)=6.94$，$F_B=10.43>F_{0.05}(2,4)=6.94$，因此接受 $H_{01}$，拒绝 $H_{02}$。即根据现有数据样本，有 95%的把握推断来源地对煤炭燃烧率的影响不大，而煤炭使用量对燃烧率有显著影响。

# 第六节　二因素且有交互作用的试验设计与方差分析

## 一、二因素且有交互试验设计

在二因素试验中，两个因素常常会有交互作用。也就是，两个因素本身就有相互影响。比如“男性的肥胖比女性的肥胖更容易引起高血压”，描述的是两层意思：体重和性别这两个因素对血压有影响；而且性别还会对体重与血压之间的作用产生影响，也就是，性别和体重这两个因素之间有交互作用。

要将因素之间的交互作用体现出来，需要增加二因素试验的自由度。采用的办法就是重复。具体地，重复上一节中的二因素无交互试验 $n(n\geqslant 2)$ 次。在每一次重复中，将 $r\times s$ 个试验单元随机地分配给 $r\times s$ 个处理。

**【例 8-6】**某军火制造商在研发火枪的过程中，想要考察四种火药和三种子弹对火枪的射程是否有显著的影响。已有的研究表明，同一种火药在与不同子弹搭配时，对射程的影响存在显著差异，即火药与子弹这两个因素之间存在交互作用，为了将这种交互作用从实验误差中分离出来，我们在每个水平组合下重复两次实验，实验数据如表 8-16 所示。

表 8-16　火枪射程数据表

分米

| 子弹 \ 火药 | $B_1$ | $B_2$ | $B_3$ |
|---|---|---|---|
| $A_1$ | 58.2 | 56.2 | 65.3 |
| | 52.6 | 41.2 | 60.8 |
| $A_2$ | 49.1 | 54.1 | 51.6 |
| | 42.8 | 50.5 | 48.4 |
| $A_3$ | 60.1 | 70.9 | 39.2 |
| | 58.3 | 73.2 | 40.7 |
| $A_4$ | 75.8 | 58.2 | 48.7 |
| | 71.5 | 51.0 | 41.4 |

这里，最重要的是要理解火药和子弹的交互作用。如果两个因素无交互作用，那么一个因素的不同取值，不会对另外一个因素的响应的作用产生影响。也就是，在无交互作用的情况下，A 因素的给定的两个水平之间的差异不会随着 B 因素的不同取值而变化。以上面的例子来看，对于子弹的两个水平 $A_1$ 和 $A_2$，在第一轮试验中，它们之间的差异随着火药的不同取值而变化的情况如图 8-1 所示。

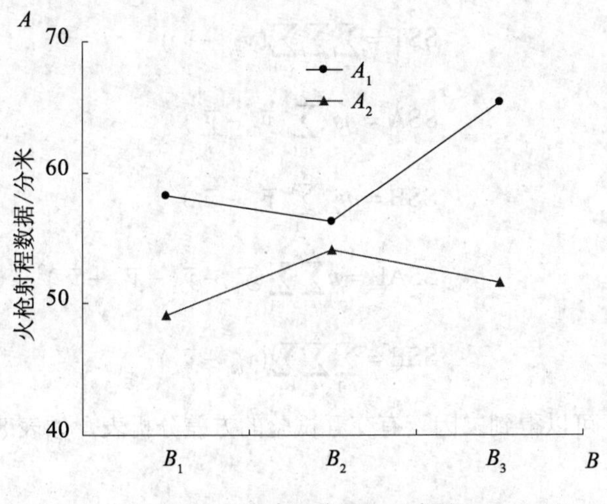


图 8-1　有交互作用的示意图

从图 8-1 容易看出，火药和子弹两个因素是有交互作用的。因为，当子弹由 $B_1$ 水平变为 $B_2$ 水平时，$A_1$ 和 $A_2$ 之间的差异缩小了；然而，当子弹再由 $B_2$ 变为 $B_3$ 时，$A_1$ 和 $A_2$ 之间的差异又变大了。可见，因素子弹对火药的不同水平下的射程也有影响，因此，子弹和火药“交互”影响着射程。

假设火药这个因素是独立于子弹的。那么，无交互作用假想情况下 $A_1$ 和 $A_2$ 之间的差异随着 $B$ 变化的图形应如图 8-2 所示。

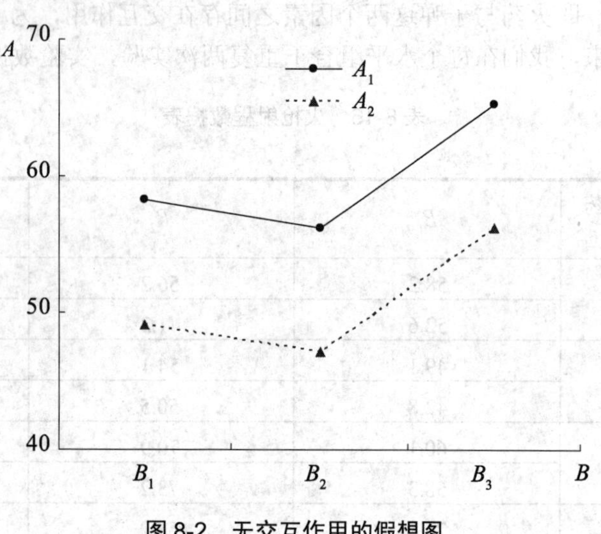


图 8-2　无交互作用的假想图

## 二、二因素有交互试验的方差分析

延续二因素无交互作用试验的方差分析思路，容易想到有交互作用的双因素方差分析的基本思路是将总平方和 SST 分解成因素 A 的水平间差异 SSA、因素 B 的水平间差异 SSB、因素 A 和 B 的交互作用 $A \times B$ 造成的差异 SSAB 以及处理内的误差项 SSE 四项。它们的计算公式如下：

$$\text{SST} = \sum_{i=1}^{r}\sum_{j=1}^{s}\sum_{k=1}^{n}(y_{ijk} - \bar{y}_{...})^2 \tag{8-11}$$

$$\text{SSA} = ns \cdot \sum_{i=1}^{r}(\bar{y}_{i..} - \bar{y}_{...})^2 \tag{8-12}$$

$$\text{SSB} = nr \cdot \sum_{i=1}^{s}(\bar{y}_{.j.} - \bar{y}_{...})^2 \tag{8-13}$$

$$\text{SSAB} = n\sum_{i=1}^{r}\sum_{j=1}^{s}(\bar{y}_{ij.} - \bar{y}_{i..} - \bar{y}_{.j.} + \bar{y}_{...})^2 \tag{8-14}$$

$$\text{SSE} = \sum_{i=1}^{r}\sum_{j=1}^{s}\sum_{k=1}^{t}(y_{ijk} - \bar{y}_{ij.})^2 \tag{8-15}$$

根据上述公式，可以得到二因素有交互试验的方差分析表，如表 8-17 所示。

表 8-17　有交互作用的双因素方差分析表

| 方差来源 | 平方和 | 自由度 | 均方 | 统计检验量 $F$ |
|---|---|---|---|---|
| 因素 A | SSA | $r-1$ | $\text{MSA}=\frac{\text{SSA}}{r-1}$ | $F_A=\frac{\text{MSA}}{\text{MSE}}$ |
| 因素 B | SSB | $s-1$ | $\text{MSB}=\frac{\text{SSB}}{s-1}$ | $F_B=\frac{\text{MSB}}{\text{MSE}}$ |
| 交互作用 | SSAB | $(r-1)(s-1)$ | $\text{MSAB}=\frac{\text{SSAB}}{(r-1)(s-1)}$ | $F_{A\times B}=\frac{\text{MSAB}}{\text{MSE}}$ |
| 误差 | SSE | $rs(n-1)$ | $\text{MSE}=\frac{\text{SSE}}{rs(n-1)}$ | |
| 总方差 | SST | $rsn-1$ | | |

表 8-17 中，检验统计量如下：

为检验因素 A 的影响是否显著，采用下面的统计量：

$$F_A=\frac{\text{MSA}}{\text{MSE}}\sim F_\alpha(r-1,rs(n-1))$$

为检验因素 B 的影响是否显著，采用下面的统计量：

$$F_B=\frac{\text{MSB}}{\text{MSE}}\sim F_\alpha(s-1,rs(n-1))$$

为检验交互作用的影响是否显著，采用下面的统计量：

$$F_{A\times B}=\frac{\text{MSAB}}{\text{MSE}}\sim F_\alpha((r-1)(s-1),rs(n-1))$$

在例 8-6 中，根据上面的公式，可以计算出方差分析结果如表 8-18 所示。

表 8-18　例 8-6 的方差分析结果

| 方差来源 | 平方和 | 自由度 | 均　方 | 统计检验量 | $F_{0.99}$ |
|---|---|---|---|---|---|
| 子弹 A | 261.675 | 3 | 87.225 | 4.417388 | 5.95 |
| 火药 B | 370.9808 | 2 | 185.4904 | 9.393902 | 6.93 |
| 交互作用 | 1768.693 | 6 | 294.7821 | 14.92882 | 4.82 |
| 误差 E | 236.95 | 12 | 19.74583 | | |
| 总和 | 2638.3 | 23 | | | |

由表 8-18 可知，子弹对射程的影响不显著；火药对射程影响显著；子弹和火药的交互作用对射程存在显著影响。

# 第七节　统计软件应用

方差分析的计算量很大，用手工计算十分繁琐。本小节以 Excel 软件为例，给出使用 Excel 进行方差分析的步骤和结果。

## 一、单因素方差分析

【例 8-7】某饲料生产公司想要确定他们生产的 4 种不同的饲料的效果，用这 4 种饲料分别喂养 19 头牛，经过一段时间后，19 头牛的重量变化数据如表 8-19 所示。问这四种饲料是否显著不同?

表 8-19　例 8-7 的数据

| 饲料 A | 饲料 B | 饲料 C | 饲料 D |
|---|---|---|---|
| 133.8 | 151.2 | 193.4 | 225.8 |
| 125.3 | 149 | 185.3 | 224.6 |
| 143.1 | 162.7 | 182.8 | 220.4 |
| 128.9 | 143.8 | 188.5 | 212.3 |
| 135.7 | 153.5 | 196.8 | |

用 Excel 对上例进行单因素方差分析的具体步骤如下。

第 1 步：单击【工具】下拉菜单，选择【数据分析】命令，如图 8-3 所示。

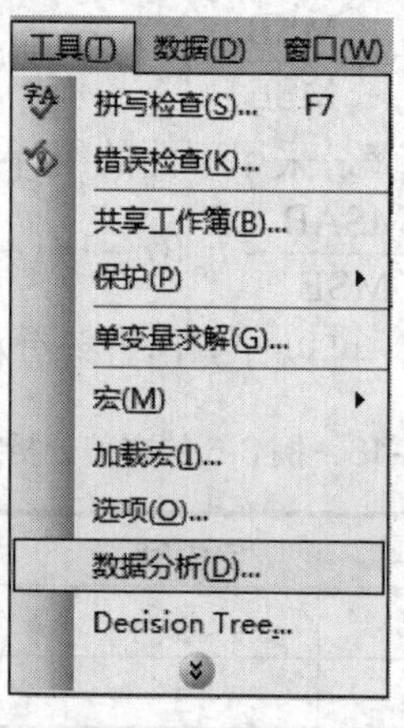


图 8-3　【工具】菜单

第 2 步：在弹出的对话框中选择【方差分析：单因素方差分析】选项，然后单击【确定】按钮，如图 8-4 所示。

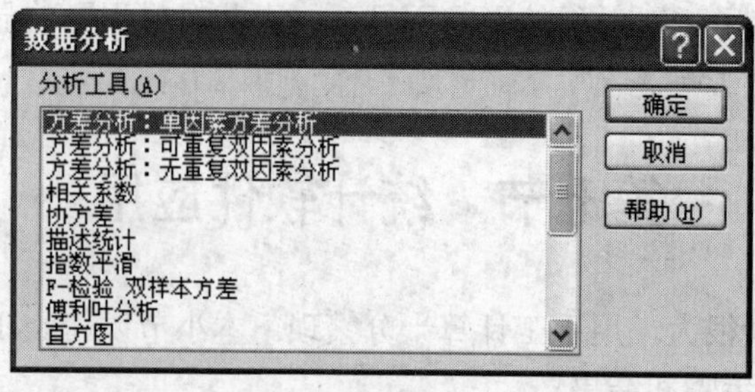


图 8-4　【数据分析】对话框

第 3 步：当对话框出现时，在【输入区域】文本框内输入数据单元格区域 A2:D6；在【分组方式】选项中的选择取决于数据的组织形式，如果数据是一列为一组，则选择“列”，如本例中的情况；反之则选择“行”；在 $\alpha$ 文本框内输入 0.05(可根据需要确定)；在【输出选项】中选择输出区域(这里我们选择新工作表组)；结果如图 8-5 所示。

| | A | B | C | D | E | F | G | H |
|---|---|---|---|---|---|---|---|---|
| 1 | 饲料A | 饲料B | 饲料C | 饲料D | | | | |
| 2 | 133.8 | 151.2 | 193.4 | 225.8 | | | | |
| 3 | 125.3 | 149 | 18 | | | | | |
| 4 | 143.1 | 162.7 | 182 | | | | | |
| 5 | 128.9 | 143.8 | 188 | | | | | |
| 6 | 135.7 | 153.5 | 196 | | | | | |
| 7 | | | | | | | | |
| 8 | | | | | | | | |
| 9 | | | | | | | | |
| 10 | | | | | | | | |
| 11 | | | | | | | | |
| 12 | | | | | | | | |
| 13 | | | | | | | | |
| 14 | | | | | | | | |
| 15 | | | | | | | | |



图 8-5 单因素方差分析对话框

单击【确定】按钮后，得到如图 8-6 所示的结果。

| | A | B | C | D | E | F | G |
|---|---|---|---|---|---|---|---|
| 1 | 方差分析：单因素方差分析 | | | | | | |
| 2 | | | | | | | |
| 3 | SUMMARY | | | | | | |
| 4 | 组 | 观测数 | 求和 | 平均 | 方差 | | |
| 5 | 列 1 | 5 | 666.8 | 133.36 | 46.348 | | |
| 6 | 列 2 | 5 | 760.2 | 152.04 | 48.403 | | |
| 7 | 列 3 | 5 | 946.8 | 189.36 | 32.983 | | |
| 8 | 列 4 | 4 | 883.1 | 220.775 | 37.2825 | | |
| 9 | | | | | | | |
| 10 | | | | | | | |
| 11 | 方差分析 | | | | | | |
| 12 | 差异源 | SS | df | MS | F | P-value | F crit |
| 13 | 组间 | 20473.62176 | 3 | 6824.540588 | 164.3719026 | 1.07403E-11 | 3.287382108 |
| 14 | 组内 | 622.7835 | 15 | 41.5189 | | | |
| 15 | | | | | | | |
| 16 | 总计 | 21096.40526 | 18 | | | | |

图 8-6 Excel 输出结果

从表 8-6 中可以看出，总离差 $\mathrm{SST}=21096.40526$，组间平方和 $\mathrm{SSA}=20473.62176$，组内平方和或残差平方和 $\mathrm{SSE}=622.7835$；组间均方差 $\mathrm{MSA}=6824.540588$，组内均方差 $\mathrm{MSE}=41.5189$，$F=164.3719026$，查 $F$ 统计分布表，得到 $F(3,15)$ 在 $\alpha=0.05$ 显著性水平下的临界值 $F_{0.05}(3,15)=3.29$，由 $F=164.372>F_{0.05}(3,15)=3.29$，说明在 $\alpha=0.01$ 的显著性水平下，四种饲料对牛体重增加的作用有显著性差异。

## 二、无交互作用的双因素方差分析

**【例 8-8】**某公司生产 A、B、C 三种口味的食品，为了了解三种食品在不同地区的需求情况。采用随机区组设计方法，以地区作为划分区组的特征。具体数据如表 8-20 所示。

表 8-20　某公司三种不同食品的需求数据

吨

| 地区编号 | 食品 A | 食品 B | 食品 C |
|---|---|---|---|
| 1 | 50.10 | 58.20 | 64.50 |
| 2 | 47.80 | 48.50 | 62.40 |
| 3 | 53.10 | 53.80 | 58.60 |
| 4 | 63.50 | 64.20 | 72.50 |
| 5 | 71.20 | 68.40 | 79.30 |
| 6 | 41.40 | 45.70 | 38.40 |
| 7 | 61.90 | 53.00 | 51.20 |
| 8 | 42.20 | 39.80 | 46.20 |

此例的情况属于无交互作用双因素方差分析的类型，用 Excel 分析的步骤如下。

第 1 步：单击【工具】下拉菜单，选择【数据分析】命令。

第 2 步：在弹出的对话框中选择【方差分析：无重复双因素分析】选项，然后单击【确定】按钮，如图 8-7 所示。

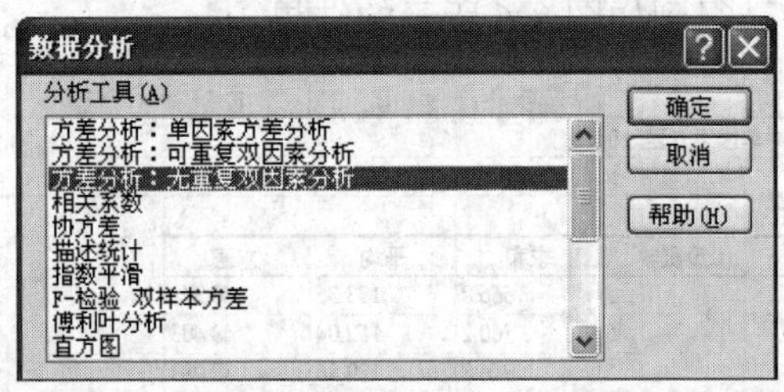


图 8-7　【数据分析】对话框

第 3 步：当对话框出现时，在【输入区域】文本框内输入数据单元格区域 A1:D9；在 $\alpha$ 文本框内输入 0.05(可根据需要确定)；在【输出选项】中选择输出区域(这里我们选择新工作表组)。得到如图 8-8 所示的界面。

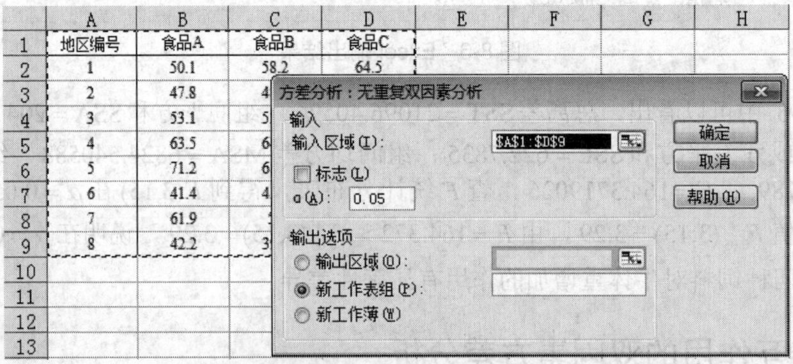

图 8-8　【方差分析：无重复双因素分析】对话框

单击【确定】按钮之后，得到如图 8-9 所示的结果。

| | A | B | C | D | E | F | G |
|---|---|---|---|---|---|---|---|
| 1 | 方差分析：无重复双因素分析 | | | | | | |
| 2 | | | | | | | |
| 3 | SUMMARY | 观测数 | 求和 | 平均 | 方差 | | |
| 4 | 1 | 3 | 172.8 | 57.6 | 52.11 | | |
| 5 | 2 | 3 | 158.7 | 52.9 | 67.81 | | |
| 6 | 3 | 3 | 165.5 | 55.16666667 | 8.963333333 | | |
| 7 | 4 | 3 | 200.2 | 66.73333333 | 25.06333333 | | |
| 8 | 5 | 3 | 218.9 | 72.96666667 | 32.04333333 | | |
| 9 | 6 | 3 | 125.5 | 41.83333333 | 13.46333333 | | |
| 10 | 7 | 3 | 166.1 | 55.36666667 | 32.82333333 | | |
| 11 | 8 | 3 | 128.2 | 42.73333333 | 10.45333333 | | |
| 12 | | | | | | | |
| 13 | 食品A | 8 | 431.2 | 53.9 | 114.4114286 | | |
| 14 | 食品B | 8 | 431.6 | 53.95 | 90.12 | | |
| 15 | 食品C | 8 | 473.1 | 59.1375 | 183.5998214 | | |
| 16 | | | | | | | |
| 17 | | | | | | | |
| 18 | 方差分析 | | | | | | |
| 19 | 差异源 | SS | df | MS | F | P-value | F crit |
| 20 | 行 | 2376.37625 | 7 | 339.4823214 | 13.95641513 | 2.46072E-05 | 2.764199257 |
| 21 | 列 | 144.9175 | 2 | 72.45875 | 2.978842582 | 0.083584371 | 3.738891832 |
| 22 | 误差 | 340.5425 | 14 | 24.32446429 | | | |
| 23 | | | | | | | |
| 24 | 总计 | 2861.83625 | 23 | | | | |

图 8-9 Excel 输出结果

## 三、有交互作用的双因素方差分析

**【例 8-9】**某快速消费品企业，新研发了一种咖啡，为了研究该咖啡的价格和居民消费习惯对其需求量的影响，开展市场调查和市场测试，采用 4 种不同价格和 4 种不同的消费习惯，对每种水平组合进行了两次测试，测得该产品需求量的数据如表 8-21 所示。

表 8-21 产品需求量的试验数据样本

kg

| 价格 / 消费习惯 | 价格 1 | 价格 2 | 价格 3 | 价格 4 |
|---|---|---|---|---|
| 消费习惯 1 | 71 | 73 | 76 | 75 |
| | 73 | 75 | 73 | 73 |
| 消费习惯 2 | 72 | 76 | 79 | 73 |
| | 73 | 74 | 77 | 72 |
| 消费习惯 3 | 75 | 78 | 74 | 70 |
| | 73 | 77 | 75 | 71 |
| 消费习惯 4 | 77 | 74 | 74 | 69 |
| | 75 | 77 | 73 | 69 |

此题属于有交互作用的双因素方差分析问题，用 Excel 实现的操作步骤如下。

第 1 步：单击【工具】下拉菜单，选择【数据分析】命令。

第 2 步：在分析工具中选择【方差分析：可重复双因素分析】，然后单击【确定】按钮，如图 8-10 所示。

第 3 步：当对话框出现时，在【输入区域】文本框内输入数据单元格区域 A1:E9；在 $\alpha$ 文本框内输入 0.05(可根据需要确定)；在【每一样本的行数】文本框中输入每一水平组合下重复试验的次数，在本例中为 2；在【输出选项】选项组中选择输出区域(这里我们选择新工作表组)。得到如图 8-11 所示的界面。

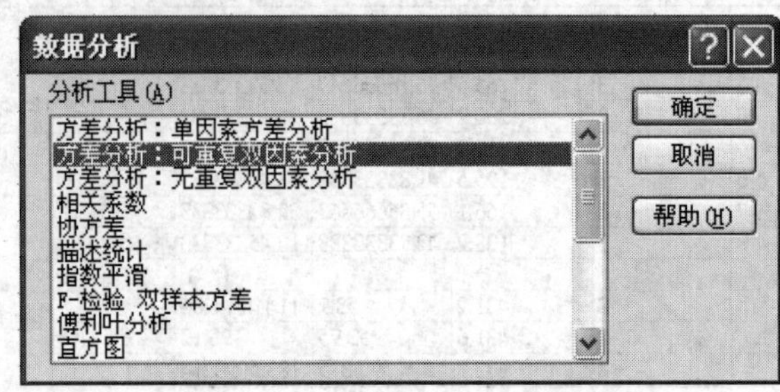


图 8-10 【数据分析】对话框

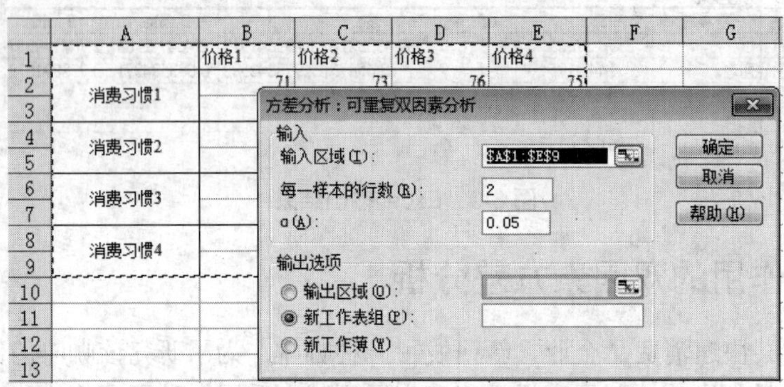


图 8-11 【方差分析：可重复双因素分析】对话框

单击【确定】按钮之后，可以得到如图 8-12 所示的结果。

| | A | B | C | D | E | F | G |
|---|---|---|---|---|---|---|---|
| 1 | 方差分析：可重复双因素分析 | | | | | | |
| 2 | | | | | | | |
| 3 | 差异源 | SS | df | MS | F | P-value | F crit |
| 4 | 样本 | 5.125 | 3 | 1.708333333 | 1.051282051 | 0.397056412 | 3.238871522 |
| 5 | 列 | 79.125 | 3 | 26.375 | 16.23076923 | 4.12785E-05 | 3.238871522 |
| 6 | 交互 | 79.625 | 9 | 8.847222222 | 5.444444444 | 0.001664464 | 2.537666539 |
| 7 | 内部 | 26 | 16 | 1.625 | | | |
| 8 | | | | | | | |
| 9 | 总计 | 189.875 | 31 | | | | |

图 8-12 有交互作用的双因素方差分析图

从图 8-12 可以看出，差异源中的“样本”代表不同消费习惯带来的差异，它的 $P$ 值为 0.3971，大于显著性水平 0.05，因此 4 种消费习惯均值的差异对产品需求的影响没有统计学意义；而“列”对应不同价格带来的差异，它的 $P$ 值为 0.00004128，小于显著性水平 0.05，即 4 种价格均值的差异对产品需求影响是显著的；“交互”所代表的“交互作用”的 $P$ 值为 0.001664，小于显著性水平 0.05，因此不同消费习惯与不同价格的交互作用对消费需求的影响显著。

# 本章小结

(1) 方差分析方法一般用于多总体均值检验。其基本思想是根据方差(变异)的不同来源将总平方和和自由度分解为两个或多个部分，这些组成部分解释某个因素、某几个因素的作用或因素间交互作用以及随机误差。在正态总体和方差齐性的假设下，可以通过构造$F$统计量进行检验。

(2) 区组(block)是试验设计中发挥核心作用的概念之一。一组同质性(homogenous)单元称为一个区组(block)。区组设计的优势在于能最大限度地消除非处理因素造成的差异，从而可以将处理的影响清楚地表达出来。因此，随机区组设计(randomized block design)使用较多，它的基本步骤就是选择一系列区组之后，在每个区组中将待比较的处理随机地分配给每个试验单元。配对比较设计(paired comparison design)可看成是区组大小为 2 的随机化区组设计。

(3) 二因素试验设计根据两个因素相互之间是否有交互作用而分为无交互作用(也称无重复试验)和有交互作用试验设计。在无交互作用的双因素方差分析中，总平方和分解为三部分：因素 A 的组间平方和、因素 B 的组间平方和和随机误差的平方和。在存在交互作用的双因素方差分析中，总平方和除了各因素与随机误差的平方和之外，还包括因素间交互作用的平方和。

# 思考与练习题

## 一、思考题

1. 什么是方差分析？方差分析在科学研究中有何意义？
2. 方差分析的基本思想及基本假定是什么？
3. 方差分析的基本步骤包括哪些？
4. 举例说明试验指标、因素、水平、单元、重复等常用名词的含义？
5. 单因素和两因素方差分析的数学模型有何区别？
6. 完全随机设计的方差分析与随机区组设计的方差分析在试验设计和变异分解上有什么不同？

## 二、练习题

1. 某企业准备用三种方法组装一种新的产品，为确定哪种方法每小时生产的产品数量最多，随机抽取了 30 名工人，并指定每个工人使用其中的一种方法。该企业对每个工人生产的产品数进行方差分析，结果如表 8-22 所示。

试：(1)完成上面的方差分析表(请直接填写在下列的横线上)

① ______________ ② ______________ ③ ______________

④ ______________ ⑤ ______________ ⑥ ______________

(2) 若显著性水平$\alpha = 0.05$，检验三种方法组装的产品数量之间是否有显著差异。

表 8-22 工人产品数方差分析表

| 差异源 | SS | df | MS | F | P 值 | F 统计量 |
|---|---|---|---|---|---|---|
| 组间 | ① | ③ | 210 | ⑥ | 0.245946 | 3.354131 |
| 组内 | 3836 | ④ | ⑤ | — | — | — |
| 总计 | ② | 29 | — | — | — | — |

2. 表 8-23 记录了三位操作工分别在四台不同机器上操作三天的日产量。

表 8-23 三位操作工在四台机器上的日产量表

| 机器 | 操作工 | | | | | | | | |
|---|---|---|---|---|---|---|---|---|---|
| | 甲 | | | 乙 | | | 丙 | | |
| $A_1$ | 15 | 15 | 17 | 17 | 19 | 16 | 16 | 18 | 21 |
| $A_2$ | 17 | 17 | 17 | 15 | 15 | 15 | 19 | 22 | 22 |
| $A_3$ | 15 | 17 | 16 | 18 | 17 | 16 | 18 | 18 | 18 |
| $A_4$ | 18 | 20 | 22 | 15 | 16 | 17 | 17 | 17 | 17 |

试在显著性水平 $\alpha = 0.05$ 下检验：

(1) 操作工之间有无显著性差异？

(2) 机器之间的差异是否显著？

(3) 操作工与机器的交互作用是否显著？

3. 用五种不同的施肥方案分别得到某种作物的收获量，数据，如表 8-24 所示。

表 8-24 不同施肥方案下的作物收获量

| 施肥方案 | a | b | c | d | e |
|---|---|---|---|---|---|
| 收获量 | 67 | 98 | 60 | 79 | 90 |
| | 67 | 96 | 69 | 64 | 70 |
| | 55 | 91 | 50 | 81 | 79 |
| | 42 | 66 | 35 | 70 | 88 |

检查这五种不同的施肥方案对农作物的收获量有无显著影响？

4. 三台机器制造同一种产品，记录它们在五天内的日产量如表 8-25 所示。

表 8-25 三台机器制造五天的日产量表

| 机 器 | 日产量/台 | | | | |
|---|---|---|---|---|---|
| a | 138 | 144 | 135 | 149 | 143 |
| b | 163 | 148 | 152 | 146 | 157 |
| c | 155 | 144 | 159 | 147 | 153 |

检验这三台机器的日产量是否有显著差异？

5. 粮食加工厂用四种不同的方法储存粮食，储存一段时间后分别抽样化验，得到粮食含水率数据，如表 8-26 所示。

表 8-26 不同方法储存的粮食含水率表

| 方 法 | 含水率/% | | | | |
|---|---|---|---|---|---|
| a | 7.3 | 8.3 | 7.6 | 8.4 | 8.3 |
| b | 5.8 | 7.4 | 7.1 | | |
| c | 8.1 | 6.4 | 7 | | |
| d | 7.9 | 9 | | | |

检验这四种方法储藏的粮食的含水量是否有显著差异？

6. 甲、乙、丙三个班级统计学考试的成绩如表 8-27 所示。

表 8-27 班级统计学考试成绩表

| 班级 | 统计学考试成绩 | | | | | | | | | | | | | | |
|---|---|---|---|---|---|---|---|---|---|---|---|---|---|---|---|
| 甲 | 73 | 89 | 82 | 43 | 80 | 73 | 66 | 60 | 45 | 93 | 36 | 77 | | | |
| 乙 | 88 | 78 | 48 | 91 | 51 | 85 | 74 | 77 | 31 | 78 | 62 | 76 | 96 | 80 | 56 |
| 丙 | 68 | 79 | 56 | 91 | 71 | 71 | 87 | 41 | 59 | 68 | 53 | 79 | 15 | | |

试问三个班级的平均成绩有无显著差异？

7. 四个工人分别操作三台机器各一天，日产量(单位：只)如表 8-28 所示。

表 8-28 操作机器日产量表

| 机器 / 工人 | $B_1$ | $B_2$ | $B_3$ |
|---|---|---|---|
| $A_1$ | 50 | 63 | 52 |
| $A_2$ | 47 | 54 | 42 |
| $A_3$ | 47 | 57 | 41 |
| $A_4$ | 53 | 58 | 48 |

检验工人和机器对产品产量是否有显著影响？

8. 某个年级有三个小班，他们进行了一次数学考试，现从各班随机地抽取了一些学生，记录其成绩如表 8-29 所示。

表 8-29 数学考试成绩表

| Ⅰ | | Ⅱ | | Ⅲ | |
|---|---|---|---|---|---|
| 73 | 66 | 88 | 77 | 68 | 41 |
| 89 | 60 | 78 | 31 | 79 | 59 |
| 82 | 45 | 48 | 78 | 56 | 68 |
| 43 | 93 | 91 | 62 | 91 | 53 |
| 80 | 36 | 51 | 76 | 71 | 79 |
| 73 | 77 | 85 | 96 | 71 | 15 |
| 78 | 79 | 74 | 80 | 87 | 75 |
| 76 | 87 | 56 | 85 | 97 | 89 |

试在显著性水平 0.05 下检验各班级的平均分数有无显著差异。假设各个总体服从正态分布，且方差相等。

9. A、B、C 三种车各取 10 辆，经调查得到，它们在两年后转卖的价值如表 8-30 所示。

表 8-30　车辆两年后转卖价值表

%

| A 型 车 | B 型 车 | C 型 车 |
|---|---|---|
| 55 | 46 | 60 |
| 57 | 53 | 64 |
| 67 | 48 | 54 |
| 65 | 55 | 63 |
| 62 | 44 | 59 |
| 57 | 41 | 58 |
| 59 | 51 | 64 |
| 54 | 51 | 68 |
| 55 | 49 | 53 |
| 55 | 50 | 59 |

在 $\alpha = 0.05$ 的显著水平下，检验 3 种类型汽车之间的平均转卖价值的差异是否显著。

10. 假设从律师、外科医生、木工师和系统分析员四种职业中分别选取 10 个人作为样本，并对他们的工作满足程度进行打分，分值范围在 18～90 分之间，打分情况如表 8-31 所示。

表 8-31　四种职业工作满足程度表

| 律 师 | 外科医生 | 木 工 师 | 系统分析员 |
|---|---|---|---|
| 44 | 55 | 54 | 44 |
| 42 | 78 | 65 | 73 |
| 74 | 80 | 79 | 71 |
| 42 | 86 | 69 | 60 |
| 53 | 60 | 79 | 64 |
| 50 | 59 | 64 | 66 |
| 45 | 62 | 59 | 41 |
| 48 | 52 | 78 | 55 |
| 64 | 55 | 84 | 76 |
| 38 | 50 | 60 | 62 |

在 $\alpha = 0.05$ 的显著水平下，检验 4 种职业之间的工作满足感的差异是否显著。

11. 一个研究机构检验了 3 种品牌的汽油其每加仑行驶的里程数。因为对于不同品牌的汽车，汽油表现出的性能特征不同，因此我们选择了 5 种品牌的汽车，并且在实验中把每种品牌看成是一个区组，即每种品牌的汽车都用各种品牌的汽油检验。实验结果如表 8-32 所示。

表 8-32 不同汽车品牌使用不同品牌汽油的每加仑平均行驶里程数

| 汽车品牌 \ 汽油品牌 | I | II | III |
|---|---|---|---|
| A | 18 | 21 | 20 |
| B | 24 | 26 | 27 |
| C | 30 | 29 | 34 |
| D | 22 | 25 | 24 |
| E | 20 | 23 | 24 |

试：(1) 在$\alpha = 0.05$的显著水平下，3 种品牌的汽油每加仑行驶的平均里程数存在显著差异吗？

(2) 利用完全随机设计的 ANOVA 方法分析实验数据，将得到的结果与(1)中的结果进行比较。随机化区组设计的优点是什么？

12. 当一个公司将其产品推向国外市场时，应该使用自己的销售人员，还是使用目标市场所在国家的销售人员？为了回答这个问题，可以设计这样一个研究，旨在考察销售人员的国籍对购买态度的影响。将一个由中国 MBA 学生组成的样本分成两组，让他们看美国某品牌汽车的广告录像。第一组看的录像由一名美国销售代表作介绍，第二组看的录像由一名中国销售代表作介绍。看过录像之后，询问他们这个推销人员是否可信赖(用 5 分制打分)。然后用 ANOVA 方法对两组平均分进行比较。

(1) ANOVA 得出的$F$值为 2.32，$P$ 值为 0.13。有无证据说明两组学生所打的平均信赖分之间存在差别？取$\alpha = 0.10$。

(2) 两个组的样本平均分为 $\bar{y}_1 = 3.12$ 和 $\bar{y}_2 = 3.49$ 。假定你想检验 $H_0: \mu_1 = \mu_2$ 和 $H_1: \mu_1 < \mu_2$，并取$\alpha = 0.10$。试利用问题(1)中的答案做出适当的分析。(提示：利用双尾检验的 P 值等于单尾检验$P$值两倍这一事实。)

13. 我们可以对残疾人在劳动力队伍中的低安排率进行如下研究。取中国某城市的 124 家公司作为样本，然后请这些公司的雇主为本公司的残疾人员的受雇就业能力进行打分(打分按 5 分制进行：1=不能接纳，5=相当容易接纳)。此项研究的一个目标就是确定公司规模(以雇员人数衡量)对残疾人受雇就业能力的分数是否有影响。为完成此项研究，将组成样本的公司分为小规模(1～15 名员工)、中规模(16～55 名员工)和大规模(55 名以上员工)三组，然后测出平均受雇就业能力分数。

(1) 试对此项研究做出适当的零假设和备择假设；

(2) 下面给出数据的部分 ANOVA 表，在表 8-33 的空白处填空。

表 8-33 公司规模对残疾人受雇就业能力影响的 ANOVA 分析表

| 变差来源 | 离差平方和 SS | 自由度 $v$ | 均方 MS | 检验统计量 $F$ |
|---|---|---|---|---|
| 公司规模 | | | | 4.93 |
| 误差 | 190 | | | |
| 合计 | | 123 | | |

(3) 有无充分证据说明，这三组残疾人员的受雇就业能力的平均分数之间存在显著差异，检验时取$\alpha = 0.05$？

14. 在一家非营利性研发机构中曾进行过这样一项试验，旨在考察员工对培训计划的期待、态度。此项研究的一个重要目的是要确定以下两个因素如何影响雇员对培训计划的评价：一个因素是管理人员事先得到的关于专题讨论会上评论的信息；另一个因素是管理人员选择参加讨论会的自由程度。这两个因素各有两个水平。事先信息或是一种中性的预告，或是一种夸大的预告。选择程度分为低(强制到会)和高(上级对参加会与否不施加任何压力)。21 名管理人员被随机分配给 $2\times2=4$ 种实验条件中每一种条件，于是就形成一种 $2\times2$ 因素设计。培训计划结束时，请每一名管理人员按 7 分制给自己对培训计划的满意度打分(1=不满意，7=非常满意)。对所得分数进行方差分析得到如表 8-34 所示的结果。

表 8-34　培训计划满意度方差分析表

| 变差来源 | 离差平方和 SS | 自由度 $v$ | 均方 MS | 检验统计量 $F$ |
|---|---|---|---|---|
| 事先信息(P) | | 1 | 1.55 | |
| 选择程度(D) | | 1 | 22.26 | |
| PD 相互作用 | | 1 | 0.61 | |
| 误差 | | 80 | 1.43 | |
| 合计 | | 83 | | |

(1) 在上面的空白处填空。

(2) 进行适当的 ANOVA $F$ 检验(取 $\alpha=0.05$)，解释所得到结果。

15. 现在流行两种基本类型的管理态度，表现为 X 和 Y 两种理论。信奉 X 理论的老板认为工人基本上是懒惰的，因而不可信赖。信奉 Y 理论的老板认为工人都是努力工作，十分可靠的人。还有的老板信奉第三种理论，Z 理论，该理论强调长期规划，意见一致的决策，以及雇员与雇主之间彼此真诚相待、亲密无间的关系。假定我们想比较持三种理论的公司中工人们的小时工资率。对每一种管理理念我们都选择 6 家工程公司作为独立随机样本，并记录下在这些公司工作的工人们的起始小时工资率，结果列于表 8-35 中。我们对表中数据用 Excel 软件进行方差分析，表 8-36 是 Excel 的输出结果。

试：

(1) 识别 Excel 输出中的关键要素；

(2) 有无证据说明信奉 X、Y、Z 理论的公司中，工程师们的平均起始小时工资之间有差别？检验在 $\alpha=0.025$ 显著性水平下进行。

表 8-35　三种管理态度下的小时工资率表

| 管理理念 | | |
|---|---|---|
| X 理论 | Y 理论 | Z 理论 |
| 9.20 | 10.25 | 9.50 |
| 9.20 | 10.80 | 9.75 |
| 10.10 | 10.87 | 8.60 |
| 10.00 | 11.10 | 9.36 |
| 9.75 | 10.30 | 9.85 |
| 9.60 | 10.35 | 9.90 |



高等院校管理科学与工程规划教材

表 8-36 方差分析结果

| 变差来源 | 离差平方和 SS | 自由度 $v$ | 均方 MS | 检验统计量 $F$ | $P$ 值 |
|---|---|---|---|---|---|
| 组间 | 4.4271 | 2 | 2.2136 | 13.0032 | 0.0005 |
| 组内 | 2.5535 | 15 | 0.1702 | | |
| 总计 | 6.9806 | 17 | | | |

# 案例分析

## 学生逃课情况与年级和性别有关吗

为了了解某大学经济管理学院学生整体的学习情况，以便与全校的情况进行比较，2008 年 9 月，该学院金融专业 2006 级的三位同学，对该学院大一、大二、大三各年级在校生的自习情况以及逃课情况进行了抽样调查。调查采用分层抽样，先根据年级划分层次，对每个年级的各个班又进行了随机抽样。2005 级抽取金融一班，金融二班；2006 级抽取管理工程专业班、保险专业班、金融工程专业班；2007 级抽取会计班、信息管理专业班、金融三班。问卷的发放方式采用调查员亲自发放至寝室的方式，并当场收回。本次调查问卷中，关于逃课情况的调查包括下面几个问题：

您平均每周逃课情况：

A. 几乎一次不逃　　B. 1～3 次　　C. 3～5 次　　D. 5 次以上

E. 其他(请注明)________

您一般逃什么样的课？(多选)

A. 选修课　　B. 全校公共课　　C. 专业课　　D. 没有偏好

您逃课的原因是：

A. 对课程不感兴趣　　B. 对教师的授课方式不满意

C. 心情不好　　D. 客观原因，如生病，有亲友来访等

E. 其他(请注明)________

根据调查结果我们得到了逃课情况的有关数据，各年级学生每周平均逃课次数汇总如表 8-37 所示，男、女学生每周平均逃课次数汇总如表 8-38 所示。

表 8-37 每周平均逃课次数汇总

| 逃课情况 | 2005 级 | 2006 级 | 2007 级 |
|---|---|---|---|
| A. 几乎一次不逃 | 31 | 23 | 23 |
| B. 1～3 次 | 21 | 23 | 11 |
| C. 3～5 次 | 1 | 5 | 4 |
| D. 5 次以上 | 1 | 3 | 2 |
| E. 其他 | 2 | 1 | |
| 合计 | 56 | 55 | 40 |

表 8-38　男、女学生平均逃课次数汇总

| 逃课情况 | 男 | 女 |
|---|---|---|
| A．几乎一次不逃 | 28 | 49 |
| B．1～3 次 | 24 | 31 |
| C．3～5 次 | 6 | 4 |
| D．5 次以上 | 3 | 3 |
| E．其他 | 1 | 2 |
| 合计 | 62 | 89 |

年级和性别对每周平均逃课次数有显著影响吗？为分析这一问题，对不同年级和性别“几乎一次不逃”的数据进行整理，如表 8-39 所示。

表 8-39　不同年级和不同性别学生“几乎一次不逃”的数据汇总

| 年　级 | 性　别 | |
|---|---|---|
| | 男 | 女 |
| 2005 级 | 28 | 49 |
| 2006 级 | 24 | 31 |
| 2007 级 | 6 | 4 |

为分析逃课的原因，将有关数据整理，得到表 8-40。

表 8-40　不同年级和性别学生逃课原因汇总

| 逃课理由 | 2005 级 | 2006 级 | 2007 级 | 男 | 女 |
|---|---|---|---|---|---|
| A．对课程不感兴趣 | 11 | 21 | 20 | 28 | 49 |
| B．对教师的授课方式不满意 | 4 | 14 | 25 | 24 | 31 |
| C．心情不好 | 7 | 13 | 15 | 6 | 4 |
| D．客观原因，如生病 | 19 | 19 | 17 | 3 | 3 |
| E．其他 | 4 | 6 | 2 | 1 | 2 |

年级和性别对逃课原因有没有影响？将“对课程不感兴趣”和“对教师的授课方式不满意”两个原因综合考虑，得到的有关数据如表 8-41 所示。

表 8-41　“对课程不感兴趣”和“对教师授课方式不满意”的学生数据汇总

| 年　级 | 性　别 | |
|---|---|---|
| | 男 | 女 |
| 2005 级 | 18 | 27 |
| 2006 级 | 15 | 20 |
| 2007 级 | 6 | 9 |

**讨论：**

(1) 分析年级和性别与逃课次数之间是否有显著的关系；

(2) 分析年级和性别与逃课理由之间是否有显著关系。

**分析与提示：** 要分析逃课次数与年级之间是否有关系，只需要比较不同年级学生的逃课次数之间是否存在显著差异；同样地，要分析逃课次数与性别是否有关系等同于分析不同性别学生逃课次数之间差异的显著性。但是同时也要考虑年级与性别之间的交互作用是否对逃课次数有显著影响。因此本案例属于双因素无重复方差分析的例子，应用 Excel【数据分析】中的【方差分析：无重复因素分析】得到输出结果，然后对结果进行分析。

# 第九章 非参数统计初步

【本章导读及学习目标】

绝大多数参数统计方法要求使用定距尺度或定比尺度的数据。对于定类尺度或顺序尺度的数据，计算均值、方差与标准差是不恰当的，通常不能使用参数统计方法，此时需要使用非参数方法。通过本章学习，应了解非参数检验的基本思想及其应用，重点掌握拟合优度检验、两个总体比较和多个总体比较的非参数方法，还要了解 Spearman 秩相关检验、Kendall 一致性检验及游程检验等其他非参数方法。

非参数检验是一种与总体分布状况无关的检验方法，它不依赖于总体分布的形式，应用时可以不考虑被研究的对象服从何种分布以及分布是否已知。非参数检验主要是利用样本数据之间的大小比较及大小顺序，对两个或多个样本所属总体是否相同进行检验，而不对总体分布的参数如平均数、标准差等进行统计推断。当样本观测值的总体分布类型未知或知之甚少，无法肯定其性质，特别是观测值明显偏离正态分布，不具备参数检验的应用条件时，常用非参数检验。

非参数检验法与参数检验法相比，特点可以归纳如下：①非参数检验一般不需要严格的前提假设；②非参数检验特别适用于顺序资料；③非参数检验适用于小样本；④非参数检验法最大的不足是不能充分利用数据资料的全部信息。

## 第一节 卡方检验

拟合优度检验是 $\chi^2$ 检验(chi-square goodness-of-fit test，卡方检验)的应用，而 $\chi^2$ 检验要用到前面介绍的 $\chi^2$ 分布。拟合优度检验可以用它来检验样本内每一类别的实际观察数目与某种条件下的理论期望数目是否有显著差异，可用于分布的检验、独立性检验等。

$\chi^2$ 检验能够检验观察到的频率分布是否服从于某种理论上的分布，或者说检验某一实际的随机变量与某一理论分布之间的差异是否显著。若被检验总体的真实的分布函数为 $F(x)$，但它是未知的。现在根据这一总体中所随机抽取的一组样本来检验总体是否与某种已知的理论分布 $F^*(x)$ 相一致。即下列假设检验问题：

$$H_0: F(x) = F^*(x)\text{；}\quad H_1: F(x) \neq F^*(x)$$

任意取 $k-1$ 个实数使得 $-\infty < a_1 < a_2 < \cdots < a_{k-1} < +\infty$，把 $(-\infty, +\infty)$ 分成 $k$ 个互不相交的区间：$(-\infty, a_1), [a_1, a_2), \cdots, [a_{k-1}, +\infty)$。以 $f_1$ 表示样本观察值落在区间 $(-\infty, a_1)$ 内的个数，以 $f_2$ 表示样本观察值落在区间 $[a_1, a_2)$ 内的个数，以 $f_i$ 表示样本观察值落在区间 $[a_{i-1}, a_i)$ 内的个数，以 $f_k$ 表示样本观察值落在区间 $[a_{k-1}, +\infty)$ 内的个数(一般要求 $k$>5，$f_i$≥5)。

另一方面，对于已知的分布函数 $F^*(x)$，对应与下列的每一个区间

$(-\infty,a_1),[a_1,a_2),\cdots,[a_{k-1},+\infty)$ 都会有一定的分布特性，我们也可记

$$\begin{cases} P_1 = p(-\infty < x < a_1) = F^*(a_1) \\ P_2 = p(a_1 \leqslant x < a_3) = F^*(a_2) - F^*(a_1) \\ \vdots \\ P_i = p(a_{i-1} \leqslant x < a_i) = F^*(a_i) - F^*(a_{i-1}),(i=2,3,\cdots,k-1) \\ P_k = p(a_{k-1} \leqslant x < +\infty) = 1 - F^*(a_{k-1}) \end{cases} \tag{9-1}$$

式中，这里 $P_i$ 表示服从于已知的分布函数 $F^*(x)$ 的总体 $X$ 在每个区间 $(a_{i-1} \leqslant x < a_i)$ 上的概率。

在计算得到 $f_i$ 和 $P_i$ $(i=1,2,3,\cdots,k-1,k)$ 以后，计算统计量 $\chi^2$ 为

$$\chi^2 = \sum_{i=1}^{k} \frac{(f_i - nP_i)^2}{nP_i} \tag{9-2}$$

这一统计量服从于自由度为 $k-1$ 的 $\chi^2$ 分布。

对于给定的显著性水平 $\alpha$，我们查相应的自由度为 $(k-r-1)$ 的 $\chi^2$ 表(这里 $r$ 是分布函数 $F^*(x)$ 中含有的未知参数的个数)，就可得到 $\chi^2_\alpha(k-r-1)$，使得 $p[\chi^2 \geqslant \chi^2_\alpha(k-r-1)] = \alpha$。若 $\chi^2 > \chi^2_\alpha(k-r-1)$ 时就拒绝原假设 $H_0$，我们认为被检验总体的真实的分布函数 $F(x)$ 不服从于某种已知的理论分布 $F^*(x)$。若 $\chi^2 \leqslant \chi^2_\alpha(k-r-1)$，我们就无法拒绝原假设 $H_0$，认为被检验总体的真实的分布函数 $F(x)$ 与某种已知的理论分布 $F^*(x)$ 相一致。

用 $\chi^2$ 检验进行拟合优度检验的一般过程如下。

(1) 对总体分布建立假设。$H_0$：总体服从某种理论分布；$H_1$：总体不服从该理论分布。

(2) 抽样并对样本资料编成频数分布($f_0$)。

(3) 以“原假设为真”导出一组期望频数($f_e$)。

(4) 计算检验统计量 $\chi^2 = \sum (f_0 - f_e)^2 / f_e$。

(5) 确定自由度，查 $\chi^2$ 表得到临界值。

(6) 比较 $\chi^2$ 值与临界值，作出检验判断。

下面结合几个具体的分布例子着重讲解几个典型的拟合优度检验。

## 一、多项总体拟合优度检验

如果总体中的每个个体被分配到几个类别中的一个，且仅被分配到一个类别中，这样的总体称作多项总体。多项总体分布是二项分布的推广。按照上面用 $\chi^2$ 检验进行拟合优度检验的一般原理，多项总体拟合优度检验步骤如下。

(1) 建立零假设和对立假设。

$H_0$：总体服从其中所有 $k$ 类中每类都有指定的概率的多项概率分布。

$H_1$：总体不服从其中所有 $k$ 类中每类都有指定的概率的多项概率分布。

(2) 选择随机样本，记录每个种类的观察频数 $f_i$。

(3) 假定零假设为真，用样本容量乘以类别概率得到每个类别的期望频数 $e_i$。

(4) 用观察频数和期望频数构造检验统计量：

$$\chi^2 = \sum_{i=1}^{k} \frac{(f_i - e_i)^2}{e_i} \tag{9-3}$$

当原假设成立且所有种类的期望频数均大于或等于 5 时，则检验统计量服从自由度为 $k-1$ 的 $\chi^2$ 分布。

(5) 判断法则：如果 $\chi^2 > \chi_\alpha^2$，则拒绝 $H_0$；如果 $\chi^2 \leqslant \chi_\alpha^2$，则不能拒绝 $H_0$。

下面举例说明多项总体的拟合优度检验。

【例 9-1】有三家生产相同产品的工厂，在过去的一年中，A 工厂的市场份额稳定于 30%，B 工厂为 50%，C 工厂为 20%。为了提高市场份额，C 工厂新开发了一种改良产品并且已经投入市场。C 工厂希望判断新产品是否使市场份额发生了改变。

解　本例中待检验总体是一个多项总体，每个顾客按照他购买哪个工厂生产的产品来分类。记 $p_i$ 为工厂 $i$ 所占的市场份额。

① 假定 C 工厂的新产品不会改变市场份额，建立如下零假设和对立假设。

$H_0$：$p_A = 0.30$，$p_B = 0.50$，$p_C = 0.20$；

$H_1$：总体比例不是 $p_A = 0.30$，$p_B = 0.50$，$p_C = 0.20$。

如果样本结果导致拒绝 $H_0$，则表明新产品的引进对市场份额有影响。

② 假定 C 工厂用一组 200 个顾客的群体进行研究，向每个人询问他们关于三个工厂生产产品的购买偏好，结果汇总如表 9-1 所示。

表 9-1　200 名顾客购买偏好的观察频数

| 观察频数 | | |
|---|---|---|
| A 工厂的产品 | B 工厂的产品 | C 工厂的产品 |
| 48 | 98 | 54 |

③ 现在进行拟合优度检验，计算 200 名顾客的购买偏好的期望，结果如表 9-2 所示。

表 9-2　200 名顾客购买偏好的期望频数

| 期望频数 | | |
|---|---|---|
| A 工厂的产品 | B 工厂的产品 | C 工厂的产品 |
| 200 × 0.30=60 | 200 × 0.50=100 | 200 × 0.20=40 |

④ $\chi^2$ 检验统计量的计算过程如表 9-3 所示。

表 9-3　$\chi^2$ 检验统计量的计算过程

| 类　别 | 假设比例 | $f_i$ | $e_i$ | $(f_i - e_i)$ | $(f_i - e_i)^2$ | $(f_i - e_i)^2 / e_i$ |
|---|---|---|---|---|---|---|
| A 工厂 | 0.30 | 48 | 60 | −12 | 144 | 2.40 |
| B 工厂 | 0.50 | 98 | 100 | −2 | 4 | 0.04 |
| C 工厂 | 0.20 | 54 | 40 | 14 | 196 | 4.90 |
| 总计 | 1.00 | 200 | 200 | — | — | 7.34 |

⑤ 在显著性水平 $\alpha = 0.05$ 下，查 $\chi^2$ 分布表，自由度为 $k-1=3-1=2$，相应的 $\chi_{0.05}^2 = 5.99$，有 $\chi^2 = 7.34 > \chi_\alpha^2$。所以我们拒绝 $H_0$，认为 C 工厂引进的新产品将改变当前市场份额。

## 二、泊松分布拟合优度检验

这里我们在假定总体分布服从泊松分布的情况下，阐述利用 $\chi^2$ 统计量来进行拟合优度检验。注意，泊松分布只有一个参数，如果参数未知，则需要事先通过收集的样本资料对其进行估计。

【**例 9-2**】从 1500—1931 年的 432 年间，每年爆发战争的次数可以看作一个随机变量，据统计，这 432 年间共爆发了 299 次战争，具体数据如表 9-4 所示，其中 $X$ 表示战争次数，$N$ 表示发生 $X$ 次战争的年数。

表 9-4 每年爆发战争次数

| $X$ | $N$ |
|---|---|
| 0 | 223 |
| 1 | 142 |
| 2 | 48 |
| 3 | 15 |
| 4 | 4 |

下面我们来检验每年爆发战争次数的分布是否是泊松分布。

解 ① 提出假设。

$H_0$：$X$ 服从参数为 $\lambda$ 的泊松分布；$H_1$：$X$ 不服从参数为 $\lambda$ 的泊松分布。

② 根据观察结果得参数 $\lambda$ 的极大似然估计为 $\hat{\lambda}=\overline{X}=0.69$。

③ 按参数为 0.69 的分布，计算事件 $X=i$ 的概率 $p_i$， $p_i$ 的估计是 $\hat{p}_i=\mathrm{e}^{-0.69}0.69^i/i!$，$i=1,2,3,4$。计算结果如表 9-5 所示。

表 9-5 $\chi^2$ 检验统计量的计算过程

| $X$ | 0 | 1 | 2 | 3 | 4 | 合计 |
|---|---|---|---|---|---|---|
| $f_i$ | 223 | 142 | 48 | 15 | 4 | — |
| $\hat{p}_i$ | 0.58 | 0.31 | 0.18 | 0.01 | 0.02 | — |
| $n\hat{p}_i$ | 216.7 | 149.5 | 51.6 | 12.0 | 2.16 | — |
| $(f_i-n\hat{p}_i)^2/n\hat{p}_i$ | 0.183 | 0.376 | 0.251 | 1.623 | | 2.43 |

其中，将 $n\hat{p}_i<5$ 的组予以合并，即将发生 3 次及 4 次战争的组归并为一组。

④ 因 $H_0$ 所假设的理论分布中有一个未知参数，故自由度为 $k-r-1=4-1-1-2$。

⑤ 取 $\alpha=0.05$，查 $\chi^2$ 分布表得 $\chi^2_{0.05}(2)=5.991$，由于统计量 $\chi^2$ 的实测值 $\chi^2=2.43<5.991$ 未落入否定域，故接受原假设，认为每年发生战争的次数 $X$ 服从参数为 0.69 的泊松分布。

## 三、正态分布拟合优度检验

$\chi^2$ 拟合优度检验并不限于离散型随机变量情形，它也可以检验数据是否来自于某一指定的连续分布，其中的某些未知参数可通过数据来估计。连续型概率分布的拟合优度检验与离散型的区别在于，前者需要先确定期望频数，再确定观测频数。

正态分布是连续型分布，其拟合优度检验的步骤与前面介绍的多项分布与泊松分布的拟合优度检验步骤类似，只不过必须要对观察资料进行区间式分组，然后确定每组的期望频数和观测频数。其基本步骤如下。

(1) 建立零假设和备择假设。

$H_0$：总体服从正态分布；$H_1$：总体不服从正态分布。

(2) 抽取一个随机样本，并且进行以下操作。

① 计算样本均值和样本标准差。

② 确定取值区间并使得每个区间中的期望频数至少为5。

③ 对于每个确定好的区间记录观察频数。

(3) 对于步骤(2)的②中确定的每个区间，计算发生次数的期望频数，即样本容量与正态随机变量落入每个区间的概率的乘积。

(4) 计算检验统计量：

$$\chi^2=\sum_{i=1}^{k}\frac{(f_i-np_i)^2}{np_i} \tag{9-4}$$

(5) 拒绝法则：如果 $\chi^2 \leqslant \chi^2_\alpha(k-3)$，则拒绝 $H_0$；如果 $\chi^2 > \chi^2_\alpha(k-3)$，则不能拒绝 $H_0$。其中，$\alpha$ 为显著性水平，自由度为 $k-3$。

**【例 9-3】**试对表9-6所给男青年身高分布的数据作正态拟合检验，取 $\alpha=0.05$。

表9-6　$\chi^2$ 检验统计量的计算过程

| 分组组距/cm | $f_0$ | $P$ | $f_0=nP$ | $f_0-f_e$ | $(f_0-f_e)^2$ | $(f_0-f_e)^2/f_0$ |
|---|---|---|---|---|---|---|
| 148～152 | 1 | 0.006 | 0.6 | 0.4 | 0.16 | 0.2667 |
| 152～156 | 2 | 0.021 | 2.1 | −0.1 | 0.01 | 0.0048 |
| 156～160 | 5 | 0.057 | 5.7 | −0.7 | 0.49 | 0.0860 |
| 160～164 | 10 | 0.118 | 11.8 | −1.8 | 3.24 | 0.2746 |
| 164～168 | 19 | 0.179 | 17.9 | 1.1 | 1.21 | 0.0676 |
| 168～172 | 25 | 0.210 | 21.0 | 4.0 | 16.00 | 0.7619 |
| 172～176 | 17 | 0.186 | 18.6 | −1.6 | 2.56 | 0.1376 |
| 176～180 | 12 | 0.125 | 12.5 | −0.5 | 0.25 | 0.0200 |
| 180～184 | 5 | 0.064 | 6.4 | −1.4 | 1.96 | 0.3063 |
| 184～188 | 3 | 0.025 | 2.5 | 0.5 | 0.25 | 0.1000 |
| 188～192 | 0 | 0.007 | 0.7 | −0.7 | 0.49 | 0.7000 |
| 192～196 | 1 | 0.002 | 0.2 | 0.8 | 0.64 | 3.2000 |
| 合计 | 100 | 1.000 | 100.0 | — | — | 5.9255 |

解　① 建立原假设与备择假设。

$H_0$：男青年身高分布服从 $N(\mu,\sigma^2)$；

$H_1$：男青年身高分布不服从 $N(\mu,\sigma^2)$。

② 因为总体参数 $\mu$、$\sigma^2$ 均未知，须以样本平均数 $\bar{x}$ 和样本方差 $s^2$ 作为它们的估计

量。易算得 $\overline{x}=170.28$，$s^2=56.7$。

③ 若 $H_0$ 成立，则总体分布在各组区间上的概率 $P_1$ 可以通过下面的过程求得：

$$\begin{aligned}P_1 &= P(148 \leqslant X \leqslant 152)\\ &= P\left(\frac{148-170.28}{7.53} \leqslant z \leqslant \frac{152-170.28}{7.53}\right)\\ &= P(-2.96 \leqslant z - 2.43) = 0.449 - 0.493 = 0.006\end{aligned}$$

④ 同理，可以求得 $P_2=0.021$，$P_3=0.057$，$P_4=0.118$，$P_5=0.179$，$P_6=0.210$，$P_7=0.186$，$P_8=0.125$，$P_9=0.064$，$P_{10}=0.025$，$P_{11}=0.007$，$P_{12}=0.002$。

⑤ 检验统计量 $\chi^2=\sum\frac{(f_0-f_e)^2}{f_e}=5.93$，例中共 12 组数据，根据样本的频数分布资料拟合总体的正态分布时，在单位总数、均值、标准差方面存在着三个固定关系，即受到三个条件的约束，故损失了三个自由度，因此自由度为 $n-k=12-3=9$，查 $\chi^2$ 分布表得临界值 $\chi^2_{0.05}(9)=16.919>5.93$。故接受原假设，即不能否定样本资料来自正态总体。

这里需要说明的是，可仿照上述二项分布、泊松分布及正态分布的方法进行其他分布的拟合优度检验。另外，具体检验时分组不同，拟合的结果可能不同。检验时需要足够的样本容量才能保证检验的效果。

对于连续型变量的优度拟合，卡方检验并不是理想的方法。统计学家推荐的拟合检验方法是：Shapiro-Wilk 检验和 Kolmogorov-Smirnov 检验等两种检验方法，这两种检验方法这里不再介绍。

## 四、列联表独立性检验

列联表是关于两个或两个以上变量进行交叉分类的频数分布表。$\chi^2$ 检验还可以用来检验列联表两变量间的独立性。此时，零假设一般设为两个变量之间相互独立。并且独立性检验一般都采用表格的形式来显示观察结果，所以独立性检验也称为列联表分析。检验对象只有两个因素而且每个因素只有两项分类的列联表称为 2×2 列联表或四格表；而一个因素有 $R$ 类，另一个因素有 $C$ 类的列联表称为 $R\times C$ 表。列联表的一般形式如表 9-7 所示。

表 9-7 列联表形式($R\times C$)

| | $C_1$ | $C_2$ | $C_3$ | … | $C_c$ | 合计 2 |
|---|---|---|---|---|---|---|
| $R_1$ | $O_{11}$ | $O_{12}$ | $O_{13}$ | … | $O_{1c}$ | $f_{r_1}$ |
| $R_2$ | $O_{21}$ | $O_{22}$ | $O_{23}$ | … | $O_{2c}$ | $f_{r_2}$ |
| $R_3$ | $O_{31}$ | $O_{32}$ | $O_{33}$ | … | $O_{3c}$ | $f_{r_3}$ |
| ⋮ | ⋮ | ⋮ | ⋮ | ⋮ | ⋮ | ⋮ |
| $R_r$ | $O_{r1}$ | $O_{r2}$ | $O_{r3}$ | … | $O_{rc}$ | $f_{r_r}$ |
| 合计 1 | $f_{c_1}$ | $f_{c_2}$ | $f_{c_3}$ | … | $f_{c_c}$ | |

表 9-7 中，$O_{rc}$ 为实际观察结果，$f_{c_1}$，$f_{c_2}$，$f_{c_3}$，…，$f_{c_c}$ 分别表示第 1, 2, 3, …, $c$ 列的列合计，$f_{r_1}$，$f_{r_2}$，$f_{r_3}$，…，$f_{r_r}$ 分别表示第 1, 2, 3, …, $r$ 行的行合计。

这里我们只讨论二维列联表的情况。列联表独立性检验具体步骤如下。

(1) 提出假设。

$H_0$：两个变量是独立的，即相互之间没有影响；$H_1$：两个变量是不独立的，即相互之间有影响。

(2) 计算检验统计量 $\chi^2$。

定义

$$\chi^2 = \sum \frac{(O_{ij} - E_{ij})^2}{E_{ij}} \tag{9-5}$$

式中，$O_{ij}$ 是观察结果数；$E_{ij}$ 是与 $O_{ij}$ 位置相应的理论值。

理论值 $E_{ij}$ 是根据独立事件的概率原理计算的。如果两事件独立，则它们的联合概率就等于它们各自概率的乘积，即落入第 $ij$ 格的概率等于落入第 $i$ 行的概率与落入第 $j$ 列的概率的乘积。由此可得到当总的实验次数为 $n$ 时，与观察值 $O_{ij}$ 相对应的理论值 $E_{ij}$ 可按下式计算得到：

$$E_{ij} = n \cdot \left(\frac{O_{i\cdot}}{n}\right)\left(\frac{O_{\cdot j}}{n}\right) = \frac{O_{i\cdot} \times O_{\cdot j}}{n} \tag{9-6}$$

若观察值与期望值完全相等，则 $\chi^2 = 0$，表示上述两个因素是完全独立的。如果观察值与理论值之间的差异增大，$\chi^2$ 也要增大。当 $\chi^2$ 值大到一定程度时，就说明两个因素的交互影响不可忽视，两因素不能够再认为是独立。

(3) $\chi^2$ 检验

按式(9-5)计算得到的 $\chi^2$ 的自由度的个数实际上就等于可以自由指定数值的个数。在计算 $\chi^2$ 值时，由于各行各列的总合计数已经确定，因此自由度为(行数-1)×(列数-1)。若原观察数据中的第一个变量分为 $r$ 类，第二个变量分为 $c$ 类，则 $\chi^2$ 的自由度就是 $(r-1)(c-1)$。当取显著性水平为 $\alpha$ 时，查找相应的 $\chi^2$ 表，就可得到 $\chi^2_{1-\alpha}[(r-1)(c-1)]$ 的临界值，当 $\chi^2 > \chi^2_{1-\alpha}[(r-1)(c-1)]$ 时就拒绝原假设，否则就接受原假设。

下面我们从样本的不同情况出发，分别介绍相应的检验方法。

## (一)独立样本

独立样本四格表的独立性检验，既可以用计算 $\chi^2$ 的基本公式计算，也可用下面的简捷公式计算：

$$\chi^2 = \frac{N(ad-bc)^2}{(a+b)(c+d)(a+c)(b+d)} \tag{9-7}$$

式中，$a, b, c, d$ 分别是四格表内的数。

表 9-8　2×2 列联表的 $\chi^2$ 值计算示意表

| | 分类 1 | 分类 2 | 合计 |
|---|---|---|---|
| 分类 1 | $a$ | $b$ | $a+b$ |
| 分类 2 | $c$ | $d$ | $c+d$ |
| 合计 | $a+c$ | $b+d$ | $N=a+b+c+d$ |

对于非四格表的独立性检验，则按照式(9-5)来计算 $\chi^2$ 值。

【**例 9-4**】某大学正在考虑转换教学体制。为此随机调查了 200 名本科生、100 名研究生和 100 名教工。获得的频数数据如表 9-9 所示。

表 9-9 实际频数分布表

| 态 度 | 本 科 生 | 研 究 生 | 教 工 |
|---|---|---|---|
| 赞成 | 126 | 54 | 60 |
| 反对 | 74 | 46 | 40 |
| 总和 | 200 | 100 | 100 |

在 $\alpha = 0.01$ 的显著性水平下，试比较三种不同的群组之间对转换教学体制的态度是否有差异。

**解** ① 建立零假设与备择假设。

$H_0$：三种不同群体的态度无显著差异，即本科生、研究生及教工赞成转换教学体制的比例相同，也就是 $p_1 = p_2 = p_3$。

$H_1$：三种不同群体的态度差异显著，即 $p_1$、$p_2$ 与 $p_3$ 之间不全相等。

② 计算期望频次。结果如表 9-10 所示。

表 9-10 期望频数分布表

| 态 度 | 本 科 生 | 研 究 生 | 教 工 |
|---|---|---|---|
| 赞成 | 120 | 60 | 60 |
| 反对 | 80 | 40 | 40 |
| 总和 | 200 | 100 | 100 |

③ 根据式(9-5)计算检验统计量，如表 9-11 所示。

表 9-11 独立性检验 $\chi^2$ 检验统计量计算表

| $O$ | $E$ | $O-E$ | $(O-E)^2$ | $(O-E)^2/E$ |
|---|---|---|---|---|
| 126 | 120 | 6 | 36 | 0.3 |
| 54 | 60 | −6 | 36 | 0.6 |
| 60 | 60 | 0 | 0 | 0 |
| 74 | 80 | −6 | 36 | 0.45 |
| 46 | 40 | 6 | 36 | 0.9 |
| 40 | 40 | 0 | 0 | 0 |

上表中最后一列所有元素相加就是 $\chi^2$ 的值，于是得到 $\chi^2$=2.25。

④ 本例中自由度 $\text{df} = (2-1)(3-1) = 2$，查 $\chi^2$ 分布表得 $\chi^2_{0.05}(2) = 5.99 > \chi^2$，因此接受原假设，即本科生、研究生及教工这三种不同群体对转换教学体制的态度无显著差异。

## (二)相关样本

相关样本是指各组样本之间相关。这里以相关样本 $2\times2$ 列联表为例来阐述相关样本的

独立性检验。相关样本 2×2 列联表的独立性检验的简洁公式为

$$\chi^2=\frac{(b-c)^2}{b+c} \tag{9-8}$$

**【例 9-5】**对 110 名教师培训普通话，培训 10 天前后两次测验通过情况如表 9-12 所示，问 10 天的训练是否有显著效果？

表 9-12　培训 10 天前后两次测验通过情况表

| | | 第二次测验 | |
|---|---|---|---|
| | | 通　过 | 未 通 过 |
| 第一次测验 | 通过 | 41($a$) | 26($b$) |
| | 未通过 | 24($c$) | 19($d$) |

解　① 建立假设。

$H_0$：10 天训练无显著效果；$H_1$：10 天训练有显著效果。

② 计算 $\chi^2$ 值。

$$\chi^2=\frac{(b-c)^2}{b+c}=\frac{(26-24)^2}{26+24}=0.08$$

③ 本例中，自由度 $\mathrm{df}=1$，查 $\chi^2$ 分布表得 $\chi^2_{0.05}(1)=3.84>\chi^2$，因此不能拒绝 $H_0$，即 10 天训练无显著效果。

# 第二节　单个总体的位置检验：符号检验

符号检验(sign test)是统计学最早的，利用正、负号的数目对某种假设做出判定的非参数统计方法，其原理是如果假设的均值(或中位数)数值正确或两个配对样本无显著差别，则样本数据与假设的数值或另一组配对样本的差值应当大致一半为正值，一半为负值，即差值的中心位置为 0。因此，符号检验本质上是对中位数的假设检验。

如果总体分布是对称性的，且方差已知，那么符号检验和参数 $t$ 检验方法均可用，因为在对称性分布情况下，均值和中位数相等。但是当下列情况之一发生时，符号检验方法要优于 $t$ 检验方法。

(1) 样本数目很小。

(2) 定类或定序尺度数据。

(3) 对于所研究的问题来说，中位数是比均值更有代表性的位置参数。

(4) 总体的概率分布未知。

(5) 总体分布完全不同于正态分布。

为了判断一个样本是否来自某已知中位数的总体，即样本所在总体的中位数是否等于某一已知总体的中位数，就需要对样本中位数与总体中位数的差异进行显著性检验。符号检验的基本步骤如下。

(1) 提出假设。

$H_0$：样本所在的总体中位数=已知总体中位数；$H_1$：样本所在的总体中位数≠已知总体中位数。

(2) 计算差值，确定符号及其个数。

将样本各观测值中大于已知总体中位数者记为“+”，小于者记为“-”，等于者记为“0”。统计“+”、“-”、“0” 的个数，分别记为$n_+$、$n_-$、$n_0$，并令$n=n_+ + n_-$。假设检验的统计量$K$为$n_+$、$n_-$中的较小者，即$K=\min\{n_+,n_-\}$。

(3) 统计推断。

由 $n$ 查符号检验临界值表(见附录表 5，显著性水平通常为 0.05 或 0.01)，得临界值$K_{0.05(n)}$和$K_{0.01(n)}$。如果$K>K_{0.05(n)}$，或 $P$ 值大于 0.05，即$P>0.05$，则不能拒绝 $H_0$，表明样本中位数与已知总体中位数差异不显著；如果$K_{0.01(n)}<K\leqslant K_{0.05(n)}$，$0.01<P\leqslant 0.05$，则拒绝 $H_0$，接受 $H_1$，表明样本中位数与已知总体中位数差异显著；如果$K\leqslant K_{0.01(n)}$，$P\leqslant 0.01$，则拒绝$H_0$，接受$H_1$，表明样本中位数与已知总体中位数差异极显著。

**【例 9-6】**已知某品种成年公黄牛胸围中位数为 140cm，今在某地随机抽取 10 头该品种成年公黄牛，测得一组胸围数字：128.1, 144.4, 150.3, 146.2, 140.6, 139.7, 134.1, 124.3, 147.9, 143.0(单位：cm)。问该地成年公黄牛胸围与该品种胸围中位数是否有显著差异？

解 ① 提出假设。

$H_0$：该地成年公黄牛胸围的中位数=140cm；

$H_1$：该地成年公黄牛胸围的中位数≠140cm。

② 样本各观测值与总体平均数的差值及其符号列于表 9-13，并由此得$n_+=6$，$n_-=4$，$n=6+4=10$，$K=\min\{n_+,n_-\}=n_-=4$。

表 9-13 成年公黄牛胸围测定值符号检验表

| 牛号 | 1 | 2 | 3 | 4 | 5 | 6 | 7 | 8 | 9 | 10 |
|---|---|---|---|---|---|---|---|---|---|---|
| 胸围/cm | 128.1 | 144.4 | 150.3 | 146.2 | 140.6 | 139.7 | 134.1 | 124.3 | 147.9 | 143 |
| 差值/cm | −11.9 | 4.4 | 6.3 | 6.2 | 0.6 | −0.3 | −5.9 | −15.7 | 7.9 | 3 |
| 符号 | − | + | + | + | + | − | − | − | + | + |

③ 由$n=10$，得$P$值为

$$2\times P(K\leqslant 4)\overset{p=0.5}{=}C_{10}^{0}0.5^{10}+C_{10}^{1}0.5^{10}+\cdots+C_{10}^{4}0.5^{10}=0.377>0.05$$

不能否定 $H_0$，表明样本平均数与总体平均数差异不显著，可以认为该地成年公黄牛胸围的平均数与该品种胸围总体平均数相同。当然，也可以通过查符号检验的临界值表，得到$K_{0.05(10)}$=1，有$K>K_{0.05(10)}$，故可以获得相同的检验结果。

符号检验当样本容量$n\leqslant 20$时为小样本，如上例中$n=10$为小样本。如果样本容量$n>20$则为大样本，则可以用正态分布来近似正号(或负号)个数的抽样分布。即在原假设$H_0: p=0.5$的条件下，正号个数$n_+$(或负号个数$n_-$)的抽样分布近似服从均值为$\mu=0.5n$，标准差为$\sigma=\sqrt{0.5\times 0.5\times n}$的正态分布。这样，符号检验统计量就可以转化为前文已经学过的$Z$检验统计量。

符号检验只是利用了差值的正负号信息，并没有利用这些差值的大小所包含的信息，因此该方法虽然简单，但检验功效较低，精度较差。此方法通常适用于无法用数字计量(数据类别较低)的情况，对于连续资料则最好不要使用。

# 第三节　两个总体的比较

前面已经学过两个总体均值间差异的参数检验，其假设前提是两个总体分布已知或均为正态分布。但是我们常常会遇到难以满足这些条件的情况，比如：①资料的总体分布类型未知；②资料分布类型已知，但不符合正态分布；③某些变量可能无法精确测量。此时就需要使用两总体的非参数统计方法进行检验。

## 一、两个总体的比较：独立随机样本

利用来自两个总体、容量分别为 $n_1$ 和 $n_2$ 的独立随机样本对两个总体进行比较的方法是 Mann-Whitney-Wilcoxon(MWW，曼-惠特尼-威尔科克森)检验。其基本思想是，首先排出 $(n_1+n_2)$ 个观察值的秩，将最小的观察值的秩定为 1，第二小的观察值的秩定为 2 等，观察值相同的用平均秩替代。然后，对每个样本计算所有秩之和，所得的结果称为秩和。如果两个分布相同，可以预期两个样本秩和 $T_1$ 和 $T_2$ 近似相等。反之要是一个秩和比另一个大得多，如 $T_1$ 比 $T_2$ 大得多，则表明总体 1 的分布位于总体 2 的分布的右侧。

下面分小样本与大样本两种情形举例说明检验的步骤。

### (一)小样本情形：两个样本容量小于或等于 10

非参数 MWW 检验要求数据至少必须是顺序的。除此之外，MWW 检验确定的是两个总体是否相同，而不是检验两个总体均值间的差异。MWW 检验的具体步骤如下。

(1) 建立假设。

$H_0$：两个总体是相同的；$H_1$：两个总体是不同的。

(2) 将两个样本数据混合并由小到大进行秩排列。

(3) 计算两组样本的秩和，分别用 $T_1$ 和 $T_2$ 表示，把容量较小的样本的秩和用 $T$ 表示。

(4) 把 $T$ 值与秩和检验表中某 $\alpha$ 显著性水平下的临界值 $T_L$ 与 $T_U$ 相比较，如果 $T_L<T<T_U$，则不拒绝原假设；反之则拒绝原假设，接受备择假设。

**【例 9-7】**注册会计师和财务分析师的个人起始年薪(千元)的样本数据如表 9-14 所示，在显著性水平 0.05 下，对注册会计师和财务分析师起始年薪之间没有差异的假设进行检验。

表 9-14　注册会计师和财务分析师的个人起始年薪

千元

| 注册会计师 | 财务分析师 |
|---|---|
| 28.6 | 24.1 |
| 30.5 | 24.3 |
| 31.4 | 28.5 |
| 29.5 | 26.2 |
| 29.3 | 23.7 |

解 ① 建立假设。

$H_0$：注册会计师和财务分析师起始年薪之间没有差异；

$H_1$：注册会计师和财务分析师起始年薪之间有差异。

② 首先把来自两个样本的混合数据由低到高进行排列，排列结果如表 9-15 所示。

表 9-15 秩排列结果

| 注册会计师 | | 财务分析师 | |
|---|---|---|---|
| 薪金/千元 | 秩 | 薪金/千元 | 秩 |
| 28.6 | 4 | 24.1 | 1 |
| 30.5 | 9 | 29.1 | 6 |
| 31.4 | 10 | 28.5 | 3 |
| 29.5 | 8 | 26.2 | 2 |
| 29.3 | 7 | 28.7 | 5 |
| 合计 | $T_1 = 38$ | — | $T_2 = 17$ |

③ 计算每组的秩和，得 $T_1 = 38$ 与 $T_2 = 17$ 。

④ 在显著性水平 0.05 下，查曼—惠特尼—威尔科克森检验的 $T_L$ 值表可知，$n_1 = n_2 = 5$ 相对应的临界值为 $T_L = 18$ 和 $T_U = 37$ 。由于两组样本容量相同，可取检验统计量 $T = T_1 = 38 \geqslant T_U$，故拒绝原假设 $H_0$。即在显著性水平 0.05 下，注册会计师和财务分析师起始年薪之间有显著差异。

## (二)大样本情形：两个样本容量均大于或等于 10

大样本情形时可使用秩和分布的正态近似来进行检验。合适的抽样分布特征为：

均值 $\mu_T = n_1(n_1 + n_2 + 1)/2$

标准差 $\sigma_T = \sqrt{n_1 n_2 (n_1 + n_2 + 1)/12}$

检验统计量为 $z = \dfrac{T - \mu_T}{\sigma_T}$ 。

对于双尾检验，当 $|z| > z_{\alpha/2}$ 时拒绝原假设；否则不拒绝原假设。

下面举例说明。

**【例 9-8】**某一特定品牌的电磁炉在北京的 12 家商场和在上海的 13 家商场中的标价(元)如表 9-16 所示，在显著性水平 0.05 下，检验该微波炉的价格在两个城市之间是否相同。

表 9-16 电磁炉在商场中的标价

元

| 北 京 | 上 海 | 北 京 | 上 海 |
|---|---|---|---|
| 2856 | 3099 | 2799 | 2700 |
| 3098 | 2999 | 2980 | 2880 |
| 2949 | 2980 | 3050 | 3200 |
| 2799 | 3000 | 2960 | 2880 |

续表

| 北　京 | 上　海 | 北　京 | 上　海 |
|---|---|---|---|
| 2999 | 2990 | 2888 | 2999 |
| 3008 | 2860 | | 2889 |
| 2899 | 2888 | | |

解　① 建立假设。

$H_0$：该微波炉的价格在两个城市之间没有差异；$H_1$：该微波炉的价格在两个城市之间有差异。

② 把来自两个样本的混合数据由低到高排列，排列结果如表 9-17 所示。

表 9-17　数据秩排列结果

| 北京/元 | 秩 | 上海/元 | 秩 |
|---|---|---|---|
| 2856 | 4 | 3099 | 24 |
| 3098 | 23 | 2999 | 17.5 |
| 2949 | 12 | 2980 | 14.5 |
| 2799 | 2.5 | 3000 | 19.5 |
| 3000 | 19.5 | 2990 | 16 |
| 3008 | 21 | 2860 | 5 |
| 2899 | 11 | 2888 | 8.5 |
| 2799 | 2.5 | 2700 | 1 |
| 2980 | 14.5 | 2880 | 6.5 |
| 3050 | 22 | 3200 | 25 |
| 2960 | 13 | 2880 | 6.5 |
| 2888 | 8.5 | 2999 | 17.5 |
| | | 2889 | 10 |
| 合计 | $T_1 = 153.5$ | 合计 | $T_2 = 171.5$ |

③ 由于 $n_1 = 12$ 和 $n_2 = 13$，故本例属于大样本情况。经计算得 $T_1 = 153.5$，$T_2 = 171.5$，$\mu_T = 12\times(12+13+1)/2 = 156$，$\sigma_T = \sqrt{12\times13\times(12+13+1)/12} = 18.38$。

④ 检验统计量 $z = \dfrac{T-\mu_T}{\sigma_T} = \dfrac{153.5-156}{18.38} = -0.136$。由于 $|z| < z_{0.025} = 1.96$，所以不能拒绝原假设。即认为该微波炉的价格在两个城市之间没有显著差异。

## 二、两个总体的比较：配对样本

配对样本的非参数检验可以使用 Wilcoxon 正负号秩检验方法。其基本思想是：首先给各种差值的绝对值指定秩，等于 0 的差值应予剔除，同时将差值的数目 $n$ 相应减小，如出现若干个差值具有相同绝对值的情形，赋予平均秩；然后根据负差值的秩和($T^-$)和正差值的秩和($T^+$)来进行上述比较，从而得出结论。

下面分两种情形举例说明检验的步骤。

## (一)小样本情形：两个样本匹配数据对的个数小于 25

检验的具体步骤如下。

(1) 建立原假设与备择假设。

(2) 对两组成对数据之差的绝对值进行秩排序。

(3) 分别计算正负差值的秩和，分别用$T^+$和$T^-$表示，任取其中一个为检验统计量$T$。

(4) 把 $T$ 值与秩和检验表中某$\alpha$显著性水平下的临界值 $T_0$ 相比较，当$T^- \leqslant T_0$(或$T^+ \leqslant T_0$)时拒绝原假设；反之则接受原假设。

**【例 9-9】**在一项关于压力对于青年入睡所需时间影响的研究中，随机抽选了 8 名男性组成样本，结果如表 9-18 所示。在显著性水平 0.05 下，确定压力是否会增加入睡所需时间。

表 9-18 压力对青年入睡所需时间的影响

分钟

| 调查对象 | 有压力 | 无压力 | 调查对象 | 有压力 | 无压力 |
|---|---|---|---|---|---|
| 1 | 15 | 10 | 5 | 7 | 5 |
| 2 | 12 | 10 | 6 | 8 | 10 |
| 3 | 22 | 12 | 7 | 10 | 7 |
| 4 | 8 | 11 | 8 | 14 | 11 |

解 ① 建立假设。

$H_0$：压力对青年入睡时间无影响；$H_1$：压力对青年入睡时间有影响。

② 对两种情况之差的绝对值进行排列，如表 9-19 所示。

表 9-19 秩排列结果

| 调查对象 | 有 压 力 | 无 压 力 | 差 值 | 差值的绝对值 | 绝对值的秩 |
|---|---|---|---|---|---|
| 1 | 15 | 10 | 5 | 5 | 7 |
| 2 | 12 | 10 | 2 | 2 | 2 |
| 3 | 22 | 12 | 10 | 10 | 8 |
| 4 | 8 | 11 | −3 | 3 | 5 |
| 5 | 7 | 5 | 2 | 2 | 2 |
| 6 | 8 | 10 | −2 | 2 | 2 |
| 7 | 10 | 7 | 3 | 3 | 5 |
| 8 | 14 | 11 | 3 | 3 | 5 |

③ 本例中，正负两种差值的秩和分别为$T^+=29$和$T^-=5$。

④ 查 Wilcoxon 符号秩检验统计量的临界值表知，当$\alpha=0.05$及$n=8$时，$T_0=6 \geqslant T^-$，故拒绝压力对青年入睡时间无影响的原假设。

## (二)大样本情形：两个样本匹配数据对的个数均大于或等于 25

如果两个总体匹配数据对的个数为 25 或者更多时，符号秩和的抽样分布近似于如下

的正态分布。这样可以使用 $z$ 检验统计量来进行假设检验。$z$ 检验统计量计算如下：

均值 $\mu_T = n(n+1)/4$

标准差 $\sigma_T = \sqrt{n(n+1)(2n+1)/24}$

则 $z = \dfrac{T-\mu_T}{\sigma_T}$

**【例 9-10】** 对两种燃料添加剂进行检验，以确定它们对客车每升行驶里程数的影响。对 12 辆车的检测结果如表 9-20 所示，每辆车都使用两种燃料添加剂进行检验。在显著性水平 0.05 下，确定两种添加剂之间是否存在显著差异。

表 9-20　两种燃料添加剂对客车每升行驶里程数的影响

km

| 车　辆 | 添加剂 1 | 添加剂 2 | 车　辆 | 添加剂 1 | 添加剂 2 |
|---|---|---|---|---|---|
| 1 | 20.12 | 18.05 | 14 | 16.16 | 17.20 |
| 2 | 23.56 | 21.77 | 15 | 18.55 | 14.98 |
| 3 | 22.03 | 22.57 | 16 | 21.87 | 20.03 |
| 4 | 19.15 | 17.06 | 17 | 24.23 | 21.15 |
| 5 | 21.23 | 21.22 | 18 | 23.21 | 22.78 |
| 6 | 24.77 | 23.80 | 19 | 25.02 | 23.70 |
| 7 | 20.35 | 19.88 | 20 | 22.73 | 20.47 |
| 8 | 22.87 | 10.48 | 21 | 21.58 | 19.84 |
| 9 | 19.30 | 18.93 | 22 | 19.40 | 20.83 |
| 10 | 20.04 | 19.38 | 23 | 24.36 | 21.47 |
| 11 | 18.93 | 20.01 | 24 | 22.28 | 21.10 |
| 12 | 19.48 | 18.48 | 25 | 19.27 | 18.29 |
| 13 | 20.33 | 19.02 | 26 | 20.39 | 19.27 |

解　① 建立假设。

$H_0$：添加剂 1 与添加剂 2 对客车每升行驶里程数的影响一样；

$H_1$：添加剂 1 与添加剂 2 对客车每升行驶里程数的影响不一样。

② 对两种添加剂之差的值进行排列，如表 9-21 所示。

表 9-21　秩排列结果

| 车　辆 | 添加剂 1 | 添加剂 2 | 差　值 | 差值的绝对值 | 绝对值的秩 |
|---|---|---|---|---|---|
| 1 | 20.12 | 18.05 | 2.07 | 2.07 | 20 |
| 2 | 23.56 | 21.77 | 1.79 | 1.79 | 18 |
| 3 | 22.03 | 22.57 | −0.54 | 0.54 | 5 |
| 4 | 19.15 | 17.06 | 2.09 | 2.09 | 21 |
| 5 | 21.23 | 21.22 | 0.01 | 0.01 | 1 |
| 6 | 24.77 | 23.80 | 0.97 | 0.97 | 7 |
| 7 | 20.35 | 19.88 | 0.47 | 0.47 | 4 |
| 8 | 22.87 | 20.48 | 2.39 | 2.39 | 23 |

续表

| 车　辆 | 添加剂 1 | 添加剂 2 | 差　值 | 差值的绝对值 | 绝对值的秩 |
|---|---|---|---|---|---|
| 9 | 19.30 | 18.93 | 0.37 | 0.37 | 2 |
| 10 | 20.04 | 19.38 | 0.66 | 0.66 | 6 |
| 11 | 18.93 | 20.01 | −1.08 | 1.08 | 11 |
| 12 | 19.48 | 18.48 | 1.00 | 1.00 | 9 |
| 13 | 20.33 | 19.02 | 1.31 | 1.31 | 14 |
| 14 | 16.16 | 17.20 | −1.04 | 1.04 | 10 |
| 15 | 18.55 | 14.98 | 3.57 | 3.57 | 26 |
| 16 | 21.87 | 20.03 | 1.84 | 1.84 | 19 |
| 17 | 24.23 | 21.15 | 3.08 | 3.08 | 25 |
| 18 | 23.21 | 22.78 | 0.43 | 0.43 | 3 |
| 19 | 25.02 | 23.70 | 1.32 | 1.32 | 15 |
| 20 | 22.73 | 20.47 | 2.26 | 2.26 | 22 |
| 21 | 21.58 | 19.84 | 1.74 | 1.74 | 17 |
| 22 | 19.40 | 20.83 | −1.43 | 1.43 | 16 |
| 23 | 24.36 | 21.47 | 2.89 | 2.89 | 24 |
| 24 | 22.28 | 21.10 | 1.18 | 1.18 | 13 |
| 25 | 19.27 | 18.29 | 0.98 | 0.98 | 8 |
| 26 | 20.39 | 19.27 | 1.12 | 1.12 | 12 |

③ 均值 $\mu_T = n(n+1)/4 = 26\times(26+1)/4 = 175.5$。

方差 $\sigma_T = \sqrt{n(n+1)(2n+1)/24} = \sqrt{26\times(26+1)(2\times 26+1)/24} = 39.37$。

④ 正差值的秩和 $T^+ = 309$，检验统计量为 $z = \dfrac{T^+ - \mu_T}{\sigma_T} = \dfrac{309-175.5}{39.37} = 3.39$。

⑤ 由于当 $z > z_\alpha$（或 $z < -z_\alpha$）时拒绝单尾检验的原假设，查表可知 $z > z_{0.05}$，故拒绝添加剂 1 与添加剂 2 对客车每升行驶里程数的影响一样的原假设。

## 第四节　多个总体的比较

### 一、多个总体的比较：独立样本

利用 $k \geqslant 3$ 个总体的独立随机样本进行多总体非参数检验时常常采用 Kruskal-Wallis 检验。其检验统计量为

$$W = \left[\frac{12}{n_T(n_T+1)}\sum_{i=1}^{k}\frac{R_i^2}{n_i}\right] - 3(n_T+1) \tag{9-9}$$

式中，$k$ 为总体的个数；$n_i$ 为样本 $i$ 中的个体数；$n_T = \sum n_i$ 是所有样本的个体数；$R_i$ 为样本 $i$ 的秩和。

Kruskal 和 Wallis 证明，在各个总体相同的零假设下，$W$ 的抽样分布可以近似服从自由度为 $k-1$ 的 $\chi^2$ 分布。如果每个样本的容量都大于等于 5，则这种近似是可以接受的。如

果这个统计量的值非常大，则倾向于拒绝总体相同的零假设。下面举例说明。

**【例 9-11】**由 15 名消费者组成的一个评价小组对 A、B、C 三种商品的性能给出了评分，如表 9-22 所示，试在显著性水平 0.05 下确定三种商品的性能评分之间是否存在显著差异。

表 9-22　消费者对三种商品性能的评分

| A | B | C |
|---|---|---|
| 55 | 82 | 45 |
| 67 | 93 | 60 |
| 72 | 97 | 58 |
| 50 | 87 | 56 |
| 66 | 90 | 40 |

解　① 建立零假设与备择假设。

$H_0$：三种商品的性能评分之间无差异；$H_1$：三种商品的性能评分之间有差异。

② 为了计算 $W$ 统计量，首先对 15 个样本数据进行排秩，如表 9-23 所示。

表 9-23　样本数据排秩结果

| A | 秩 | B | 秩 | C | 秩 |
|---|---|---|---|---|---|
| 55 | 4 | 82 | 11 | 45 | 2 |
| 67 | 9 | 93 | 14 | 60 | 7 |
| 72 | 10 | 97 | 15 | 58 | 6 |
| 50 | 3 | 87 | 12 | 56 | 5 |
| 66 | 8 | 90 | 13 | 40 | 1 |
| 秩和 | 34 | 秩和 | 65 | 秩和 | 21 |

③ 样本容量为 $n_1 = n_2 = n_3 = 5$，$n_T = 15$。

④ 计算统计量 $W = \dfrac{12}{15 \times 16} \times \dfrac{34^2 + 65^2 + 21^2}{5} - 3 \times 16 = 10.22$。

⑤ 自由度 $k-1 = 3-1 = 2$，查 $\chi^2$ 分布表知 $\chi^2 = 9.21$ 分布上侧的面积为 0.01，而 $\chi^2 = 10.597$ 分布上侧的面积为 0.005，由于 $W = 10.22$ 介于 9.21～10.597 之间，由于 $P$ 值 $\leqslant \alpha = 0.05$，我们拒绝原假设，三种商品的性能评分之间存在显著差异，其中商品 B 的评分明显高于其他两种商品。

## 二、多个总体的比较：配对样本

对于 $k \geqslant 3$ 个总体的配对比较可采用弗里德曼 $F_r$ 检验法。此法首先根据每个配对样本单元在 $k$ 个总体抽样的观测值，确定出秩；然后求出 $k$ 个总体抽样各自的秩和 $T_1, T_2, \cdots, T_k$，用这些秩和计算弗里德曼 $F_r$ 统计量，其抽样分布接近自由度为 $k-1$ 的 $\chi^2$ 分布。

$$F_r = \frac{12}{bk(k+1)}\sum_{i=1}^{k} T_i^2 - 3b(k+1) \tag{9-10}$$

式中，$b$ 为配对抽样观测点数；$k$ 为处理数。

当 $F_r > \chi_\alpha^2$ 时拒绝 $k$ 个总体的相对频数分布相同的原假设。

下面举例说明。

【例 9-12】有 7 名应聘者竞争某企业的高级主管，在面试中由 3 名考官给每位应聘者打分评级，最高成绩为 1 级，最低成绩为 6 级，结果如表 9-24 所示。试检验 3 名考官对这些应聘者评定的成绩是否有歧义。

表 9-24 考官给每位应聘者的打分

| 应聘者 | 考官 1 | 考官 2 | 考官 3 |
|---|---|---|---|
| 1 | 4.5 | 4.5 | 5.0 |
| 2 | 2.5 | 4.5 | 4.5 |
| 3 | 5.0 | 3.0 | 4.0 |
| 4 | 4.5 | 4.5 | 4.5 |
| 5 | 1.5 | 2.0 | 4.5 |
| 6 | 3.5 | 4.5 | 4.5 |
| 7 | 4.0 | 4.5 | 4.0 |
| 秩和 | $T_1 = 25.5$ | $T_2 = 27.5$ | $T_3 = 31.0$ |

解 ① 建立假设。

$H_0$：三名考官对这些应聘者评定的成绩没有歧义；

$H_1$：三名考官对这些应聘者评定的成绩存在歧义。

② 从表中可知三个考官评分的秩和分别为 $T_1 = 25.5$，$T_2 = 27.5$ 和 $T_3 = 31.0$，且 $b$=7，$k$=3，计算检验统计量得

$$F_r = \frac{12}{7\times3\times4}(25.5^2 + 27.5^2 + 31.0^2) - 3\times7\times4 = 254.21$$

③ 查 $\chi^2$ 分布表得自由度为 $k-1=2$ 时，$\chi_{0.05}^2 = 5.99147$，显然 $F_r > \chi_{0.05}^2$，故拒绝原假设。

## 第五节 其他非参数统计方法

### 一、Spearman 秩相关检验

对只能得到顺序数据的两个变量间相关关系的度量，可以用 Spearman 秩相关系数。数值型变量之间的线性相关系数可以用 Pearson 相关系数进行度量。Pearson 相关系数的内容请参考本书第十章第一节。

假设有 $n$ 个样本，每个样本有两个指标 $X$ 和 $Y$，各个样本在两个指标上的观察值如表 9-25 所示。

表 9-25　各样本在指标 X 和 Y 上的观察值

| 指　标 | 样本 1 | 样本 2 | … | 样本 $n$ |
|---|---|---|---|---|
| $X$ | $x_1$ | $x_2$ | … | $x_n$ |
| $Y$ | $y_1$ | $y_2$ | … | $y_n$ |

如果指标 $X$ 和 $Y$ 的测量水平为间隔量表或比例量表，我们可以对 $x_1$，$x_2$，…，$x_n$ 按照升序排列，得到每个样本在指标 $X$ 上观察值的秩(秩为序号) $R_1^x$，$R_2^x$，…，$R_n^x$。同理，我们可以对 $y_1$，$y_2$，…，$y_n$ 按照升序排列，得到每个样本在指标 $Y$ 上观察值的秩 $R_1^y$，$R_2^y$，…，$R_n^y$。将表 9-25 中各个样本观察值替换为相应的秩，如表 9-26 所示。

表 9-26　各样本在指标 $X$ 和 $Y$ 上观察值的秩

| | 样本 1 | 样本 2 | … | 样本 $n$ |
|---|---|---|---|---|
| $X$ | $R_1^x$ | $R_2^x$ | … | $R_n^x$ |
| $Y$ | $R_1^y$ | $R_2^y$ | … | $R_n^y$ |

如果 $R_i^x = R_i^y$，$i$=1, 2, …, $n$，说明各个样本在指标 $X$ 和 $Y$ 上的观察值保持了完全一致的同增或同减趋势，说明指标 $X$ 和 $Y$ 完全相关。当样本在指标 $X$ 和 $Y$ 上观察值的秩相差越大，各个样本在指标 $X$ 和 $Y$ 上的观察值同增或同减的趋势越不明显，说明指标 $X$ 和 $Y$ 相关性较差。因此，使用各个样本在指标 $X$ 和 $Y$ 上的观察值秩差来表示指标 $X$ 和 $Y$ 之间的相关程度是合乎逻辑的。令

$$d_i = R_i^x - R_i^y，i=1, 2, \cdots, n \tag{9-11}$$

式中，$d_i$ ($i$=1, 2, …, $n$)越大，两个变量之间的相关关系越小；$d_i$ ($i$=1, 2, …, $n$)越小，两个变量之间的相关关系越强。Spearman 秩相关系数就是借助 $d_i$ ($i$=1, 2, …, $n$)来计算两个变量之间的相关系数，设样本容量为 $n$，Spearman 秩相关系数 $r_s$ 的具体计算公式为

$$r_s = 1 - \frac{6\sum d_i^2}{n(n^2-1)} \tag{9-12}$$

可以看出，当 $d_i$=0，$i$=1, 2, …, $n$ 时，$r_s$=1，指标 $X$ 和 $Y$ 完全相关。

**【例 9-13】**表 9-27 显示的是 10 个跨国公司的声誉秩值以及被访问者购买该公司股票意愿的秩值，检验它们之间是否有一个正的秩相关，取显著性水平为 0.05。

表 9-27　排秩情况

| 公司 | 声誉 | 购买意愿 | 公司 | 声誉 | 购买意愿 |
|---|---|---|---|---|---|
| A | 1 | 3 | F | 6 | 5 |
| B | 2 | 4 | G | 7 | 10 |
| C | 3 | 1 | H | 8 | 6 |
| D | 4 | 2 | I | 9 | 7 |
| E | 5 | 9 | J | 10 | 8 |

解　① 建立假设。

$H_0$：$\rho_s = 0$；$H_1$：$\rho_s \neq 0$。

② 计算 Spearman 秩相关系数，过程如表 9-28 所示。

表 9-28 Spearman 秩相关系数表

| 公司 | $R_i^x$ = 声誉 | $R_i^y$ = 购买意愿 | $d_i = R_i^x - R_i^y$ | $d_i^2$ |
|---|---|---|---|---|
| A | 1 | 3 | −2 | 4 |
| B | 2 | 4 | −2 | 4 |
| C | 3 | 1 | 2 | 4 |
| D | 4 | 2 | 2 | 4 |
| E | 5 | 9 | −4 | 16 |
| F | 6 | 5 | 1 | 1 |
| G | 7 | 10 | -3 | 9 |
| H | 8 | 6 | 2 | 4 |
| I | 9 | 7 | 2 | 4 |
| J | 10 | 8 | 2 | 4 |
| 合 计 | | | | $\sum d_i^2 = 54$ |

③ $r_s = 1 - \dfrac{6 \times 54}{10 \times (100-1)} = 0.67$，表明跨国公司的声誉排秩以及被访问者购买该公司股票意愿的排秩正相关。

④ 在不存在秩相关的零假设下，排秩过程是独立的，而且 $r_s$ 的抽样分布为

均值 $\mu_{r_s} = 0$；标准差 $\sigma_{r_s} = \sqrt{\dfrac{1}{n-1}}$。

⑤ 本例中，$\sigma_{r_s} = \sqrt{\dfrac{1}{10-1}} = 0.33$，检验统计量 $z = \dfrac{r_s - \mu_{r_s}}{\sigma_{r_s}} = \dfrac{0.67-0}{0.33} = 2.03$。

⑥ 利用标准正态分布表和 $z$＝2.03，我们看到 $P$ 值=0.042≤0.05，因此拒绝秩相关系数为 0 的零假设，即跨国公司的声誉排秩以及被访问者购买该公司股票意愿的排秩显著正相关。

## 二、Kendall 一致性检验

在实践中，常按照某些特别的性质来对一些个体进行多次评估或排序，比如几个($m$ 个)评估机构对一些($n$ 个)学校进行排序。人们想要知道，这些机构的不同结果是否一致。此时可以用 Kendall 一致性检验。

一个机构对 $n$ 个体评价的秩的和为$1+2+\cdots+n = n(n+1)/2$；所有 $m$ 个机构对所有个体评估的总秩为 $mn(n+1)/2$；这样对每个个体的平均秩为 $m(n+1)/2$。如果记每一个个体的 $m$ 个秩的和为 $R_i (i=1,2,\cdots,n)$，那么，如果评估是随机的，这些 $R_i$ 与平均秩的差别不会很大；反之差别会很大，也就是说个体的总秩与平均秩的偏差的平方和 $S$ 很大。

$S$ 定义为

$$S = \sum_{i=1}^{n} \left( R_i - \frac{m(n+1)}{2} \right)^2 \tag{9-13}$$

Kendall 协同系数 $W$ 定义为

$$W = \frac{12S}{m^2(n^3 - n)} \tag{9-14}$$

也可以写成

$$W = \sum_{i=1}^{n} \frac{(R_i - m(n+1)/2)^2}{[m^2 n(n^2-1)]/12} = \frac{12\sum_{i=1}^{n} R_i^2 - 3m^2 n(n+1)^2}{m^2 n(n^2-1)} \tag{9-15}$$

Kendall 指出，对于固定的$n$，当$m \to \infty$时有$m(n-1)W$的极限分布是$\chi^2_{n-1}$。于是，对于较大的$m$就可以用极限分布进行检验。

**【例 9-14】**在唱歌大奖赛中，裁判是依据歌手的演唱进行打分的，但有时也可能带有某种主观色彩。此时，我们有必要对裁判的打分是否一致进行检验，如果一致，则说明裁判组的综合评判是可行的。下面我们对全国第七届青年歌手电视大奖赛业余组通俗唱法决赛成绩进行一致性检验，数据如表 9-29 所示。

表 9-29　青年歌手成绩

| 裁判 | 歌手成绩 | | | | | | | | | |
|---|---|---|---|---|---|---|---|---|---|---|
| | 1 | 2 | 3 | 4 | 5 | 6 | 7 | 8 | 9 | 10 |
| 1 | 9.15 | 9.00 | 9.17 | 9.03 | 9.16 | 9.04 | 9.35 | 9.02 | 9.10 | 9.20 |
| 2 | 9.28 | 9.30 | 9.31 | 8.80 | 9.15 | 9.00 | 9.28 | 9.29 | 9.10 | 9.30 |
| 3 | 9.18 | 8.95 | 9.24 | 8.93 | 9.17 | 8.85 | 9.28 | 9.05 | 9.10 | 9.20 |
| 4 | 9.12 | 9.32 | 8.83 | 8.86 | 9.31 | 8.81 | 9.38 | 9.16 | 9.17 | 9.10 |
| 5 | 9.15 | 9.20 | 8.80 | 9.17 | 9.18 | 9.00 | 9.45 | 9.15 | 9.40 | 9.35 |
| 6 | 9.35 | 8.92 | 8.91 | 8.93 | 9.12 | 9.25 | 9.45 | 9.21 | 8.98 | 9.18 |
| 7 | 9.30 | 9.15 | 9.10 | 9.05 | 9.15 | 9.15 | 9.40 | 9.30 | 9.10 | 9.20 |
| 8 | 9.15 | 9.01 | 9.28 | 9.21 | 9.18 | 9.19 | 9.29 | 8.91 | 9.14 | 9.12 |
| 9 | 9.21 | 8.90 | 9.05 | 9.15 | 9.00 | 9.18 | 9.35 | 9.21 | 9.17 | 9.24 |
| 10 | 9.24 | 9.02 | 9.20 | 8.90 | 9.05 | 9.15 | 9.32 | 9.28 | 9.06 | 9.05 |
| 11 | 9.21 | 9.23 | 9.20 | 9.21 | 9.24 | 9.24 | 9.30 | 9.20 | 9.22 | 9.30 |
| 12 | 9.07 | 9.20 | 9.29 | 9.05 | 9.15 | 9.32 | 9.24 | 9.21 | 9.29 | 9.29 |

**解**　根据表 9-29，各位裁判对诸位选手的排序(秩)如表 9-30 所示。

表 9-30　各位裁判对青年歌手的排名

| 裁判 | 歌手成绩 | | | | | | | | | |
|---|---|---|---|---|---|---|---|---|---|---|
| | 1 | 2 | 3 | 4 | 5 | 6 | 7 | 8 | 9 | 10 |
| 1 | 6 | 1 | 8 | 3 | 7 | 4 | 10 | 2 | 5 | 9 |
| 2 | 5.5 | 8.5 | 10 | 1 | 4 | 2 | 5.5 | 7 | 3 | 8.5 |
| 3 | 7 | 3 | 9 | 2 | 6 | 1 | 10 | 4 | 5 | 8 |
| 4 | 5 | 9 | 2 | 3 | 8 | 1 | 10 | 6 | 7 | 4 |
| 5 | 3.5 | 7 | 1 | 5 | 6 | 2 | 10 | 3.5 | 9 | 8 |
| 6 | 9 | 2 | 1 | 3 | 5 | 8 | 10 | 7 | 4 | 6 |
| 7 | 8.5 | 5 | 2.5 | 1 | 5 | 5 | 10 | 8.5 | 2.5 | 7 |

续表

| 裁判 | 歌手成绩 | | | | | | | | | |
|---|---|---|---|---|---|---|---|---|---|---|
| | 1 | 2 | 3 | 4 | 5 | 6 | 7 | 8 | 9 | 10 |
| 8 | 5 | 2 | 9 | 8 | 6 | 7 | 10 | 1 | 4 | 3 |
| 9 | 7.5 | 1 | 3 | 4 | 2 | 6 | 10 | 7.5 | 5 | 9 |
| 10 | 8 | 2 | 7 | 1 | 3.5 | 6 | 10 | 9 | 5 | 3.5 |
| 11 | 3.5 | 6 | 1.5 | 3.5 | 7.5 | 7.5 | 9.5 | 1.5 | 5 | 9.5 |
| 12 | 2 | 4 | 8 | 1 | 3 | 10 | 6 | 5 | 8 | 8 |

① 建立假设。

$H_0$：整个裁判组的评分效果是不相关或随机的；

$H_1$：整个裁判组的评分效果是相关或一致的。

② 由题意可知：$n$=10，$m$=12。

由式(9-15)计算可得 Kendall 协同系数检验统计量 $W$=0.3075。

③ 因为 $m(n-1)W=33.21>\chi^2_{0.001}(9)$，所以，我们有理由拒绝 $H_0$，即认为整个裁判组的评分效果是一致的。

## 三、随机性游程检验

游程检验是根据样本标志表现排列所形成的游程的多少进行检验的方法。一个游程(run)就是某样本或序列中位于一种符号之前或之后的另一种符号持续最大主序列，可以用一个例子来说明游程。设某样本 $n=12$ 人的标志表现为男、女，有以下三种排列。

(1) 男，男，女，女，女，男，女，女，男，男，男，男。

(2) 男，男，男，男，男，男，男，女，女，女，女，女。

(3) 男，女，男，女，男，女，男，女，男，女，男，男。

连续出现男或女的区段称为游程，每个游程包含的个数为游程长度。以 $r$ 表示序列中游程的个数，则(1)中 $r=5$；(2)中 $r=2$；(3)中 $r=11$。

此外，游程检验还可以用来判断两个总体的分布是否相同，从而检验出它们的中心位置有无显著差异。基本思路是：将来自不同总体的两个样本观察值混合在一起，按从小到大的顺序排列，如果分属不同样本的资料能够充分交织，显然可以认为这两个总体没有显著差异，即可以认为两个总体的分布形式一样。

用游程的个数来检验样本的随机性方法如下。

(1) 原假设为 $H_0$：数据出现顺序随机。对于小样本($n<20$)，若观察到的游程个数 $r\leqslant r_l$(或 $r\geqslant r_u$)时拒绝原假设；若 $r_l<r<r_u$ 时不能拒绝原假设。

(2) 对于大样本的情况，游程个数 $r$ 近似正态分布，检验统计量为

$$z=\frac{r-E(r)}{\sigma_r} \tag{9-16}$$

式中，$E(r)$ 为游程个数 $r$ 分布的期望值，$\sigma_r$ 为游程个数 $r$ 分布的标准差。有

$$E(r)=\frac{2n_1n_2}{n_1+n_2}+1 \tag{9-17}$$

$$\sigma_r=\sqrt{\frac{2n_1n_2(2n_1n_2-n_1-n_2)}{(n_1+n_2)^2(n_1+n_2-1)}} \tag{9-18}$$

式中，$n_1$ 和 $n_2$ 为两类标志各自的观测值个数。

**【例 9-15】**某快餐店观察中午 12 点到 13 点之间前来用餐的顾客的性别，结果如下：女，女，女，男，男，女，女，男，男，男，女，女。

试检验男女出现顺序是否随机。

解① 建立假设。

$H_0$：男女出现顺序随机；$H_1$：男女出现顺序非随机。

② 易知，$n=12$，$n_1=7$，$n_2=5$，$r=5$。

③ 在显著性水平 0.05 下，查游程检验临界值表得到：$r_l=3$，$r_u=10$。

④ 由于 $r_l<r<r_u$，故接受原假设，即男女出现的顺序是随机的。

## 本 章 小 结

(1) 非参数检验是一种总体分布自由(distribution-free)的检验方法。非参数检验主要是利用样本数据之间的大小比较或顺序信息进行检验。

(2) $\chi^2$ 检验的基本思想是检验观测频数与理论频数之间的差异。它首先可以用于分布的检验，本章介绍了多项分布、泊松分布和正态分布的拟合优度检验。还介绍了使用 $\chi^2$ 检验对两个随机变量的独立性进行检验的方法。

(3) 符号检验(sign test)是利用正、负号的数目对某种假设做出判定的非参数统计方法。在小样本情形下，可以用二项概率分布来确定符号检验的临界值；在大样本情形下，我们可以使用正态近似。Mann-Whitney–Wilcoxon (MWW)检验适用于成对比较。

(4) Kruskal-Wallis 检验(简记为 K-W 检验)主要用于判断 $k$ ($k$>2)个独立样本是否来自同一总体的假设问题。K-W 检验借助于通常意义上方差分析的一般思想，首先对全部样本的观察值进行综合评秩，然后把各个样本秩的平均数与全部秩的平均数进行比较，用类似于方差分析的组间变差来反映样本间的差别。

(5) 其他非参数统计方法：①用于度量两个变量相关性的 Spearman 秩相关系数；②用于考察多个变量之间一致性的 Kendall 检验；③随机性的游程检验。

## 思考与练习题

### 一、思考题

1. 参数检验和非参数检验的区别是什么？它们都基于什么条件和原理？它们的使用范围有何差别？

2. 试写出非参数统计方法的主要缺点。

3. 符号检验的基本思想是什么？

4. 为什么在秩和检验编秩次时不同组间出现相同数据要给予“平均秩次”，而同一组的相同数据不必计算“平均秩次”？

二、练习题

1. 某商店为了掌握每 5 分钟内到达的顾客数，观察了 130 次，统计结果如表 9-31 所示。

表 9-31 5 分钟内到达的顾客数观察次数资料

| 5 分钟到达的顾客数 | 0 | 1 | 2 | 3 | 4 | 5 | 6 | 7 | 8 | 9 |
|---|---|---|---|---|---|---|---|---|---|---|
| 观察次数 | 3 | 9 | 10 | 12 | 18 | 22 | 22 | 16 | 12 | 6 |

试问：观察结果是否服从泊松分布。

2. 受试者四人，每人穿四种不同的防护服时的收缩压值如表 9-32 所示。问四种防护服对收缩压的影响有无显著差别？四个受试者的收缩压值有无显著差别？

表 9-32 四种不同的防护服收缩压值数据表

| 受试者编号 | 防护服 A | 防护服 B | 防护服 C | 防护服 D |
|---|---|---|---|---|
| 1 | 115 | 135 | 140 | 135 |
| 2 | 122 | 125 | 135 | 120 |
| 3 | 110 | 130 | 136 | 130 |
| 4 | 120 | 115 | 120 | 130 |

3. 有 A、B、C、D 四个班级的学生同时接受某两项素质测验，所得的平均成绩如表 9-33 所示。问从测试结果看，对于这两项素质测验来说，四个班级是否有显著的差异(设显著性水平为 0.05)。

表 9-33 四个班级学生接受某两项素质测验结果数据表

| 班级 | A | B | C | D |
|---|---|---|---|---|
| 素质 1 | 69 | 70 | 78 | 64 |
| 素质 2 | 35 | 43 | 32 | 37 |

4. 四种抗菌素的抑菌效力比较研究，以细菌培养皿内抑菌区直径为指标，并获得如表 9-34 所示的数据。

表 9-34 四种抗菌素的抑菌效力比较研究结果数据表

| 培养皿号 | 抗菌素 I | 抗菌素 II | 抗菌素 III | 抗菌素 IV |
|---|---|---|---|---|
| 1 | 28 | 23 | 24 | 19 |
| 2 | 27 | 25 | 20 | 22 |
| 3 | 29 | 24 | 22 | 21 |
| 4 | 26 | 24 | 21 | 23 |
| 5 | 28 | 23 | 23 | 22 |

试检验四种抗菌素的抑菌效力有无显著差异？如果有显著差异，作两两比较。($H_C = 14.534$，$P<0.01$)

5. 用最佳线性无偏预测(BLUP)法和相对育种值(RBV)法对 12 头肉牛种公牛的种用价值作评定，其评定结果排序如表 9-35 所示。问两种评定方法是否显著相关？($r_s = 0.9860$，$P < 0.01$)

表 9-35　两种评定结果表

| 序号 | 1 | 2 | 3 | 4 | 5 | 6 | 7 | 8 | 9 | 10 | 11 | 12 |
|---|---|---|---|---|---|---|---|---|---|---|---|---|
| BLUP 法 | 9 号 | 8 号 | 5 号 | 4 号 | 10 号 | 11 号 | 3 号 | 6 号 | 12 号 | 2 号 | 1 号 | 7 号 |
| RBV 法 | 9 号 | 8 号 | 4 号 | 5 号 | 10 号 | 11 号 | 6 号 | 3 号 | 12 号 | 2 号 | 1 号 | 7 号 |

6. 有甲乙二鉴定员，对 7 头贫乏饲养 3 周的大白鼠评定的秩如表 9-36 所示。问甲、乙两人评定结果是否相似？($r_s = 0.8571$，$P < 0.01$)

表 9-36　大白鼠评定秩结果表

| 序号 | 1 | 2 | 3 | 4 | 5 | 6 | 7 |
|---|---|---|---|---|---|---|---|
| 甲 | 4 号 | 1 号 | 6 号 | 5 号 | 3 号 | 2 号 | 7 号 |
| 乙 | 4 号 | 2 号 | 5 号 | 6 号 | 1 号 | 3 号 | 7 号 |

7. 为了解一部关于大学生恋爱问题的宣传片对大学生的影响，对观看过宣传片的 13 个班级进行了问卷调查。调查结果如表 9-37 所示。

表 9-37　调查结果表

| 班级 | 1 | 2 | 3 | 4 | 5 | 6 | 7 | 8 | 9 | 10 | 11 | 12 | 13 |
|---|---|---|---|---|---|---|---|---|---|---|---|---|---|
| 观前/% | 63 | 41 | 55 | 70 | 40 | 48 | 69 | 62 | 48 | 35 | 60 | 68 | 52 |
| 观后/% | 68 | 49 | 54 | 76 | 50 | 46 | 79 | 64 | 56 | 50 | 54 | 69 | 59 |

试在显著性水平 0.05 下，检验此宣传片的效果。

8. 为研究某大学毕业生的薪水与其性别有无关系，研究者调查了该专业往届的一个班级毕业生的薪水，如表 9-38 所示。

表 9-38　毕业生薪水调查结果表

| 男毕业生薪水/元 | 女毕业生薪水/元 |
|---|---|
| 3550 | 3500 |
| 4000 | 3000 |
| 4800 | 4500 |
| 5300 | 4200 |
| 5800 | 5000 |
| 5700 | 5200 |
| 5400 | 2500 |
| 4900 | 3800 |
| 4950 | 4000 |

续表

| 男毕业生薪水/元 | 女毕业生薪水/元 |
| --- | --- |
| 5100 | 4100 |
| 5150 | |
| 5750 | |
| 5250 | |

试问：薪水的分布与性别是否有显著关系。($\alpha = 0.05$)

9. 研究者为研究居住在两个城区的通勤费哪个更贵，在某大公司里随机抽取了住在 1 区的职员 30 名和住在 2 区的职员 40 名，把他们的每日平均通勤费进行统一排列，并计算出 $R_1 = 1241$，$R_2 = 1244$。假设没有相同的秩。问在显著性水平 0.05 下，是否能得出 1 区的通勤费比 2 区更高的结论？

10. 某研究机构对某职业的声望在两地进行了调查，得到如表 9-39 所示的结果。

表 9-39　某职业声望调查结果表

| 甲地 | 9 | 22 | 64 | 34 | 17 | 4 | 31 | 28 |
| --- | --- | --- | --- | --- | --- | --- | --- | --- |
| 乙地 | 58 | 53 | 26 | 11 | 52 | 51 | 8 | |

试用游程检验法判断该职业在两地的声望是否有显著差异。($\alpha = 0.05$)

11. 社会分层研究中把成年男子分成 6 个社会层次，数字越大，社会层次越高。为了研究社会层次与社会流动性的关系，调查了 510 人，把他们分为流动愿望高和流动愿望低两个类型，综合分类人数数据如表 9-40 所示。

表 9-40　社会层次与社会流动性愿望调查结果表

| 层　次 | 流动愿望高/人 | 流动愿望低/人 |
| --- | --- | --- |
| 1 | 28 | 59 |
| 2 | 45 | 50 |
| 3 | 54 | 47 |
| 4 | 75 | 45 |
| 5 | 48 | 21 |
| 6 | 25 | 13 |

试问：在 0.01 的显著性水平下社会层次对社会流动性的影响是否显著？

12. 某大学各年级同学参加政治社团与娱乐社团的人数调查数据如表 9-41 所示。

表 9-41　某职业声望调查结果表

| 年　级 | 娱乐社团(人数) | 政治社团(人数) |
| --- | --- | --- |
| 一年级 | 46 | 97 |
| 二年级 | 81 | 143 |
| 三年级 | 93 | 88 |
| 四年级 | 241 | 136 |
| 五年级 | 131 | 38 |

试问：在 0.05 的显著性水平下参加社团的类型与年级高低有无关系？

13. 为测试试题卷的出题顺序与成绩的关系，调查者把某班人数等分，其中一半做先难后易的 A 卷，另一半做先易后难的 B 卷。考试成绩如表 9-42 所示。

表 9-42　两个班考试成绩结果表

| 考生 | 1 | 2 | 3 | 4 | 5 | 6 | 7 | 8 | 9 | 10 |
|---|---|---|---|---|---|---|---|---|---|---|
| A 卷成绩 | 83 | 82 | 84 | 96 | 90 | 64 | 91 | 71 | 75 | 72 |
| B 卷成绩 | 42 | 61 | 52 | 78 | 69 | 81 | 75 | 78 | 78 | 65 |

试用游程检验法判断两种不同的出题方式是否有显著差异。($\alpha=0.05$)

14. 假设有这样一项全国调查，调查表明成年人所希望能够使他们梦想成真的年收入的中位数为 152000 元。假设由北京市 225 个居民组成的样本中，122 个人认为使他们梦想成真的年收入小于 152000 元，103 个人认为使他们梦想成真的年收入必须大于 152000 元。检验零假设：能够使北京市人们梦想成真的年收入的中位数为 152000 元。在 $\alpha=0.05$ 下，你的结论是什么？

15. 1997 年 12 只股票的市盈率数据如表 9-43 所示。假设一个财务分析师给出了 1998 年市盈率的估计值。在显著性水平为 0.05 下，关于 1997 年和 1998 年市盈率之间的差异你能得出什么结论？

表 9-43　1997 年 12 只股票市盈率数据和 1998 年市盈率估计值数据表

| 股票编号 | 1997 年的市盈率 | 1998 年市盈率(估计值) | 股票编号 | 1997 年的市盈率 | 1998 年市盈率(估计值) |
|---|---|---|---|---|---|
| 1 | 40 | 32 | 7 | 20 | 17 |
| 2 | 24 | 22 | 8 | 29 | 19 |
| 3 | 21 | 23 | 9 | 35 | 20 |
| 4 | 30 | 23 | 10 | 17 | 18 |
| 5 | 25 | 19 | 11 | 33 | 27 |
| 6 | 19 | 19 | 12 | 20 | 16 |

16. 拥有同等学力的男性和女性在职业收入上的差异正在缩小，但是收入并没有达到接近的程度。具有学士学位的 7 名男性和 7 名女性的职业收入数据如表 9-44 所示，收入以千元计。

表 9-44　拥有同等学力的男性和女性职业收入数据表

千元

| 男性 | 30.6 | 75.5 | 45.2 | 62.2 | 38.2 | 49.9 | 55.3 |
|---|---|---|---|---|---|---|---|
| 女性 | 44.5 | 35.4 | 27.9 | 40.5 | 25.8 | 47.5 | 24.8 |

试问：

(1) 男性收入的中位数是多少？女性呢？

(2) 在显著性水平 $\alpha=0.05$ 下，对男女收入相等这一假设进行检验，你的结论是什么？

17. 假设某一特定品牌的微波炉在北京的 10 家商场和上海的 13 家商场中的标价如表 9-45 所示。在显著性水平为 0.05 下，检验该微波炉的价格在两个城市之间是否相同。

表 9-45 某品牌微波炉在北京和上海两地商场标价数据表

千元

| 北 京 | 上 海 |
|---|---|
| 445 | 460 |
| 489 | 451 |
| 405 | 435 |
| 485 | 479 |
| 439 | 475 |
| 449 | 445 |
| 436 | 429 |
| 420 | 434 |
| 430 | 410 |
| 405 | 422 |
| | 425 |
| | 459 |
| | 430 |

18. 请来 12 名家务人员估计两种样式冰箱的零售价。他们对零售价的估计如表 9-46 所示。利用这些数据和显著性水平 0.05，确定两种样式冰箱的零售价之间是否存在差异。

表 9-46 某品牌微波炉在北京和上海两地商场标价数据表

| 家务人员编号 | 样式 1/元 | 样式 2/元 |
|---|---|---|
| 1 | 650 | 900 |
| 2 | 760 | 720 |
| 3 | 740 | 690 |
| 4 | 700 | 850 |
| 5 | 590 | 920 |
| 6 | 620 | 800 |
| 7 | 700 | 890 |
| 8 | 690 | 920 |
| 9 | 900 | 1000 |
| 10 | 500 | 690 |
| 11 | 610 | 700 |
| 12 | 720 | 700 |

19. 由 20 名已在一家公司工作了三年的工程师组成样本，对这些工程师按管理潜力进行排秩。其中有一些工程师已经参加过公司的管理培训课程，另一些工程师参加了当地大学的脱产管理培训课程，剩下的则没有参加任何培训课程。对所有工程师完成排序后得

到的排秩的数据如表 9-47 所示。

表 9-47 三组工程师管理潜力数据表

| 未参加培训 | 参加公司培训 | 参加脱产培训 |
|---|---|---|
| 16 | 12 | 7 |
| 9 | 20 | 1 |
| 10 | 17 | 4 |
| 15 | 19 | 2 |
| 11 | 6 | 3 |
| 13 | 18 | 8 |
| | 14 | 5 |

在 $\alpha = 0.05$ 的水平下，检验三组工程师的管理潜力是否存在差异。

20. 美国的各种职业传统上都要求雇员在固定的 8 小时工作日内完成自己的工作，最近在工作调度方面出现一种革新，它能帮助管理人员克服与固定工作日相联系的工作动力不足和旷工等，这就是所谓灵活时间概念。灵活时间是指允许工人自己安排每周 40 小时工作的一种灵活工时计划。一家大型制造公司的管理层正在考虑对小时工们采用灵活工时计划，并决定根据第一个尝试性灵活时间计划的成败做出决策。其随机抽取了 10 名雇员，并发给每个人一份测量他们对所从事工作态度的问卷，然后允许这些人设计并执行某种灵活时间工作日计划。6 个月后，再次测量他们对所从事工作的态度，数据如表 9-48 所示。

表 9-48 雇员在采用灵活时间前后对所从事工作的态度数据表

| 雇员编号 | 采用灵活时间前 | 采用灵活时间后 |
|---|---|---|
| 1 | 54 | 68 |
| 2 | 25 | 42 |
| 3 | 80 | 80 |
| 4 | 76 | 91 |
| 5 | 63 | 70 |
| 6 | 82 | 88 |
| 7 | 94 | 90 |
| 8 | 72 | 81 |
| 9 | 33 | 39 |
| 10 | 90 | 93 |

试用非参数检验的方法对尝试性灵活时间计划是否成功做出评价。检验时采用 0.05 的显著性水平。

21. 公司常常采用发行债券的办法扩充资本。债券的推销通常由某个经营投资银行的包销商处理。对某一种债券来说，某个公司所接受的价格常常与包销技能有关。表 9-49 给出了四家公司所包销的债券在 12 个月内的价格变动数据，这里假定从每家公司里面随机地抽取了 6 种债券。

表 9-49 四家公司所包销的债券在 12 个月内的价格变动数据表

| 公司 A | 公司 B | 公司 C | 公司 D |
|---|---|---|---|
| 0.037 | −0.128 | 0.025 | −0.047 |
| −0.016 | −0.054 | −0.080 | 0.010 |
| −0.132 | 0.007 | −0.031 | −0.003 |
| −0.148 | −0.011 | 0.049 | −0.104 |
| 0.022 | 0.031 | −0.019 | −0.082 |
| −0.049 | −0.042 | −0.027 | −0.039 |

(1) 试对比较四个包销公司债券价格变动的分布给出适当的零假设和备择假设。

(2) 试计算 Kruskal-Wallis 检验统计量。

(3) 有无充分证据说明，这四家投资公司的债券价格变动的分布之间存在明显差异？取显著性水平为 0.01。

22. 大多数投资公司都提供$\beta$估计值，一种股票的$\beta$估计值所测量的是在一个固定时期内这种股票的回报率与整个市场平均回报率之间的关系。一般来说，$\beta$值小于 1 的称为防守型股票，$\beta$值大于 1 的称为进攻性股票，$\beta$值等于 1 的称为中性股票。为了衡量这三种股票的$\beta$值与用于计算回报率的时间长度之间的依赖关系，我们进行如下研究。表 9-50 给出了每一类股票的平均$\beta$值和不同的时间长度值。

表 9-50 三类股票的平均$\beta$值和不同的时间长度值数据表

| 时间长度 | $\beta$值 | | |
|---|---|---|---|
| | 进攻性股票 | 防守性股票 | 中性股票 |
| 1 | 1.37 | 0.50 | 0.98 |
| 3 | 1.42 | 0.44 | 0.95 |
| 6 | 1.53 | 0.41 | 0.94 |
| 9 | 1.69 | 0.39 | 1.00 |
| 12 | 1.83 | 0.40 | 0.98 |
| 15 | 1.67 | 0.38 | 1.00 |
| 18 | 1.78 | 0.39 | 1.02 |
| 24 | 1.86 | 0.35 | 1.14 |
| 30 | 1.83 | 0.33 | 1.22 |

(1) 试对每一类股票计算时间长度与$\beta$值之间的 Spearman 秩相关系数。

(2) 试对每一类股票进行检验假设：时间长度与$\beta$值秩相关，取显著性水平为 0.05。

## 案 例 分 析

### 产品广告方案的有效性的分析

某广告公司为评价一种产品新广告方案的有效性，设计了一次市场调查。其挑选了 10 个市场作为被测城市，每个城市在此方案开展前一周销售额被记录下来，接着，此方案持续 8 周，方案结束后第一周销售额也记录下来，有关资料如表 9-51 所示。

表 9-51　实施新广告前后销售额统计表

| 城　市 | 新广告前销售额 / 万元 | 新广告后销售额 / 万元 |
| --- | --- | --- |
| 广州 | 12.0 | 15.0 |
| 深圳 | 9.0 | 9.5 |
| 上海 | 11.0 | 13.0 |
| 大连 | 8.5 | 8.0 |
| 北京 | 13.0 | 12.0 |
| 青岛 | 7.0 | 7.2 |
| 成都 | 5.5 | 4.5 |
| 天津 | 8.0 | 9.5 |
| 兰州 | 13.0 | 14.2 |
| 武汉 | 11.5 | 13.0 |

为此，公司主管希望利用 $\alpha = 0.05$ 的显著性水平检验实施新广告前后在产品的销售额上是否存在差异，广告方案是否有价值？

**分析与提示：**本问题属于非参数统计种类相关样本的差异显著性检验问题，可以通过 SPSS 的 Related Sample 功能实现。

(案例来源：卫海英. 应用统计学[M]. 广州：暨南大学出版社，2001.)

# 第十章　线性回归分析

【本章导读及学习目标】

在自然界和经济、社会生活中的许多现象之间都存在着某种特定的关联联系。为了对这种现象之间的联系方式进行考察和描述，人们经常利用现实中的观测数据寻找事物内部的隐含规律。在统计学中，相关分析与回归分析作为解决此类问题的有效分析技术，已经在经济、社会、工程以及自然科学等诸多研究领域都得到广泛的应用。在本章中，将首先介绍相关分析的基本概念与方法，并且讨论相关关系与因果关系之间的联系与区别。在此基础上，将介绍线性回归分析的思想方法与基本技术。通过本章学习，应了解线性回归的建模原理、建模过程、对模型质量的评价方法，对解释变量的筛选方法，以及一些简单的非线性模型的处理方法，此外还将讨论线性回归在应用中需要注意的一些典型问题。

## 第一节　相关系数的概念

### 一、函数关系与随机关系

变量之间的函数关系是数学中最基本的概念。若以 $x$ 表示自变量(又称解释变量)，$y$ 表示因变量(又称被解释变量)，在函数关系下，对于定义域中的任意 $x$，必然有唯一的 $y$ 与之对应。例如，一个正方形的边长为 $x$，其面积为 $y$，则有

$$y = x^2$$

然而，在经济学、社会科学以及自然科学中，大量存在着另外一种变量间的趋势性关系。也就是说，$x$ 与 $y$ 虽不能在某种函数关系下保持一一对应，却表现出很强的相随变动规律。这样的变量关系被称为随机关系。

例如，图 10-1(数据见表 10-1)所示为中国 1992—2008 年间的钢材产量 $y$ 与工业增加值 $x$ 之间的关系。从图 10-1 中可以看出，钢材产量与工业增加值之间存在某种类似直线的关系。但如果在所有点间连出一条直线时，又会发现这些点并不完全都落在直线上，而是围绕在直线的周围。这说明，一方面，随着工业的发展，作为基本建设关键要素的钢材产量必然会有相应的增长；另一方面，每一年的钢材产量 $y$ 还受到其他多方面因素的影响，不能由工业增加值 $x$ 唯一确定。

这个例子较好地说明了变量之间的随机关系，即：当 $x$ 给定时，$y$ 不是一个确定的值，它服从某种分布，而该分布的数学期望值基本上是在一条函数线上的。

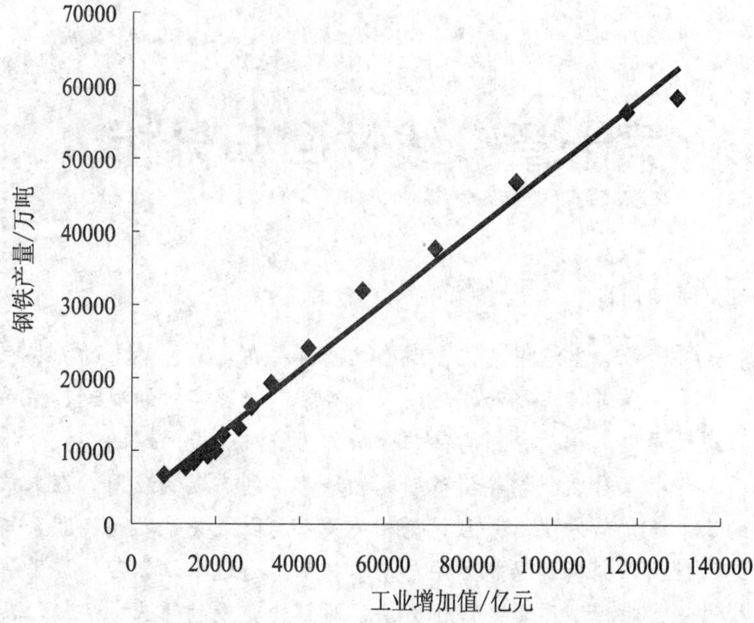


图 10-1　钢材产量与工业增加值之间的关系

表 10-1　钢材产量与工业增加值

| 年　份 | 钢材产量/万吨 | 工业增加值/亿元 |
|---|---|---|
| 1992 年 | 6697.0 | 7665.5 |
| 1993 年 | 7716.0 | 12842.6 |
| 1994 年 | 8428.0 | 14700.1 |
| 1995 年 | 8979.8 | 15446.1 |
| 1996 年 | 9338.0 | 18026.1 |
| 1997 年 | 9978.9 | 19835.2 |
| 1998 年 | 10737.8 | 19421.9 |
| 1999 年 | 12109.8 | 21564.7 |
| 2000 年 | 13146.0 | 25394.9 |
| 2001 年 | 16067.6 | 28329.4 |
| 2002 年 | 19251.6 | 32994.8 |
| 2003 年 | 24108.0 | 41990.2 |
| 2004 年 | 31975.7 | 54805.1 |
| 2005 年 | 37771.1 | 72187.0 |
| 2006 年 | 46893.4 | 91075.7 |
| 2007 年 | 56560.9 | 117048.4 |
| 2008 年 | 58488.1 | 129112.0 |

注：该表的数据来自 1993—1998 年、2007 年和 2009 年《中国统计年鉴》。

## 二、Pearson 相关系数

测量两个变量 $x, y$ 之间相关关系强弱最常用的度量工具是相关系数(correlation coefficient)。而测量两个变量(主要是数值型变量)之间是否存在线性相关关系时，通常采用 Pearson 相关系数。

对于任意的 $x_i$，对应地观察到 $y_i$，$i = 1, 2, \cdots, n$，Pearson 相关系数的计算公式为

$$r(x, y) = \frac{\sum_{i=1}^{n}(x_i - \overline{x})(y_i - \overline{y})}{\sqrt{\sum_{i=1}^{n}(x_i - \overline{x})^2}\sqrt{\sum_{i=1}^{n}(y_i - \overline{y})^2}} \tag{10-1}$$

Pearson 相关系数 $r(x, y)$ 的取值在[−1，1]区间内。当 $0 < r(x, y) \leqslant 1$ 时，称两个变量正线性相关，见图 10-2(b)；当 $-1 \leqslant r(x, y) < 0$ 时，称两个变量负线性相关，见图 10-2(c)；当 $r(x, y) = 0$ 时，称两个变量无关，见图 10-2(a)；当 $r(x, y) = 1$ 时，变量 $x, y$ 之间为完全正线性相关；当 $r(x, y) = -1$ 时，变量 $x, y$ 之间为完全负线性相关。在应用当中，按照一般经验：当 $|r(x, y)| \geqslant 0.8$ 时，认为两个变量是强相关的；当 $0.5 \leqslant |r(x, y)| < 0.8$ 时，认为两个变量中度相关；当 $0.3 \leqslant |r(x, y)| < 0.5$ 时，认为两个变量弱相关；当 $|r(x, y)| < 0.3$ 时，认为两个变量已基本不相关了。

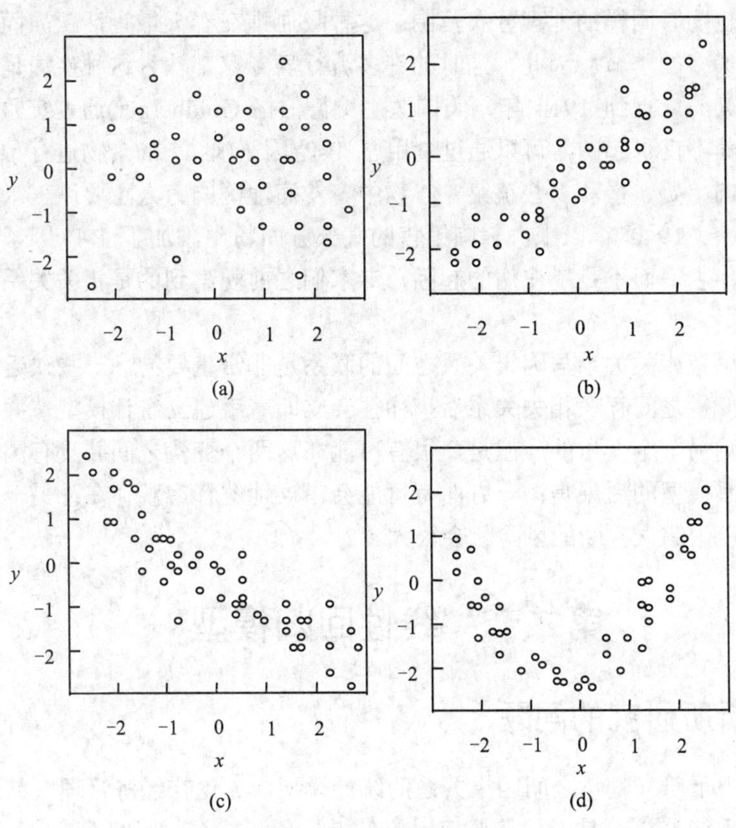


图 10-2 关于 Pearson 相关系数的示意图

需要强调的是，Pearson 相关系数主要用于测量两个变量之间的线性相关关系。在图 10-2(d)中，$x, y$ 之间明显存在某种非线性关系，而它们的 Pearson 相关系数是几乎等于 0 的。

在本书第九章第五节介绍了适用于顺序型变量的 Spearman 相关系数。在讨论数值型变量时，对于单调变化的非线性相关性度量问题，也可以转化成 Spearman 秩相关系数进行测量(参见本书第九章第五节)。

### 三、相关关系与因果关系之间的联系

在日常生活中，人们经常会根据事物之间的相关关系判断它们之间是否具有因果关系。然而在很多情况下，即使观察表明两个事物存在很强的相关关系，它们之间也可能并没有因果关系。比如在自然科学知识还不普及的偏远地方，人们往往会认为闪电是造成打雷的原因，而事实上这两者是同时发生的。所以，其实是另一种因素造成了这两个现象。

在科学研究方面也不乏类似的例子。西班牙医生长索(Casal)于 18 世纪在欧洲首次发现了糙皮病，这种病是当时造成许多贫困居民体弱多病、伤残、夭折的一个重要原因。19 世纪初这种疾病在欧洲蔓延，20 世纪头十年又在美国泛滥。流行病专家希望发现这种病的传播根源。他们通过大量的调查，发现在疾病流行的地区，患病者的家庭普遍都十分贫困，他们的生存环境极其恶劣，到处都是苍蝇。更引人注意的是专家们还发现，在欧洲有一种吸血蝇与糙皮病有同样的地理分布范围；这种吸血蝇在春天最为活跃，而这时恰恰是糙皮病发生病历最多的季节。因此，当时的许多流行病专家都认为这种疾病是传染性的，并且是由昆虫传染的。直到 1914 年，美国医生戈德伯格(Goldberger)通过实验研究证实：糙皮病是由于营养不良引起的，可以通过食用含 P-P 因子(烟酸)的食物进行预防和治疗。烟酸天然存在于肉、奶、蛋和一些蔬菜、谷物中。发病地区的穷人主要以玉米为食物，而玉米几乎不含烟酸。1940 年以来，美国销售的大部分面粉中添加了 P-P 因子。所以结论是：苍蝇与贫穷伴生，而不是糙皮病的起因，专家们之前观察到的是相关关系而不是因果关系。

能有意识地思考相关关系与因果关系之间的联系是非常重要的。一些缺乏经验的研究人员在发现两个变量之间存在相关关系后，往往会立即着手建立统计模型，并力图说明某个变量是如何影响另一个变量的。但是，很有可能在这两个变量之间并没有因果关系。而盲目使用因果关系模型的后果是：一方面有可能会错误地解释客观存在；另一方面在对未来进行预测时，产生错误判断的风险就会很大。

## 第二节 线性回归模型

### 一、回归分析所研究的问题

回归分析是用于研究变量之间因果关系的统计模型。无论在经济管理、社会科学还是在工程技术中，回归分析都是一种普遍应用的分析与预测技术。回归(regression)一词的概念是由英国生物统计学家高尔顿(Galton)首先给出的。他在人类遗传的研究中发现，高个

子的父亲基本上对应于高个子的儿子，并且在同一种族中，儿子的平均身高有回归种族平均高度的趋势。高尔顿把这一现象称为“返祖”(趋向于祖先的某种平均类型)，后来又称之为“向平均回归”。尽管现代意义下的回归分析比高尔顿的研究已经前进了很多，但是从基本概念来看，它依然是研究变量之间统计关系及其数学形式的最常用方法。

回归分析模型有很多成功的应用案例。例如：美洲航空公司发展的 RAPS 分配与计划系统，可以提供从咖啡机到起落架的超过 5000 种零件的需求预测。这些零件的保障供应对一架飞机的运行至关重要，因为零件短缺会导致航班取消，带来很高的成本。为此，美洲航空公司系统使用了回归模型，建立月度零件更新数据 $y$ 与月度飞行小时 $x$ 的回归模型，可以很快得出所有零件的月度需求预测。根据美洲航空公司的原材料管理小组的估计，使用 RAPS 每年差不多能节约 100 万美元。

下面再采用一个简单例题说明线性回归模型的应用价值[①]。

**【例 10-1】**阿蒙德比萨饼屋在美国 5 个州有连锁店。最成功的店址是在大学校园边上。经理们认为，这些饭店的季度销售额 $y$ 与学生人数 $x$ 有正的相关关系，即位于学生人数较多的校园旁边的饭店将比位于学生人数较少的校园边上的饭店实现更大的销售额。为了研究学生人数与季度销售额之间的关系，阿蒙德公司采集了 10 家位于大学校园边的饭店的数据，如表 10-2 所示，相应的散点图如图 10-3 所示。

**解** 如果以季度销售额为因变量 $y$，以学校的学生人数为自变量 $x$，要求建立线性回归模型 $\hat{y}=a+bx$，通过数据拟合计算，得到 $\hat{y}=60+5x$ (见图 10-3 中的回归直线)。在这个模型中，自变量 $x$ 前面的斜率系数 $b=5$ (是大于 0 的数值)，这说明随着学生人数的增加，季度销售额也会增加。并且，学生人数每增加 1000 人，预计销售额会增加 5000 美元。此外，如果要预测一个位于拥有 16000 个学生的校园边的饭店的季度销售额，利用这个回归模型可以算出：预计的季度销售额约为 140000 美元。

表 10-2 阿蒙德比萨饼屋的销售数据

| 饭店 | 季度销售额 $y$/千美元 | 学生人数 $x$/千人 |
|---|---|---|
| 1 | 58 | 2 |
| 2 | 105 | 6 |
| 3 | 88 | 8 |
| 4 | 118 | 8 |
| 5 | 117 | 12 |
| 6 | 137 | 16 |
| 7 | 157 | 20 |
| 8 | 169 | 20 |
| 9 | 149 | 22 |
| 10 | 202 | 26 |

① 戴维 R. 安德森. 数据、模型与决策[M]. 北京：机械工业出版社，2007.

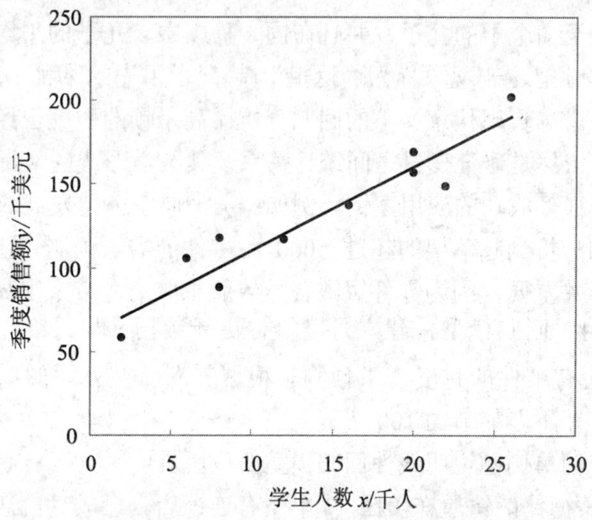


图 10-3　阿蒙德比萨饼屋的销售数据

归纳上面案例可知，回归分析就是采用量化分析的方法，研究自变量与因变量之间的统计关系。事实上，在统计关系中，通常认为因变量 $y$ 的变化可以由两方面的因素造成：一方面是系统性的因素，如果自变量是 $x$，则系统因素往往可以表达成 $x$ 的函数形式 $f(x)$；另一方面，在 $y$ 的变动中还存在大量的随机因素，它们的综合效果被记为 $\varepsilon$。随机因素 $\varepsilon$ 常常使得 $y$ 偏离函数 $f(x)$，然而又不破坏 $f(x)$ 的系统趋势。进行回归建模的目的，就是要通过对观测数据的分析，建立因变量 $y$ 与自变量 $x$ 的统计模型。这个模型能够很好地辨识数据中的系统因素 $f(x)$，并将它与随机因素项区分开来。而回归建模的目的主要有两个方面：第一，可以大致解释因变量与自变量之间的联系模式；第二，当指定自变量的数值时，可以对相应的因变量 $y$ 进行预测估计。

## 二、线性回归的总体模型



在回归分析与建模中，如果因变量与自变量之间的关系是线性关系，则称之为线性回归模型；否则，称之为非线性回归模型。

一元线性回归模型可以由下式表示出来：

$$y = \beta_0 + \beta_1 x + \varepsilon \tag{10-2}$$

式中，$\beta_0$、$\beta_1$ 为总体参数；$\varepsilon$ 是随机误差项。由于只有一个自变量，所以该模型被称为一元线性回归模型(simple linear regression)。

统计中所谓总体的概念，是指被研究对象的全体。在回归分析中提到的总体模型，是指在客观世界中，被研究的数据全体所符合的真实模型。假设在总体数据中，影响因变量 $y$ 变化的系统因素基本上可以由自变量 $x$ 以线性形式加以解释，也就是说，对所研究的全体数据，真实的总体模型可以表示成 $y$ 随 $x$ 线性变化的统计关系。若对 $y$ 和 $x$ 分别进行 $n$ 次独立观测，得到 $n$ 对观测值 $(y_i, x_i)$，$i = 1, 2, \cdots, n$。这 $n$ 对观测值之间的关系符合模型：

$$y_i = \beta_0 + \beta_1 x_i + \varepsilon_i ,\quad i = 1, 2, \cdots, n \tag{10-3}$$

式中，$\beta_0$、$\beta_1$ 作为总体回归参数，分别为回归直线的截距和斜率；$x_i$ 是自变量在第 $i$ 次观测时的取值；$y_i$ 是对应于 $x_i$ 的因变量取值；$\varepsilon_i$ 被称为随机误差项，它是一个随机变量，服从均值为零、方差为 $\sigma^2$ 的正态分布，并且对不同观测 $i \neq j$，有 $\text{cov}(\varepsilon_i, \varepsilon_j) = 0$，同时它与 $x_i$ 也不存在相关性。这些假定被称为高斯—马尔科夫假定。

上述模型就是一元线性回归的总体模型。由这个模型可以看出，在第 $i$ 次观测中，当 $x$ 的水平取 $x_i$ 时，相应的 $y_i$ 来自于一个概率分布，它的条件期望值等于

$$\mathrm{E}(y_i \mid x_i) = \beta_0 + \beta_1 x_i \tag{10-4}$$

式(10-4)说明了一个重要的统计概念：对于一个给定的 $x_i$，虽然随机变量 $y_i$ 的取值是未定的，$y_i$ 在其概率分布范围内都有可能取值，但是 $y_i$ 的平均水平 $\mathrm{E}(y_i \mid x_i)$ 却与 $x_i$ 有准确的线性关系。这就用数学的方式表达了人们在大量感性认识中所看到的所谓统计关系。

以上给出了一元线性回归模型的总体模型。然而，在大量的社会、经济、工程问题中，对于因变量 $y$ 的全面解释往往需要多个自变量的共同作用。例如，在研究某产品销售量时，它不仅与产品的价格有关，还可能与所在地区居民的收入水平及同类产品价格等多方面因素有关。

仍然记 $y$ 为因变量，当有 $p$ 个自变量 $x_1, x_2, \cdots, x_p$ 时，多元线性回归(multiple linear regression)的理论模型为

$$y = \beta_0 + \beta_1 x_1 + \cdots + \beta_p x_p + \varepsilon \tag{10-5}$$

式中，$\varepsilon$ 为随机误差，$\varepsilon \sim N(0, \sigma^2)$。

如果对 $y$ 和 $x_1, x_2, \cdots, x_p$ 分别进行 $n$ 次独立观测，取得样本 $(y_i, x_{i1}, x_{i2}, \cdots, x_{ip})$，$i = 1, 2, \cdots, n$。类似于一元线性回归模型，这 $n$ 组观测值之间的关系符合模型

$$y_i = \beta_0 + \beta_1 x_{i1} + \cdots + \beta_p x_{ip} + \varepsilon_i, \quad i = 1, 2, \cdots, n \tag{10-6}$$

并且 $\mathrm{E}(y_i \mid x_1 = x_{i1}, \cdots, x_p = x_{ip}) = \beta_0 + \beta_1 x_{i1} + \cdots + \beta_p x_{ip}$。其中，$\beta_0, \beta_1, \cdots, \beta_p$ 称为总体回归参数。

采用矩阵的写法，可以把上述线性回归模型写成矩阵形式，记为

$$\boldsymbol{Y} = \begin{pmatrix} y_1 \\ y_2 \\ \vdots \\ y_n \end{pmatrix}_{n\times 1} \quad \boldsymbol{X} = \begin{pmatrix} 1 & x_{11} & \cdots & x_{1p} \\ 1 & x_{21} & \cdots & x_{2p} \\ \vdots & \vdots & \ddots & \vdots \\ 1 & x_{n1} & \cdots & x_{np} \end{pmatrix}_{n\times(p+1)} \quad \boldsymbol{\beta} = \begin{pmatrix} \beta_0 \\ \beta_1 \\ \vdots \\ \beta_p \end{pmatrix}_{(p+1)\times 1} \quad \boldsymbol{\varepsilon} = \begin{pmatrix} \varepsilon_1 \\ \varepsilon_2 \\ \vdots \\ \varepsilon_n \end{pmatrix}_{n\times 1}$$

则用矩阵表示的线性回归模型为

$$\boldsymbol{Y}_{n\times 1} = \boldsymbol{X}_{n\times(p+1)} \boldsymbol{\beta}_{(p+1)\times 1} + \boldsymbol{\varepsilon}_{n\times 1} \tag{10-7}$$

式中，$\boldsymbol{Y}$ 为因变量观测值向量；$\boldsymbol{\beta}$ 为总体参数向量；$\boldsymbol{X}$ 为自变量观测值矩阵，它是一个 $n\times(p+1)$ 维的数据表；$\boldsymbol{\varepsilon}$ 为随机误差向量。

根据高斯—马尔科夫假定，随机向量 $\boldsymbol{Y}$ 有条件期望值

$$\mathrm{E}(\boldsymbol{Y} \mid \boldsymbol{X}) = \boldsymbol{X}\boldsymbol{\beta} \tag{10-8}$$

对于随机误差项 $\boldsymbol{\varepsilon}$，假设它是一个多元正态的、独立的随机向量，其期望值 $\mathrm{E}(\boldsymbol{\varepsilon}) = 0$，方差-协方差矩阵 $\text{cov}(\boldsymbol{\varepsilon}) = \mathrm{E}(\boldsymbol{\varepsilon}\boldsymbol{\varepsilon}^{\mathrm{T}}) = \sigma^2 \boldsymbol{I}_{n\times n}$，简写为

$$\boldsymbol{\varepsilon} \sim N(0, \sigma^2 \boldsymbol{I}_{n\times n}) \tag{10-9}$$

上式表明，这里假设随机误差项之间是互不相关的。此外，还假设随机误差项与自变量之间也是互不相关的。

对于多元线性回归模型，还有一个假定是十分重要的，这就是在自变量 $x_1, x_2, \cdots, x_p$ 之间不可以存在严重的相关性。

在经典的多元线性回归分析中，只有当总体模型服从高斯—马尔科夫假定时，有关参数估计量及各种模型检验的方法才能有效。

# 第三节　最小二乘估计方法

## 一、最小二乘估计方法的推导

如果在总体中，$y$ 和 $x_1, x_2, \cdots, x_p$ 的统计关系符合线性的正态误差模型，即对给定的 $x_1, x_2, \cdots, x_p$，有

$$y = \beta_0 + \beta_1 x_1 + \cdots + \beta_p x_p + \varepsilon$$

那么问题是：总体参数 $\beta_0, \beta_1, \cdots, \beta_p$ 是多少呢？由于无法对总体中的全部数据进行研究，只能通过一次抽样来估计 $\beta_0, \beta_1, \cdots, \beta_p$。将估计的回归参数记为 $\hat{\beta}_0 = b_0, \hat{\beta}_1 = b_1, \cdots, \hat{\beta}_p = b_p$。

对于某一次特定的抽样，对应于 $x_{i1}, x_{i2}, \cdots, x_{ip}$，$i = 1, 2, \cdots, n$，相应地，有观测值 $y_i$，$i = 1, 2, \cdots, n$。假定通过某一方法，找到了 $\beta_0, \beta_1, \cdots, \beta_p$ 的估计值 $b_0, b_1, \cdots, b_p$，则有线性估计方程为

$$\hat{y}_i = b_0 + b_1 x_{i1} + \cdots + b_p x_{ip}, \quad i = 1, 2, \cdots, n \tag{10-10}$$

对于每个给定的 $x_{i1}, x_{i2}, \cdots, x_{ip}$，$i = 1, 2, \cdots, n$，这个估计方程有一个确定的 $\hat{y}_i$ 与之对应。显而易见，$\hat{y}_i$ 往往不与实际观察值 $y_i$ 相等，而是存在着偏差 $e_i$，即

$$e_i = y_i - \hat{y}_i \tag{10-11}$$

式中，$e_i$ 也称为残差。为了刻画全部观察值 $y_i$ 与回归估计值 $\hat{y}_i$ 的偏离程度，可以考虑残差的平方和，即

$$\sum_{i=1}^{n} e_i^2 = \sum_{i=1}^{n} (y_i - \hat{y}_i)^2 = \sum_{i=1}^{n} (y_i - b_0 - b_1 x_{i1} - \cdots - b_p x_{ip})^2$$

从几何意义上看，一个好的回归方程应该能使估计偏差总的达到最小。所以，问题归结为求估计值参数 $b_0, b_1, \cdots, b_p$，使得

$$\sum_{i=1}^{n} e_i^2 = \sum_{i=1}^{n} (y_i - b_0 - b_1 x_{i1} - \cdots - b_p x_{ip})^2 \to \min \tag{10-12}$$

求解该最小值问题，可以对 $\sum_{i=1}^{n} e_i^2$ 求关于 $b_0, b_1, \cdots, b_p$ 的偏导数，并令之分别为零，从而解出 $b_0, b_1, \cdots, b_p$。这就是著名的最小二乘方法(ordinary least squares，OLS)。具体有

$$
\begin{cases}
\dfrac{\partial(\sum_{i=1}^{n} e_i^2)}{\partial b_0} = -2\sum_{i=1}^{n}(y_i - b_0 - b_1 x_{i1} - \cdots - b_p x_{ip}) = 0 \\
\dfrac{\partial(\sum_{i=1}^{n} e_i^2)}{\partial b_1} = -2\sum_{i=1}^{n}(y_i - b_0 - b_1 x_{i1} - \cdots - b_p x_{ip})x_{i1} = 0 \\
\qquad\qquad\vdots \\
\dfrac{\partial(\sum_{i=1}^{n} e_i^2)}{\partial b_p} = -2\sum_{i=1}^{n}(y_i - b_0 - b_1 x_{i1} - \cdots - b_p x_{ip})x_{ip} = 0
\end{cases}
\tag{10-13}
$$

式(10-13)通常称为正规方程组。由正规方程组可解得总体参数的最小二乘估计量 $\boldsymbol{B}_{\mathrm{LS}}$ 为

$$
\boldsymbol{B}_{\mathrm{LS}} = (\boldsymbol{X}^{\mathrm{T}}\boldsymbol{X})^{-1}\boldsymbol{X}^{\mathrm{T}}\boldsymbol{Y} \tag{10-14}
$$

特别地，对于一元线性回归模型 $y = \beta_0 + \beta_1 x + \varepsilon$，总体参数 $\beta_0$ 与 $\beta_1$ 的估计量分别等于 $b_0$ 与 $b_1$，即

$$
\begin{cases}
b_1 = \dfrac{\sum_{i=1}^{n}(x_i - \overline{x})(y_i - \overline{y})}{\sum_{i=1}^{n}(x_i - \overline{x})^2} \\
b_0 = \overline{y} - b_1\overline{x}
\end{cases}
\tag{10-15}
$$

式中，$\overline{y}$ 与 $\overline{x}$ 分别是 $y_i$ 与 $x_i$ 的样本均值，即

$$
\overline{x} = \frac{1}{n}\sum_{i=1}^{n} x_i\text{，}\quad \overline{y} = \frac{1}{n}\sum_{i=1}^{n} y_i
$$

用最小二乘方法求解得到的总体参数估计量有以下一些简单的性质。

(1) 残差和为零

残差 $e_i = y_i - \hat{y}_i$，$i = 1,2,\cdots,n$，由式(10-13)的第 1 个等式，得

$$
\sum_{i=1}^{n} e_i = \sum_{i=1}^{n}(y_i - b_0 - b_1 x_{i1} - \cdots - b_p x_{ip}) = 0 \tag{10-16}
$$

(2)拟合值 $\hat{y}_i$ 的平均值等于观测值的平均值 $\overline{y}$，即

$$
\frac{1}{n}\sum_{i=1}^{n}\hat{y}_i = \frac{1}{n}\sum_{i=1}^{n} y_i = \overline{y} \tag{10-17}
$$

这是因为根据式(10-16)，有

$$
\sum_{i=1}^{n} y_i = \sum_{i=1}^{n}(b_0 + b_1 x_{i1} + \cdots + b_p x_{ip}) = \sum_{i=1}^{n}\hat{y}_i
$$

(3) 当第 $i$ 个观测的残差以相应的自变量取值为权重时，其加权残差和等于零，即

$$
\sum_{i=1}^{n} e_i x_{ij} = 0\text{，}\quad j = 1,2,\cdots,p \tag{10-18}
$$

这个结论由式(10-13)的正规方程组即可得出。

(4) 当第 $i$ 个观测的残差以相应的因变量的拟合值为权重时，其加权残差和为零，即

$$\sum_{i=1}^{n}\hat{y}_i e_i = 0 \tag{10-19}$$

这是因为

$$\sum_{i=1}^{n}\hat{y}_i e_i = \sum_{i=1}^{n}(b_0 + b_1 x_{i1} + \cdots + b_p x_{ip})e_i = b_0\sum_{i=1}^{n}e_i + b_1\sum_{i=1}^{n}x_{i1}e_i + \cdots + b_p\sum_{i=1}^{n}x_{ip}e_i = 0$$

(5) 最小二乘回归线总是通过观测数据的重心 $(\bar{x}_1, \bar{x}_2, \cdots, \bar{x}_p, \bar{y})$。

事实上，当自变量取值为 $(\bar{x}_1, \bar{x}_2, \cdots, \bar{x}_p)$ 时，由式(10-13)的第 1 个等式，有

$$b_0 = \bar{y} - b_1\bar{x}_1 - \cdots - b_p\bar{x}_p$$

将上式带入回归方程，得到

$$\hat{y} = b_0 + b_1\bar{x}_1 + \cdots + b_p\bar{x}_p = \bar{y} - (b_1\bar{x}_1 + \cdots + b_p\bar{x}_p) + (b_1\bar{x}_1 + \cdots + b_p\bar{x}_p) = \bar{y}$$

## 二、总体参数估计量的性质

采用最小二乘法得到的总体参数估计量 $b_0, b_1, \cdots, b_p$ 有许多很好的性质，其主要的优点可以由其抽样分布与性质得到展示。

(1) $\boldsymbol{B}_{\mathrm{LS}}$ 是关于因变量 $\boldsymbol{Y}$ 的线性估计量。这一点从 $\boldsymbol{B}_{\mathrm{LS}}$ 的构造 $\boldsymbol{B}_{\mathrm{LS}} = (\boldsymbol{X}^{\mathrm{T}}\boldsymbol{X})^{-1}\boldsymbol{X}^{\mathrm{T}}\boldsymbol{Y}$ 即可看出。

(2) $\boldsymbol{B}_{\mathrm{LS}}$ 是总体参数的无偏估计量，即

$$\mathrm{E}(\boldsymbol{B}_{\mathrm{LS}}) = \mathrm{E}[(\boldsymbol{X}^{\mathrm{T}}\boldsymbol{X})^{-1}\boldsymbol{X}^{\mathrm{T}}\boldsymbol{Y}] = (\boldsymbol{X}^{\mathrm{T}}\boldsymbol{X})^{-1}\boldsymbol{X}^{\mathrm{T}}\mathrm{E}(\boldsymbol{Y}) = (\boldsymbol{X}^{\mathrm{T}}\boldsymbol{X})^{-1}\boldsymbol{X}^{\mathrm{T}}\boldsymbol{X}\boldsymbol{\beta} = \boldsymbol{\beta}$$

(3) 记 $\boldsymbol{B}_{\mathrm{LS}}$ 的协方差矩阵为 $\mathrm{cov}(\boldsymbol{B}_{\mathrm{LS}})$，则有

$$\mathrm{cov}(\boldsymbol{B}_{\mathrm{LS}}) = \sigma^2(\boldsymbol{X}^{\mathrm{T}}\boldsymbol{X})^{-1} \tag{10-20}$$

事实上，由于

$$\mathrm{cov}(\boldsymbol{B}_{\mathrm{LS}}) = \mathrm{E}[(\boldsymbol{B}_{\mathrm{LS}} - \boldsymbol{\beta})(\boldsymbol{B}_{\mathrm{LS}} - \boldsymbol{\beta})^{\mathrm{T}}]$$

而

$$\boldsymbol{B}_{\mathrm{LS}} - \boldsymbol{\beta} = (\boldsymbol{X}^{\mathrm{T}}\boldsymbol{X})^{-1}\boldsymbol{X}^{\mathrm{T}}(\boldsymbol{X}\boldsymbol{\beta} + \boldsymbol{\varepsilon}) - \boldsymbol{\beta} = (\boldsymbol{X}^{\mathrm{T}}\boldsymbol{X})^{-1}\boldsymbol{X}^{\mathrm{T}}\boldsymbol{\varepsilon}$$

因此

$$\mathrm{cov}(\boldsymbol{B}_{\mathrm{LS}}) = (\boldsymbol{X}^{\mathrm{T}}\boldsymbol{X})^{-1}\boldsymbol{X}^{\mathrm{T}}\mathrm{E}(\boldsymbol{\varepsilon}\boldsymbol{\varepsilon}^{\mathrm{T}})\boldsymbol{X}(\boldsymbol{X}^{\mathrm{T}}\boldsymbol{X})^{-1} = \sigma^2(\boldsymbol{X}^{\mathrm{T}}\boldsymbol{X})^{-1}$$

(4) 高斯—马尔科夫定理。对于总体回归模型，即式(10-7)，在 $\beta$ 的所有线性无偏估计量中，它的最小二乘估计量 $\boldsymbol{B}_{\mathrm{LS}}$ 具有最小的方差。(该结论的证明请参阅有关的参考文献。)

# 第四节　模型效果分析

## 一、为什么要进行模型效果分析

在实际工作中，对于任意给出的一组观测数据，总可以用最小二乘法求得一个关于样本的回归模型。然而，它是否确实是总体回归模型的正确估计呢？应该注意的是，一组观测数据来自一个适合线性回归模型的总体，这只是在计算前的一种假设。而只有当在总体中，$x_1, x_2, \cdots, x_p$ 与 $y$ 确实适合线性、正态误差的回归模型时，利用这个样本拟合的回归方程才是正确的；否则，就可能得到错误的结果，如图 10-4 所示。

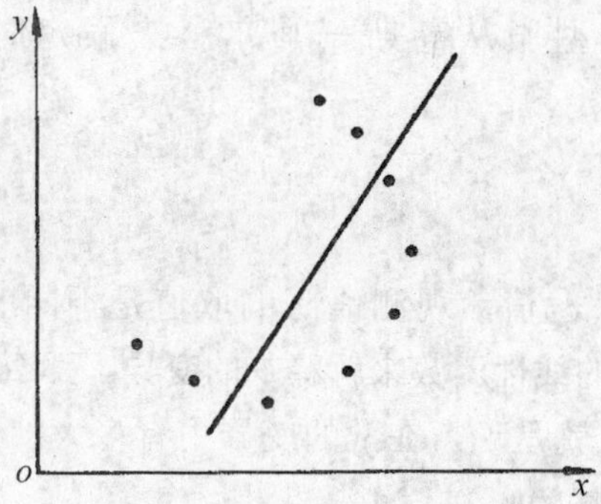

图 10-4 强行采用最小二乘法的效果示意图

在图 10-4 中，显然观测值$(x_i, y_i)$，$i=1,2,\cdots,n$，呈非线性关系。强行采用最小二乘法，也可以得到一条拟合直线，但这条直线完全不能正确表达$y$与$x$的统计关系。

因此，当根据一组观测数据得到最小二乘拟合方程后，必须考察一下，是否真的能由所得到的模型来较好地拟合观测值$y_i$，$i=1,2,\cdots n$？能否较好地反映(或者说解释)$y_i$值的取值变化？回归方程的质量如何？误差多大？对于这些问题，都必须在得到回归方程后予以正确的评估与分析。

## 二、残差的样本标准差

记残差 $e_i = y_i - \hat{y}_i$，根据式(10-16)可知，残差的样本均值为

$$\bar{e} = \frac{1}{n}\sum_{i=1}^{n} e_i = 0$$

残差的样本方差(又称均方误，以自由度为分母)为

$$\text{MSE} = \frac{1}{n-p-1}\sum_{i=1}^{n}(e_i - \bar{e})^2 = \frac{1}{n-p-1}\sum_{i=1}^{n} e_i^2 = \frac{1}{n-p-1}\sum_{i=1}^{n}(y_i - \hat{y}_i)^2 \qquad (10\text{-}21)$$

式(10-21)中的系数$(n-p-1)$被称为自由度。在计算残差平方和项$\sum_{i=1}^{n} e_i^2$的过程中，使用的数据系列$e_1, e_2, \cdots, e_n$中共有 $n$ 个元素。但是由于存在约束$\sum_{i=1}^{n} e_i = 0$和$\sum_{i=1}^{n} e_i x_{ij} = 0$，$j=1,2,\cdots,p$，见式(10-16)和式(10-18)，因而在$e_1, e_2, \cdots, e_n$中真正自由取值的元素个数只有$(n-p-1)$个，所以称$\sum_{i=1}^{n} e_i^2$有$(n-p-1)$个自由度。

一个好的拟合方程，其残差的总和应越小越好。残差越小，拟合值与观测值越接近，各观测点在拟合直线周围聚集程度越高，也就是说，拟合方程解释$y$的能力就越强。记残差的样本标准差为

$$S_e = \sqrt{\text{MSE}} = \sqrt{\frac{1}{n-p-1}\sum_{i=1}^{n} e_i^2} \qquad (10\text{-}22)$$

$S_e$又被称为估计标准误差(standard error of estimate)，当$S_e$越小时，说明残差值$e_i$的变异程度越小。由于残差的样本均值为零，所以，其离散范围越小，拟合的模型就越为精确。

可以证明，当总体模型服从高斯—马尔科夫假定时，MSE 是总体回归型中 $\sigma^2=\mathrm{var}(\varepsilon_i)$ 的无偏估计量。

## 三、测定系数

对应于不同的 $x_{i1},x_{i2},\cdots,x_{ip}$ 值，观测值 $y_i$ 的取值是不同的。建立线性回归模型的目的，就是试图以 $x_1,x_2,\cdots,x_p$ 的线性函数来解释 $y$ 的变异。那么，回归模型究竟能在多大程度上来解释 $y$ 的变异呢？也就是说，在 $y$ 的变异中有多大部分可以用这个回归方程来解释？又有多大部分是无法解释的呢？

$y_1,y_2,\cdots,y_n$ 的变异程度可采用观测数据的离差平方和来测度，即

$$\mathrm{SST}=\sum_{i=1}^{n}(y_i-\overline{y})^2 \tag{10-23}$$

根据式(10-17)，拟合值 $\hat{y}_1,\hat{y}_2,\cdots,\hat{y}_n$ 的均值也是 $\overline{y}$，其变异程度可以用下式测度：

$$\mathrm{SSR}=\sum_{i=1}^{n}(\hat{y}_i-\overline{y})^2 \tag{10-24}$$

下面看一下 SST 与 SSR 之间的关系。首先，对 $(y_i-\overline{y})$ 做一个分解，即

$$(y_i-\overline{y})=(y_i-\hat{y}_i)+(\hat{y}_i-\overline{y})$$

对该等式两边平方后，对 $i$ 求和，有

$$\sum_{i=1}^{n}(y_i-\overline{y})^2=\sum_{i=1}^{n}(y_i-\hat{y}_i)^2+\sum_{i=1}^{n}(\hat{y}_i-\overline{y})^2+2\sum_{i=1}^{n}(y_i-\hat{y}_i)(\hat{y}_i-\overline{y})$$

根据正规方程组，可以证明上述等式的最后一项为零，即

$$2\sum_{i=1}^{n}(y_i-\hat{y}_i)(\hat{y}_i-\overline{y})=0$$

因此，得到正交分解式为

$$\sum_{i=1}^{n}(y_i-\overline{y})^2=\sum_{i=1}^{n}(y_i-\hat{y}_i)^2+\sum_{i=1}^{n}(\hat{y}_i-\overline{y})^2 \tag{10-25}$$

所以，有

$$\mathrm{SST}=\mathrm{SSR}+\mathrm{SSE} \tag{10-26}$$

这里，

$\mathrm{SST}=\sum_{i=1}^{n}(y_i-\overline{y})^2$，这是原始数据 $y_i$ 的总变异平方和，其自由度为 $\mathrm{df_T}=n-1$；

$\mathrm{SSR}=\sum_{i=1}^{n}(\hat{y}_i-\overline{y})^2$，这是拟合方程可解释的变异平方和，其自由度为 $\mathrm{df_R}=p$；

$\mathrm{SSE}=\sum_{i=1}^{n}(y_i-\hat{y}_i)^2$，这是残差平方和，其自由度为 $\mathrm{df_E}=n-p-1$。

所以，还得到结论：

$$\mathrm{df_T}=\mathrm{df_R}+\mathrm{df_E} \tag{10-27}$$

从式(10-25)可以看出，$y$ 的变异是由两方面的原因引起的：一是由于 $x_1,x_2,\cdots,x_p$ 的取值不同而给 $y$ 带来的系统性变异；另一个是由除 $x_1,x_2,\cdots,x_p$ 以外的其他因素的影响，例如受随机性因素的影响等。

注意对于一个确定的样本(一组实际的观测值)，SST 是一个定值。所以，可解释变异 SSR 越大，则必然有残差部分 SSE 越小。这个分解式可同时从两个方面说明拟合方程的优良程度。

(1) SSR 越大，用回归方程来解释 $y$ 变异的部分越大，回归方程对原数据解释得越好。

(2) SSE 越小，观测值 $y_i$ 围绕回归直线越紧密，回归方程对原数据的拟合效果越好。

因此，可以定义一个测量标准来说明回归方程对原始数据的拟合程度，这就是所谓的测定系数(coefficient of determination)。测定系数是指可解释的变异占总变异的百分比，用 $R^2$ 表示，有

$$R^2 = \frac{\text{SSR}}{\text{SST}} = 1 - \frac{\text{SSE}}{\text{SST}} \tag{10-28}$$

从测定系数的定义看，$R^2$ 有以下简单性质。

(1) $0 \leqslant R^2 \leqslant 1$。

(2) 当 $R^2 = 1$ 时，有 $\text{SSR} = \text{SST}$，也就是说，此时原数据的总变异完全可以由拟合值的变异来解释，并且残差为零($\text{SSE} = 0$)，即拟合点与原数据完全吻合。

(3) 当 $R^2 = 0$ 时，回归方程完全不能解释原数据的总变异，$y$ 的变异完全由与 $x$ 无关的因素引起，这时 $\text{SSE} = \text{SST}$。

测定系数是一个很有趣的指标：一方面它可以从数据变异的角度指出可解释的变异占总变异的百分比，从而说明回归直线拟合的优良程度；另一方面可以证明：$R = \sqrt{R^2}$ 表示原始因变量 $y$ 与拟合变量 $\hat{y}$ 的相关系数。从这个角度看，原始因变量 $y$ 与拟合变量 $\hat{y}$ 的相关度越大，拟合直线的优良度就越高。

可以证明，在一元线性回归中，$R$ 就是因变量 $y$ 与自变量 $x$ 的相关系数，其正、负号与回归系数 $b_1$ 的符号相同。而在多元线性回归中，$R$ 可以表示因变量 $y$ 与自变量集合 $x_1, x_2, \cdots, x_p$ 的相关程度。因此，在多元线性回归中，又称 $R$ 为因变量 $y$ 关于自变量 $x_1, x_2, \cdots, x_p$ 的复相关系数。然而，它的符号不能由某一个自变量与因变量的回归系数来决定，因此复相关系数都取正号。

在处理实际问题中，一些缺乏经验的分析人员认为，测定系数越大，回归方程的拟合效果越好，模型的质量越高。其实并不尽然。实际上，在多元回归中，测定系数的大小与回归方程中自变量的个数有关。自变量的个数越多，测定系数的值就越大。即使单个自变量与因变量之间没有显著的线性关系，将一些毫不相关的变量引入方程后，也能增加测定系数的值。如果自变量的个数等于观测点的数目减 1(即 $p = n-1$)，那么，测定系数就一定等于 1。也就是说，所拟合的 $p = n-1$ 维回归方程一定是原始数据的完美拟合。这个道理十分简单。如果有两个观测点，一定可以过此两点拟合一条确定的直线，在这条直线上，这两个点得到了完美的拟合；而如果给出 3 个观测点，则一定可以拟合一个完美的平面，使这 3 个点都在此平面上。依此类推，如果给出空间中的 $n$ 个观测点，要拟合一个 $n-1$ 维的超平面，则这个超平面一定是这些点的完美拟合，这时的测定系数等于 1，即所有样本点都得到了无误差拟合。然而，这样一个无误差的拟合平面并不是好的回归平面，因为这样的超平面无法区别系统信息与噪声，不能真正反映出观测点的统计趋势。这样强行将所有样本点都拟合在一个高维的超平面上，当出现一个新观测点时，它的预测效果就可能非

常差。

再举一个多项式回归模型的例子，可以更容易理解上述观点。多项式回归模型的形式为

$$y=\beta_0+\beta_1 x+\beta_2 x^2+\cdots+\beta_p x^p+\varepsilon$$

显然，只要多项式的阶数足够高时，总可以得到$(x_i,y_i)$，$i=1,2,\cdots,n$的完美拟合曲线，如图 10-5 所示。

在图 10-5 中，原来的观测点基本上服从一个线性的统计趋势。取一个自变量，就可以得到一个较满意的线性回归方程，并且它具有很好的预测功能。但是，如果强行地采用一个超高阶的多项式模型，使每一个观测点都落在回归线上，拟合的效果($R^2$)虽然是100%，但是它却不再能反映数据点变化的统计规律。因此，对于新的观测点，它的预测功能也许就变得很弱了。

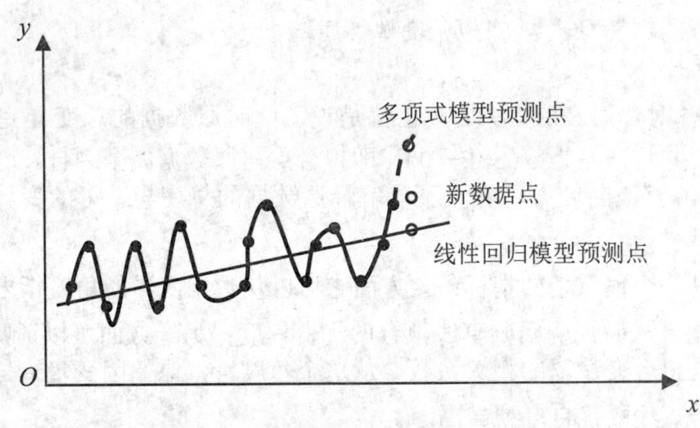


图 10-5　超高阶的多项式模型

由于上述原因，许多统计学家都主张在回归建模时，应采用尽可能少的自变量，不要盲目地追求测定系数$R^2$的提高。其实，当自变量增加时，残差项自由度就会减少($\mathrm{df}_\mathrm{E}=n-p-1$)。当$p=n-1$时，$\mathrm{df}_\mathrm{E}=0$。而自由度越小，数据的统计趋势就越不容易显现。为此，又定义了一个调整的测定系数(adjusted coefficient of determination)$\overline{R}^2$为

$$\overline{R}^2=1-\frac{\mathrm{SSE}/(n-p-1)}{\mathrm{SST}/(n-1)} \tag{10-29}$$

可见，在调整测定系数中考虑了自由度的因素。$R^2$与$\overline{R}^2$的关系是

$$\overline{R}^2=1-(1-R^2)\frac{n-1}{n-p-1} \tag{10-30}$$

从式(10-30)中可以看出当$n$很大、$p$很小时，$R^2$与$\overline{R}^2$之间的差别不是很大；但是，当$n$较小，而$p$又较大时，$\overline{R}^2$就会远小于$R^2$。

在一般的计算机软件中，常在输出中同时给出$R^2$与$\overline{R}^2$。如果它们相差过大，则应考虑减少或调整变量。

另外，有关$\overline{R}^2$的比较，还可以用于判断是否可以再增加新的变量。如果增加一个变量后，$\overline{R}^2$的改观不大，则增加这个变量的意义就不大。所以，只有当$\overline{R}^2$明显增加时，才考虑增加此变量。

# 第五节 显著性检验

## 一、回归模型的线性关系检验：*F* 检验

在拟合回归方程之前，曾经假设数据总体是符合线性正态误差模型的，也就是说，$y$ 与 $x_1, x_2, \cdots, x_p$ 之间的关系是统计意义下的线性关系，即

$$y_i = \beta_0 + \beta_1 x_{i1} + \cdots + \beta_p x_{ip} + \varepsilon_i\text{，}\quad i = 1, 2, \cdots, n$$

式中，$\varepsilon_i \sim N(0, \sigma^2)$。

然而，这种假设是否真实，还需进行检验。

对于一个实际观测的样本，虽然可以用测定系数 $R^2$ 说明 $y$ 与 $\hat{y}$ 的相关程度，但是，样本测定指标具有一定的随机因素，还不足以肯定 $y$ 与 $x_1, x_2, \cdots, x_p$ 的线性关系。

假设 $y$ 与 $x_1, x_2, \cdots, x_p$ 之间存在线性关系，则总体模型为

$$y_i = \beta_0 + \beta_1 x_{i1} + \cdots + \beta_p x_{ip} + \varepsilon_i\text{，}\quad i = 1, 2, \cdots, n$$

这个模型称为全模型。

用最小二乘法拟合全模型，并求出误差平方和为

$$\text{SSE}_{\text{全}} = \sum_{i=1}^{n} (y_i - \hat{y}_i)^2 = \text{SSE}$$

现给出假设 $H_0$：$\beta_1 = \beta_2 = \cdots = \beta_p = 0$。如果 $H_0$ 假设成立，则

$$y_i = \beta_0 + \varepsilon_i\text{，}\quad i = 1, 2, \cdots, n$$

这个模型被称为选模型。用最小二乘法拟合这个选模型，则有

$$b_1 = b_2 = \cdots = b_p = 0\text{；}\quad b_0 = \overline{y} - b_1\overline{x}_1 - \cdots - b_p\overline{x}_p = \overline{y}$$

因此，对于所有的 $i = 1, 2, \cdots, n$，有

$$\hat{y}_i \equiv \overline{y}$$

该拟合模型的误差平方和为

$$\text{SSE}_{\text{选}} = \sum_{i=1}^{n} (y_i - \overline{y})^2 = \text{SST}$$

在本章第四节中，在对总变差进行分解时，曾证明了

$$\sum_{i=1}^{n} (y_i - \overline{y})^2 = \sum_{i=1}^{n} (y_i - \hat{y}_i)^2 + \sum_{i=1}^{n} (\hat{y}_i - \overline{y})^2$$

因此，有

$$\text{SSE}_{\text{全}} \leqslant \text{SSE}_{\text{选}}$$

这就是说，全模型的误差总是小于(或等于)选模型的误差。其原因是在全模型中有较多的变量，可以更好地拟合数据。

假如在某个实际问题中，全模型的误差并不比选模型的误差小很多的话，这说明 $H_0$ 假设成立，即 $\beta_j (j = 1, 2, \cdots, p)$ 都近似于零。换句话说，当差额($\text{SSE}_{\text{选}} - \text{SSE}_{\text{全}}$)很小时，表明 $H_0$ 成立。若这个差额很大，说明增加了 $x_1, x_2, \cdots, x_p$ 的线性项后，拟合方程的误差大幅度减少，则应否定 $H_0$，认为至少有一个或者若干个的总体参数 $\beta_j$ 显著不为零。

正规检验使用的统计量是 $(\text{SSE}_{\text{选}} - \text{SSE}_{\text{全}}) = (\text{SST} - \text{SSE}) = \text{SSR}$ 的函数，为

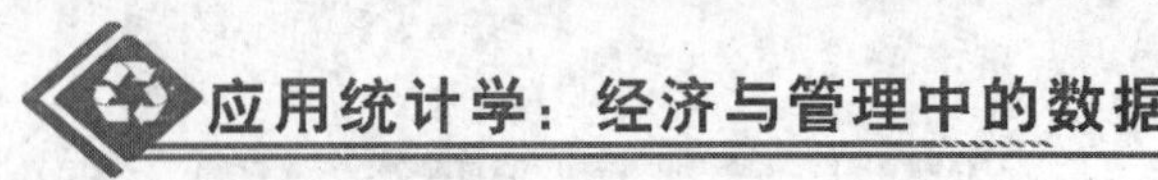


$$F=\frac{(\text{SSE}_{\text{选}}-\text{SSE}_{\text{全}})/p}{\text{SSE}_{\text{全}}/(n-p-1)}=\frac{\text{SSR}/p}{\text{SSE}/(n-p-1)} \tag{10-31}$$

可以证明，当 $\beta_1=\beta_2=\cdots=\beta_p=0$ 时，有

$$F=\frac{\text{SSR}/p}{\text{SSE}/(n-p-1)}\sim F(p,n-p-1) \tag{10-32}$$

综上所述，为了检验是否可以用 $x_1,x_2,\cdots,x_p$ 的线性回归方程来解释 $y$，可以进行下面的统计检验(称为回归分析中的 $F$ 检验)。

记 $y$ 关于 $x_1,x_2,\cdots,x_p$ 的总体回归系数为 $\beta_j(j=1,2,\cdots,p)$，则 $F$ 检验的原假设 $H_0$ 与备择假设 $H_1$ 分别是 $H_0$：$\beta_1=\beta_2=\cdots=\beta_p=0$； $H_1$：至少存在一个 $\beta_j\neq 0$ ( $j=1,2,\cdots,p$ )。

检验统计量为

$$F=\frac{\text{SSR}/p}{\text{SSE}/(n-p-1)}\sim F(p,n-p-1) \tag{10-33}$$

对于检验水平 $\alpha$，查 $F$ 分布表，得到拒绝域的临界值 $F_\alpha(p,n-p-1)$。决策准则为：若 $F\leqslant F_\alpha(p,n-p-1)$，则不能拒绝 $H_0$ 假设，这时认为 $\beta_j(j=1,2,\cdots,p)$ 几乎都等于零，无法用 $x_1,x_2,\cdots,x_p$ 的线性模型来解释 $y$；若 $F>F_\alpha(p,n-p-1)$，则否定 $H_0$，认为至少存在一个 $\beta_j\neq 0$ 显著不为零，因此可以用 $x_1,x_2,\cdots,x_p$ 的某种线性模型来解释 $y$。习惯上人们常说：线性回归方程的 $F$ 检验通过了。

一般地，回归方程的假设检验包括两个方面：一个是对模型的检验，即检验自变量与因变量之间的关系能否用一个线性模型来表示，这是由 $F$ 检验来完成的；另一个检验是关于回归参数的检验，即当模型检验通过以后，还要具体检验每一个自变量对因变量的影响程度是否显著，这就是下面要讨论的 $t$ 检验。在一元线性回归分析中，由于自变量的个数只有一个，这两种检验是统一的，它们的效果完全是等价的。但是，在多元线性回归分析中，这两个检验的意义是不同的。从逻辑上说，一般常在 $F$ 检验通过后，再进一步进行 $t$ 检验。

## 二、回归参数的检验：*t* 检验

回归参数的检验是考察每一个自变量的影响是否显著。换句话说，就是要检验每一个总体参数是否显著不为零。

在介绍最小二乘方法时已经指出，如果随机误差项满足高斯—马尔科夫假定，即

$$\boldsymbol{\varepsilon}\sim N(0,\sigma^2\boldsymbol{I})$$

则最小二乘估计量 $\boldsymbol{B}_{\text{LS}}$ 服从正态分布，它是总体参数 $\boldsymbol{\beta}$ 的无偏估计量，即

$$\text{E}(\boldsymbol{B}_{\text{LS}})=\boldsymbol{\beta}$$

它的协方差矩阵是

$$\text{cov}(\boldsymbol{B}_{\text{LS}})=\sigma^2(\boldsymbol{X}^{\text{T}}\boldsymbol{X})^{-1}$$

若记

$$\boldsymbol{C}=(\boldsymbol{X}^{\text{T}}\boldsymbol{X})^{-1}=\begin{pmatrix} c_{11} & \cdots & c_{1p} \\ \vdots & \ddots & \vdots \\ c_{p1} & \cdots & c_{pp} \end{pmatrix} \tag{10-34}$$

则有

$$\mathrm{E}(b_j)=\beta_j;\quad \mathrm{var}(b_j)=\sigma^2 c_{jj}$$

由于$\sigma^2$是未知的，可以用它的无偏估计量 MSE 来替代。因此，得到$\mathrm{var}(b_j)$的样本估计量为

$$S_{b_j}^2=\mathrm{MSE}\cdot c_{jj} \tag{10-35}$$

在$F$检验中，指出了$y$与$x_1,x_2,\cdots,x_p$之间是否存在线性形式的模型关系。而$t$检验则是针对每一个自变量$x_j$，检验它的总体参数$\beta_j$是否显著为零。在正常情况下，如果总体参数$\beta_j$显著为零，说明自变量$x_j$对$y$无显著的解释能力，可以考虑从模型中删除$x_j$。因此，对总体参数$\beta_j$，$t$检验的原假设和备择假设是

$$H_0\text{：}\ \beta_j=0;\quad H_1\text{：}\ \beta_j\neq 0$$

检验统计量为

$$t_j=\frac{b_j}{S_{b_j}}\sim t(n-p-1) \tag{10-36}$$

在 $H_0$ 成立时，检验统计量$t_j$服从自由度为$(n-p-1)$的$t$分布。根据检验水平$\alpha$，查$t$分布表，得到拒绝域的临界值$t_{\alpha/2}(n-p-1)$。决策准则为若$|t_j|\leqslant t_{\alpha/2}(n-p-1)$，则不能拒绝 $H_0$ 假设，一般认为$\beta_j$显著为零；若$|t_j|>t_{\alpha/2}(n-p-1)$，则否定 $H_0$，认为$\beta_j$显著不为零。

当拒绝 $H_0$ 时，认为总体参数$\beta_j$显著不为零，也就是说自变量$x_j$可以以显著的线性形式来解释$y$。习惯上常说：回归方程总体参数的$t$检验通过了。

# 第六节　变量筛选方法

在实际工作中使用过多元回归分析的人都知道，用回归建模首先遇到的难题，就是选择哪些变量作为因变量$y$的解释变量。在选择自变量时，一方面希望尽可能不遗漏重要的解释因素；另一方面，又要遵循参数节省原则，使自变量的个数尽可能少。因为当自变量过多时，模型计算复杂，且往往会扩大估计方差，降低模型精度。

在确定自变量系统时，一是采用穷举法，列出所有可能的自变量；再根据自变量的不同组合，选择最合适的模型。由于每个变量都有可能被选用或不被选用，所以穷举法要拟合与比较的方程个数为$2^p$($p$为所有可能的自变量的个数)。

当备选的自变量数目很大时，采用穷举法就完全不现实了。因此，在近几十年间，又发展了一些更有效的变量筛选方法，其中最广为人知的有向后删除变量法、向前选择变量法与逐步回归法。

## 一、向后删除变量法

向后删除变量法(backward elimination)在算法的起步，所有的自变量都被包含在模型之中。然后，依次对每一个自变量做$t$检验。如果所有的自变量都通过了$t$检验，则计算停止，所有自变量被包含在模型之中。如果有若干自变量未能通过$t$检验，则首先选择$t$绝对值最小的自变量，将它从模型中删除。

接着，用剩下的$p-1$个自变量拟合一个线性回归模型。然后，重新对模型中的每一个自变量进行$t$检验。在没有通过检验的自变量中，再选择$t$的绝对值最小者，将它从模型中删除。

重复以上步聚，直到模型中包含的所有自变量都能通过$t$检验，则算法终止。

## 二、向前选择变量法

向前选择变量法(foreword selection)在起始时，模型中没有任何变量。然后，分别考虑$y$与每一个自变量的一元线性回归模型。对所有$p$个模型的回归系数进行$t$检验。在通过$t$检验的变量中，选择$t$的绝对值最高者作为第1个进入模型的自变量(不妨记为$x_1$)。

然后，将剩下的($p-1$)个变量分别与$x_1$联合做二元线性回归模型，并进行$t$检验。如果至少有一个$x_j$ ($x_j \neq x_1$)通过了$t$检验，则在所有通过$t$检验的变量中，选择$t$的绝对值最大者作为第2个被选的自变量，进入模型(不妨记为$x_2$)。

继续上述步骤，直到在模型之外的自变量均不能通过$t$检验，则算法停止。

## 三、逐步回归法

逐步回归法(stepwise regression)是应用人员最常选用的变量筛选方法。它是向前选择变量法和向后删除变量法的一种结合。在向前选择变量法中，一旦某个自变量被选入模型，它就永远留在模型之中。然而，随着其他变量的引入，由于变量之间互相传递的相关关系，一些进入模型的自变量的解释作用可能会变得不再显著。而对于向后删除变量法，一旦某个自变量被删除后，它就永远被排斥在模型之外。但是，随着其他变量的被删除，它对$y$的解释作用也可能会显著起来。

所以，逐步回归法采取边进边退的方法。对于模型外部的变量，只要它还可以提供显著的解释信息，就可以再次进入模型；而对于已在模型内部的变量，只要它的$t$检验不能通过，则还可能从模型中被删除。

模型的起始与向前选择变量法一样。首先，求$y$与每一个$x_j$的一元线性回归方程。对所有的这$p$个模型进行$t$检验。在通过$t$检验的变量中，选择$t$的绝对值最大者作为第1个进入模型的自变量(不妨记为$x_1$)。然后，将剩下的($p-1$)个变量分别与$x_1$联合做二元线性回归模型，并进行$t$检验。在所有通过$t$检验的变量中，选择$t$的绝对值最大者作为第2个被选的自变量，进入模型(不妨记为$x_2$)。

再将模型外的($p-2$)个自变量分别与$x_1$、$x_2$联合做三元线性回归模型，并进行$t$检验。在通过$t$检验的变量中，选择$t$绝对值最大者进入模型。然后，对所确定模型中的3个自变量分别进行$t$检验，如果3个自变量都通过$t$检验，则接着选择第4个变量。但如果有某一个变量没有通过$t$检验，则将其从模型中删除。

重复上述步骤，直到所有模型外的变量都不能通过$t$检验，则算法终止。为了避免变量的进出循环，一般取$t$检验拒绝域的临界值为

$$t_{进} > t_{出}$$

式中，$t_{进}$为选入变量时的临界值；$t_{出}$为删除变量时的临界值。在大多数标准的统计软件中都有逐步回归的程序。$t_{进}$和$t_{出}$的检验水平值可以自定，也可以是备选的。常见的检验

水平值为$\alpha_{进}=0.05$，$\alpha_{出}=0.10$。

# 第七节　残 差 分 析

## 一、残差分析的基本原理

残差分析是回归分析应用中的一个重要技术。它在一元线性回归中的应用最具代表性。当然，类似的性质也可以拓展到多元线性回归模型中去。在一元线性回归模型中，曾指出总体模型为

$$y_i=\beta_0+\beta_1 x_i+\varepsilon_i\text{，}\quad i=1,2,\cdots,n$$

式中，随机误差项$\varepsilon_i$服从正态分布，其均值为 0，方差为常量$\sigma^2$，并且$\varepsilon_i\,(i=1,2,\cdots,n)$是相互独立的。那么对于一组实际数据，如何判断误差项$\varepsilon_i$是否服从上述的假设条件呢？或者问：在$\varepsilon_i$中是否还存在任何其他的系统因素呢？

总体模型中的$\varepsilon_i$是无法知道的，但是可以用$\hat{e}_i$作为$\varepsilon_i$的样本估计量，即

$$\hat{e}_i=y_i-\hat{y}_i$$

前面已经提到残差的一些基本性质，例如

$$\bar{e}=\frac{1}{n}\sum_{i=1}^{n}\hat{e}_i=0\text{ ，}\quad \mathrm{var}(\hat{e}_i)=\frac{1}{n-2}\sum_{i=1}^{n}(\hat{e}_i-0)^2=S_e^2$$

因此，定义标准化残差为$e_i^*$，如果总体模型中关于$\varepsilon_i$的假设成立，则$e_i^*$渐进服从标准正态分布，即

$$e_i^*=\frac{\hat{e}_i-0}{S_e}\underset{n\to\infty}{\sim}N(0,1)\tag{10-37}$$

因此，有$P(|e_i^*|<2)=0.9545$。也就是说，有 95.45%的把握认为标准化残差值$e_i^*$是在(−2，2)之间随机分布的。于是，以$x_i$为横坐标，以$e_i^*$为纵坐标，将数据$(x_i,e_i^*)$标在平面图上，就可以绘制出标准化残差图。

## 二、残差分析的几个主要内容

根据标准化残差图，可以对随机误差项$\varepsilon_i$的统计性质做出直观推断。

比如，若数据点$(x_i,e_i^*)$，$i=1,2,\cdots,n$，在(−2, 2)区间内随机分布，则说明对总体模型中有关正态误差的假设是正确的，因而推断回归方程的拟合是良好的。

若数据点$(x_i,e_i^*)$，$i=1,2,\cdots,n$，中有许多点落在(−2, 2)区间之外，或者残差点的排列出现系统性的变化规律，这时误差项$\varepsilon_i$不再服从正态分布$N(0,\sigma^2)$，并且在$\varepsilon_i$中除随机误差之外，还含有一定的系统因素。产生这类现象的原因有很多，诸如：回归方程的形式选择不当(例如不是线性模型)；方程中缺失了一些至关重要的解释变量；误差项$\varepsilon_i$不服从同方差假设，即$\mathrm{var}(\varepsilon_i)$随$x_i$的取值不同而有所变化；在样本数据中，存在个别远离总体回归趋势的异常观测值；或者在$\varepsilon_i\,(i=1,2,\cdots,n)$中存在自相关现象，等等。在上述情形下，有关一元线性回归模型的总体假设不再成立，因而对最小二乘回归模型的计算结果也应该持慎重态度。

# 第八节　案例分析与统计软件应用

## 一、一元线性回归建模与 Excel 软件应用

下面以例 10-2 中阿蒙德比萨饼屋的数据，较详细地分析饭店的季度销售额 $y$ (单位：千美元)与学生人数 $x$ (单位：千人)之间的关系。阿蒙德公司采集的 10 家位于大学校园边的饭店的数据如表 10-2 所示。

下面将采用 Excel 2003 软件进行计算。

第 1 步：为了使该软件具备线性回归的功能，首先要选择【工具】|【加载宏】命令，并在【加载宏】对话框中选择【分析工具库】选项，如图 10-6 所示。于是在【工具】菜单中就会出现【数据分析】命令。

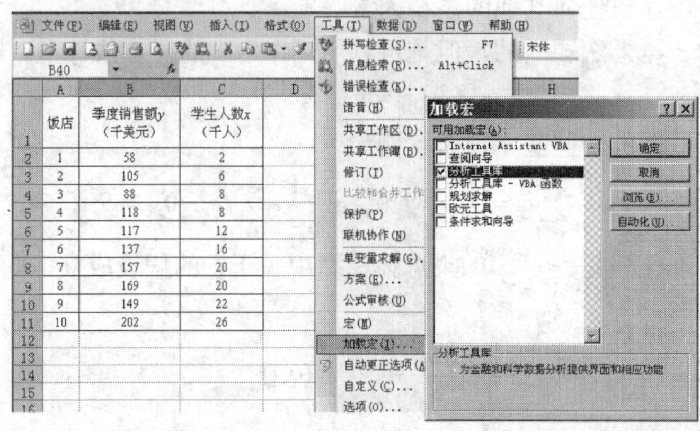


图 10-6　安装“数据分析”加载宏

第 2 步：将表 10-2 中的数据输入到 Excel 表中。选择【工具】|【数据分析】命令，然后在【数据分析】对话框中选择【回归】选项，如图 10-7 所示。

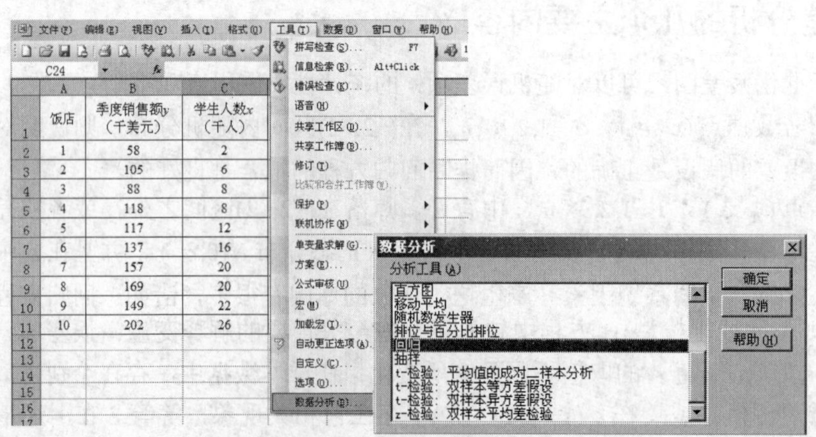


图 10-7　进入 Excel 回归的过程图

第 3 步：在【回归】对话框的【输入】选项组中，分别将季度销售额 $y$ 与学生人数 $x$

输入到【Y 值输入区域】和【X 值输入区域】；然后在【输出选项】选项组中，选中【新工作表组】单选按钮。此外，在回归建模的输入界面，还允许选择【残差】、【标准残差】、【残差图】和【线性拟合图】，并且还可以选择【正态概率图】，如图 10-8 所示。

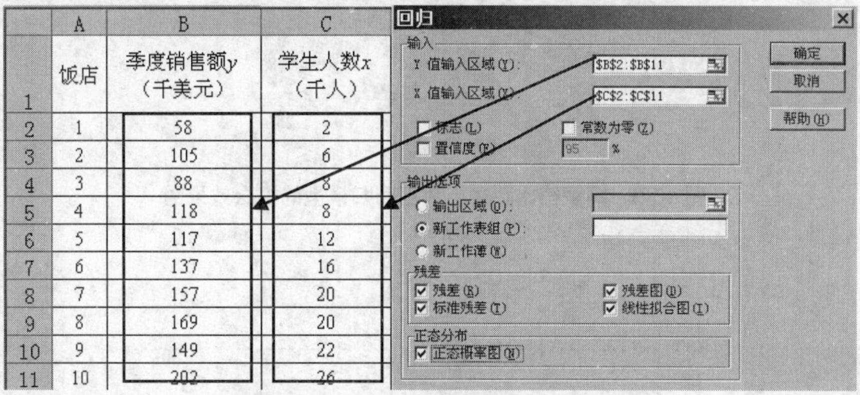

| | A | B | C |
|---|---|---|---|
| 1 | 饭店 | 季度销售额$y$（千美元） | 学生人数$x$（千人） |
| 2 | 1 | 58 | 2 |
| 3 | 2 | 105 | 6 |
| 4 | 3 | 88 | 8 |
| 5 | 4 | 118 | 8 |
| 6 | 5 | 117 | 12 |
| 7 | 6 | 137 | 16 |
| 8 | 7 | 157 | 20 |
| 9 | 8 | 169 | 20 |
| 10 | 9 | 149 | 22 |
| 11 | 10 | 202 | 26 |

回归
输入
Y 值输入区域(Y): $B$2:$B$11
X 值输入区域(X): $C$2:$C$11
确定
取消
帮助(H)
标志(L)
常数为零(Z)
置信度(F) 95 %
输出选项
输出区域(O):
新工作表组(P):
新工作薄(W)
残差
残差(R)
残差图(D)
标准残差(T)
线性拟合图(I)
正态分布
正态概率图(N)

图 10-8　Excel 回归建模操作示意图

从计算的输出结果看，可以得到以下一元线性回归分析的结论。

(1) 模型的测定系数(R Square)为$R^2 = 0.9027$。

(2) 在方差分析表中，分别给出$\mathrm{SSR} = 14200$，$\mathrm{SSE} = 1530$，$\mathrm{SST} = 15730$。从而计算出该线性回归模型的 $F$ 检验统计量等于 74.24837，而相应的 $P$-value(在 Excel 输出中称为 Significance F)等于$2.55\mathrm{E}-05$。因此，该模型通过了 $F$ 检验。

(3) 在回归系数(coefficient)表中，给出了该回归模型的截距(intercept)为$b_0 = 60$；斜率$(x)$为$b_1 = 5$。所以得到的回归模型为

$$\hat{y} = 60 + 5x$$

前面曾经解释过在这个模型中，自变量$x$前面的斜率系数$b = 5$(是大于 0 的数值)，这说明随着学生人数的增加，季度销售额也会增加。并且，学生人数每增加 1000 人，预计销售额会增加 5000 美元。此外，如果要预测一个位于拥有 16000 个学生的校园边的饭店的季度销售额，利用这个回归模型可以算出：预计的季度销售额约为 140000 美元。

(4) 在回归系数(coefficient)表中，还分别给出了$b_0$、$b_1$的标准误差：$S_{b_0} = 9.226035$，$S_{b_1} = 0.580265$。如果要对自变量$x$进行$t$检验，可知

$$t = \frac{b_1}{S_{b_1}} = 8.616749$$

与之相应的$P$-value 等于$2.55\mathrm{E}-05$。因此，自变量$x$通过了$t$检验。

(5) 该问题的一元线性回归模型的拟合效果图如图 10-9 所示。

从图 10-9 可以看出，观测值基本上在回归线的附近，整个模型的残差非常小。

(1) 在 Excel 软件中，一般只是自动给出残差图。而为了得到标准化残差图，可以采用经过计算得到的标准化残差数据为纵轴，用自变量$x$为横轴，自行绘制标准化残差图，如图 10-10 所示。

在图 10-10 中，所有观测点都在(−2，2)区间内随机分布，所以从模型的残差图上看，

模型的拟合效果也是很好的。

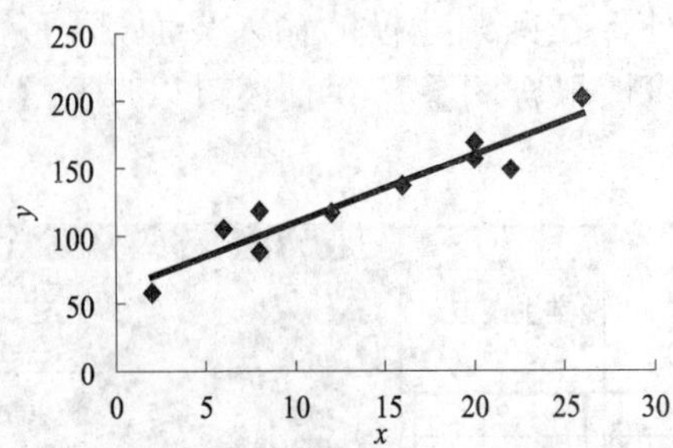


图 10-9 阿蒙德比萨饼屋数据回归模型的拟合效果图

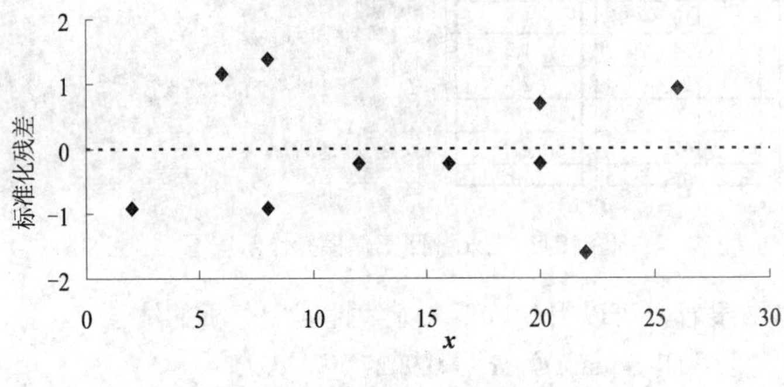


图 10-10 标准化残差图

(2) 在 Excel 的软件中，还可以通过绘制正态概率图(normal probability plot)对因变量 $y$ 是否服从正态分布进行检验。该图主要应用了正态概率纸的原理，即：首先将观测数据 $y_1, y_2, \cdots, y_n$ 按照由小到大的次序排列，得到 $y_{(1)} \leqslant y_{(2)} \leqslant \cdots \leqslant y_{(n)}$。如果该样本来自一个正态分布，则对应于 $y_{(i)}$，可以得到其分布函数的估计值 $F(y_{(i)})$。然后，再以数对 $(F(y_{(i)}), y_{(i)})$ 为坐标值绘图。如果在图中所绘制的点基本上散布在一条直线附近，则可以粗略地说，$y$ 的样本数据来自一个正态分布。而且样本容量愈大，所得的结论就愈可靠。



在 Excel 软件中，采用如下公式计算 $F(y_{(i)})$：

$$F(y_{(i)}) = \frac{i - 1/2}{n}, \ i = 1, 2, \cdots, n \tag{10-38}$$

在实际绘图时，则采用 $F(y_{(i)}) \times 100$ 作为横坐标，称之为百分比排位(sample percentile)。例 10-2 的正态概率图如图 10-11 所示。

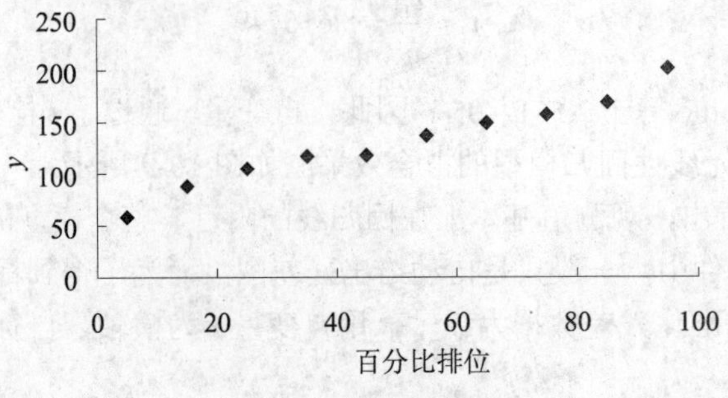


图 10-11 正态概率图

在图 10-11 中，所有数据点都基本分布在一条直线的附近，由此可以判断出因变量 $y$ 大致服从假设的正态分布。

## 二、多元线性回归建模与 SPSS 软件应用

下面再通过一个例子，来简单说明如何使用 SPSS 软件进行多元线性回归建模，软件版本为 PASW Statistics 18。

在 SPSS 软件中选择 Analyze | Regression | Linear 命令，打开 Linear Regression 对话框，把有关的自变量选入 Independents，把因变量选入 Dependent，然后单击 OK 按钮即可。如果自变量有多个(多元回归模型)，只要都选入就行。输出的结果主要包括：回归系数、$R^2$、$F$ 检验的结果、$t$ 检验结果，等等。如果要进行变量筛选，可以在 Linear Regression 对话框的 Method 下拉列表框中选择 Enter(向前选择变量法)、Backward(向后删除变量法)，或 Stepwise(逐步回归法)等选项，如图 10-12 所示。

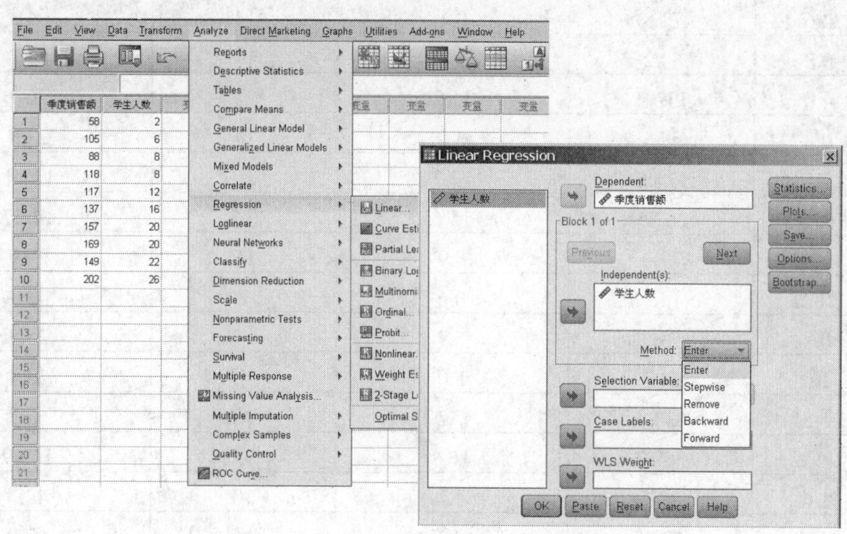


图 10-12 SPSS 回归建模操作过程图

【例 10-2】一家大型商业银行在多个地区设有分行，其业务主要是进行基础设施建设、重点项目建设、固定资产投资等项目的贷款。近年来，该银行的贷款额平稳增长，但是不良贷款也有较大比例的提高。为了弄清楚不良贷款形成的原因，该银行希望利用一些业务数据做些定量分析。表 10-3 是在此项研究中使用的变量名称；表 10-4 给出了该银行所属的 25 家分行在 2002 年的有关业务数据①。

表 10-3 变量名表

| | |
|---|---|
| $y$：不良贷款(亿元) | $x_3$：贷款项目个数(个) |
| $x_1$：各项贷款余额(亿元) | $x_4$：本年固定资产投资额(亿元) |
| $x_2$：本年累计应收贷款(亿元) | |

① 贾俊平. 统计学[M]. 北京：清华大学出版社，2006.

表 10-4　原始数据表

| 分行编号 | 不良贷款/亿元 | 各项贷款余额/亿元 | 本年累计应收贷款/亿元 | 贷款项目个数/个 | 本年固定资产投资额/亿元 |
|---|---|---|---|---|---|
| 1 | 0.9 | 67.3 | 6.8 | 5 | 51.9 |
| 2 | 1.1 | 111.3 | 19.8 | 16 | 90.9 |
| 3 | 4.8 | 173.0 | 7.7 | 17 | 73.7 |
| 4 | 3.2 | 80.8 | 7.2 | 10 | 14.5 |
| 5 | 7.8 | 199.7 | 16.5 | 19 | 63.2 |
| 6 | 2.7 | 16.2 | 2.2 | 1 | 2.2 |
| 7 | 1.6 | 107.4 | 10.7 | 17 | 20.2 |
| 8 | 12.5 | 185.4 | 27.1 | 18 | 43.8 |
| 9 | 1.0 | 96.1 | 1.7 | 10 | 55.9 |
| 10 | 2.6 | 72.8 | 9.1 | 14 | 64.3 |
| 11 | 0.3 | 64.2 | 2.1 | 11 | 42.7 |
| 12 | 4.0 | 132.2 | 11.2 | 23 | 76.7 |
| 13 | 0.8 | 58.6 | 6.0 | 14 | 22.8 |
| 14 | 3.5 | 174.6 | 12.7 | 26 | 117.1 |
| 15 | 10.2 | 263.5 | 15.6 | 34 | 146.7 |
| 16 | 3.0 | 79.3 | 8.9 | 15 | 29.9 |
| 17 | 0.2 | 14.8 | 0.6 | 2 | 42.1 |
| 18 | 0.4 | 73.5 | 5.9 | 11 | 25.3 |
| 19 | 1.0 | 24.7 | 5.0 | 4 | 13.4 |
| 20 | 6.8 | 139.4 | 7.2 | 28 | 64.3 |
| 21 | 11.6 | 368.2 | 16.8 | 32 | 163.9 |
| 22 | 1.6 | 95.7 | 3.8 | 10 | 44.5 |
| 23 | 1.2 | 109.6 | 10.3 | 14 | 67.9 |
| 24 | 7.2 | 196.2 | 15.8 | 16 | 39.7 |
| 25 | 3.2 | 102.2 | 12 | 10 | 97.1 |

解　使用 SPSS 软件，并选用逐步回归法(Stepwise)进行变量筛选，得到以下的主要计算结果。

(1) 模型质量的汇总分析。

表 10-5 给出了两个回归模型的质量的汇总分析结果。

表 10-5　模型汇总分析

| Model | R | R Square | Adjusted R Square | Std. Error of the Estimate |
|---|---|---|---|---|
| 1 | 0.844(a) | 0.712 | 0.699 | 1.97995 |
| 2 | 0.872(b) | 0.761 | 0.739 | 1.84279 |

a　Predictors：(Constant)，各项贷款余额

b　Predictors：(Constant)，各项贷款余额，本年度固定资产投资额

表 10-5 指出，在计算过程中，得到的第一个模型是一元线性回归模型，模型中被选用的自变量是各项贷款余额。该模型的测定系数(R Square)为 $R^2=0.712$，估计标准误差(Std. Error of the Estimete)等于 1.97995。而第二个模型则是一个二元线性回归模型，自变量是各项贷款余额以及本年度固定资产投资额。该模型的测定系数为 $R^2=0.761$，调整的测定系数(Adjusted R Square)为 0.739，估计标准误差等于 1.84279。

表 10-6 是方差分析表。它分别给出上述 2 个模型的 $F$ 检验的结果。以第一个模型为例，计算得到(见表中第一个模型的第一列数据)：$\text{SSR}=222.486$，$\text{SSE}=90.164$，以及 $\text{SST}=312.650$。这三个统计量的自由度(df)分别为 1，23，24。由此计算出 $\text{MSR}=\text{SSR}/1=222.486$，$\text{MSE}=\text{SSE}/23=3.920$。综上所述，得到模型检验的 $F$ 检验值为 $\text{MSR}/\text{MSE}=56.754$，而相应 $F$ 检验的 $P$ 值(Sig.)为 0.000。所以该模型通过 $F$ 检验。同理可知，第二个模型也通过了 $F$ 检验。

表 10-6 方差分析表

| Model | SS | Sum of Squares | df | Mean Square | F | Sig. |
|---|---|---|---|---|---|---|
| 1 | Regression | 222.486 | 1 | 222.486 | 56.754 | .000[a] |
| | Residual | 90.164 | 23 | 3.920 | | |
| | Total | 312.650 | 24 | | | |
| 2 | Regression | 237.941 | 2 | 118.971 | 35.034 | .000[b] |
| | Residual | 74.709 | 22 | 3.396 | | |
| | Total | 312.650 | 24 | | | |

a Predictors：(Constant)，各项贷款余额

b Predictors：(Constant)，各项贷款余额，本年度固定资产投资额

c Dependent Variable：不良贷款

(2) 回归系数以及相应的 $t$ 检验。

表 10-7 给出回归模型中的系数，以及相应的 $t$ 检验的情况。

在表 10-7 中的第 1 列数据可以看出，第一个回归模型的形式为

$$\hat{y}=-0.830+0.038x_1$$

在该模型中，$b_1$等于0.038，$S_{b_1}$ (Stol Error)为 0.005，由此得到相应的 $t$ 检验统计量(t)等于 7.534，而与之对应的 $P$ 值(Sig)为 0.000。因此，该变量的 $t$ 检验通过。

表 10-7 回归系数以及相应的 $t$ 检验的情况

| Model | | Unstandardized Coefficients | | Standardized Coefficients | t | Sig |
|---|---|---|---|---|---|---|
| | | B | Std. Error | Beta | | |
| 1 | Constant | −0.830 | 0.723 | | −1.147 | 0.263 |
| | 各项贷款余额 $x_1$ | 0. 038 | 0.005 | 0.844 | 7.534 | 0.000 |
| 2 | Constant | −0.443 | 0.697 | | −0.636 | 0.531 |
| | 各项贷款余额 $x_1$ | 0. 050 | 0.007 | 1.120 | 6.732 | 0.000 |
| | 本年度固定资产投资额 $x_4$ | −0.032 | 0.015 | −0.355 | −2.133 | 0.044 |

而如果数据在回归建模之前就进行了标准化处理，则得到的模型不含常量项。该模型的回归系数为(Standardized Coefficients)为 $b_0=0$，$b_1=0.844$，所以模型为

$$\hat{y}=0.844x_1$$

在表 10-7 中，第二个模型的形式为

$$\hat{y}=-0.443+0.050x_1-0.032x_4$$

同理，$x_1$ 与 $x_4$ 的 $t$ 检验统计量(t)分别等于 6.732 和−2.133，而与之对应的 $P$ 值(Sig)分别为 0.000 和 0.044。因此，这两个变量的 $t$ 检验都是通过的。

从这个模型的计算结果看，各项贷款余额显然是影响不良贷款增加的一个重要因素。然而，值得注意的是在第二个模型中，对本年度固定资产投资额变量作用的解释却是很困难的。从模型来看，似乎增加本年度固定资产投资额，可以使不良贷款额下降，这显然与人们的一般认识不相符合。为了探究这一现象，在表 10-8 中给出所涉及的 3 个变量之间的 Pearson 相关系数。

表 10-8　3 个变量之间的 Pearson 相关系数

| 变量＼变量 | 不良贷款/亿元 | 各项贷款余额/亿元 | 本年固定资产投资额/亿元 |
|---|---|---|---|
| 不良贷款/亿元 | 1 | 0.8436 | 0.5185 |
| 各项贷款余额/亿元 | 0.8436 | 1 | 0.7797 |
| 本年固定资产投资额/亿元 | 0.5185 | 0.7797 | 1 |

从表 10-8 中可以看出，如果直接计算本年度固定资产投资额与不良贷款之间的 Pearson 相关系数 $r(y,x_4)$，它等于 0.5185。也就是说，这两个变量是正相关的。但是，在二元线性回归模型中，$x_4$ 之前的系数却是负的 0.032。换句话说，变量 $x_4$ 在模型中的回归系数是与相关系数 $r(y,x_4)$ 反号的。究其原因，这种现象很可能是由于 $x_1$ 与 $x_4$ 之间存在较强的相关性所造成的($x_1$ 与 $x_4$ 之间的相关系数等于 0.7797)。

这个例子告诉我们，在对多元回归模型进行解释时，一定要十分慎重，决不能直接根据计算结果就给出某些断言。有关这方面的问题，还将在本章的第十二节做更进一步的讨论。

## 第九节　虚拟自变量的回归

在多元线性回归模型中，允许在自变量集合中包含定性自变量。最简单的定性变量是虚拟变量(dummy variable)。当 $x$ 是虚拟变量时，它的取值只有两个数值：0 或 1。例如 $x$ 如果是性别变量，则可以令 $x=0$ 表示女性；令 $x=1$ 表示男性。下面采用一个例题来说明采用虚拟自变量进行回归建模的过程。①

**【例 10-3】**在研究某单位雇员的工资收入水平时，考虑它主要和两个因素有关。一个是雇员的工作年限；另一个是雇员的性别。如果在该单位随机抽取 10 个雇员，得到数据

① 贾俊平. 统计学[M]. 北京：清华大学出版社，2006.

表如表 10-9 所示。

表 10-9 某单位雇员的工作收入等情况

| 月工资收入(y)/元 | 工作年限($x_1$)/年 | 虚拟变量($x_2$) | 性别 |
|---|---|---|---|
| 2800 | 2 | 1 | 男 |
| 3000 | 6 | 0 | 女 |
| 4800 | 8 | 1 | 男 |
| 1800 | 3 | 0 | 女 |
| 2800 | 2 | 1 | 男 |
| 4900 | 7 | 1 | 男 |
| 4200 | 9 | 0 | 女 |
| 4800 | 8 | 0 | 女 |
| 4400 | 4 | 1 | 男 |
| 4500 | 6 | 1 | 男 |

**解** 首先建立一个一元线性回归模型，因变量是雇员工资 $y$，自变量是雇员的工作年限 $x_1$。经过回归分析后，得到模型如下：

$$\hat{y} = 2147.27 + 304.13x_1$$

该模型的拟合优度不高，为 $R^2 = 0.53$；$F$ 检验统计量等于 9.17($P$ 值等于 0.0163)，所以模型的 $F$ 检验是通过的。模型结果表明：雇员的工作年限显著影响他们的工资水平。但是，这个模型的拟合水平确实不很理想。

于是，再建立一个二元线性回归模型：因变量是雇员工资 $y$，自变量是雇员的工作年限 $x_1$，以及雇员的性别 $x_2$。性别变量 $x_2$ 是虚拟变量，在表 10-9 中，令

$$x_2 = \begin{cases} 1, & \text{男性} \\ 0, & \text{女性} \end{cases}$$

经过二元线性回归分析，模型的拟合优度大幅度上升，达到 $R^2 = 0.86$；$F$ 检验统计量等于 21.36。模型结果表明：性别变量对雇员的工资水平有明显的影响。二元回归模型的结果是

$$\hat{y} = 930.4954 + 387.6161x_1 + 1262.693x_2$$

并且，$x_1$ 的 $t$ 检验值等于 6.20($P$ 值等于 0.0004)；$x_2$ 的 $t$ 检验值等于 4.02($P$ 值等于 0.0050)。事实上，随着 $x_2$ 取 0 或者 1，这个回归模型就变成

$$\text{女性：} \hat{y} = 930.4954 + 387.6161x_1$$

$$\text{男性：} \hat{y} = (930.4954 + 1262.693) + 387.6161x_1$$

# 第十节 拟线性回归模型

## 一、非线性回归问题

无论是在理论研究还是在实践中，线性方法都得到广泛的应用。这是因为线性方法的形式简单，计算方便，理论性质易于讨论，并且常常能够比较好地解决所需要处理的问

题。然而，随着技术手段的发展和所能获得的信息的增多，人们逐渐发现，在很多时候采用线性的方法无法取得令人满意的效果。其中最重要的原因是由于自然界以及人类社会中的现象是非常复杂的，现象之间的内在联系往往不是线性的，而更多的是错综复杂的非线性关系。在技术、经济、社会等众多研究领域中，大量事实也表明，非线性才是复杂现象的本质，是一切物质运动的普遍规律。因而，在科学研究中，从“线性”向“非线性”的过渡与发展，是研究深化的必然趋势之一。

要解决非线性问题，就是要通过观察到的现象，找到所要研究系统的内部关系，建立数学模型，来反映其变量之间的这些非线性关系。其中，一种最简单的技术是将非线性模型做线性化变换，所有这类模型被统称为拟线性回归模型。

## 二、拟线性回归模型的一般形式

拟线性回归是一种最简单的构建非线性模型的方法。例如，在实际应用中，经常存在这样一类非线性模型，它们有如下形式：

$$h(y)=c_0(b_0)+c_1(b_1)\cdot g_1(x)+\cdots+c_p(b_p)\cdot g_p(x)+\varepsilon \tag{10-39}$$

式中，$h(y)$ 为因变量 $y$ 的函数；$c_j(b_j)$ $(j=0,1,\cdots,p)$ 为第 $j$ 个参数 $b_j$ 的函数；$g_j(x)$ $(j=1,2,\cdots,p)$ 为自变量 $x$ 的函数；$\varepsilon$ 为随机误差。

为了借用线性回归的技术，可以作变量替换：令 $\eta=h(y)$，$\beta_j=c_j(b_j)$ $(j=0,1,\cdots,p)$，$z_j=g_j(x)$ $(j=1,2,\cdots,p)$。变换后即得到线性回归模型为

$$\eta=\beta_0+\beta_1 z_1+\cdots+\beta_p z_p+\varepsilon \tag{10-40}$$

上述变换后的线性回归模型，即式(10-40)，被称为拟线性回归模型。

在对模型的线性化过程中，常用于变换的方法有取对数、取倒数等。例如对于增长曲线模型

$$y=\exp(\alpha+\beta x)$$

在方程两边取自然对数，可得

$$\ln y=\alpha+\beta x$$

再令 $y^*=\ln y$

则可以得到与原模型对应的拟线性模型

$$y^*=\alpha+\beta x$$

需要注意的是，在线性化过程中，总是假定变换后的模型满足线性回归模型的总体假设要求。其中，特别要注意模型误差的假定形式。例如，有以下两个模型：

$$y=\mathrm{e}^{\alpha+\beta x+\varepsilon}$$

$$y=\mathrm{e}^{\alpha+\beta x}+E$$

对于第 1 个模型，取自然对数，有 $\ln y=\alpha+\beta x+\varepsilon$，则可以达到线性化的目的；而对于第 2 个模型，则很难通过线性化的变换求解模型参数，因为很难找到一种变换使其误差项服从线性回归模型的假设条件。

以下给出一些常见的可线性化的非线性回归模型，如表 10-10 所示。这些模型在统计软件 SPSS 中可以方便地进行处理。

表 10-10 常用的非线性回归模型

| 英文名称 | 中文名称 | 模型形式 |
|---|---|---|
| Logarithm | 对数函数 | $y=\alpha+\beta\ln x$ |
| Inverse | 逆函数 | $y=\alpha+\beta/x$ |
| Quadratic | 二次曲线 | $y=\alpha+\beta_1x+\beta_2x^2$ |
| Cubic | 三次曲线 | $y=\alpha+\beta_1x+\beta_2x^2+\beta_3x^3$ |
| Power | 幂函数 | $y=\alpha x^{\beta}$ |
| Compound | 复合函数 | $y=\alpha\beta^x$ |
| S | S 形函数 | $y=\exp(\alpha+\beta/x)$ |
| Logistic | 逻辑函数 | $y=1/(1/\mu+\alpha\beta^x)$ |
| Growth | 增长曲线 | $y=\exp(\alpha+\beta x)$ |
| Exponent | 指数函数 | $y=\alpha\exp(\beta x)$ |

在实际工作中，有一类应用很广泛的、可以线性化的曲线回归模型，就是多项式回归模型。

假设因变量 $y$ 与自变量 $x$ 满足如下关系模型：

$$y=\alpha+\beta_1x+\beta_2x^2+\varepsilon \tag{10-41}$$

则称上述模型为一元二次多项式回归模型。

对于自变量的幂次可以取更高的整数，则模型就成为高次的多项式回归模型。此外，模型中还可以包含更多的自变量。例如因变量 $y$ 与自变量 $x_1,x_2$ 有如下的二元二次多项式回归模型：

$$y=\alpha+\beta_1x_1+\beta_2x_2+\beta_{11}x_1^2+\beta_{22}x_2^2+\beta_{12}x_1x_2+\varepsilon$$

在上述模型中，除了自变量 $x_1$、$x_2$ 幂次项，还有交叉乘积项 $x_1x_2$。类似的，可以有多元高次多项式回归模型。

多项式模型的线性化是很简单的，只需要对多项式的幂次项做变量替换即可。例如，对于式(10-41)描述的模式，若令 $z=x^2$，即可以得到一元二次多项式回归的拟线性模型为

$$y=\alpha+\beta_1x+\beta_2z+\varepsilon \tag{10-42}$$

# 第十一节 异常值的问题

在回归建模过程中，当数据集合中出现异常点时，往往会对模型结果有严重的影响。这是在实际数据处理过程中必须关注和警惕的事情。回归建模中的异常值问题主要分成两种，即离群点(outlier)和高杠杆率点(high leverage point)。下面分别对这两种情况进行讨论。

## 一、离群点

图 10-13 给出了 1 个关于离群点的典型例子。在这个图中可以明显看出，本来对于大部分数据是存在一个基本回归线的。但是由于观测点 $A$ 在 $y$ 坐标上的取值明显远离其他观测值的一般趋势，因此造成整个回归线向上移动。由此可见，少数离群点会严重影响回归方程的拟和质量。

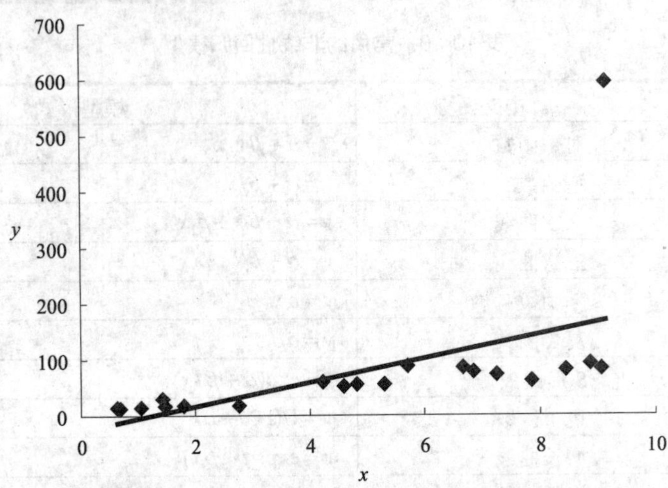


图 10-13　少数离群点影响回归方程的拟合质量

在数据处理过程中，通常是把标准化残差非常大的观测值作为离群点，在 SPSS 软件中，默认的标准是标准化残差的绝对值大于 3。

产生离群点的原因有很多，例如在经济社会或工程技术数据中，一旦发生突发性事件，则观测数据经常会出现不正常的跳跃，从而造成远离数据集合基本趋势的观测值。此外，诸如统计口径的变化，或者数据整理录入时的错误，都会造成离群点。在处理离群点时，最简单的办法可以考虑将其剔除后再进行建模分析，使模型回到数据集合的基本趋势中。但是，当观测数据本来就不多时，完全采用剔除观测点的办法会造成样本点数量更少。这时可以通过对剔除位置附近的数据进行平滑处理，然后再采用插值技术将剔除的观测值补上，从而建立一个比较符合数据集合基本趋势的回归模型。

## 二、高杠杆率点

高杠杆率点是异常值的另一种情形。在观测数据集合中，如果有某一个观测点，它在 $x$ 轴上的取值远离其他观测点的平均水平，这个观测点就被称为高杠杆率点。图 10-14 是高杠杆率点的一个示意图。在实际工作中，如果存在高杠杆率点时，有可能得到一个拟合优度非常高的回归方程。然而，一旦把这个高杠杆率点去掉，剩下的观测值集合的线性模型会发生较大的变化，甚至有时候剩余观测值根本没有线性趋势。例如在图 10-14 中，如果采用全部数据进行回归分析，得到的 $R^2=0.79$；而如果去掉高杠杆率点后建立回归模型，则仅仅有 $R^2=0.29$。

通常可以采用下面的公式来判断观测点是否可以被认为是高杠杆率点。记

$$h_k=\frac{1}{n}+\frac{(x_k-\overline{x})^2}{\sum_{i=1}^{n}(x_i-\overline{x})^2} \tag{10-43}$$

经验方法认为，当 $h_i>6/n$ 时，相应的观测点 $(x_i, y_i)$ 可以被认为是高杠杆率点。

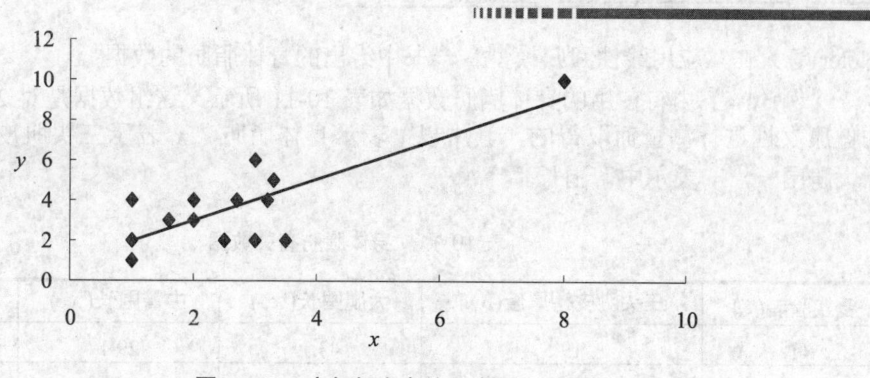


图 10-14 高杠杆率点的示意图

# 第十二节 多重相关性问题

## 一、多重相关性的含义

在多元线性回归建模中，选择自变量的基本要求是，在模型中应包含所有对因变量有重要解释意义的因素，并且在用于反映这些因素的自变量之间不存在多重相关性。然而在实际工作中，多重相关性的现象却是非常普遍的。它会给回归建模带来什么样的危害？如何辨识和测度多重相关性？能否克服它的危害，建立一个更合理的回归模型？这是本节要重点讨论的内容。

所谓多重相关性，也称多重共线性(multicollinearity)，是指在自变量之间存在着线性相关的现象。如果自变量之间存在着完全的线性关系，它们之间的相关系数的绝对值等于1，则称自变量之间存在着完全的相关性；若自变量之间完全没有相关关系，它们之的相关系数等于零，则称自变量之间完全不存在相关现象。这是两种极端的状态。在一般情况下，这两种情形并不常见，而经常出现的是自变量之间存在着程度不同的相关现象，自变量之间的相关系数的绝对值在 0～1 之间变化。这时，称自变量之间存在着一定程度的相关现象。

在实际工作中，多重相关性的存在是十分普遍的，其形成的基本原因主要有两个。一个原因是，某些变量的物理含义就决定了它们之间的相关性，这在经济、社会科学或自然科学中都十分常见。例如，一个地区的国内生产总值往往与其工业总产值、社会商品零售总额之间存在着共同增长的趋势。产生多重相关性的另一个重要原因，是由于实验条件等限制，使样本点数量不够充足所造成的。在普通多元线性回归中，规定的样本点数量不宜太少。一般认为，该数量应在变量个数的 2～3 倍以上。然而，在一些类似于型号研制的工程实验中，常常会有许多必须考虑的重要变量。但由于经费、时间等条件的限制，所能得到的样本点个数却与变量个数几乎相等，甚至小于变量的个数。这样的样本数据也势必存在变量的多重共线性。

当在自变量系统中存在严重的多重共线性时，如果仍然采用最小二乘法拟合回归模型，则模型的准确性、可靠性都不能得以保证。在实际工作中，在变量多重相关条件下的回归结果会出现许多反常现象，因而使缺乏经验的分析人员一时间感到困惑。

为了初步观察在多重相关条件下回归建模结果的一些反常现象，本节采用了内特

(Neter)等人在《应用线性回归模型》一书中给出的身体脂肪的数据①。

【例 10-4】内特使用的身体脂肪数据如表 10-11 所示。这组数据是对 20 位 25～34 岁的健康女性进行测量而取得的。其中以 $y$ 表示身体脂肪，$x_1$ 表示三头肌皮褶厚度，$x_2$ 表示大腿围长，$x_3$ 表示中臂围长。

表 10-11　身体脂肪有关数据

| 受实验者($i$) | 三头肌皮褶厚度($x_1$) | 大腿围长($x_2$) | 中臂围长($x_3$) | 身体脂肪($y$) |
|---|---|---|---|---|
| 1 | 19.5 | 43.1 | 29.1 | 11.9 |
| 2 | 24.7 | 49.8 | 28.2 | 22.8 |
| 3 | 30.7 | 51.9 | 37 | 18.7 |
| 4 | 29.8 | 54.3 | 31.1 | 20.1 |
| 5 | 19.1 | 42.2 | 30.9 | 12.9 |
| 6 | 25.6 | 53.9 | 23.7 | 21.7 |
| 7 | 31.4 | 58.5 | 27.6 | 27.1 |
| 8 | 27.9 | 52.1 | 30.6 | 25.4 |
| 9 | 22.1 | 49.9 | 23.2 | 21.3 |
| 10 | 25.5 | 53.5 | 24.8 | 19.3 |
| 11 | 31.1 | 56.6 | 30.0 | 25.4 |
| 12 | 30.4 | 56.7 | 28.3 | 27.2 |
| 13 | 18.7 | 46.5 | 23.0 | 11.7 |
| 14 | 19.7 | 44.2 | 28.6 | 17.8 |
| 15 | 14.6 | 42.7 | 21.3 | 12.8 |
| 16 | 29.5 | 54.4 | 30.1 | 23.9 |
| 17 | 27.7 | 55.3 | 25.7 | 22.6 |
| 18 | 30.2 | 58.6 | 24.6 | 25.4 |
| 19 | 22.7 | 48.2 | 27.1 | 14.8 |
| 20 | 25.2 | 51.0 | 27.5 | 21.1 |

解　下面分 3 次拟合最小二乘回归方程。

第 1 次：只取 $x_1$ (三头肌皮褶厚度)作为自变量。其回归模型为

$$\hat{y}=-1.496+0.857x_1$$

测定系数为 $R^2$ =0.711。模型的 $F$ 检验值为 $F$ =44.305，显然 $F$ 检验通过。$x_1$ 的 $t$ 检验值为 $t$ =6.655，$t$ 检验也是通过的。

第 2 次：以 $x_1$ 和 $x_2$ (大腿围长)作为自变量。

$x_1$ 与 $x_2$ 的相关系数 $r_{12}=0.923$，它们是高度相关的。作 $y$ 关于 $x_1$ 和 $x_2$ 的回归模型，有

$$\hat{y}=-19.174+0.222x_1+0.659x_2$$

它的测定系数为 $R^2$ =0.778。模型的 $F$ 检验值是 $F$ =29.797，所以 $F$ 检验通过。关于 $t$

① 内特 J.，沃塞曼 W.，库特纳 M. H. 应用线性回归模型[M]. 张勇，王国明，赵秀珍，译. 北京：中国统计出版社，1990.

检验值，分别有

$$t_1=0.733, \qquad t_2=2.265$$

在 $\alpha=0.05$ 水平下，$t_{0.05}(17)=2.110$。所以第 1 个自变量没有通过 $t$ 检验，第 2 个自变量通过了 $t$ 检验。

**第 3 次：**以 $x_1, x_2, x_3$ 作为自变量。其回归模型为

$$\hat{y}=117.085+4.334x_1-2.857x_2-2.186x_3$$

它的测定系数为 $R^2=0.801$。模型的 $F$ 检验值为 $F=21.516$，显然，$F$ 检验仍然通过。它的 $t$ 检验值分别是

$$t_1=1.437, \qquad t_2=-1.106, \qquad t_3=-1.370$$

由于 $t_{0.05}(16)=2.120$，所以，3 个自变量的 $t$ 检验均不能通过。

在这 3 次回归建模中，可以看到以下现象。

(1) 由于其他回归变量的引入，原变量的回归系数值发生了很大的变化。例如，在第 1 次回归时，$x_1$ 的回归系数为 0.857。在第 2 次回归时，回归系数就变成了 0.222。

(2) 在第 3 个回归模型中，回归系数出现了反常符号。这时 $b_2=-2.857$，按一般解释方法，这似乎说明了一个人的大腿围长越长，身体脂肪就越少。这种结果是很难被系统分析人员接受的。

(3) 随着第 2 个自变量的引入(它与 $x_1$ 高度相关)，回归系数 $b_1$ 的估计方差明显增大，由原来的 0.129 增至 0.303。

(4) 在第 2 次和第 3 次的回归模型中，$F$ 检验均很好地通过了(这说明 $y$ 与有关的自变量之间确实存在线性形式的统计关系)，并且测定系数也足够大(第 2 次 $R^2=0.778$，第 3 次 $R^2=0.801$)，但是，所有自变量的 $t$ 检验却一个也没有通过。

事实上，上述现象都是多重相关条件下线性回归建模的典型表象。然而，在实际工作中，有关变量多重相关性的表现形式却可能更加隐蔽和复杂。下面，将对其危害性和识别方法做更进一步的讨论。

## 二、多重相关性的危害

以下具体分析多重相关性对最小二乘计算造成的危害。

(1) 在自变量完全相关的情况下，最小二乘的回归系数将完全无法估计。

以二元线性回归问题为例。记因变量为 $y$，自变量是 $x_1$、$x_2$，样本容量为 $n$。为计算之便，不妨设变量均是中心化的。当采用普通最小二乘法时，可得到回归模型为

$$\hat{y}_i=b_1x_{i1}+b_2x_{i2}$$

式中，$b_1$、$b_2$ 是用最小二乘法计算得到的回归系数。由于数据是中心化的，所以 $b_0=0$，并且不难验证

$$b_1=\frac{\sum_{i=1}^{n}x_{i2}^2\sum_{i=1}^{n}x_{i1}y_i-\sum_{i=1}^{n}x_{i1}x_{i2}\sum_{i=1}^{n}x_{i2}y_i}{\sum_{i=1}^{n}x_{i1}^2\sum_{i=1}^{n}x_{i2}^2-\left(\sum_{i=1}^{n}x_{i1}x_{i2}\right)^2}, \quad b_2=\frac{\sum_{i=1}^{n}x_{i1}^2\sum_{i=1}^{n}x_{i2}y_i-\sum_{i=1}^{n}x_{i1}x_{i2}\sum_{i=1}^{n}x_{i1}y_i}{\sum_{i=1}^{n}x_{i1}^2\sum_{i=1}^{n}x_{i2}^2-\left(\sum_{i=1}^{n}x_{i1}x_{i2}\right)^2}$$

当 $x_1$ 与 $x_2$ 之间存在完全相关关系时，$x_2=kx_1$，$k$ 是一个不为零的常数，把它代入 $b_2$ 的表达式中，得到

$$b_2=\frac{\sum_{i=1}^{n}x_{i1}^2\sum_{i=1}^{n}(kx_{i1})y_i-\sum_{i=1}^{n}x_{i1}(kx_{i1})\sum_{i=1}^{n}x_{i1}y_i}{\sum_{i=1}^{n}x_{i1}^2\sum_{i=1}^{n}(kx_{i1})^2-(\sum_{i=1}^{n}x_{i1}(kx_{i1}))^2}=\frac{0}{0}$$

同理，由于$x_{i1}=\frac{1}{k}x_{i2}$，将其代入$b_1$的表达式中，则可以得到

$$b_1=\frac{0}{0}$$

由此可见，在$x_1$与$x_2$完全相关的情况下，无法再使用最小二乘法来估计回归系数，自然也得不到应有的回归模型。

然而，在$x_1$与$x_2$完全相关的情况下，$y$与$x_1$、$x_2$的回归模型真的就不存在了吗？显然不是。例如，当$y=x_1=x_2$成立时，$y$与$x_1$及$x_2$的线性函数关系式是客观存在的。应该有

$$y=\lambda x_1+(1-\lambda)x_2,\quad 0\leqslant\lambda\leqslant1$$

但是，最小二乘方法对此类问题却完全无能为力。

(2) 如果自变量之间存在着不完全的相关现象，则回归系数是可以估计的。但是，回归系数的估计方差将随着自变量之间相关程度的不断增强而迅速扩大。

仍然考虑二元线性回归问题。在最小二乘法中，回归系数$b_1$的估计方差为

$$\mathrm{var}(b_1)=\sigma^2c_{11} \tag{10-44}$$

式中，$c_{11}$是$(\boldsymbol{X}^{\mathrm{T}}\boldsymbol{X})^{-1}$矩阵在(1,1)位置上的元素取值。在2个自变量的问题中，不难验证

$$c_{11}=\frac{\sum_{i=1}^{n}x_{i2}^2}{\sum_{i=1}^{n}x_{i1}^2\sum_{i=1}^{n}x_{i2}^2-(\sum_{i=1}^{n}x_{i1}x_{i2})^2}=\frac{1}{\sum_{i=1}^{n}x_{i1}^2(1-r_{12}^2)}$$

式中，$r_{12}$是$x_1$与$x_2$的相关系数。因此有

$$\mathrm{var}(b_1)=\frac{\sigma^2}{\sum_{i=1}^{n}x_{i1}^2(1-r_{12}^2)} \tag{10-45}$$

显而易见，当$r_{12}$趋于1时，$(1-r_{12}^2)$则不断趋于零，因此，$\mathrm{var}(b_1)$将趋于无穷大。同理可知，当$r_{12}$趋于1时，回归系数$b_2$的估计方差也将趋于无穷大。

表10-12给出了随$r_{12}$的提高而使$b_2$的估计方差增大的速度。

**表 10-12　相关程度与$\mathrm{var}(b_2)$之间的关系**

| $r_{12}$ | $\mathrm{var}(b_2)$ |
|---|---|
| 0 | $\sigma^2/\sum x_{i2}^2$ |
| 0.5 | $1.33\sigma^2/\sum x_{i2}^2$ |
| 0.7 | $1.96\sigma^2/\sum x_{i2}^2$ |
| 0.8 | $2.78\sigma^2/\sum x_{i2}^2$ |
| 0.9 | $5.26\sigma^2/\sum x_{i2}^2$ |
| 0.95 | $10.26\sigma^2/\sum x_{i2}^2$ |
| 1.00 | $\infty$ |

从表 10-12 可以看出，随着 $x_1$ 与 $x_2$ 之间相关程度的不断增强，回归系数的估计方差将迅速增大。因此，这必然使得回归系数的置信区间不断扩大，从而使回归系数估计值的精确度逐渐降低，回归方程的使用价值也随之不断降低。

(3) 在高度相关条件下，回归系数的估计值对样本数据的微小变化将变得非常敏感，回归系数估计值的稳定性将变得很差。

由于回归系数估计方差很大，因此，往往只更换样本中的个别数据，所得到的回归系数的值就会有很大的差异。而回归分析总是基于某一样本进行的，如果从一个样本到另一个样本时，回归系数有很大的差异，这时对于所得到的回归方程的可靠性就很难判断了。

(4) 当存在严重的多重相关性影响时，会给回归系数的统计检验造成一定的困难。

对于回归系数 $b_j$ 进行显著性检验的 $t$ 统计量是

$$t_j = \frac{b_j}{S_{b_j}}$$

在高度相关现象存在的情况下，由于回归系数的估计方差不断增大。相应的 $t$ 检验值就会减小，从而造成回归系数的 $t$ 检验不能通过。

例如在例 10-4 中给出的身体脂肪的例子，在采用 3 个自变量对身体脂肪进行解释时，$F$ 检验值等于 21.516。因此，在 0.05 的显著性水平上，可得到 $y$ 对这 3 个自变量的线性回归关系确实存在的结论。从测定系数来看，$R^2$ 也高达 0.801。然而，当对单个自变量进行 $t$ 检验时，却有

$$t_1=1.437, \qquad t_2=-1.106, \qquad t_3=-1.370$$

因此，当显著性水平为 0.05 时，这 3 个自变量的 $t$ 检验都不能通过。然而事实上，三头肌皮褶厚度与身体脂肪的相关程度高达 0.843，大腿围长与身体脂肪的相关程度达到 0.878。它们都对身体脂肪有很强的解释能力，只是由于自变量之间的多重相关性，才造成这些重要的解释变量无法通过显著性检验。

(5) 在自变量高度相关条件下，对用最小二乘法得到的回归模型，其回归系数物理含义的解释将变得十分困难。许多从专业知识上看似乎是十分重要的变量，其回归系数的取值变得微不足道，甚至还会出现回归系数的符号与人们的实际观念完全相反的现象。

仍然看身体脂肪的例子。在该问题中，自变量的相关系数矩阵是

$$\boldsymbol{R} = \begin{array}{c} \\ x_1 \\ x_2 \\ x_3 \end{array} \begin{array}{c} \begin{array}{ccc} x_1 & x_2 & x_3 \end{array} \\ \begin{pmatrix} 1 & & \\ 0.924 & 1 & \\ 0.458 & 0.085 & 1 \end{pmatrix} \end{array}$$

显而易见，$x_1$ 与 $x_2$ 高度相关，$x_1$ 与 $x_3$ 部分相关。采用最小二乘法得到的回归模型为

$$\hat{y} = 117.085 + 4.334x_1 - 2.857x_2 - 2.186x_3$$

在这个方程中，$x_2$ 的符号为负，这意味着一个人的大腿围长越长，他的身体脂肪越少。这显然是与人们的生活常识相违背的。在自变量数量更多，其间的多重相关性更为复杂时，这种对回归方程完全无法用专业知识解释的现象会更加常见。当然，也有可能由于其他原因造成回归系数符号反常，或者某重要自变量的回归系数为零，但是变量多重相关性经常是这些现象出现的原因之一。

(6) 因为回归模型的建立是基于样本的，多重相关性也是指抽样的数据。如果把所建

立的回归模型用于预测，而多重相关性问题在预测期间仍然存在，则共线性问题对预测结果并不会产生特别严重的影响。但是，如果样本数据中存在的多重相关问题在预测期间发生了变化，或者在预测期间共线性的问题不再存在，那么，所得到的预测结果就完全不确定了。

## 三、多重相关性的经验诊断与处理方法

从上面的讨论可以看出，自变量的多重相关性对多元线性回归结果有多方面的负面影响。那么，如何进行多重相关性的检验呢？

一种较容易实施的检验，是通过一些经验式的诊断方式，发现多重相关性严重存在的迹象。

(1) 在自变量的相关系数矩阵中，有某些自变量的相关系数值较大。

(2) 回归系数的代数符号与专业知识或一般经验相反，或者它同该自变量与 $y$ 的相关系数符号相反。

(3) 对重要自变量的回归系数进行 $t$ 检验，其结果不显著。

特别典型的是，当 $F$ 检验通过，测定系数 $R^2$ 的值亦很大，但自变量的 $t$ 检验却全都不显著，这时，多重相关性的可能性将很大。

(4) 如果增加(或删除)一个变量，或者增加(或删除)一个观测值，回归系数的估计值会发生很大的变化。

(5) 重要自变量的回归系数置信区间明显过大。

(6) 在自变量中，某一个自变量是另一部分自变量的完全或近似完全的线性组合。

(7) 对于一般的观测数据，如果样本点的个数过少(比如接近于变量的个数，甚至小于变量的个数)，样本数据中的多重相关性是经常存在的。

这些经验式的检验方式快捷方便。例如，在身体脂肪的例子中，自变量三头肌皮褶厚度与大腿围长高度相关。另外，当增加一个自变量时，模型中回归系数的估计量及其估计方差都发生了较大的变化。在第 3 次回归中，在 $F$ 检验通过，且测定系数高达 0.801 的情况下，对自变量的 $t$ 检验却均不显著。并且，当根据生活常识推测大腿围长的回归系数应是正号时，却出现了负号。所以，可以推测自变量之间可能存在严重的多重相关性。然而，这些非正规的诊断方式往往存在局限性。也就是说，当上述现象存在时，并不能完全肯定地判断多重相关性一定存在；另一方面，当上述现象没有发生时，也不能断言多重相关性不存在。

## 四、多重相关性的补救方法简介

在对自变量系统中存在的多重相关性做出判断后，如何消除多重相关性的不良影响呢？多年来，许多统计学者在该领域做了大量的研究，而一些经验式的补救方法也应运而生，期望可以在某种程度上克服多重相关性的影响。

### (一)删除不重要的相关性变量

最常见的一种思路是设法去掉不太重要的相关性变量。有些应用人员认为，可以采用多元回归分析中的向前选择变量法、向后删除变量法或逐步回归法来进行变量的筛选。然

而，在理论上，这些变量筛选方法都是针对无相关性的数据而言的。在多重相关性十分严重的情况下，结论的可靠性都要受到一定的影响。由于变量间多重相关性的形式十分复杂，而且还缺乏十分可靠的检验方法，所以，删除部分多重相关变量的做法常导致增大模型的解释误差，将本应保留的系统信息舍弃，使得接受一个错误结论的可能和做出错误决策的风险都不断增长。

另一方面，在一些经济模型中，从经济理论上要求一些重要的解释变量必须被包括在模型中，而这些变量又存在多重相关性。这时采用删除部分相关变量的做法就不符合实际工作的要求。例如在研究消费支出($y$)与货币收入($x_1$)及家庭财富($x_2$)的模型中，家庭财富$x_2$与货币收入$x_1$之间存在严重的相关性。然而，从经济观点出发，又要求将收入与财富都包括在模型中，以便用来解释消费行为。这时，剔除某个变量的做法就会给经济模型的解释带来困难。所以，删除部分相关变量的思路并不总是可取的。

## (二)岭回归分析

在克服变量多重相关性问题的方法中，一种较为有效的方法是岭回归分析(ridge regression analysis)。岭回归分析是 1962 年由斯海尔(Heer)首先提出的，1970 年后他与肯纳德(Kennard)合作，对该方法又做了系统的发展。岭回归分析是一种修正最小二乘估计法，当自变量系统存在多重相关性时，它可以提供一个比最小二乘法更为稳定的估计，并且回归系数的标准差也比最小二乘估计的要小。

根据高斯—马尔科夫定理，在线性回归模型的基本假定被满足时，用最小二乘法得到的回归系数估计量是无偏的，并且具有最小方差。可以证明，即使在高度多重相关的情况下，最小二乘法的回归系数估计量依然是线性无偏的，且具有最小方差。也就是说，多重相关性并不影响最小二乘估计量的无偏性和有效性。因此，在所有线性无偏的估计量中，最小二乘估计量仍具有最小的方差。然而需要注意的是，虽然它在所有线性无偏估计量中是方差最小的，但是这个方差却不一定小。

而岭回归采用的办法是：寻找某一个有偏估计量$b^R$，这个估计量虽然有微小的偏差，但它的精度却能够大大高于无偏的估计量。在许多情况下，人们更愿意选用这个估计量，因为它接近真实参数值的可能性更大，如图 10-15 所示。

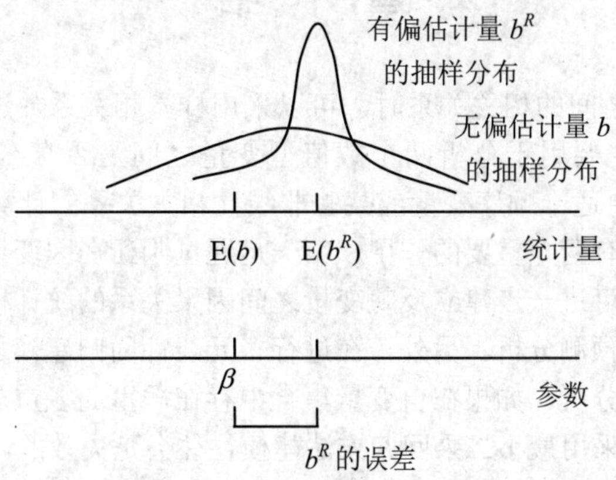


图 10-15　小方差有偏估计量的示意图

从图 10-15 可以直观地看出小方差的有偏估计量可能比大方差的无偏估计量更好。估计量$b$是真值$\beta$的无偏估计，但它的抽样分布方差很大，不精确。而估计量$b^R$的精度高却有小的偏差。在一次抽样结果中，$b^R$落在真值$\beta$附近的概率会远远大于无偏估计量$b$。

### (三)主成分回归

第十一章将重点介绍主成分分析方法。在许多多元线性回归的文献中都介绍到，利用主成分分析方法是克服多重相关性的一种有效手段。它的基本原理是采用主成分分析技术从解释变量中提取成分，然后利用提取的主成分与因变量建立回归模型。由于成分之间的直交性，因此主成分回归可以有效地避免自变量之间的多重共线性问题。但是，由于主成分回归在提取成分时，没有考虑到与因变量之间的联系，成分对因变量的解释性不强。因此，主成分回归仍然具有很大的局限性。

### (四)偏最小二乘回归

1983 年由沃尔德(Wold)和阿尔巴诺(Albano)等人首次提出偏最小二乘回归(partial least squares regression，PLS 回归)。PLS 回归是一种可以处理多个因变量对多个自变量的回归建模方法。它的基本原理也是通过提取成分，建立自变量集合与因变量集合之间的回归模型。不过，与主成分回归相比，它在提取成分时，不但要保证尽可能多地综合提取自变量集合的信息，同时还要保证对因变量的解释性尽可能地强。因此，它较好地克服了主成分回归的缺点，更好地解决了许多以往用普通多元回归分析方法无法解决的重要问题。该模型的主要特点是

(1) 可以在自变量集合严重多重相关的条件下进行回归建模。

(2) 可在样本点个数少于自变量个数的条件下进行回归建模。

(3) PLS 回归模型中将包含原有的所有原始选择的自变量。

在该方法提出后，立刻受到从事实际研究工作的人员的欢迎，目前其应用领域已经从最初的化工领域快速扩展到机械、生物、地质、医学、社会学以及经济学等许多领域。此外，PLS 回归的理论研究也得到了快速的发展。

## 本章小结

(1) 在分析随机变量之间的相关关系时，可以采用样本相关系数进行计算。本章所介绍的 Pearson 相关系数主要用于分析两个数值型变量之间是否存在线性相关关系，而 Spearman 秩相关系数则更适于顺序变量或某些非线性相关关系的计算分析。一般来说，分析变量之间的相关关系有两个重要的作用。第一是通过判断在因变量与自变量之间确实存在相随变动的规律后，可进一步建立反映变量之间因果关系的统计模型，并将此模型运用于对数据系统的解释和预测分析。另外，在进行多元线性回归建模之前，也需要对自变量集合之间的相关性进行分析。如果在自变量集合中存在严重的多重共线性，则必须采取一些特殊处理，因为这时采用最小二乘回归方法建模往往会是失效的。

(2) 在经过相关分析确定在因变量和自变量之间存在线性相关关系后，如果结合专业知识，又进一步判断在这些变量之间存在因果关系，就可以尝试采用最小二乘方法建立线

性回归模型。

(3) 为了评价所建立模型的质量和适用性，还需对此建模效果进行分析，并对模型进行统计检验。

为了说明回归模型的拟合质量，可以采用估计标准误差来说明观测值与预测值之间差距的综合水平；而根据(复)测定系数，则可以更加直观方便地判断回归模型对原始数据变化规律的解释能力。

在回归建模过程中，还需要进行一些必要的统计检验。例如，人们经常称 $F$ 检验是对回归模型进行检验，它的工作目的是为了判断是否可以用自变量集合的线性形式来解释因变量的变化规律；而 $t$ 检验又被称为是针对变量的检验，它的工作目的是确定某个自变量是否对因变量具有显著的解释作用。根据 $t$ 检验还可以进行自变量的筛选工作。此外，残差分析在模型效果评价中也是一种非常重要的工作手段，可以用于判断线性回归中的总体假设条件是否基本成立。

(4) 为了便于实际应用，本章还介绍了在存在定性自变量的情况下，如何建立多元线性回归模型；并介绍了一些简单的非线性回归模型的建模方法。此外，还对离群点与高杠杆率点对回归模型的影响问题，以及自变量集合之间的多重相关性问题进行了简要的探讨。对这些问题的基本了解与关注，对于建立合理有效的回归模型将是十分必要的。

## 思考与练习题

### 一、思考题

1. 变量之间的统计关系与函数关系的区别是什么？
2. 回归分析与相关分析的区别与联系是什么？
3. 回归模型中随机误差项 $\varepsilon$ 的含义是什么？
4 回归模型的高斯—马尔科夫假定是什么？为什么要做这些假定条件？
5. 请简述最小二乘估计方法的基本原理。
6. 为什么要对回归模型的效果进行评价？评价回归模型的主要方法有哪些？
7. 如果某回归模型通过了 $F$ 检验，能确定该模型一定是线性回归模型吗？
8. 请简要说明残差分析在回归分析中的作用。
9. 在建模过程中，应该如何选取回归模型中的自变量？
10. 哪一类非线性回归建模问题可以转换成线性回归问题来解决？
11. 如何判断数据中的异常值？它们对回归建模会有怎样的影响？
12. 多重共线性对线性回归分析结果有哪些影响？目前的主要处理方法有哪些？

### 二、练习题

1. 表 10-13 给出中国 1995 年至 2007 年发电量与工业增加值的统计数据(数据来源于 1996—1998 年、2007—2008 年《中国统计年鉴》)。

表 10-13　中国发电量与工业增加值的统计数据(1995—2007 年)

| 年　度 | 发电量/亿千瓦小时 | 工业增加值/亿元 |
|---|---|---|
| 1995 | 10070.30 | 15446.12 |
| 1996 | 10813.10 | 18026.11 |
| 1997 | 11355.53 | 19835.18 |
| 1998 | 11670.00 | 19421.93 |
| 1999 | 12393.00 | 21564.74 |
| 2000 | 13556.00 | 25394.80 |
| 2001 | 14808.02 | 28329.37 |
| 2002 | 16540.00 | 32994.75 |
| 2003 | 19105.75 | 41990.23 |
| 2004 | 22033.09 | 54805.10 |
| 2005 | 25002.60 | 72186.99 |
| 2006 | 28657.26 | 91075.73 |
| 2007 | 32815.53 | 117048.40 |

试问：

(1) 以发电量做自变量，以工业增加值做因变量，绘制散点图；并判断这两个变量之间是否存在关联关系。

(2) 计算两个变量之间的相关系数，并说明两个变量之间相关关系的强度。

(3) 建立线性回归方程，并解释回归系数的实际意义。

(4) 计算模型的测定系数，并解释其意义。

(5) 对回归模型的线性关系进行显著性检验($\alpha = 0.05$)，并进行残差分析。

(6) 你认为是否需要对该线性回归模型进行修正？

(7) 如果某年份的发电量为 35000 亿千瓦小时，请预测工业增加值的水平。

2. 表 10-14 给出了中国 17 年间的钢材产量 $y$ 与工业增加值 $x$ 的数据。首先请建立钢材产量 $y$ 与工业增加值 $x$ 的线性回归模型，并对模型结果进行评价。

表 10-14　中国钢材产量与工业增加值(1992—2008 年)

| 年　份 | 钢材产量/万吨 | 工业增加值/亿元 |
|---|---|---|
| 1992 年 | 6697.0 | 7665.5 |
| 1993 年 | 7716.0 | 12842.6 |
| 1994 年 | 8428.0 | 14700.1 |
| 1995 年 | 8979.8 | 15446.1 |
| 1996 年 | 9338.0 | 18026.1 |
| 1997 年 | 9978.9 | 19835.2 |
| 1998 年 | 10737.8 | 19421.9 |
| 1999 年 | 12109.8 | 21564.7 |

续表

| 年　份 | 钢材产量/万吨 | 工业增加值/亿元 |
| --- | --- | --- |
| 2000 年 | 13146.0 | 25394.9 |
| 2001 年 | 16067.6 | 28329.4 |
| 2002 年 | 19251.6 | 32994.8 |
| 2003 年 | 24108.0 | 41990.2 |
| 2004 年 | 31975.7 | 57220.3 |
| 2005 年 | 37771.1 | 72187.0 |
| 2006 年 | 46893.4 | 91075.7 |
| 2007 年 | 56560.9 | 117048.4 |
| 2008 年 | 58488.1 | 129112.0 |

3. 随机抽取 10 家航空公司，对其最近一年的航班正点率和顾客投诉次数进行调查，所得数据如表 10-15 所示①。

表 10-15　航班正点率和顾客投诉次数的统计数据

| 航空公司编号 | 航班正点率/% | 投诉次数/次 |
| --- | --- | --- |
| 1 | 81.8 | 21 |
| 2 | 76.6 | 58 |
| 3 | 76.6 | 85 |
| 4 | 75.7 | 68 |
| 5 | 73.8 | 74 |
| 6 | 72.2 | 93 |
| 7 | 71.2 | 72 |
| 8 | 70.8 | 122 |
| 9 | 91.4 | 18 |
| 10 | 68.5 | 125 |

(1) 绘制散点图，观察在这两个变量之间是否存在相关关系。

(2) 用航班正点率作为自变量，顾客投诉次数作为因变量，求出估计的回归方程，并解释回归系数的意义。

(3) 对回归模型的线性关系进行显著性检验($\alpha = 0.05$)。

(4) 如果航班正点率为 80%，估计顾客的投诉次数。

4. 一家电气销售公司的管理人员认为，每月的销售额是广告费用的函数、并想通过广告费用对月销售额做出估计。表 10-16 是近 8 个月的销售额与广告费用数据。

(1) 用电视广告费用作为自变量，月销售额作为因变量，建立估计的回归方程。

(2) 用电视广告费用和报纸广告费用作为自变量，月销售额作为因变量，建立估计的回归方程。

① 贾俊平. 统计学[M]. 清华大学出版社，2006.

(3) 对于上述(1)和(2)所建立的估计方程，电视广告费用的系数是否相同？

(4) 对于根据问题(2)所建立的估计方程，检验回归系数是否显著($\alpha = 0.05$)。

(5) 请给出模型的应用建议。

表 10-16　销售额与广告费用数据

| 月销售收入/万元<br>$y$ | 电视广告费用/万元<br>$x_1$ | 报纸广告费用/万元<br>$x_2$ |
|---|---|---|
| 96 | 5.0 | 1.5 |
| 90 | 2.0 | 2.0 |
| 95 | 4.0 | 1.5 |
| 92 | 2.5 | 2.5 |
| 95 | 3.0 | 3.3 |
| 94 | 3.5 | 2.3 |
| 94 | 2.5 | 4.2 |
| 94 | 3.0 | 2.5 |

5. 表 10-17 是随机抽取的 15 家大型商场销售的某同类产品的有关数据(单位：元)。

表 10-17　15 家商场销售的某同类产品的有关数据

元

| 企业<br>编号 | 销售价格<br>$y$ | 购进价格<br>$x_1$ | 销售费用<br>$x_2$ |
|---|---|---|---|
| 1 | 1238 | 966 | 223 |
| 2 | 1266 | 894 | 257 |
| 3 | 1200 | 440 | 387 |
| 4 | 1193 | 664 | 310 |
| 5 | 1106 | 791 | 339 |
| 6 | 1303 | 852 | 283 |
| 7 | 1313 | 804 | 302 |
| 8 | 1144 | 905 | 214 |
| 9 | 1286 | 771 | 304 |
| 10 | 1084 | 511 | 326 |
| 11 | 1120 | 505 | 339 |
| 12 | 1156 | 851 | 235 |
| 13 | 1083 | 659 | 276 |
| 14 | 1263 | 490 | 390 |
| 15 | 1246 | 696 | 316 |

(1) 计算 $y$ 与 $x_1$ 以及 $y$ 与 $x_2$ 之间的相关系数，是否有证据表明销售价格与购进价格、销售价格与销售费用之间存在线性关系？

(2) 根据上述结果，你认为用购进价格和销售费用来预测销售价格是否有用？

(3) 进行 $F$ 检验，并说明该模型是否显著可以用线性形式表达($\alpha = 0.05$)。

(4) 解释判定系数 $R^2$，所得结论与问题(2)中是否一致？

(5) 应如何改进该模型？

# 案例分析

**国内交通周转量预测的案例分析**

交通运输是地区经济发展的基础产业。研究地区经济发展水平对交通运输业规模需求的影响，将为相关部门在进行产业政策的决策中提供科学的依据。某大学经济管理学院的MBA 学生宋杰在某交通运输部门的信息中心工作，目前负责对国内的交通运输情况进行预测分析。根据实际工作经验，她认为一个地区的交通运输情况应该与其经济发展方面的指标之间存在密切联系。因此，她首先选取中国 31 个省市自治区的旅客周转量和货运量周转量为因变量，同时选取这些地区的国内生产总值、年末总人口等指标作为备选的自变量集合(见表 10-18)，希望建立回归分析模型。(与表 10-18 中变量相关的数据均可在《中国统计年鉴》中查到。)

表 10-18 经济指标与变量的名称

| 变 量 | 指标名称 | 变 量 | 指标名称 |
| --- | --- | --- | --- |
| $y_1$ | 各地区旅客周转量 | $x_6$ | 建筑业总产值 |
| $y_2$ | 各地区货物周转量 | $x_7$ | 农林牧渔业总产值 |
| $x_1$ | 地区生产总值 | $x_8$ | 职工平均工资 |
| $x_2$ | 年末总人口 | $x_9$ | 全社会固定资产投资 |
| $x_3$ | 居民消费水平 | $x_{10}$ | 财政收入 |
| $x_4$ | 社会商品零售总额 | $x_{11}$ | 按经营单位所在地分货物进出口总额 |
| $x_5$ | 工业总产值 | $x_{12}$ | 接待入境旅游人数 |

在工作过程中，信息中心的领导向宋杰提出了如下几个方面的问题要求其解答。

(1) 首先，领导希望她能够充分解释：为什么选择上述自变量作为分析地区旅客周转量和货物周转量的主要影响因素？是否还可以考虑一些新的可能的影响因素？

(2) 中心领导认为，在宋杰目前选择的这些自变量之间，很可能会存在比较密切的相关关系。那么，使用信息高度冗余的自变量集合进行建模，是否会对模型效果产生不良影响？

(3) 宋杰运用 SPSS 软件，建立了相应的回归模型，并对模型的质量进行了评价。而中心领导则更希望了解这个回归模型的经济意义大致是什么。

(4) 中心领导还提出：是否可以运用该回归模型，对国内某地区下一年度的旅客周转量与货物周转量进行预测分析？

**分析与提示：**

(1) 根据工作的需要，宋杰首先利用相关分析的方法，研究了选取的自变量与因变量之间的相关关系。之后，她又通过专家咨询和专业分析的方法，讨论了所选取的自变量与因变量之间的因果关系。

(2) 通过分析自变量集合的相关系数矩阵，并且结合经验分析，宋杰剔除了一些高度冗余的变量。然后，运用 SPSS 软件建立了相应的回归模型，并对模型的质量进行了评价。

(3) 根据所得到的模型结果，并结合工作经验，宋杰对该回归模型的经济意义进行了解释。

(4) 通过对需要预测地区的相关经济指标进行预测分析，并结合所建立的回归模型，宋杰给出了该地区下一年度的旅客周转量与货物周转量的预测分析结果。

# 第十一章 主成分分析

【本章导读及学习目标】

主成分分析是多元数据分析中的一个重要方法，它的主要工作目的是在力保数据信息损失最少的原则下，对高维变量空间进行降维处理。事实上，在一个低维空间进行系统分析总要比在高维空间容易得多。在本章中，将讨论主成分分析方法的基本思路和工作原理，介绍主成分分析方法的计算过程以及辅助分析技术，并简要介绍因子分析方法。此外，还将通过一个综合案例来说明如何运用这些方法来解决实际工作中的数据分析问题。通过本章学习，应了解主成分分析和因子分析的工作原理、计算过程、对数据分析结果质量的评价方法、对主成分(或主因子)的解释方法，此外还将讨论主成分分析或因子分析在应用中需要注意的一些基本问题。

## 第一节 工作目标和基本思路

### 一、主成分分析的工作目的

在进行高维数据系统分析时，人们经常关心的一个问题是：在纷繁的指标变量描述下，什么是影响这个系统存在与发展的主要因素？在这个方面，主成分分析是一种很有用的研究工具。

主成分分析(principal component analysis)是 1933 年由霍特林(Hotelling)首先提出的。它的主要工作目标是在信息损失最小的前提下，将描述某一系统的多个变量综合成少数几个潜变量(latent variable)，从而迅速揭示系统形成的主要因素，并把原来的高维空间降到一个低维子空间。如果在原数据表 $\boldsymbol{X}_{n\times p}=(\boldsymbol{x}_1,\boldsymbol{x}_2,\cdots,\boldsymbol{x}_p)$ 中有 $p$ 个变量，主成分分析将考虑对这个数据表中的信息重新调整组合，从中提取 $m$ 个综合变量 $\boldsymbol{F}_1,\boldsymbol{F}_2,\cdots,\boldsymbol{F}_m(m<p)$，使这 $m$ 个综合变量能尽量多地概括原数据表中的信息。

主成分分析有许多成功的应用案例。英国统计学家斯科特(Scott)在 1961 年曾经对 157 个英国城镇发展水平进行调查，原始测量的变量是 57 个。而经过主成分分析，只需 5 个新的潜在变量，就可以 95%的精度表示原始数据的变异情况。可以想象，在 5 维空间对系统进行任何分析，都比在 57 维更加快捷、有效。另一个著名的工作是美国经济学家斯通(Stone)在 1947 年关于国民经济的研究。他曾利用美国 1929—1939 年各年数据，得到 17 个反映国民收入与支出的变量要素，例如雇主补贴、消费资料和生产资料、纯公共支出、净增库存、股息、利息和外贸平衡等。在进行主成分分析后，他竟以 97.4%的精度，用 3 个潜在变量取代了原来的 17 个变量。根据经济学知识，斯通给这 3 个潜在变量分别命名为总收入、总收入的变化率，以及经济发展和衰退的趋势(是时间的线性项)。更有意思的是，这 3 个新变量都是可以直接测量的，因此完全可以通过测量这 3 个新变量来取代原来对 17 个变量的测量，于是，问题得到了极大的简化。

在主成分分析应用中，有两种特殊的情况尤其引起人们的关注：如果能将一个 $p$ 维变量系统有效地降至二维，就可以在平面图上描绘出每一个样本点，从而直接观察样本点之间的相似关系以及样本群点的分布特点和结构。所以，主成分分析使高维空间中数据点的可视性成为可能。在数据信息的分析过程中，对直观图像的观察是一种重要的分析手段，它可以更好地协助系统分析人员的思维与判断，及时发现大规模数据群中的普遍规律与特殊现象，大大提高数据信息的分析效率。

另一方面，如果可以在较高的精度下，将一个高维变量系统有效地降至一维，就有可能将高维指标系统构造成一个综合指数，用于多目标评估决策。例如英国统计学家肯道尔(Kendall) 曾评估英国各地区农业生产水平。他采用英国 48 个郡的 10 种农作物产量作为评估变量。在进行主成分分析后，第 1 主成分的累计贡献率达到 47.6%，肯道尔将其称为“生产能力水平”，并把英国各地区按此指数排序，把它们的生产情况分为优、良、中、可、劣五种。而事实表明，这一评估结果与当时有关农业生产能力的地理分布的一般知识是十分一致的。

## 二、主成分分析的基本原理

在主成分分析中，在数据表 $\boldsymbol{X}$ 内提取的综合变量被称为主成分。那么怎样在数据表中提取主成分，使之能最好地概括原数据表中的信息呢？又怎样将一个高维空间进行降维处理呢？

在统计学中，说到数据集合中的信息，通常指这个集合中数据变异的情况。例如，在线性回归分析中，回归方程的测定系数就是要测量在多大程度上能用回归方程来解释 $\boldsymbol{y}$ 的变异。而在一张数据表中，数据集合的变异信息可以用全部变量方差的总和来测量。方差越大，数据中包含的信息就越多。

假设有一个二维数据表( $p=2$ )，表中样本点的分布呈椭圆形状，重心是 $\boldsymbol{g}$ ，如图 11-1 所示。



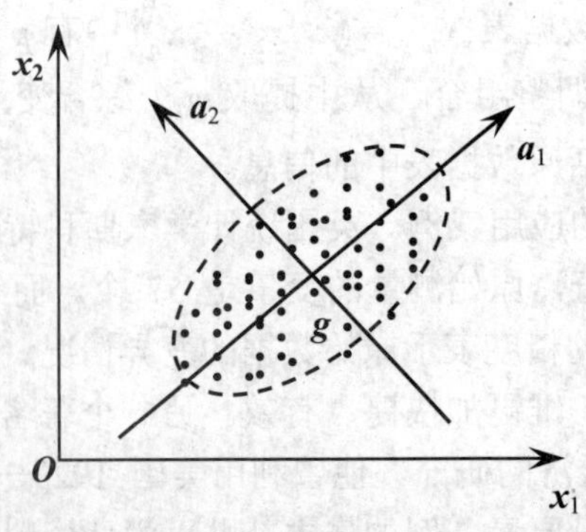


图 11-1　二维数据表主成分提取示意图

从图 11-1 易见，在沿椭圆的主轴的方向 $\boldsymbol{a}_1$ 上，数据的离差最大，因此，所反映的数据信息也最多，这个方向被称为数据变异最大的方向。如果将坐标原点平移到重心 $\boldsymbol{g}$ ，并且做旋转变换，得到一个正交坐标系 $\boldsymbol{a}_1 g \boldsymbol{a}_2$。将样本点在 $\boldsymbol{a}_1$ 轴上投影得到新变量 $\boldsymbol{F}_1$，则 $\boldsymbol{F}_1$ 是一个能携带最多原变异信息的综合变量，这就是所要提取的第 1 主成分。而如果省略 $\boldsymbol{a}_2$ 轴，就会得到一个简化的一维数据系统。所以，对高维数据系统进行降维处理的核心思想就是省却变异不大的变量方向。

推广到更一般的情形。设原始数据表中的变量为 $\boldsymbol{x}_1, \boldsymbol{x}_2, \cdots, \boldsymbol{x}_p$。主成分分析的过程实质上是对原坐标系进行平移和旋转变换，使得新坐标的原点与样本点集合的重心重合，新坐标系的第 1 轴与数据变异的最大方向对应，新坐标系的第 2 轴与第 1 轴标准正交，并且对应于数据变异的第 2 大方向，以此类推。这些新轴分别被称为第 1 主轴，第 2 主轴，……若经舍弃少量信息后，由主轴 $\boldsymbol{a}_1, \boldsymbol{a}_2, \cdots, \boldsymbol{a}_m$ 构成的子空间能够十分有效地表示原数据的变异情况，则原来的 $p$ 维空间就被降至 $m$ 维。这个新生成的 $m$ 维子空间被称为 $m$ 维主超平面。当 $m=2$ 时，就称其为主平面。可以用原样本点集合在主超平面上的投影来近似地表现原样本点集合。

原样本点集合在主超平面的第 $h$ 主轴上的投影构成综合变量 $\boldsymbol{F}_h \in \mathbf{R}^n$，被称为第 $h$ 主成分，$h=1,2,\cdots,p$。若以方差 $\mathrm{var}(\boldsymbol{F}_h)$ 测量第 $h$ 主成分 $\boldsymbol{F}_h$ 所携带的变异信息，则主成分分析的结果是 $\mathrm{var}(\boldsymbol{F}_1) \geqslant \mathrm{var}(\boldsymbol{F}_2) \geqslant \cdots \geqslant \mathrm{var}(\boldsymbol{F}_p) \geqslant 0$。

## 第二节　主成分分析的计算方法

### 一、算法推导

记 $\boldsymbol{X}$ 是一个有 $n$ 个样本点和 $p$ 个变量的数据表，即

$$\boldsymbol{X} = (x_{ij})_{n \times p} = \begin{vmatrix} \boldsymbol{e}_1^{\mathrm{T}} \\ \vdots \\ \boldsymbol{e}_n^{\mathrm{T}} \end{vmatrix} = [\boldsymbol{x}_1, \boldsymbol{x}_2, \cdots, \boldsymbol{x}_p]$$

式中，样本点 $\boldsymbol{e}_i = (x_{i1}, x_{i2}, \cdots, x_{ip})^{\mathrm{T}} \in \mathbf{R}^p$；变量 $\boldsymbol{x}_j = (x_{1j}, x_{2j}, \cdots, x_{nj})^{\mathrm{T}} \in \mathbf{R}^n$，$i=1,2,\cdots,n$，$j=1,2,\cdots,p$。

为推导方便，且不失一般性，设该数据表是标准化的(即每一个变量的均值为 0，方差为 1)。现要求一个综合变量 $\boldsymbol{F}_1$，$\boldsymbol{F}_1$ 是 $\boldsymbol{x}_1, \boldsymbol{x}_2, \cdots, \boldsymbol{x}_p$ 的线性组合，即有 $\boldsymbol{a}_1 \in \mathbf{R}^p$，使得 $\boldsymbol{F}_1 = \boldsymbol{X}\boldsymbol{a}_1$，$\|\boldsymbol{a}_1\| = 1$，其中$\|\bullet\|$表示向量的模。

要使得 $\boldsymbol{F}_1$ 能携带最多的原变异信息，即要求 $\boldsymbol{F}_1$ 的方差取到最大值。这里，不限定样本点集合一定是随机抽样得到的，因此 $\boldsymbol{F}_1$ 的方差为

$$\mathrm{var}(\boldsymbol{F}_1) = \frac{1}{n}\|\boldsymbol{F}_1\|^2 = \frac{1}{n}\boldsymbol{a}_1^{\mathrm{T}}\boldsymbol{X}^{\mathrm{T}}\boldsymbol{X}\boldsymbol{a}_1 = \boldsymbol{a}_1^{\mathrm{T}}\boldsymbol{V}\boldsymbol{a}_1$$

这里，记 $\boldsymbol{V} = \frac{1}{n}\boldsymbol{X}^{\mathrm{T}}\boldsymbol{X}$ 是 $\boldsymbol{X}$ 数据表的协方差矩阵。当 $\boldsymbol{X}$ 中的变量均是标准化变量时，$\boldsymbol{V}$ 就是 $\boldsymbol{X}$ 的相关系数矩阵。

把上面的问题写成数学表达式，即求优化问题

$$\max_{\|\boldsymbol{a}_1\|=1} \boldsymbol{a}_1^{\mathrm{T}}\boldsymbol{V}\boldsymbol{a}_1$$

采用拉格朗日(Lagrange)算法求解，记$\lambda_1$是拉格朗日系数，令

$$L = \boldsymbol{a}_1^{\mathrm{T}} \boldsymbol{V} \boldsymbol{a}_1 - \lambda_1 (\boldsymbol{a}_1^{\mathrm{T}} \boldsymbol{a}_1 - 1)$$

对$L$分别求关于$\boldsymbol{a}_1$和$\lambda_1$的偏导，并令其为零，有

$$\frac{\partial L}{\partial \boldsymbol{a}_1} = 2\boldsymbol{V}\boldsymbol{a}_1 - 2\lambda_1 \boldsymbol{a}_1 = 0 \tag{11-1}$$

$$\frac{\partial L}{\partial \lambda_1} = -(\boldsymbol{a}_1^{\mathrm{T}} \boldsymbol{a}_1 - 1) = 0 \tag{11-2}$$

由式(11-1)，得

$$\boldsymbol{V}\boldsymbol{a}_1 = \lambda_1 \boldsymbol{a}_1 \tag{11-3}$$

由此可知，$\boldsymbol{a}_1$是$\boldsymbol{V}$的特征向量，它的模长等于 1，它所对应的特征值是$\lambda_1$。而根据目标函数和式(11-3)及式(11-2)，有

$$\mathrm{var}(\boldsymbol{F}_1) = \boldsymbol{a}_1^{\mathrm{T}} \boldsymbol{V} \boldsymbol{a}_1 = \boldsymbol{a}_1^{\mathrm{T}} (\lambda_1 \boldsymbol{a}_1) = \lambda_1 \boldsymbol{a}_1^{\mathrm{T}} \boldsymbol{a}_1 = \lambda_1 \tag{11-4}$$

所以，$\boldsymbol{a}_1$所对应的特征值$\lambda_1$应该取到最大值。

换句话说，所要求的$\boldsymbol{a}_1$是矩阵$\boldsymbol{V}$的最大特征值$\lambda_1$所对应的特征向量，并且模长等于1。这里，$\boldsymbol{a}_1$被称为第 1 主轴，$\boldsymbol{F}_1 = \boldsymbol{X}\boldsymbol{a}_1$被称为第 1 主成分。

接着，可以求第 2 主轴$\boldsymbol{a}_2$，$\boldsymbol{a}_2$与$\boldsymbol{a}_1$标准正交($\boldsymbol{a}_2^{\mathrm{T}} \boldsymbol{a}_1 = 0$，$\|\boldsymbol{a}_2\|^2 = 1$)，并且仅次于第 1 主成分$\boldsymbol{F}_1$，第 2 成分$\boldsymbol{F}_2 = \boldsymbol{X}\boldsymbol{a}_2$是携带变异信息第 2 大的成分。$\boldsymbol{F}_2$的方差为

$$\mathrm{var}(\boldsymbol{F}_2) = \frac{1}{n}\|\boldsymbol{F}_2\|^2 = \frac{1}{n}\boldsymbol{a}_2^{\mathrm{T}} \boldsymbol{X}^{\mathrm{T}} \boldsymbol{X} \boldsymbol{a}_2 = \boldsymbol{a}_2^{\mathrm{T}} \boldsymbol{V} \boldsymbol{a}_2$$

写成优化问题，即

$$\max_{\|\boldsymbol{a}_2\|=1} \boldsymbol{a}_2^{\mathrm{T}} \boldsymbol{V} \boldsymbol{a}_2$$

同时，还需要增加约束条件：$\boldsymbol{a}_2^{\mathrm{T}} \boldsymbol{a}_1 = 0$。

类似于求解$\boldsymbol{F}_1$的过程，定义拉格朗日函数为

$$L = \boldsymbol{a}_2^{\mathrm{T}} \boldsymbol{V} \boldsymbol{a}_2 - \lambda_2 (\boldsymbol{a}_2^{\mathrm{T}} \boldsymbol{a}_2 - 1)$$

求$L$关于$\boldsymbol{a}_2$与$\lambda_2$的偏导，并令之为零，得到

$$\boldsymbol{V}\boldsymbol{a}_2 = \lambda_2 \boldsymbol{a}_2 \tag{11-5}$$

$$\boldsymbol{a}_2^{\mathrm{T}} \boldsymbol{a}_2 = 1 \tag{11-6}$$

$\boldsymbol{a}_2$是矩阵$\boldsymbol{V}$的特征向量，它的模长等于 1，它所对应的特征值是$\lambda_2$，而

$$\lambda_2 = \boldsymbol{a}_2^{\mathrm{T}} \boldsymbol{V} \boldsymbol{a}_2 = \mathrm{var}(\boldsymbol{F}_2) \tag{11-7}$$

由于有约束$\boldsymbol{a}_2^{\mathrm{T}} \boldsymbol{a}_1 = 0$，因此，这时$\lambda_2$只能是矩阵$\boldsymbol{V}$的第 2 大特征值；同时，$\boldsymbol{a}_2$是对应于$\lambda_2$的、模长等于 1 的特征向量。

以此类推，可求得$\boldsymbol{X}$数据表的第$h$主轴$\boldsymbol{a}_h$，它是协方差矩阵$\boldsymbol{V}$的第$h$个特征值$\lambda_h$所对应的、模长等于 1 的特征向量。而第$h$主成分$\boldsymbol{F}_h$为

$$\boldsymbol{F}_h = \boldsymbol{X}\boldsymbol{a}_h \tag{11-8}$$

由

$$\mathrm{var}(\boldsymbol{F}_h) = \frac{1}{n}\boldsymbol{a}_h^{\mathrm{T}} \boldsymbol{X}^{\mathrm{T}} \boldsymbol{X} \boldsymbol{a}_h = \boldsymbol{a}_h^{\mathrm{T}} \boldsymbol{V} \boldsymbol{a}_h = \boldsymbol{a}_h^{\mathrm{T}} (\lambda_h \boldsymbol{a}_h) = \lambda_h \tag{11-9}$$

因此，有

$$\mathrm{var}(\boldsymbol{F}_1) \geqslant \mathrm{var}(\boldsymbol{F}_2) \geqslant \cdots \geqslant \mathrm{var}(\boldsymbol{F}_p)$$

所以，用数据变异大小来反映数据中的信息，则第 1 主成分 $\boldsymbol{F}_1$ 携带的信息量最大，$\boldsymbol{F}_2$ 次之，等等。如果抽取了 $m$ 个主成分，这 $m$ 个主成分所携带的信息量的总和为

$$\sum_{h=1}^{m} \mathrm{var}(\boldsymbol{F}_h) = \sum_{h=1}^{m} \lambda_h \tag{11-10}$$

## 二、主成分分析的计算步骤

归纳上述分析可以看出，主成分分析的计算步骤如下。

(1) 对数据进行标准化处理。

$$\tilde{x}_{ij} = \frac{x_{ij} - \bar{x}_j}{s_j}, \quad i = 1, 2, \cdots, n; \quad j = 1, 2, \cdots, p$$

式中，$\bar{x}_j$ 是变量 $\boldsymbol{x}_j$ 的样本均值；$s_j$ 是 $\boldsymbol{x}_j$ 的样本标准差。

标准化处理的目的是使样本点集合的重心与坐标原点重合，而其中的压缩处理可以消除由量纲不同所引起的虚假变异信息，使分析结果更加合理。为方便起见，仍记标准化处理后的矩阵为 $\boldsymbol{X}$ 。

(2) 计算标准化数据矩阵 $\boldsymbol{X}$ 的协方差矩阵 $\boldsymbol{V}$ 。这时，$\boldsymbol{V}$ 又是 $\boldsymbol{X}$ 的相关系数矩阵。

(3) 求 $\boldsymbol{V}$ 的前 $m$ 个特征值 $\lambda_1 \geqslant \lambda_2 \geqslant \cdots \geqslant \lambda_m > 0$ ，以及对应的特征向量 $\boldsymbol{a}_1, \boldsymbol{a}_2, \cdots, \boldsymbol{a}_m$ ，要求它们是标准正交的。

(4) 求第 $h$ 主成分 $\boldsymbol{F}_h$ ，有

$$\boldsymbol{F}_h = \boldsymbol{X}\boldsymbol{a}_h = \sum_{j=1}^{p} a_{hj} \boldsymbol{x}_j \tag{11-11}$$

式中，$a_{hj}$ 是主轴 $\boldsymbol{a}_h$ 的第 $j$ 个分量。所以，主成分 $\boldsymbol{F}_h$ 是原变量 $\boldsymbol{x}_1, \boldsymbol{x}_2, \cdots, \boldsymbol{x}_p$ 的线性组合，组合系数恰好为 $a_{hj}$ 。从这个角度，又可以说 $\boldsymbol{F}_h$ 是一个新的综合变量。

## 三、主成分的基本性质

(1) 主成分 $\boldsymbol{F}_h$ 的样本均值等于零。记 $\mathrm{E}(\boldsymbol{F}_h)$ 为样本均值，有

$$\mathrm{E}(\boldsymbol{F}_h) = \frac{1}{n}\sum_{i=1}^{n} F_h(i) = \frac{1}{n}\sum_{i=1}^{n}\sum_{j=1}^{p} a_{hj} x_{ij} = \sum_{j=1}^{p} a_{hj} [\frac{1}{n}\sum_{i=1}^{n} x_{ij}] = 0$$

式中，$F_h(i)$ 是 $\boldsymbol{F}_h$ 的第 $i$ 个分量 $(i = 1, 2, \cdots, n)$ 。

(2) $\boldsymbol{F}_h$ 的样本方差等于 $\lambda_h$ ，即

$$\mathrm{var}(\boldsymbol{F}_h) = \lambda_h$$

这个结论在式(11-9)中已经给予证明。

(3) 主成分之间是互不相关的，即样本协方差为

$$\mathrm{cov}(\boldsymbol{F}_h, \boldsymbol{F}_l) = 0, \ \forall l \neq h \tag{11-12}$$

这个结论的证明是非常容易得

$$\mathrm{cov}(\boldsymbol{F}_h, \boldsymbol{F}_l) = \frac{1}{n}(\boldsymbol{X}\boldsymbol{a}_h)^{\mathrm{T}}(\boldsymbol{X}\boldsymbol{a}_l) = \boldsymbol{a}_h^{\mathrm{T}}\left(\frac{1}{n}\boldsymbol{X}^{\mathrm{T}}\boldsymbol{X}\right)\boldsymbol{a}_l = \boldsymbol{a}_h^{\mathrm{T}}\boldsymbol{V}\boldsymbol{a}_l = \boldsymbol{a}_h^{\mathrm{T}}(\lambda_l)\boldsymbol{a}_l = \lambda_l \boldsymbol{a}_h^{\mathrm{T}}\boldsymbol{a}_l = 0$$

性质(3)说明经过主成分分析，可将原始测量的 $p$ 个相关变量换成一组相互无关的直交

变量(即主成分之间的相关系数等于零)。在许多实际应用中，变量系统的直交性是十分有益的性质。由于各个变量中所含的信息是互补的，并且在信息中间没有交叉重叠，这常对进一步开展其他方面的统计分析带来许多便利。

从上面的讨论可知，主成分分析所完成的工作可示意为

$$[\boldsymbol{x}_1,\boldsymbol{x}_2,\cdots,\boldsymbol{x}_p]\xrightarrow{\text{主成分分析}}[\boldsymbol{F}_1,\boldsymbol{F}_2,\cdots,\boldsymbol{F}_m] \qquad (m<p)$$

记 $\boldsymbol{F}=[\boldsymbol{F}_1,\boldsymbol{F}_2,\cdots,\boldsymbol{F}_m]$ 是新变量系统下的数据表，它是由原数据表 $\boldsymbol{X}=[\boldsymbol{x}_1,\boldsymbol{x}_2,\cdots,\boldsymbol{x}_p]$ 经数学变换，并省略一部分信息而得到的。可以记

$$\boldsymbol{F}=[\boldsymbol{F}_1,\boldsymbol{F}_2,\cdots,\boldsymbol{F}_m]=\begin{bmatrix}\hat{\boldsymbol{e}}_1^{\mathrm{T}}\\ \vdots\\ \hat{\boldsymbol{e}}_n^{\mathrm{T}}\end{bmatrix}$$

$\hat{\boldsymbol{e}}_i$ 是数据表 $\boldsymbol{F}$ 的第 $i$ 个样本点，它为

$$\hat{\boldsymbol{e}}_i=(F_1(i),\cdots,F_m(i))^{\mathrm{T}}$$

记集合 $\boldsymbol{A}=\{\hat{\boldsymbol{e}}_i,i=1,2,\cdots,n\}$，则 $\boldsymbol{A}$ 的重心是与原点重合的，即

$$\hat{\boldsymbol{g}}=\frac{1}{n}\sum_{i=1}^{n}\hat{\boldsymbol{e}}_i=\begin{bmatrix}\dfrac{1}{n}\sum\limits_{i=1}^{n}F_1(i)\\ \vdots\\ \dfrac{1}{n}\sum\limits_{i=1}^{n}F_m(i)\end{bmatrix}=\begin{bmatrix}0\\ \vdots\\ 0\end{bmatrix}$$

因此，$\hat{\boldsymbol{e}}_i$ 到重心 $\hat{\boldsymbol{g}}=\boldsymbol{0}$ 的距离为

$$d^2(\hat{\boldsymbol{e}}_i,\boldsymbol{0})=\sum_{h=1}^{m}F_h^2(i) \tag{11-13}$$

这里特别需要指出的是，如果取 $m=p$，则主成分分析只相当于在原 $p$ 维空间中做了一次坐标变换，而没有任何信息损失。这时，样本点 $\hat{\boldsymbol{e}}_i=[F_1(i),\cdots,F_p(i)]^{\mathrm{T}}\in\mathbf{R}^p$ 不过是原样本点 $\boldsymbol{e}_i$ 在新坐标系下的重新表示。所以，这时 $\boldsymbol{e}_i$ 到原点的距离为

$$d^2(\boldsymbol{e}_i,\boldsymbol{0})=\sum_{j=1}^{p}F_j^2(i) \tag{11-14}$$



## 第三节　辅助分析技术

### 一、精度分析

一个 $m$ 维主超平面究竟能以多大精度来近似替代原变量系统呢？一种最广为人知的方法是用变量方差来定义主超平面的精度。

主成分分析方法所产生的主超平面能使数据信息的损失尽可能小。而所谓数据信息，主要反映在数据变量的方差上。方差越大，数据中所含的信息就越多。所以，可以定义主超平面的近似质量为累计贡献率 $Q_m$，有

$$Q_m=\sum_{h=1}^{m}\mathrm{var}(\boldsymbol{F}_h)\Big/\sum_{j=1}^{p}s_j^2 \tag{11-15}$$

式中，$\sum_{h=1}^{m}\mathrm{var}(\boldsymbol{F}_h)$ 是 $m$ 维主超平面上变量方差的总和。所以，$Q_m$ 是主超平面所携带的数据变异信息占原数据总变异信息的百分比。

$Q_m$ 还可以简写成

$$Q_m = \sum_{h=1}^{m}\lambda_h / \sum_{j=1}^{p} s_j^2 \tag{11-16}$$

特别地，当原数据表已进行了标准化处理，有

$$Q_m = \frac{1}{p}\sum_{h=1}^{m}\lambda_h \tag{11-17}$$

从上式可以看出：如果前 $m$ 个主成分的累计贡献率可达 90%，那么，主成分 $\boldsymbol{F}_1,\boldsymbol{F}_2,\cdots,\boldsymbol{F}_m$ 可以 90%的精度来概括原来的 $p$ 个指标。

## 二、解释主成分

主成分 $\boldsymbol{F}_1,\boldsymbol{F}_2,\cdots,\boldsymbol{F}_m$ 是对原变量 $\boldsymbol{x}_1,\boldsymbol{x}_2,\cdots,\boldsymbol{x}_p$ 的综合。原变量 $\boldsymbol{x}_1,\boldsymbol{x}_2,\cdots,\boldsymbol{x}_p$ 都是有其明确的物理含义的。那么，在对它们进行线性变换后，得到的新综合变量 $\boldsymbol{F}_1,\boldsymbol{F}_2,\cdots,\boldsymbol{F}_m$ 的含义是什么呢？

对主成分的解释可以帮助人们明确影响系统构成的主要因素和系统特征。例如，在分析各阶层人员生活状况时，对于比较贫困的地区，由主成分分析得到的前两个主成分是 $\boldsymbol{F}_1$——食品，$\boldsymbol{F}_2$——衣着。以此为标志，可以对不同生活水平的人群进行辨识，指出哪一些职业的人属于哪一类生活水准。然而，在较富裕发达的地区，由于已经解决了温饱问题，则主成分可能改为 $\boldsymbol{F}_1$——居住条件，$\boldsymbol{F}_2$——旅游，由此可以观察不同社会阶层的生活档次。所以，对主成分物理含义的解释是很有意义的。在主成分上，样本点之间的差异达到最大，这往往是影响数据系统构成的主要特征因素。

然而，对主成分的解释又是极其困难的。它首先要求分析工作人员要对所分析的系统有很好的专业知识，熟悉所分析的领域。能够协助专业人员对主成分含义进行诠释并命名的数学手段主要是对主成分与原始变量进行相关分析。

可以证明，如果数据是标准化的，$\boldsymbol{x}_j$ 是原变量，$j=1,2,\cdots,p$，$\boldsymbol{F}_h$ 是主成分，$h=1,2,\cdots,m$，则有

$$r(\boldsymbol{x}_j,\boldsymbol{F}_h)=\sqrt{\lambda_h}\,a_{hj} \tag{11-18}$$

式中，$a_{hj}$ 是特征向量 $\boldsymbol{a}_h$ (第 $h$ 主轴)的第 $j$ 个分量。因此，仅差一个常量 $\sqrt{\lambda_h}$，任意 $\boldsymbol{x}_j$ 与 $\boldsymbol{F}_h$ 的相关系数恰等于 $a_{hj}$。据此，可推知主成分命名的两个数学手段。

(1) 分析主成分 $\boldsymbol{F}_h$ 的组合系数。主成分是原变量的线性组合，对于标准化数据，有

$$\boldsymbol{F}_h=\sum_{j=1}^{p}a_{hj}\boldsymbol{x}_j \tag{11-19}$$

式中，$\boldsymbol{a}_h=(a_{h1},\cdots,a_{hp})^{\mathrm{T}}$ 的模长为 1，它是相关系数矩阵 $\boldsymbol{V}$ 的特征向量，所对应的特征值为 $\lambda_h$。由于仅差一个常量倍 $\sqrt{\lambda_h}$，组合系数 $a_{hj}$ 等于相关系数 $r(\boldsymbol{x}_j,\boldsymbol{F}_h)$，因此，人们可以通过观察组合系数的符号和大小，对 $\boldsymbol{F}_h$ 的物理含义做出判断。如果这些系数有正、有负，说明该主成分与一部分变量正相关，而与另一部分变量负相关。正相关时，$\boldsymbol{F}_h$ 与 $\boldsymbol{x}_j$ 同步

增长；负相关时，$\boldsymbol{F}_h$ 与 $\boldsymbol{x}_j$ 反向变化。$a_{hj}$ 较大时，说明 $\boldsymbol{F}_h$ 与 $\boldsymbol{x}_j$ 联系密切；否则，就不密切。根据这些系数的符号和大小变化规律以及专业知识等，可为主成分命名。需要一再强调的是，这种分析完全根据专业知识对具体问题做具体分析，而不存在精准的规则。

(2) 相关圆图。对主成分命名，还可以通过图示方法来观察和解释它主要与哪些原变量 $\boldsymbol{x}_j$ 最为相关。

若 $m=2$，即主平面由第 1 主成分 $\boldsymbol{F}_1$ 和第 2 主成分 $\boldsymbol{F}_2$ 构成，则可以在一个相关圆图上表示 $\boldsymbol{F}_1$，$\boldsymbol{F}_2$ 与各个 $\boldsymbol{x}_j$ 的相关关系。以 $r(\boldsymbol{F}_1,\boldsymbol{x}_j)$ 作为横坐标，以 $r(\boldsymbol{F}_2,\boldsymbol{x}_j)$ 作为纵坐标，作图方法如图 11-2(a)所示。

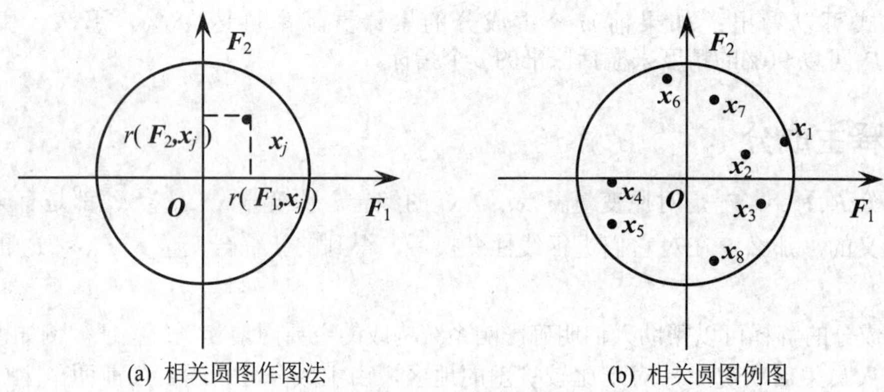


图 11-2　相关圆图

由图 11-2(b)可以看到，第 1 主成分主要由 $\boldsymbol{x}_1,\boldsymbol{x}_2,\boldsymbol{x}_3$ 和 $\boldsymbol{x}_4,\boldsymbol{x}_5$ 解释，且与 $\boldsymbol{x}_1,\boldsymbol{x}_2,\boldsymbol{x}_3$ 正相关，与 $\boldsymbol{x}_4,\boldsymbol{x}_5$ 负相关；第 2 主成分与 $\boldsymbol{x}_6,\boldsymbol{x}_7$ 和 $\boldsymbol{x}_8$ 联系比较紧密，且与 $\boldsymbol{x}_6,\boldsymbol{x}_7$ 正相关，与 $\boldsymbol{x}_8$ 负相关。

这里需注意一点，如果某变量点远离圆周时，说明该变量与 $\boldsymbol{F}_1,\boldsymbol{F}_2$ 的相关度很低，不能用来说明相关性问题。

## 三、特异点的发现

如果 $\boldsymbol{F}_1$ 与 $\boldsymbol{x}_j$ 极为相关，那么，如果一个样本点在第 1 主轴上的坐标值很大，则它在 $\boldsymbol{x}_j$ 变量上的取值一定远远大于所有样本点在 $\boldsymbol{x}_j$ 上的平均值，这是因为主轴的原点就是原样本点集合的重心。

所以，对于每一个主轴，计算各个样本点对该轴的贡献率是很有意义的。考虑主成分 $\boldsymbol{F}_h$：$F_h(i)$ 是第 $i$ 个样本点在 $h$ 主轴上的坐标值，则有

$$\mathrm{var}(\boldsymbol{F}_h)=\frac{1}{n}\sum_{i=1}^{n}F_h^2(i)=\lambda_h$$

因而，定义第 $i$ 个样本点对第 $h$ 主成分的贡献率是

$$\mathrm{CTR}(i)=\frac{F_h^2(i)}{n\lambda_h} \tag{11-20}$$

一般说来，我们不希望存在一个对主成分有过大贡献率的样本点，因为这是一个不平

衡因素。例如，第 1 个主成分 $\boldsymbol{F}_1$ 的方差为 1.2，而在 50 个样本点中，样本点 $k$ 对 $\boldsymbol{F}_1$ 的贡献率竟超过 1/4 而达到 0.32，显然这一点是远离数据重心和结聚的范围的，它是一个特异点。

通常情况下，如果去掉这一类特异点，往往会使数据分析的有效性有很大的改善。特别是在做主平面图示时，由于极个别特异点的存在，它们会占据平面图的大部分版面，而使其他所有样本点聚集在一团，难以分辨。去掉这几个特异点，就可能立即得到一个更加清晰的平面图示。所以，人们常常先去掉这类点再做主成分分析。然后，可以将这些作为补充元素，放回到主超平面上去，以观察数据的特性。

特异点的存在是十分常见的，它们的产生有时是由于一些特殊原因造成的。例如，在分析历史数据时，技术的突变，飞跃式的进展，会使评价企业生产水平的数据统计点有特殊表现。在对产品进行市场分析时，可能会发现一个产品，因为它的某项特别能迎合顾客心理的品质，使其销售状况远远优于其他同类产品。对特异点的分析，有助于找到这些特别的品质。

当然，在许多时候，特异点的产生是由于数据本身的结构造成的。例如，在中国城市经济分析中，北京、上海、天津、广州、深圳等地的发展水平远高于全国其他城市的平均水平，属于特异点。此外，特异点还可能由数据统计错误造成。例如，变量选取不合理，或统计观察上的错误。

对特异点的判断一般凭经验。由于有

$$\sum_{i=1}^{n}\mathrm{CTR}(i)=1 \tag{11-21}$$

所以，通常认为一个样本点对 $\boldsymbol{F}_h$ 的贡献过大了，是指它对 $\boldsymbol{F}_h$ 的贡献率远超过 $1/n$，即

$$\mathrm{CTR}(i)=\frac{F_h^2(i)}{n\lambda_h}\gg\frac{1}{n}$$

## 四、样本点在主超平面上的表现质量

在主超平面上，样本点 $\boldsymbol{e}_i$ 将由其投影点 $\hat{\boldsymbol{e}}_i$ 来近似表示。下面将讨论这一近似表示的精度质量。

假设有一个主平面是由第 1 主轴和第 2 主轴构成的，记为 $L$。该主平面的累计贡献率很高。那么，如果有两个投影点的距离很接近，是否可以认定在原数据中，这两个样本点间的距离也很近呢？回答是否定的，如图 11-3 所示。

从图 11-3 可以看出，如果两个点的原始位置距主平面很远，即它们本身就未能在主平面上得到很好的表示，就可能出现虚假的近似现象，这时的结论就是不可靠的。

因此，必须检查每一个样本点 $\boldsymbol{e}_i$ 在主超平面上的表现质量，这可以用向量 $\boldsymbol{e}_i$ 与主超平面的夹角 $\theta_i$ 的余弦值来测量，参考式(11-13)和式(11-14)，有

$$\cos\theta_i=\frac{\|\hat{\boldsymbol{e}}_i-\boldsymbol{0}\|^2}{\|\boldsymbol{e}_i-\boldsymbol{0}\|^2}=\frac{\sum_{h=1}^{m}F_h^2(i)}{\sum_{j=1}^{p}F_j^2(i)} \tag{11-22}$$

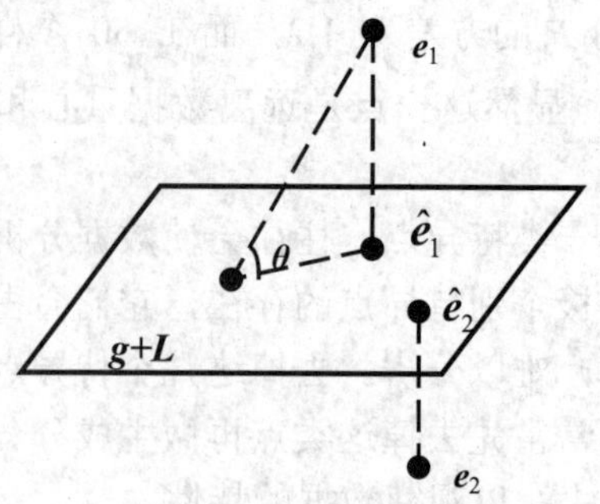


图 11-3　样本点在主超平面上表现质量示意图

## 五、数据重构

在得到 $m$ 维主超平面后，做原变量 $\boldsymbol{x}_j$ 在 $\boldsymbol{F}_1,\boldsymbol{F}_2,\cdots,\boldsymbol{F}_m$ 上的线性回归(这里依然设原变量数据是标准化的)，即求回归方程

$$\boldsymbol{x}_j=\beta_{1j}\boldsymbol{F}_1+\beta_{2j}\boldsymbol{F}_2+\cdots+\beta_{mj}\boldsymbol{F}_m+\boldsymbol{\varepsilon}_j$$

记回归系数 $\boldsymbol{\beta}_j=(\beta_{1j},\beta_{2j},\cdots,\beta_{mj})^{\mathrm{T}}$，记 $\boldsymbol{F}=[\boldsymbol{F}_1,\boldsymbol{F}_2,\cdots,\boldsymbol{F}_m]$，则

$$\boldsymbol{\beta}_j=(\boldsymbol{F}^{\mathrm{T}}\boldsymbol{F})^{-1}\boldsymbol{F}^{\mathrm{T}}\boldsymbol{x}_j=\left[\begin{bmatrix}\boldsymbol{F}_1^{\mathrm{T}}\\ \vdots\\ \boldsymbol{F}_m^{\mathrm{T}}\end{bmatrix}(\boldsymbol{F}_1,\cdots,\boldsymbol{F}_m)\right]^{-1}\begin{bmatrix}\boldsymbol{F}_1^{\mathrm{T}}\\ \vdots\\ \boldsymbol{F}_m^{\mathrm{T}}\end{bmatrix}\boldsymbol{x}_j$$

$$=\begin{bmatrix}1/\|\boldsymbol{F}_1\|^2 & & 0\\ & \ddots & \\ 0 & & 1/\|\boldsymbol{F}_m\|^2\end{bmatrix}\begin{bmatrix}\boldsymbol{F}_1^{\mathrm{T}}\boldsymbol{x}_j\\ \vdots\\ \boldsymbol{F}_m^{\mathrm{T}}\boldsymbol{x}_j\end{bmatrix}=\begin{bmatrix}\boldsymbol{F}_1^{\mathrm{T}}\boldsymbol{x}_j/\|\boldsymbol{F}_1\|^2\\ \vdots\\ \boldsymbol{F}_m^{\mathrm{T}}\boldsymbol{x}_j/\|\boldsymbol{F}_m\|^2\end{bmatrix}$$

因此，利用式(11-18)，有

$$\beta_{hj}=\frac{\boldsymbol{F}_h^{\mathrm{T}}\boldsymbol{x}_j}{\|\boldsymbol{F}_h\|^2}=\frac{\|\boldsymbol{x}_j\|}{\|\boldsymbol{F}_h\|}\times\frac{\boldsymbol{F}_h^{\mathrm{T}}\boldsymbol{x}_j}{\|\boldsymbol{F}_h\|\|\boldsymbol{x}_j\|}=\frac{1}{\sqrt{\lambda_h}}r(\boldsymbol{F}_h,\boldsymbol{x}_j)=a_{hj}$$

所以，可以推出回归方程为

$$\hat{\boldsymbol{x}}_j=a_{1j}\boldsymbol{F}_1+a_{2j}\boldsymbol{F}_2+\cdots+a_{mj}\boldsymbol{F}_m,\quad j=1,2,\cdots,p \tag{11-23}$$

对于样本点 $i$，则有

$$\hat{x}_{ij}=a_{1j}F_1(i)+a_{2j}F_2(i)+\cdots+a_{mj}F_m(i)=\sum_{h=1}^{m}a_{hj}F_h(i)$$

从式(11-23)可知，根据主成分和主轴，可以近似地重构原始数据表。进一步，如果取 $m=p$，$\boldsymbol{x}_j$ 在 $p$ 维空间的回归不再有任何信息损失，这时，有

$$x_{ij}=\sum_{h=1}^{p}a_{hj}F_h(i) \tag{11-24}$$

这就是所谓的数据重构公式。

式(11-24)是一个有趣的结论。由式(11-11)

$$\boldsymbol{F}_h=\sum_{j=1}^{p}a_{hj}\boldsymbol{x}_j$$

可知，主成分 $\boldsymbol{F}_h$ 是 $\boldsymbol{x}_j$ 的线性组合，组合系数向量为 $\boldsymbol{a}_h=(a_{h1},a_{h2},\cdots,a_{hp})^{\mathrm{T}}$。而以 $\boldsymbol{x}_j$ 对 $\boldsymbol{F}_1,\boldsymbol{F}_2,\cdots,\boldsymbol{F}_p$ 回归，回归系数恰好是 $a_{1j},a_{2j},\cdots,a_{pj}$。

# 第四节　因子分析方法

## 一、因子分析模型

因子分析方法(factor analysis)与主成分分析有着十分密切的联系。在应用中，它可以对由主成分分析得到的低维子空间进行适当的坐标旋转变换，从而使潜变量(成分或因子)的实际含义更加清晰。

因子分析的思想方法最早出现在心理学研究领域。1904 年英国心理学家斯皮尔曼(Spearman) 在美国心理学杂志上发表了题为“客观决定和测量一般智力”的论文，提出智力是由一般因素和特殊因素构成，并给出相应的数学模型。在之后的 20 多年时间里，许多心理学家围绕着进一步证实或反驳斯皮尔曼的心理因子分析理论作了大量的研究。1933 年 霍特林(Hotelling) 在提出主成分分析理论的同时，将因子分析研究纳入统计学领域，并完善了其理论体系。1940 年劳莱(Lawley) 发表了关于因子分析的极大似然法专题论文，使因子分析的应用价值得到普遍认同。而随着计算机技术快速发展，因子分析已经成为应用非常广泛的数据分析技术。

如果原数据表中有 $p$ 个标准化变量 $\boldsymbol{X}=(\boldsymbol{x}_1,\boldsymbol{x}_2,\cdots,\boldsymbol{x}_p)$，因子分析模型可以写成

$$\begin{aligned}
\boldsymbol{x}_1 &= a_{11}\boldsymbol{F}_1+a_{21}\boldsymbol{F}_2+\cdots+a_{m1}\boldsymbol{F}_m+\boldsymbol{\varepsilon}_1\\
\boldsymbol{x}_2 &= a_{12}\boldsymbol{F}_1+a_{22}\boldsymbol{F}_2+\cdots+a_{m2}\boldsymbol{F}_m+\boldsymbol{\varepsilon}_2\\
&\vdots\\
\boldsymbol{x}_p &= a_{1p}\boldsymbol{F}_1+a_{2p}\boldsymbol{F}_2+\cdots+a_{mp}\boldsymbol{F}_m+\boldsymbol{\varepsilon}_p
\end{aligned} \tag{11-25}$$

或写成矩阵形式

$$\boldsymbol{X}=\boldsymbol{F}\boldsymbol{A}+\boldsymbol{E} \tag{11-26}$$

这里，记

$$\boldsymbol{F}=(\boldsymbol{F}_1,\boldsymbol{F}_2,\cdots,\boldsymbol{F}_m)，\quad \boldsymbol{E}=(\boldsymbol{\varepsilon}_1,\boldsymbol{\varepsilon}_2,\cdots,\boldsymbol{\varepsilon}_p)$$

$$\boldsymbol{A}=\begin{pmatrix} a_{11} & a_{12} & \cdots & a_{1p}\\ a_{21} & a_{22} & \cdots & a_{2p}\\ \vdots & \vdots & & \vdots\\ a_{m1} & a_{m2} & \cdots & a_{mp}\end{pmatrix}$$

并且要求

$$E(\boldsymbol{F})=\boldsymbol{0}，\quad \mathrm{var}(\boldsymbol{F})=\boldsymbol{I}_{m\times m}，\quad \boldsymbol{F}^{\mathrm{T}}\boldsymbol{E}=\boldsymbol{0} \tag{11-27}$$

在该模型中，称 $\boldsymbol{F}_h$ 为因子，称 $a_{hj}$ 为因子载荷，$\boldsymbol{A}$ 被称为因子载荷矩阵。由于原变量是标准化变量，而因子 $\boldsymbol{F}_h$ 也是标准正交变量，利用式(11-25)和式(11-27)可以得到如下结论：

$$r(\boldsymbol{x}_j,\boldsymbol{F}_h)=a_{hj}，\quad h=1,2,\cdots,m；\quad j=1,2,\cdots,p \tag{11-28}$$

## 二、因子分析的基本原理

式(11-26)给出了因子分析基本的模型形式。然而值得注意的是，式(11-26)中的因子 $\boldsymbol{F}$ 与因子载荷矩阵 $\boldsymbol{A}$ 并不是唯一的。事实上，设 $\boldsymbol{C}$ 为任意一个 $m \times m$ 的正交矩阵（$\boldsymbol{C}^{\mathrm{T}}\boldsymbol{C} = \boldsymbol{I}_{m\times m}$），则式(11-26)还可以表示成

$$\boldsymbol{X} = (\boldsymbol{FC})(\boldsymbol{C}^{\mathrm{T}}\boldsymbol{A}) + \boldsymbol{E} = \boldsymbol{F}^{(1)}\boldsymbol{A}^{(1)} + \boldsymbol{E} \tag{11-29}$$

由于 $E(\boldsymbol{FC}) = \boldsymbol{0}$，$\mathrm{var}(\boldsymbol{FC}) = \boldsymbol{C}^{\mathrm{T}}\mathrm{var}(\boldsymbol{F})\boldsymbol{C} = \boldsymbol{I}_{m\times m}$，$(\boldsymbol{FC})^{\mathrm{T}}\boldsymbol{E} = \boldsymbol{C}^{\mathrm{T}}\boldsymbol{F}^{\mathrm{T}}\boldsymbol{E} = 0$，所以，可以把 $\boldsymbol{F}^{(1)} = \boldsymbol{FC}$ 看成是新的因子，而把 $\boldsymbol{A}^{(1)} = \boldsymbol{C}^{\mathrm{T}}\boldsymbol{A}$ 看成是相应的因子载荷矩阵。

根据式(11-29)可知，可以对式(11-26)的因子载荷矩阵进行正交旋转变换。变换后，使各公共因素与一部分原自变量紧密相关，而与另一部分自变量相关性变得很弱，这在因子分析中被称为“结构简化准则”，而其计算过程又被称为“因子载荷的离散化过程”。一般采用美国统计学家凯瑟(Kaiser)(1956)提出的方差极大旋转法(VARIMAX)，其数学准则是使载荷矩阵的总方差 $\boldsymbol{V}$ 达到最大，即

$$\max(\boldsymbol{V}) = p\sum_{h=1}^{m}\sum_{j=1}^{p}\left(\frac{a_{hj}}{h_j}\right)^4 - \sum_{i=1}^{m}\left(\sum_{j=1}^{p}\frac{a_{hj}^2}{h_j^2}\right)^2 \tag{11-30}$$

式中，$h_j = \sqrt{a_{1j}^2 + a_{2j}^2 + \cdots + a_{mj}^2}$（$j = 1, 2, \cdots, p$）被称为变量 $\boldsymbol{x}_j$ 的共同度。

对因子分析模型的另一种更加简单的理解方法是将其与主成分分析联系起来。在主成分分析的应用过程中已经看到，对于主成分的含义解释经常是十分困难或者牵强附会的。因而就提出一种新的思路：能否对由主成分 $\boldsymbol{F}_h (h = 1, 2, \cdots, m)$ 张成的子空间进行旋转变换，使经过变换后得到的每一个新的因子能够和一部分原始变量强相关，而和另一部分原始变量相关性很弱，这样就可以更加容易地解释新因子的含义，进而对降维后的子空间的物理含义给予更清晰的说明。但是应该注意的是，对主成分旋转之后，它们的方差也都会变化，就不再是真正意义上的主成分了。因此，此时常常称之为主因子。

其实，熟悉主成分分析的读者可能已经发现，因子分析的模型，即式(11-25)在形式上很像是主成分分析中的数据重构模型，即式(11-23)。所以，也可以把主成分分析的结果作为因子分析的初始模型，通过坐标旋转，对因子 $\boldsymbol{F}$ 以及因子载荷矩阵 $\boldsymbol{A}$ 进行变换，从而使最终得到的因子的实际含义更加清晰。在使用 SPSS 软件进行实际计算时，因子分析是主成分分析模块中的一个选项，即因子旋转(factor rotation)。它的具体应用方法将在第五节进行较详细的介绍。

# 第五节　统计软件应用与案例研究

## 一、SPSS 软件应用

下面以表 11-2 中的数据为例，简要介绍 SPSS 的主成分分析和因子分析的基本使用方法。

首先说明使用主成分分析的主要过程。

第 1 步：在 SPSS 中选择 Analyze | Dimension Reduction | Factor 命令，如图 11-4 所

示，打开 Factor Analysis 对话框。

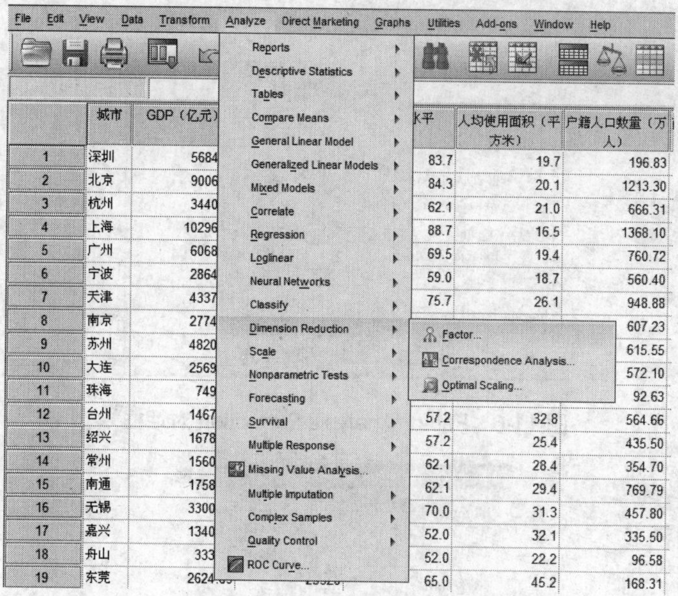

File　Edit　View　Data　Transform　Analyze　Direct Marketing　Graphs　Utilities　Add-ons　Window　Help

Reports
Descriptive Statistics
Tables
Compare Means
General Linear Model
Generalized Linear Models
Mixed Models
Correlate
Regression
Loglinear
Neural Networks
Classify
Dimension Reduction
Scale
Nonparametric Tests
Forecasting
Survival
Multiple Response
Missing Value Analysis...
Multiple Imputation
Complex Samples
Quality Control
ROC Curve...

Factor...
Correspondence Analysis...
Optimal Scaling...

| | 城市 | GDP（亿元） | …水平 | 人均使用面积（平方米） | 户籍人口数量（万人） |
|---|---|---|---|---|---|
| 1 | 深圳 | 5684 | 83.7 | 19.7 | 196.83 |
| 2 | 北京 | 9006 | 84.3 | 20.1 | 1213.30 |
| 3 | 杭州 | 3440 | 62.1 | 21.0 | 666.31 |
| 4 | 上海 | 10296 | 88.7 | 16.5 | 1368.10 |
| 5 | 广州 | 6068 | 69.5 | 19.4 | 760.72 |
| 6 | 宁波 | 2864 | 59.0 | 18.7 | 560.40 |
| 7 | 天津 | 4337 | 75.7 | 26.1 | 948.88 |
| 8 | 南京 | 2774 | | | 607.23 |
| 9 | 苏州 | 4820 | | | 615.55 |
| 10 | 大连 | 2569 | | | 572.10 |
| 11 | 珠海 | 749 | | | 92.63 |
| 12 | 台州 | 1467 | 57.2 | 32.8 | 564.66 |
| 13 | 绍兴 | 1678 | 57.2 | 25.4 | 435.50 |
| 14 | 常州 | 1560 | 62.1 | 28.4 | 354.70 |
| 15 | 南通 | 1758 | 62.1 | 29.4 | 769.79 |
| 16 | 无锡 | 3300 | 70.0 | 31.3 | 457.80 |
| 17 | 嘉兴 | 1340 | 52.0 | 32.1 | 335.50 |
| 18 | 舟山 | 333 | 52.0 | 22.2 | 96.58 |
| 19 | 东莞 | 2624.… | 65.0 | 45.2 | 168.31 |

图 11-4　进入 SPSS 主成分分析的过程图

第 2 步：将待分析的变量选入 Variables 列表框，如图 11-5 所示。

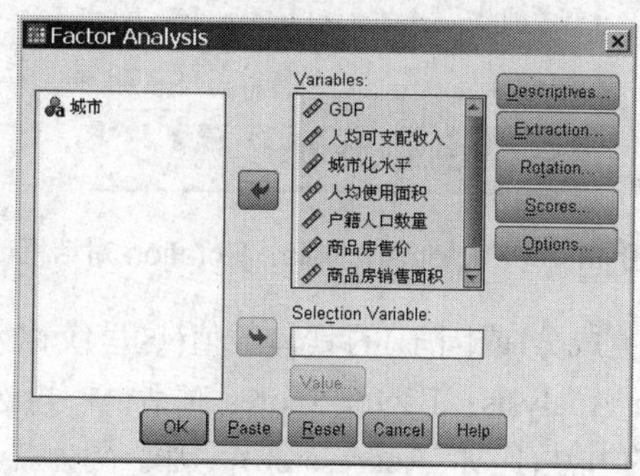


图 11-5　SPSS 主成分分析的主对话框

第 3 步：单击 Extraction 按钮，打开 Factor Analysis：Extraction 对话框，在 Method 下拉列表框中选择 Principal components 选项；下面的选项可以随意设置，比如要求画碎石图就选中 Scree plot 复选框等。在 Extract 选项组中，可以按照特征值的大小选主成分，也可以选定主成分的数目，如图 11-6 所示。之后单击 Continue 按钮回到主对话框。

第 4 步：如果要进行因子分析，则可以单击 Rotation 按钮，再在打开的 Factor Analysis：Rotation 对话框的 Method 选项组中选择一个旋转方法(一般情况下常选择 Varimax 等。而如果要做主成分分析，就选择 None)；在 Display 选项组中选中 Rotated solution(以输出和旋转有关的结果)以及 Loading plot(输出载荷图)复选框如图 11-7 所示；之后单击 Continue 按钮回到主对话框。

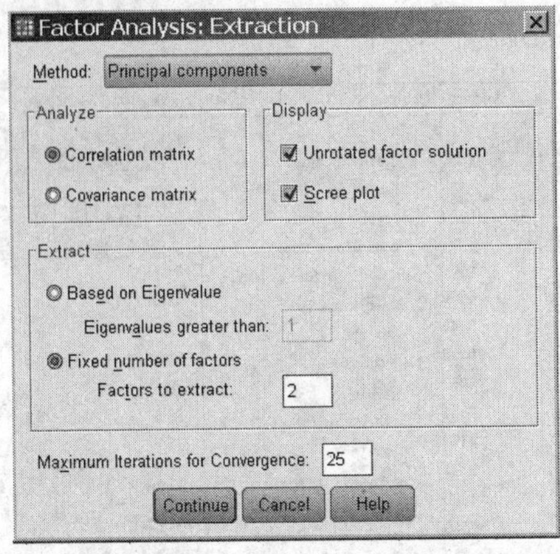


图 11-6　Factor Analysis Extraction 对话框

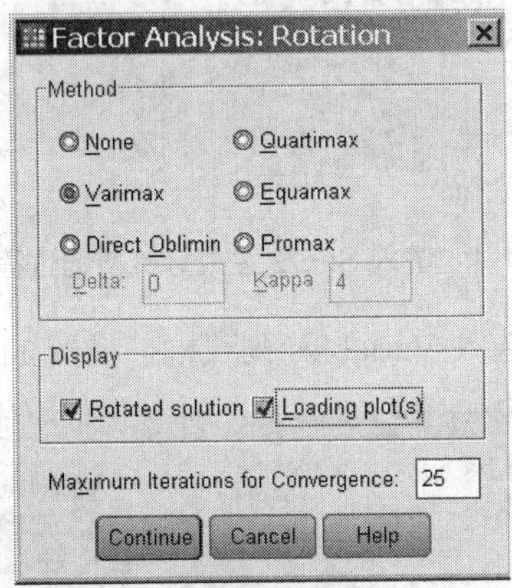


图 11-7　Factor Analysis：Rotation 对话框

第 5 步：如果要计算主成分(或因子)的具体数值(这里统称为“因子得分”)，就要单击 Scores 按钮，打开 Factor Analysis：Factor Scores 对话框，再选中 Save as variables 复选框，并选择计算因子得分的方法(比如 Regression)，因子得分就会作为变量存在原数据表中的附加列上；这时还可以选中 Display factor score coefficient matrix 复选框，输出因子得分系数矩阵，如图 11-8 所示。之后，单击 Continue 按钮回到主对话框。

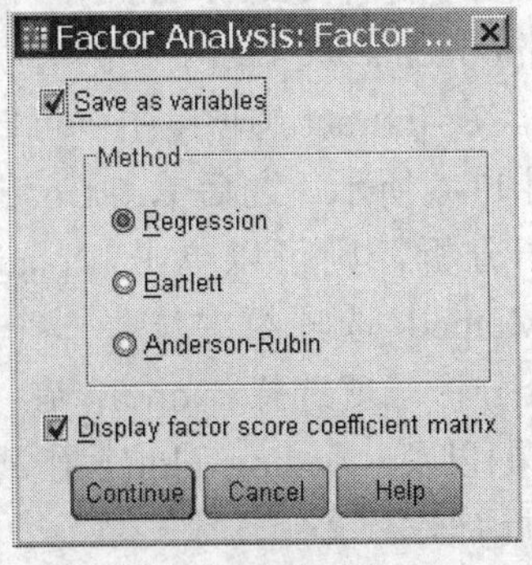


图 11-8　Factor Analysis：Factor Sores 对话框

第 6 步：在主对话框中，单击 OK 按钮即完成主成分分析(或因子分析)的计算。

下面简要介绍应用 SPSS 软件进行主成分(因子)分析的几个重要的输出结果。

(1) 全方差解释表(Total variance explained)。

在该表中，Total 一栏中会给出特征值的计算结果；“% of Variance”一栏中会给出每个主成分对解释总方差的贡献率($\lambda_h / p$)；而“Cumulative %”则给出累计贡献率，据此可以确定需要保留的空间维数 $m$。

(2) 成分矩阵(Component matrix)。

在该表中给出主成分 $\boldsymbol{F}_h$ 与每一个原始变量 $\boldsymbol{x}_j$ 的相关系数，即 $r(\boldsymbol{F}_h, \boldsymbol{x}_j)$，$h=1,2,\cdots,m$； $j=1,2,\cdots,p$。这些系数又称为主成分载荷(Loading)。

(3) 相关圆图(Component plot)。

相关圆图是与成分矩阵中的数据相对应的相关圆图。用它可以更直观地观察各变量之间的相关关系。该图就是所谓的载荷图(Loading plot)。

(4) 旋转后的成分矩阵(Rotated component matrix)和旋转后的相关圆图(Component plot in rotated space)。

如果在 Factor Analysis：Rotation 对话框的 Method 选项组中选择了旋转(例如 Varimax)，并且选中了 Rotated solution 和 Loading plot 复选框，就会在输出结果中看到旋转后的成分矩阵。这就是因子分析后，主因子与原变量的相关系数表。而旋转后的相关圆图则是因子分析的相关圆图(或称因子载荷图)。

(5) 因子得分系数矩阵(Factor score coefficient matrix)。

如果在 Factor Analysis：Factor Scores 对话框中选中了 Display factor score coefficient matrix 复选框，在输出结果中会看到因子得分系数 $a_{hj}$ ($h=1,2,\cdots,m$； $j=1,2,\cdots,p$)，它给出用原始变量 $\boldsymbol{x}_j$ 表示因子 $\boldsymbol{F}_h$ 的模型系数，即

$$\boldsymbol{F}_h = \sum_{j=1}^{p} a_{hj} \boldsymbol{x}_j \tag{11-31}$$

但是特别需要注意的是，在 SPSS 的输出中，由于所有的因子 $\boldsymbol{F}_h$ ($h=1,2,\cdots,m$)都被做过标准化处理(即方差等于 1)，因此其输出的 $(a_{h1}, a_{h2}, \cdots, a_{hp})^{\mathrm{T}}$ 并不是对应于特征值 $\lambda_h$ 的特征向量。

(6) 存储因子得分。

通过在 Factor Analysis：Factor Scores 对话框中选中 Save as variables 复选框，因子得分就会作为变量存储在原始数据表的附加列上，变量名称会被自动赋予 FAC1-1、FAC2-1 等。读者可以验证，在 SPSS 软件中，无论是做主成分分析还是做因子分析，FAC1-1、FAC2-1 等变量都是标准化的，即它们的方差都等于 1。

(7) 绘制主平面图的方法。

如果要绘制主平面图，可以使用 SPSS 中的 Graphs 功能。在主成分分析(或因子分析)计算过程中，如果选中了 Factor Analysis：Factor Scores 对话框中的 Save as variables 复选框，则在原数据表中便会出现若干个附加列，这是被标准化的因子得分变量：FAC1-1、FAC2-1 等。为了绘制主平面图，具体的操作步骤如下。

第 1 步：在 SPSS 中选择 Graphs | Legacy Dialogs Scatter 命令，打开 Scatter/Dot 对话框，如图 11-9 所示。

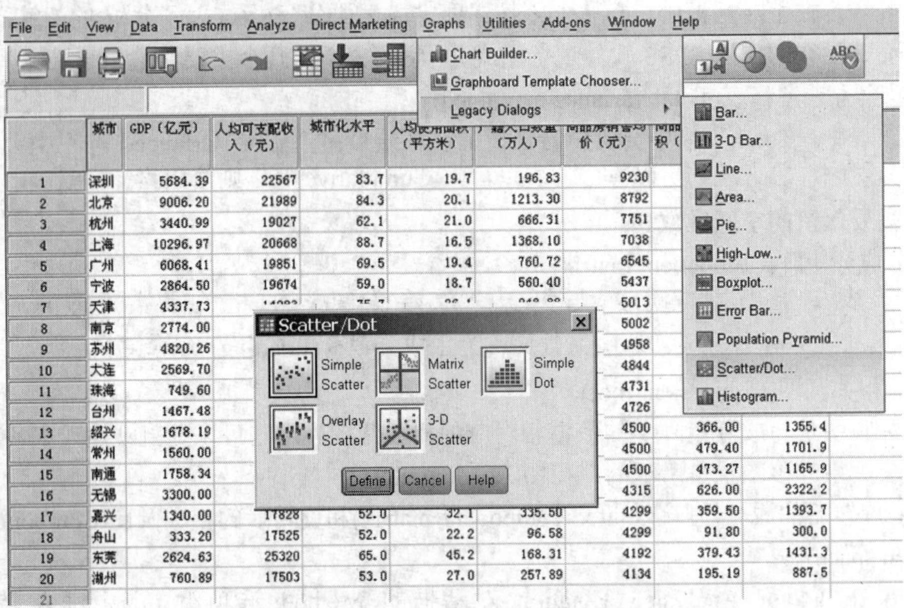


图 11-9　打开 Scatter/Dot 对话框的过程图

第 2 步：单击 Simple Scatter 按钮，打开 Simple Scatterplot 对话框。将 FAC1-1 放入 X Axis；将 FAC2-1 放入 Y Axis；再将反映样本点名称的变量放入 Label Cases by 中，如图 11-10 所示。

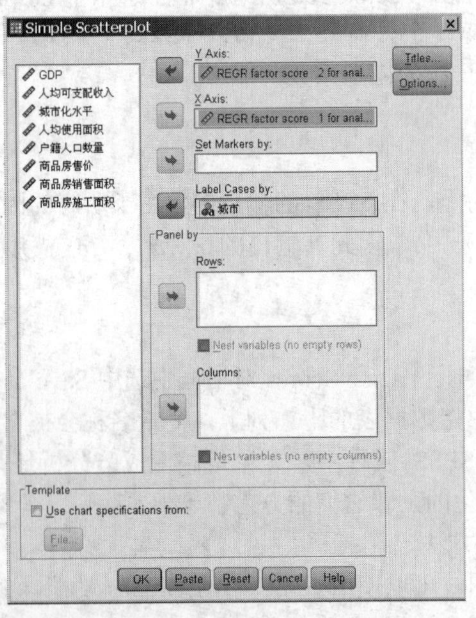


图 11-10　Simple Scatterplot 对话框

第 3 步：单击 Options 按钮，打开 Options 对话框，选中 Display chart with case labels 复选框，再单击 Continue 按钮回到主对话框，如图 11-11 所示。

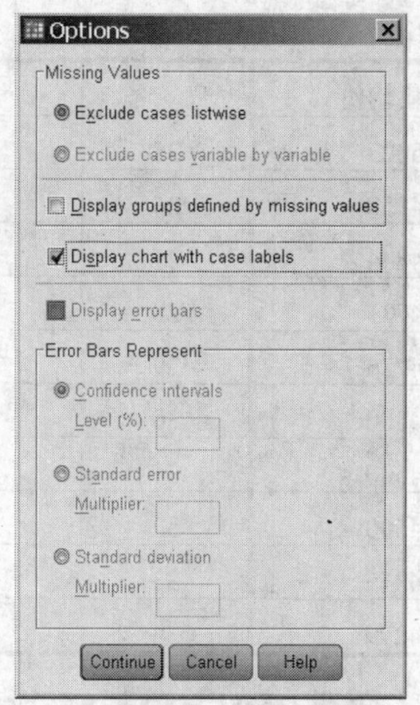


图 11-11 Options 对话框

第 4 步：单击 OK 按钮即可完成主平面图的绘制工作。此外，如果在 Set Markers by 栏中放入某个表示样本点分类的变量，还可以在主平面图中看到用不同图形和颜色标明的样本点分类的情况。

## 二、案例研究

### (一)案例背景

本节案例拟对某房地产开发公司在长江三角洲、珠江三角洲、环渤海地区的具有投资潜力的目标城市进行研究，从而为公司的房地产项目选择提供依据。由于该公司主要从事高科技节能房地产的开发，所售商品房的价格较一般商品房价格稍高，因此其所投资的城市必须具有较高的消费能力。所以在研究中，需要首先筛选出商品房销售均价位于前列的城市，删去商品房均价较低、明显不具有投资潜力的城市。表 11-1 显示了 2006 年长江三角洲、珠江三角洲、环渤海地区部分城市商品房销售均价。

表 11-1 2006 年长三角、珠三角、环渤海地区城市商品房销售均价

元/平方米

| 序 号 | 城 市 | 销售均价 | 序 号 | 城 市 | 销售均价 |
|---|---|---|---|---|---|
| 1 | 深圳 | 9230 | 18 | 舟山 | 4299 |
| 2 | 北京 | 8792 | 19 | 东莞 | 4192 |
| 3 | 杭州 | 7751 | 20 | 湖州 | 4134 |
| 4 | 上海 | 7038 | 21 | 沈阳 | 3704 |
| 5 | 广州 | 6545 | 22 | 佛山 | 3645 |
| 6 | 宁波 | 5437 | 23 | 扬州 | 3500 |
| 7 | 天津 | 5013 | 24 | 镇江 | 3500 |

续表

| 序号 | 城市 | 销售均价 | 序号 | 城市 | 销售均价 |
|---|---|---|---|---|---|
| 8 | 南京 | 5002 | 25 | 青岛 | 3446 |
| 9 | 苏州 | 4958 | 26 | 中山 | 3190 |
| 10 | 大连 | 4844 | 27 | 济南 | 3106 |
| 11 | 珠海 | 4731 | 28 | 泰州 | 2890 |
| 12 | 台州 | 4726 | 29 | 烟台 | 2821 |
| 13 | 绍兴 | 4500 | 30 | 惠州 | 2710 |
| 14 | 常州 | 4500 | 31 | 石家庄 | 2698 |
| 15 | 南通 | 4500 | 32 | 秦皇岛 | 2511 |
| 16 | 无锡 | 4315 | 33 | 肇庆 | 2500 |
| 17 | 嘉兴 | 4299 | 34 | 江门 | 2418 |

从表 11-1 可以看到，长江三角洲、珠江三角洲、环渤海地区主要城市的商品房均价从 2418 元到 9230 元不等，差异较大。从中筛选出商品房销售均价排名前 20 的城市，删除投资潜力明显较低的城市(均价低于 4000 元)。由此得到对该公司来说存在投资潜力的城市为：深圳、北京、杭州、上海、广州、宁波、天津、南京、苏州、大连、珠海、台州、绍兴、常州、南通、无锡、嘉兴、舟山、东莞、湖州。

为了进一步分析这些城市的特点，选择若干反映城市房地产投资潜力的变量，如 GDP、人均可支配收入、城市化水平、人均使用面积、户籍人口数量、商品房销售均价、商品房销售面积、商品房施工面积等八个指标。需要说明的是：为了使所有变量都正相关，这里将“人均使用面积”变量变换为“1/人均使用面积”。在表 11-2 中给出 20 个城市在 2006 年的统计数据(数据来源于 2007 年《中国城市统计年鉴》以及各有关城市 2007 年的统计年鉴)。

表 11-2　20 个城市的经济数据

| 城市 | GDP/亿元 | 人均可支配收入/元 | 城市化水平 | 人均使用面积/平方米 | 户籍人口数量/万人 | 商品房销售均价/元 | 商品房销售面积/万平方米 | 商品房施工面积/万平方米 |
|---|---|---|---|---|---|---|---|---|
| 深圳 | 5684.39 | 22567 | 83.7 | 19.7 | 196.83 | 9230 | 784.63 | 3122.10 |
| 北京 | 9006.20 | 21989 | 84.3 | 20.1 | 1213.30 | 8792 | 2176.60 | 10438.60 |
| 杭州 | 3440.99 | 19027 | 62.1 | 21.0 | 666.31 | 7751 | 762.50 | 4545.33 |
| 上海 | 10296.97 | 20668 | 88.7 | 16.5 | 1368.10 | 7038 | 3025.40 | 10938.75 |
| 广州 | 6068.41 | 19851 | 69.5 | 19.4 | 760.72 | 6545 | 1316.88 | 5460.37 |
| 宁波 | 2864.50 | 19674 | 59.0 | 18.7 | 560.40 | 5437 | 601.10 | 2200.00 |
| 天津 | 4337.73 | 14283 | 75.7 | 26.1 | 948.88 | 5013 | 1458.60 | 4271.14 |
| 南京 | 2774.00 | 17538 | 62.1 | 20.4 | 607.23 | 5002 | 932.40 | 3264.44 |
| 苏州 | 4820.26 | 14451 | 62.1 | 20.4 | 615.55 | 4958 | 932.40 | 5058.09 |
| 大连 | 2569.70 | 13350 | 57.5 | 17.5 | 572.10 | 4844 | 628.80 | 2196.10 |

续表

| 城市 | GDP /亿元 | 人均可支配收入/元 | 城市化水平 | 人均使用面积/平方米 | 户籍人口数量/万人 | 商品房销售均价/元 | 商品房销售面积/万平方米 | 商品房施工面积/万平方米 |
|---|---|---|---|---|---|---|---|---|
| 珠海 | 749.60 | 17671 | 59.4 | 25.0 | 92.63 | 4731 | 178.88 | 678.55 |
| 台州 | 1467.48 | 19036 | 57.2 | 32.8 | 564.66 | 4726 | 259.72 | 1238.32 |
| 绍兴 | 1678.19 | 19486 | 57.2 | 25.4 | 435.50 | 4500 | 366.00 | 1355.36 |
| 常州 | 1560.00 | 16649 | 62.1 | 28.4 | 354.70 | 4500 | 479.40 | 1701.90 |
| 南通 | 1758.34 | 14058 | 62.1 | 29.4 | 769.79 | 4500 | 473.27 | 1165.86 |
| 无锡 | 3300.00 | 18189 | 70.0 | 31.3 | 457.80 | 4315 | 626.00 | 2322.17 |
| 嘉兴 | 1340.00 | 17828 | 52.0 | 32.1 | 335.50 | 4299 | 359.50 | 1393.70 |
| 舟山 | 333.20 | 17525 | 52.0 | 22.2 | 96.58 | 4299 | 91.80 | 300.00 |
| 东莞 | 2624.63 | 25320 | 65.0 | 45.2 | 168.31 | 4192 | 379.43 | 1431.27 |
| 湖州 | 760.89 | 17503 | 53.0 | 27.0 | 257.89 | 4134 | 195.19 | 887.51 |

## (二)主成分分析

应用 SPSS 软件对表 11-2 中的数据进行第一轮主成分分析。从此次分析中发现，北京、上海、东莞这 3 个城市的发展水平远高于其他城市的平均水平，因此把它们作为特异点删除。

用剩余的 17 个城市的数据进行第二轮主成分分析，得到 8 个主成分的累计贡献率如表 11-3 所示。可以看到，第 1 和第 2 主成分的累计贡献率已经达到 78.38%，其中第 1 主成分的贡献率达到 55.79%。因此，提取前 2 个主成分就基本能够代表 8 个变量的信息。

表 11-3　第二轮主成分分析的全方差解释表

| 主 成 分 | 原始特征值 | | |
|---|---|---|---|
| | 总　计 | 贡献率/% | 累计贡献率/% |
| 1 | 4.463 | 55.786 | 55.786 |
| 2 | 1.807 | 22.593 | 78.379 |
| 3 | 0.867 | 10.838 | 89.217 |
| 4 | 0.405 | 5.066 | 94.283 |
| 5 | 0.223 | 2.792 | 97.075 |
| 6 | 0.158 | 1.978 | 99.053 |
| 7 | 0.060 | 0.749 | 99.802 |
| 8 | 0.016 | 0.198 | 100.000 |

表 11-4 为进行 VARIMAX 旋转后的成分矩阵表。该表给出了第 1 和第 2 主因子与 8 个原始变量的相关系数。图 11-12 为与表 11-4 相对应的相关圆图。

表 11-4 旋转后的成分矩阵

| 变 量 名 | 主 因 子 | |
|---|---|---|
| | 1 | 2 |
| GDP | 0.952 | 0.196 |
| 人均可支配收入 | 0.019 | 0.891 |
| 城市化水平 | 0.755 | 0.309 |
| 1/人均使用面积 | 0.517 | 0.262 |
| 户籍人口数量 | 0.687 | −0.587 |
| 商品房售价 | 0.623 | 0.699 |
| 商品房销售面积 | 0.955 | −0.184 |
| 商品房施工面积 | 0.942 | −0.043 |

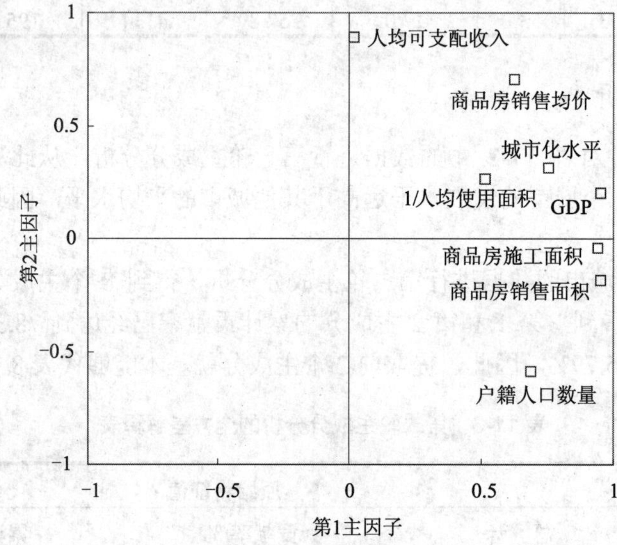


图 11-12 旋转后的相关圆图

从表 11-4 和图 11-12 中可以看到，第 1 主因子与所有变量均正相关，且变量“GDP”、“商品房销售面积”、“商品房施工面积”、“城市化水平”、“户籍人口数量”、“商品房销售均价”及“1/人均使用面积”与第 1 主因子均具有较强的正相关性。因此，第 1 主因子主要代表的是城市整体发展水平方面的信息。而第 2 主因子与“人均可支配收入”呈较强的相关性，说明第 2 主因子反映的主要是城市居民消费能力等方面的信息。

表 11-5 为第 1 和第 2 主因子的得分系数矩阵，它说明第 1 和第 2 主因子是如何用原来变量表示的。

从而可得到式(11-32)和式(11-33)，此为第 1 主因子(FAC1-1)和第 2 主因子(FAC2-1)得分的计算公式：

$$\begin{aligned}\text{FAC1-1} = 0.211x_1 - 0.038x_2 + 0.160x_3 + 0.107x_4 \\ + 0.187x_5 + 0.110x_6 + 0.230x_7 + 0.220x_8\end{aligned} \tag{11-32}$$

$$\begin{aligned} \text{FAC2-1} = 0.061x_1 + 0.486x_2 + 0.132x_3 + 0.118x_4 \\ - 0.354x_5 + 0.351x_6 - 0.146x_7 - 0.069x_8 \end{aligned} \tag{11-33}$$

表 11-5 因子得分系数矩阵

| 变量名 | 主因子 | |
|---|---|---|
| | 1 | 2 |
| GDP | 0.211 | 0.061 |
| 人均可支配收入 | −0.038 | 0.486 |
| 城市化水平 | 0.160 | 0.132 |
| 1/人均使用面积 | 0.107 | 0.118 |
| 户籍人口数量 | 0.187 | −0.354 |
| 商品房销售均价 | 0.110 | 0.351 |
| 商品房销售面积 | 0.230 | −0.146 |
| 商品房施工面积 | 0.220 | −0.069 |

以第 1 主因子得分为横轴，第 2 主因子得分为纵轴，根据 17 个样本点在第 1 和第 2 主因子的得分，可以作出散点图，从而比较直观地反映各样本点在第 1 主因子和第 2 主因子上的表现，如图 11-13 所示。

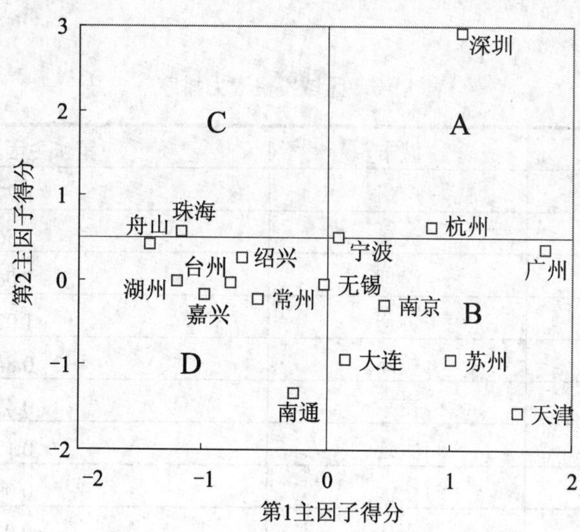


图 11-13 样本点的主因子得分散点图

从图 11-13 可以直观地看出各城市在两个主因子上的表现。

(1) 区域 A：第 1 和第 2 主因子得分均较高的城市。

深圳：第 1 和第 2 主因子得分都较高，最具有投资潜力。

(2) 区域 B：第 1 主因子得分较高、第 2 主因子得分较低的城市。

广州：第 1 主因子得分很高，第 2 主因子得分一般，投资潜力大。

杭州：第 1 主因子得分很高，第 2 主因子得分一般，投资潜力大。

天津：第 1 主因子得分很高，第 2 主因子得分较低，投资潜力较大。

宁波、无锡、南京：第 1 和第 2 主因子得分均一般，投资潜力较大。

苏州：第 1 主因子得分较高，第 2 主因子得分较低，投资潜力一般。

大连：第 1 主因子得分一般，第 2 主因子得分较低，投资潜力一般。

(3) 区域 C：第 1 主因子得分较低、第 2 主因子得分较高的城市。

珠海：第 1 主因子得分较低，第 2 主因子得分一般，投资潜力一般。

(4) 区域 D：第 1 和第 2 主因子得分均较低的城市，投资潜力相对较低，如常州、南通、绍兴、湖州、嘉兴、舟山等。

通过对散点图分析，深圳、广州、杭州等城市具有最大的投资潜力；天津、宁波、南京、苏州等城市投资潜力较大；而常州、嘉兴、湖州、舟山等城市投资潜力相对较小。

## (三)城市投资潜力评价指标

在实际工作中，还可以根据主成分分析的结果构造综合指标，来对城市投资潜力进行评价分析。

从表 11-4 可以看出：第 1 主因子与所有变量均正相关，这说明如果在第 1 主因子上，城市 1 的排序好于城市 2，则城市 1 在原来所有变量上的排序均会好于城市 2。而由于第 1 主因子的贡献率达到 55.79%，代表了原变量集合中的大部分信息，因此可以直接用第 1 主因子得分对样本点排序，得出 17 个城市的投资潜力排序。在这种情况下，该主因子称为“水平因子”。按照该水平因子，对这 17 个城市的投资潜力进行排序，得到的结果如表 11-6 所示。

表 11-6　区域投资潜力排序

| 排序 | 城市 | 第 1 主因子得分 |
|---|---|---|
| 1 | 广州 | 1.777 |
| 2 | 天津 | 1.569 |
| 3 | 深圳 | 1.065 |
| 4 | 苏州 | 1.028 |
| 5 | 杭州 | 0.848 |
| 6 | 南京 | 0.476 |
| 7 | 大连 | 0.17 |
| 8 | 宁波 | 0.098 |
| 9 | 无锡 | −0.019 |
| 10 | 南通 | −0.246 |
| 11 | 常州 | −0.55 |
| 12 | 绍兴 | −0.678 |
| 13 | 台州 | −0.766 |
| 14 | 嘉兴 | −0.982 |
| 15 | 珠海 | −1.167 |
| 16 | 湖州 | −1.198 |
| 17 | 舟山 | −1.427 |

根据表 11-6 的评估结果，城市发展水平居于前 6 位的城市分别为广州、天津、深圳、苏州、杭州、南京，这与这些城市的实际发展状况是比较吻合的。

然而，这里需要思考的问题是：人均可支配收入变量与第 1 主因子的相关性非常低(参见表 11-4)。也就是说，如果仅利用第 1 主因子进行城市投资潜力排序，则几乎没有考虑城市人均可支配收入变量的影响。事实上，该变量与第 2 主因子相关性较强。问题是：可以直接使用第 2 主因子来构造评价指标吗？使用这个主因子构造评价指标会存在什么问题？在实际工作中，如果必须考虑使用“人均可支配收入”变量来构造综合评价指数，应该怎么处理数据呢？请读者对这些问题进一步做更深入的思考。

## 本章小结

主成分分析是多元数据分析中的一个重要方法，它的基本功能是在数据信息损失最少的原则下，将高维变量空间降到低维空间。此类数据降维技术在科研工作中是很有价值的，因为在一个低维空间进行系统分析总要比在高维空间容易得多。在实际工作中，主成分分析经常被用于在众多的指标中寻找系统的主要影响因素；或者用于对高维空间进行可视化分析；近年来还常被用于构造高维变量系统的综合评价指数。也有人将主成分分析与回归分析结合起来，用于在自变量多重相关的条件下进行多元线性回归建模。本章主要介绍了主成分分析的基本理论、方法及其应用，其主要内容可以概括成以下几个方面。

(1) 在本章中，首先讨论了主成分分析方法的工作目标和基本原理，说明如何通过对高维数据系统的平移变换与旋转变换，提取数据集合变异最大的方向，从而将高维空间有效地降至低维。在此基础上，推导了主成分分析的计算方法，并给出了相应的计算步骤。

(2) 对于从事实际工作的分析人员来说，更为重要的是要熟练掌握必要的辅助分析技术。因此，本章还进一步讨论了主成分分析中一些基本的辅助分析方法。

例如，在主成分分析的计算完成后，首先必须判断此次分析的精度情况，相应的测度指标被称为累计贡献率，即经主成分分析后所保留的数据信息占原始信息总量的百分比。

其次，还需要结合分析人员的工作经验和定性知识，并运用相关圆图或者成分矩阵等数学工具，对主成分(或因子)的物理含义进行恰当的解释。这项工作对于帮助人们认识影响系统的主要因素和系统特征是十分重要的。

此外，在主成分分析的过程中，还必须注意是否存在某些特异点。所谓特异点，是指某些对主成分的形成有过大贡献率的样本点。在做主平面图示时，由于极个别特异点的存在，它们会占据平面图的大部分版面，而使其他所有样本点聚集在一团，难以分辩。去掉这几个特异点，就会使平面图示更加清晰可辨。

(3) 在主成分分析内容的基础上，本章还简要地介绍了因子分析方法。事实上，在对主成分分析的应用过程中可以看到，对于主成分的含义解释经常是十分困难的。而因子分析方法通过对由主成分张成的子空间做进一步的旋转变换，使经过变换后得到的每一个新的因子能够和一部分原始变量强相关，而和另一部分原始变量相关性很弱，这样就可以更加容易地解释新因子的含义，进而对降维后的子空间的物理含义给予更清晰的说明。在使用 SPSS 软件进行实际计算时，因子分析是主成分分析模块中的一个选项，它在具体应用过程中是十分方便的。

# 思考与练习题

## 一、思考题

1. 主成分分析的基本思想是什么？它在应用中的主要作用是什么？
2. 从协方差阵出发和由相关系数阵出发求主成分有什么不同？
3. 在什么情形下主成分可以作为“水平因子”，被用于构造评价指数？
4. 主成分的基本含义是什么？主成分一定是系统中最重要的因素吗？
5. 因子分析方法与主成分分析方法之间的联系是什么？

## 二、练习题

1. 为了对经济管理领域学术期刊的特点进行分析，某研究机构收集了国内 20 种期刊，涉及的文献计量学方面的指标包括发文量、篇均参考文献数、影响因子、即年指数和总被引频次，数据来源于 2005 年的《中国科学引文数据库》(见表 11-7)。请完成以下内容：

表 11-7　20 种期刊的文献计量学指标

| 变量名称 | 发 文 量 | 篇均参考文献数 | 影响因子 | 即年指数 | 总被引频次 |
|---|---|---|---|---|---|
| 管理工程学报 | 127 | 8.7638 | 0.2193 | 0.0236 | 167 |
| 管理科学学报 | 75 | 14.4 | 0.6625 | 0.1067 | 366 |
| 管理评论 | 127 | 11.6299 | 0.1459 | 0.0157 | 45 |
| 管理世界 | 311 | 10.4051 | 0.2263 | 0.045 | 268 |
| 会计研究 | 183 | 6.7104 | 0.2633 | 0.383 | 240 |
| 金融研究 | 182 | 4.1648 | 0.1412 | 0.011 | 148 |
| 科研管理 | 155 | 9.5677 | 0.1621 | 0.0129 | 195 |
| 南开管理评论 | 107 | 12.6916 | 0.2396 | 0.0093 | 103 |
| 农业经济问题 | 199 | 4.005 | 0.1367 | 0.0251 | 135 |
| 情报学报 | 112 | 11.0268 | 0.212 | 0 | 168 |
| 人类工效学 | 92 | 5.75 | 0.0508 | 0.0109 | 48 |
| 数量经济技术经济研究 | 207 | 9.4831 | 0.0812 | 0.0145 | 161 |
| 系统工程 | 301 | 7.8505 | 0.1734 | 0.0365 | 263 |
| 系统工程理论方法应用 | 121 | 8.9752 | 0.235 | 0.0083 | 121 |
| 系统工程学报 | 114 | 8.693 | 0.2963 | 0.0263 | 298 |
| 研究与发展管理 | 124 | 6.9919 | 0.1646 | 0 | 86 |
| 预测 | 101 | 8.5545 | 0.1689 | 0.0198 | 152 |
| 中国工业经济 | 196 | 7.3214 | 0.4787 | 0.1939 | 316 |
| 中国管理科学 | 150 | 12.0067 | 0.7363 | 0.1 | 421 |
| 中国科学基金 | 98 | 2.5918 | 0.1814 | 0 | 100 |
| 中国软科学 | 298 | 6.8087 | 0.149 | 0.0336 | 239 |

(1) 运用 SPSS 软件对该数据表进行主成分分析。

(2) 根据表 11-8，说明主平面图的累计贡献率。

表 11-8 全方差解释表

| 主 成 分 | 原始特征值 | | | 提取的载荷平行和 | | |
|---|---|---|---|---|---|---|
| | 总计 | 贡献率/% | 累计贡献率/% | 总计 | 贡献率/% | 累计贡献率/% |
| 1 | 2.373 | 47.465 | 47.465 | 2.373 | 47.465 | 47.465 |
| 2 | 1.320 | 26.392 | 73.857 | 1.320 | 26.392 | 73.857 |
| 3 | 0.807 | 16.135 | 89.992 | | | |
| 4 | 0.429 | 8.578 | 98.570 | | | |
| 5 | 0.071 | 1.430 | 100.000 | | | |

(3) 根据表 11-9 和图 11-14，解释第 1 和第 2 主成分的含义。

表 11-9 成分矩阵

| | 主成分 | |
|---|---|---|
| | 1 | 2 |
| 发文量 | 0.066 | 0.847 |
| 篇均参考文献数 | 0.578 | −0.561 |
| 影响因子 | 0.922 | −0.217 |
| 即年指数 | 0.596 | 0.431 |
| 总被引频次 | 0.911 | 0.233 |

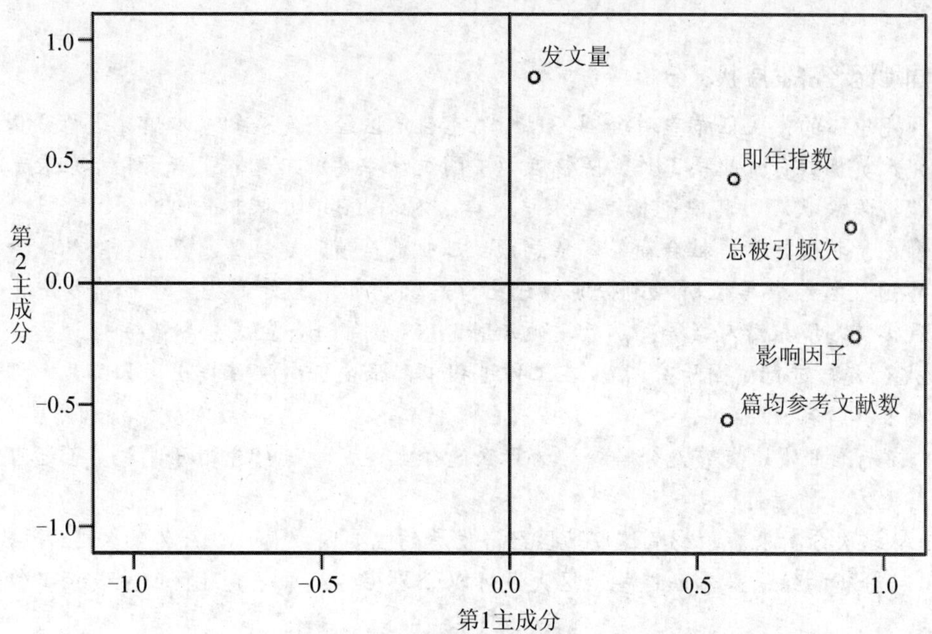


图 11-14 相关圆图

(4) 根据图 11-15 解释主平面图的含义。

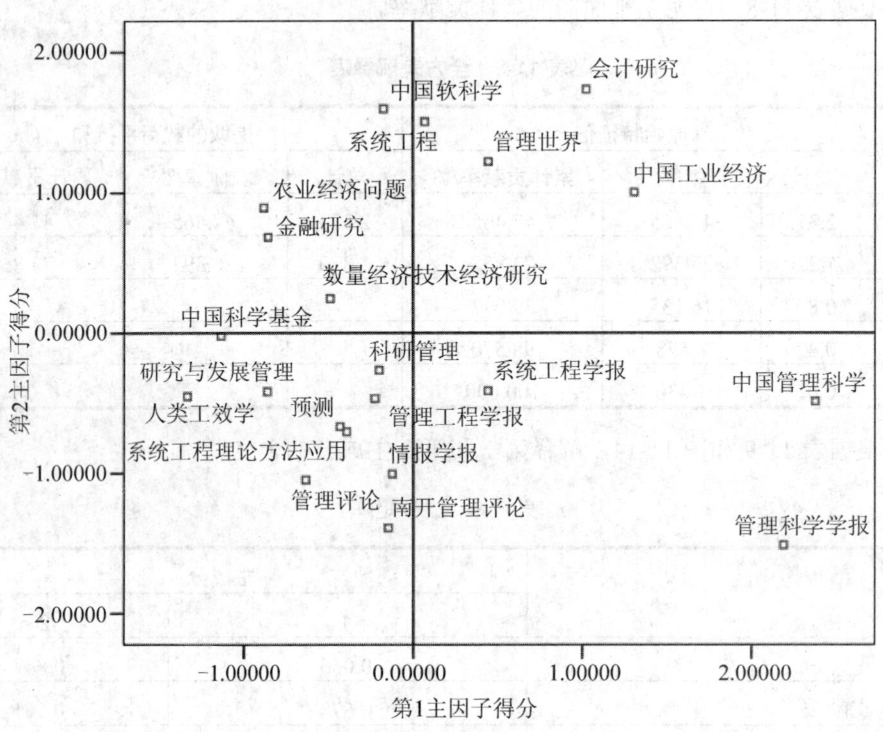


图 11-15　主平面图

# 案 例 分 析

**中国地区经济发展状况分析**

某研究中心的张主任希望对全国 31 个省市自治区经济发展的基本情况进行分析。他指派研究人员陈钰负责此项工作。陈钰在《中国统计年鉴》中选取了若干指标来表示各个地区的经济发展状况，其中包括：年末总人口、人均 GDP、职工平均工资、全社会固定资产投资、货物周转量、社会商品零售总额、工业总产值、建筑业总产值、农林牧渔业总产值、各地区按经营单位所在地分货物进出口总额、各地区外商投资企业货物进出口总额，以及接待入境旅游人数等。然后，她采用 SPSS 软件进行主成分分析(并且还尝试采用 VARIMAX 旋转进行了因子分析)。在工作过程中，张主任向陈钰提出了如下几个方面的问题，要求其解答。

(1) 首先，希望她能够充分解释：为什么选择上述变量进行分析研究？是否还可以考虑选择其他方面的指标？

(2) 从这次分析来看，影响这些地区经济发展的主要因素是什么？为什么这样说？

(3) 从分析的结果来看，这些地区大致可以分为几类？每一类地区的主要经济特征是什么？

(4) 此外，能否根据所选取的这些指标，对这些地区的经济发展水平进行排序分析？

为什么？

**分析与提示：**

(1) 首先，应判断第 1、第 2 主成分的累计贡献率，从而说明主平面的分析精度。

(2) 根据 SPSS 中的图、表结果，指出第 1、第 2 主成分与原变量的相关系数，并大致解释第 1 主成分与第 2 主成分的含义。

(3) 特别需要注意在分析过程中，是否需要判断和处理特异点问题。

(4) 利用 SPSS 软件中的绘图功能来绘制主平面图，并对各地区的经济发展状况进行比较分析。

(5) 可以结合聚类分析，将 31 个省市自治区的经济发展情况进行分类。通过主平面图，说明不同类别地区的经济特征。此外，还可以统计各类地区经济指标的平均水平，从而对各类地区经济发展的差异性做更进一步的分析。

(6) 为了考虑对地区经济发展水平进行排序分析的问题，最重要的是要判断：第 1 主成分是否可以成为水平因子？如果第 1 主成分不完全适合作为水平因子，是否还有其他的补救办法？

# 第十二章　聚类分析和判别分析

【本章导读及学习目标】

聚类分析和判别分析是重要的多元统计分析方法。聚类分析是研究样品或指标分类问题的一种多元统计方法，判别分析是判别样品所属类型的一种统计方法。这两种方法在国民经济许多领域中有着广泛的应用，并取得了许多卓有成效的成果。本章主要介绍聚类分析和判别分析这两种多元统计分析的重要方法。通过学习主要掌握聚类分析的主要分析方法——系统聚类法和 K-均值聚类法。其中，系统聚类法主要包括最短距离法、最长距离法、中间距离法、重心法、类平均法和离差平方和法。掌握判别分析的主要方法——距离判别法、Bayes 判别法和 Fisher 判别法，会利用 SPSS 软件在实际问题中进行聚类和判别分析。

## 第一节　聚 类 分 析

### 一、聚类分析概述

“物以类聚，人以群分”，将认识对象进行分类，从中发现其共性及特性，是人类认识世界的一种重要方法。但是，根据什么来将分析对象进行分类呢？例如，在生物学中，为了研究生物演变，生物学家需要根据各种生物不同的特征将生物分为动物和植物两大类，每一类又分种、属、科等；在经济学中，根据人均国民收入、人均工农业产值和人均消费水平等多项指标对世界上所有国家的经济发展状况进行分类；在服装厂确定服装型号时，根据对人体测量的几十个部位的尺寸按人体高矮、胖瘦及畸形的部位将服装型号分为几类；在选拔少年运动员时，对少年的身体形态、身体素质以及生理功能的各项指标进行测试，据此对少年运动员进行分类等。

将分析对象进行分类的最常用的多元统计方法是聚类分析(cluster analysis)。聚类分析是将个体或对象分类，使得同一类的对象之间的相似性比与其他类的对象之间的相似性更强。目的在于使同类间对象的同质性最大化和类与类间对象的异质性最大化。

聚类分析的主要功能是建立一种分类方法，将一批样品或变量，按照它们在性质上的亲疏、相似程度进行分类。根据分类对象的不同又分为 R 型聚类(R-type cluster)和 Q 型聚类(Q-type cluster)两大类，R 型聚类是对变量(指标)进行分类，Q 型聚类是对样品进行分类。

聚类分析给人们提供了丰富多彩的分类方法，最常用的聚类方法是系统聚类法和 K-均值聚类法，这两种方法的基本思想如下。

(1) 系统聚类法。首先，每个对象自成一类，然后将最相似的两类合并为一个新类，合并后重新计算新类与其他类的距离或相近性测度，如此下去直到所有的样品均归为一类，将上述并类过程画成谱系图，然后按照一定的规则决定分多少类。

(2) K-均值聚类法。该法为一种非谱系聚类法，要求事先给定或者在聚类过程中确定类的个数为 $k$，进而把样品聚集为 $k$ 个类的集合。

此外，还有模糊聚类法、有序样品聚类法、分解法和加入法等。本节重点介绍在实际问题中应用最广泛的系统聚类法和 K-均值聚类法，且主要讨论 Q 型聚类分析问题。

聚类分析是将一批样品或变量按照它们在性质上的亲疏程度或相似程度来进行分类。那么如何度量样品间的亲疏程度呢？研究样品或变量的亲疏程度的数量指标有两种，一种叫距离，它是将每一个样品看作 $p$ 维空间的一个点，并用某种度量测量点与点之间的距离，距离较近的点归为一类，距离较远的点应属于不同的类；另一种叫相似系数，性质越接近的变量或样品，它们的相似系数越接近于 1 或-1，而彼此无关的变量或样品，它们的相似系数则越接近于 0，相似的为一类，不相似的为不同类。

样品之间的聚类，常用距离来测度样品之间的亲疏程度。而变量之间的聚类，常用相似系数来测度变量之间的亲疏程度。

## 二、距离和相似系数

### (一)数据的变换处理

设有 $n$ 个样品 $\boldsymbol{X}_1,\boldsymbol{X}_2,\cdots,\boldsymbol{X}_n$，对每个样品就其 $p$ 个指标(变量) $x_1,x_2,\cdots,x_p$ 进行观测，得到的数据如表 12-1 所示，其中 $x_{ij}$ 表示第 $i$ 个样品的第 $j$ 个指标，$\boldsymbol{X}_i=(x_{i1},x_{i2},\cdots,x_{ip})'$。

表 12-1 数据矩阵

| 变量<br>样品 | $x_1$ | $x_2$ | … | $x_p$ |
|---|---|---|---|---|
| $\boldsymbol{X}_1'$ | $x_{11}$ | $x_{12}$ | … | $x_{1p}$ |
| $\boldsymbol{X}_2'$ | $x_{21}$ | $x_{22}$ | … | $x_{2p}$ |
| ⋮ | ⋮ | ⋮ | | ⋮ |
| $\boldsymbol{X}_n'$ | $x_{n1}$ | $x_{n2}$ | … | $x_{np}$ |

所谓数据变换，就是将原始数据矩阵中的每个元素，按照某种特定的运算把它变成为一个新值，而且数值的变化不依赖于原始数据集合中其他数据的新值。

#### 1．中心化变换

中心化变换是一种坐标轴平移处理方法，它是先求出每个变量的样本平均值，再从原始数据中减去该变量的均值，就得到中心化变换后的数据，即

$$x_{ij}^*=x_{ij}-\bar{x}_j\text{，}\quad i=1,2,\cdots,n;\ j=1,2,\cdots,p$$

中心化变换的结果是使每列数据之和均为 0，即每个变量的均值为 0，而且每列数据的平方和是该列变量样本方差的($n$−1)倍，任何不同两列数据之交叉乘积是这两列变量样本协方差的($n$−1)倍，所以这是一种很方便地计算方差与协方差的变换。

2．极差规格化变换

规格化变换是从数据矩阵每个变量的每个原始数据中减去该变量中的最小值，再除以极差，就得到规格化数据。即有

$$x_{ij}^{*}=\frac{x_{ij}-\min\limits_{i=1,2,\cdots,n}(x_{ij})}{R_j}，\quad i=1,2,\cdots,n；\quad j=1,2,\cdots,p$$

$$R_j=\max_{i=1,2,\cdots,n}(x_{ij})-\min_{i=1,2,\cdots,n}(x_{ij})，\quad 0\leqslant x_{ij}^{*}\leqslant 1$$

经过规格化变换后，数据矩阵中每列即每个变量的最大数值为 1，最小数值为 0，其余数据取值均在 0～1 之间；并且变换后的数据都不再具有量纲，便于不同的变量之间的比较。

3．标准化变换

标准化变换也是对变量的数值和量纲进行类似于规格化变换的一种数据处理方法。首先对每个变量进行中心化变换，然后用该变量的标准差进行标准化。即有

$$x_{ij}^{*}=\frac{x_{ij}-\overline{x}_j}{s_j}，\quad i=1,2,\cdots,n;\ j=1,2,\cdots,p)$$

经过标准化变换处理后，每个变量即数据矩阵中每列数据的平均值为 0，方差为 1，且也不再具有量纲，同样也便于不同变量之间的比较。变换后，数据矩阵中任何两列数据乘积之和是两个变量相关系数的$(n-1)$倍，所以这是一种很方便地计算相关矩阵的变换。

## (二)定义距离的准则

用 $d_{ij}$ 表示样品 $\boldsymbol{X}_i$ 与 $\boldsymbol{X}_j$ 之间的距离，一般要求：

(1) $d_{ij}\geqslant 0$，对一切 $i$，$j$；当 $d_{ij}=0\Leftrightarrow \boldsymbol{X}_i=\boldsymbol{X}_j$，即每个样品的每个指标值都相等。

(2) $d_{ij}=d_{ji}$，对一切 $i$，$j$。

(3) $d_{ij}\leqslant d_{ik}+d_{kj}$，对一切 $i$，$j$，$k$(三角不等式)。

## (三)常用的距离

常用的距离如下。

1．闵可夫斯基距离

在聚类分析中，对于定量变量，最常用的是闵可夫斯基距离(Minkowski distance)，样品 $\boldsymbol{X}_\text{i}$ 与 $\boldsymbol{X}_\text{j}$ 之间的闵可夫斯基距离(简称闵氏距离)定义为

$$d_{ij}(q)=[\sum_{k=1}^{p}|x_{ik}-x_{jk}|^{q}]^{\frac{1}{q}} \tag{12-1}$$

这里 $q$ 为某一自然数。闵氏距离有以下三种特殊形式。

(1) 当 $q$=1 时，$d_{ij}(1)=\sum\limits_{k=1}^{p}|x_{ik}-x_{jk}|$，称为绝对值距离，常被形象地称为“城市街区”距离(block distance)。

(2) 当 $q$=2 时，$d_{ij}(2)=[\sum_{k=1}^{p}|x_{ik}-x_{jk}|^2]^{\frac{1}{2}}$，称为欧氏距离(Euclidean distance)，这是聚类分析中最常用的一个距离。

(3) 当 $q$=∞时，$d_{ij}(\infty)=\max_{1\leqslant k\leqslant p}|x_{ik}-x_{jk}|$，称为切比雪夫距离(Chebychev distance)。

闵可夫斯基距离主要有以下两个缺点。

(1) 闵可夫斯基距离的值与各变量的单位有关，各变量计量单位的不同不仅使此距离的实际意义难以说清，而且，任何一个变量计量单位的改变都会使此距离的数值改变，从而使该距离的数值依赖于各变量计量单位的选择。因此，当各变量的单位不同或测量值范围相差很大时，不应直接采用闵氏距离，而应该先对各变量的数据进行标准化处理，再计算距离。

(2) 闵可夫斯基距离的定义没有考虑各个变量之间的相关性和重要性。实际上，闵可夫斯基距离是把各个变量都同等看待，将两个样品在各个变量上的离差简单地进行了综合。

### 2．马氏距离

在解决实际问题时，特别是针对多元数据的分析问题，欧氏距离就显示出了它的薄弱环节，为此，印度著名统计学家马哈拉诺比斯(Mahalanobis，1936)提出了马氏距离(Mahalanobis distance)的概念，其定义如下。

设 $\boldsymbol{X}$ 和 $\boldsymbol{Y}$ 为取自均值为$\boldsymbol{\mu}$，协方差为 $\boldsymbol{\Sigma}(>0)$ 的总体 $G$ 中的任意两个样品，定义 $\boldsymbol{X}$ 与 $\boldsymbol{Y}$ 的马氏距离为

$$d_p(\boldsymbol{X},\boldsymbol{Y})=\left[(\boldsymbol{X}-\boldsymbol{Y})'\boldsymbol{\Sigma}^{-1}(\boldsymbol{X}-\boldsymbol{Y})\right]^{\frac{1}{2}} \tag{12-2}$$

定义样品 $\boldsymbol{X}$ 与总体 $G$ 的马氏距离为 $\boldsymbol{X}$ 与$\boldsymbol{\mu}$的马氏距离，即

$$d_p(\boldsymbol{X},G)=\left[(\boldsymbol{X}-\boldsymbol{\mu})'\boldsymbol{\Sigma}^{-1}(\boldsymbol{X}-\boldsymbol{\mu})\right]^{\frac{1}{2}} \tag{12-3}$$

在实际应用中，若总体协方差矩阵 $\boldsymbol{\Sigma}$ 未知，则可用样本协方差矩阵作为估计代替计算。

马氏距离又称为广义欧氏距离。显然，马氏距离与闵可夫斯基距离的主要不同就是马氏距离考虑了观测变量之间的相关性。

如果假定各变量之间相互独立，即观测变量的协方差矩阵是对角矩阵，则马氏距离就退化为用各个观测指标的标准差的倒数作为权数进行加权的欧氏距离。因此，马氏距离不仅考虑了观测变量之间的相关性，而且也考虑到了各个观测指标取值的差异程度。

马氏距离不受变量单位的影响，是一个无单位的数值。

### 3．兰氏距离

兰氏距离是由兰斯(Lance)和威廉姆斯(Williams)最早提出的，故称兰氏距离(Lance distance)，定义为

$$d_{ij}(L)=\frac{1}{p}\sum_{k=1}^{p}\frac{|x_{ik}-x_{jk}|}{x_{ik}+x_{jk}},\quad i,j=1,2,\cdots,n \tag{12-4}$$

此距离仅适用于 $x_{ij}>0$ 的情况，其有助于克服各变量计量单位的影响，但没有考虑变量之间的相关性。

这是一个自身标准化的量，由于它对大的奇异值不敏感，这样使得它特别适合于高度偏倚的数据。虽然这个距离有助于克服闵氏距离的第一个缺点，但它也没有考虑指标之间的相关性。

### (四)相似系数

在聚类分析中不仅需要将样品分类，也需要将变量分类，在变量之间也可以定义距离，更常用的是相似系数。对于定距尺度的变量，常用的相似系数如下。

#### 1．相关系数

设有 $n$ 个样品 $\boldsymbol{X}_1, \boldsymbol{X}_2, \cdots, \boldsymbol{X}_n$，对每个样品就其 $p$ 个指标(变量)$x_1, x_2, \cdots, x_p$ 进行观测，得到 $\boldsymbol{X}_i=(x_{i1},x_{i2},\cdots,x_{ip})'$，其中 $x_{ij}$ 表示第 $i$ 个样品的第 $j$ 个指标。

变量之间的相似性是通过原始资料阵中 $p$ 列间的相似关系来研究的，有

$$r_{ij}=\frac{\sum_{k=1}^{n}(x_{ki}-\overline{x}_i)(x_{kj}-\overline{x}_j)}{\sqrt{\sum_{k=1}^{n}(x_{ki}-\overline{x}_i)^2\cdot\sum_{k=1}^{n}(x_{kj}-\overline{x}_j)^2}}\text{，}|r_{ij}|\leqslant 1$$

式中，$\overline{x}_i=\frac{1}{n}\sum_{k=1}^{n}x_{ki}$；$\overline{x}_j=\frac{1}{n}\sum_{k=1}^{n}x_{kj}$。

#### 2．夹角余弦

夹角余弦(Cosine)的计算式为

$$\cos\theta_{ij}=\frac{\sum_{k=1}^{n}x_{ki}x_{kj}}{\sqrt{\sum_{k=1}^{n}x_{ki}^2\cdot\sum_{k=1}^{n}x_{kj}^2}}$$

把两列列间相似系数算出来后，排成矩阵为

$$\theta=\begin{pmatrix}\cos\theta_{11} & \cos\theta_{12} & \cdots & \cos\theta_{1p}\\ \cos\theta_{21} & \cos\theta_{22} & \cdots & \cos\theta_{2p}\\ \vdots & \vdots & & \vdots\\ \cos\theta_{p1} & \cos\theta_{p2} & \cdots & \cos\theta_{pp}\end{pmatrix}$$

其中，$\cos\theta_{11}=\cos\theta_{22}=\cdots=\cos\theta_{pp}=1$，根据 $\theta$ 对 $p$ 个变量进行分类。

在实际问题中，对样品分类常用距离，对指标分类常用相似系数。

## 三、系统聚类法

系统聚类法又称层次聚类法(hierarchical cluster method)，它是目前聚类分析方法在实际应用中使用最多的一类方法，是将类由多变少的一种方法。其主要思想是：开始将 $n$ 个样品各自作为一类，并规定样品之间的距离和类与类之间的距离，然后将距离最近的两类合并成一个新类，计算新类与其他类的距离；重复进行两个最近类的合并，每次减少一类，直至所有的样品合并为一类。

以下介绍八种常用的系统聚类方法，所有这些聚类方法的区别在于类与类之间距离的计算方法的不同。

我们用 $d_{ij}$ 表示样品 $\boldsymbol{X}_i$ 和样品 $\boldsymbol{X}_j$ 之间的距离，用 $G_1, G_2, \cdots$表示类，用 $D_{pq}$ 表示 $G_p$ 和 $G_q$ 两类间的距离。所有方法一开始每个样品自成一类，类与类之间的距离与样品之间的距离相等(除离差平方和法外)，即 $D_{pq}=d_{pq}$ ，所以起初的距离矩阵全部相同，记为 $\boldsymbol{D}_{(0)}=(d_{ij})$。

## (一)最短距离法

最短距离法(nearest neighbor method)将类与类之间的距离定义为两类中距离最近的样品之间的距离，即

$$D_{pq}=\min_{X_i\in G_p, X_j\in G_q} d_{ij}=\min\left\{d_{ij}\left|\boldsymbol{X}_i\in G_p, \boldsymbol{X}_j\in G_q\right.\right\} \tag{12-5}$$

用最短距离法聚类的步骤如下。

(1) 定义样品之间的距离，计算 $n$ 个样品的距离矩阵 $\boldsymbol{D}_{(0)}$，它是一个的对称矩阵。开始每个样品自成一类，这时 $D_{ij}=d_{ij}$。

(2) 找出 $\boldsymbol{D}_{(0)}$中非对角最小元素，记为 $D_{pq}$，将 $G_p$ 和 $G_q$ 合并成一新类，记为 $G_r$，$G_r=\{G_p, G_q\}$。

(3) 计算新类与其他类之间的距离，有

$$D_{rk}=\min_{X_i\in G_r, X_j\in G_k} d_{ij}=\min\left\{\min_{X_i\in G_p, X_j\in G_k} d_{ij}, \min_{X_i\in G_q, X_j\in G_k} d_{ij}\right\}=\min\left\{D_{pk}, D_{qk}\right\} \tag{12-6}$$

将 $\boldsymbol{D}_{(0)}$ 中 $p$，$q$ 行和 $p$，$q$ 列用上面公式并成一个新行新列，得到的矩阵记为 $D_{(1)}$。

(4) 对 $\boldsymbol{D}_{(1)}$ 像 $\boldsymbol{D}_{(0)}$ 那样重复(2)、(3)两步得到的矩阵记为 $\boldsymbol{D}_{(2)}$。如此进行下去直到全部并成一类。

如果某一步 $\boldsymbol{D}_{(k)}$ 中非对角线最小的元素不止一个，则对应这些最小元素的类可以同时合并。

**【例 12-1】**某保险公司 5 个保险推销员的保险销售量 $x_1$ 和受教育水平得分 $x_2$ 如表 12-2 所示，试用最短距离法将他们进行聚类。

表 12-2 保险销售量和受教育水平得分

| 保险推销员 | $x_1$ | $x_2$ |
|---|---|---|
| 1 | 1 | 0 |
| 2 | 1 | 1 |
| 3 | 4 | 2 |
| 4 | 6 | 2 |
| 5 | 7 | 4 |

**解** ① 样本间采用绝对值距离，计算样品间的距离矩阵 $\boldsymbol{D}_{(0)}$ (对称阵)，如表 12-3 所示。

② $\boldsymbol{D}_{(0)}$ 中的最小元素为 $D_{12}=1$，于是将 $G_1$ 和 $G_2$ 合并成新类 $G_6$，并利用式(12-5)计算 $G_6$ 与其他类的距离得到 $\boldsymbol{D}_{(1)}$，如表 12-4 所示。

表 12-3　距离矩阵 $\boldsymbol{D}_{(0)}$

| | $G_1$ | $G_2$ | $G_3$ | $G_4$ | $G_5$ |
|---|---|---|---|---|---|
| $G_1$ | 0 | | | | |
| $G_2$ | 1 | 0 | | | |
| $G_3$ | 5 | 4 | 0 | | |
| $G_4$ | 7 | 6 | 2 | 0 | |
| $G_5$ | 10 | 9 | 5 | 3 | 0 |

表 12-4　距离矩阵 $\boldsymbol{D}_{(1)}$

| | $G_6$ | $G_3$ | $G_4$ | $G_5$ |
|---|---|---|---|---|
| $G_6$ | 0 | | | |
| $G_3$ | 4 | 0 | | |
| $G_4$ | 6 | 2 | 0 | |
| $G_5$ | 9 | 5 | 3 | 0 |

③ $\boldsymbol{D}_{(1)}$ 中最小的元素为 $D_{34}=2$，于是将 $G_3$ 和 $G_4$ 合并成新类 $G_7$，并计算 $G_7$ 与其他类的距离得到 $\boldsymbol{D}_{(2)}$，如表 12-5 所示。

表 12-5　距离矩阵 $\boldsymbol{D}_{(2)}$

| | $G_6$ | $G_7$ | $G_5$ |
|---|---|---|---|
| $G_6$ | 0 | | |
| $G_7$ | 4 | 0 | |
| $G_5$ | 9 | 3 | 0 |

④ $\boldsymbol{D}_{(2)}$ 中最小的元素为 $D_{57}=3$，于是将 $G_5$ 和 $G_7$ 合并成新类 $G_8$，并计算 $G_8$ 与其他类的距离得到 $\boldsymbol{D}_{(3)}$，如表 12-6 所示。

表 12-6　距离矩阵 $\boldsymbol{D}_{(3)}$

| | $G_6$ | $G_8$ |
|---|---|---|
| $G_6$ | 0 | |
| $G_8$ | 4 | 0 |

⑤ 最后将 $G_6$ 和 $G_8$ 合并成新类 $G_9$，到此为止，所有样品均合并为一类，聚类过程终止。上述过程可以画成谱系图如图 12-1 所示，横坐标为聚类的距离。

由图 12-1 可以看出，将 5 个保险推销员分成两类{1, 2}及{3, 4, 5}比较合适。

在实际问题中有时给出一个阈值 $T$，要求类与类之间的距离小于 $T$，因此有些样品可能归不了类。

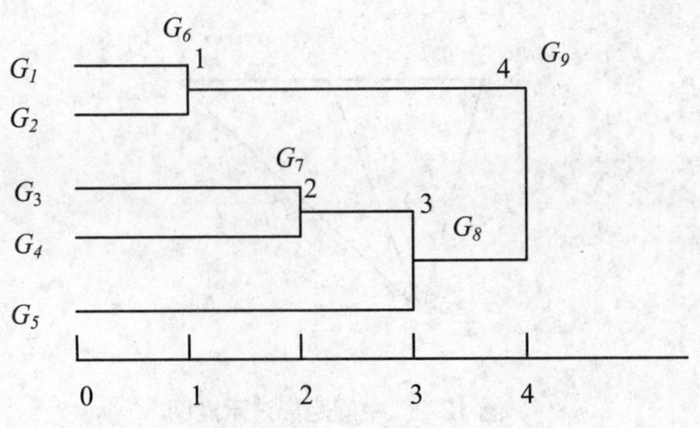


图 12-1　最短距离法谱系图

## (二)最长距离法

最长距离法(furthest neighbor method)将类与类之间的距离定义为两类中相距最远的样品间的距离，即

$$D_{pq}=\max_{X_i\in G_p,X_j\in G_q} d_{ij} \tag{12-7}$$

最长距离法与最短距离法的并类步骤完全一样，也是将各样品先自成一类，然后将非对角线上最小元素对应的两类合并。

设某一步将类 $G_p$ 与 $G_q$ 合并为 $G_r$，则任一类 $G_k$ 与 $G_r$ 的距离用最长距离公式表示为

$$D_{kr}=\max_{X_i\in G_k,X_j\in G_r} d_{ij}=\max\left\{\max_{X_i\in G_k,X_j\in G_p} d_{ij},\max_{X_i\in G_k,X_j\in G_q} d_{ij}\right\}=\max\left\{D_{kp},D_{kq}\right\} \tag{12-8}$$

再找非对角线最小元素的两类并类，直至所有的样品归为一类为止。

最长距离法经常会受到异常值的影响，有效的方法是将这些异常值删除后再进行聚类。

最长距离法与最短距离法仅有两点不同：一是类与类之间的距离定义不同；二是计算新类与其他类的距离所用的公式不同。

下面介绍的其他系统聚类法之间的不同点也表现在这两个方面，而并类步骤完全一样。所以，下面介绍其他聚类方法时主要指出这两个方面：类与类之间的距离定义和递推公式。

## (三)中间距离法

中间距离法(median clustering method)定义类与类之间的距离时既不采用两类之间的最近距离，也不采用最远距离，而是采用介于这二者之间的距离，故称中间距离法。

如果在某一步将类 $G_p$ 与类 $G_q$ 合并为 $G_r$，任一类 $G_k$ 与类 $G_r$ 的距离公式为

$$D_{kr}^2=\frac{1}{2}D_{kp}^2+\frac{1}{2}D_{kq}^2-\frac{1}{4}D_{pq}^2 \tag{12-9}$$

以 $D_{kq}$, $D_{kp}$, $D_{pq}$ 为边作三角形，如图 12-2 所示。如果用最短距离法，则 $D_{kr}$=$D_{kp}$；如果用最长距离法，则 $D_{kr}$=$D_{kq}$；而中间距离法则选取介于两者之间的距离，由初等几何知，$D_{kr}$ 就是图 12-2 中三角形的中线。

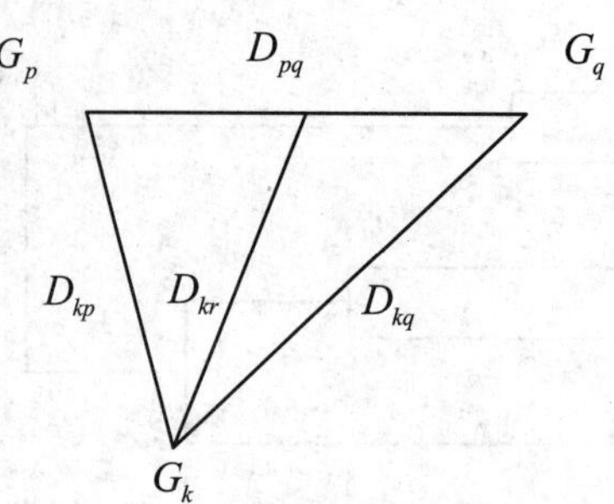


图 12-2　中间距离法示意图

## (四)重心法

上述三种方法在定义类与类之间的距离时，没有考虑每一个类中所包含的样品个数；为了体现出每类包含的样品个数给出重心法(centroid clustering method)。

重心法定义两类之间的距离为它们重心(均值)之间的距离。对样品分类时，每一类的重心就是属于该类样品的均值。

设 $G_p$ 与 $G_q$ 的重心分别是 $\bar{\boldsymbol{X}}_p$ 和 $\bar{\boldsymbol{X}}_q$ (即该类样品的均值)，则 $G_p$ 与 $G_q$ 之间的距离是 $D_{pq}=d_{\bar{X}_p\bar{X}_q}$。

设聚类到某一步，$G_p$ 与 $G_q$ 分别有样品 $n_p$，$n_q$ 个，将 $G_p$ 与 $G_q$ 合并为 $G_r$，则 $G_r$ 内样品个数为 $n_r=n_p+n_q$，它的重心是 $\bar{\boldsymbol{X}}_r=\frac{1}{n_r}(n_p\bar{\boldsymbol{X}}_p+n_q\bar{\boldsymbol{X}}_q)$，某一类 $G_k$ 的重心是 $\bar{\boldsymbol{X}}_k$，如果最初样品之间的距离采用欧氏距离，则它与新类 $G_r$ 的距离为

$$D_{kr}^2=d_{\bar{X}_k\bar{X}_r}^2=(\bar{\boldsymbol{X}}_k-\bar{\boldsymbol{X}}_r)'(\bar{\boldsymbol{X}}_k-\bar{\boldsymbol{X}}_r)=\left[\bar{\boldsymbol{X}}_k-\frac{1}{n_r}(n_p\bar{\boldsymbol{X}}_p+n_q\bar{\boldsymbol{X}}_q)\right]'\left[\bar{\boldsymbol{X}}_k-\frac{1}{n_r}(n_p\bar{\boldsymbol{X}}_p+n_q\bar{\boldsymbol{X}}_q)\right]$$

$$=\bar{\boldsymbol{X}}_k'\bar{\boldsymbol{X}}_k-2\frac{n_p}{n_r}\bar{\boldsymbol{X}}_k'\bar{\boldsymbol{X}}_p-2\frac{n_q}{n_r}\bar{\boldsymbol{X}}_k'\bar{\boldsymbol{X}}_q+\frac{1}{n_r^2}(n_p^2\bar{\boldsymbol{X}}_p'\bar{\boldsymbol{X}}_p+2n_pn_q\bar{\boldsymbol{X}}_p'\bar{\boldsymbol{X}}_q+n_q^2\bar{\boldsymbol{X}}_q'\bar{\boldsymbol{X}}_q)$$

将 $\bar{\boldsymbol{X}}_k'\bar{\boldsymbol{X}}_k=\frac{1}{n_r}(n_p\bar{\boldsymbol{X}}_k'\bar{\boldsymbol{X}}_k+n_q\bar{\boldsymbol{X}}_k'\bar{\boldsymbol{X}}_k)$ 代入上式得

$$D_{kr}^2=\frac{1}{n_r}(n_p\bar{\boldsymbol{X}}_k'\bar{\boldsymbol{X}}_k+n_q\bar{\boldsymbol{X}}_k'\bar{\boldsymbol{X}}_k)-2\frac{n_p}{n_r}\bar{\boldsymbol{X}}_k'\bar{\boldsymbol{X}}_p-2\frac{n_q}{n_r}\bar{\boldsymbol{X}}_k'\bar{\boldsymbol{X}}_q$$

$$+\frac{1}{n_r^2}(n_p^2\bar{\boldsymbol{X}}_p'\bar{\boldsymbol{X}}_p+2n_pn_q\bar{\boldsymbol{X}}_p'\bar{\boldsymbol{X}}_q+n_q^2\bar{\boldsymbol{X}}_q'\bar{\boldsymbol{X}}_q)$$

$$=\frac{n_p}{n_r}(\bar{\boldsymbol{X}}_k'\bar{\boldsymbol{X}}_k-2\bar{\boldsymbol{X}}_k'\bar{\boldsymbol{X}}_p+\bar{\boldsymbol{X}}_p'\bar{\boldsymbol{X}}_p)+\frac{n_q}{n_r}(\bar{\boldsymbol{X}}_k'\bar{\boldsymbol{X}}_k-2\bar{\boldsymbol{X}}_k'\bar{\boldsymbol{X}}_q+\bar{\boldsymbol{X}}_q'\bar{\boldsymbol{X}}_q)$$

$$-\frac{n_p}{n_r}\bar{\boldsymbol{X}}_p'\bar{\boldsymbol{X}}_p-\frac{n_q}{n_r}\bar{\boldsymbol{X}}_q'\bar{\boldsymbol{X}}_q+\frac{1}{n_r^2}(n_p^2\bar{\boldsymbol{X}}_p'\bar{\boldsymbol{X}}_p+2n_pn_q\bar{\boldsymbol{X}}_p'\bar{\boldsymbol{X}}_q+n_q^2\bar{\boldsymbol{X}}_q'\bar{\boldsymbol{X}}_q)$$

$$=\frac{n_p}{n_r}(\bar{\boldsymbol{X}}_k'\bar{\boldsymbol{X}}_k-2\bar{\boldsymbol{X}}_k'\bar{\boldsymbol{X}}_p+\bar{\boldsymbol{X}}_p'\bar{\boldsymbol{X}}_p)+\frac{n_q}{n_r}(\bar{\boldsymbol{X}}_k'\bar{\boldsymbol{X}}_k-2\bar{\boldsymbol{X}}_k'\bar{\boldsymbol{X}}_q+\bar{\boldsymbol{X}}_q'\bar{\boldsymbol{X}}_q)$$

$$+\left(\frac{n_p^2}{n_r^2}-\frac{n_p}{n_r}\right)\bar{\boldsymbol{X}}_p'\bar{\boldsymbol{X}}_p+\left(\frac{n_q^2}{n_r^2}-\frac{n_q}{n_r}\right)\bar{\boldsymbol{X}}_q'\bar{\boldsymbol{X}}_q+\frac{2n_pn_q}{n_r^2}\bar{\boldsymbol{X}}_p'\bar{\boldsymbol{X}}_q$$

$$=\frac{n_p}{n_r}(\bar{X}_k'\bar{X}_k-2\bar{X}_k'\bar{X}_p+\bar{X}_p'\bar{X}_p)+\frac{n_q}{n_r}(\bar{X}_k'\bar{X}_k-2\bar{X}_k'\bar{X}_q+\bar{X}_q'\bar{X}_q)$$

$$-\frac{n_p n_q}{n_r^2}(\bar{X}_p'\bar{X}_p+\bar{X}_q'\bar{X}_q-2\bar{X}_p'\bar{X}_q)$$

$$=\frac{n_p}{n_r}D_{kp}^2+\frac{n_q}{n_r}D_{kq}^2-\frac{n_p}{n_r}\frac{n_q}{n_r}D_{pq}^2 \tag{12-10}$$

显然当 $n_p=n_q$ 时，即为中间距离法的公式。

如果样品之间不是欧氏距离，可根据不同情况给出不同的距离公式。

重心法的归类步骤与以上三种方法基本上一样，所不同的是每合并一次类，就要重新计算新类的重心及各类与新类的距离。

在处理异常值方面，重心法比其他系统聚类法的效果要好，但是在别的方面一般不如类平均法或离差平方和法的效果好。

## (五)类平均法

重心法虽有很好的代表性，但并未充分利用各样本的信息，因此给出类平均法(group average method，between groups linkage)，它定义的两类之间的距离平方为这两类样品两两之间距离平方的平均，即

$$D_{pq}^2=\frac{1}{n_p n_q}\sum_{X_i\in G_p}\sum_{X_j\in G_q}d_{ij}^2 \tag{12-11}$$

式中，$n_p$ 和 $n_q$ 分别为类 $G_p$ 和 $G_q$ 的样品个数；$d_{ij}$ 为 $G_p$ 中的样品 $i$ 与 $G_q$ 中的样品 $j$ 之间的距离。

设聚类到某一步将 $G_p$ 和 $G_q$ 合并为 $G_r$，则任一类 $G_k$ 与 $G_r$ 的距离为

$$D_{kr}^2=\frac{1}{n_k n_r}\sum_{X_i\in G_k}\sum_{X_j\in G_r}d_{ij}^2=\frac{1}{n_k n_r}\left(\sum_{X_i\in G_k}\sum_{X_j\in G_p}d_{ij}^2+\sum_{X_i\in G_k}\sum_{X_j\in G_q}d_{ij}^2\right)=\frac{n_p}{n_r}D_{kp}^2+\frac{n_q}{n_r}D_{kq}^2 \tag{12-12}$$

式中，$n_r$ 为 $G_r$ 类中样品的个数。

类平均法的聚类步骤与上述方法完全类似。

现对例 12-1 采用类平均法进行聚类，具体步骤如下。

**解** ① 将表 12-3 中各数取平方，计算得到 $\boldsymbol{D}_{(0)}^2$，如表 12-7 所示。

表 12-7 $\boldsymbol{D}_{(0)}^2$

| $\boldsymbol{D}_{(0)}^2$ | $G_1$ | $G_2$ | $G_3$ | $G_4$ | $G_5$ |
|---|---|---|---|---|---|
| $G_1$ | 0 | | | | |
| $G_2$ | 1 | 0 | | | |
| $G_3$ | 25 | 16 | 0 | | |
| $G_4$ | 49 | 36 | 4 | 0 | |
| $G_5$ | 100 | 81 | 25 | 9 | 0 |

② $D_{12}^2=1$ 为 $\boldsymbol{D}_{(0)}^2$ 中的非对角线最小元素，于是将 $G_1$ 和 $G_2$ 合并成新类 $G_6$，并分别计算 $G_6$ 与其他类的距离，这里 $n_1=n_2=1$，$n_6=2$，由式(12-12)计算得

$$D_{36}^2=\frac{1}{2}D_{13}^2+\frac{1}{2}D_{23}^2=20.5$$

同理计算 $D_{46}^2$ 和 $D_{56}^2$，得到 $D_{(1)}^2$，如表 12-8 所示。

表 12-8　$\boldsymbol{D}_{(1)}^2$

| $\boldsymbol{D}_{(1)}^2$ | $G_6$ | $G_3$ | $G_4$ | $G_5$ |
|---|---|---|---|---|
| $G_6$ | 0 | | | |
| $G_3$ | 20.5 | 0 | | |
| $G_4$ | 42.5 | 4 | 0 | |
| $G_5$ | 90.5 | 25 | 9 | 0 |

③ 对 $\boldsymbol{D}_{(1)}^2$ 重复上述步骤，将 $G_3$ 和 $G_4$ 合并成新类 $G_7$，再将 $G_5$ 和 $G_7$ 合并成新类 $G_8$，最后将 $G_6$ 和 $G_8$ 合并成新类 $G_9$，聚类过程结束，得到谱系图如图 12-3 所示。

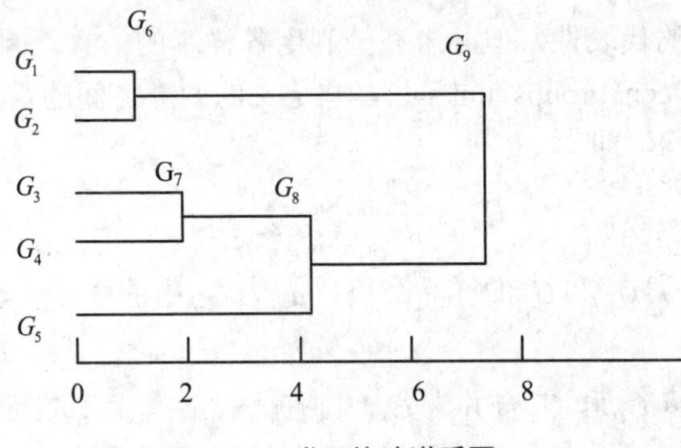


图 12-3　类平均法谱系图

## (六)可变类平均法

由于类平均法公式中没有反映 $G_p$ 与 $G_q$ 之间的距离 $D_{pq}$ 的影响，所以给出可变类平均法。

此法定义两类之间的距离同类平均法两点之间距离的定义，只是将任一类 $G_k$ 与新类 $G_r$ 的距离改为

$$D_{kr}^2=\frac{n_p}{n_r}(1-\beta)D_{kp}^2+\frac{n_q}{n_r}(1-\beta)D_{kq}^2+\beta D_{pq}^2 \tag{12-13}$$

式中，$\beta$ 是可变的，且 $\beta<1$。

可变类平均法的聚类步骤与上述方法完全类似，在此不详述。

## (七)可变法

可变法定义两类之间的距离仍同类平均法两点之间距离的定义，而新类 $G_r$ 与任一类 $G_k$ 的距离公式为

$$D_{kr}^2=\frac{1-\beta}{2}(D_{kp}^2+D_{kq}^2)+\beta D_{pq}^2$$

式中，$\beta$ 是可变的，且 $\beta<1$。

显然在可变类平均法中取 $\frac{n_p}{n_r}=\frac{n_q}{n_r}=\frac{1}{2}$，即为上式。

## (八)离差平方和法

离差平方和法(Ward's method)是瓦尔德(Ward，1936)提出的，它的基本思想是来自于方差分析，如果分类正确，则同类样品的离差平方和应当较小，不同类样品之间的离差平方和应当较大。

设将 $n$ 个样本分为 $k$ 类，即 $G_1, G_2, \cdots, G_k$，$\boldsymbol{X}_i^{(t)}$ 表示 $G_t$ 中第 $i$ 个样品(注意 $\boldsymbol{X}_i^{(t)}$ 是 $p$ 维向量)。$n_t$ 表示 $G_t$ 中的样品个数，$\bar{\boldsymbol{X}}^{(t)}$ 是 $G_t$ 的重心，则 $G_t$ 中样品的离差平方和为

$$S_t=\sum_{i=1}^{n_t}(\boldsymbol{X}_i^{(t)}-\bar{\boldsymbol{X}}^{(t)})'(\boldsymbol{X}_i^{(t)}-\bar{\boldsymbol{X}}^{(t)})$$

$k$ 个类的类内离差平方和为

$$S=\sum_{t=1}^{k}S_t=\sum_{t=1}^{k}\sum_{i=1}^{n_t}(\boldsymbol{X}_i^{(t)}-\bar{\boldsymbol{X}}^{(t)})'(\boldsymbol{X}_i^{(t)}-\bar{\boldsymbol{X}}^{(t)})$$

具体做法是先将 $n$ 个样品各自成一类，然后每次缩小一类，每缩小一类离差平方和就要增大，选择使 $S$ 增加最小的两类合并，直到所有的样品归为一类为止。

粗看离差平方和法与前七种方法有较大差异，但是如果将 $G_p$ 与 $G_q$ 的距离定义为

$$D_{pq}^2=S_r-S_p-S_q \tag{12-14}$$

其中 $G_r=G_p\cup G_q$，就可以使离差平方和法和前七种系统聚类方法统一起来，且可证明离差平方和法合并类的距离公式为

$$D_{kr}^2=\frac{n_k+n_p}{n_r+n_k}D_{kp}^2+\frac{n_k+n_q}{n_r+n_q}D_{kq}^2-\frac{n_k}{n_r+n_k}D_{pq}^2 \tag{12-15}$$

## (九)系统聚类方法的统一

上面介绍了八种系统聚类方法，这些方法聚类的步骤是完全一样的，所不同的是类与类之间的距离有不同的定义法，依次所给出的新类与任一类的距离公式不同。但这些公式在 1967 年由兰斯(Lance)和威廉姆斯(Williams)统一起来。当采用欧氏距离时，八种方法有统一形式的递推公式

$$D_{kr}^2=\alpha_p D_{kp}^2+\alpha_q D_{kq}^2+\beta D_{pq}^2+\gamma\left|D_{kp}^2-D_{kq}^2\right| \tag{12-16}$$

如果不采用欧氏距离时，除重心法、中间距离法、离差平方和法之外，统一形式的递推公式仍成立。式(12-16)中的参数 $\alpha_p$、$\alpha_q$、$\beta$、$\gamma$ 对不同的方法有不同的取值。表 12-9 给出了上述八种方法中参数的取值。

在例 12-1 中用八种系统聚类法并类的结果是一致的，只是并类的距离不同。但是在一般情况下，用不同的方法聚类的结果是不会完全一致的。各种方法的比较目前还是一个值得研究的课题，但在实际中一般采用以下两种处理方法：一种是根据分类问题本身的专业知识结合实际的需求来选择分类方法，并确定分类个数；另一种是用多种方法去做，找出结果中的共性。

表 12-9　聚类方法参数取值

| 方法 | $\alpha_p$ | $\alpha_q$ | $\beta$ | $\gamma$ |
|---|---|---|---|---|
| 最短距离法 | 1/2 | 1/2 | 0 | −1/2 |
| 最长距离法 | 1/2 | 1/2 | 0 | 1/2 |
| 中间距离法 | 1/2 | 1/2 | −1/4 | 0 |
| 重心法 | $n_p/n_r$ | $n_q/n_r$ | $-\alpha_p\alpha_q$ | 0 |
| 类平均法 | $n_p/n_r$ | $n_q/n_r$ | 0 | 0 |
| 可变类平均法 | $(1-\beta)n_p/n_r$ | $(1-\beta)n_q/n_r$ | $\beta<1$ | 0 |
| 可变法 | $(1-\beta)/2$ | $(1-\beta)/2$ | $\beta<1$ | 0 |
| 离差平方和法 | $(n_k+n_p)/(n_k+n_r)$ | $(n_k+n_q)/(n_k+n_r)$ | $-n_k/(n_k+n_r)$ | 0 |

聚类分析的目的是要对研究对象进行分类，通过系统聚类的方法最终将各样本合并成为一类，并得到谱系图，除此之外，还需要对样本的分类数进行确定，而确定分类数的问题并未完全解决，主要原因是对类的结构和内容很难给出一个统一的定义。德米尔曼(Demirmen)曾提出了如下根据谱系图来分类的准则。

(1) 任何类都必须在邻近各类中是突出的，即各类重心之间的距离必须大。

(2) 各类所包含的元素都不应过多。

(3) 分类的数目应该符合使用的目的。

(4) 若采用几种不同的聚类方法处理，则在各自的聚类图上应发现相同的类。

## 四、动态聚类法

样品的 Q 型系统聚类方法的基本思想是在距离矩阵的基础上，按照某种分类方法逐渐并类，在聚类过程中，需要存贮距离矩阵，而且在并类过程中，需要将每一个样品和其他所有样品逐一加以比较，以决定其所属类别；所以当样品数量很大时，系统聚类法的计算量非常大，该方法要占据较大的计算机内存空间和需要较长的计算时间，这给应用带来一定的不方便。比如在市场抽样调查中，有 4 万人就其对衣着的偏好作了回答，希望能迅速将它们分为几类。这时，采用系统聚类法就很困难。

基于这种情况，产生了动态聚类法(dynamic clustering method)，又称快速聚类法(quick clustering method)。动态聚类法具有计算工作量较小，占用计算机内存单元较少、方法简单的优点，适合于样品数量巨大的大样本的 Q 型聚类分析处理。

### (一)动态聚类的基本思想

动态聚类法的基本思想是，开始按照一定的方法选取一批凝聚点，然后让样品按某种原则向最近的凝聚点凝聚，这样由点凝聚成类，得到初始分类。初始分类不一定合理，然后按最近距离原则进行修改不合理的分类，直到分类比较合理为止，这样形成一个最终的分类结果。

动态聚类解决的问题是，假如有 $n$ 个样本点，要把它们分为类，使得每一类内的元素都是聚合的，并且类与类之间还能很好地区别开。

用一个简单的例子来说明动态聚类法的工作过程。例如我们要把图中的点分成两类。快速聚类的步骤如下。

(1) 在所有样品点中随机选取两个点 $\boldsymbol{X}_1^{(1)}$ 和 $\boldsymbol{X}_2^{(1)}$ 作为聚核，如图 12-4 所示。

(2) 对于任何点 $\boldsymbol{X}_k$，分别计算 $d(\boldsymbol{X}_k,\boldsymbol{X}_1^{(1)})$ 和 $d(\boldsymbol{X}_k,\boldsymbol{X}_2^{(1)})$；若 $d(\boldsymbol{X}_k,\boldsymbol{X}_1^{(1)})<d(\boldsymbol{X}_k,\boldsymbol{X}_2^{(1)})$，则将 $\boldsymbol{X}_k$ 划为第一类；否则，划给第二类。于是得第一次分类，即如图 12-5 所示的两个类。

(3) 分别计算第一次分类的重心，则得 $\boldsymbol{X}_1^{(2)}$ 和 $\boldsymbol{X}_2^{(2)}$，如图 12-6 所示；以其为新的聚核，对空间中的点重复步骤(2)进行重新分类，得到第二次分类，如图 12-7 所示。

(4) 计算第二次分类的重心，得到 $\boldsymbol{X}_1^{(3)}$ 和 $\boldsymbol{X}_2^{(3)}$；以其为新的聚核，对空间中的点进行重新分类，得到的第三次分类不变，如图 12-8 所示。

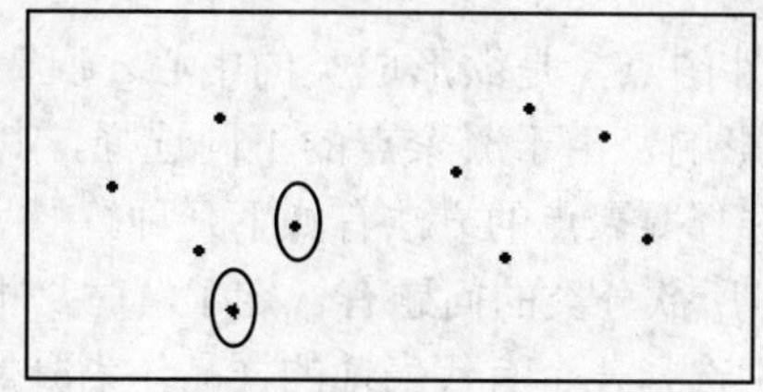

图 12-4　任取两个聚核

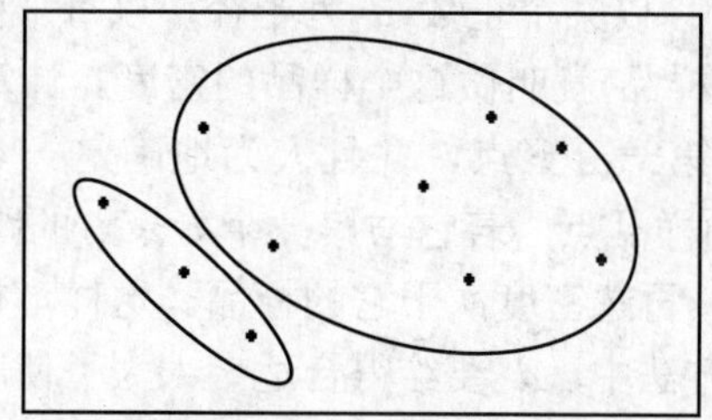

图 12-5　第一次分类图

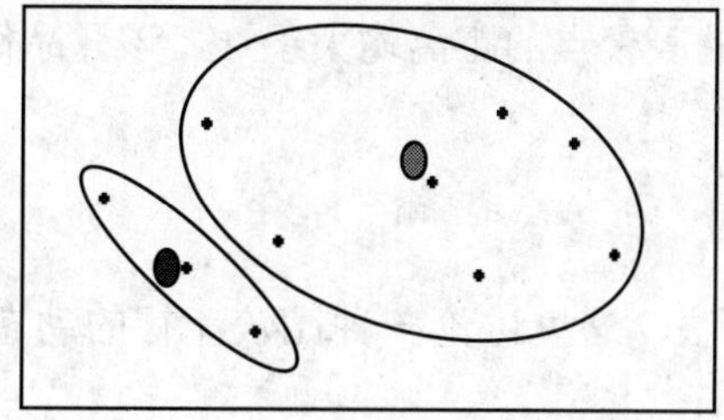

图 12-6　第一次分类的各类重心

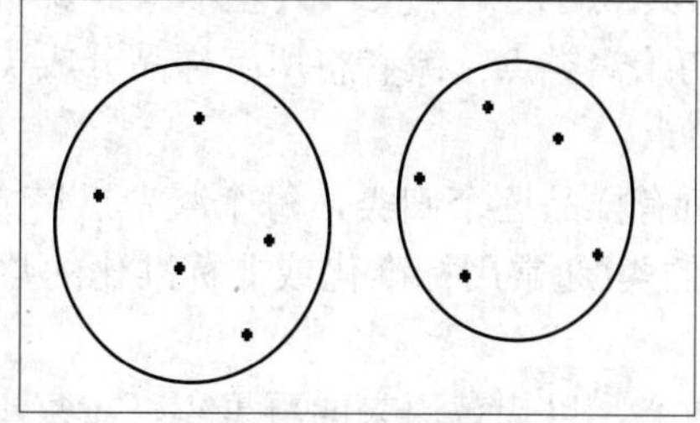

图 12-7　第二次分类

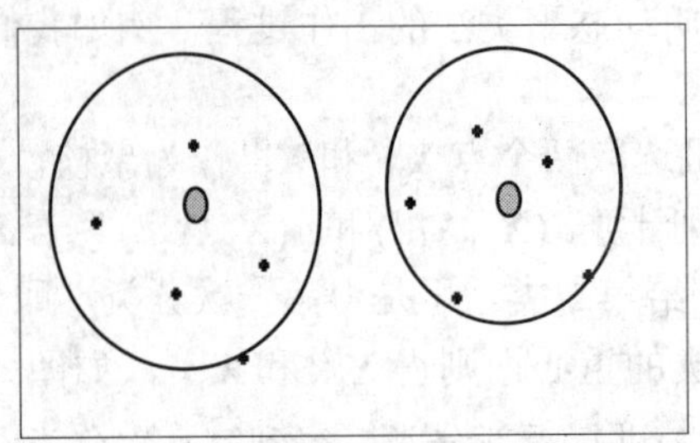

图 12-8　第三次分类

## (二)凝聚点的选择

凝聚点就是一批有代表性的点，是欲形成类的中心。凝聚点的选择直接决定初始分类，对分类结果也有很大的影响，由于凝聚点的不同选择，其最终分类结果也将出现不同。故选择时要慎重。通常选择凝聚点的方法有如下几种。

(1) 人为选择，当人们对所欲分类的问题有一定了解时，根据经验，预先确定分类个数和初始分类，并从每一类中选择一个有代表性的样品作为凝聚点。

(2) 将数据人为地分为 $k$ 类，计算每一类的重心，就将这些重心作为凝聚点。

(3) 用密度法选择凝聚点：以某个正数 $d$ 为半径，以每个样品为球心，落在这个球内的样品数(不包括作为球心的样品)就叫做这个样品的密度。计算所有样品点的密度后，首先选择密度最大的样品作为第一凝聚点，并且人为地确定一个正数 $D$(一般 $D>d$，常取 $D=2d$)。然后选出次大密度的样品点，若它与第一个凝聚点的距离大于 $D$，则将其作为第二个凝聚点；否则舍去这点，再选密度次于它的样品。这样，按密度大小依次考查，直至全部样品考查完毕为止。此方法中，$d$ 要给得合适，太大了使凝聚点个数太少，太小了使凝聚点个数太多。

(4) 人为地选择一正数 $d$，首先以所有样品的均值作为第一凝聚点。然后依次考察每个样品，若某样品与已选定的凝聚点的距离均大于 $d$，该样品作为新的凝聚点，否则考察下一个样品。

## (三)K-均值聚类方法

动态聚类法有许多种方法，这里讨论一种比较流行的动态聚类法——K-均值聚类法(K-means clustering method)。

K-均值聚类法是由麦奎因(MacQueen, 1967)提出并命名的一种聚类方法，其思想是把每个样品划归到重心(均值)与其最近的那个类，其基本步骤如下。

(1) 选择 $k$ 个样品作为初始聚类点；或者将所有样品分成 $k$ 个初始类，然后将这 $k$ 个类的重心(均值)作为初始凝聚点。

(2) 对除凝聚点之外的所有样品逐个归类，每个凝聚点自成一类，将每个样品依次归入其距离最近的凝聚点所在的类(通常用标准化或非标准化的数据计算欧氏距离)，形成第一次迭代的 $k$ 个类。

(3) 重新计算每一类的重心，以代替原来的凝聚点，重复步骤(2)，形成第二次迭代的 $k$ 个类。

(4) 重复步骤(3)，按照这种方法迭代下去直到分类比较合理，达到停止迭代的要求为止。停止迭代的条件包括：① 迭代次数达到研究者事先指定的最大迭代次数(SPSS 隐含的迭代次数为 10 次)；② 新确定的聚类中心点与上一次迭代形成的中心点的最大偏移量小于指定的量(SPSS 隐含的值是 0.02)。

最终的聚类结果在一定程度上依赖于初始凝聚点或初始分类的选择。经验表明，聚类过程中的绝大多数重要变化均发生在第一次再分配中，即第二次分类中。

# 第二节 判别分析

## 一、判别分析概述

判别分析(discriminant analysis)是用于判断样品所属类型的一种统计分析方法，其特点是根据已掌握的、历史上每个类别的若干样本的数据信息，总结出客观事物分类的规律性，建立判别公式和判别准则，在遇到新的样本点时，只要根据总结出来的判别公式和判别准则，就能判别该样本点所属的类别。

在生产、科研和日常生活中经常遇到需要判别的问题，例如，医院存有部分肝炎、肺炎、冠心病、糖尿病等病人的资料，几类每个患者若干项症状指标数据，利用现有的这些资料可以建立判别的准则和方法，进而对一个新病人的数据进行判定，判定其患有哪种疾病。有一些昆虫的性别很难看出，只有通过解剖才能够判别；但是雄性和雌性昆虫在若干体表度量上有些综合的差异，于是统计学家就根据已知雌雄的昆虫体表度量得到一个标准，并且利用这个标准来判别其他未知性别的昆虫。这样的判别虽然不能保证百分之百准确，但至少大部分判别都是对的，而且不用杀死昆虫来进行判别了。在市场预测中，根据以往调查所得的种种指标，判别季度产品是畅销、平常或者滞销。在天气预报中，我们有一段较长时间关于某地区每天气象的记录资料，包括湿度、温度、气压等，可以建立一种方法，通过连续五天的气象资料来预报第六天的天气。

把这类问题从统计的角度看，可以归结为：设有 $k$ 个总体 $G_1, G_2, \cdots, G_k$，每个总体中的个体都含有 $p$ 项指标，各总体的分布函数分别为 $F_1(x), F_2(x), \cdots, F_k(x)$，对给定的一类未知类别的个体，希望由它的 $p$ 项指标的观测值判别它的类别。解决这类问题的方法称为判别分析。

判别分析内容很丰富，方法很多，按判别的总体数来区分，有两个总体判别分析和多总体判别分析；从不同的角度提出问题，形成不同的判别准则。本节主要介绍距离判别法(distance discriminant method)、Bayes 判别法(Bayesian discriminant method)和 Fisher 判别法(Fisher discriminant method)。

## 二、距离判别法

### (一)距离判别法的基本思想

距离判别法的基本思想是首先根据已知分类的数据，分别计算各类的重心(均值)，判别准则是对任给的一次观测，若它与第 $i$ 类的重心最近，就认为它来自第 $i$ 类。

距离判别法对各类(或总体)的分布并无特定的要求。

## (二)两总体的距离判别

设有两个总体(或称两类)$G_1$、$G_2$，从第一个总体中抽取 $n_1$ 个样品，从第二个总体中抽取 $n_2$ 个样品，每个样品测量 $p$ 个指标，如表 12-10 和表 12-11 所示。

表 12-10　$G_1$ 总体

| 变量 / 样品 | $x_1$ | $x_2$ | … | $x_p$ |
|---|---|---|---|---|
| $\boldsymbol{X}_1'^{(1)}$ | $x_{11}^{(1)}$ | $x_{12}^{(1)}$ | … | $x_{1p}^{(1)}$ |
| $\boldsymbol{X}_2'^{(1)}$ | $x_{21}^{(1)}$ | $x_{22}^{(1)}$ | … | $x_{2p}^{(1)}$ |
| … | … | … | … | … |
| $\boldsymbol{X}_{n_1}'^{(1)}$ | $x_{n_1 1}^{(1)}$ | $x_{n_1 2}^{(1)}$ | … | $x_{n_1 p}^{(1)}$ |
| 均值 | $\overline{x_1^{(1)}}$ | $\overline{x_2^{(1)}}$ | … | $\overline{x_p^{(1)}}$ |

表 12-11　$G_2$ 总体

| 变量 / 样品 | $x_1$ | $x_2$ | … | $x_p$ |
|---|---|---|---|---|
| $\boldsymbol{X}_1'^{(2)}$ | $x_{11}^{(2)}$ | $x_{12}^{(2)}$ | … | $x_{1p}^{(2)}$ |
| $\boldsymbol{X}_2'^{(2)}$ | $x_{21}^{(2)}$ | $x_{22}^{(2)}$ | … | $x_{2p}^{(2)}$ |
| … | … | … | … | … |
| $\boldsymbol{X}_{n_2}'^{(2)}$ | $x_{n_2 1}^{(2)}$ | $x_{n_2 2}^{(2)}$ | … | $x_{n_2 p}^{(2)}$ |
| 均值 | $\overline{x_1^{(2)}}$ | $\overline{x_2^{(2)}}$ | … | $\overline{x_p^{(2)}}$ |

今任取一个样品，其指标观测值为 $\boldsymbol{X}=(x_1,x_2,\cdots,x_p)'$，问 $\boldsymbol{X}$ 应判归为哪一类？

比较直观的方法是：根据个体 $\boldsymbol{X}$ 与两总体的距离远近来判别它们的类别。具体地说，定义一种个体 $\boldsymbol{X}$ 与各总体的距离，然后根据这种定义把 $\boldsymbol{X}$ 判归为与之距离最近的总体，即按距离最近的规则判断给定个体的类别。这种判别方法称为距离判别法。

首先计算 $\boldsymbol{X}$ 到 $G_1$、$G_2$ 总体的距离，分别记为 $d(\boldsymbol{X},G_1)$ 和 $d(\boldsymbol{X},G_2)$，判别的规则是按给定个体 $\boldsymbol{X}$ 距总体最近准则来判别个体的类别。准则判别为

$$\begin{cases}\boldsymbol{X}\in G_1,\text{若}d(\boldsymbol{X},G_1)<d(\boldsymbol{X},G_2)\\ \boldsymbol{X}\in G_2,\text{若}d(\boldsymbol{X},G_1)>d(\boldsymbol{X},G_2)\\ \text{待判},\quad \text{若}d(\boldsymbol{X},G_1)=d(\boldsymbol{X},G_2)\end{cases} \tag{12-17}$$

由于马氏距离可以克服变量之间的相关性干扰，并且消除各变量量纲的影响。所以，这里针对马氏距离对上述准则做较详细的讨论。

设 $\boldsymbol{\mu}_1$、$\boldsymbol{\mu}_2$，$\boldsymbol{\Sigma}_1$、$\boldsymbol{\Sigma}_2$ 分别为 $G_1$、$G_2$ 的均值向量和协方差阵。如果距离定义采用马氏距离，即

$$d_p^2(\boldsymbol{X},G_i)=(\boldsymbol{X}-\boldsymbol{\mu}_i)'\boldsymbol{\Sigma}_i^{-1}(\boldsymbol{X}-\boldsymbol{\mu}_i),\quad i=1,2$$

这时判别准则可分为以下两种情况给出。

1. $\boldsymbol{\Sigma}_1=\boldsymbol{\Sigma}_2=\boldsymbol{\Sigma}$ 时的判别

取上述距离平方之差为

$$d_p^2(\boldsymbol{X},G_1)-d_p^2(\boldsymbol{X},G_2)=(\boldsymbol{X}-\boldsymbol{\mu}_1)'\boldsymbol{\Sigma}^{-1}(\boldsymbol{X}-\boldsymbol{\mu}_1)-\left[(\boldsymbol{X}-\boldsymbol{\mu}_1)+(\boldsymbol{\mu}_1-\boldsymbol{\mu}_2)\right]'\boldsymbol{\Sigma}^{-1}\left[(\boldsymbol{X}-\boldsymbol{\mu}_1)+(\boldsymbol{\mu}_1-\boldsymbol{\mu}_2)\right]$$

$$=-2(\boldsymbol{X}-\boldsymbol{\mu}_1)'\boldsymbol{\Sigma}^{-1}(\boldsymbol{\mu}_1-\boldsymbol{\mu}_2)-(\boldsymbol{\mu}_1-\boldsymbol{\mu}_2)'\boldsymbol{\Sigma}^{-1}(\boldsymbol{\mu}_1-\boldsymbol{\mu}_2)=-2\left(\boldsymbol{X}-\frac{\boldsymbol{\mu}_1+\boldsymbol{\mu}_2}{2}\right)'\boldsymbol{\Sigma}^{-1}(\boldsymbol{\mu}_1-\boldsymbol{\mu}_2)$$

令 $\overline{\boldsymbol{\mu}}=\dfrac{\boldsymbol{\mu}_1+\boldsymbol{\mu}_2}{2}$，$\boldsymbol{a}=\boldsymbol{\Sigma}^{-1}(\boldsymbol{\mu}_1-\boldsymbol{\mu}_2)$，则 $Y(\boldsymbol{X})=\boldsymbol{a}'(\boldsymbol{X}-\overline{\boldsymbol{\mu}})$，判别准则可简化为

$$\begin{cases}\boldsymbol{X}\in G_1，当 Y(\boldsymbol{X})>0\\ \boldsymbol{X}\in G_2，当 Y(\boldsymbol{X})<0\\ 待判，\quad 当 Y(\boldsymbol{X})=0\end{cases}\tag{12-18}$$

称 $Y(\boldsymbol{X})$ 为两组距离判别的判别函数，由于 $Y(\boldsymbol{X})$ 是 $\boldsymbol{X}$ 的线性函数，故称为线性判别函数。

注：从以上讨论可以看出，距离判别对于总体分布来说只用到由均值向量 $\boldsymbol{\mu}$ 和协方差矩阵时所体现的性质。因此在承认马氏距离作为衡量一个个体与一总体接近程度的一种合理度量的前提下，只要知道总体的均值向量和协方差矩阵，而不论其分布如何，皆可按此准则进行判别，于是可归结为如下定理。

**定理：** 设 $p$ 维总体 $G_1$ 和 $G_2$ 分别有均值向量 $\boldsymbol{\mu}_1,\boldsymbol{\mu}_2$ 和相同协方差矩阵$\boldsymbol{\Sigma}$，$\boldsymbol{\Sigma}>0$，则运用马氏距离的距离判别函数为 $Y(\boldsymbol{X})=(\boldsymbol{X}-\overline{\boldsymbol{\mu}})'\boldsymbol{\Sigma}^{-1}(\boldsymbol{\mu}_1-\boldsymbol{\mu}_2)$，其中 $\overline{\boldsymbol{\mu}}=\dfrac{\boldsymbol{\mu}_1+\boldsymbol{\mu}_2}{2}$，相应的判别准则为：当 $Y(\boldsymbol{X})>0$ 时，判别 $\boldsymbol{X}\in G_1$；当 $Y(\boldsymbol{X})<0$，判别 $\boldsymbol{X}\in G_2$；当 $Y(\boldsymbol{X})=0$ 时，待判。

当 $p$=1 时，若两个总体的分布分别为 $N(\mu_1,\sigma^2)$ 和 $N(\mu_2,\sigma^2)$，则判别函数为 $Y(X)=\dfrac{1}{\sigma^2}(X-\overline{\mu})(\mu_1-\mu_2)$。

当 $\mu_1<\mu_2$ 时，若 $X<\overline{\mu}$，可判断 $X\in G_1$；若 $X>\overline{\mu}$，可判断 $X\in G_2$。

当 $\mu_1>\mu_2$ 时，若 $X<\overline{\mu}$，可判断 $X\in G_2$；若 $X>\overline{\mu}$，可判断 $X\in G_1$。

在实际问题中，各总体的均值向量 $\boldsymbol{\mu}_1$，$\boldsymbol{\mu}_2$ 和共同的协方差矩阵$\boldsymbol{\Sigma}$通常是未知的，这就需要利用从各总体抽取的样本估计这些参数，以建立相应的判别准则，具体做法如下。

设 $\boldsymbol{X}_1^{(i)},\boldsymbol{X}_2^{(i)},\cdots,\boldsymbol{X}_{n_i}^{(i)}$ 是来自 $G_i$ 的样本($i$=1, 2)，则

$$\hat{\boldsymbol{\mu}}_1=\overline{\boldsymbol{X}}^{(1)}=\frac{1}{n_1}\sum_{i=1}^{n_1}\boldsymbol{X}_i^{(1)},\quad \hat{\boldsymbol{\mu}}_2=\overline{\boldsymbol{X}}^{(2)}=\frac{1}{n_2}\sum_{i=1}^{n_2}\boldsymbol{X}_i^{(2)},\quad \hat{\overline{\boldsymbol{\mu}}}=\frac{1}{2}(\hat{\boldsymbol{\mu}}_1+\hat{\boldsymbol{\mu}}_2)=\overline{\boldsymbol{X}}=\frac{1}{2}(\overline{\boldsymbol{X}}^{(1)}+\overline{\boldsymbol{X}}^{(2)}),$$

$$\boldsymbol{S}_i=\sum_{t=1}^{n_i}(\boldsymbol{X}_t^{(i)}-\overline{\boldsymbol{X}}^{(i)})(\boldsymbol{X}_t^{(i)}-\overline{\boldsymbol{X}}^{(i)})'\ (i=1,2),\quad \hat{\boldsymbol{\Sigma}}=\frac{1}{n_1+n_2-2}(\boldsymbol{S}_1+\boldsymbol{S}_2)$$

线性判别函数为 $Y(\boldsymbol{X})=(\boldsymbol{X}-\overline{\boldsymbol{X}})'\hat{\boldsymbol{\Sigma}}^{-1}(\overline{\boldsymbol{X}}^{(1)}-\overline{\boldsymbol{X}}^{(2)})$，有 $Y(\boldsymbol{X})>0\Rightarrow\boldsymbol{X}\in G_1$；$Y(\boldsymbol{X})<0\Rightarrow\boldsymbol{X}\in G_2$；$Y(\boldsymbol{X})=0$ 时，待判。

2. $\boldsymbol{\Sigma}_1 \neq \boldsymbol{\Sigma}_2$ 时的判别

一种方式是可采用式(12-17)作为判别规则的形式。另一种方式是，选择判别函数为

$$Y(\boldsymbol{X}) = d_p^2(\boldsymbol{X}, G_1) - d_p^2(\boldsymbol{X}, G_2) = (\boldsymbol{X}-\boldsymbol{\mu}_1)'\boldsymbol{\Sigma}_1^{-1}(\boldsymbol{X}-\boldsymbol{\mu}_1) - (\boldsymbol{X}-\boldsymbol{\mu}_2)'\boldsymbol{\Sigma}_2^{-1}(\boldsymbol{X}-\boldsymbol{\mu}_2) \tag{12-19}$$

它是 $\boldsymbol{X}$ 的二次函数，相应的判别规则为

$$\begin{cases} \boldsymbol{X} \in G_1, \text{当} Y(\boldsymbol{X}) < 0 \\ \boldsymbol{X} \in G_2, \text{当} Y(\boldsymbol{X}) > 0 \\ \text{待判}, \quad \text{当} Y(\boldsymbol{X}) = 0 \end{cases} \tag{12-20}$$

实际应用中，$\boldsymbol{\mu}_1$ 和 $\boldsymbol{\mu}_2$，$\boldsymbol{\Sigma}_1$ 和 $\boldsymbol{\Sigma}_2$ 一般都是未知的，可由相应的样本值估计。$\boldsymbol{\mu}_1$ 和 $\boldsymbol{\mu}_2$ 可分别估计为 $\overline{\boldsymbol{X}}^{(1)}$ 和 $\overline{\boldsymbol{X}}^{(2)}$，$\boldsymbol{\Sigma}_1$ 和 $\boldsymbol{\Sigma}_2$ 可分别估计为 $\hat{\boldsymbol{\Sigma}}_1 = \dfrac{1}{n_1-1}\boldsymbol{S}_1$ 和 $\hat{\boldsymbol{\Sigma}}_2 = \dfrac{1}{n_2-1}\boldsymbol{S}_2$。

## (三)多个总体的距离判别

设有 $k$ 个总体 $G_1, G_2, \cdots, G_k$，它们的均值和协方差矩阵分别为 $\boldsymbol{\mu}_1, \boldsymbol{\mu}_2, \cdots, \boldsymbol{\mu}_k$ 和 $\boldsymbol{\Sigma}_1(>0)$，$\boldsymbol{\Sigma}_2(>0)$，$\cdots, \boldsymbol{\Sigma}_k(>0)$。现任取一样品 $\boldsymbol{X}$，问 $\boldsymbol{X}$ 应判归为哪一类？

我们可计算 $d^2(\boldsymbol{X}, G_j)$，判归 $\boldsymbol{X}$ 为属于距离 $\boldsymbol{X}$ 最近的那个类。即判别规则为选取 $G_l$，使得

$$d^2(\boldsymbol{X}, G_l) = \min_{j=1,2,\cdots k}\{d^2(\boldsymbol{X}, G_j)\}$$

$\boldsymbol{X}$ 到总体 $G_i$ 的马氏距离的平方为

$$d^2(\boldsymbol{X}, G_i) = (\boldsymbol{X}-\boldsymbol{\mu}_i)'\boldsymbol{\Sigma}_i^{-1}(\boldsymbol{X}-\boldsymbol{\mu}_i), \quad i = 1, 2, \cdots, k$$

当 $\boldsymbol{\Sigma}_1 = \boldsymbol{\Sigma}_2 = \cdots = \boldsymbol{\Sigma}_k = \boldsymbol{\Sigma}$ 时，上述判别规则可做进一步简化。

由于

$$d^2(\boldsymbol{X}, G_j) = (\boldsymbol{X}-\boldsymbol{\mu}_j)'\boldsymbol{\Sigma}^{-1}(\boldsymbol{X}-\boldsymbol{\mu}_j) = \boldsymbol{X}'\boldsymbol{\Sigma}^{-1}\boldsymbol{X} - 2[\boldsymbol{X}'\boldsymbol{\Sigma}^{-1}\boldsymbol{\mu}_j - \frac{1}{2}\boldsymbol{\mu}_j'\boldsymbol{\Sigma}^{-1}\boldsymbol{\mu}_j] = \boldsymbol{X}'\boldsymbol{\Sigma}^{-1}\boldsymbol{X} - 2f_j(\boldsymbol{X}),$$

式中，$f_j(\boldsymbol{X}) = \boldsymbol{X}'\boldsymbol{\Sigma}^{-1}\boldsymbol{\mu}_j - \dfrac{1}{2}\boldsymbol{\mu}_j'\boldsymbol{\Sigma}^{-1}\boldsymbol{\mu}_j$。因此，有

$$\boldsymbol{X} \in G_l \Leftrightarrow d^2(\boldsymbol{X}, G_l) = \min_{j=1,2,\cdots,k}\{d^2(\boldsymbol{X}, G_j)\} \Leftrightarrow d^2(\boldsymbol{X}, G_l) = \max_{j=1,2,\cdots,k}\{f_j(\boldsymbol{X})\}$$

在实际应用中，$\boldsymbol{\mu}_1, \boldsymbol{\mu}_2, \cdots, \boldsymbol{\mu}_k$ 和 $\boldsymbol{\Sigma}_1, \boldsymbol{\Sigma}_2, \cdots, \boldsymbol{\Sigma}_k$ 一般都是未知的，它们的值可由相应的样本估计值代替。

设 $\boldsymbol{X}_1^{(i)}, \boldsymbol{X}_2^{(i)}, \cdots, \boldsymbol{X}_{n_i}^{(i)}$ 是来自 $G_i$ 的样本($i = 1, 2, \cdots, k$)，则 $\boldsymbol{\mu}_i$ 可估计为

$$\hat{\boldsymbol{\mu}}_i = \overline{\boldsymbol{X}}^{(i)} = \frac{1}{n_i}\sum_{t=1}^{n_i}\boldsymbol{X}_t^{(i)}, \quad i = 1, 2, \cdots, k$$

$\boldsymbol{\Sigma}_1, \boldsymbol{\Sigma}_2, \cdots, \boldsymbol{\Sigma}_k$ 的估计可分两种情况。

当 $\boldsymbol{\Sigma}_1 = \boldsymbol{\Sigma}_2 = \cdots = \boldsymbol{\Sigma}_k = \boldsymbol{\Sigma}$ 时，$\boldsymbol{\Sigma}$ 的联合无偏估计为 $\boldsymbol{S}_p = \dfrac{1}{n-k}\sum_{i=1}^{k}\boldsymbol{S}_i$，其中 $n = n_1 + n_2 + \cdots + n_k$，$\boldsymbol{S}_i = \sum_{t=1}^{n_i}(\boldsymbol{X}_t^{(i)} - \overline{\boldsymbol{X}}^{(i)})(\boldsymbol{X}_t^{(i)} - \overline{\boldsymbol{X}}^{(i)})'$。

当 $\boldsymbol{\Sigma}_1, \boldsymbol{\Sigma}_2, \cdots, \boldsymbol{\Sigma}_k$ 不全相等时，$\boldsymbol{\Sigma}_i$ 可估计为 $\hat{\boldsymbol{\Sigma}}^{(i)} = \dfrac{1}{n_i-1}\boldsymbol{S}_i \ (i = 1, \cdots, k)$。

【例 12-2】某电子产品厂家生产出一款新式的笔记本电脑，其将新产品的样品分寄给九个城市的专营店，并附寄调查意见表征求对新产品的评价。评价分为质量、性能、外观三个方面，以十分制评分，评价表的结果如表 12-12 所示。如果一个顾客对产品的质量、性能、外观的评价分别为 6、8、8，判别其属于哪一类别。

表 12-12　评价表结果表

| 组　别 | 样 本 点 | 质量 $x_1$ | 性能 $x_2$ | 外观 $x_3$ |
|---|---|---|---|---|
| 喜欢者组 | 1 | 8 | 9.5 | 7 |
| | 2 | 9 | 8.5 | 6 |
| | 3 | 7 | 8.0 | 9 |
| | 4 | 10 | 7.5 | 8.5 |
| | 5 | 8 | 6.5 | 7 |
| 喜欢者组平均值 | $\overline{\boldsymbol{X}}^{(1)}$ | 8.4 | 8.0 | 7.5 |
| 不喜欢者组 | 1 | 6 | 3 | 5.5 |
| | 2 | 3 | 4 | 3.5 |
| | 3 | 4 | 2 | 5 |
| | 4 | 3 | 5 | 4 |
| 不喜欢者组平均值 | $\overline{\boldsymbol{X}}^{(2)}$ | 4.0 | 3.5 | 4.5 |

解　$\overline{\boldsymbol{X}}=\left(\dfrac{8.4+4}{2},\ \dfrac{8+3.5}{2},\ \dfrac{7.5+4.5}{2}\right)'=(6.2, 5.75, 6)'$

$$\hat{\boldsymbol{\mu}}_1-\hat{\boldsymbol{\mu}}_2=\overline{\boldsymbol{X}}^{(1)}-\overline{\boldsymbol{X}}^{(2)}=(8.4-4,8-3.5,7.5-4.5)'=(4.4,4.5,3)'$$

$$\boldsymbol{S}_1=\begin{bmatrix}5.2 & -0.5 & -1\\ -0.5 & 5 & -1.25\\ -1 & -1.25 & 6\end{bmatrix},\ \boldsymbol{S}_2=\begin{bmatrix}6 & -3 & 3.5\\ -3 & 5 & 2.5\\ 3.5 & 2.5 & 2.5\end{bmatrix}$$

$$\hat{\boldsymbol{\Sigma}}=\frac{1}{5+4-2}(\boldsymbol{S}_1+\boldsymbol{S}_2)=\frac{1}{7}\begin{bmatrix}11.2 & -3.5 & 2.5\\ -3.5 & 10 & 1.25\\ 2.5 & 1.25 & 8.5\end{bmatrix}$$

$$Y(\boldsymbol{X})=(\boldsymbol{X}-\overline{\boldsymbol{X}})'\hat{\boldsymbol{\Sigma}}^{-1}(\overline{\boldsymbol{X}}^{(1)}-\overline{\boldsymbol{X}}^{(2)})$$

$$=(x_1-6.2\quad x_2-5.75\quad x_3-6)\begin{pmatrix}0.77 & 0.28 & 0.28\\ 0.28 & 0.84 & 0.21\\ -0.28 & -0.21 & 0.91\end{pmatrix}\begin{pmatrix}4.4\\ 4.5\\ 3\end{pmatrix}$$

$$=3.808x_1+4.382x_2+0.553x_3-52.124$$

可得，$Y(\boldsymbol{X}_0)=3.808\times6+4.382\times8+0.553\times8-52.124=62.328-52.124>0$，所以通过距离判别法可以判定这位顾客属于喜欢组。

## 三、Bayes 判别法

距离判别简单直观，很实用；但是距离判别的方法把总体等同看待，没有考虑到总体会以不同的概率(先验概率)出现，也没有考虑误判之后所造成的损失的差异。一个好的判别方法，既要考虑到各个总体出现的先验概率，又要考虑到错判造成的损失。Bayes 判别法(Bayesian discriminant method)正是为解决这两方面问题而提出的判别方法，其判别效果更加理想，应用也更广泛。

### (一)最大后验概率准则

设有 $k$ 个总体 $G_1, G_2, \cdots, G_k$，其各自的分布密度函数 $f_1(x), f_2(x), \cdots, f_k(x)$ 互不相同，并且根据以往的统计分析，知道 $k$ 个总体各自出现的先验概率分别为 $q_1, q_2, \cdots, q_k$，$q_i \geqslant 0$，$\sum_{i=1}^{k} q_i = 1$。

在观测到样品 $x_0$ 发生时，求它属于某一类的概率。由 Bayes 公式计算后验概率，有

$$P(G_i \mid x_0) = \frac{q_i f_i(x_0)}{\sum_{j=1}^{k} q_j f_j(x_0)} \quad , \ i = 1, 2, \cdots, k$$

最大后验概率准则是将样品判别到后验概率最大的那一类。

如
$$P(G_l \mid x_0) = \frac{q_l f_l(x_0)}{\sum_{j=1}^{k} q_j f_j(x_0)} = \max_{1 \le i \le k} \frac{q_i f_i(x_0)}{\sum_{j=1}^{k} q_j f_j(x_0)}$$

则 $x_0$ 判给 $G_l$。

【例 12-3】设有 $G_1$、$G_2$ 和 $G_3$ 三个组，已知 $q_1$ =0.05，$q_2$ =0.65，$q_3$ =0.30，$f_1(x_0)$=0.10，$f_2(x_0)$=0.63，$f_3(x_0)$=2.4。现欲判断某样品 $x_0$ 属于何组[①]。

**解** 现计算 $x_0$ 属于各个总体的后验概率如下：$P(G_1 \mid x_0) = \dfrac{q_1 f_1(x_0)}{\sum_{j=1}^{3} q_j f_j(x_0)} = 0.004$，

$P(G_2 \mid x_0) = \dfrac{q_2 f_2(x_0)}{\sum_{j=1}^{3} q_j f_j(x_0)}$=0.361，$P(G_3 \mid x_0) = \dfrac{q_3 f_3(x_0)}{\sum_{j=1}^{3} q_j f_j(x_0)} = 0.635$，所以，应将 $x_0$ 判归为 $G_3$。

### (二)最小平均误判损失准则

设有 $k$ 个总体 $G_1, G_2, \cdots, G_k$，其各自的分布密度函数 $f_1(x), f_2(x), \cdots, f_k(x)$ 互不相同，假设 $k$ 个总体各自出现的先验概率分别为 $q_1, q_2, \cdots, q_k$，$q_i \geqslant 0$，$\sum_{i=1}^{k} q_i = 1$。假设已知若将本来属于 $G_i$ 总体的样品错判到总体 $G_j$ 时造成的损失为 $C(j|i)$，$i, j = 1, 2, \cdots, k$。在这样的情况下，对于新的样品 $x$ 判断其来自哪个总体。

首先应该清楚 $C(i \mid i) = 0$，$C(j \mid i) \geqslant 0$，对于任意的 $i, j = 1, 2, \cdots, k$ 成立。设 $k$ 个总体 $G_1, G_2, \cdots, G_k$ 相应的 $p$ 维样本空间为 $R_1, R_2, \cdots, R_k$，即为一个划分，故我们可以简记一个判别规则为 $R = (R_1, R_2, \cdots, R_k)$。

① 王学民. 应用多元分析[M]. 第 2 版. 上海：上海财经大学出版社，2004.

所谓的划分是指，若 $R_1,R_2,\cdots,R_k$ 为 $R^p$ 的子集，且它们互不相交，满足 $\bigcup_{i=1}^{k} R_i = R^p$，则称 $R_1,R_2,\cdots,R_k$ 为 $R^p$ 的一个划分。

从描述平均损失的角度出发，如果原来属于总体 $G_i$ 且分布密度为 $f_i(x)$ 的样品，我们错判为属于 $G_j$。故在规则 $R$ 下，将属于 $G_i$ 的样品错判为 $G_j$ 的概率为

$$P(j\,|\,i,R) = P(x\in R_j\,|\,x\in G_i) = \int_{R_j} f_i(x)\mathrm{d}x,\quad i,j=1,2,\cdots,k,i\neq j \tag{12-21}$$

如果实属 $G_i$ 的样品，错判到其他总体 $G_1,\cdots,G_{i-1},G_{i+1},\cdots,G_k$ 所造成的损失为 $C(1|i),\cdots,C(i-1|i),C(i+1|i),\cdots,C(k|i)$，则这种判别规则 $R$ 对总体 $G_i$ 而言，样品错判后所造成的平均损失为

$$r(i\,|\,R) = \sum_{j=1}^{k}[C(j\,|\,i)P(j\,|\,i,R)],\ i=1,2,\cdots,k \tag{12-22}$$

式中，$C(i\,|\,i)=0$。

由于 $k$ 个总体 $G_1,G_2,\cdots,G_k$ 出现的先验概率分布为 $q_1,q_2,\cdots,q_k$，则用 Bayes 规则来进行判别所造成的总平均损失为

$$g(R) = \sum_{i=1}^{k} q_i r(i\,|\,R) = \sum_{i=1}^{k} q_i \sum_{j=1}^{k}[C(j\,|\,i)P(j\,|\,i,R)] \tag{12-23}$$

所谓 Bayes 判别法则，就是要选择 $R_1,R_2,\cdots,R_k$，使得总平均损失 $g(R)$ 达到极小。

使 $g(R)$ 最小的判别准则，即为

$$x\in G_l,\ 若\sum_{\substack{j=1\\ j\neq l}}^{k} q_j f_j(x) C(l\,|\,j) = \min_{1\leqslant i\leqslant k}\sum_{\substack{j=1\\ j\neq i}}^{k} q_j f_j(x) C(i\,|\,j)\text{①} \tag{12-24}$$

特别地，设有两个总体 $G_1$ 和 $G_2$，$G_i$ 具有概率密度函数 $f_i(x)(i=1,2)$，并且根据以往的统计分析，已知出现总体 $G_i$ 的概率为 $q_i$，$q_1+q_2=1$。又设将实属 $G_i$ 总体的样品错判到总体 $G_j$ 时造成的损失为 $C(j\,|\,i)$，$i,j=1,2$，可将样本空间划分为两个不重叠的部分，即 $R_1$ 和 $R_2$，$R_1$ 为所有判为 $G_1$ 的样本集合，$R_2$ 为所有判为 $G_2$ 的样本集合。则将 $G_1$ 中的样品误判到 $G_2$ 的条件概率为 $P(2\,|\,1) = P(x\in R_2\,|\,x\in G_1) = \int_{R_2} f_1(x)\mathrm{d}x$；类似地，将 $G_2$ 中的样品误判到 $G_1$ 的条件概率为 $P(1\,|\,2) = P(x\in R_1\,|\,x\in G_2) = \int_{R_1} f_2(x)\mathrm{d}x$。

对任一判别规则，我们关心它的平均损失为

$$\begin{aligned}
g(R) &= C(1\,|\,1)P(x\in G_1,x\in R_1)q_1 + C(2\,|\,1)P(x\in G_1,x\in R_2)q_1\\
&\quad + C(1\,|\,2)P(x\in G_2,x\in R_1)q_2 + C(2\,|\,2)P(x\in G_2,x\in R_2)q_2\\
&= C(2\,|\,1)P(x\in R_2\,|\,x\in G_1)P(x\in G_1)q_1 + C(1\,|\,2)P(x\in R_1\,|\,x\in G_2)P(x\in G_2)q_2\\
&= C(2\,|\,1)P(2\,|\,1)q_1 + C(1\,|\,2)P(1\,|\,2)q_2
\end{aligned}$$

利用式(12-24)结论，可以得到采用使 $g(R)$ 最小的判别准则即为

① 方开泰. 实用多元统计分析[M]. 上海：华东师范大学出版社，1989.

$$\begin{cases} x \in G_1, & 若 \dfrac{f_1(x)}{f_2(x)} > \dfrac{C(1|2)q_2}{C(2|1)q_1} \\ x \in G_2, & 若 \dfrac{f_1(x)}{f_2(x)} < \dfrac{C(1|2)q_2}{C(2|1)q_1} \\ 待判, & 若 \dfrac{f_1(x)}{f_2(x)} = \dfrac{C(1|2)q_2}{C(2|1)q_1} \end{cases} \tag{12-25}$$

**【例 12-4】**设有 $G_1$、$G_2$ 和 $G_3$ 三个组，欲判断某样品 $x_0$ 属于何组，已知 $q_1$=0.05，$q_2$=0.65，$q_3$=0.30，$f_1(x_0)$=0.10，$f_2(x_0)$=0.63，$f_3(x_0)$=2.4。假设误判损失矩阵如表 12-13 所示[①]。

表 12-13　误判损失矩阵

| 实属组 \ 判别为 | $G_1$ | $G_2$ | $G_3$ |
|---|---|---|---|
| $G_1$ | $C(1\|1)=0$ | $C(2\|1)=10$ | $C(3\|1)=200$ |
| $G_2$ | $C(1\|2)=20$ | $C(2\|2)=0$ | $C(3\|2)=100$ |
| $G_3$ | $C(1\|3)=60$ | $C(2\|3)=50$ | $C(3\|3)=0$ |

**解**　采用式(12-24)进行判别，计算如下。

$l=1$ 时，$q_2 f_2(x_0)C(1|2)+q_3 f_3(x_0)C(1|3)=0.65\times0.63\times20+0.30\times2.4\times60=51.39$

$l=2$ 时，$q_1 f_1(x_0)C(2|1)+q_3 f_3(x_0)C(2|3)=0.05\times0.10\times10+0.30\times2.4\times50=36.05$

$l=3$ 时，$q_1 f_1(x_0)C(3|1)+q_2 f_2(x_0)C(3|2)=0.05\times0.10\times200+0.65\times0.63\times100=41.95$

由于 $l=2$ 时，$\sum\limits_{\substack{j=1\\j\neq l}}^{k} q_j f_j(x)C(l|j)$＝36.05 最小，所以将 $x_0$ 判为 $G_2$。

## 四、Fisher 判别法

Fisher 判别法是 1936 年提出的，其基本思想是通过将多维数据投影到某个方向上，投影的原则是对投影点来说能使得组与组之间尽可能地分开，然后再选择合适的判别规则，将新的样品进行分类判别。

### (一)Fisher 判别的基本思想

Fisher 判别方法如下，从 $k$ 个总体中抽取具有 $p$ 个指标的样品观测数据，借助方差分析的思想构造一个判别函数 $u(\boldsymbol{X})=u_1x_1+u_2x_2+\cdots+u_px_p$。其中，系数 $u_1,u_2,\cdots,u_p$ 确定的原则是使组间的区别最大，而使得每个组内部的离差最小。有了判别式之后，对于一个新的样品，将它的 $p$ 个指标值带入判别式中求出判别函数值，然后与判别临界值进行比较，就可以判别它应该属于哪一个总体。

① 王学民. 应用多元分析[M]. 第 2 版. 上海：上海财经大学出版社，2004.

## (二)Fisher 判别准则

设从 $k$ 个总体 $G_1,G_2,\cdots,G_k$ 分别取得 $p$ 元样本如下：

$$G_1:\boldsymbol{X}_1^{(1)},\boldsymbol{X}_2^{(1)},\cdots,\boldsymbol{X}_{n_1}^{(1)}$$
$$\vdots \quad \vdots \quad \vdots$$
$$G_k:\boldsymbol{X}_1^{(k)},\boldsymbol{X}_2^{(k)},\cdots,\boldsymbol{X}_{n_k}^{(k)}$$

第 $i$ 个总体的样本均值向量 $\bar{\boldsymbol{X}}^{(i)}=\dfrac{1}{n_i}\sum_{t=1}^{n_i}\boldsymbol{X}_t^{(i)}$，合并的样本均值向量 $\bar{\boldsymbol{X}}=\dfrac{1}{n}\sum_{i=1}^{k}n_i\bar{\boldsymbol{X}}^{(i)}$，$n_1+n_2+\cdots+n_k=n$。

令 $\boldsymbol{u}=(u_1,u_2,\cdots,u_k)'$ 为 $p$ 维空间的任一向量，$u(\boldsymbol{X})=\boldsymbol{u}'\boldsymbol{X}$ 为 $\boldsymbol{X}$ 向以 $\boldsymbol{u}$ 为法线方向上的投影。上述 $k$ 个总体中的 $p$ 元数据的投影后为

$$G_1:\boldsymbol{u}'\boldsymbol{X}_1^{(1)},\cdots,\boldsymbol{u}'\boldsymbol{X}_{n_1}^{(1)},\ \boldsymbol{u}'\bar{\boldsymbol{X}}^{(1)}=\frac{1}{n_1}\sum_{t=1}^{n_1}\boldsymbol{u}'\boldsymbol{X}_t^{(1)}$$
$$\vdots \quad \vdots \quad \vdots \quad \vdots \quad \vdots$$
$$G_k:\boldsymbol{u}'\boldsymbol{X}_1^{(k)},\cdots,\boldsymbol{u}'\boldsymbol{X}_{n_k}^{(k)},\ \boldsymbol{u}'\bar{\boldsymbol{X}}^{(k)}=\frac{1}{n_k}\sum_{t=1}^{n_k}\boldsymbol{u}'\boldsymbol{X}_t^{(k)}$$

每个总体的数据投影后均为一元数据，对这 $k$ 组一元数据进行一元方差分析，其组间离差平方和为

$$B_0=\sum_{i=1}^{k}n_i(\boldsymbol{u}'\bar{\boldsymbol{X}}^{(i)}-\boldsymbol{u}'\bar{\boldsymbol{X}})^2=\boldsymbol{u}'[\sum_{i=1}^{k}n_i(\bar{\boldsymbol{X}}^{(i)}-\bar{\boldsymbol{X}})(\bar{\boldsymbol{X}}^{(i)}-\bar{\boldsymbol{X}})']\boldsymbol{u}=\boldsymbol{u}'\boldsymbol{B}\boldsymbol{u}$$

式中，$\boldsymbol{B}$ 为组间离差阵 $\boldsymbol{B}=\sum_{i=1}^{k}n_i(\bar{\boldsymbol{X}}^{(i)}-\bar{\boldsymbol{X}})(\bar{\boldsymbol{X}}^{(i)}-\bar{\boldsymbol{X}})'$。

合并的组内离差平方和为

$$W_0=\sum_{i=1}^{k}\sum_{t=1}^{n_i}(\boldsymbol{u}'\boldsymbol{X}_{(t)}^{(i)}-\boldsymbol{u}'\bar{\boldsymbol{X}}^{(i)})^2=\sum_{i=1}^{k}\sum_{t=1}^{n_i}\boldsymbol{u}'(\boldsymbol{X}_t^{(i)}-\bar{\boldsymbol{X}}^{(i)})(\boldsymbol{X}_t^{(i)}-\bar{\boldsymbol{X}}^{(i)})'\boldsymbol{u}$$
$$=\boldsymbol{u}'[\sum_{i=1}^{k}\sum_{t=1}^{n_i}(\boldsymbol{X}_t^{(i)}-\bar{\boldsymbol{X}}^{(i)})(\boldsymbol{X}_t^{(i)}-\bar{\boldsymbol{X}}^{(i)})']\boldsymbol{u}=\boldsymbol{u}'\boldsymbol{W}\boldsymbol{u}$$

式中，$\boldsymbol{W}=\sum_{i=1}^{k}\sum_{t=1}^{n_i}(\boldsymbol{X}_t^{(i)}-\bar{\boldsymbol{X}}^{(i)})(\boldsymbol{X}_t^{(i)}-\bar{\boldsymbol{X}}^{(i)})'$。

Fisher 判别准则就是求投影方向 $\boldsymbol{u}$，即要寻找判别函数 $u(\boldsymbol{X})$，使组内离差平方和 $W_0$ 最小，而组间离差平方和 $B_0$ 最大。

将上面的两个要求综合在一起，Fisher 判别准则即要找判别函数 $u(\boldsymbol{X})$，使 $\Delta(\boldsymbol{u})=\dfrac{B_0}{W_0}$ 达到最大，其中 $\Delta(\boldsymbol{u})$ 称为判别函数 $u(\boldsymbol{X})$ 的判别效率。

$u(\boldsymbol{X})$ 可以是 $\boldsymbol{X}$ 的任意函数，但在任意函数类中找到 $u(\boldsymbol{X})$，使 $\Delta(\boldsymbol{u})$ 达到最大，将是十分困难的。通常我们只考虑线性判别函数

$$u(\boldsymbol{X})=\boldsymbol{u}'\boldsymbol{X}=u_1x_1+u_2x_2+\cdots+u_px_p \tag{12-26}$$

式中，$\boldsymbol{u}'=(u_1,u_2,\cdots,u_p)'$；$\boldsymbol{X}=(x_1,x_2,\cdots,x_p)'$。它在实际中应用较为方便。

不难证明，当 $u(\boldsymbol{X})$ 是 Fisher 准则下的判别函数时，它的线性函数 $\alpha u(\boldsymbol{X})+\beta$ $(\alpha\neq 0)$ 亦为 Fisher 准则下的判别函数。

### (三)Fisher 线性判别函数的确定

求 $\boldsymbol{u}$ 使 $\Delta(\boldsymbol{u})$ 达到最大，显然 $\boldsymbol{B}$、$\boldsymbol{W}$ 为非负定阵，由线性代数知，$\Delta(\boldsymbol{u})$ 的极大值为方程

$$|\boldsymbol{B}-\lambda\boldsymbol{W}|=0 \tag{12-27}$$

的最大特征值，记方程的非零特征根为 $\lambda_1 \geqslant \lambda_2 \geqslant \cdots \geqslant \lambda_r$，取 $\boldsymbol{u}$ 对应于 $\lambda_1$ 的特征向量就能达到要求，于是有下述定理[①]。

**定理：**Fisher 准则下的线性判别函数 $u(\boldsymbol{X})=\boldsymbol{u}'\boldsymbol{X}$ 的解 $\boldsymbol{u}$ 为方程(12-27)的最大特征根 $\lambda_1$ 所对应的特征向量 $\boldsymbol{u}_1$，且相应的判别效率为 $\Delta(\boldsymbol{u}_1)=\lambda_1$。

在有些问题中仅用一个线性判别函数不能很好区分各个总体，可取 $\lambda_2$ 对应的特征向量 $\boldsymbol{u}_2$，建立第二个判别函数 $\boldsymbol{u}_2'\boldsymbol{X}$。如还不够，可用 $\lambda_3$ 建立第三个，依此类推。一般地，可用 $\lambda_i$ 对应的特征向量 $\boldsymbol{u}_i$ 建立的第 $i$ 个判别函数 $\boldsymbol{u}_i'\boldsymbol{X}$。假定由 $s$ 个特征值 $\lambda_1,\lambda_2,\cdots,\lambda_s$ 对应的特征向量建立 $s$ 个判别函数 $\boldsymbol{u}_1'\boldsymbol{X}$，$\boldsymbol{u}_2'\boldsymbol{X}$，…，$\boldsymbol{u}_s'\boldsymbol{X}$，其中特征值 $\lambda_i$ 表示判别函数 $\boldsymbol{u}_i'\boldsymbol{X}$ 对区分各个总体的贡献大小，$\boldsymbol{u}_i'\boldsymbol{X}$ 的贡献率定义为 $\lambda_i/\sum_{i=1}^{s}\lambda_i$。而前 $r$ 个判别函数的累计贡献率定义为 $\sum_{i=1}^{r}\lambda_i/\sum_{i=1}^{s}\lambda_i$。它表示前 $r$ 个判别函数的判别能力。关于究竟需要几个判别函数的问题，通常需要累计贡献率达到 85%以上。

设 $\lambda_1 \geqslant \lambda_2 \geqslant \cdots \geqslant \lambda_k$ 为 $\boldsymbol{B}$ 相对于 $\boldsymbol{W}$ 的特征根，则

$$\frac{\lambda_1+\lambda_2+\cdots+\lambda_k}{\lambda_1+\lambda_2+\cdots+\lambda_p} \geqslant 85\%$$

以 $m$ 个线性判别函数得到的函数值为新的变量，再进行距离判别。判别规则如下：设 $u_i(\boldsymbol{X})$ 为第 $i$ 个线性判别函数 $(i=1,2,\cdots,m)$，$d(\boldsymbol{X},G_j)=\sum_{i=1}^{m}(u_i(\boldsymbol{X})-u_i(\bar{\boldsymbol{X}}^{(j)}))^2$，若 $d(\boldsymbol{X},G_l)=\min\limits_{1\leqslant j\leqslant k} d(\boldsymbol{X},G_j)$，则判定 $\boldsymbol{X}\in G_l$。

## 第三节　统计软件应用

在用 SPSS 统计软件进行聚类分析和判别分析时，一般不用太关心点间距离和类间距离的计算方法以及判别函数的计算方法，计算机会很容易完成这一繁杂的任务。对多数使用者而言，重要的不是计算问题，而是理解聚类和判别分析的思想和原理，懂得统计软件输出的结果，并对这些结果做出合理的解释和分析。

本节主要讲述利用 SPSS 统计软件进行聚类和判别分析的方法，从实例出发分别阐述聚类分析和判别分析在实际中的应用。

### 一、聚类分析

#### (一)利用 SPSS 进行系统聚类

利用 SPSS 进行系统聚类的具体操作步骤如下。

① 张尧庭，方开泰. 多元统计分析引论[M]. 北京：科学出版社，1982.

(1) 将要分析的数据输入到 SPSS 数据文件中。

(2) 在 SPSS 窗口中选择 Analyze | Classify | Hierachical Cluster 命令，调出系统聚类分析的主界面，将要分析的变量移入 Variables 框中，并将所要聚类的样品移入 Label Cases by 当中。在 Cluster 选项组中有 Cases 和 Variables 两个选项，分别表示对样品和对变量进行聚类，通常是考虑对样品进行聚类。Display 选项组中的 Statistics 和 Plots 选项分别表示聚类结果统计量和聚类统计图，通常同时选中二者。

(3) 单击 Statistics 按钮，可以设置在结果输出窗口中给出的聚类分析统计量，Agglomeration schedule 表示每一阶段的聚类结果，Proximity matrix 表示样品间的相关矩阵。Cluster membership 可以指定聚类个数，None 选项不指定类的个数，Single solution 指定一个确定类的个数，Range of solution 指定类的个数的范围。

(4) 单击 Plot 按钮，可设置结果输出窗口中给出的聚类分析统计图。选中 Dendrogram 可以输出谱系聚类图，选中 Icicle 输出冰柱图，Orientation 指冰柱图的方向，可以选择水平方向和垂直方向。通常选择只输出谱系聚类图。

(5) 单击 Method 按钮，可设置系统聚类的方法。Cluster Method 下拉列表框用于指定聚类的方法，Measure 中可以选择计算的距离。

(6) 单击 Save 按钮，可指定保存在数据文件中的用于表明聚类结果的新变量。

(7) 单击 OK 按钮后，运行系统聚类的过程，可以得到谱系聚类图。

**【例 12-5】**表 12-14 是我国 31 个省市自治区 2007 年的 6 项主要经济指标数据，根据这些数据对我国 31 个省市自治区进行聚类分析。

表 12-14 我国 31 省市自治区 2007 年的 6 项主要经济指标数据

| 序号 | 地 区 | 人均地区生产总值/元 | 财政收入/万元 | 固定资产投资/亿元 | 年末总人口/万人 | 居民消费水平/(元/人) | 社会消费品零售总额/亿元 |
|---|---|---|---|---|---|---|---|
| 1 | 北 京 | 58204 | 14926380 | 3907.2 | 1633 | 18911 | 3800.2 |
| 2 | 天 津 | 46122 | 5404390 | 2353.1 | 1115 | 11957 | 1603.7 |
| 3 | 河 北 | 19877 | 7891198 | 6884.7 | 6943 | 5674 | 3986.2 |
| 4 | 山 西 | 16945 | 5978870 | 2861.5 | 3393 | 5525 | 1914.1 |
| 5 | 内蒙古 | 25393 | 4923615 | 4372.9 | 2405 | 7062 | 1904.1 |
| 6 | 辽 宁 | 25729 | 10826948 | 7435.2 | 4298 | 7965 | 4030.1 |
| 7 | 吉 林 | 19383 | 3206892 | 3651.4 | 2730 | 6675 | 1999.2 |
| 8 | 黑龙江 | 18478 | 4404689 | 2833.5 | 3824 | 5986 | 2331.1 |
| 9 | 上 海 | 66367 | 20744792 | 4420.4 | 1858 | 24260 | 3847.8 |
| 10 | 江 苏 | 33928 | 22377276 | 12268.1 | 7625 | 9659 | 7838.1 |
| 11 | 浙 江 | 37411 | 16494981 | 8420.4 | 5060 | 12569 | 6214 |
| 12 | 安 徽 | 12045 | 5436973 | 5087.5 | 6118 | 5278 | 2403.7 |
| 13 | 福 建 | 25908 | 6994577 | 4287.8 | 3581 | 8772 | 3187.9 |
| 14 | 江 西 | 12633 | 3898510 | 3301.9 | 4368 | 4702 | 1683.1 |
| 15 | 山 东 | 27807 | 16753980 | 12537.7 | 9367 | 8075 | 8438.8 |
| 16 | 河 南 | 16012 | 8620804 | 8010.1 | 9360 | 5141 | 4597.5 |

续表

| 序号 | 地 区 | 人均地区生产总值/元 | 财政收入/万元 | 固定资产投资/亿元 | 年末总人口/万人 | 居民消费水平/(元/人) | 社会消费品零售总额/亿元 |
|---|---|---|---|---|---|---|---|
| 17 | 湖 北 | 16206 | 5903552 | 4330.4 | 5699 | 6513 | 4028.5 |
| 18 | 湖 南 | 14492 | 6065508 | 4154.8 | 6355 | 6240 | 3356.5 |
| 19 | 广 东 | 33151 | 27858007 | 9294.3 | 9449 | 12663 | 10598.1 |
| 20 | 广 西 | 12555 | 4188265 | 2939.7 | 4768 | 4987 | 1897.9 |
| 21 | 海 南 | 14555 | 1082935 | 502.4 | 845 | 5552 | 362 |
| 22 | 重 庆 | 14660 | 4427000 | 3127.7 | 2816 | 6545 | 1661.2 |
| 23 | 四 川 | 12893 | 8508606 | 5639.8 | 8127 | 5259 | 4015.6 |
| 24 | 贵 州 | 6915 | 2851375 | 1488.8 | 3762 | 4057 | 821.8 |
| 25 | 云 南 | 10540 | 4867146 | 2759.0 | 4514 | 4553 | 1394.6 |
| 26 | 西 藏 | 12109 | 201412 | 270.3 | 284 | 3215 | 112 |
| 27 | 陕 西 | 14607 | 4752398 | 3415.0 | 3748 | 5272 | 1800.9 |
| 28 | 甘 肃 | 10346 | 1909107 | 1304.2 | 2617 | 4274 | 833.3 |
| 29 | 青 海 | 14257 | 567083 | 482.8 | 552 | 4978 | 208.3 |
| 30 | 宁 夏 | 14649 | 800312 | 599.8 | 610 | 5816 | 233.3 |
| 31 | 新 疆 | 16999 | 2858600 | 1850.8 | 2095 | 4890 | 847.7 |

(数据来源：国家统计局网站，www.stats.gov.cn)

**解** 对例 12-5 进行系统聚类，具体的操作步骤如下。

根据前面聚类分析的步骤，在 Cluster Method 中选择类间距离为 Ward's method；在 Measure 下选择点间距离 Squared Euclidean distance；在 Transform Values 的 Standardize 框中选择对原始数据进行 Z scores 标准化处理。

运行系统聚类的过程，可以得到谱系聚类图如图 12-9 所示。

从图 12-9 可以直观地观察整个聚类过程和结果。图中的第 1 行是聚类方法，即“层次聚类分析”；第 2 行是计算类间距离的方法，即“Ward's method”；第 3 行是类别合并的相对距离，它是把类别间的最大距离作为相对距离 25，其余的距离都换算成与之相比的相对距离大小。

图 12-9 中左边一列是参加聚类的对象(这里是地区)；第 2 列是地区的编号；图 12-9 中线的长短表示类别之间的相对距离远近。该图提供了 16～31 个类别的所有分类结果，想要分成几类可根据实际情况而定。比如，要分成两类，把右边最长的两条横线纵向“切断”；想要分成四类，就把右边的 4 条横线“切断”；等等。

就本例而言，根据图 12-9，可以分成两类，也可以分成四类。分成四类似乎比较合适，每一类别中包括的地区如表 12-15 所示。

第一类中的 2 个地区的人均 GDP 和居民消费水平的平均值远远高于其他类别的地区，属于经济发达、高生活水平的地区。

第二类中的 4 个地区的人均 GDP 和居民消费水平虽然不如第一类中的地区，但高于第三和第四类地区，并且平均人口较多，因而属于人口较多、经济较发达、生活水平较高的地区。

第三类中的 10 个地区各项经济指标的平均值都高于第四类地区，但低于第一类和第二类地区，属于中下等经济发展水平和中等生活水平的地区。

第四类中的 15 个地区各项经济指标都偏低，人口也相对较少，属于经济发展水平和生活水平较低的地区。

******HIERARCHICAL CLUSTER ANALYSIS******

Dendrogram using Ward Method

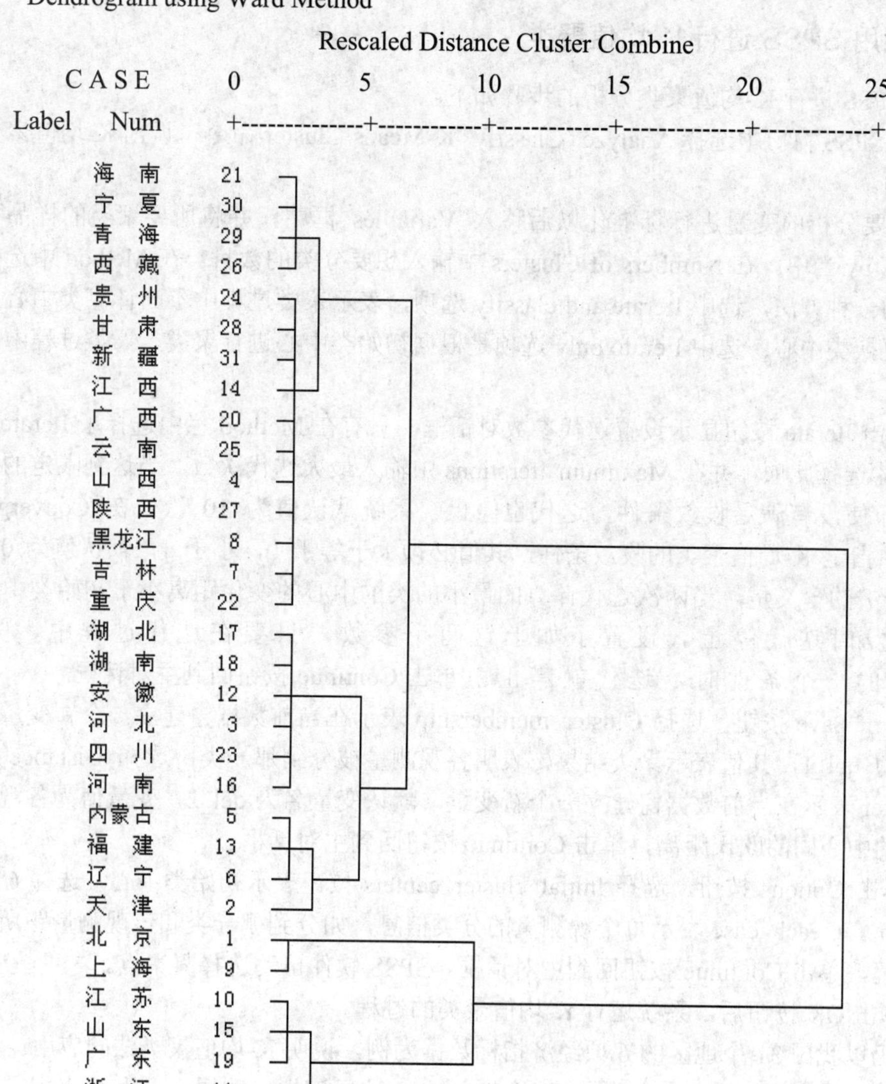


图 12-9 谱系聚类图

表 12-15　31 个地区分成四类时的层次聚类结果

| 类　别 | 地　区 | 地区个数 |
| --- | --- | --- |
| 第一类 | 北京，上海 | 2 |
| 第二类 | 江苏，山东，广东，浙江 | 4 |
| 第三类 | 河北，辽宁，安徽，福建，河南，湖北，湖南，四川，天津，内蒙古 | 10 |
| 第四类 | 山西，吉林，黑龙江，江西，广西，海南，重庆，贵州，云南，西藏，陕西，甘肃，青海，宁夏，新疆 | 15 |

## (二)利用 SPSS 进行 K-均值聚类

使用 SPSS 进行 K-均值聚类分析的步骤如下。

(1) 在 SPSS 窗口中选择 Analyze | Classify | K-Means Cluster 命令，调出 K-均值聚类分析的主界面。

(2) 将要分析的变量进行标准化以后移入 Variables 框中，并将所要聚类的样品移入 Label Cases by 当中。在 Numbers of Clusters 中输入想要分类的数目。在 Method 中选择两种方法中的一种方法，选中 Iterate and classify 选项，表示聚类过程中不断计算类中心，并根据结果更换类中心；选中 Iterate only 选项是根据初始类中心进行聚类，聚类过程中不改变类中心。

(3) 单击 Iterate 按钮显示设置迭代参数对话框，只有在 Method 栏中选择了 Iterate and classify 项才选择此项，并在 Maximum Iterations 中输入最大迭代次数，当达到限定的迭代次数时，即使没有满足收敛条件，迭代也停止。系统默认值为 10 次。在 Convergence Criterion 中指定 K-均值聚类的收敛条件，其值必须大于等于 0，小于 1，默认值为 0。该项数值等于$\alpha$的含义是，当两次迭代计算的最小的类的中心的变化距离小于初始类中心距离的百分之$\alpha$时迭代停止。设置了如上这两个参数，只要在迭代过程中，先满足了其中的一个条件时，迭代就停止。单击 Continue 按钮回到主对话框。

(4) 单击 Save 按钮，选择 Cluster membership 表示在当前数据窗建立一个新变量，默认变量名为 qcl_1，其值表示聚类结果，表明各观测量被分到那一类；选择 Distance from cluster center 表示在当前数据窗建立一个新变量，默认变量名为 qcl_2，变量值为各观测变量所属类的中心间的欧氏距离，单击 Continue 按钮回到主对话框。

(5) 单击 Options 按钮，选择 Initial cluster centers 按钮表示初始类中心，选择 Cluster information for each case 表示每个观测量的分类信息，如分到哪一类和该观测量距所属类中心的距离，单击 Continue 按钮回到主对话框。SPSS 软件自动选择凝聚点。

(6) 单击 OK 按钮后，系统运行 K-均值聚类的过程。

下面仍以我国 31 个地区的 6 项经济指标数据为例，说明 K-均值聚类法的应用。

**【例 12-6】**根据例 12-5 中我国 31 个地区的 6 项经济指标数据，采用 K-均值聚类法进行分类，并对结果进行分析。

**解**　如果原始数据变量的取值差异较大，应先将原始数据进行标准化，以避免变量值过大对分类结果的影响。先计算 6 项经济指标的有关描述统计量，如表 12-16 所示。

表 12-16 6 项经济指标的主要描述统计量

| | 样品积 | 最小值 | 最大值 | 均值 | 标准差 |
|---|---|---|---|---|---|
| 人均地区生产总值 | 31 | 6915.00 | 66367.00 | 21973.42 | 13987.06 |
| 财政收入 | 31 | 201412.00 | 27858007.00 | 7604070.35 | 6846429.74 |
| 固定资产投资 | 31 | 270.30 | 12537.70 | 4348.17 | 3181.69 |
| 年末总人口 | 31 | 284.00 | 9449.00 | 4190.94 | 2692.60 |
| 居民消费水平 | 31 | 3215.00 | 24260.00 | 7516.94 | 4500.96 |
| 社会消费品零售总额 | 31 | 112.00 | 10598.10 | 2966.17 | 2509.45 |

从表 12-16 中的均值可以看出，6 项经济指标的数量级有较大的差异，所以有必要进行标准化处理。

利用标准化的数据，假定要将 31 个地区分成 4 类。使用 SPSS 进行 K-均值聚类分析，选择聚类数目为 4 类，按照上述步骤输出的主要结果如下。

表 12-17 给出的是初始聚类中心。

表 12-17 分成 4 类的初始聚类中心

| | 聚类 | | | |
|---|---|---|---|---|
| | 1 | 2 | 3 | 4 |
| 人均地区生产总值 | 3.17390 | 1.72649 | 0.79914 | −0.64920 |
| 财政收入 | 1.91935 | −0.32129 | 2.95832 | 0.13212 |
| 固定资产投资 | 0.02270 | −0.62705 | 1.55456 | 0.40596 |
| 年末总人口 | −0.86642 | −1.14236 | 1.95278 | 1.46181 |
| 居民消费水平 | 3.71989 | 0.98647 | 1.14333 | −0.50166 |
| 社会消费品零售总额 | 0.35132 | −0.54294 | 3.04128 | 0.41819 |

表 12-17 列出了每一个类别的初始聚类中心，本例的这些中心是由 SPSS 自动生成的，它实际上就是数据集中的某一条记录。

表 12-18 给出的是迭代过程表。

表 12-18 分成 4 类的迭代历史记录

| 迭代 | 聚类中心内的更改 | | | |
|---|---|---|---|---|
| | 1 | 2 | 3 | 4 |
| 1 | 0.792 | 2.206 | 1.613 | 1.442 |
| 2 | 0.000 | 0.215 | 0.000 | 0.180 |
| 3 | 0.000 | 0.115 | 0.000 | 0.112 |

注：由于聚类中心内没有改动或改动较小而达到收敛。任何中心的最大绝对坐标更改为 .078。当前迭代为 3。初始中心间的最小距离为 3.986。

从表 12-18 中可以看出每次迭代过程中类别中心的变化，随着迭代次数的增加，类别中心点的变化越来越小。本例只用了 3 次就收敛了。

表 12-19 给出的是最终聚类中心。

表 12-19　最终聚类中心

| | 聚　类 | | | |
|---|---|---|---|---|
| | 1 | 2 | 3 | 4 |
| Zscore(人均地区生产总值) | 2.88210 | −0.30593 | 0.79365 | −0.40521 |
| Zscore(财政收入) | 1.49443 | −0.69425 | 1.93780 | −0.18532 |
| Zscore(固定资产投资) | −0.05795 | −0.76773 | 1.97441 | 0.11008 |
| Zscore(年末总人口) | −0.90820 | −0.83770 | 1.36831 | 0.49197 |
| Zscore(居民消费水平) | 3.12568 | −0.36395 | 0.71642 | −0.36536 |
| Zscore(社会消费品零售总额) | 0.34184 | −0.76688 | 2.11444 | 0.00470 |

表 12-19 中的数据表示各个类别在各变量上的平均值。

表 12-20 给出各个类别中所属的地区数量。

表 12-20　每个类别中的地区数量

| | | |
|---|---|---|
| 聚　类 | 1 | 2.000 |
| | 2 | 12.000 |
| | 3 | 4.000 |
| | 4 | 13.000 |
| 有　效 | | 31.000 |

由该表可以看出，第一类包括 2 个地区，第二类包括 12 个地区，第三类包括 4 个地区，第四类包括 13 个地区。

对于每个地区所属的类别，SPSS 会自动存在数据表中，也可以单独输出，表 12-21 就是每个地区所属的类别。

表 12-21　每个地区所属类别

| 序　号 | 地　区 | 聚　类 | 距　离 | 序　号 | 地　区 | 聚　类 | 距　离 |
|---|---|---|---|---|---|---|---|
| 1 | 北　京 | 1 | 0.792 | 17 | 湖　北 | 4 | 0.498 |
| 2 | 天　津 | 2 | 2.499 | 18 | 湖　南 | 4 | 0.460 |
| 3 | 河　北 | 4 | 1.086 | 19 | 广　东 | 3 | 1.613 |
| 4 | 山　西 | 2 | 0.927 | 20 | 广　西 | 4 | 0.823 |
| 5 | 内蒙古 | 2 | 1.148 | 21 | 海　南 | 2 | 0.679 |
| 6 | 辽　宁 | 4 | 1.509 | 22 | 重　庆 | 2 | 0.729 |
| 7 | 吉　林 | 2 | 0.820 | 23 | 四　川 | 4 | 1.243 |
| 8 | 黑龙江 | 4 | 0.882 | 24 | 贵　州 | 2 | 1.147 |
| 9 | 上　海 | 1 | 0.792 | 25 | 云　南 | 4 | 1.041 |
| 10 | 江　苏 | 3 | 0.643 | 26 | 西　藏 | 2 | 1.145 |

续表

| 序号 | 地区 | 聚类 | 距离 | 序号 | 地区 | 聚类 | 距离 |
|---|---|---|---|---|---|---|---|
| 11 | 浙江 | 3 | 1.708 | 27 | 陕西 | 4 | 0.876 |
| 12 | 安徽 | 4 | 0.521 | 28 | 甘肃 | 2 | 0.737 |
| 13 | 福建 | 4 | 1.165 | 29 | 青海 | 2 | 0.821 |
| 14 | 江西 | 4 | 0.889 | 30 | 宁夏 | 2 | 0.738 |
| 15 | 山东 | 3 | 1.235 | 31 | 新疆 | 2 | 0.265 |
| 16 | 河南 | 4 | 1.992 | | | | |

根据以上结果，得到的最后分类如表 12-22 所示。

表 12-22　31 个地区的 K-均值聚类结果

| 类别 | 地区 | 地区个数 |
|---|---|---|
| 第一类 | 北京，上海 | 2 |
| 第二类 | 天津，山西，内蒙古，吉林，海南，重庆，贵州，西藏，甘肃，青海，宁夏，新疆 | 12 |
| 第三类 | 江苏，浙江，山东，广东 | 4 |
| 第四类 | 河北，辽宁，安徽，福建，河南，湖北，湖南，广西，云南，黑龙江，江西，四川，陕西 | 13 |

从分类结果来看，第一类属于高消费地区(与系统聚类法的第一类一致)；第二类属于不发达地区；第三类属于经济发达地区(与系统聚类法的第二类一致)；第四类属于中等发达地区。

## 二、判别分析

利用 SPSS 软件进行判别分析的具体操作步骤如下。

(1) 新建或打开 SPSS 数据文件。将要分析的数据输入到 SPSS 数据文件中，或打开已有的 SPSS 数据文件。

(2) 在 SPSS 窗口中选择 Analyze | Classify | Discriminant 命令，调出判别分析的主界面，将左边的要分析的变量移入到自变量中，并将分类变量移入到分组变量当中。选中 Enter independents together 单选按钮，表示使用所有自变量进行判别分析。

(3) 单击 Define Range 按钮，定义分组变量的取值范围，在分类变量的范围中输入最小值和最大值，单击 Continue 按钮，返回主界面。

(4) 单击 Statistics 按钮，指定输出的描述统计量和判别函数系数。选中 Functions Coefficients 栏中的 Fisher's 和 Unstandardized 复选框。这两个选项的含义如下。

Fisher's：给出 Bayes 判别函数的系数(注意：这个选项不是要给出 Fisher 判别函数的系数。这个复选框的名字之所以为 Fisher's，是因为按判别函数值最大的一组进行归类这种思想是由 Fisher 提出来的。这里极易混淆，请注意辨别)。

Unstandardized：给出未标准化的 Fisher 判别函数(即典型判别函数)的系数(SPSS 默认给出标准化的 Fisher 判别函数系数)。

(5) 单击 Classify 按钮，定义判别分组参数和选择输出结果。其中可以选择 Display 中的 Casewise results，表示输出一个判别结果表，包含每一个样品的判别分数、后验概率、实际组和预测组的编号等。

(6) 单击 Save 按钮，可以选择存放预测的分类、判别得分以及所属类别的概率。

**【例 12-7】**为研究舒张期血压与血浆胆固醇对冠心病的作用，在某工厂测定了 50～59 岁女工冠心病人 15 例($G$=1)和正常人 16 例($G$=2)的舒张血压 $X_1$(mmHg)和血浆胆固醇 $X_2$ (mg%)，调查数据如表 12-23 所示。试对新的样本：舒张血压为 75mmHg，血浆胆固醇为 150mg%作判别分析。

表 12-23 调查数据表

| 冠心病人 | $X_1$/mmHg | $X_2$/mmHg | $G$ | 正常人 | $X_1$/mmHg | $X_2$/mmHg | $G$ |
|---|---|---|---|---|---|---|---|
| 1 | 74 | 200 | 1 | 1 | 80 | 80 | 2 |
| 2 | 100 | 144 | 1 | 2 | 94 | 172 | 2 |
| 3 | 110 | 150 | 1 | 3 | 100 | 118 | 2 |
| 4 | 70 | 274 | 1 | 4 | 70 | 152 | 2 |
| 5 | 96 | 212 | 1 | 5 | 80 | 172 | 2 |
| 6 | 80 | 158 | 1 | 6 | 80 | 190 | 2 |
| 7 | 80 | 172 | 1 | 7 | 70 | 142 | 2 |
| 8 | 100 | 140 | 1 | 8 | 80 | 107 | 2 |
| 9 | 100 | 230 | 1 | 9 | 80 | 124 | 2 |
| 10 | 100 | 220 | 1 | 10 | 80 | 194 | 2 |
| 11 | 90 | 239 | 1 | 11 | 78 | 152 | 2 |
| 12 | 110 | 155 | 1 | 12 | 70 | 190 | 2 |
| 13 | 100 | 155 | 1 | 13 | 80 | 104 | 2 |
| 14 | 96 | 140 | 1 | 14 | 80 | 94 | 2 |
| 15 | 100 | 230 | 1 | 15 | 84 | 132 | 2 |
| 待判 | 75 | 150 | | 16 | 70 | 140 | 2 |

**解** 利用 SPSS 对这个例子做判别分析的具体操作步骤如下。

① 建立 SPSS 数据文件。

② 在 SPSS 窗口中选择 Analyze | Classify | Discriminant 命令，调出判别分析的主界面，将左边的变量表中的 $X_1$ 和 $X_2$ 移入到自变量中，并将 $G$ 移入分组变量当中。选中 Enter independents together 单选按钮，表示使用所有自变量进行判别分析。

③ 单击 Define Range 按钮，本例当中分类变量的范围为 1 到 2，所以在最小值和最大值中分别输入 1 和 2，单击 Continue 按钮，返回主界面。

④ 单击 Statistics 按钮，指定输出的描述统计量和判别函数系数。选中 Function Coefficients 栏中的 Fisher's 和 Unstandardized，表示给出 Bayes 判别函数的系数和未标准化的 Fisher 判别函数的系数。

⑤ 单击 Classify 按钮，定义判别分组参数和选择输出结果。其中可以选择 Display 中

的 Casewise results。

⑥ 单击 Save 按钮，可以选择存放预测的分类、判别得分以及所属类别的概率。

得到的运行结果如下。

① Canonical Discriminant Function Coefficients(见表 12-24)给出了未标准化的典型判别函数系数，可知 Fisher 判别函数为

$$Y_1 = -10.762 + 0.085X_1 + 0.021X_2$$

表 12-24　未标准化的典型判别函数系数

Canonical Discriminant Function Coefficients

| | Function |
|---|---|
| | 1 |
| $X_1$ | 0.085 |
| $X_2$ | 0.021 |
| Constant | −10.762 |

Unstandardized coefficients

② Functions at Group Centroids 给出了组重心处的 Fisher 判别函数值，如表 12-25 所示。

表 12-25　组重心处的 Fisher 判别函数值

Functions at Group Centriods

| G | Function |
|---|---|
| | 1 |
| 1 | 1.112 |
| 2 | −1.042 |

Unstandardized canonical discriminant functions evaluated at group means

③ Classification Function Coefficients 给出了 Bayes 判别函数系数，如表 12-26 所示。

得到各类的 Bayes 判别函数如下。

第一类：$F_1 = -73.296 + 1.124X_1 + 0.212X_2$

第二类：$F_2 = -50.037 + 0.940X_1 + 0.168X_2$

表 12-26　Bayes 判别法的输出结果

Classification Function Coefficients

| | G | |
|---|---|---|
| | 1 | 2 |
| $X_1$ | 1.124 | 0.940 |
| $X_2$ | 0.212 | 0.168 |
| Constant | -73.296 | -50.037 |

Fisher's linear discriminant functions

④ Casewise Statistics(见表 12-27)给出了个案观察的结果，可以看到待判的样本应该被判别为第二类，即正常人。

表 12-27　个案观察结果

| Case Number | Actual Group | Highest Group | | | | | Second Highest Group | | | Discriminant Scores |
|---|---|---|---|---|---|---|---|---|---|---|
| | | Predicted Group | P(D>d \| G=g) | | P(G=g \| D=d) | Squared Mahalanobis Distance to Centroid | Group | P(G=g \| D=d) | Squared Mahalanobis Distance to Centroid | Function 1 |
| | | | P | df | | | | | | |
| Original 1 | 1 | 2* | 0.468 | 1 | 0.681 | 0.526 | 1 | 0.319 | 2.043 | −0.317 |
| 2 | 1 | 1 | 0.706 | 1 | 0.819 | 0.143 | 2 | 0.181 | 3.156 | 0.734 |
| 3 | 1 | 1 | 0.550 | 1 | 0.974 | 0.357 | 2 | 0.026 | 7.574 | 1.710 |
| 4 | 1 | 1 | 0.814 | 1 | 0.860 | 0.055 | 2 | 0.140 | 3.683 | 0.877 |
| 5 | 1 | 1 | 0.489 | 1 | 0.978 | 0.479 | 2 | 0.022 | 8.101 | 1.804 |
| 6 | 1 | 2* | 0.715 | 1 | 0.823 | 0.133 | 1 | 0.177 | 3.202 | −0.678 |
| 7 | 1 | 2* | 0.512 | 1 | 0.713 | 0.429 | 1 | 0.287 | 2.248 | −0.387 |
| 8 | 1 | 1 | 0.645 | 1 | 0.791 | 0.212 | 2 | 0.209 | 2.868 | 0.651 |
| 9 | 1 | 1 | 0.160 | 1 | 0.995 | 1.976 | 2 | 0.005 | 12.672 | 2.517 |
| 10 | 1 | 1 | 0.231 | 1 | 0.993 | 1.436 | 2 | 0.007 | 11.239 | 2.310 |
| 11 | 1 | 1 | 0.459 | 1 | 0.980 | 0.549 | 2 | 0.020 | 8.383 | 1.853 |
| 12 | 1 | 1 | 0.483 | 1 | 0.979 | 0.492 | 2 | 0.021 | 8.155 | 1.813 |
| 13 | 1 | 1 | 0.881 | 1 | 0.881 | 0.022 | 2 | 0.119 | 4.019 | 0.962 |
| 14 | 1 | 1 | 0.423 | 1 | 0.644 | 0.642 | 2 | 0.356 | 1.831 | 0.311 |
| 15 | 1 | 1 | 0.160 | 1 | 0.995 | 1.976 | 2 | 0.005 | 12.672 | 2.517 |
| 16 | 2 | 2 | 0.210 | 1 | 0.993 | 1.569 | 1 | 0.007 | 11.607 | −2.295 |
| 17 | 2 | 1* | 0.758 | 1 | 0.840 | 0.095 | 2 | 0.160 | 3.410 | 0.804 |
| 18 | 2 | 1* | 0.359 | 1 | 0.585 | 0.840 | 2 | 0.415 | 1.531 | 0.195 |
| 19 | 2 | 2 | 0.541 | 1 | 0.974 | 0.373 | 1 | 0.026 | 7.645 | −1.653 |
| 20 | 2 | 2 | 0.512 | 1 | 0.713 | 0.429 | 1 | 0.287 | 2.248 | −0.387 |
| 21 | 2 | 2 | 0.304 | 1 | 0.526 | 1.057 | 1 | 0.474 | 1.268 | −0.014 |
| 22 | 2 | 2 | 0.413 | 1 | 0.983 | 0.669 | 1 | 0.017 | 8.835 | −1.860 |
| 23 | 2 | 2 | 0.488 | 1 | 0.978 | 0.480 | 1 | 0.022 | 8.106 | −1.735 |
| 24 | 2 | 2 | 0.734 | 1 | 0.955 | 0.116 | 1 | 0.045 | 6.223 | −1.383 |
| 25 | 2 | 1* | 0.297 | 1 | 0.518 | 1.088 | 2 | 0.482 | 1.235 | 0.069 |
| 26 | 2 | 2 | 0.944 | 1 | 0.897 | 0.005 | 1 | 0.103 | 4.344 | −0.972 |
| 27 | 2 | 2 | 0.859 | 1 | 0.874 | 0.031 | 1 | 0.126 | 3.909 | −0.865 |
| 28 | 2 | 2 | 0.450 | 1 | 0.981 | 0.570 | 1 | 0.019 | 8.464 | −1.797 |
| 29 | 2 | 2 | 0.336 | 1 | 0.988 | 0.926 | 1 | 0.012 | 9.713 | −2.005 |
| 30 | 2 | 2 | 0.868 | 1 | 0.877 | 0.028 | 1 | 0.123 | 3.953 | −0.876 |
| 31 | 2 | 2 | 0.390 | 1 | 0.985 | 0.739 | 1 | 0.015 | 9.083 | −1.902 |
| 32 | ungrouped | 2 | 0.821 | 1 | 0.943 | 0.051 | 1 | 0.057 | 5.669 | −1.269 |

* Misclassified case

# 本章小结

(1) 聚类分析主要是建立一种分类方法，将一批样品或变量，按照它们在性质上的亲疏、相似程度进行分类。本章主要用距离来度量样本或变量之间的亲疏和相似程度，并介绍聚类分析的主要分析方法——系统聚类法和 K-均值聚类法。其中，讲解了系统聚类的八种方法：最短距离法、最长距离法、中间距离法、重心法、类平均法、可变类平均法、可变法和离差平方和法。

(2) 判别分析是用于判断样品所属类型的一种统计分析方法，其特点是根据已掌握的每个类别的若干样本的数据信息，建立判别公式和判别准则，在遇到新的样本点时，只要根据总结出来的判别公式和判别准则，就能判别该样本点所属的类别。本章重点讲述距离判别、Bayes 判别、Fisher 判别的判别公式和判别准则的建立，并举例说明判别分析的主要步骤。

(3) 在距离判别中，判别的规则是按给定个体 $X$ 距总体的距离最小来判别个体的类别。距离判别法简单、结论明确，是很实用的方法。

(4) 距离判别法存在判别方法与各总体出现的概率无关，而且与错判之后所造成的损失无关的缺点。Bayes 判别法正是为解决这两方面问题而提出的判别方法，主要有两种判别准则：最大后验概率准则和最小平均误判损失准则。最大后验概率准则的基本思想是将样品判别到后验概率最大的那一类，最小平均误判损失准则的基本思想是选择判别准则使平均误判损失达到最小。

(5) Fisher 判别法的基本思想是通过将多维数据投影到某个方向上，投影的原则是将总体与总体之间尽可能得放开，然后再选择合适的判别规则，将新的样品进行分类判别。

(6) 本章最后介绍了利用 SPSS 软件进行聚类分析和判别分析的步骤，并通过实例说明这些方法的应用，以例解的形式完整展现了各个方法的具体操作步骤。

# 思考与练习题

## 一、思考题

1. 聚类分析的基本思想和功能是什么?
2. 试述系统聚类法的基本思想和几种常用的系统聚类方法。
3. 简述距离判别法的基本思想和方法。
4. 简述 Bayes 判别法的基本思想和方法。
5. 简述 Fisher 判别法的基本思想和方法。

## 二、练习题

1. 下面是 5 个样品两两间的距离矩阵

$$\boldsymbol{D}_{(0)}=\begin{pmatrix}0 & & & & \\ 4 & 0 & & & \\ 6 & 9 & 0 & & \\ 1 & 7 & 10 & 0 & \\ 6 & 3 & 5 & 8 & 0\end{pmatrix}$$

试用最短距离法、类平均法和重心法作系统聚类，并画出谱系聚类图。

2. 设有两个二元总体 $G_1$ 和 $G_2$，从中分别抽取样本计算得到

$$\hat{\boldsymbol{\mu}}_1=\begin{pmatrix}5\\1\end{pmatrix},\ \hat{\boldsymbol{\mu}}_2=\begin{pmatrix}3\\-2\end{pmatrix},\ \hat{\boldsymbol{\Sigma}}=\begin{pmatrix}5.8 & 2.1\\2.1 & 7.6\end{pmatrix}$$

假设 $\boldsymbol{\Sigma}_1=\boldsymbol{\Sigma}_2$，试用距离判别法建立判别函数和判别规则，样品 $\boldsymbol{X}=(6,0)'$ 应属于哪个总体？

3. 今有 6 个铅弹头，用“中子活化”方法测得 7 种微量元素的含量数据如表 12-28 所示。

试用最短距离法、最长距离法和重心法对 6 个弹头进行分类，并比较分类结果。

表 12-28　7 种微量元素的含量数据表

| 样品号 \ 元素 | 银 | 铝 | 铜 | 钙 | 锑 | 铋 | 锡 |
|---|---|---|---|---|---|---|---|
| 1 | 0.05798 | 5.5150 | 347.10 | 21.910 | 8586 | 1742 | 61.69 |
| 2 | 0.08441 | 3.9700 | 347.20 | 19.710 | 7947 | 2000 | 2440 |
| 3 | 0.07217 | 1.1530 | 54.85 | 3.052 | 3860 | 1445 | 9497 |
| 4 | 0.15010 | 1.7020 | 307.50 | 15.030 | 12290 | 1461 | 6380 |
| 5 | 5.74400 | 2.8540 | 229.60 | 9.657 | 8099 | 1266 | 12520 |
| 6 | 0.21300 | 0.7058 | 240.30 | 13.910 | 8980 | 2820 | 4135 |

4. 采用《中国统计年鉴》的数据，按照城乡居民消费价格指数，对我国 31 个省市自治区进行分类。(提示：数据可以从国家统计局网站获得。)

# 案 例 分 析

### 我国 31 省市自治区的聚类分析

在例 12-5 的分层聚类中去掉年末总人口这个变量，利用我国 31 省市自治区 2008 年的 5 项主要经济指标数据，即人均地区生产总值(元)，财政收入(万元)，固定资产投资(亿元)，居民消费水平(元/人)，社会消费品零售总额(亿元)，采用 3 种不同的系统聚类方法，对我国 31 个省市自治区进行分类，分析并讨论结果的异同。

# 第十三章　时间序列分析和预测

【本章导读及学习目标】

时间序列分析是研究事物发展趋势及其规律的重要方法，它主要分析社会经济现象随时间变化的数量规律性。本章从时间序列的特点入手，主要通过对时间序列的指标分析、构成成分分析，学习时间序列的分析和预测方法。时间序列的指标分析主要是水平分析和速度分析，时间序列的构成成分主要通过长期趋势、季节变动、循环趋势和不规则变动进行分析，最后讲解利用 SPSS 软件进行时间序列的分析和预测。

通过本章的学习，重点掌握时间序列的概念、种类、时期序列和时点序列的特点及时间序列的水平指标和速度指标的计算和运用；在此基础上熟悉时间序列的构成因素及分析模型，熟悉趋势变动及季节变动的测定。

## 第一节　时间序列的概念和种类

社会经济现象常常呈现动态性，也就是随着时间而变化。按照一定的时间顺序对某个现象、某个变量进行观测并记录下来的数值形成的序列就是时间序列。统计对社会经济对象的研究不仅要从静态上揭示研究对象在具体时间、地点、条件下的数量特征和数量关系，而且要从动态上反映其发展变化过程及其规律性。时间序列分析是对事物进行动态研究的基本统计方法。

### 一、时间序列的概念

时间序列(time series)是指按照时间顺序排列的某种现象统计指标观测值的数据序列，也称为时间数列或动态序列。其中，时间可以是年、季度、月、周、日或其他任何时间形式。

常见的时间序列有：按年、季度、月、周、日统计的商品销售量、销售额或库存量，各年的国民生产总值、人口出生率，逐日的股票价格，各季度的物价指数等。

表 13-1 是 2000—2008 年我国国内生产总值、年末总人口、人口自然增长率和居民消费水平，这些按照时间顺序排列的数据都是时间序列。

表 13-1　2000—2008 年国内生产总值等时间序列

| 年　份 | 国内生产总值/亿元 | 年末总人口/万人 | 人口自然增长率/% | 居民消费水平/元 |
|---|---|---|---|---|
| 2000 | 99215 | 126743 | 7.58 | 3632 |
| 2001 | 109655 | 127627 | 6.95 | 3869 |

续表

| 年　份 | 国内生产总值/亿元 | 年末总人口/万人 | 人口自然增长率/% | 居民消费水平/元 |
|---|---|---|---|---|
| 2002 | 120333 | 128453 | 6.45 | 4106 |
| 2003 | 135823 | 129227 | 6.01 | 4411 |
| 2004 | 159878 | 129988 | 5.87 | 4925 |
| 2005 | 183217 | 130756 | 5.89 | 5463 |
| 2006 | 211923 | 131448 | 5.28 | 6138 |
| 2007 | 257306 | 132129 | 5.17 | 7103 |
| 2008 | 300670 | 132802 | 5.08 | 8183 |

(数据来源：国家统计局网站，www.stats.gov.cn)

时间序列可用于分析社会经济现象发展变动的数量规律，其作用如下。

(1) 计算各种水平指标和速度指标，考察社会经济现象发展变化的方向、速度与结果，并进行动态比较。

(2) 用于建立数学模型，描述社会经济现象发展变化的特征与趋势，揭示其变化规律，对未来发展状况进行预测。

(3) 将不同时间序列纳入同一个模型中进行分析，揭示现象之间相互联系的程度及其动态演变关系。

## 二、时间序列的种类

时间序列按所列统计指标数值的表现形式不同，可以分为绝对数时间序列、相对数时间序列和平均数时间序列三种。其中，最基本的是绝对数时间序列；相对数时间序列和平均数时间序列是派生序列，是根据绝对数时间序列计算得到的。

### (一)绝对数时间序列

绝对数时间序列是观测值为绝对数的时间序列，它反映经济现象在各个时期达到的绝对水平及其发展变化情况。

如表 13-1 中我国国内生产总值和年末总人口时间序列就是绝对数时间序列。

由于构成绝对数时间序列的指标所反映现象的时间状况不同，绝对数时间序列又可分为时期序列和时点序列。

#### 1. 时期序列

时期序列是由时期绝对数数据所构成的时间序列，其中的每个数值都反映现象在一段时期内发展过程的总量和。如表 13-1 中的国内生产总值时间序列就是时期序列。时期序列的数值可以累加，结果表示在所对应的时期之内事物及其现象的发展总量；并且数值的大小与时期长短有关系，通常时期越长数值就越大。

#### 2. 时点序列

时点数列是由时点绝对数数据所构成的时间序列，其中的每个数值表示现象的某一指标在一个确定时点的取值，反映现象在这一时点的状态或水平。如表 13-1 中的年末人口总数时间序列就是时点序列。时点序列的数值不可以累加，各时点上的数值只表明现象在该时点上所处的状态，累加不具有任何意义；而且时点序列中数值的大小与间隔大小没有直接的关系。

### (二)相对数时间序列

相对数时间序列是观测值为相对数的时间序列，它反映现象之间相互联系的发展过程，是由绝对数时间序列派生出来的。表 13-1 中的人口自然增长率即为相对数时间序列。

表 13-2 为 2000—2008 年我国三次产业占 GDP 比重的数据构成的时间序列，这些时间序列就是相对数时间序列。

表 13-2　2000—2008 年三次产业占 GDP 的比重

%

| 年份<br>产业 | 2000 | 2001 | 2002 | 2003 | 2004 | 2005 | 2006 | 2007 | 2008 |
|---|---|---|---|---|---|---|---|---|---|
| 第一产业 | 0.1506 | 0.1439 | 0.1374 | 0.1280 | 0.1339 | 0.1224 | 0.1134 | 0.1113 | 0.1131 |
| 第二产业 | 0.4592 | 0.4515 | 0.4479 | 0.4597 | 0.4623 | 0.4768 | 0.4868 | 0.4850 | 0.4862 |
| 第三产业 | 0.3902 | 0.4046 | 0.4147 | 0.4123 | 0.4038 | 0.4008 | 0.3998 | 0.4037 | 0.4007 |

(数据来源：国家统计局网站，www.stats.gov.cn(按当年价格计算))

### (三)平均数时间序列

平均数时间序列是观测值为平均数的时间序列，它反映经济现象一般水平的发展趋势。它也是由绝对数时间序列派生出来的。平均数时间序列中的各个指标数值也不能直接相加。表 13-1 中的居民消费水平时间序列就是平均数时间序列。再如某工厂各年工人的平均工资，某城市逐年人均拥有住宅面积等时间序列都是平均数时间序列。

简单总结一下，时间序列按其数值的表现形式进行的分类如图 13-1 所示。

- 时间序列
  - 绝对数时间序列
    - 时期序列
    - 时点序列
  - 相对数时间序列
  - 平均数时间序列

图 13-1　时间序列的种类

## 第二节　时间序列的水平与速度分析

为了研究各种随时间变化的现象之间的关系和内在的规律，我们需要对时间序列的主要指标进行分析，这些主要指标分为水平指标和速度指标两类。其中，水平指标包括：发展水平、平均发展水平、增长量、平均增长量；速度指标包括：发展速度、平均发展速度、增长速度、平均增长速度等。本节将分别介绍时间序列水平分析和速度分析的方法。

## 一、时间序列的水平分析

### (一)发展水平

发展水平(development level)是指在时间序列中的每个数值指标，用来反映社会经济现象的数量特征在不同时期的规模水平。

在时间序列中，通常称第一项数值为最初水平，最后一项数值为最末水平。如果用 $y_0, y_1, y_2, \cdots, y_n$ 代表序列中的各个发展水平，那么 $y_0$ 就是最初水平，$y_n$ 就是最末水平。

在进行两项发展水平的比较时，通常称所分析的那一时期的指标水平为报告期水平，称用来进行比较的基准期的水平为基期水平。

### (二)平均发展水平

平均发展水平(average development level)是指时间序列中不同时期发展水平的平均数，也称序时平均数，用来说明社会经济现象的数量特征在不同时期的一般水平。

根据时间序列数值的特点，平均发展水平有以下不同的计算方法。

#### 1. 根据时期序列计算平均数

由于时期序列中的各期数值是可累加的，所以计算时期平均数可直接将各期数值相加求平均数。设时间序列为 $y_1, y_2, \cdots, y_n$，序时平均数的计算公式为

$$\bar{y} = \frac{1}{n}\sum_{t=1}^{n} y_t \tag{13-1}$$

式中，$\bar{y}$ 为平均数，$n$ 为时期数，$y_t$ 为 $t(t = 1,2,\cdots,n)$时期的发展水平。

【例 13-1】根据表 13-1 中 2000—2008 年我国国民生产总值(单位：亿元)的数据计算其平均数。

解　由于国民生产总值是时期序列，可以累积，其平均数可以直接将 9 年的国民生产总值相加求平均得到，即

$$\bar{y} = 175335.5(\text{亿元})$$

#### 2. 根据时点序列求平均数

由于时点序列的数值不可以累加，所以对时点序列求平均数的方法要根据具体的序列而定。

(1) 如果取得的是连续的数据(以日为间隔的数据)，则可以按照时期序列求平均数的方法直接将各时期的数值相加求平均数即可。

(2) 如果序列的数值不连续，且序列 $y_1, y_2, \cdots, y_n$ 数据之间的间隔分别为 $T_1, T_2, \cdots, T_{n-1}$，则序列的平均数计算公式为

$$\bar{y} = \frac{1}{T_1 + \cdots + T_{n-1}}\left[\frac{1}{2}(y_1 + y_2)T_1 + \frac{1}{2}(y_2 + y_3)T_2 + \cdots + \frac{1}{2}(y_{n-1} + y_n)T_{n-1}\right]$$

【例 13-2】某商场 2009 年某商品库存额资料如表 13-3 所示，根据此表计算 2009 年这种商品的平均库存额。

表 13-3 某商场 2009 年某商品的库存额

万元

| 日 期 | 1 月初 | 5 月初 | 8 月初 | 12 月初 | 12 月底 |
|---|---|---|---|---|---|
| 库存额 | 220 | 269 | 288 | 290 | 296 |

解

$$\bar{y}=\frac{1}{4+3+4+1}\left[\left(\frac{220+269}{2}\right)\times 4+\left(\frac{269+288}{2}\right)\times 3+\left(\frac{288+290}{2}\right)\times 4+\left(\frac{290+296}{2}\right)\times 1\right]$$

=271.885(万元)

(3) 如果序列的数值不连续但间隔相等，即当 $T_1=T_2=\cdots=T_{n-1}=T$ 时，可以将首末折半来求平均数，计算公式为

$$\bar{y}=\frac{1}{2(n-1)}[(y_1+y_2)+(y_2+y_3)+\cdots+(y_{n-1}+y_n)]=\frac{\frac{1}{2}y_1+y_2+\cdots y_{n-1}+\frac{1}{2}y_n}{n-1} \quad (13\text{-}2)$$

【例 13-3】根据表 13-1 中的数据计算我国 2000—2008 年间的年平均人口。

解 因为表 13-1 中人口数据不连续但间隔相等，可采用首末折半的方法计算平均数如下：

$$\bar{y}=\frac{0.5\times 126743+127627+128453+129227+129988+130756+131448+132129+0.5\times 132802}{9-1}$$

=129925.06(万人)

即 2000—2008 年我国年平均人口数为 129925.06 万人。

### 3. 根据相对数求平均数

相对数时间序列不能直接采用以上计算绝对数时间序列的序时平均公式来计算平均发展水平，而需要分别计算出分子、分母两个绝对数时间序列的序时平均数，然后再进行分子和分母的对比，进而求出相对数时间序列的平均发展水平。相对数时间序列计算平均发展水平的基本公式为

$$y_i=\frac{a_i}{b_i},\ i=1,2,\cdots,n\ ;\ \bar{a}=\frac{1}{n}\sum_{i=1}^{n}a_i,\ \bar{b}=\frac{1}{n}\sum_{i=1}^{n}b_i,\ \bar{y}=\frac{\bar{a}}{\bar{b}}$$

式中，$\bar{a}$ 表示作为相对数时间序列的分子的时间序列的平均发展水平；$\bar{b}$ 表示作为相对数时间序列的分母的时间序列的平均发展水平；$\bar{y}$ 表示相对数时间序列的平均发展水平。

【例 13-4】根据表 13-4 计算 2004—2008 年中国第三产业国内生产总值占全部国内生产总值(GDP)的平均比重。

解 根据相对数求平均数的公式，2004—2008 年中国第三产业 GDP 占全部 GDP 的平均比重的计算过程如下：

$$\bar{a}=\frac{447081}{5}=89416.2,\ \bar{b}=\frac{3112994}{5}=222598.8,\ \bar{y}=\frac{\bar{a}}{\bar{b}}=\frac{89416.2}{222598.8}=40.2\%$$

表 13-4　2004—2008 年中国第三产业国内生产总值和全部国内生产总值

| 年　份 | 2004 | 2005 | 2006 | 2007 | 2008 |
|---|---|---|---|---|---|
| 国内生产总值/亿元 | 159878 | 183217 | 211923 | 257306 | 300670 |
| 第三产业国内生产总值/亿元 | 64561 | 73433 | 84721 | 103880 | 120487 |
| 比重/% | 0.4038 | 0.4008 | 0.3998 | 0.4037 | 0.4007 |

(数据来源：国家统计局网站，www.stats.gov.cn)

### (三)增长量

增长量(growth amount)描述现象的某一数量特征在一定时期内所增长或减少的绝对数量，它是时间序列中报告期水平与基期水平之差。

根据所采取的基期不同，增长量可以分为逐期增长量和累计增长量两种。

逐期增长量是各报告期水平与前期水平之差，用于说明报告期水平与前一期水平增长或减少的总量，即：逐期增长量=报告期水平−前期水平。

设时间序列为$y_0,y_1,\cdots,y_n$，各个逐期增长量分别为$y_1-y_0,y_2-y_1,\cdots,y_n-y_{n-1}$。

累计增长量是报告期水平与某一固定基期水平之差，用于说明报告期水平经过较长时期的发展比基期增加或减少的总量，即：累计增长量=报告期水平−固定基期水平，表示为$y_n-y_0$。

逐期增长量与累计增长量之间的关系，为第 $n$ 个累计增长量等于前 $n$ 个逐期增长量之和，即

$$y_n-y_0=(y_1-y_0)+(y_2-y_1)+(y_n-y_{n-1})$$

### (四)平均增长量

平均增长量(average growth amount)是用来说明某一现象在一段时期内平均每期增加或减少的绝对数量，是逐期增长量的算术平均数。其计算公式为

$$平均增长量=\frac{逐期增长量之和}{逐期增长量的项数}=\frac{累计增长量}{时间序列项数-1}=\frac{y_n-y_0}{n}$$

**【例 13-5】**根据表 13-5 中 2001—2008 年中国的粮食产量(万吨)，分别计算各年的逐期增长量和累计增长量。

表 13-5　中国 2001—2008 年的粮食产量

| 年份 | 2001 | 2002 | 2003 | 2004 | 2005 | 2006 | 2007 | 2008 |
|---|---|---|---|---|---|---|---|---|
| 粮食产量/万吨 | 45263.67 | 45705.75 | 43069.53 | 46946.95 | 48402.19 | 49747.89 | 50160.28 | 52870.92 |

(数据来源：国家统计局网站，www.stats.gov.cn)

**解**　计算结果如表 13-6 所示。

$$平均增长量=\frac{7607.25}{7}=1086.75(万吨)。$$

表 13-6 中国 2001—2008 年的粮食产量的逐期增长量和累计增长量

万吨

| 年份 | 2001 | 2002 | 2003 | 2004 | 2005 | 2006 | 2007 | 2008 |
|---|---|---|---|---|---|---|---|---|
| 粮食产量 | 45263.67 | 45705.75 | 43069.53 | 46946.95 | 48402.19 | 49747.89 | 50160.28 | 52870.92 |
| 逐期增长量 | — | 442.08 | −2636.22 | 3877.42 | 1455.24 | 1345.7 | 412.39 | 2710.64 |
| 累计增长量 | — | 442.08 | −2194.14 | 1683.28 | 3138.52 | 4484.22 | 4896.61 | 7607.25 |

## 二、时间序列的速度分析

### (一)发展速度

发展速度(development rate)用于描述现象在观察期内相对的发展变化程度，它是时间序列中报告期水平与基期水平之比，用公式表示如下：

$$发展速度=\frac{报告期水平}{基期水平}$$

由于所采用的基期不同，发展速度可分为环比发展速度和定基发展速度。

#### 1. 环比发展速度

环比发展速度是报告期水平与前一期水平之比，它表示现象逐期发展变化的程度。其相应的计算公式为

$$环比发展速度=\frac{报告期水平}{前一期水平}$$

设时间序列为 $y_0,y_1,\cdots,y_n$，环比发展速度用公式表示为

$$\frac{y_1}{y_0},\frac{y_2}{y_1},\dots,\frac{y_n}{y_{n-1}}$$

#### 2. 定基发展速度

定基发展速度是报告期水平与某一固定基期水平之比，它表明现象在较长时期内总的发展变化情况。其相应的计算公式为

$$定基发展速度=\frac{报告期水平}{某一固定基期水平}$$

设时间序列为 $y_0,y_1,\cdots,y_n$，现象在前 $n$ 期内发展的总速度为 $y_n/y_0$，且有第 $n$ 期定基发展速度等于前 $n$ 期环比发展速度的连乘积，即

$$\frac{y_n}{y_0}=\frac{y_1}{y_0}\cdot\frac{y_2}{y_1}\cdot\cdots\cdot\frac{y_n}{y_{n-1}} \tag{13-3}$$

### (二)平均发展速度

平均发展速度(average development rate)表示现象在一段较长时间内逐年平均发展变化的程度，是时间序列中环比发展速度的动态平均数。

设时间序列为 $y_0,y_1,\cdots,y_n$，$\bar{y}$ 表示由基期到报告期的平均发展速度，以平均发展速度

$\bar{y}$ 由基期 $y_0$ 为发展到报告期 $y_n$，其各期平均发展数值为 $y_0, y_0\bar{y}, y_0\bar{y}^2, \cdots, y_0\bar{y}^n$，因而有 $y_n = y_0\bar{y}^n$，由此可以得到(其中各时期数值大于零)

$$\bar{y} = \sqrt[n]{\frac{y_n}{y_0}} = \sqrt[n]{\frac{y_1}{y_0} \cdot \frac{y_2}{y_1} \cdot \cdots \cdot \frac{y_n}{y_{n-1}}} \tag{13-4}$$

即，平均发展速度是各个环比发展速度的几何平均数。

### (三)增长速度

增长速度(growth rate)是反映现象增长程度的相对数，它是增长量与基期水平之比。用公式表示为

$$\text{增长速度}=\frac{\text{增长量}}{\text{基期水平}}=\frac{\text{报告期水平}-\text{基期水平}}{\text{基期水平}}=\text{发展速度}-1$$

由于所采取的基期不同，增长速度可分为环比增长速度和定基增长速度。

#### 1．环比增长速度

环比增长速度是报告期的逐期增长量与前一期水平之比，它表明了现象逐期的增长速度。其计算公式为

$$\text{环比增长速度}=\frac{\text{逐期增长量}}{\text{前一期水平}}$$

#### 2．定基增长速度

定基增长速度是报告期的累计增长量与固定基期水平之比，它表明了某种现象在较长时间内总的增长速度。其计算公式为

$$\text{定基增长速度}=\frac{\text{累计增长量}}{\text{固定基期水平}}$$

定基增长速度和环比增长速度之间不能换算。

### (四)平均增长速度

平均增长速度(average growth rate)说明某种现象在一个较长时期内逐期递增的平均速度，是各个环比增长速度的平均水平。

平均增长速度不能根据各个环比增长速度直接求得，但它与平均发展速度有着密切的关系，即

$$\text{平均增长速度}=\text{平均发展速度}-1$$

**【例 13-6】**根据表 13-1 中 2004—2008 年中国国内生产总值序列，计算各年的环比发展速度和增长速度；并计算以 2004 年为基期的定基发展速度和定基增长速度，以及平均发展速度和平均增长速度。

**解** 计算结果如表 13-7 所示。

2004—2008 年间，中国国内生产总值的年平均发展速度为

$$\bar{x} = \sqrt[4]{\frac{300670}{159878}} = 117.1\%$$

2004—2008 年间，中国国内生产总值的年平均增长速度为

$$\bar{y}=\bar{x}-1=117.1\%-1=17.1\%$$

表 13-7　2004—2008 年中国国内生产总值的速度分析

| 年份 | 2004 | 2005 | 2006 | 2007 | 2008 |
|---|---|---|---|---|---|
| 国内生产总值 | 159878 | 183217 | 211923 | 257306 | 300670 |
| 环比发展速度/% | — | 114.6 | 115.7 | 121.4 | 116.9 |
| 定基发展速度/% | — | 114.6 | 132.6 | 160.9 | 188.1 |
| 环比增长速度/% | — | 14.6 | 15.7 | 21.4 | 16.9 |
| 定基增长速度/% | — | 14.6 | 32.6 | 60.9 | 88.1 |

# 第三节　时间序列的构成和预测模型

## 一、时间序列的构成

先看一个时间序列的例子。表 13-8 是 1992—2008 年我国季度国内生产总值的数据。我们希望从这些数据中找出一些规律，并且建立对未来我国季度国内生产总值进行预测的时间序列模型。

表 13-8　1992—2008 年季度国内生产总值

| 年、季 | 季度国内生产总值/亿元 | 年、季 | 季度国内生产总值/亿元 | 年、季 | 季度国内生产总值/亿元 | 年、季 | 季度国内生产总值/亿元 |
|---|---|---|---|---|---|---|---|
| 1992-1 | 4974.3 | 1995-4 | 19291.2 | 1999-3 | 21459.3 | 2003-2 | 31007.1 |
| 1992-2 | 6357.8 | 1996-1 | 14261.2 | 1999-4 | 28262.8 | 2003-3 | 33460.4 |
| 1992-3 | 7119.4 | 1996-2 | 16600.6 | 2000-1 | 20647.0 | 2003-4 | 42493.5 |
| 1992-4 | 11172.0 | 1996-3 | 17671.3 | 2000-2 | 23101.3 | 2004-1 | 33420.6 |
| 1993-1 | 6500.5 | 1996-4 | 22643.5 | 2000-3 | 24339.3 | 2004-2 | 36985.3 |
| 1993-2 | 8043.0 | 1997-1 | 16256.7 | 2000-4 | 31127.1 | 2004-3 | 39561.7 |
| 1993-3 | 9048.0 | 1997-2 | 18697.6 | 2001-1 | 23299.5 | 2004-4 | 49910.7 |
| 1993-4 | 11742.4 | 1997-3 | 19148.1 | 2001-2 | 25651.3 | 2005-1 | 38763.6 |
| 1994-1 | 9064.7 | 1997-4 | 24870.7 | 2001-3 | 26867.3 | 2005-2 | 42443.2 |
| 1994-2 | 11085.0 | 1998-1 | 17501.3 | 2001-4 | 33837.0 | 2005-3 | 44370.7 |
| 1994-3 | 12446.9 | 1998-2 | 19721.4 | 2002-1 | 25375.7 | 2005-4 | 57639.9 |
| 1994-4 | 15601.2 | 1998-3 | 20372.5 | 2002-2 | 27965.3 | 2006-1 | 44419.8 |
| 1995-1 | 11858.5 | 1998-4 | 26807.0 | 2002-3 | 29715.7 | 2006-2 | 49191.8 |
| 1995-2 | 14109.1 | 1999-1 | 18789.7 | 2002-4 | 37276.0 | 2006-3 | 50958.0 |
| 1995-3 | 15535.0 | 1999-2 | 21165.2 | 2003-1 | 28861.8 | 2006-4 | 67353.9 |

续表

| 年、季 | 季度国内生产总值/亿元 | 年、季 | 季度国内生产总值/亿元 | 年、季 | 季度国内生产总值/亿元 | 年、季 | 季度国内生产总值/亿元 |
|---|---|---|---|---|---|---|---|
| 2007-1 | 53058.3 | 2007-3 | 61969.3 | 2008-1 | 63474.5 | 2008-3 | 73299.5 |
| 2007-2 | 59400.0 | 2007-4 | 82877.9 | 2008-2 | 71251.3 | 2008-4 | 92644.7 |

(数据来源：国家统计局网站，www.stats.gov.cn(按当年价格计算))

从表 13-8 的众多数据中可以看出，我国季度国内生产总值总体趋势是增长，但是有起伏。现作出这些数据的折线图，如图 13-2 所示。根据图形可以更加直观地看出数据的变化情况。从这个图形可以看出，我国季度国内生产总值总体趋势是增长的，但并不是单调增长，而是有涨有落。涨落并不是杂乱无章的，和季节周期有关。除了增长的趋势和季节影响以外，还有些无规律的随机因素的作用。从图 13-2 还可以直观地看出，这个时间序列可以由三部分组成：趋势、季节成分和无法用趋势和季节模型解释的不规则影响成分。一般的时间序列还可能有循环波动的成分。如果要对时间序列进行深入的研究，把序列的成分分解出来，或者把它们过滤掉会有很大的帮助。

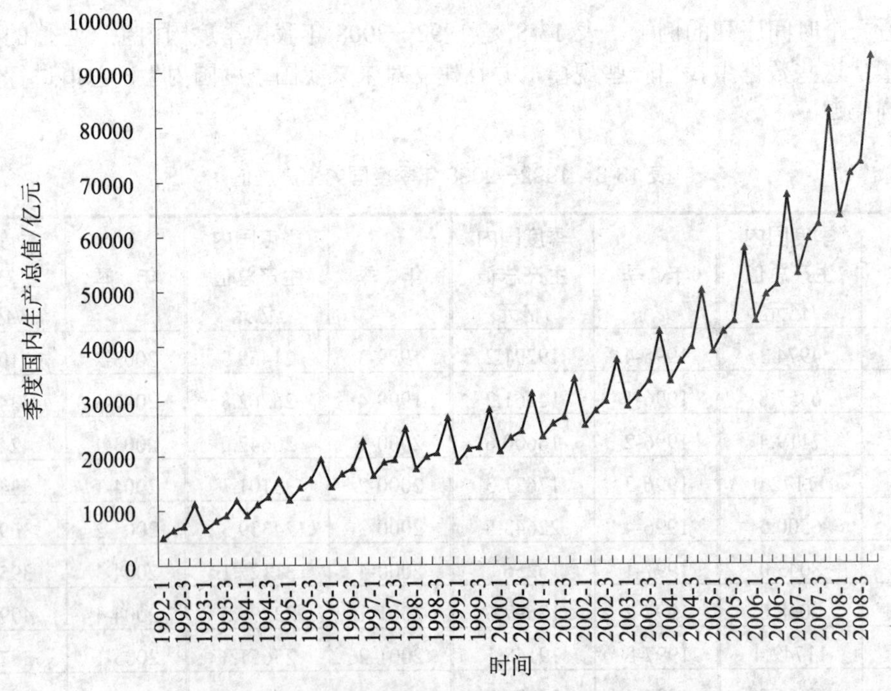


图 13-2　1992—2008 年季度国内生产总值数据图

一般地，经济现象在其发展变化过程的每一时期都受到许多因素的影响，其指标的观测值形成的时间序列的数值是各个因素作用和影响的结果，这些因素就是时间序列的组成要素或成分(components)。按作用特点和影响效果将影响因素分为四类，即趋势成分、季节成分、循环成分和不规则成分。这四种影响因素的变动叠加在一起形成了实际观察到的时间序列，因而可以通过这四种成分的考察来研究时间序列的变动。

### (一)趋势成分

时间序列的趋势成分(trend，简称 T)是时间序列在长时期内呈现出来的逐渐增加或减少的变动趋势。这种趋势通常是由某种固定的基本因素主导作用下形成的经济现象发展的基本态势，如季度国民生产总值、国民生产总值和居民消费水平等的变化呈现增长趋势。

经济现象的长期趋势一旦形成总是能够延续一段相当长的时间，即使在像股票市场这种变化很快的市场中，其形成的牛市趋势或熊市趋势也总能延续数年之久。因此，分析经济现象的长期趋势对于正确预测经济现象的发展具有十分重要的意义。

### (二)季节成分

时间序列的季节波动(seasonal variation，简称 S)是指时间序列以一年为周期的有规律的波动。

时间序列的趋势成分可以根据分析数据各年的发展变化而识别，但许多时间序列往往显示在一年内有规律的变化。这种描述数据中因季节影响而出现的以一年为周期的有规律波动的时间序列成分就是季节成分(S)。表 13-8 中 1992—2008 年季度国内生产总值就呈现季节波动特征。

### (三)循环成分

时间序列的循环波动(cyclic variation，简称 C)指的是以一定的时间为周期的周期性波动。尽管一个时间序列可以显示出长期趋势，但时间序列的所有未来值不可能准确地落在趋势线上。事实上，时间序列常常环绕趋势线上下波动。任何时间间隔超过一年的环绕趋势线上下的波动都可归结为时间序列的循环成分。如国内生产总值、工业产值指数、股票价格和大多数的经济指标都具有循环变化特征。循环波动和季节变动的不同在于季节变动的波动长度固定，如 12 个月、4 个季度、1 个月或者 1 个星期等；而循环波动的长度一般不一样。

### (四)不规则成分

时间序列的不规则波动(irregular variation，简称 I)是剩余的或“包罗万象”的因素即随机因素，它用来说明在分离了趋势、季节和循环成分之后，时间序列受随机的、偶然的因素影响的波动成分。因为不规则成分是由那些影响时间序列短期的、不可预期的和不重复出现的因素引起的，是时间序列中的随机波动，所以它是无法预测的，因此我们不能预测它对时间序列的影响。

## 二、时间序列预测模型

时间序列是长期趋势、季节变动、循环波动和不规则变动四种成分的叠加。可以认为时间序列 $Y_t$ 是长期趋势、季节变动、循环波动和不规则变动这四个因素的函数，即

$$Y_t = f(T_t, S_t, C_t, I_t) \tag{13-5}$$

为了对时间序列进行具体的分析计算，还要对时间序列各构成部分是如何结合及相互作用的做出假设。在时间序列分析中，通常对这四类变动的构成形式提出了两种假设模

型，即加法模型(additive model)和乘法模型(multiplicative model)。此外，还有混合模型等。

加法模型假设各构成部分对时间序列的影响是可加的，并且是相互独立的。比如说季节的影响无论处于循环的哪一个阶段都是相同的，这时可以把时间序列$Y_t$表示为

$$Y_t = T_t + S_t + C_t + I_t \tag{13-6}$$

加法模型反映了时间序列的发展变化是由四种因素叠加而成的。

另一种是假设各个构成部分对序列的影响均按比例而变化，这种假定下的时间序列模型可表示为

$$Y_t = T_t \times S_t \times C_t \times I_t \tag{13-7}$$

这种模型称为乘法模型。在乘法模型中，$T_t$的度量单位与$Y_t$相同，而$S_t$、$C_t$和$I_t$称为季节、循环、不规则变动指数，均以百分比表示，分别表示由于季节、循环、不规则变动的影响，序列在趋势值上增加或减少的百分比。

按照上述两种模型，再采用一定的方法把影响时间序列的四种因素分离出来，就可以度量出不同因素对序列影响的大小和规律，从而了解一个时间序列是如何综合这些因素的变动而体现它本身的变动的，为我们认识过去、评估现实、预测未来提供科学的依据。

当我们收集到一些数据，如何确定是使用加法模型还是乘法模型呢？一个简单的方法是观察图形。如果数值偏离趋势部分的大小不随时间的改变而改变，用加法模型；如果数值偏离趋势部分的大小随时间的改变而增加，用乘法模型。

这两种模型中，由于相对数具有直接的可比性，所以在实际中乘法模型应用频率较高。本章后面的分析和预测中仅就乘法模型加以论述和分析。

## 第四节　长期趋势的测定

按照上一节时间序列分解的思想，时间序列可以分解为四种成分，进行时间序列分析可以将不同成分从序列中分解出来。长期趋势变动是时间序列分析首先要研究的最重要的变动，因为它代表着事物发展变化的主要趋势。测定长期趋势的方法很多，通常有移动平均法、指数平滑法和模型拟合法。本节介绍这几种测定长期趋势的方法。

### 一、移动平均法

移动平均法(moving average method)是指逐期移动计算时间序列序时平均数的方法和过程。该方法通过对原有时间序列修匀来测定长期趋势，将移动平均数作为趋势值或预测值。移动平均法分为简单移动平均法和加权移动平均法。

#### (一)简单移动平均法

简单移动平均法(simple moving average method)是指将最近 $n$ 期发展水平的简单序时平均数作为下一期时间序列的趋势值。在移动平均中，$n$ 称为移动项数。

记$Y_t$表示 $t$ 时期时间序列的数值，使用最近 $n$ 期数据作为移动平均数$\overline{Y}_t$的计算公式如下：

$$\overline{Y}_t = \frac{Y_t + Y_{t-1} + \cdots + Y_{t-n+1}}{n}$$

使用“移动”项是因为每一时期新的观测值对时间序列都是有用的，用它代替上式中最旧的观测值，可计算一个新的平均数。因此，当新的观测值变得有用时，平均数将变化或移动。一般而言，增加移动平均数包括的项数，可以更好地消除不规则的波动，所以为了达到修匀的目的，可以适当增加移动的步长，但对于具有周期性波动的序列，移动的步长应尽可能与周期性波动的周期一致。这样就可以得到一个由移动平均值构成的新的时间序列，这个新序列可以削弱甚至完全消除原序列中的周期性变动或不规则性，使波动趋于平滑，趋势倾向也就显露出来了。

移动平均法求长期趋势，方法简单、灵活。从时间序列的平滑作用和观察现象变化的方面来看，移动平均法是一种不错的方法。例如，在证券及期货市场上，移动平均法一直是反映各种证券和期货价格走势的重要方法之一。

简单移动平均分为奇数项移动平均和偶数项移动平均。每个移动平均数置于移动项数的中点位置。

当移动项数为奇数时，可直接得到由移动平均数组成的长期趋势值。

如果周期性波动的周期为偶数，此时以偶数为移动平均项数时，计算出来的移动平均数须置于原时间序列的两个观测值之间，因此还需要进行第 2 次移动平均，即对移动平均数序列再计算一次 2 项移动平均，得到的二次移动平均数方可与原时间序列的各时期相对应。经过这两次移动平均得到的时间序列就是原序列的中心化移动平均时间序列，即

$$\overline{Y}_t = \frac{0.5Y_t + Y_{t-1} + \cdots + Y_{t-n+1} + 0.5Y_{t-n}}{n} \tag{13-8}$$

**【例 13-7】**表 13-9 是 2009 年 12 月上证综合指数日收盘序列，试用简单移动平均法求趋势分量。

**解** 为了得到该时间序列的趋势，需要修匀数据中的波动。设定移动项数为 3，从第一项开始，求出前 3 项数据的简单平均数，然后逐项向后移动，求出相继 3 项的平均数，计算结果见表 13-9 第 3 列，这样就可以得到一列移动平均数。同理还可以得到移动步长为 5 的一列时间序列，计算结果见表 13-9 第 4 列。2009 年 12 月上证综合指数日收盘序列及 3 日和 5 日移动平均折线图如图 13-3 所示。

分析表 13-9 中的数据，可以发现通过移动平均所得到的数据要比原始数据平滑，并且项数越大平滑的效果越好。

表 13-9 时间序列的移动平均数计算表

| 日 期 | 收 盘 价 | 3 日移动平均 | 5 日移动平均 |
|---|---|---|---|
| 2009-12-1 | 3235.36 | — | — |
| 2009-12-2 | 3269.75 | 3256.58 | — |
| 2009-12-3 | 3264.63 | 3283.81 | 3283.74 |
| 2009-12-4 | 3317.04 | 3304.52 | 3296.00 |
| 2009-12-7 | 3331.90 | 3315.20 | 3289.96 |
| 2009-12-8 | 3296.66 | 3289.38 | 3287.89 |
| 2009-12-9 | 3239.57 | 3263.50 | 3273.94 |

续表

| 日　期 | 收 盘 价 | 3 日移动平均 | 5 日移动平均 |
|---|---|---|---|
| 2009-12-10 | 3254.26 | 3247.05 | 3268.14 |
| 2009-12-11 | 3247.32 | 3268.16 | 3263.70 |
| 2009-12-14 | 3302.90 | 3274.89 | 3266.83 |
| 2009-12-15 | 3274.46 | 3277.52 | 3251.79 |
| 2009-12-16 | 3255.21 | 3236.25 | 3225.11 |
| 2009-12-17 | 3179.08 | 3182.73 | 3189.12 |
| 2009-12-18 | 3113.89 | 3138.65 | 3144.33 |
| 2009-12-21 | 3122.97 | 3095.79 | 3108.05 |
| 2009-12-22 | 3050.52 | 3082.42 | 3102.91 |
| 2009-12-23 | 3073.78 | 3092.57 | 3108.41 |
| 2009-12-24 | 3153.41 | 3122.85 | 3121.57 |
| 2009-12-25 | 3141.35 | 3161.18 | 3153.82 |
| 2009-12-28 | 3188.78 | 3180.63 | 3191.58 |
| 2009-12-29 | 3211.76 | 3221.05 | 3216.33 |
| 2009-12-30 | 3262.60 | 3250.50 | — |
| 2009-12-31 | 3277.14 | — | — |

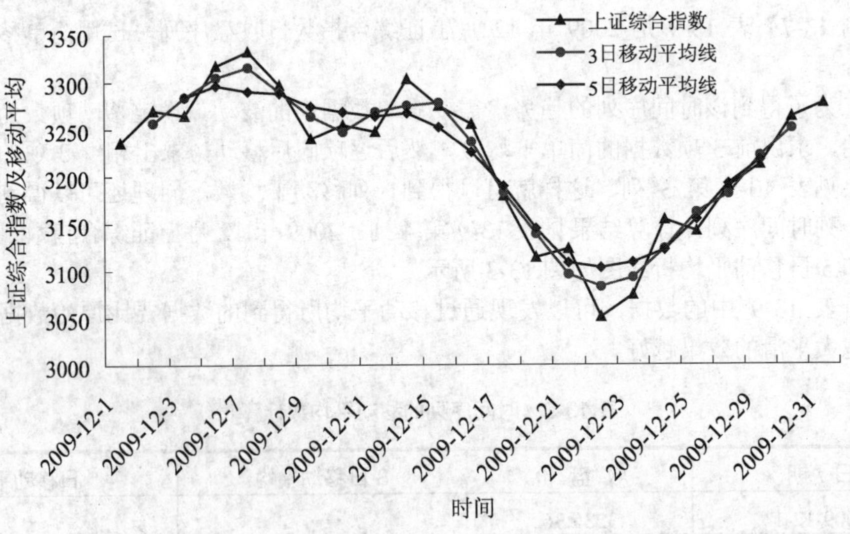


图 13-3　2009 年 12 月上证综合指数日收盘序列及 3 日和 5 日移动平均折线图

【**例 13-8**】试用移动平均法将表 13-8 中 1992—2008 年季度国内生产总值序列的趋势分量加以分离。

解　由图 13-2 可以看出，季度国内生产总值数据存在周期为 4 的季节波动，因此应该选取 4 为移动平均的项数，然后进行项数为 4 的中心化移动平均，如表 13-10 第 3 列所示。折线图如图 13-4 所示。

表 13-10 1992—2008 年季度国内生产总值及其移动平均值

| 年、季 | 季度<br>国内生产总值/亿元 | 4 项中心化移<br>动平均/亿元 | 年、季 | 季度<br>国内生产总值/亿元 | 4 项中心化移<br>动平均/亿元 |
|---|---|---|---|---|---|
| 1992-1 | 4974.3 | — | 2000-3 | 24339.3 | 25135.24 |
| 1992-2 | 6357.8 | — | 2000-4 | 31127.1 | 25785.55 |
| 1992-3 | 7119.4 | 7596.65 | 2001-1 | 23299.5 | 26420.30 |
| 1992-4 | 11172.0 | 7998.08 | 2001-2 | 25651.3 | 27075.04 |
| 1993-1 | 6500.5 | 8449.80 | 2001-3 | 26867.3 | 27673.30 |
| 1993-2 | 8043.0 | 8762.17 | 2001-4 | 33837.0 | 28222.07 |
| 1993-3 | 9048.0 | 9154.00 | 2002-1 | 25375.7 | 28867.38 |
| 1993-4 | 11742.4 | 9854.78 | 2002-2 | 27965.3 | 29653.30 |
| 1994-1 | 9064.7 | 10659.89 | 2002-3 | 29715.7 | 30518.94 |
| 1994-2 | 11085.0 | 11567.10 | 2002-4 | 37276.0 | 31334.93 |
| 1994-3 | 12446.9 | 12398.68 | 2003-1 | 28861.8 | 32183.24 |
| 1994-4 | 15601.2 | 13125.91 | 2003-2 | 31007.1 | 33303.51 |
| 1995-1 | 11858.5 | 13889.94 | 2003-3 | 33460.4 | 34525.55 |
| 1995-2 | 14109.1 | 14737.20 | 2003-4 | 42493.5 | 35842.67 |
| 1995-3 | 15535.0 | 15498.79 | 2004-1 | 33420.6 | 37352.61 |
| 1995-4 | 19291.2 | 16110.56 | 2004-2 | 36985.3 | 39042.42 |
| 1996-1 | 14261.2 | 16689.04 | 2004-3 | 39561.7 | 40637.45 |
| 1996-2 | 16600.6 | 17375.11 | 2004-4 | 49910.7 | 41987.56 |
| 1996-3 | 17671.3 | 18043.59 | 2005-1 | 38763.6 | 43270.93 |
| 1996-4 | 22643.5 | 18555.15 | 2005-2 | 42443.2 | 44838.20 |
| 1997-1 | 16256.7 | 19001.88 | 2005-3 | 44370.7 | 46511.38 |
| 1997-2 | 18697.6 | 19464.88 | 2005-4 | 57639.9 | 48061.98 |
| 1997-3 | 19148.1 | 19898.85 | 2006-1 | 44419.8 | 49728.96 |
| 1997-4 | 24870.7 | 20182.40 | 2006-2 | 49191.8 | 51766.63 |
| 1998-1 | 17501.3 | 20463.43 | 2006-3 | 50958.0 | 54060.69 |
| 1998-2 | 19721.4 | 20858.51 | 2006-4 | 67353.9 | 56416.52 |
| 1998-3 | 20372.5 | 21261.60 | 2007-1 | 53058.3 | 59068.96 |
| 1998-4 | 26807.0 | 21603.13 | 2007-2 | 59400.0 | 62385.88 |
| 1999-1 | 18789.7 | 21919.45 | 2007-3 | 61969.3 | 65628.40 |
| 1999-2 | 21165.2 | 22237.28 | 2007-4 | 82877.9 | 68411.84 |
| 1999-3 | 21459.3 | 22651.41 | 2008-1 | 63474.5 | 71309.52 |
| 1999-4 | 28262.8 | 23125.59 | 2008-2 | 71251.3 | 73946.65 |
| 2000-1 | 20647.0 | 23727.60 | 2008-3 | 73299.5 | — |
| 2000-2 | 23101.3 | 24445.64 | 2008-4 | 92644.7 | — |

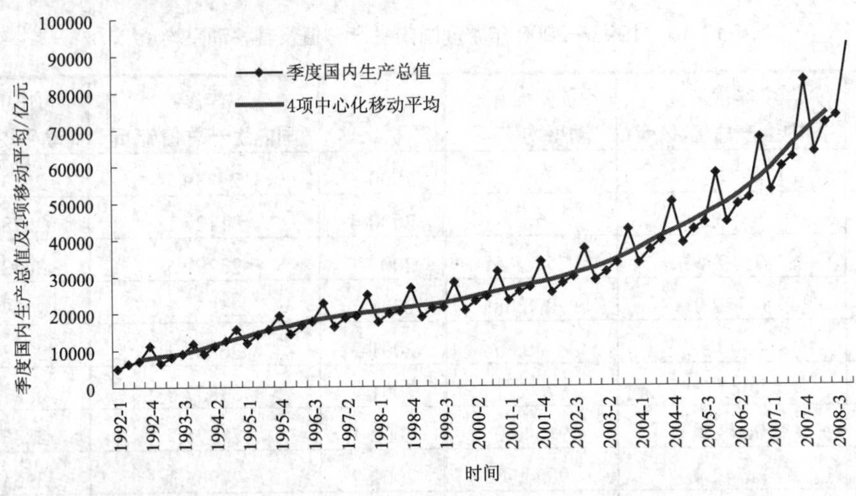


图 13-4　1992—2008 年季度国内生产总值数据及其 4 项移动平均图

### (二)加权移动平均法

在移动平均法中，计算移动平均数时对每个观测值都使用了相同的权重。而加权移动平均法(weighted moving average method)是在计算移动平均数时对各期观测值赋予不同的权重。权重的确定可视具体情况而定，原则上对近期的数据要给予较大的权重。

## 二、指数平滑法

移动平均法实际上是利用简单平均数或加权平均数作为时间序列某一期趋势的估计，如简单平均法是利用最近 $n$ 期数据的算术平均数作为最后一期趋势的估计，实际上假定无论时间的远近，这最近 $n$ 期的观测值对最后一期的影响都是一样的。但实际上，对大多数随机事件而言，通常近期的结果对现在影响会大一些，远期的结果对现在的影响会小些。为了更好地反映这种影响作用，我们考虑时间间隔对事件发展的影响，各期数据的权重随着时间间隔的增大而呈指数衰减，这就是指数平滑的思想。

指数平滑法(exponential smoothing method)是用过去时间序列值的加权平均数作为趋势值或预测值，该方法只选择一个权重，即最近时期观测值的权重，其他时期数据值的权重可以自动推算出来，离得越近的观测值要给以更多的权数，当观测值离预测时期越久远时，权重变得越小，其权重按指数速度递减。

指数平滑的模型如下

$$\overline{Y}_t = \alpha \sum_{k=0}^{\infty} (1-\alpha)^k Y_{t-k} \tag{13-9}$$

式中，$Y_t$ 为 $t$ 期时间序列的实际值；$\overline{Y}_t$ 为 $t$ 期时间序列的趋势值；$\alpha$ 为平滑常数($0<\alpha<1$)。

由于 $\overline{Y}_{t-1} = \alpha(1-\alpha)^{-1}\sum_{k=1}^{\infty}(1-\alpha)^k Y_{t-k}$，因此有，$\overline{Y}_t = \alpha Y_t + (1-\alpha)\overline{Y}_{t-1}$。

指数平滑面临的一个问题是如何确定 $\overline{Y}_0$ 的初始值，我们有许多方法来确定 $\overline{Y}_0$ 的初始值，最简单的方法是指定 $\overline{Y}_0 = Y_1$；另一种方法是取最初几期的平均值为初值。更多确定初始值的方法参见本书所列参考文献。

指数平滑法也是常用的预测方法，$\overline{Y}_t$ 常常作为 $t+1$ 期的预测值，即有

$$\hat{Y}_{t+1}=\overline{Y}_t=\alpha Y_t+(1-\alpha)\overline{Y}_{t-1}=\alpha Y_t+(1-\alpha)\hat{Y}_t=\alpha(Y_t-\hat{Y}_t)+\hat{Y}_t$$

式中，$\hat{Y}_{t+1}$ 为 $t+1$ 期时间序列的预测值；$Y_t$ 为 $t$ 期时间序列的实际值；$\hat{Y}_t$ 为 $t$ 期时间序列的预测值；上式表明指数平滑法计算出来的预测值是前一期的预测值加上前期预测值中产生误差的修正项。

当平滑常数 $\alpha$ 非常接近于 1 时，新的预测值几乎包括了前期预测值的所有预测误差；而当选择的平滑常数比较小时，新的预测值只包括了很小部分预测误差的修正值。可见通过调整平滑常数的大小可以使预测更为准确。指数平滑法是对时间序列短期预测的一种重要方法。

尽管指数平滑法提供的平滑趋势值是以前所有时间序列数值的加权平均数，但所有过去资料未必都需要保留以用来计算下一个时期的平滑趋势值。事实上，一旦选定平滑常数 $\alpha$，就可计算平滑趋势值。所以对给定的 $\alpha$，我们只要知道第 $t$ 期时间序列的实际值和前一期的平滑趋势值，即 $Y_t$ 和 $\overline{Y}_{t-1}$，就可以计算第 $t$ 期的平滑趋势值。

指数平滑面临的一个问题是如何确定平滑系数 $\alpha$ 的值。选好平滑系数非常重要，因为它的选取对平滑效果影响很大。$\alpha$ 越小，平滑效果越显著。$\alpha$ 的取值的大小决定了在平滑值中起的观测值项数的多少，当 $\alpha$ 取值较大时，各观测值权重的递减速度很快，因此在平滑值中起作用的观测值的项数就较少；而当 $\alpha$ 取值较小时， 各观测值权重的递减速度较慢，因此在平滑值中起作用的观测值的项数就较多。那么 $\alpha$ 究竟取多大比较合适呢？一般对于变化缓慢的序列，常取较小的 $\alpha$ 值；反之，对于变化较大的序列，常取较大的 $\alpha$ 值。现在还没有通用的确定 $\alpha$ 的方法，在实际应用中，一般是取多个 $\alpha$ 进行试算比较，选择预测误差最小(预测精度最大)的 $\alpha$ 值，更多 $\alpha$ 的确定方法参见本书所列参考文献。

度量误差精度的指标有许多，最常用的是均方差(mean squared error，MSE)及平均绝对百分误差(mean absolute percentage error，MAPE)。

均方差是观测值与预测值离差平方和的平均数，其公式为

$$\text{MSE}=\frac{1}{n}\sum_{i=1}^{n}(y_i-\hat{y}_i)^2$$

平均绝对百分误差是百分数表示的预测误差指标，它等于观测值与预测值离差除以观测值之商的绝对数，其计算公式为

$$\text{MAPE}=\frac{1}{n}\sum_{i=1}^{n}\left|\frac{(y_i-\hat{y}_i)^2}{y_i}\right|$$

MAPE 越小，说明预测的精度越高，具体评价标准可参考表 13-11。

表 13-11　MAPE 评价参考标准

| MAPE 范围 | 预测评价 |
|---|---|
| 10% | 高精度预测 |
| 10%～20% | 良好预测 |
| 20%～50% | 可行预测 |
| 50% | 错误预测 |

【例 13-9】试用指数平滑法计算$\alpha$=0.6 时表 13-8 中 1992—2008 年季度国内生产总值序列的指数平滑趋势值。

解　选取初始值为第 1 期的指数平滑值，已知$\alpha$=0.6，可以计算得到季度国内生产总值的指数平滑值，如表 13-12 第 3 列和第 6 列所示。图形如图 13-5 所示。

表 13-12　1992—2008 年季度国内生产总值及其指数平滑值

| 年、季 | 季度国内生产总值/亿元 | 指数平滑值($\alpha$=0.6)/亿元 | 年、季 | 季度国内生产总值/亿元 | 指数平滑值($\alpha$=0.6)/亿元 |
|---|---|---|---|---|---|
| 1992-1 | 4974.3 | 4974.3 | 1999-4 | 28262.8 | 25478.6 |
| 1992-2 | 6357.8 | 5804.4 | 2000-1 | 20647.0 | 22579.6 |
| 1992-3 | 7119.4 | 6593.4 | 2000-2 | 23101.3 | 22892.6 |
| 1992-4 | 11172.0 | 9340.6 | 2000-3 | 24339.3 | 23760.6 |
| 1993-1 | 6500.5 | 7636.5 | 2000-4 | 31127.1 | 28180.5 |
| 1993-2 | 8043.0 | 7880.4 | 2001-1 | 23299.5 | 25251.9 |
| 1993-3 | 9048.0 | 8581.0 | 2001-2 | 25651.3 | 25491.6 |
| 1993-4 | 11742.4 | 10477.8 | 2001-3 | 26867.3 | 26317.0 |
| 1994-1 | 9064.7 | 9630.0 | 2001-4 | 33837.0 | 30829.0 |
| 1994-2 | 11085.0 | 10503.0 | 2002-1 | 25375.7 | 27557.0 |
| 1994-3 | 12446.9 | 11669.3 | 2002-2 | 27965.3 | 27802.0 |
| 1994-4 | 15601.2 | 14028.5 | 2002-3 | 29715.7 | 28950.2 |
| 1995-1 | 11858.5 | 12726.5 | 2002-4 | 37276.0 | 33945.7 |
| 1995-2 | 14109.1 | 13556.0 | 2003-1 | 28861.8 | 30895.3 |
| 1995-3 | 15535.0 | 14743.4 | 2003-2 | 31007.1 | 30962.4 |
| 1995-4 | 19291.2 | 17472.1 | 2003-3 | 33460.4 | 32461.2 |
| 1996-1 | 14261.2 | 15545.6 | 2003-4 | 42493.5 | 38480.6 |
| 1996-2 | 16600.6 | 16178.6 | 2004-1 | 33420.6 | 35444.6 |
| 1996-3 | 17671.3 | 17074.2 | 2004-2 | 36985.3 | 36369.0 |
| 1996-4 | 22643.5 | 20415.8 | 2004-3 | 39561.7 | 38284.6 |
| 1997-1 | 16256.7 | 17920.3 | 2004-4 | 49910.7 | 45260.3 |
| 1997-2 | 18697.6 | 18386.7 | 2005-1 | 38763.6 | 41362.3 |
| 1997-3 | 19148.1 | 18843.5 | 2005-2 | 42443.2 | 42010.8 |
| 1997-4 | 24870.7 | 22459.8 | 2005-3 | 44370.7 | 43426.8 |
| 1998-1 | 17501.3 | 19484.7 | 2005-4 | 57639.9 | 51954.6 |
| 1998-2 | 19721.4 | 19626.7 | 2006-1 | 44419.8 | 47433.7 |
| 1998-3 | 20372.5 | 20074.2 | 2006-2 | 49191.8 | 48488.6 |
| 1998-4 | 26807.0 | 24113.9 | 2006-3 | 50958.0 | 49970.2 |
| 1999-1 | 18789.7 | 20919.4 | 2006-4 | 67353.9 | 60400.4 |
| 1999-2 | 21165.2 | 21066.9 | 2007-1 | 53058.3 | 55995.1 |
| 1999-3 | 21459.3 | 21302.4 | 2007-2 | 59400.0 | 58038.1 |

续表

| 年、季 | 季度国内生产总值/亿元 | 指数平滑值($\alpha$=0.6)/亿元 | 年、季 | 季度国内生产总值/亿元 | 指数平滑值($\alpha$=0.6)/亿元 |
|---|---|---|---|---|---|
| 2007-3 | 61969.3 | 60396.8 | 2008-2 | 71251.3 | 69806.3 |
| 2007-4 | 82877.9 | 73885.5 | 2008-3 | 73299.5 | 71902.3 |
| 2008-1 | 63474.5 | 67638.9 | 2008-4 | 92644.7 | 84347.7 |

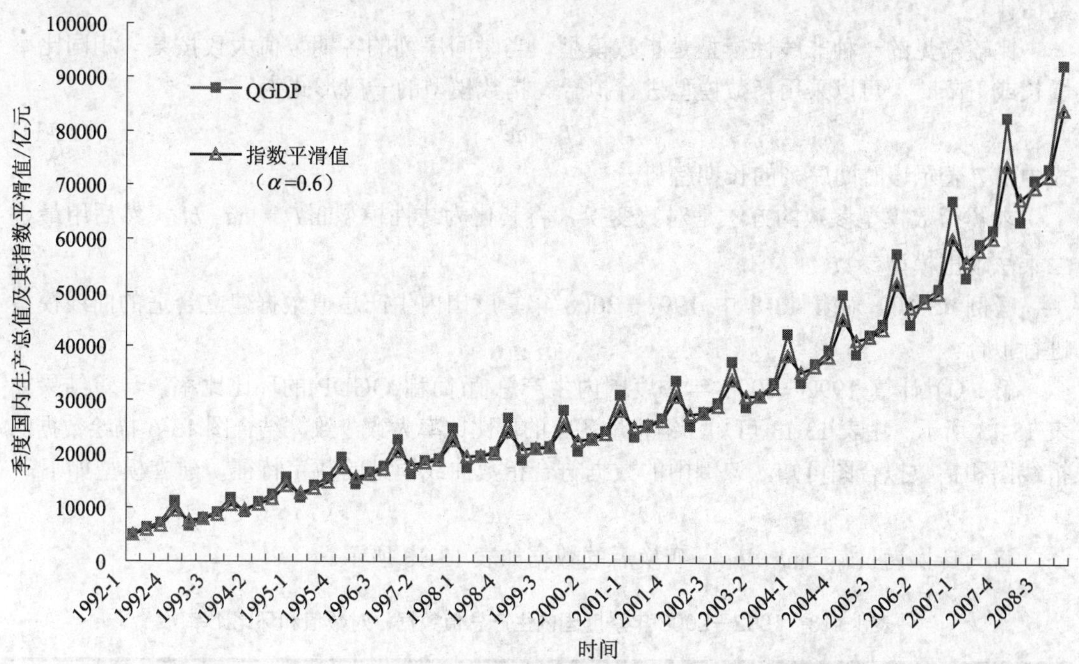


图 13-5 1992—2008 年季度国内生产总值数据及其指数平滑值图

## 三、模型拟合法

有些时间序列具有显著的随时间持续增加或减少的趋势，为了找出序列中的趋势，我们可以对序列用曲线进行拟合，这种方法称为模型拟合法。

模型拟合法就是把时间作为自变量，相应的时间观测值作为因变量，建立序列值随时间变化的回归模型的方法。但是这里的趋势拟合模型并不揭示事物及其现象之间的因果联系，只是反映事物及其现象的某一数量特征依时间推移所呈现出来的某种变动的规律性，因而趋势模型也被称为非因果关系的定量模型。根据序列所表现出的线性或非线性特征，拟合方法可以分为线性拟合和非线性拟合。

### (一)线性拟合模型

当事物及其现象的某一数量特征随时间推移呈现出稳定的增长或减少的直线变动趋势时，可以采用线性模型来描述其变动规律性，进行相关的预测和分析。模型可以写作

$$Y_t = a + bt + \varepsilon_t \tag{13-10}$$

式中，$\varepsilon_t$ 是随机波动，服从独立同分布的正态分布，均值为 0，方差为常数。

对该线性模型可以根据最小二乘法来估计模型中的参数 $a$ 和 $b$。其样本回归方程 $\hat{Y}_t = \hat{a} + \hat{b}t$ 就是消除了随机波动的影响之后该序列的长期趋势。

## (二)曲线拟合模型

如果长期趋势呈现出非线性特征，那么我们就可以用曲线模型拟合它。对非线性模型进行参数估计时，是把能转换成线性模型的都转换成线性模型，然后用最小二乘法进行参数估计。

比较常见的一种非线性模型是指数模型，当时间序列的各期数值大致按某一相同比率增长或下降时，可以采用指数模型进行拟合。指数模型的一般形式为

$$T_t = a\mathrm{e}^{bt} \tag{13-11}$$

式中，$T_t$ 表示该时间序列的长期趋势。

求解指数模型参数的方法是对数变换，将其化为线性模型 $\ln T_t = \ln a + bt$，然后用最小二乘法求出模型参数。

**【例 13-10】**对表 13-8 中 1992—2008 年季度国内生产总值数据建立合适的曲线模型进行拟合。

**解** ① 计算 1992—2008 年季度国内生产总值(简称 QGDP)的环比比率，计算结果如表 13-13 所示。由表 13-13 可知，销售量各年的环比比率大致一致，结合图 13-6 描绘数据的折线图和指数拟合图可知，该例中的数据符合指数曲线模型的数字特征，建立模型如下：

$$T_t = a\mathrm{e}^{bt}$$

将其转换为 $\ln T_t = \ln a + bt$。变换后的数据如表 13-13 所示。

表 13-13　1992—2008 年季度国内生产总值数据、对数值和环比比率

| 序号 | 年、季 | QGDP/亿元 | 对数值 | 比率/% | 序号 | 年、季 | QGDP/亿元 | 对数值 | 比率/% |
|---|---|---|---|---|---|---|---|---|---|
| 1 | 1992-1 | 4974.3 | 8.51 | | 16 | 1995-4 | 19291.2 | 9.87 | 1.24 |
| 2 | 1992-2 | 6357.8 | 8.76 | 1.28 | 17 | 1996-1 | 14261.2 | 9.57 | 0.74 |
| 3 | 1992-3 | 7119.4 | 8.87 | 1.12 | 18 | 1996-2 | 16600.6 | 9.72 | 1.16 |
| 4 | 1992-4 | 11172.0 | 9.32 | 1.57 | 19 | 1996-3 | 17671.3 | 9.78 | 1.06 |
| 5 | 1993-1 | 6500.5 | 8.78 | 0.58 | 20 | 1996-4 | 22643.5 | 10.03 | 1.28 |
| 6 | 1993-2 | 8043.0 | 8.99 | 1.24 | 21 | 1997-1 | 16256.7 | 9.70 | 0.72 |
| 7 | 1993-3 | 9048.0 | 9.11 | 1.12 | 22 | 1997-2 | 18697.6 | 9.84 | 1.15 |
| 8 | 1993-4 | 11742.4 | 9.37 | 1.30 | 23 | 1997-3 | 19148.1 | 9.86 | 1.02 |
| 9 | 1994-1 | 9064.7 | 9.11 | 0.77 | 24 | 1997-4 | 24870.7 | 10.12 | 1.30 |
| 10 | 1994-2 | 11085.0 | 9.31 | 1.22 | 25 | 1998-1 | 17501.3 | 9.77 | 0.70 |
| 11 | 1994-3 | 12446.9 | 9.43 | 1.12 | 26 | 1998-2 | 19721.4 | 9.89 | 1.13 |
| 12 | 1994-4 | 15601.2 | 9.66 | 1.25 | 27 | 1998-3 | 20372.5 | 9.92 | 1.03 |
| 13 | 1995-1 | 11858.5 | 9.38 | 0.76 | 28 | 1998-4 | 26807.0 | 10.20 | 1.32 |
| 14 | 1995-2 | 14109.1 | 9.55 | 1.19 | 29 | 1999-1 | 18789.7 | 9.84 | 0.70 |
| 15 | 1995-3 | 15535.0 | 9.65 | 1.10 | 30 | 1999-2 | 21165.2 | 9.96 | 1.13 |

续表

| 序号 | 年、季 | QGDP/亿元 | 对数值 | 比率/% | 序号 | 年、季 | QGDP/亿元 | 对数值 | 比率/% |
|---|---|---|---|---|---|---|---|---|---|
| 31 | 1999-3 | 21459.3 | 9.97 | 1.01 | 50 | 2004-2 | 36985.3 | 10.52 | 1.11 |
| 32 | 1999-4 | 28262.8 | 10.25 | 1.32 | 51 | 2004-3 | 39561.7 | 10.59 | 1.07 |
| 33 | 2000-1 | 20647.0 | 9.94 | 0.73 | 52 | 2004-4 | 49910.7 | 10.82 | 1.26 |
| 34 | 2000-2 | 23101.3 | 10.05 | 1.12 | 53 | 2005-1 | 38763.6 | 10.57 | 0.78 |
| 35 | 2000-3 | 24339.3 | 10.10 | 1.05 | 54 | 2005-2 | 42443.2 | 10.66 | 1.09 |
| 36 | 2000-4 | 31127.1 | 10.35 | 1.28 | 55 | 2005-3 | 44370.7 | 10.70 | 1.05 |
| 37 | 2001-1 | 23299.5 | 10.06 | 0.75 | 56 | 2005-4 | 57639.9 | 10.96 | 1.30 |
| 38 | 2001-2 | 25651.3 | 10.15 | 1.10 | 57 | 2006-1 | 44419.8 | 10.70 | 0.77 |
| 39 | 2001-3 | 26867.3 | 10.20 | 1.05 | 58 | 2006-2 | 49191.8 | 10.80 | 1.11 |
| 40 | 2001-4 | 33837.0 | 10.43 | 1.26 | 59 | 2006-3 | 50958.0 | 10.84 | 1.04 |
| 41 | 2002-1 | 25375.7 | 10.14 | 0.75 | 60 | 2006-4 | 67353.9 | 11.12 | 1.32 |
| 42 | 2002-2 | 27965.3 | 10.24 | 1.10 | 61 | 2007-1 | 53058.3 | 10.88 | 0.79 |
| 43 | 2002-3 | 29715.7 | 10.30 | 1.06 | 62 | 2007-2 | 59400.0 | 10.99 | 1.12 |
| 44 | 2002-4 | 37276.0 | 10.53 | 1.25 | 63 | 2007-3 | 61969.3 | 11.03 | 1.04 |
| 45 | 2003-1 | 28861.8 | 10.27 | 0.77 | 64 | 2007-4 | 82877.9 | 11.33 | 1.34 |
| 46 | 2003-2 | 31007.1 | 10.34 | 1.07 | 65 | 2008-1 | 63474.5 | 11.06 | 0.77 |
| 47 | 2003-3 | 33460.4 | 10.42 | 1.08 | 66 | 2008-2 | 71251.3 | 11.17 | 1.12 |
| 48 | 2003-4 | 42493.5 | 10.66 | 1.27 | 67 | 2008-3 | 73299.5 | 11.20 | 1.03 |
| 49 | 2004-1 | 33420.6 | 10.42 | 0.79 | 68 | 2008-4 | 92644.7 | 11.44 | 1.26 |

② 由最小二乘法可以得到参数的估计值 $\ln\hat{a}=8.9844$，$\hat{b}=0.0329$，可以得到 $\hat{a}=\mathrm{e}^{8.9844}=7978$，所以所求的指数模型为 $T_t=7978\mathrm{e}^{0.0329t}$。

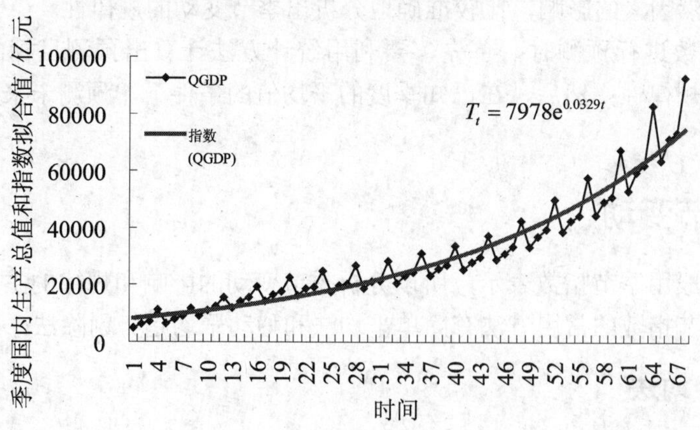


图 13-6　1992—2008 年季度国内生产总值折线图和指数拟合曲线图

③ 检验方程发现 $F$ 统计量的值为 $F$=943.63，对于显著性水平$\alpha$=0.05，$F$ 统计量的临界值为$F_{0.05}(1,66)$=3.986，$F$=943.63>3.986，因此取自然对数以后的各季度国内生产总值数据与时间 $t$ 存在显著的线性关系；事实上拟合优度为 $R^2$=0.935。

通过上述检验可知指数模型 $T_t = 7978e^{0.0329t}$ 可以作为 1992—2008 年季度国内生产总值趋势值的拟合模型。

其他常见的曲线拟合模型还有二次曲线模型、修正指数曲线模型和 Gompertz 曲线模型等，可以参见书后所列参考文献，本书不再赘述。

# 第五节　季节变动的测定

季节变动是经济生活中的普遍现象，季节性因素不仅使某些部门，如农产品的生产和某些产品的消费需求发生季节性变化，而且会通过一系列投入产出链条导致其他相关部门及相关产品的生产、存货、销售以及财务收支等也发生季节性变动。因此，只有测定季节周期的数量界限和变化规律，才能更有效地组织生产、流通和引导消费，克服季节变动导致的消极作用。

## 一、季节指数

季节指数(seasonal index)是指用于表示具有季节性变动的现象年复一年地在每季(月)的变动方向和幅度的百分数。如果某季节的季节指数等于 100%，说明这个季度不受季节的影响；如果季节指数大于 100%，说明该季节为旺季；如果季节指数小于 100%，说明该季节为淡季。

季节指数法是根据时间序列中的数据资料所呈现的季节变动规律，对预测目标未来状况做出预测的方法。利用季节指数法进行预测时，时间序列的时间单位是季或月，变动循环周期为 4 季或 12 个月。值得注意的是进行季节变动分析时，所掌握的时间序列资料至少要含有三个季节变动周期的数据，如以一年四季为变动周期，则至少要有 12 个季度的数据；若以一年 12 个月为变动周期，则至少要有 36 个月的数据。只有掌握丰富的历史资料，才能避免偶然因素的影响，比较准确地分析出季节变动的规律性。

运用季节指数进行预测时，首先，要利用统计方法计算出预测目标的季节指数，以测定季节变动的规律性；然后，在已知季度的平均值的条件下，预测未来某个月或季的预测值。

## 二、测定季节变动

季节变动一般用季节指数表示，所以分析季节变动的影响和规律的主要方法是测定季节指数。计算季节指数的常用方法有简单平均法和移动平均趋势剔除法。

### (一)简单平均法

简单平均法计算季节指数的步骤如下。

(1) 根据历年(至少要三年)同季(月)的数据，求出该季(月)的平均数。

(2) 计算历年总的季(月)平均数。

(3) 将各季(月)的平均数除以总平均数，得到季节指数。

其计算公式为

$$季节指数=\frac{同季(月)平均数}{总季(月)平均数}$$

简单平均法只适用于没有明显的长期趋势和循环波动时间序列的季节指数的计算，因为如果变量呈现出向上变动的趋势，那么后期各季或各月的水平较前期同季度(月份)的水平有较大的提高。这样，在计算总的季(月)度平均数时，后期的各季(月)与前期同季(月)数值相比而言，起较大的作用。因此，该法计算出来的季节指数有时不够精确。

### (二)移动平均趋势剔除法

存在长期趋势的时间序列可以用移动平均趋势剔除法计算季节指数，以乘法模型 $Y=T\times C\times S\times I$ 成立为前提条件，用移动平均剔除法计算季节指数的步骤如下。

(1) 计算简单移动平均值，消除季节波动和不规则波动的影响，得到长期趋势值 $T\times C$。如果是季度数据，采用 4 项中心化移动平均；如果是月份数据，采用 12 项中心化移动平均。

(2) 将数据 $Y$ 除以相应的长期趋势值 $T\times C$，得到不含趋势变动的数值 $Y/(T\times C)=S\times I$。

(3) 将 $Y/(T\times C)=S\times I$ 重新按照季(月)顺序排列，求出各季(月)和总的季(月)的平均数。

(4) 将各季(月)的平均数除以总平均数得到季节指数。

**【例 13-11】**根据表 13-8 中 1992—2008 年季度国内生产总值的数据，按照移动平均趋势剔除法计算季节指数。

**解** ① 计算移动平均数的目的是分离季节和不规则成分。我们计算 4 项中心化移动平均数，计算结果如表 13-14 所示。

② 季节指数除可以用来剔除时间序列中的季节波动，也可以预测未来的季节影响。用时间序列的原始数据除以季节指数即可得到剔除了季节影响的季度国内生产总值，如表 13-14 所示。

表 13-14 1992—2008 年季度国内生产总值

| 年、季 | QGDP/亿元 | 4 项中心化移动平移/亿元 | Y/T | 年、季 | QGDP/亿元 | 4 项中心化移动平移/亿元 | Y/T |
|---|---|---|---|---|---|---|---|
| 1992-1 | 4974.3 | — | — | 1994-3 | 12446.9 | 12398.68 | 1.00 |
| 1992-2 | 6357.8 | — | — | 1994-4 | 15601.2 | 13125.91 | 1.19 |
| 1992-3 | 7119.4 | 7596.64 | 0.94 | 1995-1 | 11858.5 | 13889.93 | 0.85 |
| 1992-4 | 11172.0 | 7998.07 | 1.40 | 1995-2 | 14109.1 | 14737.19 | 0.96 |
| 1993-1 | 6500.5 | 8449.80 | 0.77 | 1995-3 | 15535.0 | 15498.78 | 1.00 |
| 1993-2 | 8043.0 | 8762.18 | 0.92 | 1995-4 | 19291.2 | 16110.55 | 1.20 |
| 1993-3 | 9048.0 | 9154.01 | 0.99 | 1996-1 | 14261.2 | 16689.02 | 0.85 |
| 1993-4 | 11742.4 | 9854.78 | 1.19 | 1996-2 | 16600.6 | 17375.10 | 0.96 |
| 1994-1 | 9064.7 | 10659.90 | 0.85 | 1996-3 | 17671.3 | 18043.58 | 0.98 |
| 1994-2 | 11085.0 | 11567.12 | 0.96 | 1996-4 | 22643.5 | 18555.15 | 1.22 |

续表

| 年、季 | QGDP/亿元 | 4 项中心化移动平移/亿元 | Y/T | 年、季 | QGDP/亿元 | 4 项中心化移动平移/亿元 | Y/T |
|---|---|---|---|---|---|---|---|
| 1997-1 | 16256.7 | 19001.87 | 0.86 | 2003-1 | 28861.8 | 32183.23 | 0.90 |
| 1997-2 | 18697.6 | 19464.86 | 0.96 | 2003-2 | 31007.1 | 33303.51 | 0.93 |
| 1997-3 | 19148.1 | 19898.84 | 0.96 | 2003-3 | 33460.4 | 34525.55 | 0.97 |
| 1997-4 | 24870.7 | 20182.39 | 1.23 | 2003-4 | 42493.5 | 35842.68 | 1.19 |
| 1998-1 | 17501.3 | 20463.42 | 0.86 | 2004-1 | 33420.6 | 37352.61 | 0.89 |
| 1998-2 | 19721.4 | 20858.53 | 0.95 | 2004-2 | 36985.3 | 39042.43 | 0.95 |
| 1998-3 | 20372.5 | 21261.62 | 0.96 | 2004-3 | 39561.7 | 40637.45 | 0.97 |
| 1998-4 | 26807.0 | 21603.14 | 1.24 | 2004-4 | 49910.7 | 41987.56 | 1.19 |
| 1999-1 | 18789.7 | 21919.46 | 0.86 | 2005-1 | 38763.6 | 43270.93 | 0.90 |
| 1999-2 | 21165.2 | 22237.29 | 0.95 | 2005-2 | 42443.2 | 44838.20 | 0.95 |
| 1999-3 | 21459.3 | 22651.42 | 0.95 | 2005-3 | 44370.7 | 46511.38 | 0.95 |
| 1999-4 | 28262.8 | 23125.59 | 1.22 | 2005-4 | 57639.9 | 48061.98 | 1.20 |
| 2000-1 | 20647.0 | 23727.59 | 0.87 | 2006-1 | 44419.8 | 49728.96 | 0.89 |
| 2000-2 | 23101.3 | 24445.61 | 0.95 | 2006-2 | 49191.8 | 51766.63 | 0.95 |
| 2000-3 | 24339.3 | 25135.21 | 0.97 | 2006-3 | 50958.0 | 54060.69 | 0.94 |
| 2000-4 | 31127.1 | 25785.54 | 1.21 | 2006-4 | 67353.9 | 56416.52 | 1.19 |
| 2001-1 | 23299.5 | 26420.30 | 0.88 | 2007-1 | 53058.3 | 59068.97 | 0.90 |
| 2001-2 | 25651.3 | 27075.05 | 0.95 | 2007-2 | 59400.0 | 62385.89 | 0.95 |
| 2001-3 | 26867.3 | 27673.31 | 0.97 | 2007-3 | 61969.3 | 65628.42 | 0.94 |
| 2001-4 | 33837.0 | 28222.08 | 1.20 | 2007-4 | 82877.9 | 68411.85 | 1.21 |
| 2002-1 | 25375.7 | 28867.38 | 0.88 | 2008-1 | 63474.5 | 71309.54 | 0.89 |
| 2002-2 | 27965.3 | 29653.30 | 0.94 | 2008-2 | 71251.3 | 73946.66 | 0.96 |
| 2002-3 | 29715.7 | 30518.94 | 0.97 | 2008-3 | 73299.5 | — | — |
| 2002-4 | 37276.0 | 31334.92 | 1.19 | 2008-4 | 92644.7 | — | — |

③ 将$Y/(T\times C)=S\times I$重新按照季顺序排列，求出各季和总的季的平均数，如表 13-14 所示。

④ 将各季的平均数除以总平均数得到季节指数，如表 13-15 所示。

表 13-15　1992—2008 年季度国内生产总值季节指数计算表

| 年　份 | 季　度 | | | | 全年合计 |
|---|---|---|---|---|---|
| | 一季度 | 二季度 | 三季度 | 四季度 | |
| 1992 | — | — | 0.94 | 1.40 | — |
| 1993 | 0.77 | 0.92 | 0.99 | 1.19 | — |
| 1994 | 0.85 | 0.96 | 1.00 | 1.19 | — |
| 1995 | 0.85 | 0.96 | 1.00 | 1.20 | — |

续表

| 年 份 | 季 度 | | | | 全年合计 |
|---|---|---|---|---|---|
| | 一季度 | 二季度 | 三季度 | 四季度 | |
| 1996 | 0.85 | 0.96 | 0.98 | 1.22 | — |
| 1997 | 0.86 | 0.96 | 0.96 | 1.23 | — |
| 1998 | 0.86 | 0.95 | 0.96 | 1.24 | — |
| 1999 | 0.86 | 0.95 | 0.95 | 1.22 | — |
| 2000 | 0.87 | 0.95 | 0.97 | 1.21 | — |
| 2001 | 0.88 | 0.95 | 0.97 | 1.20 | — |
| 2002 | 0.88 | 0.94 | 0.97 | 1.19 | — |
| 2003 | 0.90 | 0.93 | 0.97 | 1.19 | — |
| 2004 | 0.89 | 0.95 | 0.97 | 1.19 | — |
| 2005 | 0.90 | 0.95 | 0.95 | 1.20 | — |
| 2006 | 0.89 | 0.95 | 0.94 | 1.19 | — |
| 2007 | 0.90 | 0.95 | 0.94 | 1.21 | — |
| 2008 | 0.89 | 0.96 | — | — | — |
| 季平均 | 0.8685 | 0.9483 | 0.9672 | 1.2165 | 1.000 |
| 季节指数 | 0.8684 | 0.9482 | 0.9671 | 1.2164 | 4.00 |

## 三、季节调整

根据时间序列长期趋势和季节指数可以对其未来的数值进行预测。若要得到时间序列预测值，则要使用趋势预测值乘以季节指数加以调整。即

季度预测值=趋势预测值×季节指数

前面得到我国 1992—2008 年季度国内生产总值拟合趋势模型和季节指数，若要了解其长期趋势，我们可以应用季节调整进行预测。

1992—2008 季度国内生产总值时间序列拟合的指数模型为

$$T_t = 7978\mathrm{e}^{0.0329t}$$

依据该指数模型可以预测 2009 年各季度的国内生产总值，预测和调整结果如表 13-16 所示。

表 13-16 2009 年季度国内生产总值的预测值

| 年、季 | 趋势预测值/亿元 | 季节指数 | 季度预测值/亿元 |
|---|---|---|---|
| 2009-1($t$=69) | 77229.98 | 0.868 | 67035.62 |
| 2009-2($t$=70) | 79813.11 | 0.948 | 75662.83 |
| 2009-3($t$=71) | 82482.63 | 0.967 | 79760.71 |
| 2009-4($t$=72) | 85241.44 | 1.216 | 103653.60 |

## 第六节　循环波动的测定

循环波动是宏观经济增长中经常出现的波动趋势。当今世界上许多国家和地区普遍开展的宏观经济监测与预警系统研究旨在克服这种波动趋势，实现宏观经济的持续、稳定发展。

循环波动与季节变动的主要区别在于循环波动的变动周期通常在一年以上且周期长短不一，而季节波动是一年以内的有规律的变动。分析循环波动的主要目的在于探究循环波动的规律或从时间序列中剔除循环波动的影响。循环波动的规律性不如季节性变动明显，成因也比较复杂。同一经济现象在各个时期的循环波动具有自身的特点，各个周期长度往往也不同，比如有 3 年的循环周期，也存在长达数年的周期。因而大部分循环波动的研究不仅依赖于经济分析，最终可能还要归结于平均周期的研究。

测定循环波动的方法中最常用的是剩余法。剩余法是按照时间序列分解的假设，从中依次剔除长期趋势、季节变动和不规则变动，剩下的就是循环波动。

对于时间序列的乘法模型$Y=T\times C\times S\times I$，测定循环波动的步骤如下。

(1) 计算长期趋势值，即用移动平均法或长期趋势模型得到时间序列的长期趋势值，对于项数为偶数的时间序列用中心化移动平均方法得到长期趋势。

(2) 计算时间序列的季节指数。

(3) 计算$C\times I$值，由$Y=T\times C\times S\times I$，可得到$C\times I=Y/(T\times S)$。

(4) 用移动平均法从$C\times I$消除随机波动的影响，余下的就是循环波动。

剩余法的优点是能够识别时间序列的各个构成因素。

**【例 13-12】**试用剩余法测量我国 1992—2008 年季度国内生产总值时间序列的循环波动。

**解**　根据前面得到的 1992—2008 年季度国内生产总值的长期趋势值和季节指数，然后由原时间序列值得到剔除了长期趋势和季节趋势后的$C\times I$，最后经过移动平均就可以得到时间序列的循环波动。计算结果如表 13-17 所示，循环波动图如图 13-7 所示。

表 13-17　1992—2008 年季度国内生产总值循环波动计算过程

| 年、季 | QGDP/亿元 | 4 项中心化移动平移/亿元 | Y/T | 季节指数 | 季节调整/亿元 | 长期趋势/亿元 | 循环及不规则变动 | 循环波动 |
|---|---|---|---|---|---|---|---|---|
| 1992-1 | 4974.3 | — | — | 0.868 | 5730.795 | 8244.84 | 0.70 | — |
| 1992-2 | 6357.8 | — | — | 0.948 | 6706.53 | 8520.61 | 0.79 | 0.77 |
| 1992-3 | 7119.4 | 7596.64 | 0.9372 | 0.967 | 7362.306 | 8805.6 | 0.84 | 0.88 |
| 1992-4 | 11172.0 | 7998.07 | 1.3968 | 1.216 | 9187.508 | 9100.12 | 1.01 | 0.88 |
| 1993-1 | 6500.5 | 8449.80 | 0.7693 | 0.868 | 7489.052 | 9404.49 | 0.80 | 0.89 |
| 1993-2 | 8043.0 | 8762.18 | 0.9179 | 0.948 | 8484.224 | 9719.0 | 0.87 | 0.87 |
| 1993-3 | 9048.0 | 9154.01 | 0.9884 | 0.967 | 9356.746 | 10044.1 | 0.93 | 0.91 |
| 1993-4 | 11742.4 | 9854.78 | 1.1915 | 1.216 | 9656.587 | 10380.1 | 0.93 | 0.95 |
| 1994-1 | 9064.7 | 10659.90 | 0.8504 | 0.868 | 10443.2 | 10727.3 | 0.97 | 0.99 |

续表

| 年、季 | QGDP/亿元 | 4项中心化移动平移/亿元 | Y/T | 季节指数 | 季节调整/亿元 | 长期趋势/亿元 | 循环及不规则变动 | 循环波动 |
|---|---|---|---|---|---|---|---|---|
| 1994-2 | 11085.0 | 11567.11 | 0.9583 | 0.948 | 11693.03 | 11086.1 | 1.05 | 1.05 |
| 1994-3 | 12446.9 | 12398.68 | 1.0039 | 0.967 | 12871.69 | 11456.8 | 1.12 | 1.09 |
| 1994-4 | 15601.2 | 13125.91 | 1.1886 | 1.216 | 12829.94 | 11840 | 1.08 | 1.11 |
| 1995-1 | 11858.5 | 13889.93 | 0.8537 | 0.868 | 13661.83 | 12236.1 | 1.12 | 1.13 |
| 1995-2 | 14109.1 | 14737.19 | 0.9574 | 0.948 | 14883.02 | 12645.3 | 1.18 | 1.17 |
| 1995-3 | 15535.0 | 15498.78 | 1.0023 | 0.967 | 16065.14 | 13068.3 | 1.23 | 1.19 |
| 1995-4 | 19291.2 | 16110.55 | 1.1974 | 1.216 | 15864.45 | 13505.4 | 1.17 | 1.19 |
| 1996-1 | 14261.2 | 16689.02 | 0.8545 | 0.868 | 16429.98 | 13957.1 | 1.18 | 1.19 |
| 1996-2 | 16600.6 | 17375.10 | 0.9554 | 0.948 | 17511.14 | 14423.9 | 1.21 | 1.21 |
| 1996-3 | 17671.3 | 18043.58 | 0.9794 | 0.967 | 18274.33 | 14906.4 | 1.23 | 1.22 |
| 1996-4 | 22643.5 | 18555.15 | 1.2203 | 1.216 | 18621.32 | 15404.9 | 1.21 | 1.20 |
| 1997-1 | 16256.7 | 19001.87 | 0.8555 | 0.868 | 18728.89 | 15920.2 | 1.18 | 1.19 |
| 1997-2 | 18697.6 | 19464.86 | 0.9606 | 0.948 | 19723.23 | 16452.7 | 1.20 | 1.18 |
| 1997-3 | 19148.1 | 19898.84 | 0.9623 | 0.967 | 19801.5 | 17003 | 1.16 | 1.18 |
| 1997-4 | 24870.7 | 20182.39 | 1.2323 | 1.216 | 20452.86 | 17571.7 | 1.16 | 1.15 |
| 1998-1 | 17501.3 | 20463.42 | 0.8552 | 0.868 | 20162.8 | 18159.4 | 1.11 | 1.13 |
| 1998-2 | 19721.4 | 20858.53 | 0.9455 | 0.948 | 20803.18 | 18766.8 | 1.11 | 1.10 |
| 1998-3 | 20372.5 | 21261.62 | 0.9582 | 0.967 | 21067.77 | 19394.5 | 1.09 | 1.10 |
| 1998-4 | 26807.0 | 21603.14 | 1.2409 | 1.216 | 22045.26 | 20043.2 | 1.10 | 1.08 |
| 1999-1 | 18789.7 | 21919.46 | 0.8572 | 0.868 | 21647.1 | 20713.5 | 1.05 | 1.06 |
| 1999-2 | 21165.2 | 22237.29 | 0.9518 | 0.948 | 22326.16 | 21406.4 | 1.04 | 1.03 |
| 1999-3 | 21459.3 | 22651.42 | 0.9474 | 0.967 | 22191.66 | 22122.3 | 1.00 | 1.02 |
| 1999-4 | 28262.8 | 23125.59 | 1.2221 | 1.216 | 23242.46 | 22862.3 | 1.02 | 1.01 |
| 2000-1 | 20647.0 | 23727.59 | 0.8702 | 0.868 | 23786.82 | 23626.9 | 1.01 | 1.01 |
| 2000-2 | 23101.3 | 24445.61 | 0.9450 | 0.948 | 24368.42 | 24417.2 | 1.00 | 1.00 |
| 2000-3 | 24339.3 | 25135.21 | 0.9683 | 0.967 | 25169.89 | 25233.9 | 1.00 | 0.99 |
| 2000-4 | 31127.1 | 25785.54 | 1.2072 | 1.216 | 25597.9 | 26077.9 | 0.98 | 0.99 |
| 2001-1 | 23299.5 | 26420.30 | 0.8819 | 0.868 | 26842.79 | 26950.1 | 1.00 | 0.98 |
| 2001-2 | 25651.3 | 27075.05 | 0.9474 | 0.948 | 27058.35 | 27851.5 | 0.97 | 0.98 |
| 2001-3 | 26867.3 | 27673.31 | 0.9709 | 0.967 | 27784.21 | 28783.1 | 0.97 | 0.96 |
| 2001-4 | 33837.0 | 28222.08 | 1.1990 | 1.216 | 27826.46 | 29745.8 | 0.94 | 0.95 |
| 2002-1 | 25375.7 | 28867.38 | 0.8790 | 0.868 | 29234.67 | 30740.7 | 0.95 | 0.94 |
| 2002-2 | 27965.3 | 29653.30 | 0.9431 | 0.948 | 29499.28 | 31768.9 | 0.93 | 0.94 |
| 2002-3 | 29715.7 | 30518.94 | 0.9737 | 0.967 | 30729.78 | 32831.5 | 0.94 | 0.92 |
| 2002-4 | 37276.0 | 31334.92 | 1.1896 | 1.216 | 30654.59 | 33929.6 | 0.90 | 0.93 |

续表

| 年、季 | QGDP/亿元 | 4项中心化移动平移/亿元 | Y/T | 季节指数 | 季节调整/亿元 | 长期趋势/亿元 | 循环及不规则变动 | 循环波动 |
|---|---|---|---|---|---|---|---|---|
| 2003-1 | 28861.8 | 32183.23 | 0.8968 | 0.868 | 33250.92 | 35064.4 | 0.95 | 0.92 |
| 2003-2 | 31007.1 | 33303.51 | 0.9310 | 0.948 | 32707.91 | 36237.3 | 0.90 | 0.92 |
| 2003-3 | 33460.4 | 34525.55 | 0.9691 | 0.967 | 34602.28 | 37449.3 | 0.92 | 0.91 |
| 2003-4 | 42493.5 | 35842.68 | 1.1856 | 1.216 | 34945.31 | 38701.9 | 0.90 | 0.93 |
| 2004-1 | 33420.6 | 37352.61 | 0.8947 | 0.868 | 38503 | 39996.3 | 0.96 | 0.94 |
| 2004-2 | 36985.3 | 39042.43 | 0.9473 | 0.948 | 39014.03 | 41334.1 | 0.94 | 0.95 |
| 2004-3 | 39561.7 | 40637.45 | 0.9735 | 0.967 | 40911.79 | 42716.6 | 0.96 | 0.94 |
| 2004-4 | 49910.7 | 41987.56 | 1.1887 | 1.216 | 41044.98 | 44145.4 | 0.93 | 0.96 |
| 2005-1 | 38763.6 | 43270.93 | 0.8958 | 0.868 | 44658.53 | 45621.9 | 0.98 | 0.95 |
| 2005-2 | 42443.2 | 44838.20 | 0.9466 | 0.948 | 44771.31 | 47147.8 | 0.95 | 0.96 |
| 2005-3 | 44370.7 | 46511.38 | 0.9540 | 0.967 | 45884.9 | 48724.8 | 0.94 | 0.94 |
| 2005-4 | 57639.9 | 48061.98 | 1.1993 | 1.216 | 47401.23 | 50354.5 | 0.94 | 0.96 |
| 2006-1 | 44419.8 | 49728.96 | 0.8932 | 0.868 | 51174.88 | 52038.7 | 0.98 | 0.96 |
| 2006-2 | 49191.8 | 51766.63 | 0.9503 | 0.948 | 51890.08 | 53779.3 | 0.96 | 0.97 |
| 2006-3 | 50958.0 | 54060.69 | 0.9426 | 0.967 | 52697 | 55578 | 0.95 | 0.96 |
| 2006-4 | 67353.9 | 56416.52 | 1.1939 | 1.216 | 55389.72 | 57436.9 | 0.96 | 0.98 |
| 2007-1 | 53058.3 | 59068.97 | 0.8982 | 0.868 | 61127.06 | 59358.1 | 1.03 | 1.01 |
| 2007-2 | 59400.0 | 62385.89 | 0.9521 | 0.948 | 62658.24 | 61343.4 | 1.02 | 1.02 |
| 2007-3 | 61969.3 | 65628.42 | 0.9442 | 0.967 | 64084.12 | 63395.2 | 1.01 | 1.02 |
| 2007-4 | 82877.9 | 68411.85 | 1.2115 | 1.216 | 68156.19 | 65515.6 | 1.04 | 1.04 |
| 2008-1 | 63474.5 | 71309.54 | 0.8901 | 0.868 | 73127.29 | 67706.9 | 1.08 | 1.06 |
| 2008-2 | 71251.3 | 73946.66 | 0.9635 | 0.948 | 75159.59 | 69971.5 | 1.07 | 1.07 |
| 2008-3 | 73299.5 | — | — | 0.967 | 75800.97 | 72311.8 | 1.05 | 1.05 |
| 2008-4 | 92644.7 | — | — | 1.216 | 76188.06 | 74730.5 | 1.02 | 1.03 |

从循环波动可以大致看出变量从低谷—顶峰—低谷—顶峰—……的变动趋势，可以得到一个循环(低谷—顶峰—低谷为一个循环)的间隔时间以及每一次波动的幅度。从本例可以看出，从 1992 年以来我国季度国内生产总值呈现波浪式变动。从 1992 年第 2 季度到 2003 年第 4 季度，我国季度国内生产总值经历了一个完整循环，时间为 47 个季度。

需要说明的是，本例仅用于帮助理解和掌握有关方法。一般来说，需要掌握两个以上的循环数据，才能比较可靠地识别出循环波动的规律性。

在影响时间序列的四个因素中，比较好把握的规律是长期趋势及季节变动，再就是循环波动，无法把握的是不规则变动。

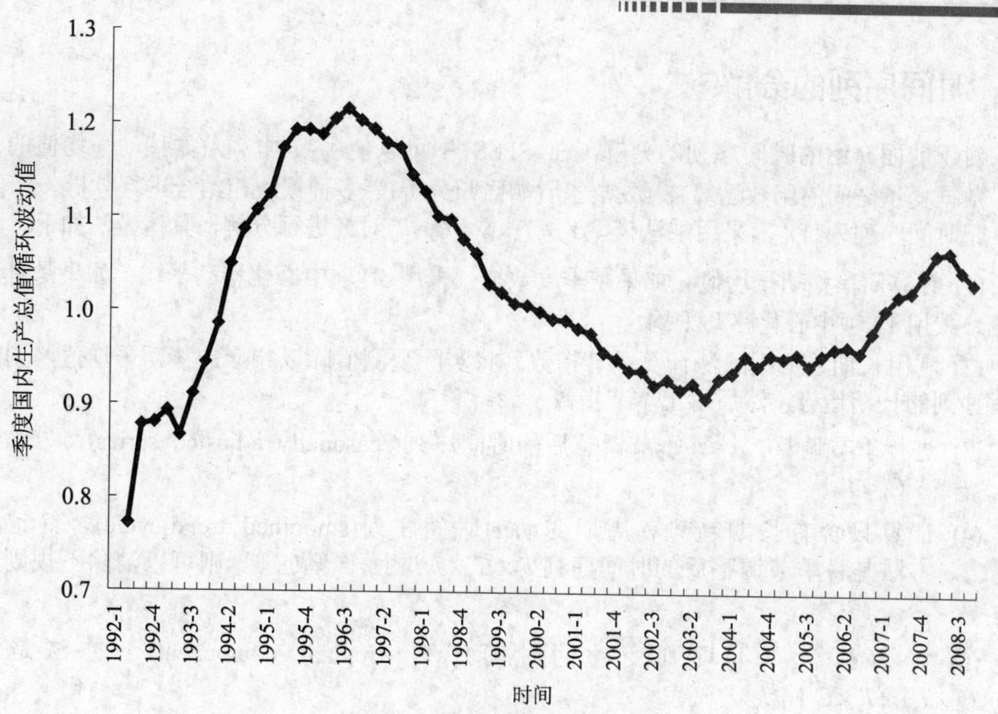


图 13-7　1992—2008 年季度国内生产总值循环波动图

# 第七节　统计软件应用

本节以本章例题来说明利用 SPSS 进行时间序列的分析。

## 一、时间序列数据格式的产生

利用 SPSS 进行时间序列分析时需要把变量观测值附加上时间因素，步骤如下。

(1) 选择 Data | Define Dates 命令，弹出 Define Dates 对话框。

(2) Cases Are 项：该项的列表框内有 21 种定义数据格式的选项。如例 13-8 中，时间序列是年、季数据，选择 Years，quarters 选项。

(3) First Case Is 项：如例 13-8 中，选择 Years，quarters 选项后设定第一个观测值为 1992 年 1 季度。

(4) 单击 OK 按钮，即可完成时间序列的定义。系统会在原时间序列数据文件自动生成 year_、quarter_列。

## 二、时间序列序列图的绘制

对时间序列序列图可以选择 Graphs | Sequence 命令，对例 13-8 选择 QGDP 为变量，date 为时间轴的标记，这样即可画出图 13-2。

## 三、时间序列的分解

对于前面介绍的时间序列的分解，在 SPSS 中可以使用数据转换(如移动平均值的计算、数据变量之间的函数运算)、数据分析(如回归分析)等多种模块相结合进行分析。

记时间序列为$\{Y_t\}$，采用乘法模型$Y_t = T_t \times S_t \times C_t \times I_t$对$Y_t$进行分解，具体做法如下。

(1) 计算简单移动平均值。如果是季度数据，采用 4 项中心化移动平均；如果是月份数据，采用 12 项中心化移动平均。

(2) 利用长期趋势剔除法计算季节指数。将实际观测值除以相应的移动平均值，剔除时间序列的长期趋势，然后求出季节指数$S_t$。

(3) 进行季节调整。计算季节调整后的时间序列(seasonally adjusted series)，方法是$Y_t / S_t = T_t \times C_t \times I_t$。

(4) 计算只含有长期趋势和周期变动的时间序列(smoothed trend-cycle)，简记为$T_t \times C_t$。方法是将季节调整后的时间序列$T_t \times C_t \times I_t$进行平滑处理，则可以消除不规则变动$I_t$。

(5) 计算只含有不规则变动的时间序列(irregular component)。方法是：$(T_t \times C_t \times I_t)/(T_t \times C_t) = I_t$。

用 SPSS 进行时间序列分解的操作步骤如下。

(1) 选择 Analyze | Time Series | Seasonal Decomposition 命令，弹出 Seasonal Decomposition 对话框。

(2) 将需要分析的时间序列变量从左侧列表框移入到右侧的 Variable(s)框内。

(3) Model 选项组：选择模型形式，包含 2 个单选按钮。

① Multiplicative 单选按钮：乘法模型。

② Additive 单选按钮：加法模型。

(4) Moving Average Weight 选项组：选择移动平均权重的确定方法，包含 2 个单选按钮。

① All points equal 单选按钮：即简单移动平均法，常用于项数是奇数的情形。

② Endpoints weighted by 0.5 单选按钮：即中心化移动平均法，用于项数为偶数时的情况。如例 13-8 选择项数为 4 的中心化移动平均。

(5) Display casewise listing 复选框：输出移动平均的结果、季节指数的生成过程以及序列的成分分解等整个计算过程。

(6) 单击 Save 按钮，弹出 Season：Save 对话框，定义变量的保存方式。其中包含 3 个单选按钮。

① Add to file 单选按钮：将新生成的变量增加到原始数据文件中。

② Replace existing 单选按钮：将新生成的变量替换原变量。

③ Do not create 单选按钮：不保存新生成的变量。

④ 单击 Continue 按钮，返回到 Seasonal Decomposition 对话框。

(7) 单击 OK 按钮，即可完成时间序列分解的操作。

**【例 13-13】**对 1992—2008 年我国季度国内生产总值进行时间序列的分解。

解　① 进行时间序列的定义。

打开 SPSS 数据管理窗口，然后按时间顺序将观测值依次输入数据区域。根据输入数据，选择 Years, quarters，并选择第一样本开始时间为 1992 年 1 季度，则根据数据编辑窗口生成的新的数据文件，得到表 13-18。

表 13-18 时间序列定义

| 序 号 | 季度 GDP | year_ | quarter_ | date_ |
|---|---|---|---|---|
| 1 | 4974.33 | 1992 | 1 | Q1 1992 |
| 2 | 6357.79 | 1992 | 2 | Q2 1992 |
| 3 | 7119.35 | 1992 | 3 | Q3 1992 |
| 4 | 11172.01 | 1992 | 4 | Q4 1992 |
| 5 | 6500.50 | 1993 | 1 | Q1 1993 |
| 6 | 8043.04 | 1993 | 2 | Q2 1993 |
| 7 | 9047.97 | 1993 | 3 | Q3 1993 |
| 8 | 11742.41 | 1993 | 4 | Q4 1993 |
| 9 | 9064.73 | 1994 | 1 | Q1 1994 |
| 10 | 11084.99 | 1994 | 2 | Q2 1994 |
| 11 | 12446.92 | 1994 | 3 | Q3 1994 |
| 12 | 15601.21 | 1994 | 4 | Q4 1994 |
| 13 | 11858.47 | 1995 | 1 | Q1 1995 |
| 14 | 14109.10 | 1995 | 2 | Q2 1995 |
| 15 | 15534.99 | 1995 | 3 | Q3 1995 |
| 16 | 19291.17 | 1995 | 4 | Q4 1995 |
| 17 | 14261.22 | 1996 | 1 | Q1 1996 |
| 18 | 16600.56 | 1996 | 2 | Q2 1996 |
| 19 | 17671.28 | 1996 | 3 | Q3 1996 |
| 20 | 22643.53 | 1996 | 4 | Q4 1996 |
| 21 | 16256.68 | 1997 | 1 | Q1 1997 |
| 22 | 18697.62 | 1997 | 2 | Q2 1997 |
| 23 | 19148.05 | 1997 | 3 | Q3 1997 |
| 24 | 24870.68 | 1997 | 4 | Q4 1997 |
| 25 | 17501.31 | 1998 | 1 | Q1 1998 |
| 26 | 19721.41 | 1998 | 2 | Q2 1998 |
| 27 | 20372.53 | 1998 | 3 | Q3 1998 |
| 28 | 26807.04 | 1998 | 4 | Q4 1998 |
| 29 | 18789.68 | 1999 | 1 | Q1 1999 |
| 30 | 21165.20 | 1999 | 2 | Q2 1999 |
| 31 | 21459.34 | 1999 | 3 | Q3 1999 |
| 32 | 28262.83 | 1999 | 4 | Q4 1999 |
| 33 | 20646.96 | 2000 | 1 | Q1 2000 |
| 34 | 23101.26 | 2000 | 2 | Q2 2000 |

续表

| 序　号 | 季度 GDP | year_ | quarter_ | date_ |
|---|---|---|---|---|
| 35 | 24339.28 | 2000 | 3 | Q3 2000 |
| 36 | 31127.05 | 2000 | 4 | Q4 2000 |
| 37 | 23299.54 | 2001 | 1 | Q1 2001 |
| 38 | 25651.32 | 2001 | 2 | Q2 2001 |
| 39 | 26867.33 | 2001 | 3 | Q3 2001 |
| 40 | 33836.98 | 2001 | 4 | Q4 2001 |
| 41 | 25375.69 | 2002 | 1 | Q1 2002 |
| 42 | 27965.32 | 2002 | 2 | Q2 2002 |
| 43 | 29715.70 | 2002 | 3 | Q3 2002 |
| 44 | 37275.98 | 2002 | 4 | Q4 2002 |
| 45 | 28861.80 | 2003 | 1 | Q1 2003 |
| 46 | 31007.10 | 2003 | 2 | Q2 2003 |
| 47 | 33460.40 | 2003 | 3 | Q3 2003 |
| 48 | 42493.50 | 2003 | 4 | Q4 2003 |
| 49 | 33420.60 | 2004 | 1 | Q1 2004 |
| 50 | 36985.30 | 2004 | 2 | Q2 2004 |
| 51 | 39561.70 | 2004 | 3 | Q3 2004 |
| 52 | 49910.70 | 2004 | 4 | Q4 2004 |
| 53 | 38763.60 | 2005 | 1 | Q1 2005 |
| 54 | 42443.20 | 2005 | 2 | Q2 2005 |
| 55 | 44370.70 | 2005 | 3 | Q3 2005 |
| 56 | 57639.90 | 2005 | 4 | Q4 2005 |
| 57 | 44419.80 | 2006 | 1 | Q1 2006 |
| 58 | 49191.80 | 2006 | 2 | Q2 2006 |
| 59 | 50958.00 | 2006 | 3 | Q3 2006 |
| 60 | 67353.90 | 2006 | 4 | Q4 2006 |
| 61 | 53058.29 | 2007 | 1 | Q1 2007 |
| 62 | 59400.01 | 2007 | 2 | Q2 2007 |
| 63 | 61969.34 | 2007 | 3 | Q3 2007 |
| 64 | 82877.93 | 2007 | 4 | Q4 2007 |
| 65 | 63474.49 | 2008 | 1 | Q1 2008 |
| 66 | 71251.29 | 2008 | 2 | Q2 2008 |
| 67 | 73299.54 | 2008 | 3 | Q3 2008 |
| 68 | 92644.68 | 2008 | 4 | Q4 2008 |

② 进行时间序列的分解。

根据时间序列分解的 SPSS 操作步骤，选择 Multiplicative 模型和 4 项中心化移动平均方法，在数据输出窗口输出结果，如表 13-19 所示；在数据编辑窗口输出结果，如表 13-20

所示。

表 13-19 时间序列分解输出表(1)

MODEL: MOD_1.

_

Results of SEASON procedure for variable QGDP.

Multiplicative Model. Centered MA method. Period = 4.

| DATE_ | QGDP | Moving averages | Ratios (* 100) | Seasonal factors (* 100) | Seasonally adjusted series | Smoothed trend-cycle | Irregular component |
|---|---|---|---|---|---|---|---|
| Q1 1992 | 4974.330 | . | . | 87.445 | 5688.546 | 5751.194 | 0.989 |
| Q2 1992 | 6357.790 | . | . | 95.049 | 6688.976 | 6577.837 | 1.017 |
| Q3 1992 | 7119.350 | 7596.641 | 93.717 | 96.783 | 7355.990 | 7452.970 | 0.987 |
| Q4 1992 | 11172.01 | 7998.069 | 139.684 | 120.724 | 9254.211 | 8054.810 | 1.149 |
| Q1 1993 | 6500.500 | 8449.803 | 76.931 | 87.445 | 7433.844 | 8270.965 | 0.899 |
| Q2 1993 | 8043.040 | 8762.180 | 91.793 | 95.049 | 8462.013 | 8659.118 | 0.977 |
| Q3 1993 | 9047.970 | 9154.009 | 98.842 | 96.783 | 9348.715 | 9135.962 | 1.023 |
| Q4 1993 | 11742.41 | 9854.781 | 119.154 | 120.724 | 9726.696 | 9859.383 | 0.987 |
| Q1 1994 | 9064.730 | 10659.89 | 85.036 | 87.445 | 10366.25 | 10676.26 | 0.971 |
| Q2 1994 | 11084.99 | 11567.11 | 95.832 | 95.049 | 11662.42 | 11565.65 | 1.008 |
| Q3 1994 | 12446.92 | 12398.68 | 100.389 | 96.783 | 12860.64 | 12408.92 | 1.036 |
| Q4 1994 | 15601.21 | 13125.91 | 118.858 | 120.724 | 12923.09 | 13124.36 | 0.985 |
| Q1 1995 | 11858.47 | 13889.93 | 85.375 | 87.445 | 13561.11 | 13903.29 | 0.975 |
| Q2 1995 | 14109.10 | 14737.19 | 95.738 | 95.049 | 14844.06 | 14739.98 | 1.007 |
| Q3 1995 | 15534.99 | 15498.78 | 100.234 | 96.783 | 16051.36 | 15519.05 | 1.034 |
| Q4 1995 | 19291.17 | 16110.55 | 119.742 | 120.724 | 15979.63 | 16107.63 | 0.992 |
| Q1 1996 | 14261.22 | 16689.02 | 85.453 | 87.445 | 16308.85 | 16680.71 | 0.978 |
| Q2 1996 | 16600.56 | 17375.10 | 95.542 | 95.049 | 17465.31 | 17363.01 | 1.006 |
| Q3 1996 | 17671.28 | 18043.58 | 97.937 | 96.783 | 18258.65 | 18013.25 | 1.014 |
| Q4 1996 | 22643.53 | 18555.14 | 122.034 | 120.724 | 18756.52 | 18567.27 | 1.010 |
| Q1 1997 | 16256.68 | 19001.87 | 85.553 | 87.445 | 18590.82 | 18963.54 | 0.980 |
| Q2 1997 | 18697.62 | 19464.86 | 96.058 | 95.049 | 19671.60 | 19458.15 | 1.011 |
| Q3 1997 | 19148.05 | 19898.84 | 96.227 | 96.783 | 19784.51 | 19833.82 | 0.998 |
| Q4 1997 | 24870.68 | 20182.39 | 123.230 | 120.724 | 20601.35 | 20202.41 | 1.020 |
| Q1 1998 | 17501.31 | 20463.42 | 85.525 | 87.445 | 20014.15 | 20397.42 | 0.981 |
| Q2 1998 | 19721.41 | 20858.53 | 94.548 | 95.049 | 20748.72 | 20797.84 | 0.998 |
| Q3 1998 | 20372.53 | 21261.62 | 95.818 | 96.783 | 21049.69 | 21173.20 | 0.994 |
| Q4 1998 | 26807.04 | 21603.14 | 124.089 | 120.724 | 22205.32 | 21634.09 | 1.026 |
| Q1 1999 | 18789.68 | 21919.46 | 85.721 | 87.445 | 21487.51 | 21847.88 | 0.984 |
| Q2 1999 | 21165.20 | 22237.29 | 95.179 | 95.049 | 22267.72 | 22193.33 | 1.003 |

续表

| | | | | | | | |
|---|---|---|---|---|---|---|---|
| Q3 1999 | 21459.34 | 22651.42 | 94.737 | 96.783 | 22172.63 | 22552.74 | 0.983 |
| Q4 1999 | 28262.83 | 23125.59 | 122.215 | 120.724 | 23411.20 | 23152.68 | 1.011 |
| Q1 2000 | 20646.96 | 23727.59 | 87.017 | 87.445 | 23611.46 | 23731.89 | 0.995 |
| Q2 2000 | 23101.26 | 24445.61 | 94.501 | 95.049 | 24304.64 | 24403.15 | 0.996 |
| Q3 2000 | 24339.28 | 25135.21 | 96.833 | 96.783 | 25148.29 | 25097.56 | 1.002 |
| Q4 2000 | 31127.05 | 25785.54 | 120.715 | 120.724 | 25783.75 | 25803.31 | 0.999 |
| Q1 2001 | 23299.54 | 26420.30 | 88.188 | 87.445 | 26644.90 | 26487.32 | 1.006 |
| Q2 2001 | 25651.32 | 27075.05 | 94.742 | 95.049 | 26987.53 | 27065.04 | 0.997 |
| Q3 2001 | 26867.33 | 27673.31 | 97.088 | 96.783 | 27760.37 | 27664.13 | 1.003 |
| Q4 2001 | 33836.98 | 28222.08 | 119.895 | 120.724 | 28028.49 | 28228.23 | 0.993 |
| Q1 2002 | 25375.69 | 28867.38 | 87.904 | 87.445 | 29019.14 | 28935.82 | 1.003 |
| Q2 2002 | 27965.32 | 29653.30 | 94.308 | 95.049 | 29422.07 | 29624.11 | 0.993 |
| Q3 2002 | 29715.70 | 30518.94 | 97.368 | 96.783 | 30703.42 | 30525.96 | 1.006 |
| Q4 2002 | 37275.98 | 31334.92 | 118.960 | 120.724 | 30877.15 | 31343.80 | 0.985 |
| Q1 2003 | 28861.80 | 32183.23 | 89.680 | 87.445 | 33005.79 | 32365.81 | 1.020 |
| Q2 2003 | 31007.10 | 33303.51 | 93.105 | 95.049 | 32622.30 | 33233.31 | 0.982 |
| Q3 2003 | 33460.40 | 34525.55 | 96.915 | 96.783 | 34572.59 | 34509.48 | 1.002 |
| Q4 2003 | 42493.50 | 35842.68 | 118.556 | 120.724 | 35199.02 | 35857.19 | 0.982 |
| Q1 2004 | 33420.60 | 37352.61 | 89.473 | 87.445 | 38219.14 | 37592.06 | 1.017 |
| Q2 2004 | 36985.30 | 39042.43 | 94.731 | 95.049 | 38911.91 | 39052.16 | 0.996 |
| Q3 2004 | 39561.70 | 40637.45 | 97.353 | 96.783 | 40876.69 | 40632.03 | 1.006 |
| Q4 2004 | 49910.70 | 41987.56 | 118.870 | 120.724 | 41342.98 | 42000.77 | 0.984 |
| Q1 2005 | 38763.60 | 43270.93 | 89.583 | 87.445 | 44329.29 | 43522.70 | 1.019 |
| Q2 2005 | 42443.20 | 44838.20 | 94.659 | 95.049 | 44654.12 | 44822.26 | 0.996 |
| Q3 2005 | 44370.70 | 46511.38 | 95.398 | 96.783 | 45845.53 | 46384.72 | 0.988 |
| Q4 2005 | 57639.90 | 48061.98 | 119.928 | 120.724 | 47745.38 | 48103.42 | 0.993 |
| Q1 2006 | 44419.80 | 49728.96 | 89.324 | 87.445 | 50797.61 | 49987.72 | 1.016 |
| Q2 2006 | 49191.80 | 51766.63 | 95.026 | 95.049 | 51754.27 | 51744.32 | 1.000 |
| Q3 2006 | 50958.00 | 54060.69 | 94.261 | 96.783 | 52651.79 | 53835.74 | 0.978 |
| Q4 2006 | 67353.90 | 56416.52 | 119.387 | 120.724 | 55791.86 | 56475.61 | 0.988 |
| Q1 2007 | 53058.29 | 59068.97 | 89.824 | 87.445 | 60676.42 | 59475.82 | 1.020 |
| Q2 2007 | 59400.01 | 62385.89 | 95.214 | 95.049 | 62494.24 | 62370.74 | 1.002 |
| Q3 2007 | 61969.34 | 65628.42 | 94.425 | 96.783 | 64029.13 | 65293.61 | 0.981 |
| Q4 2007 | 82877.93 | 68411.85 | 121.146 | 120.724 | 68651.02 | 68516.09 | 1.002 |
| Q1 2008 | 63474.49 | 71309.54 | 89.013 | 87.445 | 72588.18 | 71639.71 | 1.013 |
| Q2 2008 | 71251.29 | 73946.66 | 96.355 | 95.049 | 74962.87 | 74103.23 | 1.012 |
| Q3 2008 | 73299.54 | . | . | 96.783 | 75735.94 | 75813.33 | 0.999 |
| Q4 2008 | 92644.68 | . | . | 120.724 | 76741.20 | 77093.62 | 0.995 |

续表

| The following new variables are being created: | |
|---|---|
| Name | Label |
| ERR_1 | Error for QGDP from SEASON, MOD_1 MUL CEN 4 |
| SAS_1 | Seas adj ser for QGDP from SEASON, MOD_1 MUL CEN 4 |
| SAF_1 | Seas factors for QGDP from SEASON, MOD_1 MUL CEN 4 |
| STC_1 | Trend-cycle for QGDP from SEASON, MOD_1 MUL CEN 4 |

在表 13-19 中：第 1 列(DATE_)是时间(年/季)；第 2 列(QGDP)是时间序列的实际观测值$Y_t$。第 3 列(Moving averages)是对第 2 列数据的 4 项中心化移动平均值；第 4 列是第 2 列与第 3 列的对应数据之比；第 5 列(Seasonal factors)是季节指数$S_t$；第 6 列(Seasonally adjusted series)是第 2 列与第 5 列的对应数据之比，得到季节调整后的时间序列$T_t \times C_t \times I_t$；第 7 列(Smoothed trend-cycle)是将季节调整后的时间序列$T_t \times C_t \times I_t$进行平滑处理，剔除不规则变动$I_t$，得到只含有长期趋势和周期变动的时间序列$T_t \times C_t$；第 8 列(Irregular component)是第 6 列与第 7 列的对应数据之比，得到只含有不规则变动的时间序列$I_t$。

表 13-20　时间序列分解输出表(2)

| *t* | QGDP | Year_ | Quarter_ | Date_ | Err_1 | SAS_1 | SAF_1 | STC_1 |
|---|---|---|---|---|---|---|---|---|
| 1 | 4974.33 | 1992 | 1 | Q1 1992 | 0.98911 | 5688.54624 | 0.87445 | 5751.19447 |
| 2 | 6357.79 | 1992 | 2 | Q2 1992 | 1.01690 | 6688.97589 | 0.95049 | 6577.83724 |
| 3 | 7119.35 | 1992 | 3 | Q3 1992 | 0.98699 | 7355.98957 | 0.96783 | 7452.97043 |
| 4 | 11172.01 | 1992 | 4 | Q4 1992 | 1.14890 | 9254.21139 | 1.20724 | 8054.81008 |
| 5 | 6500.50 | 1993 | 1 | Q1 1993 | 0.89879 | 7433.84433 | 0.87445 | 8270.96510 |
| 6 | 8043.04 | 1993 | 2 | Q2 1993 | 0.97724 | 8462.01285 | 0.95049 | 8659.11825 |
| 7 | 9047.97 | 1993 | 3 | Q3 1993 | 1.02329 | 9348.71484 | 0.96783 | 9135.96154 |
| 8 | 11742.41 | 1993 | 4 | Q4 1993 | 0.98654 | 9726.69595 | 1.20724 | 9859.38305 |
| 9 | 9064.73 | 1994 | 1 | Q1 1994 | 0.97096 | 10366.24747 | 0.87445 | 10676.25953 |
| 10 | 11084.99 | 1994 | 2 | Q2 1994 | 1.00837 | 11662.42214 | 0.95049 | 11565.64804 |
| 11 | 12446.92 | 1994 | 3 | Q3 1994 | 1.03640 | 12860.64230 | 0.96783 | 12408.92369 |
| 12 | 15601.21 | 1994 | 4 | Q4 1994 | 0.98466 | 12923.09041 | 1.20724 | 13124.36307 |
| 13 | 11858.47 | 1995 | 1 | Q1 1995 | 0.97539 | 13561.11375 | 0.87445 | 13903.29390 |
| 14 | 14109.10 | 1995 | 2 | Q2 1995 | 1.00706 | 14844.06213 | 0.95049 | 14739.98281 |
| 15 | 15534.99 | 1995 | 3 | Q3 1995 | 1.03430 | 16051.35644 | 0.96783 | 15519.04612 |
| 16 | 19291.17 | 1995 | 4 | Q4 1995 | 0.99205 | 15979.62812 | 1.20724 | 16107.62979 |
| 17 | 14261.22 | 1996 | 1 | Q1 1996 | 0.97771 | 16308.85154 | 0.87445 | 16680.71478 |
| 18 | 16600.56 | 1996 | 2 | Q2 1996 | 1.00589 | 17465.30565 | 0.95049 | 17363.00840 |

续表

| t | QGDP | Year_ | Quarter_ | Date_ | Err_1 | SAS_1 | SAF_1 | STC_1 |
|---|---|---|---|---|---|---|---|---|
| 19 | 17671.28 | 1996 | 3 | Q3 1996 | 1.01362 | 18258.65443 | 0.96783 | 18013.25375 |
| 20 | 22643.53 | 1996 | 4 | Q4 1996 | 1.01019 | 18756.51859 | 1.20724 | 18567.26840 |
| 21 | 16256.68 | 1997 | 1 | Q1 1997 | 0.98035 | 18590.82046 | 0.87445 | 18963.54138 |
| 22 | 18697.62 | 1997 | 2 | Q2 1997 | 1.01097 | 19671.60435 | 0.95049 | 19458.14974 |
| 23 | 19148.05 | 1997 | 3 | Q3 1997 | 0.99751 | 19784.51068 | 0.96783 | 19833.82485 |
| 24 | 24870.68 | 1997 | 4 | Q4 1997 | 1.01975 | 20601.35375 | 1.20724 | 20202.41353 |
| 25 | 17501.31 | 1998 | 1 | Q1 1998 | 0.98121 | 20014.15492 | 0.87445 | 20397.42488 |
| 26 | 19721.41 | 1998 | 2 | Q2 1998 | 0.99764 | 20748.72496 | 0.95049 | 20797.83743 |
| 27 | 20372.53 | 1998 | 3 | Q3 1998 | 0.99417 | 21049.69109 | 0.96783 | 21173.20224 |
| 28 | 26807.04 | 1998 | 4 | Q4 1998 | 1.02640 | 22205.31623 | 1.20724 | 21634.08877 |
| 29 | 18789.68 | 1999 | 1 | Q1 1999 | 0.98351 | 21487.50959 | 0.87445 | 21847.88063 |
| 30 | 21165.20 | 1999 | 2 | Q2 1999 | 1.00335 | 22267.72393 | 0.95049 | 22193.32911 |
| 31 | 21459.34 | 1999 | 3 | Q3 1999 | 0.98315 | 22172.62549 | 0.96783 | 22552.74446 |
| 32 | 28262.83 | 1999 | 4 | Q4 1999 | 1.01117 | 23411.20383 | 1.20724 | 23152.68217 |
| 33 | 20646.96 | 2000 | 1 | Q1 2000 | 0.99493 | 23611.45858 | 0.87445 | 23731.88582 |
| 34 | 23101.26 | 2000 | 2 | Q2 2000 | 0.99596 | 24304.63592 | 0.95049 | 24403.15121 |
| 35 | 24339.28 | 2000 | 3 | Q3 2000 | 1.00202 | 25148.29161 | 0.96783 | 25097.55557 |
| 36 | 31127.05 | 2000 | 4 | Q4 2000 | 0.99924 | 25783.74891 | 1.20724 | 25803.31022 |
| 37 | 23299.54 | 2001 | 1 | Q1 2001 | 1.00595 | 26644.89705 | 0.87445 | 26487.32399 |
| 38 | 25651.32 | 2001 | 2 | Q2 2001 | 0.99714 | 26987.53200 | 0.95049 | 27065.04124 |
| 39 | 26867.33 | 2001 | 3 | Q3 2001 | 1.00348 | 27760.37129 | 0.96783 | 27664.13284 |
| 40 | 33836.98 | 2001 | 4 | Q4 2001 | 0.99292 | 28028.48957 | 1.20724 | 28228.23307 |
| 41 | 25375.69 | 2002 | 1 | Q1 2002 | 1.00288 | 29019.14148 | 0.87445 | 28935.81508 |
| 42 | 27965.32 | 2002 | 2 | Q2 2002 | 0.99318 | 29422.07139 | 0.95049 | 29624.10779 |
| 43 | 29715.70 | 2002 | 3 | Q3 2002 | 1.00581 | 30703.41806 | 0.96783 | 30525.95796 |
| 44 | 37275.98 | 2002 | 4 | Q4 2002 | 0.98511 | 30877.14733 | 1.20724 | 31343.80315 |
| 45 | 28861.80 | 2003 | 1 | Q1 2003 | 1.01977 | 33005.78851 | 0.87445 | 32365.80776 |
| 46 | 31007.10 | 2003 | 2 | Q2 2003 | 0.98161 | 32622.30183 | 0.95049 | 33233.31424 |
| 47 | 33460.40 | 2003 | 3 | Q3 2003 | 1.00183 | 34572.58788 | 0.96783 | 34509.48263 |
| 48 | 42493.50 | 2003 | 4 | Q4 2003 | 0.98164 | 35199.02253 | 1.20724 | 35857.19391 |
| 49 | 33420.60 | 2004 | 1 | Q1 2004 | 1.01668 | 38219.14280 | 0.87445 | 37592.06429 |
| 50 | 36985.30 | 2004 | 2 | Q2 2004 | 0.99641 | 38911.91437 | 0.95049 | 39052.15631 |
| 51 | 39561.70 | 2004 | 3 | Q3 2004 | 1.00602 | 40876.68856 | 0.96783 | 40632.03188 |
| 52 | 49910.70 | 2004 | 4 | Q4 2004 | 0.98434 | 41342.97843 | 1.20724 | 42000.77069 |
| 53 | 38763.60 | 2005 | 1 | Q1 2005 | 1.01853 | 44329.29282 | 0.87445 | 43522.70067 |
| 54 | 42443.20 | 2005 | 2 | Q2 2005 | 0.99625 | 44654.12377 | 0.95049 | 44822.26451 |

续表

| t | QGDP | Year_ | Quarter_ | Date_ | Err_1 | SAS_1 | SAF_1 | STC_1 |
|---|---|---|---|---|---|---|---|---|
| 55 | 44370.70 | 2005 | 3 | Q3 2005 | 0.98838 | 45845.53457 | 0.96783 | 46384.72317 |
| 56 | 57639.90 | 2005 | 4 | Q4 2005 | 0.99256 | 47745.37609 | 1.20724 | 48103.42368 |
| 57 | 44419.80 | 2006 | 1 | Q1 2006 | 1.01620 | 50797.61223 | 0.87445 | 49987.71642 |
| 58 | 49191.80 | 2006 | 2 | Q2 2006 | 1.00019 | 51754.26749 | 0.95049 | 51744.31586 |
| 59 | 50958.00 | 2006 | 3 | Q3 2006 | 0.97801 | 52651.78937 | 0.96783 | 53835.73969 |
| 60 | 67353.90 | 2006 | 4 | Q4 2006 | 0.98789 | 55791.86096 | 1.20724 | 56475.61179 |
| 61 | 53058.29 | 2007 | 1 | Q1 2007 | 1.02019 | 60676.41999 | 0.87445 | 59475.81997 |
| 62 | 59400.01 | 2007 | 2 | Q2 2007 | 1.00198 | 62494.23697 | 0.95049 | 62370.74457 |
| 63 | 61969.34 | 2007 | 3 | Q3 2007 | 0.98063 | 64029.13452 | 0.96783 | 65293.61332 |
| 64 | 82877.93 | 2007 | 4 | Q4 2007 | 1.00197 | 68651.02017 | 1.20724 | 68516.08854 |
| 65 | 63474.49 | 2008 | 1 | Q1 2008 | 1.01324 | 72588.18205 | 0.87445 | 71639.71019 |
| 66 | 71251.29 | 2008 | 2 | Q2 2008 | 1.01160 | 74962.86620 | 0.95049 | 74103.22881 |
| 67 | 73299.54 | 2008 | 3 | Q3 2008 | 0.99898 | 75735.93824 | 0.96783 | 75813.33479 |
| 68 | 92644.68 | 2008 | 4 | Q4 2008 | 0.99543 | 76741.19993 | 1.20724 | 77093.62207 |

在表 13-20 中，前 5 列是定义时间序列后的数据文件；第 6 列是误差项；第 7 列和第 9 列分别是表 13-19 中的第 6 列和第 7 列。利用第 7～9 列的序列数据，可以进一步地进行分析和预测。

## 本 章 小 结

(1) 时间序列也称时间数列或动态序列，是指依照时间次序排列的某种现象被观察到的数据序列，这些数据由于偶然因素的影响，往往表现出一定程度的不规则性，相互之间存在着某种规律。时间序列按所列统计指标数值的表现形式不同，可以分为绝对数时间序列、相对数时间序列和平均数时间序列三种。

(2) 某一经济现象在其发展变化过程中，每一时期都将受到许多因素的影响。按作用特点和影响效果将影响因素分为四类，即趋势成分(T)、循环成分(C)、季节成分(S)和不规则成分(I)。这四种影响因素的变动叠加在一起，形成了实际观察到的时间序列，因而可以通过这四种成分的考察来研究时间序列的变动。

(3) 为了研究各种随时间变化的现象之间的关系，了解其中内在的规律，我们需要对时间序列的主要指标进行分析。这些指标包括水平分析指标和速度分析指标。前者包括发展水平、平均发展水平、增长量和平均增长量；后者包括发展速度、平均发展速度、增长速度和平均增长速度。

(4) 时间序列长期趋势的测定方法主要包括移动平均法、指数平滑法和模型拟合法。其中移动平均法有简单平均和加权平均两种方法。模型拟合法可以采用直线模型、曲线模型等来拟合长期趋势。

(5) 季节指数法是根据时间序列中的数据资料所呈现的季节变动规律性，对预测目标

未来状况作出预测的方法。季节指数的计算常用的方法有简单平均法和移动平均趋势剔除法。季节指数除了可以用来剔除时间序列中的季节变动，也可以预测未来的季节影响。

(6) 循环波动与季节变动的主要区别在于循环波动的变动周期通常在一年以上且周期长短不一，而季节变动是一年以内的有规律的变动。分析循环波动的主要目的在于探究循环波动的规律或从时间序列中剔出循环波动的影响。循环波动的测定常用剩余法。

# 思考与练习题

## 一、思考题

1. 什么是时间序列？它可以分成哪些种类？
2. 时期序列和时点序列各有什么特点？
3. 环比发展速度和定基发展速度有什么关系？
4. 时间序列平均增长量、累计增长量分别在什么条件下应用？有什么意义？
5. 什么是序时平均数？它与一般平均数有什么不同？
6. 计算序时平均数的公式有几种？应用条件是什么？
7. 时间序列变化的组成成分有哪些？试分别说明。
8. 简单指数平滑法与简单移动平均法相比，其优点是什么？
9. 什么是季节指数？试说明用移动平均趋势剔除法计算时间序列的季节指数的步骤。
10. 采用剩余法进行循环波动分析的特点和步骤各是什么？

## 二、练习题

1. 我国 1978—1989 年历年旅客周转量资料如表 13-21 所示。

表 13-21　旅客周转量数据表

亿人公里

| 年　份 | 旅客周转量 | 年　份 | 旅客周转量 |
|---|---|---|---|
| 1978 | 1743 | 1984 | 3621 |
| 1979 | 1968 | 1985 | 4437 |
| 1980 | 2281 | 1986 | 4897 |
| 1981 | 2500 | 1987 | 5416 |
| 1982 | 2743 | 1988 | 6207 |
| 1983 | 3095 | 1989 | 6073 |

试计算：

(1) 各年逐期增长量、累计增长量和全时期平均增长量。

(2) 各年环比和定基发展速度和增长速度。

(3) 全时期平均发展速度和平均增长速度。

2. 某手表厂 2000—2003 年月销售量数据如表 13-22 所示，试用简单平均法计算其季节指数。

表 13-22　某手表厂 2000—2003 年月销售量数据表

万只

| 年份＼月份 | 1 | 2 | 3 | 4 | 5 | 6 | 7 | 8 | 9 | 10 | 11 | 12 |
|---|---|---|---|---|---|---|---|---|---|---|---|---|
| 2000 | 11.50 | 7.00 | 13.04 | 12.00 | 15.00 | 15.16 | 17.72 | 20.10 | 30.48 | 20.00 | 22.30 | 16.10 |
| 2001 | 16.15 | 13.55 | 28.61 | 25.00 | 28.40 | 28.00 | 33.39 | 33.00 | 39.70 | 37.00 | 34.00 | 32.00 |
| 2002 | 19.67 | 12.70 | 31.82 | 34.62 | 30.40 | 31.64 | 50.46 | 43.96 | 57.63 | 47.31 | 43.00 | 29.24 |
| 2003 | 35.25 | 16.96 | 31.53 | 24.03 | 20.00 | 27.50 | 36.00 | 65.00 | 80.00 | 65.00 | 60.00 | 38.25 |

3. 某地区 1988—1990 年社会商品零售总额资料如表 13-23 所示。

表 13-23　社会商品零售总额数据

亿元

| 年　份 | 一季度 | 二季度 | 三季度 | 四季度 |
|---|---|---|---|---|
| 1988 | 497.0 | 444.6 | 436.8 | 534.7 |
| 1989 | 537.0 | 488.9 | 471.0 | 573.8 |
| 1990 | 600.4 | 533.9 | 516.1 | 642.7 |

(1) 试测定长期趋势、季节变动和循环波动。

(2) 计算 1991 年的社会零售商品总额(包含季节因素和不包含季节因素)。

4. 某厂历年总产值如表 13-24 所示，试用 5 项移动平均法求其趋势分量。

表 13-24　某厂历年总产值数据表

万元

| 年　份 | 1986 | 1987 | 1988 | 1989 | 1990 | 1991 | 1992 | 1993 |
|---|---|---|---|---|---|---|---|---|
| 总产值 | 234.4 | 259.4 | 258.1 | 284.6 | 329.0 | 347.0 | 365.4 | 363.1 |
| 年　份 | 1994 | 1995 | 1996 | 1997 | 1998 | 1999 | 2000 | |
| 总产值 | 397.5 | 419.2 | 442.8 | 444.5 | 482.7 | 503.4 | 518.7 | |

5. 表 13-25 是我国 1980 年平板玻璃的月产量资料，试用指数平滑法对我国 1981 年 1 月的平板玻璃产量进行预测。分析当$\alpha$分别为 0.3、0.5 和 0.7 时的预测误差，从中选出一个作为预测时的平滑系数。

表 13-25　我国 1980 年平板玻璃月产量资料

万箱

| 时间(1980 年) | 1 月 | 2 月 | 3 月 | 4 月 | 5 月 | 6 月 |
|---|---|---|---|---|---|---|
| 产量 | 203.8 | 214.1 | 229.9 | 223.7 | 220.7 | 198.4 |
| 时间(1980 年) | 7 月 | 8 月 | 9 月 | 10 月 | 11 月 | 12 月 |
| 产量 | 207.8 | 228.5 | 206.5 | 226.8 | 247.8 | 259.5 |

6. 表 13-26 是 1990—2005 年在某地区移动电话使用者的数量。

表 13-26　1990—2005 年某地区移动电话使用者数量表

| 年　份 | 数量/人 | 年　份 | 数量/人 |
|---|---|---|---|
| 1990 | 16000 | 1998 | 44000 |
| 1991 | 18300 | 1999 | 47500 |
| 1992 | 21000 | 2000 | 50000 |
| 1993 | 25000 | 2001 | 51000 |
| 1994 | 30000 | 2002 | 53000 |
| 1995 | 32000 | 2003 | 55000 |
| 1996 | 37500 | 2004 | 57000 |
| 1997 | 41100 | 2005 | 59000 |

试：

(1) 建立时间序列线性模型，讨论该模型对移动电话使用者数量说明的情况。

(2) 预测 2008 年某地移动电话使用者数量。

7. 已知某地某品牌彩电的销售量资料如表 13-27 所示，分析其中数据的性质，并选择恰当的模型来预测 2010 年的销售量。

表 13-27　某地某品牌彩电销售量数据资料

| 年份 | 2003 | 2004 | 2005 | 2006 | 2007 | 2008 | 2009 |
|---|---|---|---|---|---|---|---|
| 销售量/万台 | 21 | 30 | 38 | 45 | 49 | 51 | 50 |

# 案例分析

**我国月度社会消费品零售总额趋势预测分析**

社会消费品零售总额指批发和零售业、餐饮业、新闻出版业、邮政业和其他服务业等售予城乡居民用于生活消费的商品和社会集团用于公共消费的商品之总量。它包括：批发和零售企业(单位)售予城乡居民用于生活消费和社会集团用于公共消费的商品；餐饮业出售的主食、菜肴、烟酒饮料和其他商品；新闻出版业、邮政业售予城乡居民、企事业单位、军队和武警等机构的书报杂志、音像制品、邮品等；其他服务业出售的食品、烟酒饮料、服装鞋帽、日常生活用品、医药保健用品、艺术品、工艺美术品、玩具以及其他消费品。各年度的社会消费品零售总额不仅反映了一个社会当期的消费水平，也能反映出消费的成长潜力和趋势，进而反映出对经济的拉动程度，因而成为制定宏观经济政策的一个重要参考指标。合理预测未来的社会消费品零售总额，对未来政策的制定具有极其重要的参考价值。表 13-28 是国家统计局公布的我国 2002—2009 年间各月份的社会消费品零售总额数据。

表 13-28 我国社会消费品零售总额数据

亿元

| 月＼年 | 2002 | 2003 | 2004 | 2005 | 2006 | 2007 | 2008 | 2009 |
|---|---|---|---|---|---|---|---|---|
| 1 月 | 3596.1 | 3706.4 | 4211.4 | 5012.2 | 6001.9 | 7013.7 | 8354.7 | 9323.8 |
| 2 月 | 3324.4 | 3907.4 | 4569.4 | 5300.9 | 6641.6 | 7488.3 | 9077.3 | 10756.6 |
| 3 月 | 3114.8 | 3494.8 | 4049.8 | 4799.1 | 5796.7 | 6685.8 | 8123.2 | 9317.6 |
| 4 月 | 3052.2 | 3406.9 | 4001.8 | 4663.3 | 5774.6 | 6672.5 | 8142.0 | 9343.2 |
| 5 月 | 3202.1 | 3463.3 | 4166.1 | 4899.2 | 6175.6 | 7157.5 | 8703.5 | 10028.4 |
| 6 月 | 3158.8 | 3576.9 | 4250.7 | 4935.0 | 6057.8 | 7026.0 | 8642.0 | 9941.6 |
| 7 月 | 3096.6 | 3562.1 | 4209.2 | 4934.9 | 6012.2 | 6998.2 | 8628.8 | 9936.5 |
| 8 月 | 3143.7 | 3609.6 | 4262.7 | 5040.8 | 6077.4 | 7116.6 | 8767.7 | 10115.6 |
| 9 月 | 3422.4 | 3971.8 | 4717.7 | 5495.2 | 6553.6 | 7668.4 | 9446.5 | 10912.8 |
| 10 月 | 3661.9 | 4204.4 | 4983.2 | 5846.6 | 6997.7 | 8263.0 | 10082.7 | 11717.6 |
| 11 月 | 3733.1 | 4202.7 | 4965.6 | 5909.0 | 6821.7 | 8104.7 | 9790.8 | 11339.0 |
| 12 月 | 4404.4 | 4735.7 | 5562.5 | 6850.4 | 7499.2 | 9105.3 | 10728.5 | 12610.0 |

(数据来源：国家统计局网站，www.stats.gov.cn)

**要求：**选择适当的时间序列预测方法，预测 2010 年各月份的社会消费品零售总额。

**分析与提示：**可以利用本章所讲方法测定季节趋势，并利用指数模型进行预测。

# 第十四章　指　数

【本章导读及学习目标】

指数是一种特殊的相对数，它是用来反映不能直接相加的多因素所组成的社会经济现象的综合变动程度。指数可以从不同角度划分为不同的类型。通过本章的学习，理解指数的概念、作用和分类；掌握综合指数和平均指数的概念、计算公式和编制原则；理解综合指数和平均指数的关系；会利用指数体系进行因素分析；了解几种常见的价格指数及其在实际中的应用。

## 第一节　指 数 概 述

在日常生活中，我们经常从各种媒体中听到或看到各种各样的指数数字。例如，商品零售价格指数、居民消费价格指数、股票价格指数等，这些指数就是通常所说的统计指数。国家统计部门或证券交易所等机构会定期发布这类指数。本节我们简要介绍指数的概念、作用和分类等。

### 一、指数的概念

指数(index number)的实质是一种相对数，它把两个数值进行比较，以考察经济现象的变化情况及其差异。指数的概念有广义和狭义之分，广义的指数指所有说明社会经济现象数量上变动的相对数。如根据初步核算，我国 2009 年全年国内生产总值 335353 亿元，比上年增长 8.7%。分产业看，第一产业增加值 35477 亿元，增长 4.2%；第二产业增加值 156958 亿元，增长 9.5%；第三产业增加值 142918 亿元，增长 8.9%。这段文字中出现的相对数都可以称为指数。

狭义的指数是一种特殊的相对数，它是用来反映复杂社会经济现象总体数量综合变动情况的相对数。所谓复杂社会经济现象是指，由于经济意义不同，在数量上不能直接相加的多因素所组成的经济总体。例如，某厂商同时生产若干种不同种类的产品，要综合测定这些属性不同产品的价格和产量的变动，就需要计算一种特殊的相对数。

在统计中所编制的指数通常为狭义的指数，即是反映在数量上不能直接相加的社会经济现象总体数量的综合变动的相对数，表现为百分数。比如，2009 年我国全年居民消费价格比上年下降 0.7%，其中食品价格上涨 0.7%。固定资产投资价格下降 2.4%。工业品出厂价格下降 5.4%，其中生产资料价格下降 6.7%，生活资料价格下降 1.2%。原材料、燃料、动力购进价格下降 7.9%。农产品生产价格下降 2.4%。农业生产资料价格下降 2.5%。70 个大中城市房屋销售价格上涨 1.5%，其中新建住宅价格上涨 1.3%，二手住宅价格上涨 2.4%；房屋租赁价格下降 0.6%。

从对比性质看，指数可以是不同时间现象水平的对比、不同空间现象水平的对比，也可以是现象的实际水平与计划水平的对比。

## 二、指数的作用

指数是经济分析中一种非常有用的方法，其主要作用体现在以下几个方面。

(1) 综合反映社会经济现象总体数量变动的方向和程度。

复杂社会经济现象总体往往是由不能直接相加或不能直接对比的许多个别现象构成的，指数的主要作用就是对这些复杂总体进行科学综合，通过编制指数可以使它们过渡到可以相加对比，从而综合反映社会经济现象总体数量的变动方向和变动程度。例如，2008年我国居民消费价格指数为 105.9%，说明我国居民消费品和服务价格的总的变动情况具体到某种商品和服务可能有涨有落，但从总体上看居民消费价格比上年上涨 5.9%。

(2) 可以分析社会经济现象总体变动中各因素变动的影响方向和程度。

许多社会经济现象的变动要受多种因素影响，通过编制各种因素指数，可以分析各因素的影响方向和影响程度。如商品销售额的变动受商品价格和销售量两因素共同变动的影响，通过分别编制销售量指数和价格指数，可以分析它们对销售额的影响程度。另外，还可以利用指数法，分析总平均指标变动中的各个因素的影响作用。

(3) 可以研究经济现象的长期变动趋势。

利用连续编制的指数数列，可以对复杂社会经济现象的总体长时间发展变化趋势进行分析。如通过上证综合指数变化可以研究上证股市的长期变动趋势等。

(4) 可以消除价格变动的影响。

用货币单位表示经济总量时，其综合能力最强，但容易掩盖经济发展的实际情况。其原因是价值总量的变动包括了价格和实物产量的变动，价值总量的增加的实际情况可能是价格水平的上升造成的，而实物量没有增加，甚至下降。在实际工作中，要想真实反映生产业绩，就需要剔除价格变动的影响，通过价格指数对国内生产总值、工资收入等进行缩减处理。

此外，指数可以对社会经济现象进行综合评价和测定；如用综合经济指数法评价一个地区或企业经济效益的高低。

## 三、指数的分类

指数可以从不同角度划分为不同的类型，下面是指数的几种基本的类型。

### (一)个体指数和总指数

按所反映现象的范围不同，可分为个体指数和总指数。

个体指数(individual index)是反映个体经济现象变动的指数，用来说明个别经济现象变动的趋势和程度。例如，一种商品的价格指数、一种产品的产量指数和一种商品的成本指数等。

总指数(gross index)是反映全部经济现象在不同时期上的综合变动程度的指数。例如，商品零售价格指数、居民消费价格指数和股票价格指数等。

### (二)数量指数和质量指数

按所反映现象的特征不同，可分为数量指标指数和质量指标指数。

数量指标指数(quantitative index)，简称数量指数，是反映社会经济现象总体的规模、水平等数量指标变动情况的指数。例如，商品销售量指数、产品产量指数等，这些指数是根据销售量、产量等数量指标计算而来的。

质量指标指数(qualitative index)，简称质量指数，是反映社会经济现象总体内部数量关系或总体单位水平变动的指数。例如，价格指数、劳动生产率指数、成本指数等，它们是根据价格、劳动生产率和成本等质量指标计算而来的。

最初的数量指数和质量指数是专指物量指数和物价指数的，随着统计指数理论的发展和指数应用范围的拓展，形成了现在关于数量指数和质量指数的概念。

### (三)简单指数和加权指数

按指数的计算方法和表现形式不同，分为简单指数和加权指数。

简单指数(simple index)是将计入指数的各个项目的重要性质同等对待的指数。

加权指数(weighted index)是对计入指数的各个项目依据重要程度不同，按照一定方式赋予不同的权数，进行综合计算的指数。加权指数可分为两种，即综合形式和平均形式。由综合形式编制的加权指数称为加权综合指数；由平均形式编制的加权指数称为加权平均指数。详细说明见下面的综合指数和平均指数。

简单指数可以看成每个项目的权数均相等的加权指数，所以也可以作为加权指数的特例。

### (四)综合指数和平均指数

按指数计算采用的数据范围不同，可以分为综合指数和平均指数。

综合指数(aggregative index)是在运用总体全面数据计算的绝对数的基础上，通过绝对数的对比得出的总指数。

平均指数(average index)是利用样本数据得到的个体指数的基础上，以总体的结构数据作为权数，采用加权平均的形式计算出来的总指数。由于平均指数可以通过样本数据来计算，所以在政府统计实践中得到了广泛应用。

### (五)时间性指数和区域性指数

按所反映现象的对比场合不同，可分为时间性指数和区域性指数。

时间性指数(time index)是反映现象在时间上数量变动的指数。如零售价格指数、消费价格指数、股票价格指数等。

时间性指数是以某一基期水平作为对比标准计算得到的，根据基期的选择不同，又分为定基指数和环比指数。在一个时间性指数数列中，如果各期指数都是以某一固定时期作为基期的，就称为定基指数；如果各期指数都是以上一期为基期的，就称为环比指数。环比指数的基期是随报告期的变化而变化的，一般是以上一年的同期作为基期。定基指数和环比指数也就是社会经济变量的定基发展速度和环比发展速度，它们通常可以结合应用，来反映现象发展变化的特点和趋势。

区域性指数(regional index)是反映现象在空间上数量差异的指数。区域性指数是以某空间(国家、地区、部门、单位)的水平作为对比标准计算得到的指数。

最初的统计指数都是分析经济现象在时间上的数量特征，后来才推广到对经济现象在空间上数量差异的研究，因此有了指数时间性和区域性的划分。

上述各种分类是从不同角度对统计指数所做的一般分类。显然，这些分类也可以进行复合分类，如在个体指数和总指数中再分别区分数量指标指数和质量指标指数等。

## 第二节　总指数的编制方法

总指数是反映多种经济现象在不同时期上的综合变动程度的相对指标。总指数的编制方法有两种：综合指数和平均指数。综合指数是直接以研究现象总体中的两个总量指标为基础编制的总指数。平均指数是以研究对象总体中的个体现象为基础，对若干个体指数进行加权平均而编制的总指数，它是综合指数的变形，但又具有相对独立的意义。

### 一、综合指数

#### (一)综合指数编制原理

综合指数是编制和计算总指数的一种基本形式，它是由两个总量指标对比形成的指数。在总量指标中包含两个或两个以上的因素指标时，观察其中一个因素的变动，而将其他因素固定下来，这样编制的总指数，称为综合指数。

编制综合指数的目的在于测定由不同度量单位的许多商品所组成的复杂现象总体数量方面的总动态。

综合指数的编制原理，我们通过例 14-1 说明。

**【例 14-1】**假设某商店仅经营三种商品，其商品销售量和价格情况如表 14-1 所示。试编制总指数，反映商品销售额、销售量和销售价格的变化程度。

表 14-1　某商店商品销售量和价格情况

| 商品名称 | 计量单位 | 销 售 量 | | 销售价格/元 | |
|---|---|---|---|---|---|
| | | 基 期 | 报 告 期 | 基 期 | 报 告 期 |
| | | $q_0$ | $q_1$ | $p_0$ | $p_1$ |
| 甲 | 支 | 380 | 570 | 1.00 | 0.80 |
| 乙 | 件 | 500 | 600 | 0.60 | 0.54 |
| 丙 | 个 | 200 | 180 | 0.50 | 0.60 |
| 合计 | — | — | — | — | — |

**解**　若只是测定其中任何一种商品的销售量或销售价格的变化程度，便不存在困难，只需计算其个体指数即可。一般用 $k$ 表示个体指数，以 $q$ 表示物量或数量因素，以 $p$ 表示物价或质量因素，则个体数量和个体指数分别为 $k_q = q_1 / q_0$，$k_p = p_1 / p_0$。

可以计算出甲商品的个体数量指数 $k_q = 570/380 = 150\%$，以及甲商品的个体价格指数 $k_p = 80\%$。

现在根据表 14-1 的资料编制三个总指数，即销售额总指数($\overline{K}_{pq}$)、销售量总指数($\overline{K}_q$)和销售价格总指数($\overline{K}_p$)。

如果计算销售额的总指数，也比较容易，它是一种简单的相对数，将报告期的销售额和基期的销售额相比，即可求得其总指数。

于是，销售额总指数为

$$\overline{K}_{pq}=\frac{\sum p_1q_1}{\sum p_0q_0}=\frac{888}{780}=113.8\%$$

然而，销售量和销售价格的总指数就不易计算了。现在的问题是，如何使用综合指数来测定该商店的销售量和销售价格的综合变动方向和程度？根据上述资料分析商品销售量和销售价格的变化程度时，可否将这三种商品的销售量和价格直接相加进行比较呢？答案是否定的！

由于这三种商品的使用价值和计量单位不同，这三种商品的销售量不能直接相加。同样，由于这三种商品的销售的价格是在一定的计量单位基础上的价格，不同计量单位的销售价格也不具有可加性。但三者均可用销售量乘以商品价格得出销售额，而销售额是可以相加的。所以，不能简单地采用销售量或销售价格的数据进行比较，而可以将销售额这一具有可比性和综合性的绝对数作为比较分析的基础，将销售量和价格视为两个变动因素，对该商店销售量和销售价格综合变动进行影响分析，这就是综合指数分析的出发点。

综合指数的编制原理是依据“先综合，后对比”的基本方法进行的，其编制方法如下。

第一，先综合，解决复杂现象总体在研究指标上不能直接加总的问题。即解决将总体中各个个体由于使用价值和计量单位等不同而不能直接简单相加对比的数据变成能够相加和对比的总量指标数据。为此引入同度量因素，使之过渡到可以加总的综合性指标。所谓同度量因素，是指在指数编制中，使原来不能直接相加的现象过渡到可以相加的那个因素，也称为权数因素，同时起到权数的作用。

第二，将同度量因素固定在某一时期，消除同度量因素变动的影响，以测定所研究的因素的影响方向和影响程度。我们称所研究的因素为指数化因素。

指数化因素和同度量因素的划分是相对的，是根据综合指数研究对象而确定的，并且根据研究对象的改变而改变。例如，若要观察两个时期多种商品销售总额中的销售量的影响，需要把两个时期各种商品的价格作为权数固定在同一时期，以测定两个时期各种商品销售量的影响；此时，销售量是指数化因素，而销售价格是同度量因素。当编制的是销售价格综合指数时恰好相反，这时销售价格是指数化因素，而销售数量是同度量因素。

第三，将运用总体全面数据计算得到的两个时期的总量指标进行对比，其结果是反映复杂总体综合变动程度的量，即为综合指数。

所以，综合指数不是研究单个因素自身变动的，而是研究有关因素的变动对于某一社会经济现象的总量变动的影响。

在以上的论述中，同度量因素是固定不变的，但是究竟固定在基期，还是在报告期呢？由此产生了两个计算数量指数和质量指数总指数的综合指数公式。

### (二)数量指数的编制

数量指标总指数是综合说明数量指标变动的影响的动态相对数。

数量指标总指数的编制原则和方法，我们通过例 14-2 来说明。

【例 14-2】假设某商店仅经营三种商品，其商品销售量和价格情况如表 14-1 所示。试编制销售量总指数，反映商品销售量的变动程度。

根据表 14-1 的资料来计算销售量指数时，价格是同度量因素。那么价格应该固定在基期还是报告期呢？这要根据指数研究的目的而确定。由此产生了拉氏和帕氏两个指数公式。

### 1．采用基期权数

把同度量因素固定在基期，以基期的价格作为同度量因素，即分子和分母全部使用基期的价格。则其销售量总指数公式为

$$\overline{K}_q = \frac{\sum p_0 q_1}{\sum p_0 q_0} \tag{14-1}$$

这个指数公式是由德国学者拉斯贝尔(Laspeyres)于 1864 年提出的，故称为拉斯贝尔数量指数公式，简称拉氏数量指数公式。

该公式的分子是按基期价格计算的报告期的假定商品销售额，分母是基期的实际销售额。分子$\sum p_0 q_1$与分母$\sum p_0 q_0$对比，可反映销售量的变动的影响程度。

公式的分子与分母之差$\sum p_0 q_1 - \sum p_0 q_0$说明由于各种商品销售量的变动而增加或减少的商品销售额。

利用表 14-1 中的数据，可以得到表 14-2。

表 14-2　某商店商品销售量和价格情况

| 商品名称 | 计量单位 | 销售量 | | 销售价格/元 | | 基期销售额/元 | 假设销售额/元 | | 报告期销售额/元 |
|---|---|---|---|---|---|---|---|---|---|
| | | 基期 | 报告期 | 基期 | 报告期 | | | | |
| | | $q_0$ | $q_1$ | $p_0$ | $p_1$ | $p_0q_0$ | $p_0q_1$ | $p_1q_0$ | $p_1q_1$ |
| 甲 | 支 | 380 | 570 | 1.00 | 0.80 | 380 | 570 | 304 | 456 |
| 乙 | 件 | 500 | 600 | 0.60 | 0.54 | 300 | 360 | 270 | 324 |
| 丙 | 个 | 200 | 180 | 0.50 | 0.60 | 100 | 90 | 120 | 108 |
| 合计 | — | — | — | — | — | 780 | 1020 | 694 | 888 |

将表 14-2 中的数据代入数量指数的计算公式，得

$$\overline{K}_q = \frac{\sum p_0 q_1}{\sum p_0 q_0} = \frac{1020}{780} = 130.8\%，\quad \sum p_0 q_1 - \sum p_0 q_0 = 1020 - 780 = 240\ (\text{元})$$

计算结果表明，该商店甲、乙、丙 3 种商品的销售量变动使销售额增长了 30.8%；由于销售量增加而增加的销售额为 240 元。

### 2．采用报告期权数

把同度量因素固定在报告期，以报告期的价格作为同度量因素，即分子和分母全部使用报告期的价格。则其销售量总指数公式为

$$\overline{K}_q = \frac{\sum p_1 q_1}{\sum p_1 q_0} \tag{14-2}$$

这个指数公式是由德国经济学家帕许(Paasche)在 1874 年提出的，因而称为帕许数量指数公式，简称帕氏数量指数公式。

从以上公式中可以看出：分子 $\sum p_1q_1$ 表示报告期的销售额，分母 $\sum p_1q_0$ 则为用报告期的销售价格计算的基期的假定销售额。

将表 14-2 中的数据代入上式，得

$$\overline{K}_q = \frac{\sum p_1 q_1}{\sum p_1 q_0} = \frac{888}{694} = 128.0\%，\ \sum p_1q_1 - \sum p_1q_0 = 194\ (元)$$

结果表明，该商店甲、乙、丙 3 种商品的销售量变动使销售额增长了 28.0%；由于销售量增加而增加的销售额为 194 元。

由于上式是以报告期的销售价格作为同度量因素，从基期看，价格已经发生了变化，因而这一公式中包含了价格因素的影响，在反映商品销售量变动情况的同时也含有了价格变动的因素。

因此，从我国指数编制的实践看，习惯上采用拉氏数量指数公式编制数量指标总指数，即计算数量指标总指数时，将同度量因素固定在基期。

### (三)质量指数的编制

质量指标总指数是综合说明质量指标变动的影响的动态相对数。

质量指标总指数的编制原则和方法，我们通过例 14-3 说明。

**【例 14-3】**假设某商店仅经营三种商品，其商品销售量和价格情况如表 14-1 所示。试编制销售价格总指数，反映商品销售价格的变化程度。

根据表 14-1 的资料来计算销售价格指数时，销售量是同度量因素。那么销售量应该固定在基期还是报告期呢？这要根据指数研究的目的而确定。同样得到拉氏和帕氏两个指数公式。

#### 1．采用基期权数

把同度量因素固定在基期，以基期的数量指标作为权数，即分子和分母使用基期的销售量。则销售价格的综合指数公式为

$$\overline{K}_p = \frac{\sum p_1 q_0}{\sum p_0 q_0} \tag{14-3}$$

这个公式称为拉斯贝尔质量指数公式，简称拉氏质量指数公式。

从以上公式可以看出：分子 $\sum p_1q_0$ 是以基期的销售量计算所得的假定销售额，分母 $\sum p_0q_0$ 是基期的销售额。

将表 14-2 中的数据代入上式，得

$$\overline{K}_p = \frac{\sum p_1 q_0}{\sum p_0 q_0} = \frac{694}{780} = 89.0\%，\ \sum p_1q_0 - \sum p_0q_0 = -86\ (元)$$

计算结果表明，该商店甲、乙、丙三种商品由于价格变化使报告期比基期的销售额下降 11%，销售额减少 86 元。

拉氏指数公式的优点是：以基期销售量作为权数，也就是假定销售量没有发生变动，使销售价格不受销售量变动的影响，能够确切地反映价格的变动。其缺点在于：该公式的比值及差额只能说明在基期销售量的规模及构成条件下，销售价格的变动程度和变动绝对额，不能反映销售价格变动实际产生的影响，缺乏现实意义。

2．采用报告期权数

把同度量因素固定在报告期，以报告期销售量作为权数，即分子和分母都使用报告期的销售量。则销售价格总指数公式为

$$\overline{K}_p = \frac{\sum p_1 q_1}{\sum p_0 q_1} \tag{14-4}$$

这个公式称为帕许质量指数公式，简称帕氏质量指数公式。

将表 14-2 中的数据代入上式，得

$$\overline{K}_p = \frac{\sum p_1 q_1}{\sum p_0 q_1} = \frac{888}{1020} = 87.1\%\text{，}\quad \sum p_1 q_1 - \sum p_0 q_1 = -132\,(\text{元})$$

计算结果表明，该商店甲、乙、丙三种商品由于价格变化使报告期比基期的销售额下降 12.9%，销售额减少 132 元。

帕氏指数公式的优点是：采用报告期销售量作为权数，可避免以基期销售量作权数而导致指数脱离报告期实际的弊端，具有现实的经济意义。其缺点在于：以报告期销售量作为权数，从基期看，销售量已发生了变动，这个变动不可避免地被卷入到指数中。因此，该指数在反映价格变动的同时，还包含了销售量变动的指数。

从我国指数编制的实践看，长期以来，习惯上采用帕氏质量指数公式编制质量指标指数。即计算质量指标总指数时，将同度量因素固定在报告期。

## 二、平均指数

### (一)平均指数编制原理

综合指数是编制总指数的基本形式，它正确地反映了现象总体变动的实际内容。利用综合指数公式编制总指数时，需要有全面的原始资料。例如，计算商品价格综合指数时，必须有各个时期商品的价格和销售量资料，但是实际工作部门只有价格资料，而各商品的销售量资料不易取得。这样，综合指数公式在实际中就不能直接利用综合指数公式来编制总指数。因而，需要从实际出发采用总指数的其他形式，即平均指数形式来计算总指数。

平均指数是以个体指数为基础，通过对个体指数进行加权平均数来编制的总指数。

与综合指数相同，平均指数也是总指数的基本计算形式之一，用来反映复杂现象的总变动。但平均指数与综合指数的编制方法不同，编制综合指数的基本方法是“先综合，后对比”，而编制平均指数的基本方法则是“先对比、后平均”。编制平均指数的基本程序是：首先通过对比计算个体现象的个体指数，然后将个体指数赋予适当的权数加以平均计算总指数。

平均指数是个体指数的加权平均数，这样权数的选择是个重要的问题。由于个体指数是两个不同时期的个别现象的对比结果，因此，所引进的权数只有是某一时期的价值总量

$pq$ 时，计算结果才具有经济意义。但权数的水平可以分别考虑各种不同的情况。从实用的角度看，通常应用较多的是基期的总值资料 $p_0q_0$ 和计算期的总值资料 $p_1q_1$。

根据掌握的资料和采用的平均方法不同，平均指数可以分为加权算术平均指数、加权调和平均指数和固定权数平均指数。

## (二)加权算术平均指数

加权算术平均指数简称算术平均指数，是对个体指数按算术平均数的形式进行加权计算的总指数。如果掌握的资料只是个体指数和基期的实际数值资料时，就要用加权算术平均指数公式计算其总指数。

设基期总量权数为 $p_0q_0$，个体质量指数为 $k_p = p_1 / p_0$，个体数量指数为 $k_q = q_1 / q_0$，则加权平均质量指数的一般计算公式如下：

$$\overline{K}_p = \frac{\sum k_p p_0 q_0}{\sum p_0 q_0} \tag{14-5}$$

加权平均数量指数的一般计算公式如下：

$$\overline{K}_q = \frac{\sum k_q p_0 q_0}{\sum p_0 q_0} \tag{14-6}$$

在用拉氏指数公式计算商品销售量指数时，必须掌握基期和报告期各种商品的销售量及基期各种商品的价格资料。但在实践中，按基期价格与报告期销售量所计算的假定销售额($p_0q_1$)资料不易取得，而基期的销售额资料($p_0q_0$)与各种商品的销售量个体指数却很容易取得。所以，加权算术平均指数适用于数量指标平均指数的计算。

【例 14-4】设某商店各商品个体销售量和价格指数，以及基期的销售额情况如表 14-3 所示。试计算该商店的销售量和价格加权算术平均指数。

表 14-3　某商店各商品销售量和价格指数和基期销售额情况

| 商品名称 | 计量单位 | 基期销售额/元 | 个体价格指数 | 个体销售量指数 |
|---|---|---|---|---|
| | | $p_0q_0$ | $k_p = p_1 / p_0$ | $k_q = q_1 / q_0$ |
| 甲 | 支 | 380 | 0.8 | 1.5 |
| 乙 | 件 | 300 | 0.9 | 1.2 |
| 丙 | 个 | 100 | 1.2 | 0.9 |
| 合计 | — | 780 | — | — |

根据加权平均质量指数的计算公式，该商店的价格加权算术平均指数为

$$\overline{K}_p = \frac{\sum k_p p_0 q_0}{\sum p_0 q_0} = \frac{0.8\times 380 + 0.9\times 300 + 1.2\times 100}{380+300+100} = \frac{694}{780} = 89.0\%$$

根据加权平均数量指数的计算公式，该商店的销售量加权算术平均指数为

$$\overline{K}_q = \frac{\sum k_q p_0 q_0}{\sum p_0 q_0} = \frac{1.5\times 380 + 1.2\times 300 + 0.9\times 100}{380+300+100} = \frac{1020}{780} = 130.8\%$$

计算结果表明，该商店三种商品价格的变动使销售额降低了 11%；三种商品销售量的变动使销售额增长了 30.8%。

上述计算结果与拉氏综合指数的计算结果完全一致，这说明基数形式的加权算术平均指数可以看成是在一定条件下拉氏综合指数的变形。该特定条件是，以基期总值为权数，并且两种形式指数包括的范围要完全一致。因此，掌握了各个个体指数，以及各物品的基期价值资料时，就可以运用基期加权算术平均公式来计算拉氏综合指数。采用基期价值这个特定权数加权，加权算术平均指数与拉氏综合指数的联系如下：

$$\overline{K}_p = \frac{\sum k_p p_0 q_0}{\sum p_0 q_0} = \frac{\sum \frac{p_1}{p_0} p_0 q_0}{\sum p_0 q_0} = \frac{\sum p_1 q_0}{\sum p_0 q_0}$$

$$\overline{K}_q = \frac{\sum k_q p_0 q_0}{\sum p_0 q_0} = \frac{\sum \frac{q_1}{q_0} p_0 q_0}{\sum p_0 q_0} = \frac{\sum p_0 q_1}{\sum p_0 q_0}$$

在我国的统计实践中，数量指数一般采用基期权数形式的加权算术平均指数公式计算。

### (三)加权调和平均指数

加权调和平均指数简称调和指数，是对个体指数按调和平均数的形式进行加权计算的总指数。

加权调和平均指数是以报告期总量为权数对个体指数加权平均计算出来的。如果掌握的资料只是个体指数和报告期的实际数值资料时，就要用加权调和平均指数计算其总指数。

设报告期总量权数为 $p_1 q_1$，个体质量指数为 $k_p = p_1 / p_0$，个体数量指数为 $k_q = q_1 / q_0$，则加权调和质量指数的一般计算公式如下：

$$\overline{K}_p = \frac{\sum p_1 q_1}{\sum \frac{1}{k_p} p_1 q_1} \tag{14-7}$$

加权调和数量指数的一般计算公式如下：

$$\overline{K}_q = \frac{\sum p_1 q_1}{\sum \frac{1}{k_q} p_1 q_1} \tag{14-8}$$

**【例 14-5】**设某商店各商品个体销售量和价格指数，以及报告期的销售额情况如表 14-4 所示。试计算该商店的销售量和价格加权算术平均指数。

**表 14-4 某商店各商品销售量和价格指数和报告期销售额情况**

| 商品名称 | 计量单位 | 报告期销售额/元 | 个体价格指数 | 个体销售量指数 |
|---|---|---|---|---|
| | | $p_1 q_1$ | $k_p = p_1 / p_0$ | $k_q = q_1 / q_0$ |
| 甲 | 支 | 456 | 0.8 | 1.5 |
| 乙 | 件 | 324 | 0.9 | 1.2 |
| 丙 | 个 | 108 | 1.2 | 0.9 |
| 合计 | — | 888 | — | — |

根据加权调和质量指数的计算公式，该商店三种商品的价格加权调和平均数指数为

$$\overline{K}_p=\frac{\sum p_1q_1}{\sum\frac{1}{k_p}p_1q_1}=\frac{456+324+108}{\frac{456}{0.8}+\frac{324}{0.9}+\frac{108}{1.2}}=\frac{888}{1020}=87.1\%$$

根据加权调和数量指数的计算公式，该商店三种商品的销售量加权调和平均数指数为

$$\overline{K}_q=\frac{\sum p_1q_1}{\sum\frac{1}{k_q}p_1q_1}=\frac{456+324+108}{\frac{456}{1.5}+\frac{324}{1.2}+\frac{108}{0.9}}=\frac{888}{694}=128.0\%$$

计算结果表明，报告期与基期相比，该商店所销售的三种商品的价格变动使销售额降低了 12.9%；该商店所销售的三种商品的销售量变动使销售额增加了 28.0%。

上述计算结果与帕氏综合指数的计算结果完全相同，但这并不说明这两种指数在方法上没有实质的区别。事实上，只有在这两种形式的指数所包括的计算范围完全一致时，它们的计算结果才相同。也只有在这种条件下，报告期权数形式的加权调和平均指数才是帕氏综合指数的变形。因此，当掌握了各种个体指数和各物品的报告期价值资料时，就可以运用报告期加权调和平均指数公式计算帕氏综合指数。采用报告期价值的特定权数加权，加权调和平均指数和帕氏综合指数的关系如下：

$$\overline{K}_p=\frac{\sum p_1q_1}{\sum\frac{1}{k_p}p_1q_1}=\frac{\sum p_1q_1}{\sum\frac{p_0}{p_1}p_1q_1}=\frac{\sum p_1q_1}{\sum p_0q_1}$$

$$\overline{K}_q=\frac{\sum p_1q_1}{\sum\frac{1}{k_q}p_1q_1}=\frac{\sum p_1q_1}{\sum\frac{q_0}{q_1}p_1q_1}=\frac{\sum p_1q_1}{\sum p_1q_0}$$

在用帕氏综合指数公式计算商品价格指数时，必须具备报告期与基期的销售量、价格以及报告期 $p_1q_1$ 及 $p_0q_1$ 的销售额资料。但在实践当中，按基期价格计算的报告期假定销售额 $p_0q_1$ 资料不易取得。而报告期销售额 $p_1q_1$ 是现实可以取得的资料，因此加权调和平均指数适合于质量指数的编制。

### (四)固定权数平均指数

总指数中的权数可以用绝对数，也可以用结构相对数来表示。将加权算术平均指数加以变形，可得相对权数形式的算术平均指数，即

$$\overline{K}=\frac{\sum k(p_0q_0)}{\sum p_0q_0}=\sum k\frac{p_0q_0}{\sum p_0q_0}=\sum kw_0 \tag{14-9}$$

式中，$w_0=\frac{p_0q_0}{\sum p_0q_0}$ 为算术平均指数的相对权数，是以基期总体的全面数据计算的加权结构。

将平均指数的调和平均公式略加变形，可得相对权数形式的调和平均指数，即

$$\overline{K}=\frac{\sum p_1q_1}{\sum\frac{p_1q_1}{k}}=\frac{\sum p_1q_1}{\sum\frac{1}{k}p_1q_1}=\frac{1}{\sum\frac{w_1}{k}} \tag{14-10}$$

式中，$w_1 = \frac{p_1 q_1}{\sum p_1 q_1}$ 为调和平均指数的相对权数，是由报告期总体的全面数据构成的加权结构。

固定权数的算术平均指数采用基期总体的全面数据作为权数，数据易于采集，具有较强的可操作性，得到了广泛的应用。

在实际的政府统计工作中，权数数据一般只能通过普查取得，因此根据普查数据计算得到的权数大多在较长一段时间内连续使用。在经济管理实践中，许多现象的结构是相对稳定的，因此可以采用固定权数的方式，在一段时间内将某一现象的加权结构固定下来，用于总指数的计算。

固定权数的平均指数在国内外政府统计工作中得到了广泛的应用。例如商品零售价格指数、居民消费价格指数、工业品出厂价格指数、消费品价格指数等，大多采用固定权数的平均指数编制。

**【例 14-6】**我国居民消费支出可分为食品、烟酒及用品、衣着、家庭设备用品及服务、医疗保健及个人用品、交通和通信、娱乐教育文化用品及服务、居住共八大类，已知某地区某月居民各类支出各占居民消费支出总额的比重如表 14-5 所示。试采用固定权数的算术平均指数，计算居民消费价格指数。

表 14-5 居民消费情况资料

| 项目名称 | 权数 $w$ /‰ | 类价格指数 $k_p$ /% |
|---|---|---|
| 一、食品 | 561 | 106.05 |
| 二、烟酒及用品 | 132 | 98.9 |
| 三、衣着 | 84 | 98.4 |
| 四、家庭设备用品 | 22 | 97.6 |
| 五、医疗保健及个人用品 | 13 | 98.6 |
| 六、交通和通信 | 44 | 98.0 |
| 七、娱乐教育文化用品及服务 | 66 | 98.5 |
| 八、居住 | 78 | 101.3 |

**解** 采用式(14-9)，有

$$\bar{K} = \sum kw = 1.061 \times 561‰ + 0.989 \times 132‰ + \cdots + 1.013 \times 78‰ = 102.96\%$$

得到该地区该月居民消费价格指数为 102.96%。

## 第三节 指数体系和因素分析

在社会经济现象分析中，一个指数通常只能说明某一方面的问题，而实践中往往需要将多个指数结合起来加以运用，这就要求建立相应的指数体系。利用指数体系分析社会经济现象总体变动中各种影响因素变动所产生的影响程度就是因素分析。

## 一、指数体系

### (一)指数体系的概念

指数体系(index system)可以有两种不同的含义。广义的指数体系是指由若干个经济上具有一定联系的指数所构成的整体。例如，我国的价格指数体系反映生产、流通、消费与投资等环节的价格变动趋势和变动幅度，主要包括居民消费价格指数，商品零售价格指数，农业生产资料价格指数，农业品生产价格指数，工业品出厂价格指数(生产者价格指数)，原材料、燃料和动力购进价格指数，固定资产投资价格指数和房地产价格指数等。

在统计分析中的指数体系指狭义的指数体系，其含义是指经济上具有一定联系，且具有一定的数量对等关系的三个或三个以上的指数所构成的一个整体。典型的狭义指数体系中，通常有一个总值指数和若干个因素指数，表现形式是一个总值指数等于若干个(两个或两个以上)因素指数的乘积。例如：

商品销售额指数=商品价格指数×销售量指数

总产值指数=产品产值指数×价格指数

生产成本总额指数=单位产品成本指数×产品产量指数

可归纳为，现象总量指标指数=质量指数×数量指数。

### (二)指数体系中的数量对等关系

在指数体系中，总量指数与各因素指数之间的数量对等关系表现为以下两个方面。

(1) 总量指数等于各因素指数的乘积，总量和因素指数的关系可写成计算公式如下：

$$\frac{\sum p_1q_1}{\sum p_0q_0}=\frac{\sum p_0q_1}{\sum p_0q_0}\times\frac{\sum p_1q_1}{\sum p_0q_1} \tag{14-11}$$

(2) 现象总量变动的差额等于各个因素变动差额的和，即

$$\sum p_1q_1-\sum p_0q_0=(\sum p_1q_1-\sum p_0q_1)+(\sum p_0q_1-\sum p_0q_0) \tag{14-12}$$

### (三)指数体系的作用

指数体系主要有以下三方面的作用。

(1) 可以分析复杂经济现象总变动中各因素变动的影响方向和程度。即利用综合指数体系，从数量指标指数和质量指标指数的相互联系中，分析各个因素的变动影响关系。例如，编制多种产品的销售量指数和价格指数，分析销售量和价格的变动对销售量总额变动的影响。

(2) 利用各指数之间的联系进行指数间的相互推算。

(3) 用综合指数法编制总指数时，指数体系也为确定同度量因素时期提供依据。因为，指数体系是进行因素分析的根据，要求各个指数之间在数量上要保持一定的联系。因此，如果编制产品产量指数时用基期价格作同度量因素，那么编制产品价格指数时就必须用报告期的产品产量作为同度量因素；如果编制产品产量指数时用报告期价格作为同度量因素，那么编制产品价格指数时就必须用基期的产品产量作为同度量因素。

## 二、因素分析

### (一)因素分析的含义

因素分析(factor analysis)是利用指数体系来分析受多种因素影响的社会经济现象总体变动中各种影响因素变动所产生的影响方向和程度的一种统计分析方法。

因素分析主要借助于综合指数体系，从数量指数和质量指数的相互关系中，分析社会经济现象总体总量的变动中受各种因素变动发生作用的影响程度。例如，编制多种产品的产量指数和成本指数，其目的是分析产量和成本的变动对总成本变动所起的影响作用有多大。

### (二)因素分析的内容

因素分析的内容包括相对数分析和绝对数分析。

相对数分析是指数体系间乘积关系的分析，即把互相联系的指数组成乘积关系的体系，从指数计算结果本身得出现象总体总量指标变动是由哪些因素变动作用的结果。指数分析一般就是指这种分析。

绝对数分析是指数体系中分子与分母差额关系的分析，即是由指数体系中各个指数分子与分母指标之差形成绝对值上的因果关系。即原因指标指数中分子与分母之差的总和等于结果指数分子与分母之差。

利用指数体系，可以对总量变动中各因素的影响从相对数和绝对数两方面一一进行分析。因素分析以上两项内容的实现，一般借助于综合指数法中以经济内容为根据的一般方法。因此，从某种意义上来说，因素分析是以综合指数法为依据，对统计指数研究的延续或深入。

因素分析按照所分析的现象包含因素的多少，可分为两因素分析和多因素分析。两因素分析指现象只包含两个因素，分别分析两个因素对现象变动的影响。多因素分析是指分析的现象中由多因素构成，分别分析各因素对现象变动的影响。指数体系也适合于平均指标的两因素分析和多因素分析。这里，主要讨论总量指标的两因素分析。

## 三、总量指标因素分析

我们在对一个总量指标进行因素分析时，可以将这个总量指标分解为数量指标和质量指标两个因素，并且有

总量指标=数量指标×质量指标

分析的目的是要测定每个因素的变动对总体总量变动的影响。在分析过程中，通常将其中一个因素固定来测定另一个因素的变动对总量指标的影响，并根据这两个因素与总量指标之间形成的指数体系，从相对数和绝对数两方面分析各因素对总量指标变动的影响程度和绝对值。

总量指标的变动可用如下公式表达：

$$\text{总指数}=\frac{\sum p_1q_1}{\sum p_0q_0} \tag{14-13}$$

指数体系如公式(14-11)，即

$$\frac{\sum p_1q_1}{\sum p_0q_0}=\frac{\sum p_0q_1}{\sum p_0q_0}\times\frac{\sum p_1q_1}{\sum p_0q_1}$$

绝对额关系如下：

$$\sum p_1q_1-\sum p_0q_0=(\sum p_1q_1-\sum p_0q_1)+(\sum p_0q_1-\sum p_0q_0)$$

现举例说明总量指标的两因素分析法。

**【例 14-7】**某工业企业生产三种使用价值和计量单位都不同的产品，报告期和基期总产值及有关资料如表 14-6 所示。

表 14-6　某工业企业产值情况表

| 产品名称 | 计量单位 | 产品产量 | | 出厂价格/元 | | 基期总产值/元 | 报告期总产值/元 | 假设总产值/元 |
|---|---|---|---|---|---|---|---|---|
| | | 基期 | 报告期 | 基期 | 报告期 | | | |
| | | $q_0$ | $q_1$ | $p_0$ | $p_1$ | $p_0q_0$ | $p_1q_1$ | $p_0q_1$ |
| 甲 | 吨 | 6000 | 5000 | 110 | 100 | 660000 | 500000 | 550000 |
| 乙 | 台 | 10000 | 12000 | 50 | 60 | 500000 | 720000 | 600000 |
| 丙 | 件 | 40000 | 41000 | 20 | 20 | 800000 | 820000 | 820000 |
| 合计 | — | — | — | — | — | 1960000 | 2040000 | 1970000 |

**解**　从表 14-6 可以看出，该企业总产值的动态指数为

$$\overline{K}_{总}=\frac{\sum p_1q_1}{\sum p_0q_0}=\frac{2040000}{1960000}=104.08\%$$

报告期总产值比基期增加

$$\sum p_1q_1-\sum p_0q_0=2040000-1960000=80000\,(元)$$

这一结果是由于产品产量和价格两个因素变动共同引起的。其中，产品产量指数为

$$\overline{K}_q=\frac{\sum p_0q_1}{\sum p_0q_0}=\frac{1970000}{1960000}=100.51\%$$

产品产量增加使总产值增加的绝对额为

$$\sum p_0q_1-\sum p_0q_0=1970000-1960000=10000\,(元)$$

产品出厂价格指数为

$$\overline{K}_p=\frac{\sum p_1q_1}{\sum p_0q_1}=\frac{2040000}{1970000}=103.55\%$$

出厂价格提高使总产值增加的绝对额为

$$\sum p_1q_1-\sum p_0q_1=2040000-1970000=70000\,(元)$$

用相对数表示 104.08% = 100.51%×103.55%

用绝对额表示 80000(元) = 10000(元)+ 70000(元)

综上所述，该工业企业报告期的工业总产值比基期增长了 4.08%，增加额为 80000 元，是由于产品产量和出厂价格两因素发生变动共同引起的。其中，产品产量增长 0.51%，使总产值增加 10000 元；出厂价格增长 3.55%，使总产值增加 70000 元。

# 第四节 几种常用的价格指数

我国几种常用的价格指数有商品零售价格指数、居民消费价格指数、工业品出价格指数和股票价格指数等。

## 一、商品零售价格指数

### (一)商品零售价格指数的概念和分类

零售价格指数(retail price index)也称商品零售价格指数，是反映一定时期内城乡商品零售价格变动趋势和程度的一种经济指数。

商品零售价格的调整变动直接影响到城乡居民的生活支出和国家的财政收入，影响居民购买力和市场供需平衡，影响到消费和积累的比例关系。因此，利用零售价格指数可以从一个侧面观察和分析上述经济活动。

零售价格指数主要有如下几种分类。

(1) 按照城乡居民的收入水平和消费构成不同，可分为城市商品零售价格指数和农村商品零售价格指数。

(2) 按照商品的用途不同进行分类，2002 年及以前年份分为 14 大类；从 2003 年以后分为食品、饮料烟酒、服装鞋帽、纺织品、家用电器及音像器材、文化办公用品、日用品、体育娱乐用品、交通和通信用品、家具、化妆品、金银珠宝、中西药品及医疗保健用品、书报杂志及电子出版物、燃料、建筑材料及五金电料共 16 大类零售价格指数。每个大类可分为许多中类，每个中类又可分为许多小类。

(3) 按照产品部门不同，可分为工业品零售价格指数、农产品零售价格指数、饮食业零售价格指数等。

(4) 按照消费性质不同，可分为工业品零售价格指数、农产品零售价格指数和生活资料零售价格指数。

### (二)商品零售价格指数的编制过程

我国的商品零售价格指数由国家统计局负责编制，编制商品零售价格指数的资料采用抽样调查和重点调查相结合的方法取得，即在全国选择不同经济区域和分布合理的地区，以及有代表性的商品作为样本，对其市场价格进行定期调查，以样本推断总体。目前，国家一级抽选出的调查市、县 226 个。编制过程按如下几个步骤进行。

#### 1．选择调查地区和调查点

按照经济区域和地区分布合理等原则，选出具有代表性的大、中、小城市和县作为国家的调查地区，在此基础上选定经营规模大、商品种类多的商场(包括集市和服务网点)作为调查点。

#### 2．选择代表商品和代表规格品

代表商品是选择那些消费量大、价格变动有代表性的商品；代表规格品的确定是根据商品零售资料和 5.6 万户城市居民、6.8 万户农村居民的消费支出记账资料，按照有关规定筛选的。筛选原则如下：①与社会生产和人民生活关系密切；②消费(销售)数量(金额)大；③市场供应稳定；④价格变动趋势有代表性；⑤所选的代表规格品之间差异大。

目前，商品零售价格按用途划分为 16 个大类，229 个基本分类，各地每月调查 500 种以上的规格产品价格。

### 3. 价格调查方式和调查平均价格的计算

采用派员直接到调查点登记调查，调查平均价格的计算方法如下。

(1) 代表规格品的调查日平均价格根据同日各调查点的价格简单平均计算。

(2) 代表规格品的月度平均价格根据月内各调查日的平均价格简单平均计算。

(3) 代表规格品的年度平均价格根据年内各月的平均价格简单平均计算。

### 4. 权数的确定

商品零售价格指数的计算权数主要根据社会商品零售额资料确定。

### 5. 价格指数的计算

零售价格指数采用加权算术平均公式计算。我国采用部分商品平均价格法计算全社会商品零售价格总指数。其计算公式为

$$\overline{K}_p = \frac{\sum k_p w}{\sum w} \tag{14-14}$$

式中，$k_p$ 为个体指数或各层的类指数；$w$ 为各层零售额比重权数。

计算过程是，先分别计算出各代表规格品基期和报告期的全社会综合平均价，并计算出相应的价格指数，然后分层逐级采用加权算术平均计算小类、中类、大类和总指数。

国家统计局定期发布我国商品零售价格指数，表 14-7 为我国 2010 年 6 月的商品零售价格分类指数。

表 14-7　我国 2010 年 6 月的商品零售价格分类指数

| 项　目 | 当月(上年同月=100) | | | 累计(上年同期=100) | | |
|---|---|---|---|---|---|---|
| | 全国 | 城市 | 农村 | 全国 | 城市 | 农村 |
| 商品零售价格指数 | 102.7 | 102.5 | 103.2 | 102.5 | 102.3 | 103 |
| 一、食品 | 105.9 | 105.8 | 106.3 | 105.9 | 105.8 | 106.1 |
| 二、饮料烟酒 | 101.6 | 101.7 | 101.5 | 101.6 | 101.7 | 101.3 |
| 三、服装鞋帽 | 98.9 | 98.9 | 99.1 | 98.9 | 98.9 | 98.9 |
| 四、纺织品 | 100.4 | 100.1 | 101.1 | 100 | 99.8 | 100.4 |
| 五、家用电器及音像器材 | 96.2 | 95.6 | 97.7 | 95.5 | 94.9 | 97.1 |
| 六、文化办公用品 | 98 | 97.5 | 99.1 | 97.4 | 96.8 | 99 |
| 七、日用品 | 100.4 | 100.2 | 100.7 | 100 | 99.9 | 100.4 |
| 八、体育娱乐用品 | 98.4 | 97.8 | 99.7 | 98.4 | 97.8 | 99.7 |
| 九、交通、通信用品 | 95.7 | 95.5 | 96.4 | 95.3 | 95.1 | 96.2 |

续表

| 项　目 | 当月(上年同月=100) | | | 累计(上年同期=100) | | |
|---|---|---|---|---|---|---|
| | 全国 | 城市 | 农村 | 全国 | 城市 | 农村 |
| 十、家具 | 100 | 100 | 100.1 | 99.8 | 99.8 | 99.8 |
| 十一、化妆品 | 100.2 | 100.2 | 100.2 | 100.2 | 100.2 | 100.3 |
| 十二、金银珠宝 | 115.9 | 115.8 | 116.3 | 113.9 | 114 | 113.6 |
| 十三、中西药品及医疗保健用品 | 104.3 | 104.1 | 104.8 | 103.8 | 103.5 | 104.4 |
| 十四、书报杂志及电子出版物 | 101.6 | 101.4 | 102 | 101.5 | 101.3 | 102 |
| 十五、燃料 | 114.5 | 114.4 | 114.9 | 116.4 | 116.6 | 115.8 |
| 十六、建筑材料及五金电料 | 103.6 | 103.6 | 103.5 | 102.6 | 102.7 | 102.6 |

注：其中“上年同期”是指“以上年开始至上年同月止累计”。

(资料来源：国家统计局网站，www.stats.gov.cn)

下面举例说明商品零售价格指数的计算步骤。

【例 14-8】根据表 14-8 中的资料说明商品零售价格指数的计算步骤。

表 14-8　某月某市商品零售价格指数计算表

| 商品类别及品名 | 规格等级 | 计量单位 | 平均价格 | | 权数 $w$/‰ | 以上年同月价格为 100 | |
|---|---|---|---|---|---|---|---|
| | | | 上年同月 $p_0$ | 本月 $p_1$ | | 指数/$k$ | $kw$ |
| 甲 | | 乙 | (1) | (2) | (3) | (4)=(2)÷(1)×100 | (5)=(4)×(3) |
| 零售价格指数 | | | | | 1000 | 114.6 | |
| 一、食品 | | | | | 341 | 123.7 | 42181.7 |
| 1．粮食 | | | | | 108 | 129.5 | 13986 |
| (1)细粮 | | | | | 716 | 132.9 | 95156.4 |
| 面粉 | 富强粉 | 千克 | 1.260 | 1.665 | 300 | 132.1 | 39630 |
| 大米 | 标二 | 千克 | 1.315 | 1.804 | 483 | 137.2 | 66267.6 |
| 江米 | 标二 | 千克 | 1.800 | 2.150 | 113 | 119.4 | 13492.2 |
| 挂面 | 富强粉 | 千克 | 1.000 | 1.300 | 104 | 130.0 | 13520 |
| (2)粗粮 | | | | | 284 | 121.0 | 34364 |
| ⋮ | | | | | | | |
| 2．油脂 | | | | | 64 | 162.6 | 10406.4 |
| 3．肉禽蛋 | | | | | 198 | 120.9 | 23938.2 |
| 4．水产品 | | | | | 75 | 135.5 | 10162.5 |
| 5．鲜菜 | | | | | 101 | 122.7 | 12392.7 |
| 6．干菜 | | | | | 26 | 107.4 | 2792.4 |
| 7．鲜果 | | | | | 61 | 113.8 | 6941.8 |
| 8．干果 | | | | | 16 | 120.8 | 1932.8 |

续表

| 商品类别及品名 | 规格等级 | 计量单位 | 平均价格 | | 权数 $w$/‰ | 以上年同月价格为 100 | |
|---|---|---|---|---|---|---|---|
| | | | 上年同月 $p_0$ | 本月 $p_1$ | | 指数/$k$ | $kw$ |
| 9．其他食品 | | | | | 131 | 124.7 | 16335.7 |
| 10．餐饮业 | | | | | 220 | 112.8 | 24816 |
| 二、饮料烟酒 | | | | | 44 | 107.6 | 4734.4 |
| 三、服装鞋帽 | | | | | 119 | 116.4 | 13851.6 |
| 四、纺织品 | | | | | 40 | 104.9 | 4196 |
| 五、家用电器及音像器材 | | | | | 98 | 103.9 | 10182.2 |
| 六、文化办公用品 | | | | | 30 | 106.6 | 3198 |
| 七、日用品 | | | | | 55 | 112.3 | 6176.5 |
| 八、体育娱乐用品 | | | | | 19 | 108.8 | 2067.2 |
| 九、交通、通信用品 | | | | | 40 | 108.6 | 4344.0 |
| 十、家具 | | | | | 26 | 108.7 | 2826.2 |
| 十一、化妆品 | | | | | 3 | 108.3 | 324.9 |
| 十二、金银珠宝 | | | | | 31 | 111.7 | 3462.7 |
| 十三、中西药品及医疗保健用品 | | | | | 51 | 120.9 | 6165.9 |
| 十四、书报杂志及电子出版物 | | | | | 11 | 151.7 | 1668.7 |
| 十五、燃料 | | | | | 20 | 101.9 | 2038 |
| 十六、建筑材料及五金电料 | | | | | 72 | 95.1 | 6847.2 |

解　① 计算各单项商品价格指数。如，面粉价格指数为

$$k_p=\frac{p_1}{p_0}=\frac{1.665}{1.260}=1.321=132.1\%$$

② 计算小类价格指数。如，细粮小类价格指数为

$$\overline{K}=\sum kw=(132.1\times300+137.2\times483+119.4\times113+130.0\times104)\times‰\times\%=132.9\%$$

③ 计算中类价格指数。如，粮食类价格指数为

$$\overline{K}=\sum kw=(132.9\times716+121.0\times284)\times‰\times\%=129.5\%$$

④ 计算大类指数。如，食品大类价格指数为

$$\overline{K}=\sum kw$$
$$=(129.5\times108+162.6\times64+120.9\times198+\cdots+107.4\times26+113.8\times61+120.8\times16+124.7\times131+112.8\times220)\times‰\times\%$$
$$=123.7\%$$

⑤ 计算总指数。根据各大类指数及相应的权数，加权算术平均得到总指数，即

$$\overline{K}_p=\sum kw=(123.7\times341+107.6\times44+\cdots+108.7\times26+95.1\times72)\times‰\times\%=114.6\%$$

## 二、居民消费价格指数

### (一)居民消费价格指数的概念和分类

居民消费价格指数(consumer price index)是反映一定时期内城乡居民所购买的生活消费品价格和服务项目价格的变动趋势和程度的指数。

根据不同的分类目的和分类对象，我国居民消费价格指数主要有如下三种分类方法。

(1) 按照城乡居民的收入水平和消费构成不同，可分为城市居民消费价格指数和农村居民消费价格指数。

(2) 按照消费品和服务项目的用途不同，可分为食品、烟酒及用品、衣着、家庭设备用品及服务、医疗保健及个人用品、交通和通信、娱乐教育文化用品及服务、居住共八大类居民消费价格指数。每个大类可分为许多中类，每个中类又可分为许多基本分类。

(3) 按照指数计算方法的不同，居民消费价格指数分为定基指数、环比指数、同比指数和年度指数等。

### (二)居民消费价格指数的编制过程

我国的消费价格指数是由国家统计局负责编制，全国按统一的调查方案开展消费价格调查。目前，国家统计局在 31 个省(自治区、直辖市)设立调查总队，各省(区、市)调查总队负责辖区各市县的价格调查，同时编制本省的消费价格指数。

根据近 13 万户城乡居民家庭(城镇近 6 万户，农村近 7 万户)的消费习惯，在这八大类商品中选择了 263 个基本分类。每个基本分类下设置一定数量的代表规格，目前有 600～700 种的商品和服务项目的代表规格，作为经常性调查项目。

居民消费价格指数的编制过程如下。

#### 1. 选择调查地区和调查点

同编制商品零售价格指数的方法一样去选择调查地区和调查点。

#### 2. 选择代表商品和代表规格品

同编制商品零售价格指数的筛选原则一样，选择代表商品和代表规格品。目前，居民消费价格调查按用途划分为 8 大类，263 个基本分类，各地每月调查 600～700 种规格产品价格。

#### 3. 价格调查方式和调查平均价格的计算

同商品零售价格指数的价格调查方式一样，采用派员直接到调查点登记调查的方式。价格调查的原则如下：①同一规格品的价格必须同质可比；②如果商品的挂牌价格与实际成交价格不一致，应调查采集实际成交价格；③对于与居民生活密切相关、价格变动较频繁的商品，至少每 5 天调查一次价格，一般性商品每月调查采集 2～3 次价格，工业品每月采价 1～3 次，对于政府监管的价格，如电、公共交通和饭用水等的价格，一般是每月采价 1 次。

根据采集到的价格资料，把每一代表规格品所有调查点月内各调查日的时点价格进行简单算术平均，得到月平均价格，年平均价格由各月平均价格的简单算术平均得到。

4．权数的确定

居民消费价格指数中的权数是指居民用于各类商品或服务项目的支出额在消费总支出中所占的比重。我国居民消费价格指数的权数根据 13 万户城乡居民家庭消费支出构成确定。权数一般用千分数来表示，各类商品和服务的权数之和应等于 1000。

5．价格指数的计算

(1) 基本分类指数的计算。

① 月环比指数的计算。

根据所属代表规格品价格变动相对数，采用几何平均法计算，计算公式为

$$K_t = \sqrt{G_{t1} \times G_{t2} \times \cdots \times G_{tn}} \tag{14-15}$$

式中，$G_{t1}, G_{t2}, \cdots, G_{tn}$ 分别为第 1 个至第 $n$ 个规格品报告期($t$)价格与上期($t-1$)价格对比的相对数。

② 定基指数的计算。

$$I_{基} = K_1 \times K_2 \times \cdots \times K_t \tag{14-16}$$

式中，$K_1, K_2, \cdots, K_t$ 分别表示基期至报告期间各期的月环比指数。

(2) 类别及总指数逐级加权平均计算，计算公式为

$$L_t = \left( \sum W_{t-1} \frac{P_t}{P_{t-1}} \right) L_{t-1} \tag{14-17}$$

式中，$W$ 表示权数；$P$ 表示价格；$t$ 和 $t$-1 分别表示报告期和报告期的上一时期；$P_t / P_{t-1}$ 表示本期环比指数。

(3) 全省(区)指数的计算。

全省(区)指数根据全省(区)城市和农村指数按城乡居民人均消费支出金额和人口数加权平均计算。

(4) 全国指数的计算。

全国城市(农村)指数根据各省(区、市)指数按各地人均消费支出金额和人口数加权平均计算。全国指数根据全国城市和农村指数按城乡居民人均消费支出金额和人口数加权平均计算。

我国 2008 年居民消费价格分类指数如表 14-9 所示。

表 14-9　我国 2008 年居民消费价格分类指数(上年=100)

| 项　　目 | 全　国 | 城　市 | 农　村 |
|---|---|---|---|
| 居民消费价格指数 | 105.9 | 105.6 | 106.5 |
| 食品 | 114.3 | 114.5 | 114.0 |
| 粮食 | 107.0 | 107.2 | 106.7 |
| 大米 | 104.3 | 104.3 | 104.2 |
| 面粉 | 106.1 | 105.7 | 106.5 |
| 淀粉 | 111.2 | 111.5 | 110.8 |
| 干豆类及豆制品 | 134.4 | 135.4 | 132.3 |

续表

| 项目 | 全国 | 城市 | 农村 |
|---|---|---|---|
| 油脂 | 125.4 | 124.9 | 125.9 |
| 肉禽及其制品 | 121.7 | 122.6 | 120.0 |
| 蛋 | 104.3 | 104.3 | 104.3 |
| 水产品 | 114.2 | 113.8 | 115.0 |
| 菜 | 111.0 | 110.9 | 111.3 |
| 鲜菜 | 110.7 | 110.5 | 111.3 |
| 调味品 | 105.5 | 106.2 | 104.5 |
| 糖 | 104.0 | 104.9 | 102.5 |
| 茶及饮料 | 103.7 | 103.9 | 103.2 |
| 茶叶 | 102.2 | 102.3 | 102.1 |
| 饮料 | 104.4 | 104.7 | 103.8 |
| 干鲜瓜果 | 110.8 | 110.9 | 110.7 |
| 鲜果 | 109.0 | 108.9 | 109.3 |
| 糕点饼干面包 | 109.2 | 109.7 | 107.9 |
| 液体乳及乳制品 | 117.0 | 118.0 | 113.3 |
| 在外用膳食品 | 111.8 | 111.8 | 111.9 |
| 其他食品 | 108.4 | 108.9 | 107.6 |
| 烟酒及用品 | 102.9 | 103.1 | 102.6 |
| 烟草 | 100.4 | 100.3 | 100.5 |
| 酒 | 107.5 | 108.6 | 106.1 |
| 吸烟、饮酒用品 | 100.9 | 101.1 | 100.6 |
| 衣着 | 98.5 | 98.2 | 99.4 |
| 服装 | 98.3 | 98.2 | 98.8 |
| 衣着材料 | 102.4 | 101.7 | 103.0 |
| 鞋袜帽 | 98.2 | 97.6 | 99.8 |
| 衣着加工服务 | 104.1 | 104.8 | 103.0 |
| 家庭设备用品及服务 | 102.8 | 103.0 | 102.4 |
| 耐用消费品 | 101.2 | 101.3 | 101.1 |
| 家具 | 102.3 | 102.4 | 102.0 |
| 家庭设备 | 100.7 | 100.7 | 100.6 |
| 室内装饰品 | 100.2 | 100.0 | 100.8 |
| 床上用品 | 99.7 | 99.5 | 100.1 |
| 家庭日用杂品 | 104.9 | 105.3 | 104.2 |
| 家庭服务及加工维修服务 | 109.0 | 109.8 | 106.7 |
| 医疗保健及个人用品 | 102.9 | 102.8 | 103.2 |
| 医疗保健 | 102.2 | 102.1 | 102.5 |

续表

| 项　目 | 全　国 | 城　市 | 农　村 |
|---|---|---|---|
| 医疗器具及用品 | 99.7 | 100.3 | 98.9 |
| 中药材及中成药 | 106.8 | 106.5 | 107.5 |
| 西药 | 101.1 | 101.1 | 101.2 |
| 保健器具及用品 | 102.1 | 102.0 | 102.6 |
| 医疗保健服务 | 100.5 | 100.1 | 101.1 |
| 个人用品及服务 | 104.4 | 104.2 | 104.9 |
| 化妆美容用品 | 100.6 | 100.6 | 100.8 |
| 清洁化妆用品 | 101.7 | 101.6 | 102.0 |
| 个人饰品 | 109.7 | 110.3 | 108.3 |
| 个人服务 | 105.0 | 104.3 | 106.4 |
| 交通和通信 | 99.1 | 98.4 | 100.7 |
| 交通 | 102.2 | 101.1 | 104.3 |
| 交通工具 | 98.4 | 97.0 | 101.0 |
| 车用燃料及零配件 | 113.5 | 113.6 | 113.3 |
| 车辆使用及维修费 | 100.8 | 100.6 | 101.2 |
| 市内公共交通费 | 100.5 | 99.8 | 103.7 |
| 城市间交通费 | 104.3 | 102.9 | 106.5 |
| 通信 | 95.6 | 95.6 | 95.6 |
| 通信工具 | 80.7 | 78.4 | 85.2 |
| 通信服务 | 98.8 | 98.9 | 98.7 |
| 娱乐教育文化用品及服务 | 99.3 | 99.1 | 99.9 |
| 文娱用耐用消费品及服务 | 92.3 | 91.1 | 95.1 |
| 教育 | 100.5 | 100.4 | 100.9 |
| 教材及参考书 | 100.6 | 100.7 | 100.4 |
| 学杂托幼费 | 100.5 | 100.3 | 100.9 |
| 文化娱乐 | 101.3 | 101.3 | 101.2 |
| 文化娱乐用品 | 99.9 | 99.4 | 101.2 |
| 书报杂志 | 102.1 | 102.5 | 101.0 |
| 文娱费 | 102.1 | 102.2 | 101.4 |
| 旅游 | 101.1 | 101.1 | 100.4 |
| 居住 | 105.5 | 104.3 | 108.2 |
| 建房及装修材料 | 107.1 | 106.4 | 107.6 |
| 租房 | 103.5 | 103.5 | 103.8 |
| 自有住房 | 102.8 | 102.6 | 104.0 |
| 水电燃料 | 106.4 | 104.7 | 110.8 |

(资料来源：国家统计局网站，www.stats.gov.cn)

我国 2000—2009 年居民消费价格指数的涨跌幅度如图 14-1 所示。

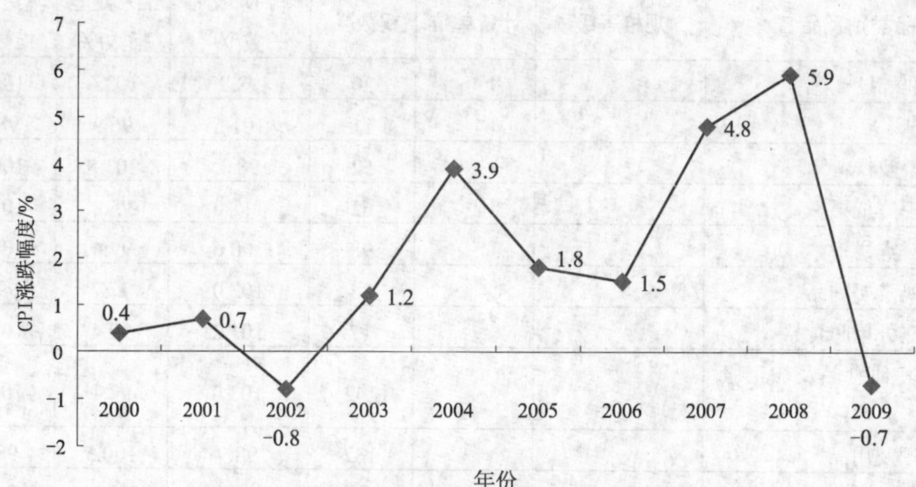


(资料来源：国家统计局网站，www.stats.gov.cn)

图 14-1 我国 2000—2009 年居民消费价格指数的涨跌幅度

下面举例说明我国居民消费价格指数的编制过程。

**【例 14-9】**根据表 14-10 中的资料说明居民消费价格指数的计算步骤。

表 14-10 某市某月居民消费价格指数计算表

| 商品类别及品名 | 规格等级 | 计量单位 | 权数/‰ | 本月环比指数/% | 上月定基指数/% | 本月定基指数/% |
|---|---|---|---|---|---|---|
| 居民消费价格指数 | | | 1000 | 102.96 | 99.2 | 102.14 |
| 一、食品 | | | 561 | 106.05 | 98.0 | 103.93 |
| 1．粮食 | | | 79 | 102.07 | 97.2 | 99.21 |
| 大米 | | | 414 | 103.1 | 96.5 | 99.49 |
| 籼米 | 标二 | 千克 | | 105.1 | | |
| 粳米 | 标二 | 千克 | | 101.14 | | |
| 面粉 | | | 393 | 103.79 | 97.3 | 100.99 |
| 粮食制品 | | | 31 | 100.8 | 97.4 | 98.18 |
| 其他 | | | 162 | 95.5 | 98.1 | 93.69 |
| 2．淀粉及薯类 | | | 13 | 101.2 | 98.2 | 99.4 |
| 3．干豆类及豆制品 | | | 19 | 100.3 | 98.9 | 99.2 |
| 4．油脂 | | | 41 | 119.6 | 94.8 | 113.4 |
| 5．肉禽及其制品 | | | 219 | 106.6 | 98.7 | 105.2 |
| 6．蛋 | | | 73 | 101.7 | 101．5 | 103.2 |
| 7．水产品 | | | 9 | 126.4 | 91.4 | 115.5 |
| 8．菜 | | | 111 | 118.9 | 102.7 | 122.1 |

续表

| 商品类别及品名 | 规格等级 | 计量单位 | 权数/‰ | 本月环比指数/% | 上月定基指数/% | 本月定基指数/% |
|---|---|---|---|---|---|---|
| 9．调味品 | | | 20 | 98.8 | 103.6 | 102.4 |
| 10．糖 | | | 11 | 101.5 | 96.9 | 98.4 |
| 11．茶及饮料 | | | 52 | 98.3 | 101.8 | 100.1 |
| 12．干鲜瓜果 | | | 62 | 111.0 | 95.8 | 106.3 |
| 13．糕点饼干 | | | 98 | 100.6 | 99.4 | 100.0 |
| 14．奶及奶制品 | | | 34 | 102.0 | 97.7 | 99.7 |
| 15．在外用膳食品 | | | 17 | 101.2 | 99.4 | 100.6 |
| 16．其他食品及加工服务费 | | | 142 | 103.0 | 97.1 | 100.0 |
| 二、烟酒及用品 | | | 132 | 98.9 | 100.5 | 99.4 |
| 三、衣着 | | | 84 | 98.4 | 98.2 | 96.6 |
| 四、家庭设备用品及服务 | | | 22 | 97.6 | 99.6 | 97.2 |
| 五、医疗保健及个人用品 | | | 13 | 98.6 | 99.2 | 97.8 |
| 六、交通和通信 | | | 44 | 98.0 | 100.0 | 98.0 |
| 七、娱乐教育文化用品及服务 | | | 66 | 98.5 | 101.8 | 100.3 |
| 八、居住 | | | 78 | 101.3 | 99.1 | 100.4 |

**解** ① 首先由各代表规格品的单项指数计算基本分类环比指数，然后根据基本分类环比指数和基本分类上月定基指数计算基本分类本月定基指数。

例如，大米包括两种代表规格品，这一基本分类的环比指数为

$$K^{(大米)}=\sqrt{G_1\times G_2}=\sqrt{1.051\times 1.0114}=103.1\%$$

大米(基本分类)的定基指数为

$$I_{基}^{大米}=1.031\times 0.965=99.49\%$$

② 根据基本分类的环比指数计算中类环比指数和中类定基指数。

例如粮食中类环比指数为

$$L_{环比}^{(粮食)}=\sum W_{t-1}\frac{P_t}{P_{t-1}}=1.031\times 414‰+1.0379\times 393‰+1.008\times 31‰+0.995\times 162‰=102.07\%$$

粮食中类定基指数为

$$L_t^{(粮食)}=\left(\sum W_{t-1}\frac{P_t}{P_{t-1}}\right)L_{t-1}^{(粮食)}=1.0207\times 0.972=99.21\%$$

③ 根据中类环比指数计算大类环比指数和定基指数。

例如食品大类的环比指数为

$$L_{环比}^{(食品)}=1.0207\times 79‰+1.012\times 13‰+\cdots+1.03\times 142‰=106.05\%$$

食品大类的定基指数为

$$L_t^{(\text{食品})}=1.0605\times 0.98=103.93\%$$

④ 根据八个大类的环比指数计算居民消费价格环比指数和定基指数。

该市某月居民消费价格环比指数为

$$L_{\text{环比}}=1.061\times 561‰+0.989\times 132‰+\cdots+1.013\times 78‰=102.96\%$$

该市某月居民消费价格定基指数为

$$L_t=1.0296\times 0.992=102.14\%$$

## (三)居民消费价格指数的作用

通过居民消费价格指数可以观察和分析消费品零售价格和服务价格的变动水平及对消费货币支出的影响，研究居民实际收入和实际消费水平的变动状况，还可以分析和研究国家经济紧缩或膨胀程度。通过城镇居民的消费价格指数，可以分析生活消费品和服务项目价格变动对职工货币工资的影响，为研究职工生活和制定工资政策提供依据。

居民消费价格指数的主要作用有以下几个方面。

### 1．反映居民生活消费品和服务项目价格的变动趋势及程度

这是居民消费价格指数的基本功能。

### 2．反映通货膨胀程度

通货膨胀率(inflation rate of currency)是反映通货膨胀程度，说明一定时期内商品价格变动幅度的主要测度，一般以居民消费价格指数来表示。其计算公式为

$$\text{通货膨胀率}=\frac{\text{报告期居民消费价格指数}}{\text{基期居民消费价格指数}}-1 \tag{14-18}$$

### 3．度量货币购买能力

货币购买能力一般采用货币购买能力指数来表示。

货币购买能力指数(currency purchasing power index)是测定单位货币所购买货物和服务的数量变动程度的测度。货币购买能力指数与居民消费价格指数呈反比的关系；居民消费价格指数上涨，货币购买力下降，反之则上升，计算公式为

$$\text{货币购买力指数}=\frac{1}{\text{居民消费价格指数}} \tag{14-19}$$

### 4．反映实际工资水平

居民的实际消费水平，不仅受到名义工资增减的影响，还受到居民消费价格指数的制约。在名义工资一定时，居民消费价格指数的提高意味着居民实际工资的减少，降低了居民的实际消费水平；反之，居民消费价格指数的下降意味着居民实际工资和消费水平的提高。因此，可以利用居民消费价格指数将居民的名义工资转化为实际工资，来反映居民的消费水平。

实际工资(real wages)是将名义工资中的价格变动影响剔除之后的实际工资水平。其计

算公式为

$$实际工资=\frac{名义工资}{居民消费价格指数} \tag{14-20}$$

5．剔除价格波动影响

任何以货币单位为量纲的数据都不可避免地要受到价格水平波动的影响，当进行不同时间上的时间序列数据计算和分析时，需要使用居民消费价格指数来剔除不同时间上货物和服务单位价格水平的差异。利用居民消费价格指数来剔除价格变动影响的方式称为缩减或平减。通过居民消费价格指数缩减，剔除了价格变动影响之后的数据，称为缩减数据或缩减指标。缩减指标的计算公式为

$$缩减指标=\frac{按现价计算的指标}{居民消费价格指数} \tag{14-21}$$

## 三、工业品出厂价格指数

工业品出厂价格指数(producer price index for manufactured goods)是反映一定时期内全部工业产品出厂价格总水平的变动趋势和程度的指数，一般称为生产者价格指数(producer price index，PPI)。

工业品出厂价格指数包括工业企业售给本企业以外所有单位的各种产品和直接售给居民用于生活消费的产品。该指数可以观察出厂价格变动对工业总产值的影响，及时、准确、科学地反映全国及各地区的各工业行业产品价格水平和各种工业产品价格的变动趋势及幅度，为国民经济核算、测算工业发展速度、宏观经济分析和调控、理顺价格体系提供科学、准确的依据。

人们不像关心 CPI 那样关心 PPI，实际上，PPI 的变动在某种程度上反映了企业生产成本的变动。比如，企业购进的原材料价格上涨，生产成本提高，必然造成出厂价格的提高，这最终又会传导到消费价格，导致 CPI 上涨。

工业品出厂价格是工业品第一次出售时的出厂价格。该项调查采用重点调查与典型调查相结合的调查方法。重点调查对象为年主营业务收入 500 万元及以上的工业法人企业；典型调查对象为年主营业务收入 500 万元以下的工业法人企业。我国工业品出厂价格指数的编制方法如下所述。

1．选择代表企业

①按工业行业选择调查企业，各中类行业原则上都要有调查企业；②大型企业应尽量都选上(或占相当大比重)；③选择生产正常、稳定的企业作为调查对象；④选择企业时要兼顾不同所有制形式。

2．选择代表产品

①按工业行业选择代表产品；②选择对国计民生影响大的产品；③选择生产较为稳定的产品；④选择有发展前景的产品；⑤选择具有地方特色的产品。

目前《工业品价格调查目录》包括 4000 多种产品(9500 多个规格)。上述代表产品所

代表的行业销售额占当年全国工业品销售总额的 90%以上。

**3．价格调查方式**

采用企业报表形式，每月 5 万家左右工业企业上报数据资料。

**4．权数的确定**

编制工业品出厂价格指数所用的权数，用工业品销售额计算。计算资料来源于经济普查数据。若近期没有经济普查数据时，采用工业统计资料和部门统计资料来推算。权数一般五年更换一次。

**5．工业品出厂价格指数的计算**

(1) 由调查企业计算代表规格品个体价格指数，计算公式为

$$K_{ij}=\frac{\overline{p}_{1ij}}{\overline{p}_{0ij}}=\frac{\sum(p_{1ij}^{h}q_{1ij}^{h})/\sum q_{1ij}^{h}}{\sum(p_{0ij}^{h}q_{0ij}^{h})/\sum q_{0ij}^{h}} \tag{14-22}$$

式中，$\overline{p}_{0ij}$ 和 $\overline{p}_{1ij}$ 分别为企业 $i$ 在基期和报告期销售第 $j$ 种规格品的平均单价；$p_{0ij}^{h}$ 和 $p_{1ij}^{h}$ 分别为企业 $i$ 在基期和报告期第 $h$ 次销售第 $j$ 种规格品的单价；$q_{0ij}^{h}$ 和 $q_{1ij}^{h}$ 分别为企业 $i$ 在基期和报告期第 $h$ 次销售第 $j$ 种规格品的销售量。

(2) 综合部门汇总代表规格品价格指数。

全国(省、市)代表规格品的价格指数由调查企业的代表规格品价格指数采用简单几何平均法计算，计算公式为

$$K_{j}=\sqrt[n]{K_{1j}\times K_{2j}\times\cdots\times K_{nj}} \tag{14-23}$$

式中，$K_j$ 为全国(省、市)第 $j$ 种代表规格品的价格指数；$K_{nj}$ 为企业 $n$ 第 $j$ 种代表规格品的价格指数。

(3) 计算代表产品的个体价格指数。

代表产品个体价格指数用简单算术平均法计算，计算公式为

$$K=\frac{1}{m}\sum_{j=1}^{m}K_{j} \tag{14-24}$$

式中，$m$ 为代表产品包括的代表规格品的个数。

(4) 计算价格总指数。

用代表产品个体价格指数直接加权计算，计算公式为

$$\overline{K}=\frac{\sum kW}{\sum W} \tag{14-25}$$

式中，$\overline{K}$ 为价格总指数，$k$ 为代表产品个体指数，$W$ 为代表产品权数。

## 四、股票价格指数

股票价格指数(stock price index)是反映某一股票市场上多种股票价格综合变动程度的相对数，是由证券交易所或金融服务机构编制的表明股票行市变动的一种供参考的指示数字，一般简称股价指数。

股票价格指数的计算方法有多种，一般采用综合指数法，即用某一股票市场所有股票

价格计算的总指数，例如上证综合指数、深圳综合指数；也有选取部分样本股计算的总指数，例如上证 180 指数、深圳成分指数等。股价指数通常以“点”为单位，将基期水平固定为 100(或 1000)，股价比基期每变动 1%(或 1‰)称作变动了一点(一个百分点或千分点)。

股票价格指数一般以发行量为权数进行加权综合。其计算公式如下：

$$\overline{K}_p = \frac{\sum p_{1i}q_i}{\sum p_{0i}q_i} \tag{14-26}$$

其中，$p_{1i}$ 为报告期样本股的平均价格，$p_{0i}$ 为基期样本股的平均价格，$q_i$ 为第 $i$ 种股票的报告期发行量(也有采用基期的)。

股票价格指数是反映证券市场行情变化的重要指标，不仅是广大证券投资者进行投资决策分析的依据，而且也被视为一个地区或国家宏观经济态势的“晴雨表”。世界各地的股票市场都有自己的股票价格指数。在一个国家里，同一股市往往有不同的股票价格指数。我国沪深股市的一些常见的指数有：上证综合指数、上证 180 指数、深圳综合指数和深圳成分指数等。一些其他著名的股票指数有：道·琼斯股价平均数(Dow Jones's average index)、标准普尔股价指数(Standard & Poor's 500 index，S&P)、香港恒生指数(Heng Seng index)、纽约证券交易所股价综合指数(NYSE composite index)、日经平均指数(Nikkei Stock average index)等。

下面介绍几种我国上海和深圳证券交易所常见的股票价格指数，它们均采用帕氏加权价格指数，即以指数股的计算日股份数作为权数进行加权计算。

### (一)上海证券交易所股价指数

上海证券交易所股价指数主要有上证综合指数和上证 180 指数等。

#### 1. 上证综合指数

上证综合指数(Shanghai composite index)是以上海证券交易所上市的全部股票为计算范围，以股票发行量为权数的加权综合股价指数。它以 1990 年 12 月 19 日为基期(该日为上证所正式营业之日)，基期指数定为 100 点。上证综合指数反映了上海证券交易市场的总体走势，计算公式为

$$\text{上证综合指数} = \frac{\text{报告期股票总市值}}{\text{基期股票总市值}} \times \text{基期指数(100)} \tag{14-27}$$

式中，总市值=$\sum$(股价×发行股数)，即基期和报告期的总市值是股价分别乘以发行股数，再相加后求得基期和报告期的总市值。

当总市值出现非交易因素(增股、配股、汇率等)变动时，原除数需修正，以维持指数的连续可比，修正公式为

$$\text{修正后的除数} = \frac{\text{修正后的股票总市值}}{\text{修正前的股票总市值}} \times \text{原除数} \tag{14-28}$$

式中，修正后的市值=修正前的市值+新增(减)市值。

#### 2. 上证 180 指数

上证 180 指数(SSE 180 index)，又简称上证成分指数，是上海证券交易所对原上证 30

指数进行了调整并更名而成的，自 2002 年 7 月 1 日起正式发布。新编制的上证 180 指数的样本股数量扩大到 180 家，入选的个股均是一些在所有 A 股股票中规模大、流动性好、行业代表性强的股票。该指数不仅在编制方法的科学性、成分选择的代表性和成分的公开性上有所突破，同时也恢复和提升了成分指数的市场代表性，从而能更全面地反映股价的走势。

上证 180 指数与通常计算的上证综指之间最大的区别在于，它是成分指数，而不是综合指数。成分指数是根据科学客观的选样方法挑选出的样本股形成的指数，所以能更准确地认识和评价市场。

### (二)深圳证券交易所股价指数

深圳证券交易所股价指数主要有深圳综合指数和深圳成分指数。

#### 1. 深圳综合指数

深圳综合指数(Shenzhen composite index)是深圳证券交易所编制的，以在深圳证券交易所上市的所有股票为计算范围，以发行量为权数的加权综合股价指数。深证综合指数是以 1991 年 4 月 3 日为基日，基日指数为 100 点，1991 年 4 月 4 日开始公布。纳入指数计算范围的股票称为指数股，其基本计算公式为

$$\text{即日指数} = \frac{\text{即日指数股总市值}}{\text{基日指数股总市值}} \times \text{基日指数(100)} \tag{14-29}$$

若股市结构有所变动，用变动前一营业日为新基日，并以新基数计算，用“连锁”方法计算得到的指数溯源到原有基期，以维持指数的连续性。每日连续的环比公式为

$$\text{今日即时指数} = \text{上日收市指数} \times \frac{\text{今日即时指数股总市值}}{\text{经调整的上日指数股收市总市值}} \tag{14-30}$$

#### 2. 深圳成分指数

深证成分指数(Shenzhen component index)是深圳证券交易所编制的一种成分股指数，是从上市的所有股票中抽取具有市场代表性的 40 家上市公司的股票作为计算对象，并以流通股为权数计算得出的加权股价指数，综合反映深交所上市 A、B 股的股价走势。基期为 1994 年 7 月 20 日，基点为 1000 点，1995 年 1 月 23 日开始发布。

深圳成分指数采用流通量为权数，计算公式同深圳综合指数。深圳成份指数是从上市公司中挑选出 40 家具有代表性的成分股计算。成分股选择的一般原则是：①有一定上市交易日期；②有一定上市规模；③交易活跃。此外，还结合考虑公司股份的市盈率，公司的行业代表性，地区、板块代表性，公司的财务状况和经营业绩、管理素质等。

## 本 章 小 结

(1) 指数是一种常用的统计分析方法。指数有广义和狭义之分。广义的指数是指凡是说明社会经济现象数量上变动的相对数。狭义的指数认为指数是一种特殊的相对数，它是用来反映不能直接相加的多因素所组成的社会经济现象的综合变动程度。指数按其反映的现象范围不同，可分为个体指数和总指数；按所反映现象的特征不同，可分为数量指数和

质量指数；按所反映现象的对比性质不同，可分为动态指数和静态指数。

(2) 综合指数是编制和计算总指数的一种基本形式，它是由两个总量指标对比而形成的指数。凡是一个总量指标可以分解为两个或两个以上的因素指标时，将其中的一个或一个以上的因素指标加以固定，仅观察其中一个因素指标的变化状况的指数，称为综合指数。从我国指数编制的实践看，在数量指数中，同度量因素固定在基期；在质量指数中，同度量因素固定在报告期。

(3) 平均指数是以个体指数为基础，通过对个体指数计算加权平均数来编制的总指数。即先计算所研究现象各个项目的个体指数，然后根据所给的价值总量资料作为权数对个体指数进行加权平均求得总指数。根据加权平均的方法不同，有加权算术平均指数和加权调和平均指数。

在统计分析中，指数体系是指经济上具有一定联系，且具有一定的数量对等关系的三个或三个以上的指数所构成的一个整体。

(4) 因素分析是借助于指数体系来分析社会经济现象变动中各种因素变动发生作用的影响程度，社会经济现象的变动分两种情况：一种是社会经济现象的总变动，另一种是社会经济现象的平均变动，因素分析可以解决这两方面的问题。

(5) 商品零售价格指数、居民消费价格指数、工业品出厂价格指数和股票价格指数是几种主要的经济指数。各个指数都在国民经济中发挥着重要的作用，其编制方法和原则也各不相同。

# 思考与练习题

## 一、思考题

1. 指数的概念和作用是什么？
2. 简述指数的分类。
3. 什么是同度量因素？编制综合指数时如何确定同度量因素？
4. 什么是指数体系？它的作用是什么？
5. 什么是因素分析？因素分析包括哪几方面的内容？
6. 常见的价格指数有哪些？
7. 试举出居民消费价格指数的三个主要作用。

## 二、练习题

1. 已知三种商品销售资料如表 14-11 所示。

表 14-11　三种商品的销售数据

| 商　品 | 计量单位 | 销 售 量 | | 价格/元 | |
|---|---|---|---|---|---|
| | | 基期 $q_0$ | 报告期 $q_1$ | 基期 $p_0$ | 报告期 $p_1$ |
| 甲 | 千克 | 8000 | 8800 | 10.0 | 10.5 |
| 乙 | 件 | 2000 | 2500 | 8.0 | 9.0 |
| 丙 | 盒 | 10000 | 10500 | 6.0 | 6.5 |

试：

(1) 计算销售量总指数，并作说明。

(2) 计算销售价格总指数，并作说明。

(3) 计算销售量、销售价格变动对销售额的影响绝对值。

2 .某企业生产的产品产量和单位成本资料如表 14-12 所示。

表 14-12　某企业产品产量和成本数据

| 名　称 | 计量单位 | 产　量 | | 单位成本/元 | |
|---|---|---|---|---|---|
| | | 基　期 | 报 告 期 | 基　期 | 报 告 期 |
| 甲 | 台 | 1760 | 2100 | 350 | 320 |
| 乙 | 个 | 1280 | 1430 | 82 | 78 |
| 丙 | 件 | 900 | 1030 | 180 | 190 |

根据表中资料，试：

(1) 计算三种产品的个体产量指数。

(2) 计算三种产品的个体成本指数。

(3) 计算该企业的总成本指数。

(4) 对该企业的总成本的变动进行两因素分析。

3. 某厂生产的三种产品的有关资料如表 14-13 所示。

表 14-13　三种产品资料

| 产品名称 | 产　量 | | | 单位产品成本 | | |
|---|---|---|---|---|---|---|
| | 计量单位 | 基　期 | 报 告 期 | 计量单位 | 基　期 | 报 告 期 |
| 甲 | 万件 | 1000 | 1200 | 元/件 | 10 | 8.0 |
| 乙 | 万只 | 5000 | 5000 | 元/只 | 4 | 4.5 |
| 丙 | 万个 | 1500 | 2000 | 元/个 | 8 | 7.0 |

根据表中资料完成以下计算或说明：

(1) 计算三种产品的成本总指数以及由于单位产品成本变动使总成本变动的绝对额。

(2) 计算三种产品的产量总指数以及由于产量变动而使总成本变动的绝对额。

(3) 利用指数体系分析说明总成本(相对程度和绝对额)的变动情况。

4. 某地区 2008 年商品零售价格指数的资料如表 14-14 所示。

表 14-14　某地区 2008 年商品零售价格指数

| 商品类别及名称 | 代表规格品 | 计量单位 | 平均价格/元 | | 权数/% | 指数/% |
|---|---|---|---|---|---|---|
| | | | 2007 年 | 2008 年 | | |
| 一、食品类 | | | | | 48 | |
| 1. 粮食 | | | | | 32 | |
| (1)细粮 | | | | | 60 | |
| 面粉 | 标准粉 | g | 0.619 | 0.619 | 56 | |

续表

| 商品类别及名称 | 代表规格品 | 计量单位 | 平均价格/元 | | 权数/% | 指数/% |
|---|---|---|---|---|---|---|
| | | | 2007 年 | 2008 年 | | |
| 大米 | 标准米 | g | 0.14 | 0.15 | 24 | |
| 挂面 | 精制 | g | 0.24 | 0.25 | 20 | |
| (2)粗粮 | | | | | 40 | |
| 小米 | 一等 | g | 0.14 | 0.25 | 38 | |
| 玉米 | 中等 | g | 0.11 | 0.12 | 42 | |
| 高粱 | 一等 | g | 0.07 | 0.08 | 20 | |
| 2. 副食品 | | | | | 46 | 116.87 |
| 3. 烟酒品 | | | | | 12 | 106.30 |
| 4. 其他食品 | | | | | 10 | 104.30 |
| 二、衣着类 | | | | | 20 | 101.23 |
| 三、日用杂品类 | | | | | 15 | 98.12 |
| 四、文化用品类 | | | | | 4 | 108.41 |
| 五、医药类 | | | | | 5 | 96.14 |
| 六、燃料类 | | | | | 8 | 97.19 |

根据表 14-14 中的资料编制该地区 2008 年的商品零售价格指数。

## 案 例 分 析

### 解读 2009 年我国居民消费价格水平

居民消费价格指数是综合反映居民家庭所购买的各种消费品和服务价格变动程度的统计指标。这一指标通常影响着政府关于财政、货币、消费、工资、社会保障等政策的制定，是测定通货膨胀及其对人民生活水平的影响、进行宏观经济分析和调控的重要依据。

我国每月编制并公布居民消费价格指数，具有较强的及时性。为了满足分类分析的需要，不仅编制全国的居民消费价格指数，也编制分地区和城乡的居民消费价格指数。

此外，我国还定期编制和公布了其他多种价格指数，形成了比较完整的价格指数体系，从不同的角度系统地监测价格水平的变化。

来自《中华人民共和国 2009 年国民经济和社会发展统计公报》的部分资料显示，2009 年我国居民消费价格比上年下降 0.7%，其中食品价格上涨 0.7%。固定资产投资价格下降 2.4%。工业品出厂价格下降 5.4%。原材料、燃料、动力购进价格下降 7.9%。农产品生产价格下降 2.4%。农业生产资料价格下降 2.5%。70 个大中城市房屋销售价格上涨 1.5%。2009 年居民消费价格比上年涨跌幅度如表 14-15 所示。

表 14-15　2009 年居民消费价格比上年涨跌幅度

%

| 指　标 | 全　国 | 城　市 | 农　村 |
|---|---|---|---|
| 居民消费价格 | −0.7 | −0.9 | −0.3 |
| 食品 | 0.7 | 1.0 | 0.1 |
| 其中：粮食 | 5.6 | 5.7 | 5.5 |
| 肉禽及其制品 | −8.7 | −8.5 | −9.2 |
| 油脂 | −18.3 | −17.9 | −18.8 |
| 鲜蛋 | 1.5 | 1.3 | 2.0 |
| 鲜菜 | 15.4 | 15.0 | 16.7 |
| 鲜果 | 9.1 | 9.0 | 9.5 |
| 烟酒及用品 | 1.5 | 1.7 | 1.3 |
| 衣着 | −2.0 | −2.2 | −1.6 |
| 家庭设备用品及服务 | 0.2 | 0.3 | 0.0 |
| 医疗保健及个人用品 | 1.2 | 1.1 | 1.5 |
| 交通和通信 | −2.4 | −2.7 | −1.8 |
| 娱乐教育文化用品及服务 | −0.7 | −1.2 | 0.6 |
| 居住 | −3.6 | −4.6 | −1.5 |

(数据来源：国家统计局网站，www.stats.gov.cn)

**思考与讨论问题：**

(1) 从上述资料中你能看出我国价格指数体系主要是由哪些指数构成的？

(2) “指数”与“增减率”有何关系？

(3) 2009 年全国居民消费价格指数是多少？

(4) 我国“居民消费价格指数”是分几个大类计算的？2009 年上升最快的是哪一个大类？

(5) “居民消费价格指数”与“商品零售价格指数”包括的范围有什么区别？

(6) 为什么我国要分城乡计算居民消费价格指数？

**分析与提示：**通过上面的论述和表格进行讨论。

# 附录　常用统计表

表1　标准正态分布表

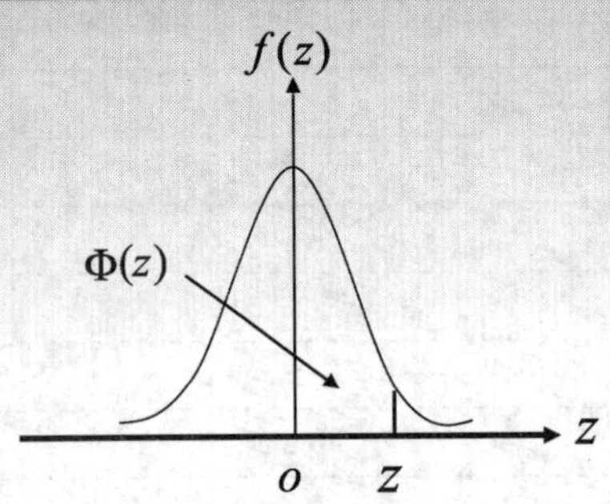


$$\Phi(z)=P(Z\leqslant z)=\int_{-\infty}^{z}f(z)\mathrm{d}z=\int_{-\infty}^{z}\frac{1}{\sqrt{2\pi}}\mathrm{e}^{-\frac{z^2}{2}}\mathrm{d}z$$

| z | 0.00 | 0.01 | 0.02 | 0.03 | 0.04 | 0.05 | 0.06 | 0.07 | 0.08 | 0.09 |
|---|---|---|---|---|---|---|---|---|---|---|
| 0.0 | 0.5000 | 0.5040 | 0.5080 | 0.5120 | 0.5160 | 0.5199 | 0.5239 | 0.5279 | 0.5319 | 0.5359 |
| 0.1 | 0.5398 | 0.5438 | 0.5478 | 0.5517 | 0.5557 | 0.5596 | 0.5636 | 0.5675 | 0.5714 | 0.5753 |
| 0.2 | 0.5793 | 0.5832 | 0.5871 | 0.5910 | 0.5948 | 0.5987 | 0.6026 | 0.6064 | 0.6103 | 0.6141 |
| 0.3 | 0.6179 | 0.6217 | 0.6255 | 0.6293 | 0.6331 | 0.6368 | 0.6406 | 0.6443 | 0.6480 | 0.6517 |
| 0.4 | 0.6554 | 0.6591 | 0.6628 | 0.6664 | 0.6700 | 0.6736 | 0.6772 | 0.6808 | 0.6844 | 0.6879 |
| 0.5 | 0.6915 | 0.6950 | 0.6985 | 0.7019 | 0.7054 | 0.7088 | 0.7123 | 0.7157 | 0.7190 | 0.7224 |
| 0.6 | 0.7257 | 0.7291 | 0.7324 | 0.7357 | 0.7389 | 0.7422 | 0.7454 | 0.7486 | 0.7517 | 0.7549 |
| 0.7 | 0.7580 | 0.7611 | 0.7642 | 0.7673 | 0.7704 | 0.7734 | 0.7764 | 0.7794 | 0.7823 | 0.7852 |
| 0.8 | 0.7881 | 0.7910 | 0.7939 | 0.7967 | 0.7995 | 0.8023 | 0.8051 | 0.8078 | 0.8106 | 0.8133 |
| 0.9 | 0.8159 | 0.8186 | 0.8212 | 0.8238 | 0.8264 | 0.8289 | 0.8315 | 0.8340 | 0.8365 | 0.8389 |
| 1.0 | 0.8413 | 0.8438 | 0.8461 | 0.8485 | 0.8508 | 0.8531 | 0.8554 | 0.8577 | 0.8599 | 0.8621 |
| 1.1 | 0.8643 | 0.8665 | 0.8686 | 0.8708 | 0.8729 | 0.8749 | 0.8770 | 0.8790 | 0.8810 | 0.8830 |
| 1.2 | 0.8849 | 0.8869 | 0.8888 | 0.8907 | 0.8925 | 0.8944 | 0.8962 | 0.8980 | 0.8997 | 0.9015 |
| 1.3 | 0.9032 | 0.9049 | 0.9066 | 0.9082 | 0.9099 | 0.9115 | 0.9131 | 0.9147 | 0.9162 | 0.9177 |
| 1.4 | 0.9192 | 0.9207 | 0.9222 | 0.9236 | 0.9251 | 0.9265 | 0.9279 | 0.9292 | 0.9306 | 0.9319 |
| 1.5 | 0.9332 | 0.9345 | 0.9357 | 0.9370 | 0.9382 | 0.9394 | 0.9406 | 0.9418 | 0.9429 | 0.9441 |
| 1.6 | 0.9452 | 0.9463 | 0.9474 | 0.9484 | 0.9495 | 0.9505 | 0.9515 | 0.9525 | 0.9535 | 0.9545 |
| 1.7 | 0.9554 | 0.9564 | 0.9573 | 0.9582 | 0.9591 | 0.9599 | 0.9608 | 0.9616 | 0.9625 | 0.9633 |
| 1.8 | 0.9641 | 0.9649 | 0.9656 | 0.9664 | 0.9671 | 0.9678 | 0.9686 | 0.9693 | 0.9699 | 0.9706 |

续表

| z | 0.00 | 0.01 | 0.02 | 0.03 | 0.04 | 0.05 | 0.06 | 0.07 | 0.08 | 0.09 |
|---|---|---|---|---|---|---|---|---|---|---|
| 1.9 | 0.9713 | 0.9719 | 0.9726 | 0.9732 | 0.9738 | 0.9744 | 0.9750 | 0.9756 | 0.9761 | 0.9767 |
| 2.0 | 0.9772 | 0.9778 | 0.9783 | 0.9788 | 0.9793 | 0.9798 | 0.9803 | 0.9808 | 0.9812 | 0.9817 |
| 2.1 | 0.9821 | 0.9826 | 0.9830 | 0.9834 | 0.9838 | 0.9842 | 0.9846 | 0.9850 | 0.9854 | 0.9857 |
| 2.2 | 0.9861 | 0.9864 | 0.9868 | 0.9871 | 0.9875 | 0.9878 | 0.9881 | 0.9884 | 0.9887 | 0.9890 |
| 2.3 | 0.9893 | 0.9896 | 0.9898 | 0.9901 | 0.9904 | 0.9906 | 0.9909 | 0.9911 | 0.9913 | 0.9916 |
| 2.4 | 0.9918 | 0.9920 | 0.9922 | 0.9925 | 0.9927 | 0.9929 | 0.9931 | 0.9932 | 0.9934 | 0.9936 |
| 2.5 | 0.9938 | 0.9940 | 0.9941 | 0.9943 | 0.9945 | 0.9946 | 0.9948 | 0.9949 | 0.9951 | 0.9952 |
| 2.6 | 0.9953 | 0.9955 | 0.9956 | 0.9957 | 0.9959 | 0.9960 | 0.9961 | 0.9962 | 0.9963 | 0.9964 |
| 2.7 | 0.9965 | 0.9966 | 0.9967 | 0.9968 | 0.9969 | 0.9970 | 0.9971 | 0.9972 | 0.9973 | 0.9974 |
| 2.8 | 0.9974 | 0.9975 | 0.9976 | 0.9977 | 0.9977 | 0.9978 | 0.9979 | 0.9979 | 0.9980 | 0.9981 |
| 2.9 | 0.9981 | 0.9982 | 0.9982 | 0.9983 | 0.9984 | 0.9984 | 0.9985 | 0.9985 | 0.9986 | 0.9986 |
| 3.0 | 0.9987 | 0.9987 | 0.9987 | 0.9988 | 0.9988 | 0.9989 | 0.9989 | 0.9989 | 0.9990 | 0.9990 |

## 表2　$t$ 分布临界值表

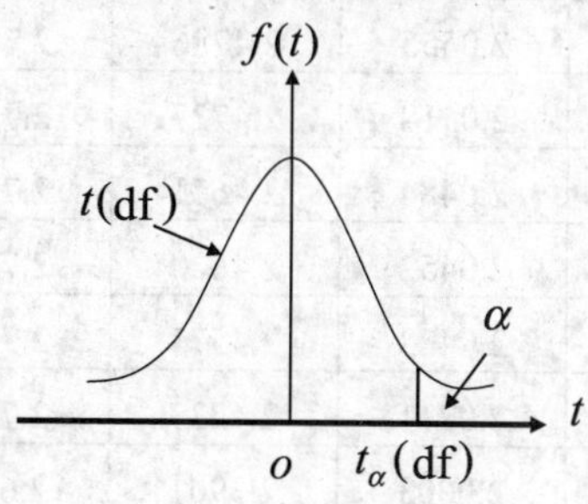


$$P\{t(\mathrm{df}) \geqslant t_\alpha(\mathrm{df})\} = \alpha$$

| 自由度 df | $t_{0.1}$ | $t_{0.05}$ | $t_{0.025}$ | $t_{0.01}$ | $t_{0.005}$ | $t_{0.001}$ | $t_{0.0005}$ |
|---|---|---|---|---|---|---|---|
| 1 | 3.0777 | 6.3138 | 12.7062 | 31.8205 | 63.6567 | 318.3088 | 636.6192 |
| 2 | 1.8856 | 2.9200 | 4.3027 | 6.9646 | 9.9248 | 22.3271 | 31.5991 |
| 3 | 1.6377 | 2.3534 | 3.1824 | 4.5407 | 5.8409 | 10.2145 | 12.9240 |
| 4 | 1.5332 | 2.1318 | 2.7764 | 3.7469 | 4.6041 | 7.1732 | 8.6103 |
| 5 | 1.4759 | 2.0150 | 2.5706 | 3.3649 | 4.0321 | 5.8934 | 6.8688 |
| 6 | 1.4398 | 1.9432 | 2.4469 | 3.1427 | 3.7074 | 5.2076 | 5.9588 |
| 7 | 1.4149 | 1.8946 | 2.3646 | 2.9980 | 3.4995 | 4.7853 | 5.4079 |
| 8 | 1.3968 | 1.8595 | 2.3060 | 2.8965 | 3.3554 | 4.5008 | 5.0413 |
| 9 | 1.3830 | 1.8331 | 2.2622 | 2.8214 | 3.2498 | 4.2968 | 4.7809 |
| 10 | 1.3722 | 1.8125 | 2.2281 | 2.7638 | 3.1693 | 4.1437 | 4.5869 |
| 11 | 1.3634 | 1.7959 | 2.2010 | 2.7181 | 3.1058 | 4.0247 | 4.4370 |

续表

| 自由度 df | $t_{0.1}$ | $t_{0.05}$ | $t_{0.025}$ | $t_{0.01}$ | $t_{0.005}$ | $t_{0.001}$ | $t_{0.0005}$ |
|---|---|---|---|---|---|---|---|
| 12 | 1.3562 | 1.7823 | 2.1788 | 2.6810 | 3.0545 | 3.9296 | 4.3178 |
| 13 | 1.3502 | 1.7709 | 2.1604 | 2.6503 | 3.0123 | 3.8520 | 4.2208 |
| 14 | 1.3450 | 1.7613 | 2.1448 | 2.6245 | 2.9768 | 3.7874 | 4.1405 |
| 15 | 1.3406 | 1.7531 | 2.1314 | 2.6025 | 2.9467 | 3.7328 | 4.0728 |
| 16 | 1.3368 | 1.7459 | 2.1199 | 2.5835 | 2.9208 | 3.6862 | 4.0150 |
| 17 | 1.3334 | 1.7396 | 2.1098 | 2.5669 | 2.8982 | 3.6458 | 3.9651 |
| 18 | 1.3304 | 1.7341 | 2.1009 | 2.5524 | 2.8784 | 3.6105 | 3.9216 |
| 19 | 1.3277 | 1.7291 | 2.0930 | 2.5395 | 2.8609 | 3.5794 | 3.8834 |
| 20 | 1.3253 | 1.7247 | 2.0860 | 2.5280 | 2.8453 | 3.5518 | 3.8495 |
| 21 | 1.3232 | 1.7207 | 2.0796 | 2.5176 | 2.8314 | 3.5272 | 3.8193 |
| 22 | 1.3212 | 1.7171 | 2.0739 | 2.5083 | 2.8188 | 3.5050 | 3.7921 |
| 23 | 1.3195 | 1.7139 | 2.0687 | 2.4999 | 2.8073 | 3.4850 | 3.7676 |
| 24 | 1.3178 | 1.7109 | 2.0639 | 2.4922 | 2.7969 | 3.4668 | 3.7454 |
| 25 | 1.3163 | 1.7081 | 2.0595 | 2.4851 | 2.7874 | 3.4502 | 3.7251 |
| 26 | 1.3150 | 1.7056 | 2.0555 | 2.4786 | 2.7787 | 3.4350 | 3.7066 |
| 27 | 1.3137 | 1.7033 | 2.0518 | 2.4727 | 2.7707 | 3.4210 | 3.6896 |
| 28 | 1.3125 | 1.7011 | 2.0484 | 2.4671 | 2.7633 | 3.4082 | 3.6739 |
| 29 | 1.3114 | 1.6991 | 2.0452 | 2.4620 | 2.7564 | 3.3962 | 3.6594 |
| 30 | 1.3104 | 1.6973 | 2.0423 | 2.4573 | 2.7500 | 3.3852 | 3.6460 |
| 40 | 1.3031 | 1.6839 | 2.0211 | 2.4233 | 2.7045 | 3.3069 | 3.5510 |
| 60 | 1.2958 | 1.6706 | 2.0003 | 2.3901 | 2.6603 | 3.2317 | 3.4602 |
| 120 | 1.2886 | 1.6577 | 1.9799 | 2.3578 | 2.6174 | 3.1595 | 3.3735 |
| ∞ | 1.2816 | 1.6448 | 1.9600 | 2.3263 | 2.5758 | 3.0902 | 3.2905 |

表 3　$\chi^2$ 分布临界值表

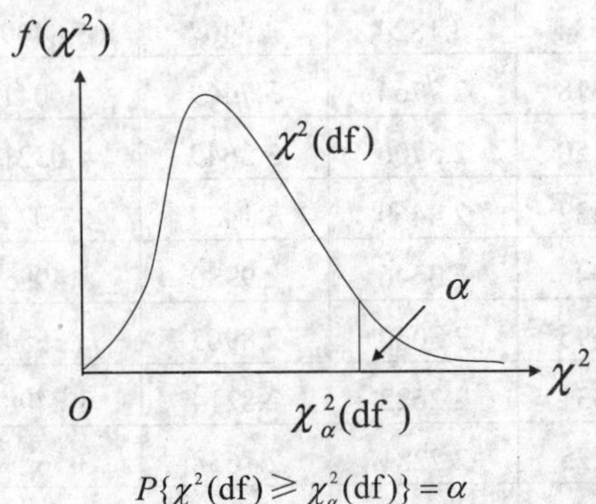


$$P\{\chi^2(\mathrm{df}) \geqslant \chi^2_\alpha(\mathrm{df})\} = \alpha$$

续表

| 自由度 df | $\chi^2_{0.005}$ | $\chi^2_{0.01}$ | $\chi^2_{0.025}$ | $\chi^2_{0.05}$ | $\chi^2_{0.1}$ | $\chi^2_{0.9}$ | $\chi^2_{0.95}$ | $\chi^2_{0.975}$ | $\chi^2_{0.99}$ | $\chi^2_{0.995}$ |
|---|---|---|---|---|---|---|---|---|---|---|
| 1 | 7.8794 | 6.6349 | 5.0239 | 3.8415 | 2.7055 | 0.0158 | 0.0039 | 0.0010 | 0.0002 | 0.0000 |
| 2 | 10.5966 | 9.2103 | 7.3778 | 5.9915 | 4.6052 | 0.2107 | 0.1026 | 0.0506 | 0.0201 | 0.0100 |
| 3 | 12.8382 | 11.3449 | 9.3484 | 7.8147 | 6.2514 | 0.5844 | 0.3518 | 0.2158 | 0.1148 | 0.0717 |
| 4 | 14.8603 | 13.2767 | 11.1433 | 9.4877 | 7.7794 | 1.0636 | 0.7107 | 0.4844 | 0.2971 | 0.2070 |
| 5 | 16.7496 | 15.0863 | 12.8325 | 11.0705 | 9.2364 | 1.6103 | 1.1455 | 0.8312 | 0.5543 | 0.4117 |
| 6 | 18.5476 | 16.8119 | 14.4494 | 12.5916 | 10.6446 | 2.2041 | 1.6354 | 1.2373 | 0.8721 | 0.6757 |
| 7 | 20.2777 | 18.4753 | 16.0128 | 14.0671 | 12.0170 | 2.8331 | 2.1673 | 1.6899 | 1.2390 | 0.9893 |
| 8 | 21.9550 | 20.0902 | 17.5345 | 15.5073 | 13.3616 | 3.4895 | 2.7326 | 2.1797 | 1.6465 | 1.3444 |
| 9 | 23.5894 | 21.6660 | 19.0228 | 16.9190 | 14.6837 | 4.1682 | 3.3251 | 2.7004 | 2.0879 | 1.7349 |
| 10 | 25.1882 | 23.2093 | 20.4832 | 18.3070 | 15.9872 | 4.8652 | 3.9403 | 3.2470 | 2.5582 | 2.1559 |
| 11 | 26.7568 | 24.7250 | 21.9200 | 19.6751 | 17.2750 | 5.5778 | 4.5748 | 3.8157 | 3.0535 | 2.6032 |
| 12 | 28.2995 | 26.2170 | 23.3367 | 21.0261 | 18.5493 | 6.3038 | 5.2260 | 4.4038 | 3.5706 | 3.0738 |
| 13 | 29.8195 | 27.6882 | 24.7356 | 22.3620 | 19.8119 | 7.0415 | 5.8919 | 5.0088 | 4.1069 | 3.5650 |
| 14 | 31.3193 | 29.1412 | 26.1189 | 23.6848 | 21.0641 | 7.7895 | 6.5706 | 5.6287 | 4.6604 | 4.0747 |
| 15 | 32.8013 | 30.5779 | 27.4884 | 24.9958 | 22.3071 | 8.5468 | 7.2609 | 6.2621 | 5.2293 | 4.6009 |
| 16 | 34.2672 | 31.9999 | 28.8454 | 26.2962 | 23.5418 | 9.3122 | 7.9616 | 6.9077 | 5.8122 | 5.1422 |
| 17 | 35.7185 | 33.4087 | 30.1910 | 27.5871 | 24.7690 | 10.0852 | 8.6718 | 7.5642 | 6.4078 | 5.6972 |
| 18 | 37.1565 | 34.8053 | 31.5264 | 28.8693 | 25.9894 | 10.8649 | 9.3905 | 8.2307 | 7.0149 | 6.2648 |
| 19 | 38.5823 | 36.1909 | 32.8523 | 30.1435 | 27.2036 | 11.6509 | 10.1170 | 8.9065 | 7.6327 | 6.8440 |
| 20 | 39.9968 | 37.5662 | 34.1696 | 31.4104 | 28.4120 | 12.4426 | 10.8508 | 9.5908 | 8.2604 | 7.4338 |
| 21 | 41.4011 | 38.9322 | 35.4789 | 32.6706 | 29.6151 | 13.2396 | 11.5913 | 10.2829 | 8.8972 | 8.0337 |
| 22 | 42.7957 | 40.2894 | 36.7807 | 33.9244 | 30.8133 | 14.0415 | 12.3380 | 10.9823 | 9.5425 | 8.6427 |
| 23 | 44.1813 | 41.6384 | 38.0756 | 35.1725 | 32.0069 | 14.8480 | 13.0905 | 11.6886 | 10.1957 | 9.2604 |
| 24 | 45.5585 | 42.9798 | 39.3641 | 36.4150 | 33.1962 | 15.6587 | 13.8484 | 12.4012 | 10.8564 | 9.8862 |
| 25 | 46.9279 | 44.3141 | 40.6465 | 37.6525 | 34.3816 | 16.4734 | 14.6114 | 13.1197 | 11.5240 | 10.5197 |
| 26 | 48.2899 | 45.6417 | 41.9232 | 38.8851 | 35.5632 | 17.2919 | 15.3792 | 13.8439 | 12.1981 | 11.1602 |
| 27 | 49.6449 | 46.9629 | 43.1945 | 40.1133 | 36.7412 | 18.1139 | 16.1514 | 14.5734 | 12.8785 | 11.8076 |
| 28 | 50.9934 | 48.2782 | 44.4608 | 41.3371 | 37.9159 | 18.9392 | 16.9279 | 15.3079 | 13.5647 | 12.4613 |
| 29 | 52.3356 | 49.5879 | 45.7223 | 42.5570 | 39.0875 | 19.7677 | 17.7084 | 16.0471 | 14.2565 | 13.1211 |
| 30 | 53.6720 | 50.8922 | 46.9792 | 43.7730 | 40.2560 | 20.5992 | 18.4927 | 16.7908 | 14.9535 | 13.7867 |
| 40 | 66.7660 | 63.6907 | 59.3417 | 55.7585 | 51.8051 | 29.0505 | 26.5093 | 24.4330 | 22.1643 | 20.7065 |
| 50 | 79.4900 | 76.1539 | 71.4202 | 67.5048 | 63.1671 | 37.6886 | 34.7643 | 32.3574 | 29.7067 | 27.9907 |
| 60 | 91.9517 | 88.3794 | 83.2977 | 79.0819 | 74.3970 | 46.4589 | 43.1880 | 40.4817 | 37.4849 | 35.5345 |
| 70 | 104.2149 | 100.4252 | 95.0232 | 90.5312 | 85.5270 | 55.3289 | 51.7393 | 48.7576 | 45.4417 | 43.2752 |

续表

| 自由度 df | $\chi^2_{0.005}$ | $\chi^2_{0.01}$ | $\chi^2_{0.025}$ | $\chi^2_{0.05}$ | $\chi^2_{0.1}$ | $\chi^2_{0.9}$ | $\chi^2_{0.95}$ | $\chi^2_{0.975}$ | $\chi^2_{0.99}$ | $\chi^2_{0.995}$ |
|---|---|---|---|---|---|---|---|---|---|---|
| 80 | 116.3211 | 112.3288 | 106.6286 | 101.8795 | 96.5782 | 64.2778 | 60.3915 | 57.1532 | 53.5401 | 51.1719 |
| 90 | 128.2989 | 124.1163 | 118.1359 | 113.1453 | 107.5650 | 73.2911 | 69.1260 | 65.6466 | 61.7541 | 59.1963 |
| 100 | 140.1695 | 135.8067 | 129.5612 | 124.3421 | 118.4980 | 82.3581 | 77.9295 | 74.2219 | 70.0649 | 67.3276 |
| 150 | 198.3602 | 193.2077 | 185.8004 | 179.5806 | 172.5812 | 128.2751 | 122.6918 | 117.9845 | 112.6676 | 109.1422 |
| 200 | 255.2642 | 249.4451 | 241.0579 | 233.9943 | 226.0210 | 174.8353 | 168.2786 | 162.7280 | 156.4320 | 152.2410 |
| 300 | 366.8444 | 359.9064 | 349.8745 | 341.3951 | 331.7885 | 269.0679 | 260.8781 | 253.9123 | 245.9725 | 240.6634 |
| 400 | 476.6064 | 468.7245 | 457.3055 | 447.6325 | 436.6490 | 364.2074 | 354.6410 | 346.4818 | 337.1553 | 330.9028 |
| 500 | 585.2066 | 576.4928 | 563.8515 | 553.1268 | 540.9303 | 459.9261 | 449.1468 | 439.9360 | 429.3875 | 422.3034 |

表4　F 分布临界值表

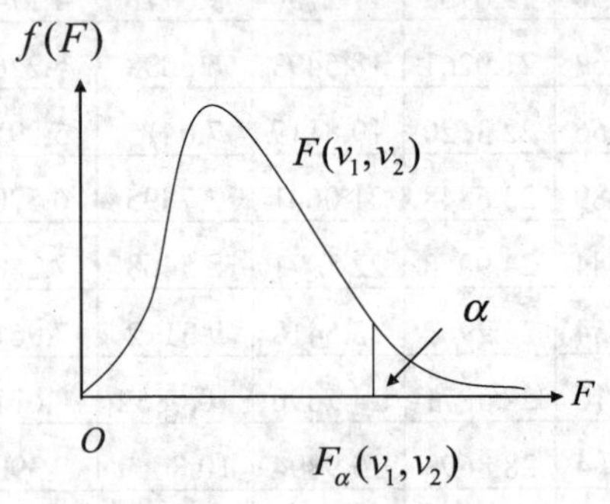


$$P\{F(v_1,v_2) \geqslant F_\alpha(v_1,v_2)\} = \alpha$$

| $F_{0.1}$ | | 分子自由度 $v_1$ | | | | | | | | | |
|---|---|---|---|---|---|---|---|---|---|---|---|
| | | 1 | 2 | 3 | 4 | 5 | 6 | 7 | 8 | 9 | 10 |
| 分母自由度 $v_2$ | 1 | 39.86 | 49.50 | 53.59 | 55.83 | 57.24 | 58.20 | 58.91 | 59.44 | 59.86 | 60.19 |
| | 2 | 8.53 | 9.00 | 9.16 | 9.24 | 9.29 | 9.33 | 9.35 | 9.37 | 9.38 | 9.39 |
| | 3 | 5.54 | 5.46 | 5.39 | 5.34 | 5.31 | 5.28 | 5.27 | 5.25 | 5.24 | 5.23 |
| | 4 | 4.54 | 4.32 | 4.19 | 4.11 | 4.05 | 4.01 | 3.98 | 3.95 | 3.94 | 3.92 |
| | 5 | 4.06 | 3.78 | 3.62 | 3.52 | 3.45 | 3.40 | 3.37 | 3.34 | 3.32 | 3.30 |
| | 6 | 3.78 | 3.46 | 3.29 | 3.18 | 3.11 | 3.05 | 3.01 | 2.98 | 2.96 | 2.94 |
| | 7 | 3.59 | 3.26 | 3.07 | 2.96 | 2.88 | 2.83 | 2.78 | 2.75 | 2.72 | 2.70 |
| | 8 | 3.46 | 3.11 | 2.92 | 2.81 | 2.73 | 2.67 | 2.62 | 2.59 | 2.56 | 2.54 |
| | 9 | 3.36 | 3.01 | 2.81 | 2.69 | 2.61 | 2.55 | 2.51 | 2.47 | 2.44 | 2.42 |
| | 10 | 3.29 | 2.92 | 2.73 | 2.61 | 2.52 | 2.46 | 2.41 | 2.38 | 2.35 | 2.32 |
| | 11 | 3.23 | 2.86 | 2.66 | 2.54 | 2.45 | 2.39 | 2.34 | 2.30 | 2.27 | 2.25 |
| | 12 | 3.18 | 2.81 | 2.61 | 2.48 | 2.39 | 2.33 | 2.28 | 2.24 | 2.21 | 2.19 |
| | 15 | 3.07 | 2.70 | 2.49 | 2.36 | 2.27 | 2.21 | 2.16 | 2.12 | 2.09 | 2.06 |

续表

| $F_{0.1}$ | | 分子自由度 $v_1$ | | | | | | | | | |
|---|---|---|---|---|---|---|---|---|---|---|---|
| | | 1 | 2 | 3 | 4 | 5 | 6 | 7 | 8 | 9 | 10 |
| 分母自由度 $v_2$ | 20 | 2.97 | 2.59 | 2.38 | 2.25 | 2.16 | 2.09 | 2.04 | 2.00 | 1.96 | 1.94 |
| | 24 | 2.93 | 2.54 | 2.33 | 2.19 | 2.10 | 2.04 | 1.98 | 1.94 | 1.91 | 1.88 |
| | 30 | 2.88 | 2.49 | 2.28 | 2.14 | 2.05 | 1.98 | 1.93 | 1.88 | 1.85 | 1.82 |
| | 40 | 2.84 | 2.44 | 2.23 | 2.09 | 2.00 | 1.93 | 1.87 | 1.83 | 1.79 | 1.76 |
| | 60 | 2.79 | 2.39 | 2.18 | 2.04 | 1.95 | 1.87 | 1.82 | 1.77 | 1.74 | 1.71 |
| | 120 | 2.75 | 2.35 | 2.13 | 1.99 | 1.90 | 1.82 | 1.77 | 1.72 | 1.68 | 1.65 |
| | ∞ | 2.71 | 2.30 | 2.08 | 1.94 | 1.85 | 1.77 | 1.72 | 1.67 | 1.63 | 1.60 |

| $F_{0.1}$ | | 分子自由度 $v_1$ | | | | | | | | | |
|---|---|---|---|---|---|---|---|---|---|---|---|
| | | 11 | 12 | 15 | 20 | 24 | 30 | 40 | 60 | 120 | ∞ |
| 分母自由度 $v_2$ | 1 | 60.47 | 60.71 | 61.22 | 61.74 | 62.00 | 62.26 | 62.53 | 62.79 | 63.06 | 63.33 |
| | 2 | 9.40 | 9.41 | 9.42 | 9.44 | 9.45 | 9.46 | 9.47 | 9.47 | 9.48 | 9.49 |
| | 3 | 5.22 | 5.22 | 5.20 | 5.18 | 5.18 | 5.17 | 5.16 | 5.15 | 5.14 | 5.13 |
| | 4 | 3.91 | 3.90 | 3.87 | 3.84 | 3.83 | 3.82 | 3.80 | 3.79 | 3.78 | 3.76 |
| | 5 | 3.28 | 3.27 | 3.24 | 3.21 | 3.19 | 3.17 | 3.16 | 3.14 | 3.12 | 3.10 |
| | 6 | 2.92 | 2.90 | 2.87 | 2.84 | 2.82 | 2.80 | 2.78 | 2.76 | 2.74 | 2.72 |
| | 7 | 2.68 | 2.67 | 2.63 | 2.59 | 2.58 | 2.56 | 2.54 | 2.51 | 2.49 | 2.47 |
| | 8 | 2.52 | 2.50 | 2.46 | 2.42 | 2.40 | 2.38 | 2.36 | 2.34 | 2.32 | 2.29 |
| | 9 | 2.40 | 2.38 | 2.34 | 2.30 | 2.28 | 2.25 | 2.23 | 2.21 | 2.18 | 2.16 |
| | 10 | 2.30 | 2.28 | 2.24 | 2.20 | 2.18 | 2.16 | 2.13 | 2.11 | 2.08 | 2.06 |
| | 11 | 2.23 | 2.21 | 2.17 | 2.12 | 2.10 | 2.08 | 2.05 | 2.03 | 2.00 | 1.97 |
| | 12 | 2.17 | 2.15 | 2.10 | 2.06 | 2.04 | 2.01 | 1.99 | 1.96 | 1.93 | 1.90 |
| | 15 | 2.04 | 2.02 | 1.97 | 1.92 | 1.90 | 1.87 | 1.85 | 1.82 | 1.79 | 1.76 |
| | 20 | 1.91 | 1.89 | 1.84 | 1.79 | 1.77 | 1.74 | 1.71 | 1.68 | 1.64 | 1.61 |
| | 24 | 1.85 | 1.83 | 1.78 | 1.73 | 1.70 | 1.67 | 1.64 | 1.61 | 1.57 | 1.53 |
| | 30 | 1.79 | 1.77 | 1.72 | 1.67 | 1.64 | 1.61 | 1.57 | 1.54 | 1.50 | 1.46 |
| | 40 | 1.74 | 1.71 | 1.66 | 1.61 | 1.57 | 1.54 | 1.51 | 1.47 | 1.42 | 1.38 |
| | 60 | 1.68 | 1.66 | 1.60 | 1.54 | 1.51 | 1.48 | 1.44 | 1.40 | 1.35 | 1.29 |
| | 120 | 1.63 | 1.60 | 1.55 | 1.48 | 1.45 | 1.41 | 1.37 | 1.32 | 1.26 | 1.19 |
| | ∞ | 1.57 | 1.55 | 1.49 | 1.42 | 1.38 | 1.34 | 1.30 | 1.24 | 1.17 | 1.01 |

续表

| $F_{0.05}$ | 分子自由度 $v_1$ | | | | | | | | | |
|---|---|---|---|---|---|---|---|---|---|---|
| 分母自由度 $v_2$ | 1 | 2 | 3 | 4 | 5 | 6 | 7 | 8 | 9 | 10 |
| 1 | 161.45 | 199.50 | 215.71 | 224.58 | 230.16 | 233.99 | 236.77 | 238.88 | 240.54 | 241.88 |
| 2 | 18.51 | 19.00 | 19.16 | 19.25 | 19.30 | 19.33 | 19.35 | 19.37 | 19.38 | 19.40 |
| 3 | 10.13 | 9.55 | 9.28 | 9.12 | 9.01 | 8.94 | 8.89 | 8.85 | 8.81 | 8.79 |
| 4 | 7.71 | 6.94 | 6.59 | 6.39 | 6.26 | 6.16 | 6.09 | 6.04 | 6.00 | 5.96 |
| 5 | 6.61 | 5.79 | 5.41 | 5.19 | 5.05 | 4.95 | 4.88 | 4.82 | 4.77 | 4.74 |
| 6 | 5.99 | 5.14 | 4.76 | 4.53 | 4.39 | 4.28 | 4.21 | 4.15 | 4.10 | 4.06 |
| 7 | 5.59 | 4.74 | 4.35 | 4.12 | 3.97 | 3.87 | 3.79 | 3.73 | 3.68 | 3.64 |
| 8 | 5.32 | 4.46 | 4.07 | 3.84 | 3.69 | 3.58 | 3.50 | 3.44 | 3.39 | 3.35 |
| 9 | 5.12 | 4.26 | 3.86 | 3.63 | 3.48 | 3.37 | 3.29 | 3.23 | 3.18 | 3.14 |
| 10 | 4.96 | 4.10 | 3.71 | 3.48 | 3.33 | 3.22 | 3.14 | 3.07 | 3.02 | 2.98 |
| 11 | 4.84 | 3.98 | 3.59 | 3.36 | 3.20 | 3.09 | 3.01 | 2.95 | 2.90 | 2.85 |
| 12 | 4.75 | 3.89 | 3.49 | 3.26 | 3.11 | 3.00 | 2.91 | 2.85 | 2.80 | 2.75 |
| 15 | 4.54 | 3.68 | 3.29 | 3.06 | 2.90 | 2.79 | 2.71 | 2.64 | 2.59 | 2.54 |
| 20 | 4.35 | 3.49 | 3.10 | 2.87 | 2.71 | 2.60 | 2.51 | 2.45 | 2.39 | 2.35 |
| 24 | 4.26 | 3.40 | 3.01 | 2.78 | 2.62 | 2.51 | 2.42 | 2.36 | 2.30 | 2.25 |
| 30 | 4.17 | 3.32 | 2.92 | 2.69 | 2.53 | 2.42 | 2.33 | 2.27 | 2.21 | 2.16 |
| 40 | 4.08 | 3.23 | 2.84 | 2.61 | 2.45 | 2.34 | 2.25 | 2.18 | 2.12 | 2.08 |
| 60 | 4.00 | 3.15 | 2.76 | 2.53 | 2.37 | 2.25 | 2.17 | 2.10 | 2.04 | 1.99 |
| 120 | 3.92 | 3.07 | 2.68 | 2.45 | 2.29 | 2.18 | 2.09 | 2.02 | 1.96 | 1.91 |
| ∞ | 3.84 | 3.00 | 2.60 | 2.37 | 2.21 | 2.10 | 2.01 | 1.94 | 1.88 | 1.83 |

| $F_{0.05}$ | 分子自由度 $v_1$ | | | | | | | | | |
|---|---|---|---|---|---|---|---|---|---|---|
| 分母自由度 $v_2$ | 11 | 12 | 15 | 20 | 24 | 30 | 40 | 60 | 120 | ∞ |
| 1 | 242.98 | 243.91 | 245.95 | 248.01 | 249.05 | 250.10 | 251.14 | 252.20 | 253.25 | 254.31 |
| 2 | 19.40 | 19.41 | 19.43 | 19.45 | 19.45 | 19.46 | 19.47 | 19.48 | 19.49 | 19.50 |
| 3 | 8.76 | 8.74 | 8.70 | 8.66 | 8.64 | 8.62 | 8.59 | 8.57 | 8.55 | 8.53 |
| 4 | 5.94 | 5.91 | 5.86 | 5.80 | 5.77 | 5.75 | 5.72 | 5.69 | 5.66 | 5.63 |
| 5 | 4.70 | 4.68 | 4.62 | 4.56 | 4.53 | 4.50 | 4.46 | 4.43 | 4.40 | 4.36 |
| 6 | 4.03 | 4.00 | 3.94 | 3.87 | 3.84 | 3.81 | 3.77 | 3.74 | 3.70 | 3.67 |
| 7 | 3.60 | 3.57 | 3.51 | 3.44 | 3.41 | 3.38 | 3.34 | 3.30 | 3.27 | 3.23 |
| 8 | 3.31 | 3.28 | 3.22 | 3.15 | 3.12 | 3.08 | 3.04 | 3.01 | 2.97 | 2.93 |
| 9 | 3.10 | 3.07 | 3.01 | 2.94 | 2.90 | 2.86 | 2.83 | 2.79 | 2.75 | 2.71 |
| 10 | 2.94 | 2.91 | 2.85 | 2.77 | 2.74 | 2.70 | 2.66 | 2.62 | 2.58 | 2.54 |
| 11 | 2.82 | 2.79 | 2.72 | 2.65 | 2.61 | 2.57 | 2.53 | 2.49 | 2.45 | 2.40 |
| 12 | 2.72 | 2.69 | 2.62 | 2.54 | 2.51 | 2.47 | 2.43 | 2.38 | 2.34 | 2.30 |

续表

| $F_{0.05}$ | | 分子自由度 $v_1$ | | | | | | | | | |
|---|---|---|---|---|---|---|---|---|---|---|---|
| | | 11 | 12 | 15 | 20 | 24 | 30 | 40 | 60 | 120 | ∞ |
| 分母自由度 $v_2$ | 15 | 2.51 | 2.48 | 2.40 | 2.33 | 2.29 | 2.25 | 2.20 | 2.16 | 2.11 | 2.07 |
| | 20 | 2.31 | 2.28 | 2.20 | 2.12 | 2.08 | 2.04 | 1.99 | 1.95 | 1.90 | 1.84 |
| | 24 | 2.22 | 2.18 | 2.11 | 2.03 | 1.98 | 1.94 | 1.89 | 1.84 | 1.79 | 1.73 |
| | 30 | 2.13 | 2.09 | 2.01 | 1.93 | 1.89 | 1.84 | 1.79 | 1.74 | 1.68 | 1.62 |
| | 40 | 2.04 | 2.00 | 1.92 | 1.84 | 1.79 | 1.74 | 1.69 | 1.64 | 1.58 | 1.51 |
| | 60 | 1.95 | 1.92 | 1.84 | 1.75 | 1.70 | 1.65 | 1.59 | 1.53 | 1.47 | 1.39 |
| | 120 | 1.87 | 1.83 | 1.75 | 1.66 | 1.61 | 1.55 | 1.50 | 1.43 | 1.35 | 1.25 |
| | ∞ | 1.79 | 1.75 | 1.67 | 1.57 | 1.52 | 1.46 | 1.39 | 1.32 | 1.22 | 1.01 |

| $F_{0.025}$ | | 分子自由度 $v_1$ | | | | | | | | | |
|---|---|---|---|---|---|---|---|---|---|---|---|
| | | 1 | 2 | 3 | 4 | 5 | 6 | 7 | 8 | 9 | 10 |
| 分母自由度 $v_2$ | 1 | 647.79 | 799.50 | 864.16 | 899.58 | 921.85 | 937.11 | 948.22 | 956.66 | 963.28 | 968.63 |
| | 2 | 38.51 | 39.00 | 39.17 | 39.25 | 39.30 | 39.33 | 39.36 | 39.37 | 39.39 | 39.40 |
| | 3 | 17.44 | 16.04 | 15.44 | 15.10 | 14.88 | 14.73 | 14.62 | 14.54 | 14.47 | 14.42 |
| | 4 | 12.22 | 10.65 | 9.98 | 9.60 | 9.36 | 9.20 | 9.07 | 8.98 | 8.90 | 8.84 |
| | 5 | 10.01 | 8.43 | 7.76 | 7.39 | 7.15 | 6.98 | 6.85 | 6.76 | 6.68 | 6.62 |
| | 6 | 8.81 | 7.26 | 6.60 | 6.23 | 5.99 | 5.82 | 5.70 | 5.60 | 5.52 | 5.46 |
| | 7 | 8.07 | 6.54 | 5.89 | 5.52 | 5.29 | 5.12 | 4.99 | 4.90 | 4.82 | 4.76 |
| | 8 | 7.57 | 6.06 | 5.42 | 5.05 | 4.82 | 4.65 | 4.53 | 4.43 | 4.36 | 4.30 |
| | 9 | 7.21 | 5.71 | 5.08 | 4.72 | 4.48 | 4.32 | 4.20 | 4.10 | 4.03 | 3.96 |
| | 10 | 6.94 | 5.46 | 4.83 | 4.47 | 4.24 | 4.07 | 3.95 | 3.85 | 3.78 | 3.72 |
| | 11 | 6.72 | 5.26 | 4.63 | 4.28 | 4.04 | 3.88 | 3.76 | 3.66 | 3.59 | 3.53 |
| | 12 | 6.55 | 5.10 | 4.47 | 4.12 | 3.89 | 3.73 | 3.61 | 3.51 | 3.44 | 3.37 |
| | 15 | 6.20 | 4.77 | 4.15 | 3.80 | 3.58 | 3.41 | 3.29 | 3.20 | 3.12 | 3.06 |
| | 20 | 5.87 | 4.46 | 3.86 | 3.51 | 3.29 | 3.13 | 3.01 | 2.91 | 2.84 | 2.77 |
| | 24 | 5.72 | 4.32 | 3.72 | 3.38 | 3.15 | 2.99 | 2.87 | 2.78 | 2.70 | 2.64 |
| | 30 | 5.57 | 4.18 | 3.59 | 3.25 | 3.03 | 2.87 | 2.75 | 2.65 | 2.57 | 2.51 |
| | 40 | 5.42 | 4.05 | 3.46 | 3.13 | 2.90 | 2.74 | 2.62 | 2.53 | 2.45 | 2.39 |
| | 60 | 5.29 | 3.93 | 3.34 | 3.01 | 2.79 | 2.63 | 2.51 | 2.41 | 2.33 | 2.27 |
| | 120 | 5.15 | 3.80 | 3.23 | 2.89 | 2.67 | 2.52 | 2.39 | 2.30 | 2.22 | 2.16 |
| | ∞ | 5.02 | 3.69 | 3.12 | 2.79 | 2.57 | 2.41 | 2.29 | 2.19 | 2.11 | 2.05 |

续表

| $F_{0.025}$ | | 分子自由度 $v_1$ | | | | | | | | | |
|---|---|---|---|---|---|---|---|---|---|---|---|
| | | 11 | 12 | 15 | 20 | 24 | 30 | 40 | 60 | 120 | ∞ |
| 分母自由度 $v_2$ | 1 | 973.03 | 976.71 | 984.87 | 993.10 | 997.25 | 1001 | 1006 | 1010 | 1014 | 254.31 |
| | 2 | 39.41 | 39.41 | 39.43 | 39.45 | 39.46 | 39.46 | 39.47 | 39.48 | 39.49 | 19.50 |
| | 3 | 14.37 | 14.34 | 14.25 | 14.17 | 14.12 | 14.08 | 14.04 | 13.99 | 13.95 | 8.53 |
| | 4 | 8.79 | 8.75 | 8.66 | 8.56 | 8.51 | 8.46 | 8.41 | 8.36 | 8.31 | 5.63 |
| | 5 | 6.57 | 6.52 | 6.43 | 6.33 | 6.28 | 6.23 | 6.18 | 6.12 | 6.07 | 4.36 |
| | 6 | 5.41 | 5.37 | 5.27 | 5.17 | 5.12 | 5.07 | 5.01 | 4.96 | 4.90 | 3.67 |
| | 7 | 4.71 | 4.67 | 4.57 | 4.47 | 4.41 | 4.36 | 4.31 | 4.25 | 4.20 | 3.23 |
| | 8 | 4.24 | 4.20 | 4.10 | 4.00 | 3.95 | 3.89 | 3.84 | 3.78 | 3.73 | 2.93 |
| | 9 | 3.91 | 3.87 | 3.77 | 3.67 | 3.61 | 3.56 | 3.51 | 3.45 | 3.39 | 2.71 |
| | 10 | 3.66 | 3.62 | 3.52 | 3.42 | 3.37 | 3.31 | 3.26 | 3.20 | 3.14 | 2.54 |
| | 11 | 3.47 | 3.43 | 3.33 | 3.23 | 3.17 | 3.12 | 3.06 | 3.00 | 2.94 | 2.40 |
| | 12 | 3.32 | 3.28 | 3.18 | 3.07 | 3.02 | 2.96 | 2.91 | 2.85 | 2.79 | 2.30 |
| | 15 | 3.01 | 2.96 | 2.86 | 2.76 | 2.70 | 2.64 | 2.59 | 2.52 | 2.46 | 2.07 |
| | 20 | 2.72 | 2.68 | 2.57 | 2.46 | 2.41 | 2.35 | 2.29 | 2.22 | 2.16 | 1.84 |
| | 24 | 2.59 | 2.54 | 2.44 | 2.33 | 2.27 | 2.21 | 2.15 | 2.08 | 2.01 | 1.73 |
| | 30 | 2.46 | 2.41 | 2.31 | 2.20 | 2.14 | 2.07 | 2.01 | 1.94 | 1.87 | 1.62 |
| | 40 | 2.33 | 2.29 | 2.18 | 2.07 | 2.01 | 1.94 | 1.88 | 1.80 | 1.72 | 1.51 |
| | 60 | 2.22 | 2.17 | 2.06 | 1.94 | 1.88 | 1.82 | 1.74 | 1.67 | 1.58 | 1.39 |
| | 120 | 2.10 | 2.05 | 1.94 | 1.82 | 1.76 | 1.69 | 1.61 | 1.53 | 1.43 | 1.25 |
| | ∞ | 1.99 | 1.94 | 1.83 | 1.71 | 1.64 | 1.57 | 1.48 | 1.39 | 1.27 | 1.01 |

| $F_{0.01}$ | | 分子自由度 $v_1$ | | | | | | | | | |
|---|---|---|---|---|---|---|---|---|---|---|---|
| | | 1 | 2 | 3 | 4 | 5 | 6 | 7 | 8 | 9 | 10 |
| 分母自由度 $v_2$ | 1 | 4052 | 4999 | 5403 | 5625 | 5764 | 5859 | 5928 | 5981 | 6022 | 6056 |
| | 2 | 98.50 | 99.00 | 99.17 | 99.25 | 99.30 | 99.33 | 99.36 | 99.37 | 99.39 | 99.40 |
| | 3 | 34.12 | 30.82 | 29.46 | 28.71 | 28.24 | 27.91 | 27.67 | 27.49 | 27.35 | 27.23 |
| | 4 | 21.20 | 18.00 | 16.69 | 15.98 | 15.52 | 15.21 | 14.98 | 14.80 | 14.66 | 14.55 |
| | 5 | 16.26 | 13.27 | 12.06 | 11.39 | 10.97 | 10.67 | 10.46 | 10.29 | 10.16 | 10.05 |
| | 6 | 13.75 | 10.92 | 9.78 | 9.15 | 8.75 | 8.47 | 8.26 | 8.10 | 7.98 | 7.87 |
| | 7 | 12.25 | 9.55 | 8.45 | 7.85 | 7.46 | 7.19 | 6.99 | 6.84 | 6.72 | 6.62 |
| | 8 | 11.26 | 8.65 | 7.59 | 7.01 | 6.63 | 6.37 | 6.18 | 6.03 | 5.91 | 5.81 |
| | 9 | 10.56 | 8.02 | 6.99 | 6.42 | 6.06 | 5.80 | 5.61 | 5.47 | 5.35 | 5.26 |
| | 10 | 10.04 | 7.56 | 6.55 | 5.99 | 5.64 | 5.39 | 5.20 | 5.06 | 4.94 | 4.85 |
| | 11 | 9.65 | 7.21 | 6.22 | 5.67 | 5.32 | 5.07 | 4.89 | 4.74 | 4.63 | 4.54 |
| | 12 | 9.33 | 6.93 | 5.95 | 5.41 | 5.06 | 4.82 | 4.64 | 4.50 | 4.39 | 4.30 |

续表

| $F_{0.01}$ | | 分子自由度 $v_1$ | | | | | | | | | |
|---|---|---|---|---|---|---|---|---|---|---|---|
| | | 1 | 2 | 3 | 4 | 5 | 6 | 7 | 8 | 9 | 10 |
| 分母自由度 $v_2$ | 15 | 8.68 | 6.36 | 5.42 | 4.89 | 4.56 | 4.32 | 4.14 | 4.00 | 3.89 | 3.80 |
| | 20 | 8.10 | 5.85 | 4.94 | 4.43 | 4.10 | 3.87 | 3.70 | 3.56 | 3.46 | 3.37 |
| | 24 | 7.82 | 5.61 | 4.72 | 4.22 | 3.90 | 3.67 | 3.50 | 3.36 | 3.26 | 3.17 |
| | 30 | 7.56 | 5.39 | 4.51 | 4.02 | 3.70 | 3.47 | 3.30 | 3.17 | 3.07 | 2.98 |
| | 40 | 7.31 | 5.18 | 4.31 | 3.83 | 3.51 | 3.29 | 3.12 | 2.99 | 2.89 | 2.80 |
| | 60 | 7.08 | 4.98 | 4.13 | 3.65 | 3.34 | 3.12 | 2.95 | 2.82 | 2.72 | 2.63 |
| | 120 | 6.85 | 4.79 | 3.95 | 3.48 | 3.17 | 2.96 | 2.79 | 2.66 | 2.56 | 2.47 |
| | ∞ | 6.63 | 4.61 | 3.78 | 3.32 | 3.02 | 2.80 | 2.64 | 2.51 | 2.41 | 2.32 |

| $F_{0.01}$ | | 分子自由度 $v_1$ | | | | | | | | | |
|---|---|---|---|---|---|---|---|---|---|---|---|
| | | 11 | 12 | 15 | 20 | 24 | 30 | 40 | 60 | 120 | ∞ |
| 分母自由度 $v_2$ | 1 | 6083 | 6106 | 6157 | 6209 | 6235 | 6261 | 6287 | 6313 | 6339 | 6366 |
| | 2 | 99.41 | 99.42 | 99.43 | 99.45 | 99.46 | 99.47 | 99.47 | 99.48 | 99.49 | 99.50 |
| | 3 | 27.13 | 27.05 | 26.87 | 26.69 | 26.60 | 26.50 | 26.41 | 26.32 | 26.22 | 26.13 |
| | 4 | 14.45 | 14.37 | 14.20 | 14.02 | 13.93 | 13.84 | 13.75 | 13.65 | 13.56 | 13.46 |
| | 5 | 9.96 | 9.89 | 9.72 | 9.55 | 9.47 | 9.38 | 9.29 | 9.20 | 9.11 | 9.02 |
| | 6 | 7.79 | 7.72 | 7.56 | 7.40 | 7.31 | 7.23 | 7.14 | 7.06 | 6.97 | 6.88 |
| | 7 | 6.54 | 6.47 | 6.31 | 6.16 | 6.07 | 5.99 | 5.91 | 5.82 | 5.74 | 5.65 |
| | 8 | 5.73 | 5.67 | 5.52 | 5.36 | 5.28 | 5.20 | 5.12 | 5.03 | 4.95 | 4.86 |
| | 9 | 5.18 | 5.11 | 4.96 | 4.81 | 4.73 | 4.65 | 4.57 | 4.48 | 4.40 | 4.31 |
| | 10 | 4.77 | 4.71 | 4.56 | 4.41 | 4.33 | 4.25 | 4.17 | 4.08 | 4.00 | 3.91 |
| | 11 | 4.46 | 4.40 | 4.25 | 4.10 | 4.02 | 3.94 | 3.86 | 3.78 | 3.69 | 3.60 |
| | 12 | 4.22 | 4.16 | 4.01 | 3.86 | 3.78 | 3.70 | 3.62 | 3.54 | 3.45 | 3.36 |
| | 15 | 3.73 | 3.67 | 3.52 | 3.37 | 3.29 | 3.21 | 3.13 | 3.05 | 2.96 | 2.87 |
| | 20 | 3.29 | 3.23 | 3.09 | 2.94 | 2.86 | 2.78 | 2.69 | 2.61 | 2.52 | 2.42 |
| | 24 | 3.09 | 3.03 | 2.89 | 2.74 | 2.66 | 2.58 | 2.49 | 2.40 | 2.31 | 2.21 |
| | 30 | 2.91 | 2.84 | 2.70 | 2.55 | 2.47 | 2.39 | 2.30 | 2.21 | 2.11 | 2.01 |
| | 40 | 2.73 | 2.66 | 2.52 | 2.37 | 2.29 | 2.20 | 2.11 | 2.02 | 1.92 | 1.80 |
| | 60 | 2.56 | 2.50 | 2.35 | 2.20 | 2.12 | 2.03 | 1.94 | 1.84 | 1.73 | 1.60 |
| | 120 | 2.40 | 2.34 | 2.19 | 2.03 | 1.95 | 1.86 | 1.76 | 1.66 | 1.53 | 1.38 |
| | ∞ | 2.25 | 2.18 | 2.04 | 1.88 | 1.79 | 1.70 | 1.59 | 1.47 | 1.32 | 1.01 |

表5 符号检验临界值表

| n \ α | 0.05 | 0.01 | n \ α | 0.05 | 0.01 | n \ α | 0.05 | 0.01 |
|---|---|---|---|---|---|---|---|---|
| ≤8 | 0 | 0 | 36 | 11 | 9 | 64 | 23 | 21 |
| 9 | 1 | 0 | 37 | 12 | 10 | 65 | 24 | 21 |
| 10 | 1 | 0 | 38 | 12 | 10 | 66 | 24 | 22 |
| 11 | 1 | 0 | 39 | 12 | 11 | 67 | 25 | 22 |
| 12 | 2 | 1 | 40 | 13 | 11 | 68 | 25 | 22 |
| 13 | 2 | 1 | 41 | 13 | 11 | 69 | 25 | 23 |
| 14 | 2 | 1 | 42 | 14 | 12 | 70 | 26 | 23 |
| 15 | 3 | 2 | 43 | 14 | 12 | 71 | 26 | 24 |
| 16 | 3 | 2 | 44 | 15 | 13 | 72 | 27 | 24 |
| 17 | 4 | 2 | 45 | 15 | 13 | 73 | 27 | 25 |
| 18 | 4 | 3 | 46 | 15 | 13 | 74 | 28 | 25 |
| 19 | 4 | 3 | 47 | 16 | 14 | 75 | 28 | 25 |
| 20 | 5 | 4 | 48 | 16 | 14 | 76 | 28 | 26 |
| 21 | 5 | 4 | 49 | 17 | 15 | 77 | 29 | 26 |
| 22 | 5 | 4 | 50 | 17 | 15 | 78 | 29 | 27 |
| 23 | 6 | 5 | 51 | 18 | 15 | 79 | 30 | 27 |
| 24 | 6 | 5 | 52 | 18 | 16 | 80 | 30 | 28 |
| 25 | 7 | 5 | 53 | 18 | 16 | 81 | 31 | 28 |
| 26 | 7 | 6 | 54 | 19 | 17 | 82 | 31 | 28 |
| 27 | 7 | 6 | 55 | 19 | 17 | 83 | 32 | 29 |
| 28 | 8 | 6 | 56 | 20 | 17 | 84 | 32 | 29 |
| 29 | 8 | 7 | 57 | 20 | 18 | 85 | 32 | 30 |
| 30 | 9 | 7 | 58 | 21 | 18 | 86 | 33 | 30 |
| 31 | 9 | 7 | 59 | 21 | 19 | 87 | 33 | 31 |
| 32 | 9 | 8 | 60 | 21 | 19 | 88 | 34 | 31 |
| 33 | 10 | 8 | 61 | 22 | 20 | 89 | 34 | 31 |
| 34 | 10 | 9 | 62 | 22 | 20 | 90 | 35 | 32 |
| 35 | 11 | 9 | 63 | 23 | 20 | | | |

表6 曼-惠特尼-威尔科克森检验的 $T_L$ 值表

注：如果容量为 $n_1$ 的样本的秩和小于下表中的 $T_L$ 值，或者大于 $T_U$ 值，则拒绝两个总体相同的假设。其中：$T_U = n_1(n_1 + n_2 + 1) - T_L$

| α =0.10 | | $n_2$ | | | | | | | | |
|---|---|---|---|---|---|---|---|---|---|---|
| | | 2 | 3 | 4 | 5 | 6 | 7 | 8 | 9 | 10 |
| $n_1$ | 2 | 3 | 3 | 3 | 4 | 4 | 4 | 5 | 5 | 5 |
| | 3 | 6 | 7 | 7 | 8 | 9 | 9 | 10 | 11 | 11 |
| | 4 | 10 | 11 | 12 | 13 | 14 | 15 | 16 | 17 | 18 |

续表

| $\alpha=0.10$ | | $n_2$ | | | | | | | | |
|---|---|---|---|---|---|---|---|---|---|---|
| | | 2 | 3 | 4 | 5 | 6 | 7 | 8 | 9 | 10 |
| $n_1$ | 5 | 16 | 17 | 18 | 20 | 21 | 22 | 24 | 25 | 27 |
| | 6 | 22 | 24 | 25 | 27 | 29 | 30 | 32 | 34 | 36 |
| | 7 | 29 | 31 | 33 | 35 | 37 | 40 | 42 | 44 | 46 |
| | 8 | 37 | 39 | 41 | 43 | 45 | 47 | 50 | 52 | 57 |
| | 9 | 46 | 48 | 50 | 53 | 56 | 58 | 61 | 63 | 70 |
| | 10 | 56 | 59 | 61 | 64 | 67 | 70 | 73 | 76 | 83 |
| $\alpha=0.05$ | | $n_2$ | | | | | | | | |
| | | 2 | 3 | 4 | 5 | 6 | 7 | 8 | 9 | 10 |
| $n_1$ | 2 | 3 | 3 | 3 | 3 | 3 | 3 | 4 | 4 | 4 |
| | 3 | 6 | 6 | 6 | 7 | 8 | 8 | 9 | 9 | 10 |
| | 4 | 10 | 10 | 11 | 12 | 13 | 14 | 15 | 15 | 16 |
| | 5 | 15 | 16 | 17 | 18 | 19 | 21 | 22 | 23 | 24 |
| | 6 | 21 | 23 | 24 | 25 | 27 | 28 | 30 | 32 | 33 |
| | 7 | 28 | 30 | 32 | 34 | 35 | 37 | 39 | 41 | 43 |
| | 8 | 37 | 39 | 41 | 43 | 45 | 47 | 50 | 52 | 54 |
| | 9 | 46 | 48 | 50 | 53 | 56 | 58 | 61 | 63 | 66 |
| | 10 | 56 | 59 | 61 | 64 | 67 | 70 | 73 | 76 | 79 |

## 表 7　Wilcoxon 符号秩检验统计量的临界值表

| 单 尾 | 双 尾 | $n$=5 | $n$=6 | $n$=7 | $n$=8 | $n$=9 | $n$=10 | $n$=11 | $n$=12 | $n$=13 | $n$=14 |
|---|---|---|---|---|---|---|---|---|---|---|---|
| $\alpha$=0.05 | $\alpha$=0.10 | 1 | 2 | 4 | 6 | 8 | 11 | 14 | 17 | 21 | 26 |
| $\alpha$=0.025 | $\alpha$=0.05 | | 1 | 2 | 4 | 6 | 8 | 11 | 14 | 17 | 21 |
| $\alpha$=0.01 | $\alpha$=0.02 | | | 0 | 2 | 3 | 5 | 7 | 10 | 13 | 16 |
| $\alpha$=0.005 | $\alpha$=0.01 | | | | 0 | 2 | 3 | 5 | 7 | 10 | 13 |
| | | $n$=15 | $n$=16 | $n$=17 | $n$=18 | $n$=19 | $n$=20 | $n$=21 | $n$=22 | $n$=23 | $n$=24 |
| $\alpha$=0.05 | $\alpha$=0.10 | 30 | 36 | 41 | 47 | 54 | 60 | 68 | 75 | 83 | 92 |
| $\alpha$=0.025 | $\alpha$=0.05 | 25 | 30 | 35 | 40 | 46 | 52 | 59 | 66 | 73 | 81 |
| $\alpha$=0.01 | $\alpha$=0.02 | 20 | 24 | 28 | 33 | 38 | 43 | 49 | 56 | 62 | 69 |
| $\alpha$=0.005 | $\alpha$=0.01 | 16 | 19 | 23 | 28 | 32 | 37 | 43 | 49 | 55 | 61 |
| | | $n$=25 | $n$=26 | $n$=27 | $n$=28 | $n$=29 | $n$=30 | $n$=31 | $n$=32 | $n$=33 | $n$=34 |
| $\alpha$=0.05 | $\alpha$=0.10 | 101 | 110 | 120 | 130 | 141 | 152 | 163 | 175 | 188 | 201 |
| $\alpha$=0.025 | $\alpha$=0.05 | 90 | 98 | 107 | 117 | 127 | 137 | 148 | 159 | 171 | 183 |
| $\alpha$=0.01 | $\alpha$=0.02 | 77 | 85 | 93 | 102 | 111 | 120 | 130 | 141 | 151 | 162 |
| $\alpha$=0.005 | $\alpha$=0.01 | 68 | 76 | 84 | 92 | 100 | 109 | 118 | 128 | 138 | 149 |
| | | $n$=35 | $n$=36 | $n$=37 | $n$=38 | $n$=39 | $n$=40 | $n$=41 | $n$=42 | $n$=43 | $n$=44 |
| $\alpha$=0.05 | $\alpha$=0.10 | 214 | 228 | 242 | 256 | 271 | 287 | 303 | 319 | 336 | 353 |
| $\alpha$=0.025 | $\alpha$=0.05 | 195 | 208 | 222 | 235 | 250 | 264 | 279 | 295 | 311 | 327 |
| $\alpha$=0.01 | $\alpha$=0.02 | 174 | 186 | 198 | 211 | 224 | 238 | 252 | 267 | 281 | 297 |
| $\alpha$=0.005 | $\alpha$=0.01 | 160 | 171 | 183 | 195 | 208 | 221 | 234 | 248 | 262 | 277 |

续表

| 单 尾 | 双 尾 | n=5 | n=6 | n=7 | n=8 | n=9 | n=10 | n=11 | n=12 | n=13 | n=14 |
|---|---|---|---|---|---|---|---|---|---|---|---|
| | | n=45 | n=46 | n=47 | n=48 | n=49 | n=50 | | | | |
| $\alpha$=0.05 | $\alpha$=0.10 | 371 | 389 | 408 | 427 | 446 | 466 | | | | |
| $\alpha$=0.025 | $\alpha$=0.05 | 344 | 361 | 379 | 397 | 415 | 434 | | | | |
| $\alpha$=0.01 | $\alpha$=0.02 | 313 | 329 | 345 | 362 | 380 | 398 | | | | |
| $\alpha$=0.005 | $\alpha$=0.01 | 292 | 307 | 323 | 339 | 356 | 373 | | | | |

表 8　游程检验临界值表

$$P(r \leqslant r_l) \leqslant \alpha, P(r \geqslant r_u) \leqslant \alpha$$

$r_l$， $\alpha = 0.025$

| $n_2$ / $n_1$ | 2 | 3 | 4 | 5 | 6 | 7 | 8 | 9 | 10 |
|---|---|---|---|---|---|---|---|---|---|
| 5 | | | 2 | 2 | | | | | |
| 6 | | 2 | 2 | 3 | 3 | | | | |
| 7 | | 2 | 2 | 3 | 3 | 3 | | | |
| 8 | | 2 | 3 | 3 | 3 | 4 | 4 | | |
| 9 | | 2 | 3 | 3 | 4 | 4 | 5 | 5 | |
| 10 | | 2 | 3 | 3 | 4 | 5 | 5 | 5 | 6 |
| 11 | | 2 | 3 | 4 | 4 | 5 | 5 | 6 | 6 |
| 12 | 2 | 2 | 3 | 4 | 4 | 5 | 6 | 6 | 7 |
| 13 | 2 | 2 | 3 | 4 | 5 | 5 | 6 | 6 | 7 |
| 14 | 2 | 2 | 3 | 4 | 5 | 5 | 6 | 7 | 7 |
| 15 | 2 | 3 | 3 | 4 | 5 | 6 | 6 | 7 | 7 |
| 16 | 2 | 3 | 4 | 4 | 5 | 6 | 6 | 7 | 8 |
| 17 | 2 | 3 | 4 | 4 | 5 | 6 | 7 | 7 | 8 |
| 18 | 2 | 3 | 4 | 5 | 5 | 6 | 7 | 8 | 8 |
| 19 | 2 | 3 | 4 | 5 | 6 | 6 | 7 | 8 | 8 |
| 20 | 2 | 3 | 4 | 5 | 6 | 6 | 7 | 8 | 9 |

$r_u$， $\alpha = 0.025$

| $n_2$ / $n_1$ | 4 | 5 | 6 | 7 | 8 | 9 | 10 |
|---|---|---|---|---|---|---|---|
| 5 | 9 | 10 | | | | | |
| 6 | 9 | 10 | 11 | | | | |
| 7 | | 11 | 12 | 13 | | | |
| 8 | | 11 | 12 | 13 | 14 | | |
| 9 | | | 13 | 14 | 14 | 15 | |
| 10 | | | 13 | 14 | 15 | 16 | 16 |
| 11 | | | 13 | 14 | 15 | 16 | 17 |
| 12 | | | 13 | 14 | 16 | 16 | 17 |
| 13 | | | | 15 | 16 | 17 | 18 |
| 14 | | | | 15 | 16 | 17 | 18 |
| 15 | | | | 15 | 16 | 18 | 18 |
| 16 | | | | | 17 | 18 | 19 |
| 17 | | | | | 17 | 18 | 19 |
| 18 | | | | | 17 | 18 | 19 |
| 19 | | | | | 17 | 18 | 20 |
| 20 | | | | | 17 | 18 | 20 |

$r_l$， $\alpha = 0.05$

| $n_2$ / $n_1$ | 2 | 3 | 4 | 5 | 6 | 7 | 8 | 9 | 10 |
|---|---|---|---|---|---|---|---|---|---|
| 4 | | | 2 | | | | | | |
| 5 | | 2 | 2 | 3 | | | | | |
| 6 | | 2 | 3 | 3 | 3 | | | | |
| 7 | | 2 | 3 | 3 | 4 | 4 | | | |
| 8 | 2 | 2 | 3 | 3 | 4 | 4 | 5 | | |
| 9 | 2 | 2 | 3 | 4 | 4 | 5 | 5 | 6 | |
| 10 | 2 | 3 | 3 | 4 | 5 | 5 | 6 | 6 | 6 |
| 11 | 2 | 3 | 3 | 4 | 5 | 5 | 6 | 6 | 7 |
| 12 | 2 | 3 | 4 | 4 | 5 | 6 | 6 | 7 | 7 |
| 13 | 2 | 3 | 4 | 4 | 5 | 6 | 6 | 7 | 8 |

$r_u$， $\alpha = 0.05$

| $n_2$ / $n_1$ | 3 | 4 | 5 | 6 | 7 | 8 | 9 | 10 |
|---|---|---|---|---|---|---|---|---|
| 4 | 7 | 8 | | | | | | |
| 5 | | 9 | 9 | | | | | |
| 6 | | 9 | 10 | 11 | | | | |
| 7 | | 9 | 10 | 11 | 12 | | | |
| 8 | | | 11 | 12 | 13 | 13 | | |
| 9 | | | 11 | 12 | 13 | 14 | 14 | |
| 10 | | | 11 | 12 | 13 | 14 | 15 | 16 |
| 11 | | | | 13 | 14 | 15 | 15 | 16 |
| 12 | | | | 13 | 14 | 15 | 16 | 17 |
| 13 | | | | 13 | 14 | 15 | 16 | 17 |

续表

$r_l$， $\sigma = 0.025$

| $n_2$ / $n_1$ | 2 | 3 | 4 | 5 | 6 | 7 | 8 | 9 | 10 |
|---|---|---|---|---|---|---|---|---|---|
| 14 | 2 | 3 | 4 | 5 | 5 | 6 | 7 | 7 | 8 |
| 15 | 2 | 3 | 4 | 5 | 6 | 6 | 7 | 8 | 8 |
| 16 | 2 | 3 | 4 | 5 | 6 | 6 | 7 | 8 | 8 |
| 17 | 2 | 3 | 4 | 5 | 6 | 7 | 7 | 8 | 9 |
| 18 | 2 | 3 | 4 | 5 | 6 | 7 | 8 | 8 | 9 |
| 19 | 2 | 3 | 4 | 5 | 6 | 7 | 8 | 8 | 9 |
| 20 | 2 | 3 | 4 | 5 | 6 | 7 | 8 | 9 | 9 |

$r_u$， $\sigma = 0.025$

| $n_2$ / $n_1$ | 3 | 4 | 5 | 6 | 7 | 8 | 9 | 10 |
|---|---|---|---|---|---|---|---|---|
| 14 | | | | 13 | 14 | 16 | 17 | 17 |
| 15 | | | | | 15 | 16 | 17 | 18 |
| 16 | | | | | 15 | 16 | 17 | 18 |
| 17 | | | | | 15 | 16 | 17 | 18 |
| 18 | | | | | 15 | 16 | 18 | 19 |
| 19 | | | | | 15 | 16 | 18 | 19 |
| 20 | | | | | 15 | 17 | 18 | 19 |

# 中英文专业术语对照

## 第一章

统计学(Statistics)
定类尺度(nominal scale)
定序尺度(ordinal scale)
定距尺度(interval scale)
定比尺度(rational scale)
品质数据(qualitative data)
数量数据(quantitative data)
分类数据(categorical data)
顺序数据(rank data)
观测数据(observational data)
实验数据(experimental data)
截面数据(cross-sectional data)
时间序列数据(time series data)
总体(population)
总体容量(population size)
样本(sample)
样本容量(sample size)
总体参数(population parameter)
样本统计量(sample statistic)
变量(variable)
分类变量(categorical variable)
顺序变量(rank variable)
数值型变量(metric variable)
离散型变量(discrete variable)
连续型变量(continuous variable)
描述统计学(descriptive statistics)
推断统计学(inferential statistics)
理论统计学(theoretical statistics)
应用统计学(applied statistics)

## 第二章

原始资料(raw data)
次级资料(secondary data)
统计报表(statistical report forms)
普查(census)
重点调查(key point survey)
典型调查(model survey)
抽样调查(sampling survey)
网上调查(internet survey)
统计分组(statistical classification)
组距(class width)
下限(lower limit)
上限(upper limit)
组中值(class midpoint)
频数分布(frequency distribution)
累积频数(cumulative frequencies)
累积频率(cumulative percentages)
统计表(statistical table)
统计图(statistical chart)
条形图(bar chart)
柱形图(column chart)
饼图(pie chart)
直方图(histogram)
折线图(polygon)
茎叶图(stem-and-leaf display)
对称分布(symmetric distribution)
偏斜分布(skewed distribution)
左偏(leftward skewed)
右偏(rightward skewed)

## 第三章

集中趋势(central tendency)
算术平均数(arithmetic mean)
均值(mean)
加权算术平均数(weighted arithmetic mean)
调和平均数(harmonic mean)
几何平均数(geometric mean)
众数(mode)
中位数(median)
百分位数(percentile)
数据变异性(data variation)
异众比率(variation ration)
极差(range)
四分位差(quartile deviation)
方差(variance)
自由度(degree of freadom)
标准差(standard deviation)
变异系数(coefficient of variation)
$z$ 分数(z score)
标准分数(standard score)
经验法则(empirical rule)
切比雪夫定理(Chebyshev's theorem)
离群数据(outlier data)
偏态(skewness)
偏态系数(coefficient of skewness)
峰度(kurtosis)
峰度系数(coefficient of kurtosis)

## 第四章

$\chi^2$ 分布(Chi square distribution)
$t$ 分布($t$ distribution)
$F$ 分布($F$ distribution)
上分位点(upper quantile)
下分位点(lower quantile)
两侧区间(two-sided intervals)

## 第五章

参数估计(parameter estimation)
点估计(point estimate)
区间估计(interval estimate)
置信区间(confidence interval)
置信水平(confidence level)
矩估计法(moment estimation)
极大似然估计法(maximum likelihood estimation)
均方误差(mean square error)
无偏性(unbiasedness)
有效性(efficiency)
一致性(consistency)
自由度(degrees of freedom)
方差的联合估计量(pooled estimate of variance)
独立样本(independence samples)
配对样本(matched samples)

## 第六章

抽样(sampling)
概率抽样(probability sampling)
非概率抽样(non-probability sampling)
无放回抽样(sampling without replacement)
放回抽样(sampling with replacement)
抽样单元(sampling unit)
样本量(size of the sample)
抽样比(sampling fraction)
初级单元(primary sampling unit)
抽样框(sampling frame)
非抽样误差(non-sampling error)
抽样误差(sampling error)
均方误差(mean square error，MSE)

偏倚(bias)
精度(precision)
效度(validity)
信度(reliability)
简单随机抽样(simple random sampling)
简单线性估计(simple linear estimate)
比估计(ratio estimate)
有限总体校正系数(finite population correction factor)
层(stratum)
分层随机抽样(stratified random sampling)
比例分配(proportional allocation)
最优分配(optimum allocation)
奈曼最优分配(Neyman optimum allocation)
分别比估计(separate ratio estimator)
联合比估计(combined ratio estimator)
多阶段抽样(multi-stage sampling)
二阶段抽样(two-stage sampling)
初级单元(primary unit)
次级单元(secondary unit)
群(cluster)
整群抽样(cluster sampling)
单阶段整群抽样(single-stage cluster sampling)
多阶段整群抽样(multi-stage cluster sampling)
系统抽样(systematic sampling)
抽样间隔(sampling interval)

## 第七章

假设检验(hypothesis test)
原假设(null hypothesis)
备择假设(alternative hypothesis)
第Ⅰ类错误(type Ⅰ error)
第Ⅱ类错误(type Ⅱ error)
检验统计量(test statistic)
拒绝域(rejection region)
临界值(critical value)
双尾检验(two-tailed test)
单尾检验(one-tailed test)
*P* 值(*P-value*)
观察到的显著性水平(observed significance level)
检验功效函数(test power function)

## 第八章

方差分析(analysis of variance ANOVA)
单因素方差分析(one-way ANOVA)
多重比较(multiple comparison)
方差齐性(homoscedasticity)
交互作用(interaction)
均方(mean square)
均衡(balance)
平方和(sum of squares，SS)
双因素方差分析(two-way ANOVA)
试验(experiment)
试验设计(experimental design)
试验单元(experiment unit)
因素(factor)
水平(level)
处理(treatment)
区组(block)
效应(effect)
随机化(randomization)
重复(replication / repetition)
随机区组设计(randomized block design)
完全随机设计(completely random design)
重复测量数据(repeated measurement data)
总平方和(Sum of Squares for Total，SST )
处理间平方和(Sum of Squares for Factor A， SSA )

误差项平方和(Sum of Squares for Error，SSE)
组内(within groups)
组间(between group)
最小显著差数法(Least Significant Difference，LSD)

## 第九章

非参数统计(nonparametric statistics)
非参数检验(nonparametric test)
拟合优度检验(goodness-of-fit test)
独立性检验(independence test)
列联表(contingency table)
符号检验(sign test)
Spearman 秩相关系数(Spearman rank correlation coefficient)
Kendall 一致性检验(Kendall consistency test)
游程检验(runs test)
Wilcoxon 符号秩检验(Wilcoxon's sign rank test)

## 第十章

相关系数(correlation coefficient)
一元线性回归(simple linear regression)
多元线性回归(multiple linear regression)
最小二乘方法(ordinary least squares)
估计标准误差(standard error of the estimate)
测定系数(coefficient of determination)
调整的测定系数(adjusted coefficient of determination)
向后筛选法(backward elimination)
向前选择法(foreword selection)
逐步回归法(stepwise regression)
虚拟变量(dummy variable)
离群点(outlier)
高杠杆率点(high leverage point)
多重共线性(multicollinearity)

## 第十一章

主成分分析(principal component analysis)
潜变量(latent variable)
全方差解释表(total variance explained)
成分矩阵(component matrix)
相关圆图(component plot)
因子得分系数矩阵(component score coefficient matrix)
因子分析(factor analysis)
因子旋转(factor rotation)
方差最大法(VARIMAX)
因子载荷图(loading plot)

## 第十二章

聚类分析(cluster analysis)
R 型聚类(R-type cluster)
Q 型聚类(Q-type cluster)
闵可夫斯基距离(Minkowski distance)
马氏距离(Mahalanobis distance)
兰氏距离(Lance distance)
层次聚类法(hierarchical cluster method)
最短距离法(nearest neighbor method)
最长距离法(furthest neighbor method)
中间距离法(median clustering method)
重心法(centroid clustering method)
类平均法(group average method，between groups linkage)
离差平方和法(Ward's method)
动态聚类法(dynamic clustering method)
快速聚类法(quick clustering method)
K-均值聚类法(K-means clustering method)
判别分析(discriminant analysis)

距离判别法(distance discriminant method)
Bayes 判别法(Bayesian discriminant method)
Fisher 判别法(Fisher discriminant method)

## 第十三章

时间序列(time series)
发展水平(development level)
平均发展水平(average development level)
增长量(growth amount)
平均增长量(average growth amount)
发展速度(development rate)
平均发展速度(average development rate)
增长速度(growth rate)
平均增长速度(average growth rate)
成分(components)
趋势(trend)
季节变动(seasonal variation)
循环波动(cyclic variation)
不规则波动(irregular variation)
加法模型(additive model)
乘法模型(multiplicative model)
移动平均法(moving average method)
简单移动平均法(simple moving average method)
加权移动平均法(weighted moving average method)
指数平滑法(exponential smoothing method)
均方差(mean squared error)
平均绝对白分误差(menn absolute percentage error)
季节指数(seasonal index)
季节调整后时间序列(seasonally adjusted series)

## 第十四章

指数(index number)
个体指数(individual index)
总指数(gross index)
数量指标指数(quantitative index)
质量指标指数(qualitative index)
简单指数(simple index)
加权指数(weighted index)
综合指数(aggregative index)
平均指数(average index)
时间性指数(time index)
区域性指数(regional index)
指数体系(index system)
因素分析(factor analysis)
零售价格指数(retail price index)
居民消费价格指数(consumer price index)
通货膨胀率(inflation rate of currency)
货币购买能力指数(currency purchasing power index)
实际工资(real wages)
工业品出厂价格指数(producer price index for manufactured goods)
生产者价格指数(producer price index)
股票价格指数(stock price index)
上证综合指数(Shanghai composite index)
深圳综合指数(Shenzhen composite index)
深证成分指数(Shenzhen component index)

# 参 考 文 献


[1] Encyclopædia Britannica 2009 Student and Home Edition. Chicago: Encyclopædia Britannica.，2009.

[2] 黄良文，曾五一．统计学原理[M]．北京：中国统计出版社，2000.

[3] 袁卫，何晓群，金勇进，等．新编统计学教程[M]．北京：经济科学出版社，1999.

[4] 袁卫，庞皓，曾五一．统计学[M]．北京：高等教育出版社，2000.

[5] 贾俊平，何晓群，金勇进．统计学[M]．第 4 版，北京：中国人民大学出版社，2009.

[6] 贾俊平．统计学[M]．第 2 版，北京：清华大学出版社，2006.

[7] 李金林，赵中秋．管理统计学[M]．北京：清华大学出版社，2006.

[8] 曾五一，朱平辉．统计学(中国版)[M]．北京：北京大学出版社，2006.

[9] Gudmund R. Iversen，等.统计学：基本概念和方法[M]．吴喜之，等，译.北京：高等教育出版社 & Springer，2000.

[10] 吴喜之．统计学：从数据到结论[M]．北京：中国统计出版社，2004.

[11] 任若恩，王惠文．多元统计数据分析——理论、方法、实例[M]．北京：国防工业出版社，1997.

[12] 葛新权．统计学[M]．第 2 版，北京：机械工业出版社，2008.

[13] 徐国祥．统计学[M]．第 2 版，北京：高等教育出版社，2004.

[14] 郑珍远．统计学[M]．北京：机械工业出版社，2007.

[15] 【美】Anderson D R，Sweeney D J，Williams T A．商务与经济统计[M]．张建华，王健，冯燕奇，等译，北京：机械工业出版社，2000.

[16] 邱振崑．Excel 在经济统计中的应用[M]．北京：中国青年出版社，2002.

[17] Terry Sincich .例解商务统计学[M].陈鹤琴，罗明安，译．第 5 版，北京：清华大学出版社，2001.

[18] 孙静娟．统计学[M]．北京：清华大学出版社，2006.

[19] 茆诗松，程依明，濮晓龙．概率论与数理统计教程[M]．北京：高等教育出版社，2000.

[20] 盛骤，谢式迁，潘承毅．概率论与数理统计[M]．北京：高等教育出版社，2001.

[21] 袁荫棠．概率论与数理统计[M]．北京：中国人民大学出版社，2008.

[22] 刘思峰，吴和成，菅利荣．应用统计学[M]．北京：高等教育出版社，2007.

[23] 龚曙明．应用统计学[M]．北京：清华大学出版社，北京交通大学出版社，2007.

[24] 张梅琳．应用统计学[M]．上海：复旦大学出版社，2008.

[25] 戴维 R.安德森，丹尼斯 J. 斯威尼，托马斯 A.威廉斯.商务与经济统计(第 9 版，中文版)[M]．张建华，王健，译．北京：机械工业出版社，2006.

[26] 【美】Mason R D，Lind D A 著．Statistical Techniques in Business and Economics [M]. 9th Edition，英文版，影印本. 北京：机械工业出版社，1998.

[27] 【美】Triola M F． Elementary Statisticas[M]． 8th Edition，英文版，影印本，北京：清华大学出版社，2003.

[28] 刘定祥，樊俊花．统计学基础[M]．北京：首都师范大学出版社，2009.

[29] 贾俊平．统计学基础[M]．北京：人民大学出版社，2010.

[30] 谢启南，韩兆洲．统计学原理[M]．第 6 版，广州：暨南大学出版社，2006.

[31] 孙静娟．统计学——21 世纪经济学教材[M]．北京：清华大学出版社，2006.

[32] 金勇进，杜子芳，蒋妍．抽样技术[M]．第 2 版，北京：人民大学出版社，2008.

[33] 杜子方. 抽样技术及其应用[M]． 北京：清华大学出版社，2005.

[34] 冯士雍，施锡铨．抽样调查——理论、方法与实践[M]．上海：上海科技出版社，1996.

[35] 倪加勋．抽样调查[M]．南宁：广西师范大学出版社，2002．
[36] 【美】扎加(Czaja.R.)，【美】布莱尔(Blair，J.)．抽样调查设计导论[M]．沈崇麟，译．重庆：重庆大学出版社，2007．
[37] 王松桂，陈敏，陈立萍．线性统计模型：线性回归与方差分析[M]．北京：高等教育出版社，2004．
[38] 梁烨，柏芳．Excel 统计分析与应用[M]．北京：机械工业出版社，2009．
[39] 郭文久．Microsoft Excel 方差分析的使用[J]．昆明：云南农业大学学报，2000，15(1)：9-12.
[40] 陶文信．Excel 在方差分析中的应用[J]．郑州：郑州航空工业管理学院学报(社会科学版)，2002，21(1)：42-44.
[41] 杨虎，钟波，刘琼荪．应用数理统计[M]．北京：清华大学出版社，2006．
[42] 陈国铭．SQC-5 统计质量控制方差分析[M]．北京：中国石化出版社，1995．
[43] 曾五一．统计学[M]．北京：中国金融出版社，2006．
[44] 李洁明等．统计学原理[M]．上海：复旦大学出版社，2007 年．
[45] 徐国祥．统计学[M]．上海：上海人民出版社，2007．
[46] 卫海英．应用统计学[M]．广州：暨南大学出版社，2002．
[47] 曹刚，李文新．统计学原理[M]．上海：上海财经大学出版社，2006．
[48] 陈珍彤，罗乐勤．统计学[M]．厦门：厦门大学出版社，2002．
[49] 【美】门登霍尔，【美】辛赛奇．统计学 [M]．第 5 版．梁冯珍，等，译．北京：机械工业出版社，2009．
[50] 王星．非参数统计[M]．北京：清华大学出版社，2009．
[51] 易丹辉，董寒青．非参数统计：方法与应用[M]．北京：中国统计出版社，2009．
[52] 周复恭，黄运成．应用线性回归分析[M]．北京：中国人民大学出版社，1989．
[53] 内特，沃塞曼，库特纳．应用线性回归模型[M]．张勇，王国明，赵秀珍．译．北京：中国统计出版社，1990．
[54] 吴国富，安万福，刘景海．实用数据分析方法[M]．北京：中国统计出版社，1992．
[55] 柯惠新，黄京华，沈浩．调查研究中的统计分析方法[M]．北京：北京广播学院出版社，1992．
[56] Aczel A D. Complete Business Statistics[M]. USA: IRWIN, 1989.
[57] 方开泰．实用多元统计分析[M]．上海：华东师范大学出版社，1989．
[58] 戴维. R .安德森．数据、模型与决策[M]．北京：机械工业出版社，2003．
[59] Tenenhaus M. Méthodes Statistiques en Gestion[M]. Paris: DUNOD, 1994.
[60] Lebart L, Morineau A, Piron M. Statistique Exploratoire Multidimensionnelle[M]. Paris: DUNOD, 1995.
[61] Tenenhaus M, Gauchi J P, Ménardo C. Reression PLS et Applicaton[J]. Revue de Statistique Appliquée, 1995, XLIII(1): 7-63
[62] 王惠文．偏最小二乘回归方法及其应用[M]．北京：国防工业出版社，1999．
[63] 郭志刚等．社会统计分析方法——SPSS 软件应用[M]．北京：中国人民大学出版社，1999．
[64] 严华生，谢应齐，曹杰．非线性统计预报方法及其应用[M]．云南：云南科技出版社，1998．
[65] 肯道尔．多元分析[M]．中国科学院计算中心概率统计组，译．北京：科学出版社，1983．
[66] 何晓群．多元统计分析[M]．北京：中国人民大学出版社，2004．
[67] 张尧庭，方开泰．多元统计分析引论[M]．北京：科学出版社，1982．
[68] 高惠璇．应用多元统计分析[M]．北京：北京大学出版社，2005．
[69] 王学民．应用多元分析[M]．第 2 版，上海：上海财经大学出版社，2004．
[70] 于秀林，任雪松．多元统计分析[M]．北京：中国统计出版社，1999．
[71] 朱建平．应用多元统计分析[M]．北京：科学出版社，2006．
[72] 贾俊平．统计学[M]．第 3 版，北京：中国人民大学出版社，2008．

[73] 卢纹岱．SPSS for Windows 统计分析[M]．第 2 版，北京：电子工业出版社，2002.
[74] 贾怀勤．数据、模型与决策[M]．北京：对外经济贸易大学出版社，2004.
[75] 卢小广，刘元欣．统计学教程[M]．第 2 版．北京：清华大学出版社，北京交通大学出版社，2009.
[76] 潘虹宇．时间序列分析[M]．北京：对外经济贸易大学出版社，2005.
[77] 王玉荣．商务预测方法[M]．北京：对外经济贸易大学出版社，2003.
[78] 王燕．应用时间序列分析[M]．北京：中国人民大学出版社，2005.
[79] 姜诗章．统计学教程[M]．北京：清华大学出版社，2006.
[80] 徐国祥．统计学[M]．上海：上海人民出版社，2007.
[81] 王淑芬．应用统计学[M]．北京：北京大学出版社，2007.
[82] 张梅琳．应用统计学[M]．第 2 版．上海：复旦大学出版社，2004.
[83] 刘桂荣．统计学原理[M]．上海：华东理工大学出版社，2006.
[84] 尉雪波，李艺唯．新编统计学[M]．北京：经济科学出版社，2003.
[85] 赵振伦，吴琪，孙慧钧．社会经济统计学原理[M]．大连：东北财经大学出版社，1997.
[86] 徐浪，王青华．描述统计学[M]．成都：西南财经大学出版社，2001.
[87] 徐国祥．统计指数理论及应用[M]．北京：中国统计出版社，2004.
[88] 谢忠秋，丁兴烁．应用统计学[M]．北京：立信会计出版社，2005.
[89] 李荣平．统计学[M]．天津：天津大学出版社，2006.
[90] 卞毓宁．统计学[M]．北京：科学出版社，2005.
[91] 江岭，贾会远．统计学[M]．北京：人民邮电出版社，2007.
[92] 罗洪群，王青华．新编统计学[M]．北京：清华大学出版社，2009.
[93] 卢黎霞等．统计学[M]．成都：西南财经大学出版社，2009.
[94] 杨国忠．统计学[M]．长沙：中南大学出版社，2009.
[95] 金勇进．统计学[M]．北京：中国人民大学出版社，2010.
[96] 卫海英．应用统计学[M]．广州：暨南大学出版社，2001.